Rechnen mit DNA

Eine Einführung in Theorie und Praxis

Von
Thomas Hinze
und
Monika Sturm

Oldenbourg Verlag München Wien

Dr.-Ing. Thomas Hinze
schloss 1997 das Studium der Informatik ab. Nach einer Industrietätigkeit als Software-Entwickler promovierte er 2002 über „Universelle Modelle und ausgewählte Algorithmen des DNA-Computing", gefördert durch ein Stipendium der Studienstiftung des Deutschen Volkes. Derzeit ist er als wissenschaftlicher Mitarbeiter an der Technischen Universität Dresden tätig.

Dr.-Ing. Monika Sturm
Informatikstudium an der Technischen Universität Dresden, Diplom 1977, Promotion 1989, während dieser Zeit Forschungs- und Entwicklungstätigkeit bei Robotron Elektronik Dresden, seit 1989 wissenschaftliche Mitarbeiterin an der Technischen Universität Dresden, Fakultät Informatik, Institut für Theoretische Informatik.

Bibliografische Information Der Deutschen Bibliothek

Die Deutsche Bibliothek verzeichnet diese Publikation in der Deutschen Nationalbibliografie; detaillierte bibliografische Daten sind im Internet über <http://dnb.ddb.de> abrufbar.

© 2004 Oldenbourg Wissenschaftsverlag GmbH
Rosenheimer Straße 145, D-81671 München
Telefon: (089) 45051-0
www.oldenbourg-verlag.de

Lektorat: Margit Roth
Herstellung: Rainer Hartl
Umschlagkonzeption: Kraxenberger Kommunikationshaus, München
Gedruckt auf säure- und chlorfreiem Papier
Druck: R. Oldenbourg Graphische Betriebe Druckerei GmbH

ISBN 3-486-27530-5

Vorwort

Biologische Computer nach dem Vorbild der Natur, bei denen organische Moleküle als Speichermedium dienen und Rechenoperationen durch geeignete molekularbiologische Prozesse und biochemische Reaktionen nachgebildet werden, mögen auf den ersten Blick abwegig erscheinen. Ihr Vorteil gegenüber konventioneller Rechentechnik liegt jedoch vor allem in der enormen Speicherkapazität und -dichte, der Miniaturisierung, der Biokompatibilität sowie in der massiv datenparallelen Verarbeitung, die extrem hohe Rechengeschwindigkeiten erlaubt. Die Nutzung des Erbmoleküls DNA als Speichermedium wird hierbei forciert und begründet das Wissensgebiet des DNA-Computing, das sich dem Rechnen mit DNA in Theorie und Praxis widmet.

Der Kenntnisstand in diesem jungen, von Anfang an interdisziplinär geprägten Wissensgebiet hat sich in den letzten Jahren vervielfacht. Ein breites Interesse liegt neben theoretischen und technologischen Zusammenhängen vor allem in der Faszination experimenteller Auswertungen, die eindrucksvoll zeigen, wie die Natur Rechenvorgänge ausführen kann. Die wachsende Zahl von Patenten und Fachbeiträgen sowie die beginnende Kommerzialisierung belegen die Bedeutung dieses neuen innovativen Forschungsfeldes wie auch seine Verankerung in der Informatik und Biotechnologie.

Wir durften die Entwicklung des DNA-Computing seit seiner Herausbildung begleiten und mitgestalten. Der gegenwärtige Zeitpunkt innerhalb dieser Entwicklung erscheint uns sinnvoll, um erstmals ein umfassendes und fachübergreifendes deutschsprachiges Einführungswerk bereitzustellen. Es konzentriert das aktuelle Basiswissen zur Thematik. Besonderer Wert wird auf die Herausarbeitung von Querverbindungen zwischen den einzelnen Teilbereichen des Wissensgebietes gelegt, um ein durchgängiges Verständnis sowie eine fundierte Einarbeitung zu erleichtern, gestützt durch zahlreiche Abbildungen und einheitlich geführte Beispiele.

Das Buch wendet sich an mehrere Leserzielgruppen. Vordergründig soll es Ingenieure, Informatiker, naturwissenschaftlich-technisch Interessierte und Studenten verwandter Studiengänge ansprechen, die sich über unkonventionelle Computingkonzepte und massiv datenparalleles Rechnen auf biologischer Basis informieren möchten. Derzeit wird an den meisten universitären Informatik-Ausbildungseinrichtungen im deutschsprachigen Raum das DNA-Computing als Bestandteil des Studiums thematisiert. Insbesondere lassen sich neueste Erkenntnisse über zeiteffiziente Algorithmen zur Lösung rechen- und speicherintensiver Aufgaben vorteilhaft auf bereits vorhandene parallele Rechnerarchitekturen übertragen. Die dargestellten Ideen zur Algorithmenkonstruktion sind vielseitig nachnutzbar. Infolge der interdisziplinär ausgerichteten Thematik profitieren auch Bioinformatiker, Molekularbiologen und Genetiker von dem vermittelten Wissen. Ihr Interesse gilt vordergründig der praktischen Anwendung von Simulationen molekularbiologischer Prozesse mit dem Ziel einer kostengünstigen und effektiven Vorbereitung von Laborexperimenten. Personen, die auf dem Gebiet der Modellierung und Simulation tätig sind, erhalten kompakt angereichertes, anwendungsfertiges Wissen sowie Anregungen zur Handhabung von Simulationsgegenständen aus der Molekularbiologie. Das Verständnis des Buchinhaltes setzt keine Spezialkenntnisse voraus, alle benutzten Begriffe werden eingeführt und die dargelegten Sachverhalte anschaulich nachvollziehbar erklärt.

Unser Dank gebührt den Mitarbeiterinnen und Mitarbeitern des Oldenbourg-Wissenschafts-verlages München für die hervorragende Zusammenarbeit und Unterstützung. Ihr Interesse an der Erstveröffentlichung eines deutschsprachigen Fachbuches zur Thematik ist hierbei beson-ders erwähnenswert. Hervorheben möchten wir ebenfalls die guten Rahmenbedingungen an der Technischen Universität Dresden, die wesentlich zum Gelingen des Buchmanuskripts bei-trugen.

Allen Leserinnen und Lesern wünschen wir eine interessante Lektüre.

Dresden   Thomas Hinze, Monika Sturm

Inhaltsverzeichnis

1 Einführung

Elektronische Rechentechnik hat in den zurückliegenden Jahrzehnten Technik, Wirtschaft, Wissenschaft und Alltag nachhaltig verändert. Sie löste eine Welle der Automatisierung und Beschleunigung vieler Arbeitsabläufe aus. Computertechnik, die nach dem Prinzip des von-Neumann-Rechners arbeitet, flankiert nahezu alle Bereiche des Lebens. In einer Reihe von anspruchsvollen Anwendungsgebieten dominiert der Einsatz von Supercomputern. Integrationsgrad, Rechengeschwindigkeit und Speicherkapazität elektronischer Computer konnten kontinuierlich gesteigert werden. Mit der Erhöhung der hardwareseitigen Leistungsfähigkeit gelang die Entwicklung effizienter Algorithmen zur Lösung zahlreicher Aufgabenstellungen und die Erschließung eines breiten Spektrums von Anwendungsfeldern. Trotz der Fortschritte ist bereits heute absehbar, dass Leistungsparameter elektronischer Rechentechnik wie beispielsweise Taktfrequenz und Speicherdichte nicht beliebig erhöht werden können. Bei der Bearbeitung extrem rechenintensiver Aufgaben und beim Einsatz unter außergewöhnlichen Umgebungsbedingungen stößt konventionelle Rechentechnik zunehmend an ihre physikalisch wie auch technologisch bedingten Grenzen. Insbesondere kombinatorische Suchprobleme (NP-Probleme) erweisen sich als mathematische Problemstellungen hoher Praxisrelevanz, deren uneingeschränkt exakte Lösung konventionelle Rechentechnik infolge des exponentiellen Ressourcenverbrauchs vor neue Herausforderungen stellt.

In diesem Zusammenhang untersucht die Forschung alternative Computingkonzepte, auf deren Basis die Konstruktion entsprechender Hard- und Software mit favorisierten Eigenschaften aufsetzt. Unter Computingkonzepten werden nutzbare Prinzipien aus der Natur mit beherrschbarer, reproduzierbarer und analysierbarer Wirkung verstanden, die gezielt zur steuerbaren Ausführung von Rechenvorgängen dienen können. Als unkonventionelle Computingkonzepte stehen derzeit die Ausprägungen *Quantum Computing*, *Neural Computing*, *Evolutionary Computing* und *Molecular Computing* im Fokus des wissenschaftlichen Interesses, die zusammenfassend mit dem Oberbegriff *Future Computing* bezeichnet werden.

Forciert durch rasante Fortschritte in der Molekularbiologie, der Biochemie sowie der Gentechnik gilt aus heutiger Sicht das Molecular Computing als dasjenige Computingkonzept, dessen Potenzial mittelfristig als am aussichtsreichsten im Hinblick auf eine breite praktische Anwendung und vorteilhafte Nutzbarkeit erscheint. Molecular Computing verfolgt die Idee, organische Moleküle als Datenträger (Speichermedium) einzusetzen, mittels chemischer Reaktionen und physikalischer Prozesse auf diesen Molekülen die Ausführung von Operationen nachzubilden und dadurch Rechenvorgänge zu realisieren. Dieser Ansatz begründet eine neuartige Rechnerarchitektur, bei der die Eingabedaten in Form geeigneter Moleküle bereitgestellt werden und die Ergebnisausgabe durch Analyse der aus der Bearbeitung hervorgegangenen Moleküle erfolgt. Innerhalb des Molecular Computing unterscheidet man derzeit je nach gewähltem Datenträger zwischen *DNA*-, *RNA*- und *Protein*-Computing. Prominentester Vertreter ist das DNA-Computing, bei dem Desoxyribonucleinsäure (DNA) als Datenträger sowie moderne Rekombinationstechniken aus der Molekularbiologie im Einklang mit durchdachten, für den speziellen

Einsatzzweck konstruierten Versuchsaufbauten zur Anwendung gelangen. Das Potenzial des DNA-Computing liegt sowohl in der *massiven Datenparallelität* – denn eine Operation wirkt gleichzeitig auf eine Vielzahl von DNA-Strängen – als auch in der *hohen Speicherkapazität*. Hochleistungsrechner auf Basis des DNA-Computing mit einer Rechengeschwindigkeit von bis zu $1,2 \cdot 10^{18}$ molekularen Operationen pro Sekunde, einer Speicherkapazität von bis zu 10^{21}bit und einer Speicherdichte von $1 \frac{bit}{nm^3}$ gelten als praktisch realisierbar. Diese Leistungsparameter übertreffen Vergleichswerte elektronischer Rechner um mehrere Zehnerpotenzen. Darüber hinaus zeichnen sich DNA-Computer durch einen sehr niedrigen Energieverbrauch (10^{19} molekulare Operationen pro Joule), eine Arbeitsweise frei von mechanischem Verschleiß und durch eine weitgehende Recyclingfähigkeit aus. Das DNA-Computing verkörpert einen vielversprechenden Ansatz, sich den Herausforderungen bei der zeiteffizienten Lösung von NP-Problemen zu stellen und darüber hinaus zusätzliche rechen- und speicherintensive Anwendungsgebiete zu erschließen, die gegenwärtig noch als realitätsfern gelten. Als Beispiel seien biokompatible Minicomputer genannt, die Spezialaufgaben im menschlichen Körper übernehmen können.

Die ersten praktischen Arbeiten zum DNA-Computing gehen auf das Jahr 1994 zurück, als Leonard M. Adleman (einer der Begründer des Kryptostandards RSA) erfolgreich im Labor eine Instanz des Hamiltonkreis-Problems (Größe $n = 7$) löste, bekannt unter dem Namen *Adleman-Experiment*. Dieser erste Erfolg gab den entscheidenden Anstoß, die Idee des DNA-Computing aufzugreifen und theoretisch wie auch experimentell weiterzuentwickeln. Derzeit werden in vielen Ländern Forschungen vorangetrieben, schwerpunktmäßig in den USA, Japan, Kanada, Großbritannien, den Niederlanden sowie im deutschsprachigen und im osteuropäischen Raum.

Auf dem Gebiet des DNA-Computing entwickelten sich die Arbeiten weitgehend getrennt voneinander in zwei verschiedene Richtungen. Einerseits entstanden mehrere Modelle des DNA-Computing, die sowohl den Datenträger DNA als auch das Repertoire molekularbiologischer Operationen stark abstrahiert und idealisiert betrachten und das DNA-Computing unter dem Aspekt der Berechenbarkeitstheorie untersuchen. Modelle des DNA-Computing werden hierbei als spezielle Modelle der Berechenbarkeit aufgefasst und hinsichtlich ihrer Berechnungsstärke klassifiziert. Andererseits beschäftigen sich Laborstudien mit der Aufgabe, ausgewählte Instanzen zumeist NP-vollständiger Probleme experimentell zu lösen. Von Anfang an zeigte sich die Seiteneffektanfälligkeit von molekularbiologischen Operationen als Hemmnis für große Anwendungen und damit als Herausforderung für die Schaffung entsprechend optimierter Operationsfolgen und für die Auswahl einsatzfähiger DNA-Sequenzen. Seiteneffekte sind unerwünschte Wirkungen der Operationen, die sporadisch auftreten und sich nicht gezielt reproduzieren lassen. Gegenwärtige Experimente zur laborpraktischen Lösung von NP-Problemen erreichen Problemgrößen von $n \approx 20$. Seit etwa 1997 trat die Idee eines *universellen DNA-Computers* in den Vordergrund, der über einen Satz exakt definierter Basisoperationen verfügt, die lediglich in ihrer Abfolge variiert werden können. Ein universeller (frei programmierbarer) DNA-Computer soll hierbei die Berechnungsstärke der Turingmaschine erreichen.

Das globale Forschungsziel des DNA-Computing besteht im Aufbau eines universellen und darüber hinaus stark miniaturisierten DNA-Computers, wobei zum gegenwärtigen Zeitpunkt noch keine klare Aussage getroffen werden kann, wann dieser Computer Anwendern zur Verfügung stehen wird. Eine ähnliche Situation konnte man auch im Vorfeld der elektronischen Rechentechnik beobachten: Während die Turingmaschine als formales Modell der Berechenbarkeit bereits in den 1930er Jahren in der Theorie anerkannt war, stammt der erste darauf basierende von-Neumann-Rechner aus dem Jahr 1952.

Beachtliche vermarktungsfähige Erfolge wurden jedoch zwischenzeitlich bei der Lösung spezieller praxisrelevanter Problemstellungen mit Mitteln des DNA-Computing erzielt, die bereits in entsprechende kommerzielle Anwendungen wie *DNA-Chips* mündeten.

Bei der Realisierung von Rechenvorgängen durch molekularbiologische Prozesse auf DNA unterscheidet man zwei prinzipielle Vorgehensweisen. Laufen die Prozesse außerhalb lebender Zellen in Reagenzgläsern, Reaktionsgefäßen oder Bioreaktoren ab, so wird die laborpraktische Ausführung als *in vitro* bezeichnet. Im Gegensatz dazu steht der Begriff *in vivo*, der die Einbettung der Prozesse in lebende Zellen beschreibt. Bisherige Ausprägungen des DNA-Computing konzentrieren sich auf Implementierungen in vitro, die damit verbundenen weitgehend standardisierten Techniken und Methoden gelten als wohluntersucht und ethisch unbedenklich. In den weiterführenden Kapiteln werden deshalb die für das in-vitro-basierte DNA-Computing relevanten Sachverhalte behandelt. Erste Ansätze für in-vivo-gestützte Rechenverfahren sind seit kurzem bekannt und werden voraussichtlich in der zukünftigen Forschung auf dem Gebiet an Bedeutung gewinnen.

Ziel dieses Buches ist es, das gefestigte Basiswissen zum DNA-Computing im Sinne eines Einführungswerkes aufzubereiten, zu strukturieren und in thematisch klar gegliederten Blöcken einschließlich der aufgegriffenen Teile zugrunde liegender Fachgebiete zu vermitteln. Hierzu zählen die Theoretische Informatik mit der Berechenbarkeits- und Komplexitätstheorie, die Molekularbiologie sowie die Modellierung und Simulation teilchenbasierter Systeme. Besonderer Wert wird darauf gelegt, die Querverbindungen zwischen diesen einzelnen Teilbereichen herauszuarbeiten, um ein durchgängiges Verständnis zu fördern. Neben einer kompakten Darstellung des Wissens untersetzen zahlreiche aussagefähige Beispiele und Abbildungen die Anschauung der Sachverhalte und ihrer Zusammenhänge. Die Gliederung des Buchinhaltes in 8 fachbezogene Kapitel folgt dem Gedanken einer schrittweisen, fortlaufend aufeinander aufbauenden Erschließung der Thematik.

Mit dem DNA-Computing verbindet sich ein junges, von Anfang an interdisziplinär geprägtes Wissensgebiet, dessen Geschichte durch zahlreiche Meilensteine gekennzeichnet ist. Das Kapitel 2 reflektiert diese Entwicklung. Ausgehend von seinen Ursprüngen in der Rechentechnik, der Theoretischen Informatik, der Biologie und Chemie fasst das Kapitel wichtige Forschungsergebnisse chronologisch zusammen, dokumentiert die Bedeutung einzelner Beiträge für das Wissensgebiet und ordnet sie in einen Gesamtkontext ein.

Jede algorithmische Umwandlung von Eingabedaten in Ausgabedaten und jede gezielte Erzeugung von Ausgabedaten lässt sich als eine Berechnung im Sinne der Informatik auffassen. Die mathematische Beschreibung und Analyse von Berechnungsvorgängen ermöglicht es, das Leistungsvermögen von Computern objektiv zu beurteilen und auszuschöpfen, so dass eingeschätzt werden kann, welche Aufgabenstellungen mit welchem Aufwand an Zeit und Speicherplatz lösbar sind. Das hierfür notwendige Grundwissen wird im Kapitel 3 vermittelt, das den Charakter eines Nachschlagewerkes trägt. Es begründet das theoretische Fundament des DNA-Computing und ist für das Verständnis DNA-basierter Programmiersprachen und programmierbarer Biohardware von Bedeutung.

Die chemische Struktur von DNA und darauf wirkende molekularbiologische Prozesse bilden den Kern des praktischen DNA-Computing, das sich vorwiegend in der Entwicklung, Anwendung und Optimierung daraus resultierender Labortechniken niederschlägt. Das Kapitel 4 geht auf die damit im Zusammenhang stehenden Grundlagen ein und stellt die erforderliche Wissensbasis für erfolgreiche laborpraktische Implementierungen von DNA-Algorithmen in vi-

tro bereit. Aus den Eigenschaften und Besonderheiten von DNA-Molekülen sowie der darauf
stattfindenden biochemischen Reaktionen und physikalischen Vorgänge ergeben sich geeignete
Strategien für den Entwurf leistungsfähiger Biohardware.

Die Kapitel 2, 3 und 4 sind inhaltlich weitgehend unabhängig voneinander. Sie bilden das Wissensfundament, auf das die nachfolgenden Kapitel jeweils ganz oder auszugsweise zurückgreifen.

Eine kostengünstige Vorbereitung und Anpassung von Laborexperimenten an gewünschte Zielvorgaben wie z.B. die Genauigkeit der Rechenergebnisse setzt Detailkenntnisse über den Ablauf der verwendeten molekularbiologischen Prozesse und ihrer Wechselwirkungen voraus. Wie auch in anderen wissenschaftlichen Disziplinen schafft eine möglichst wirklichkeitsgetreue Simulation der Prozesse den Zugang für eine effektive Nutzung und Optimierung von Verfahren. An der Schnittstelle zwischen theoretisch und praktisch orientiertem DNA-Computing beantwortet Kapitel 5 Fragen zur labornahen Simulation. Die zugrunde liegenden Gesetzmäßigkeiten, die überwiegend der Untersuchung von Vielteilchensystemen aus Chemie und Physik, speziell der Thermodynamik entstammen, gestatten gemeinsam mit angewendeten Simulationsmethoden die Studie von Einzelheiten der Prozessabläufe, die sich einer direkten Beobachtung entziehen. Das hauptsächlich auf Basis von Kapitel 4 vermittelte Wissen befähigt den Leser, labornahe Simulationen von DNA-Algorithmen nachzuvollziehen und selbst zu erarbeiten.

Im Kapitel 6 werden Prinzipien der freien oder eingeschränkten Programmierbarkeit von DNA-Computern diskutiert und ihre erreichbaren Berechnungsstärken mit mathematischen Methoden hergeleitet. Aufbauend auf den mathematischen Grundlagen des DNA-Computing aus Kapitel 3 wird gezeigt, wie man DNA-basierte Rechner und Programmiersprachen allgemein abstrakt beschreiben und speziell zur Konstruktion effizienter Algorithmen für rechen- und speicherintensive Aufgaben vorteilhaft nutzen kann. Durch angegebene Transformationen ist es sogar möglich, konventionelle Algorithmen konstruktiv auf DNA-Computer zu übertragen. Die abstrakt-mathematische Beschreibung DNA-basierter Rechenvorgänge führt zu universellen Modellen des DNA-Computing, die spezielle Berechnungsmodelle verkörpern.

Der Weg zu praktisch nutzbaren Universalrechnern auf DNA-Basis wurde in den zurückliegenden Jahren durch verschiedene richtungsweisende Ideen auf entscheidenden Etappen geebnet und beschritten. Derzeit existieren bereits recht genaue Vorstellungen darüber, wie ein frei programmierbarer DNA-Computer aufgebaut sein und massiv datenparallel arbeiten könnte. Ein vielversprechender Ansatz auf der Grundlage geeignet weiterentwickelter und verfeinerter Splicing-Systeme aus Kapitel 6 wird im Kapitel 7 vorgestellt. Die einzelnen Entwicklungsschritte, die vom abstrakten Modell zu einer labornahen Simulation und letztendlich zu einer Implementierung in vitro führen, sind nachvollziehbar wiedergegeben.

Das Kapitel 8 erstellt einen Überblick über ausgewählte DNA-Algorithmen in praxisrelevanter Anwendung. Es beleuchtet Einsatzfelder des DNA-Computing, die bereits kommerziell erschlossen sind oder unmittelbar davor stehen. Aus den dargestellten Anwendungen wird das Potenzial des DNA-Computing für angrenzende Fachgebiete deutlich, und es zeigt sich die Fruchtbarkeit einer engen Verzahnung interdisziplinärer Forschung. Die Möglichkeiten des DNA-Computing sind bei weitem noch nicht erschöpft. Bereits heute zeichnen sich konkrete realistische Nutzungsszenarien für das DNA-Computing ab, die schon in naher Zukunft zu den vom Menschen beherrschten Technologien gehören können. Das Kapitel 9 beschließt mit einem Ausblick darauf die Reise durch ein junges, innovatives und sich zunehmend etablierendes Wissensgebiet.

2 DNA-Computing – Entwicklung des interdisziplinären Wissensgebietes

Das DNA-Computing etablierte sich in den letzten Jahren zu einem interdisziplinären Fachgebiet. Es setzt die Entwicklungsgeschichte von Rechnerarchitekturen fort und wird aufbauend auf den Erkenntnissen der Theoretischen Informatik vom wissenschaftlichen Fortschritt auf dem Gebiet der Molekularbiologie getragen.

Zur Entwicklung der Rechentechnik haben maßgeblich Ideen beigetragen, die das Ziel verfolgten, geistige Kraft zu potenzieren und dabei Größenordnungen zu erreichen, die ein Mensch sich zwar noch vorstellen, geistig aber nicht mehr selbst ausführen kann. In den Anfängen ihrer Entwicklung wurde Rechentechnik eingesetzt, um Routinearbeiten auszuführen, vordergründig, um Menschen von Arbeit zu entlasten. Rechner nahmen jederzeit sowohl Einfluss auf die Entwicklung der gesellschaftlichen wie auch der sozialen Verhältnisse der Menschen. Umgekehrt wurde aber auch der Einsatz der Rechentechnik von diesen Verhältnissen beeinflusst und in ihrer Entwicklung vorwärts getrieben. Die Geschichte der Informatik als wissenschaftliche Disziplin verbindet sich praktisch eng mit rechnenden Systemen und Maschinen und damit einhergehend mit den einzelnen Entwicklungsetappen der Rechentechnik. Den Beginn ihrer Aufzählung entnimmt man den Überlieferungen zum Aufbau einfacher Rechenhilfsmittel. In dieses Spektrum fällt als Erstes ein Rechenbrett mit dem Namen Abakus, dessen Bekanntwerden der Zeit der Antike zugeordnet wird.

Der Abakus, auch Soroban oder Suan-pan genannt, besteht aus einem Rahmen mit Kugeln oder Rechensteinen, die auf Drähten aufgefädelt bzw. in Schlitzen geführt werden. Die Kugeln oder Rechensteine (lat. calculi) stellen dabei durch ihre Lage eine bestimmte Zahl (entweder als ganze Zahl oder als Dezimalbruch) dar, d.h. die Basis bildet ein Stellenwertsystem. Die Rechenmöglichkeiten reichten von einfacher Addition und Subtraktion über Multiplikation und Division bis zum Ziehen von Quadrat- und Kubikwurzeln. Der Abakus findet noch heute im asiatischen Raum Anwendung.

Vor allem die Griechen und Römer nutzten den Abakus von der Antike – schon vor der allgemeinen Durchsetzung des arabischen Dezimalsystems – bis etwa ins 16. Jahrhundert. Nach dieser Zeit wurde er abgelöst durch die Napierschen Rechenstäbchen und im darauffolgenden Jahrhundert durch die Entwicklung eines mechanischen Rechenhilfsmittels nach Edmund Gunter, das nach dem Prinzip des späteren Rechenschiebers arbeitet. Mit Hilfe dieses Prinzips wurde die Multiplikation auf der Grundlage einer logarithmisch eingeteilten Skala möglich. In der Zwischenzeit waren durch Adam Ries das Dezimalsystem und die Rechengesetze des Dezimalsystems eingeführt.

Nach den anfänglichen Rechenhilfsmitteln war der Weg frei für die ersten mechanischen Rechenmaschinen. Wilhelm Schickard, ein Professor aus Tübingen, stellte 1623 seine zahnradgetriebene Rechenmaschine vor und leitete damit eine neue Entwicklungsetappe ein. Sie ist die älteste mechanische Rechenmaschine und wurde bekannt, da sie über vier Grundrechenarten verfügte und automatisch einen Übertrag in die nächste Zehnerdekade vornehmen konnte. Die Rechenmaschine von Blaise Pascal für die sechsstellige Addition mit Zehnerübertrag aus dem Jahr 1642 und ihre Erweiterung zur Rechenmaschine mit Staffelwerk für die vier Grundrechenarten aus dem Jahr 1673/74 von Gottfried Wilhelm von Leibniz setzten entscheidende Impulse für weitere Entwicklungen. So erkannte Leibniz, dass der komplizierte Mechanismus seiner Rechenmaschine durch die Einführung des Binärcodes anstelle des Dezimalcodes stark vereinfacht werden könnte. Auf dieser Idee aufbauend wurden das duale Zahlensystem und die Gesetze der Dualarithmetik formuliert. Die Rechenmaschine von Leibniz wurde entsprechend weiterentwickelt und in Serie produziert. Charles Babbage plante um 1834 den Bau einer analytischen, über Lochkarten gesteuerten Maschine, die sich aus den Teilen Speicher, Rechenwerk, Steuerwerk, Ein-/Ausgabe sowie gespeicherte Programme zusammensetzte. Seine Vorstellungen sind noch in der heutigen Zeit Grundlage für den prinzipiellen Aufbau von Rechnern. Der von ihm konzipierte Rechner konnte jedoch wegen seiner Kompliziertheit mechanisch nicht mehr hergestellt werden.

Eine weitere mathematische Entwicklung dieser Zeit besitzt eine weitreichende Bedeutung. Georg Boole fasste Mengenoperationen und ihre Eigenschaften in einem System zusammen und publizierte sie 1854 als BOOLEsche Algebra. Die Schaltungen in späteren Rechnern, zusammengefasst unter der Bezeichnung Hardware, folgen den Gesetzen der BOOLEschen Algebra, da sie auf einer zweiwertigen Logik aufgebaut sind. Die Idee zum ersten maschinell lesbaren Informationsträger stammt von Falcon. Mit seinen gelochten Holzplättchen wurden bereits 1728 Webstühle mechanisch gesteuert. Herrmann Hollerith erfand 1884 die Lochkarte zusammen mit einem Abtastmechanismus und einem Zählwerk. Er setzte dieses System bei der Volkszählung 1890 ein und demonstrierte, wie mit dieser Lochkartentechnik der zeitliche und der personelle Aufwand stark reduziert werden konnte. Für jeden Bürger wurden auf der Karte entsprechend eines Schlüssels spezifische Kennungen eingegeben. Ein Abtastsystem zur Auswertung übertrug dann diese Informationen auf mechanische Zählwerke. Bekannt wurde Hollerith weiterhin durch die 1924 vollzogene Vereinigung seiner Firma Tabulating Machine Company mit anderen Unternehmen zur Firma International Business Machines Corporation (IBM).

1934 wurde der erste vollmechanische programmierbare Ziffernrechner mit dem Namen Z1 durch Konrad Zuse fertiggestellt. Es musste akzeptiert werden, dass sich eine weitergehende Programmierbarkeit von Rechnern rein mechanisch nicht mehr umsetzen ließ. Der Z3 wurde 1941 entwickelt. Er nutzte erstmalig eine Realisierung der Programmsteuerung unter Verwendung des binären Zahlensystems und arbeitete relaisgesteuert elektromechanisch. In den Jahren 1945/46 entwickelte Zuse den Plankalkül, die wahrscheinlich erste EDV-Programmiersprache der Welt. Der Plankalkül ist ein Vorläufer moderner Programmiersprachen und umfasst auch Konzepte des logischen Programmierens.

Der Z3 galt als erster programmgesteuerter elektromagnetischer Rechner, dessen Konkurrenz 1944 der von Howard Aiken entwickelte erste programmgesteuerte Relaisrechner Mark I mit Lochstreifen zur Ein- und Ausgabe war. Seine Programme wurden durch Schaltpläne gesteckt. Mark I hatte ein Gewicht von 35 Tonnen, eine Länge von 16 Metern, eine Höhe von 2, 5 Metern und eine Leistung von 10 Operationen pro Sekunde.

Wird von Relaisrechnern gesprochen, spezifiziert man damit die nullte Generation von Rechnern. Mit der ersten Generation werden die Elektronenröhrenrechner bezeichnet, mit denen das Zeitalter der elektronischen Datenverarbeitung eingeleitet wurde. Es begann 1946 mit dem Vorläufer elektronischer Rechner, der ENIAC (Electrical Numerical Integrator And Calculator) von John P. Eckert und John W. Mauchly. Dieser Rechner war aus 17 000 Elektronenröhren aufgebaut und erforderte eine Stellfläche von 140 Quadratmetern. Seine Wärmeentwicklung entsprach der Leistung eines mittleren Heizwerkes. Rechner der ersten Generation arbeiteten mit Elektronenröhren als Schaltelemente, Magnetbändern und Magnettrommeln als externe Speicher, jedoch ohne Betriebs- und Sprachverarbeitungssysteme. Im Jahr 1947 schlug John von Neumann einen Rechneraufbau mit einem internen Speicher vor. Daten und Programme konnten damit erstmalig gemeinsam im Speicher des Rechners abgelegt werden, ein Vorschlag, der noch heute dem Aufbau der meisten Rechner entspricht.

In der zweiten Generation fand der Transistor Einsatz in der Rechentechnik, anfangs zunächst als diskretes Bauelement. Erste integrierte Schaltungen setzten sich Ende der 1950er Jahre durch. Magnetisierbare Ferritkerne wurden als Arbeitsspeicher verwendet. Der erste Transistorrechner der Bell Telephone Laboratories TRADIC aus dem Jahr 1955 hatte eine Operationsgeschwindigkeit von 10 000 Operationen pro Sekunde und war damit zehnmal leistungsfähiger als der ENIAC. Transistorrechner waren zudem in der Regel erheblich kleiner und energieeffizienter als Relaisrechner. Parallel zu diesen technischen Entwicklungen entstanden in dieser Zeit erste Betriebssysteme. Programmiersprachen und dazugehörende Sprachverarbeitungssysteme wurden entwickelt. Bekannte Sprachen aus dieser Zeit sind Cobol, Fortran und Algol. Mit Hilfe von Compilern wurde eine automatische Übersetzung dieser anwenderfreundlicheren Programmiersprachen in den eher schwer überschaubaren Maschinencode des jeweiligen Rechners möglich.

Die dritte Generation ist technologisch durch die Einführung integrierter Schaltkreise charakterisiert. Durch Miniaturisierung – d.h. durch Zusammenfassung von Widerständen, Dioden, Transistoren und Kondensatoren in einem Bauelement – konnte ein großer Sprung in der Entwicklung von Rechnern bezüglich Leistung und Komplexität unter gleichzeitiger Kostensenkung vollzogen werden. Bezogen auf TRADIC sprach man von einer hundertfachen Verbesserung der Operationsgeschwindigkeit. Es war möglich, eine Million Operationen pro Sekunde auszuführen. Auf einer Fläche von $3mm^2$ konnten 100 Transistoren untergebracht werden. In den Zeitraum dieser Generation fällt auch der Boom und die Serienproduktion von elektronischen Taschenrechnern, außerdem der Ersatz der Magnetkernspeicher durch Halbleiterspeicher und die Integration vieler einfacher Prozessoren auf Silizium, die die ersten Mikroprozessoren zur Folge hatten. Die Unterteilung der Rechner in Großrechner bzw. kleine und mittlere Rechner führte zur Ausprägung wissenschaftlicher Profile der technischen und praktischen Informatik. Der Übergang zur dezentralen Datenverarbeitung war durch den Einsatz kleiner und mittlerer Rechner möglich.

Die vierte Generation wird verbunden mit den rapiden Fortschritten bei der Großintegration. Mit Beginn der 1970er Jahre wurde es technologisch möglich, bis zu 100 000 Transistoren auf einem Chip zu integrieren. Diese Größenordnung der Miniaturisierung wurde durch hochintegrierte Schaltkreise erzielt. Es erfolgten die Entwicklung der ersten Mikroprozessoren zunächst mit 8 Bit, später mit 16 Bit und 32 Bit Wortbreite. Die Grundlage für die Personal Computer war gelegt. Siliziumtechnik, 8-Bit-, 16-Bit- und 32-Bit-Architekturen eroberten den Markt. Mit Hilfe dieser Technik erreichte man eine Operationsgeschwindigkeit von 10 Millionen Operationen pro Sekunde. Auf einer Fläche von $3mm^2$ war es nunmehr möglich, eine Million Transistoren unterzubringen. Auch auf dem Gebiet der Softwareentwicklung setzte dieser Zeitraum interessante Aspekte. Rechnergestützte Entwurfsprogramme speziell für hochintegrierte Schaltungen kamen zur Anwendung, und es wurden spezielle Rechner für grafische Probleme (CAD-Systeme) konzipiert. Für den Entwurf von Software unter ingenieurtechnischen Gesichtspunkten entstand das Software-Engineering als Disziplin der Informatik.

Den Zeitraum seit Beginn der 1980er Jahre bezeichnet man als fünfte Generation. Er war geprägt durch die technische Realisierung der Rechnervernetzung und die Entwicklung von Rechnern, in denen Einheiten wiederum parallel arbeiten können. Technologisch war man nunmehr in der Lage, anspruchsvolle Aufgaben auf Schaltkreise zu integrieren.

Prozessoren enthielten nunmehr bis zu ca. 10 Millionen Transistoren, während Speicherbausteine etwa 100 Millionen Transistoren umfassten. In der Wirtschaft und in der Wissenschaft kamen hochleistungsfähige Personalcomputer, Workstations, Graphikrechner und Parallelrechner zur Anwendung. Betriebssysteme, Compiler, Programmiersprachen und Programmiermethoden sind auf diese Rechnerarchitekturen zugeschnitten und unterstützen deren Leistungsmerkmale.

Neben diesen konventionellen Rechnerarchitekturen entwickelten sich in den letzten Jahren Ideen und Konzepte, die auf so genannte unkonventionelle Rechnerarchitekturen abzielen. Wurde bisher der Begriff Rechner verwendet, verband sich damit unmittelbar ein Zusammenhang mit Begriffen wie Tastatur, Bildschirm, Mikroprozessor und diversen elektronischen Bauteilen aus Silizium. Rechner wurden in der allgemeinen Vorstellung von diesen Kategorien begrifflich eingegrenzt. Mit der Frage von Wissenschaftlern nach „flüssigen Rechnern", in denen sich Moleküle gegenseitig beeinflussen und dadurch Berechnungen ausgeführt werden könnten, begann die geschichtliche Entwicklung zum molekularen Rechnen, die letztendlich u.a. zum DNA-Computer führte. Erste Ideen und vor allem die wissenschaftliche Begründung, die für die Erforschung eines molekularen Rechenkonzeptes sprach, gehen auf die Veröffentlichung von Bennet und Laundauer „The fundamental physical limits of computation" aus dem Jahr 1985 zurück [BeLa_85]. Die Veröffentlichung, in der erstmalig über die praktische Nutzung von DNA als Rechenmedium berichtet wurde, erfolgte dann 1994 durch Leonard M. Adleman und bezog sich auf das *Adleman-Experiment* [Adle_94].

Erstmals war es hierbei gelungen, ein *NP-vollständiges* Problem mit polynomiellem Zeitaufwand zu lösen. Diese Arbeit gab den entscheidenden Impuls zur Eröffnung eines interdisziplinären Forschungsgebietes, welches auf ein über Millionen Jahre optimiertes, extrem stabiles, leicht kopierbares Speichermaterial aus der Natur setzte. Adleman beschäftigte sich als Informatiker und Mathematiker in dieser Zeit mit Forschungen zur Immunschwächekrankheit und machte aus diesem Grund auch die Bekanntschaft mit modernen Methoden der Biologie, die in der damaligen Zeit in der Naturwissenschaft neue Fenster öffnete. Während seiner Studien in molekularbiologischen Laboren erkannte er, dass auch die Biologie – ähnlich wie die Physik – eine Mathematik enthält. Ihn faszinierte, wie im Erbmaterial DNA Informationen nicht nur gespeichert, sondern auch verarbeitet werden konnten. Adleman erkannte dabei sofort den direkten Zusammenhang zur Verarbeitung von Zeichenketten, einer Methodik, wie sie in der Informatik seit jeher bekannt und üblich war. In dem Enzym *DNA-Polymerase*, mit dessen Hilfe DNA repliziert werden kann, sah Adleman eine kleine Nanomaschine, die unter geeigneten Bedingungen in der Lage war, einen DNA-Strang nucleotidweise zu lesen und jeweils das Komplement dazu einschließlich aller chemischen Bindungen in das Gesamtsystem einzubringen.

Adleman abstrahierte diesen molekularbiologischen Vorgang als Schreiben einer Negativkopie zu einem DNA-Strang. Er sah die Parallele zur abstrakten Turingmaschine und schlussfolgerte, dass die DNA-Polymerase im Wesentlichen genauso vorgeht wie eine Turingmaschine. Eine solche Turingmaschine besitzt ein reduziertes Alphabet, bestehend aus den Zeichen A, C, G und T. Abfolgen dieser Zeichen werden auf dem Eingabeband gelesen und auf einem Ausgabeband als entsprechendes Komplement der Folge geschrieben. Diese Vorstellung gewann an unglaublicher Aussage, als Adleman auf die universelle Berechnungsstärke der Turingmaschine verwies. Wenn man also mit DNA Turingmaschinen nachbilden konnte, musste es auch möglich sein, mit DNA rechnen und Probleme lösen zu können. Es sollte hierfür ausreichend sein, korrekte Eingabedaten bereitzustellen und darauf molekularbiologische Operationen in der richtigen Reihenfolge anzuwenden, d.h. in gewisser Weise ein Programm abzuarbeiten. Adleman sah mit seinen Vorstellungen große Chancen, absehbare Grenzen der modernen Rechentechnik zu durchbrechen. Er löste dazu selbst im Labor eine Instanz des *Hamiltonkreis-Problems* und veröffentlichte das Ergebnis. In der Theorie der formalen Sprachen hatte sich bereits 1987 Tom Head dazu bekannt, Operationen auf Wörtern, die Zeichenketten darstellen, in biologische Operationen abzubilden [Head_87].

Die wissenschaftliche Auseinandersetzung mit dem Experiment von Adleman begann mit der Einschätzung, dass der Algorithmus sehr elegant auf molekularbiologische Operationen ausgerichtet war, seine zeitaufwendige Umsetzung jedoch eine deutliche Steigerung der Problemgrößen zunächst kaum zuließ. Der Versuch einer Wiederholung des Experimentes durch Peter Kaplan und seine Gruppe scheiterte 1995, obgleich auf Originalprotokolle zurückgegriffen wurde [KaCL_95]. Hartmanis wies ebenfalls 1995 anhand der verwendeten Protokolle nach, dass bei einer Problemgröße von 200 zur Lösung des Hamiltonkreis-Problems das 24-fache des gesamten DNA-Vorkommens der Erde erforderlich wäre [Hart_95]. Verschiedene Forscher versuchten, mit ihren Arbeiten unerwünschte Seiteneffekte, die sich mit den verwendeten Laboroperationen unter Umständen aufsummieren und ein exaktes Ergebnis verhindern könnten, zu reduzieren [Varg_98]. Vorschläge zur Steigerung der Zeiteffizienz gehen auf Kaplan, Cecci, Libchaber, Lönneborg, Sharma und Stougaard zurück [KaCL_95], [LoSS_95]. Adleman selbst schätzte ein, dass der aktuelle Stand der Technik die Lösungsmöglichkeit eines NP-Problems im Labor auf eine Problemgröße von etwa 70 begrenzt. Von der Idee selbst sollte nicht abgewichen werden, zudem in dieser Zeit auf dem Gebiet der Molekularbiologie neue Erkenntnisse auch eine erhöhte Präzision in der Abarbeitung von molekularbiologischen Operationen nach sich zogen. Die Wissenschaftler waren sich einig, einerseits theoretischen Modellen des DNA-Computing nachzugehen und andererseits den Einsatz eines DNA-Computers zur Lösung mathematisch schwieriger Probleme durch Ausnutzung der Vorteile des molekularen Rechnens vorzubereiten. Als Zielstellung sah man den *One-Pot-Computer* bzw. den *universellen DNA-Computer*, auch wenn ihre laborpraktische Realisierung nicht für die unmittelbar bevorstehenden Jahre erwartet wurde.

International beschäftigen sich mehrere hundert Wissenschaftler mit Arbeiten auf dem Gebiet des DNA-Computing. Die Ergebnisse lassen sich weniger in zeitlichen Etappen zusammenstellen, wie es bei der Entwicklung der konventionellen Rechentechnik möglich war, vielmehr ist jedoch eine Zuordnung zu Arbeitsschwerpunkten und zu den Grundlagen, auf denen die Forschungsarbeiten aufsetzen, möglich. Zunächst soll auf wichtige Entwicklungen innerhalb der abstrakten Modellierung verwiesen werden, die alle auf den Grundaussagen der Theoretischen Informatik aufbauen, da sie mit dem Ziel einhergehen, dass ein DNA-Rechner berechnungsäquivalent zur Turingmaschine und damit universell (frei programmierbar) sein soll.

Allen Modellen voran wurde aus dem erfolgreichen Experiment von Adleman ein erstes abstraktes Modell zum DNA-Computing formuliert und entsprechend seiner Arbeitsweise als Filtering-Modell bezeichnet. Verschiedene Autoren beteiligten sich an der Modifikation und Erweiterung, so dass das Filtering-Modell mit den Namen Adleman ([Adle_94], [Adle_96]), Lipton ([Lipt_95]), Amos ([Amos_97]), Boneh, Dunworth, Sgall ([BoDS_95]) und der Forschergruppe um Roweis ([RWBC_99]) verbunden ist. Grundlage für die Konstruktion DNA-basierter Algorithmen in diesen Modellen bildete der Gedanke, im ersten Schritt zunächst alle potentiellen Lösungskandidaten zu generieren und in einem anschließenden zweiten Schritt über sich wiederholende Abläufe korrekte Lösungskandidaten, falls es sie gibt, von den anderen zu separieren und somit ein Ja-nein-Ergebnis herbeizuführen (*Brute-Force-Ansatz*). Lipton stellte in seiner Arbeit einen zeiteffizienten Algorithmus zur Lösung des *SAT-Problems* vor, das ebenfalls als NP-vollständiges Problem bekannt ist. Er nutzte dazu in seinem Modell einen gegenüber dem Adleman-Experiment erweiterten Satz von Operationen und zeigte eine Möglichkeit, wie durch Bitketten Inhalte von Reagenzgläsern beschrieben werden konnten. Adleman führte die Spezifikation der Operationen aus dem Modell von Lipton einer formalen Beschreibung näher, erweiterte um eine zum uneingeschränkten Duplizieren nutzbare Operation und hob damit eine wesentliche Restriktion auf [Adle_96]. Amos ergänzte diesen Vorschlag u.a. durch die Einbeziehung von *Multimengen* in die formale Beschreibung. Multimengen blieben jedoch bisher in Ansätzen zu Laborimplementierungen unberücksichtigt [Amos_97]. Aus den verschiedenen Modellen, die alle dem Filtering-Modell zugeordnet werden können, gingen mit entsprechenden Optimierungen andere Modelle hervor. So veröffentlichte Reif 1995 das Modell *Parallel Associative Memory* (PAM), eine Überarbeitung erfolgte 1999 [Reif_95], [Reif_99]. Reif erweitertes um die Modellabbildung von Reagenzglasinhalten auf Multimengen. Die Einführung einer zentralen Operation ermöglichte die Konstruktion von Algorithmen mit vergleichsweise wenigen Arbeitsschritten. Die spezielle Operation *PA-Match* kombiniert und selektiert hierbei gezielt Reagenzglasinhalte in einem Schritt. Sie gestattet deshalb eine effiziente parallele Abfrage und Verknüpfung (Association) von Daten, die in DNA kodiert sind. Ein Speicher (Memory) archiviert den Datenpool und lässt somit Berechnungen auf der Basis DNA-kodierter Daten entsprechend eines Brute-Force-Ansatzes zur Lösung von NP-Problemen zu. Reif beschrieb auch Ideen einer möglichen Laborimplementierung. Ergebnisse über entsprechende Experimente sind jedoch nicht veröffentlicht.

Bekannt wurden auch DNA-Computing-Modelle, die unmittelbar auf *formale Sprachen* zurückgreifen. Zu ihnen zählt *DNA-Pascal* von Rooß und Wagner aus dem Jahr 1995 ([RoWa_95]), eine Erweiterung erfolgte 1996 [RoWa_96]. DNA-Pascal setzt auf die imperativen Programmiersprache Pascal auf und erweitert das Filtering-Modell von Lipton. Ziel der Entwicklung waren jedoch keine Programme, die im Labor abgearbeitet werden könnten, sondern die theoretische Analyse von Berechnungen und damit die Beschreibung der Klasse von Problemen, die mittels DNA-Computing in polynomieller Zeit lösbar sind.

Ebenfalls als imperative Programmiersprache ist das Modell *DNA Equality Checking* (DNA-EC) zu verstehen. Es wurde 1999 von Yokomori und Kobayashi vorgestellt und baute wesentlich auf DNA-Pascal auf [YoKo_99]. DNA-EC verfügte über einen erweiterten Satz von Operationen und eine Verallgemeinerung der Beschreibung der DNA-basierten Daten. Die Idee, eine nichtdeterministische Equality-Maschine effizient mit DNA-Molekülen zu implementieren, wurde durch die Kenntnis motiviert, dass die Klasse der durch Equality-Maschinen akzeptierbaren Sprachen gleich der Klasse der *rekursiv aufzählbaren Sprachen* ist [EnRo_80].

Zwei der grundlegenden biologischen Operationen sind das Entfernen bzw. das Hinzufügen eines Teilstückes innerhalb eines DNA-Stranges. Die Natur verfügt über beide Operationen. Diese Kenntnis führte zu *Insertion-Deletion-Systemen*, DNA-Computing-Modellen, die auf einer fortlaufenden Ersetzung von DNA-Abschnitten beruhen. Ihre Vorläufer, die Insertion-Systeme, stellte Galiukschov bereits 1981 vor [Gali_81]. Die formale Beschreibung der Insertion-Deletion-Operation erfolgte durch Kari 1991 [Kari_91]. Darauf basierende Insertion-Deletion-Systeme wurden 1996 durch Kari und Thierrin eingeführt und ihre Universalität bei Betrachtung von linearen DNA-Strängen nachgewiesen [KaTh_96]. Um jedoch auch *Plasmide* in diesen Systemen modellieren zu können, wurde das Modell durch Kari, Daley, Siromoney und Gloor zu den zirkulären Insertion-Deletion-Systemen erweitert [DKSG_99]. In dieser Veröffentlichung sind auch Ergebnisse einer Laborimplementierung für ein kleines Beispiel enthalten. Beide Varianten der Insertion-Deletion-Systeme sind nicht nur universell, sondern bauen auf grundlegenden, bereits etablierten molekularbiologischen Operationen auf. Die Wissenschaftlergruppe um Kari arbeitet aktuell an Laborimplementierungen beider Systeme und sieht ihr zukünftiges Forschungsziel auch in einer möglichen Umsetzung in vivo [DaKa_02].

Eine besonders interessante Alternative zu den DNA-Computing-Modellen, deren Entwicklung unmittelbar mit dem Aspekt einer laborpraktischen Implementierung verbunden waren, bilden die *Splicing-Systeme*. Sie stehen für ein sehr ausdrucksstarkes Modell mit einer sehr engen inhaltlichen Verbindung zur Theoretischen Informatik. DNA-Stränge werden in Splicing-Systemen durch Wörter formaler Sprachen repräsentiert. Das Modell abstrahiert zwei molekularbiologische Prozesse auf die so genannte *Splicing-Operation*. Mehrere Ansätze führten zu konkreten Reagenzglas-Rechensystemen, deren unterschiedliche Berechnungsstärke bewiesen werden konnte. Das Modell selbst wurde im Kontext der Theorie formaler Sprachen entwickelt. Das erste Splicing-Modell wurde von Tom Head im Jahr 1987 definiert ([Head_87]), zu weiteren frühen Veröffentlichungen zählen auch [Gatt_94] und [Paun_96a]. Head führte die Splicing-Operation in Auswertung des Rekombinationsverhaltens von DNA ein und publizierte sie als Operation auf formalen Wörtern noch vor Veröffentlichung des Adleman-Experimentes. Gatterdam und Păun vereinfachten das Modell, indem statt mehrerer *Regelmengen* im System nur noch eine verwendet wurde. Jede Regel aus dieser Menge spezifizierte beide an der Splicing-Operation beteiligten DNA-Stränge. Die Berechnungsstärke des einfachsten Splicing-Modells, des so genannten *H-Systems*, bei dem unter anderem die Menge der Splicing-Regeln eine endliche Menge darstellten, wiesen Culik und Harju nach [CuHa_91]. Sie entsprach der Klasse der *regulären Sprachen*. Der universelle DNA-Computer, der als Splicing-System laborpraktisch umgesetzt werden soll, erfordert jedoch die Berechnungsstärke der Klasse der rekursiv aufzählbaren Sprachen. Diese Aufforderung zu einer gezielten Erweiterung der H-Systeme bestimmte über viele Jahre die Entwicklungsarbeit zu den Splicing-Systemen. Die Modifikation der Splicing-Operation selbst, die Einführung von Multimengen in das Modell und die Zulassung von nichtlinearen DNA-Strukturen sowie die Konzeption von Mehrtubesystemen zur Realisierung eines verteilten Splicing-Systems mündeten alle in spezielle Splicing-Systeme, für die der Universalitätsnachweis erbracht werden konnte. Im Einzelnen wurden sie als Splicing-Systeme mit modifizierter Splicing-Operation ([FrKP_99], [Paun_98], [PaRS_98]), als Splicing-Systeme auf Basis nichtlinearer DNA-Strukturen ([YoKF_97], [PaRS_98]), als Splicing-Systeme mit Multimengen ([CFKP_96], [FrMF_98], [FrKP_99]) und als verteilte Splicing-Systeme ([DaMi_96], [Paun_96c], [MaPa_97], [CsKP_96], [Paun_97b], [MaRo_98]) bekannt.

Die Mehrzahl der veröffentlichten DNA-Computing-Modelle wird der Theoretischen Informatik zugeordnet, da sie dem Ziel folgten, ein unkonventionelles Modell für die Berechenbarkeit zu formulieren. Transformationen dieser Modelle in eine Turingmaschine bzw. von einer Turingmaschine in diese Modelle erfüllen diese Zielstellung. Nicht jedes dieser Modelle setzte unbedingt einen geeigneten Rahmen zur Überprüfung der praktischen Anwendbarkeit des DNA-Computing. Daneben entwickelten sich auch Modelle, die sehr viel offensichtlicher auf bereits existierende molekularbiologische Operationen und Techniken abgestimmt sind und schon dadurch eine Implementierung im Labor anregen. Als eine direkte Vorlage für einen DNA-Computer kann die Arbeit von Rothemund angesehen werden [Roth_96]. Das Verhalten einer deterministischen Turingmaschine wurde formal mit Hilfe molekularbiologischer Operationen nachvollzogen und beschrieben. Der Einsatz einer hohen Anzahl spezieller Restriktionsenzyme, verbunden mit hohen Kosten und die eingeschränkte Auswahlmöglichkeit geeigneter Enzyme verhinderten eine weitere Verfolgung dieser Arbeit im Labor, zumal dieser Vorschlag den Vorteil des DNA-Computing, die massiv-datenparallele Verarbeitung, nicht ausnutzte.

Im Spektrum der aktuellen Arbeiten, die primär auf eine experimentelle Implementierung ausgerichtet sind, befinden sich verschiedene Ansätze. Zur Lösung NP-vollständiger Probleme in einer konstanten Anzahl molekularbiologischer Schritte schlug Erik Winfree eine modifizierte Variante der *Polymerase-Kettenreaktion*, die so genannte *Whiplash PCR* vor [Winf_99]. Die damit realisierbare Operation basiert auf dem klassischen Modell der Zustandsmaschine, die Transitionen von einem aktuellen Zustand in einen neuen Zustand ausführt und auch die natürliche Fähigkeit der Umformung von DNA-Einzelsträngen in eine besondere, haarnadelähnliche Struktur (*hairpin*) berücksichtigt [SGKK_00].

Weiterhin gewinnen Modelle und Algorithmen des DNA-Computing an Interesse, die oberflächenbasiert (*surface-based*) arbeiten. Hierbei nimmt man eine Verankerung (Fixierung, Immobilisierung) ausgewählter DNA-Stränge auf einer physikalischen Oberfläche vor. Unter Benutzung dieser Methode wurde bereits eine Lösung des SAT-Problems vorgestellt, bei der man zum Fixieren eine Goldoberfläche einsetzte [LWFC_00]. Experimentelle Ergebnisse zeigten die erfolgreiche Implementierung einer Instanz des *3SAT-Problems* mit 4 booleschen Variablen und 4 Klauseln [LFWC_00]. Das 3SAT-Problem selbst konnte im Jahr 2000 mittels eines speziellen DNA-Computers für die Problemgröße 20 gelöst werden, die damit erstmalig erreicht wurde [BCJR_02].

Die bisher beschriebenen und aufgeführten Methoden und Modelle bezogen sich auf in-vitro-Ansätze bezüglich der Verwendung von molekularbiologischen Techniken zur Realisierung von Rechenvorgängen. Gegenwärtig werden aber auch Modelle diskutiert, deren Implementierung direkt in einer natürlichen Umgebung vorgenommen werden soll. Bloom und Bancroft veröffentlichten die Beschreibung eines Systems, welches zum molekularen Rechnen Liposomen verwendet [BlBa_00]. Liposomen sind Membranen, die sich aus Lipid-Doppelschichten aufbauen und in vivo für die Trennung von Material eingesetzt werden können. Unter Membranen versteht man hier halbdurchlässige Schichten, die von bestimmten Stoffen durchdrungen, werden können, andere Stoffe aber zurückhalten. Zu dem System existieren Basisoperationen, die mittels Standardlabortechniken Membranen konstruieren können und auf ihnen Operationen zulassen. Bloom und Bancroft verweisen auf potentielle Anwendungsmöglichkeiten ihrer Idee, zu konkreten Experimenten liegen derzeit noch keine Erkenntnisse vor. Interessant ist, dass unabhängig von diesen praktisch orientierten Arbeiten George Păun ein theoretisches Modell zum membranenbasierten Rechnen vorschlug [MMPR_04]. Das Modell wurde zum

Membrane-Computing erweitert und Simulationsmöglichkeiten zur Verfügung gestellt. Letztendlich war dieses Modell der Ausgangspunkt für die Entwicklung so genannter P-Systeme. Darunter werden Superzellsysteme verstanden, die über eine Hierarchie von Membranen sowohl eine parallele Abarbeitung als auch einen Austausch zwischen den Membranen zulassen. Die Modellierung von Prozessen in lebenden Zellen mit dem Ziel, Rechenvorgänge abzubilden, gehört aktuell zu den Schwerpunkten in der wissenschaftlichen Diskussion des DNA-Computing.

Theoretische wie auch experimentelle Forschungsarbeiten zum DNA-Computing sind darauf ausgerichtet, Modelle und Rechnerarchitekturen zu entwerfen, die nachweislich eine universelle Berechnungsstärke besitzen. In diesem Zusammenhang spielt der Begriff der *Berechenbarkeit* eine wesentliche Rolle. Berechenbare Funktionen und entscheidbare Relationen, auch als rekursive Funktionen und als rekursive Relationen bezeichnet, werden in der Theorie der Berechenbarkeit und Entscheidbarkeit untersucht. Diese Theorie wird auch Rekursionstheorie genannt ([Ober_93]) und in der Mathematik wie auch in der Theoretischen Informatik angewendet. Rekursion lässt sich als eine Möglichkeit auffassen, Rechenvorgänge durch gesteuertes Ineinandereinsetzen von mathematischen Ausdrücken umzusetzen, wobei zumeist eine kompliziertere Aufgabenstellung schrittweise auf leichtere Aufgabenstellungen zurückgeführt wird.

Da die Theorie der Berechenbarkeit auch Fragen nach den Grenzen – *was* ist algorithmisch lösbar – untersucht, ordnet man der Rekursionstheorie auch eine philosophische Bedeutung zu. Historisch belegt ist, dass der Begriff der Berechenbarkeit in der ersten Hälfte des 20. Jahrhunderts Bestandteil wissenschaftlicher Auseinandersetzung wurde. Die durch *primitive Rekursion* erzeugbaren Funktionen bildeten zunächst eine sehr umfassende Klasse berechenbarer Funktionen. Ackermann widerlegte jedoch bereits 1928 mit einem Gegenbeispiel, dass man mit diesem Schema alle berechenbaren Funktionen beschreiben konnte. Gödel führte den Begriff der rekursiven Funktion ein und bemühte sich um die Definition allgemeinerer Rekursionsschemata. Mit der Definition der Klasse der allgemein rekursiven Funktionen und dem μ-Operator unterschied Kleene 1936 von der bisher betrachteten Klasse der primitiv rekursiven Funktionen. Unter der Verwendung des μ-Operators konnten alle rekursiven Funktionen dargestellt werden. Kleene bezog dabei seine Aussagen auch auf alle rekursiv aufzählbaren Relationen. Im gleichen Zeitraum wurde von Church, Kleene und Rosser im Zusammenhang der Definition des ungetypten λ-*Kalküls* der Begriff der λ-*Definierbarkeit* eingeführt. Mit dem λ-Kalkül wurde 1933 ein auf Funktionsdefinition und Funktionsanwendung basierender Kalkül zur Definition von Funktionen vorgestellt, in dem alle Objekte Funktionen waren. Auch die Darstellung der natürlichen Zahlen erfolgte über Funktionen. Church, Kleene und Rosser stellten 1936 fest, dass die von ihnen untersuchte Klasse der λ-definierbaren Funktionen genau mit der Klasse der allgemein rekursiven Funktionen übereinstimmte. Im gleichen Jahr entwickelten Alain M. Turing und Emil Post unabhängig voneinander eine abstrakte Maschine, die einen menschlichen Rechner, ausgerüstet mit Bleistift und Papier, gedanklich nachbildete und letztendlich zum Modell der Turingmaschine führte, die bis heute das gebräuchlichste konventionelle Berechnungsmodell in der Informatik darstellt. Die Turingmaschine arbeitet mit einem Turingband als Langzeitspeicher mit freiem Zugriff, auf welchem am Anfang die Eingabedaten der Rechenaufgabe stehen. Während der Berechnung können gezielt Veränderungen an der Bandinschrift vorgenommen werden, so dass das Ergebnis am Ende der Berechnung ebenfalls auf dem Band zu finden ist. Auch Turing stellte fest, dass mit seiner Maschine genau die Klasse der allgemein rekursiven Funktionen berechnet werden konnte.

Alonzo Church fasste 1936 die Erkenntnisse in einem Vorschlag zusammen, der als CHURCHsche These in der Geschichte der Theoretischen Informatik bekannt wurde. Trotz verschiedener Zugänge zum intuitiven Berechenbarkeitsbegriff werden jeweils genau dieselben Funktionen erfasst und beschrieben, die in ihrer Gesamtheit stets die gleiche Klasse der allgemein rekursiven Funktionen bilden. Der intuitive Berechenbarkeitsbegriff wird mit dem Begriff der Rekursivität identifiziert. Die CHURCHsche These kann nicht bewiesen werden, da sie auf intuitiven Begriffen aufbaut. Sie ließ sich aber auch nicht widerlegen und zählt zu den wichtigen Thesen, auf denen sich die Theoretische Informatik aufbaut. Der damit im Zusammenhang stehende Begriff der *Turing-Berechenbarkeit* wurde zu einem mächtigen Kriterium, an dem sich auch die Modelle des DNA-Computing messen lassen müssen, da nur unter Einhaltung der Turing-Berechenbarkeit die Universalität des Modells gegeben ist, die eine freie Progammierbarkeit ermöglicht.

Der Sprachwissenschaftler Noam Chomsky führte 1957 eine Systematisierung formaler Sprachen und der nach ihm benannten *Grammatiken* ein. Grammatiken werden ebenfalls als Modelle der Berechenbarkeit verwendet. Von der allgemeinsten Klasse der Grammatiken, den so genannten Grammatiken vom Typ 0, konnte gezeigt werden, dass auch sie die Klasse der allgemein rekursiven Funktionen beschreibt. Grammatiken dienen der Generierung von formalen Sprachen. Mit Hilfe der Grammatikregeln ist es möglich, die Ableitung von Wörtern (Zeichenketten) ausgehend von einem Startsymbol zu verfolgen, indem fortlaufend bestimmte Teile von Zeichenketten durch andere ersetzt werden. Diese Art der Wortgenerierung kommt der Verarbeitung von DNA im DNA-Computing sehr nahe.

Mit dem Einsatz von DNA zur Ausführung von Rechenvorgängen wurde ein Material ausgewählt, dessen Vorhandensein bereits so lange währt, wie Leben auf der Erde existiert. Im Rahmen der systematischen Untersuchung von Aufbau und Funktion der DNA und darauf beruhender Vorgänge hat sich die Molekularbiologie herausgebildet. Die Forschung auf diesem Gebiet ist gekennzeichnet von bahnbrechenden Entdeckungen, die in der Medizin und Biologie Möglichkeiten zum Schutz und Erhalt von Lebewesen einräumen, die noch vor Jahren als undenkbar erschienen. Dabei geht vom Erbmolekül DNA eine besondere Faszination aus, die jedoch von den beteiligten Wissenschaftlern ein außerordentlich hohes Maß an Verantwortung abverlangt. Fragen zur Ethik spielen eine zentrale Rolle im Umgang mit den Entdeckungen der heutigen modernen Biologie.

Schon seit der Antike besteht die Frage, wie Erbinformationen in lebenden Organismen kodiert, gespeichert und weitergegeben werden. Von Demokrit wurde eine Theorie überliefert, wonach die Erbinformation in Form von Teilchen vorlag, deren Größe, Form und Anordnung die Eigenschaften von Nachkommen bestimmte. Da in dieser Zeit keine molekularbiologischen Untersuchungsmethoden in geeigneter Form zur Verfügung standen, konnte diese Theorie nicht wissenschaftlich nachgewiesen werden. Erst im 19. Jahrhundert untersuchte Mendel am Beispiel von Erbsen die Vererbung beobachtbarer Merkmale und stellte die nach ihm benannten Vererbungsgesetze auf. Unbeantwortet blieb dennoch die Frage, wie und wo die Erbinformationen gespeichert sind. Friedrich Miescher entdeckte 1869 die Nucleinsäure, indem er sie als eine in Zellkernen vorkommende Substanz identifizierte. Die tatsächliche Bedeutung der Nucleinsäuren blieb ihm aber verborgen. Fast hundert Jahre später, 1944, erkannten Avery, MacLeod und McCarty die Nucleinsäuren als Schlüsselmoleküle des Lebens und ihre Aufgabe als Träger der Erbinformationen. Den Beweis dafür entnahmen sie den klassischen Experimenten zur Transformation von Bakterien. Neben den Chromosomen besitzen Bakterien noch kleinere ringförmige

DNA-Moleküle, die Plasmide, die sich duplizieren und an Tochterzellen weitergegeben werden können. Die Erkenntnis, dass Nucleinsäuren Träger der Erbinformationen sind, gab der chemischen und biologischen Forschung den entscheidenden Antrieb. Wissenschaftler erklärten sie zum „zentralen Dogma" der Molekularbiologie, wonach die Erbinformation in der DNA in einer Sequenz von Basen kodiert vorliegt.

Erwin Chargaff zeigte 1950, dass das Verhältnis der Basen Adenin zu Thymin und Guanin zu Cytosin in der DNA von Zellkernen konstant ist. Das Doppelhelixmodell aus dem Jahr 1953 von James D. Watson und Francis H. Crick unter großer Mitwirkung von Rosalind Franklin offenbarte die Raumstruktur von DNA und setzte den Ausgangspunkt für eine kontinuierliche Entwicklung der Molekularbiologie. Die Basen sind nach diesem Modell paarweise im Doppelstrang angeordnet, wobei Thymin mit Adenin und Cytosin mit Guanin durch Wasserstoffbrücken in Wechselwirkung treten können. Die beiden auf diese Weise gepaarten Einzelstränge sind schraubenförmig umeinander gewunden. Durch das Doppelhelixmodell und den Nachweis seiner Korrektheit waren nunmehr der Aufbau und die chemische Struktur der DNA entschlüsselt. Vererbungs- und Stoffwechselvorgänge konnten auf molekularer Ebene untersucht und beschrieben werden.

Matthew Meselson und Franklin W. Stahl erkannten 1958, dass DNA semikonservativ repliziert wird. Ebenfalls 1958 gelang Arthur Kornberg die Isolation des Enzyms DNA-Polymerase I aus dem Bakterium Escherichia coli. Es war bekannt, dass Enzyme Einfluss auf Stoffwechsel- und Vererbungsvorgänge ausüben. DNA-Polymerase ist das Enzym, welches maßgeblich die Replikation von DNA steuert und damit die Weitergabe von Erbinformationen ermöglicht. Zahlreiche weitere Enzyme wurden in den folgenden Jahren entdeckt, isoliert und beschrieben. Von besonderer Bedeutung war 1968 die Entdeckung der Restriktionsendonucleasen durch Arber, Meselson und Smith, denn mit ihr war der Weg zur *Rekombination*, einer gezielten Veränderung der in der DNA gespeicherten Informationen mittels spezieller Labortechniken, eröffnet. Die darauf ausgerichtete Gentechnologie wird heute zu wissenschaftlichen Zwecken und auch praktisch angewendet, z.B. zur Herstellung von Human-Insulin. Die DNA-Rekombinationstechnik ermöglicht es, DNA aus Organismen zu isolieren, DNA im Reagenzglas zu modifizieren und zu analysieren und sie bei Bedarf sogar wieder in Organismen einzubringen. Auf Basis der von Arne Tiselius vor mehr als 50 Jahren in die Laborpraxis eingeführten *Gel-Elektrophorese* zur Separation elektrisch geladener Moleküle entwickelten Maxam, Gilbert und Sanger 1975 ein Analyseverfahren zur Bestimmung der Basenabfolge von DNA, das etwa zur gleichen Zeit durch eine chemische Methode zur *Synthese* von DNA, erdacht durch Letsinger, ergänzt wurde. Damit war es nun möglich, DNA-Stränge beliebiger Basenabfolgen künstlich im Labor herzustellen. Einen weiteren Durchbruch erreichte Kary Banks Mullis, als er 1985 das Verfahren der Polymerase-Kettenreaktion vorstellte, das es gestattet, DNA-Stränge mit bekannten Anfangs- und Endstücken millionenfach zu duplizieren.

In den letzten Jahrzehnten etablierte sich die Molekularbiologie zu einer Wissenschaft, deren Ergebnisse unter Beachtung ethischer Grenzen unmittelbaren Einfluss auf den Fortschritt der Medizin und Landwirtschaft nehmen. Die von den Möglichkeiten der Molekularbiologie ausgehende Faszination griff auch auf andere Wissensgebiete über. Mathematiker und Informatiker, die diese Fortschritte interessiert verfolgten und begleiteten, haben erkannt, wie die Molekularbiologie und die Gentechnologie ebenso den Grundstein für das experimentelle DNA-Computing darstellen können.

3 Mathematische Grundlagen des DNA-Computing

Das heutige Computerzeitalter ist von einer intuitiven Vorstellung der Begriffe *Rechnen* und *Berechnung* geprägt. Vielfach werden diese Begriffe mit dem klassischen, zumeist aus der Schule bekannten *Zahlen*rechnen gleichgesetzt, bei dem man gewöhnlich Dezimalzahlen mit endlich vielen Nachkommastellen unter Benutzung einer „rezeptartigen Vorschrift" addiert, subtrahiert, multipliziert, dividiert oder auf ähnliche Weise miteinander verknüpft. Die genutzte Vorschrift legt die konkrete *Rechenoperation* fest und bezieht sich darüber hinaus auf eine spezielle *Rechenmethode*, wie beispielsweise das schriftliche Rechnen mit Stift und Papier, die Handhabung eines Rechenschiebers oder die Bedienung eines Taschenrechners. Als Ergebnis werden wiederum Zahlen erwartet, die für den Ausführenden der Berechnung üblicherweise eine bestimmte *Bedeutung* besitzen – seien es zum Beispiel Zinsen, Produktionskennzahlen oder Punktbewertungen bei Sportwettkämpfen.

Das breite Spektrum an Einsatzgebieten moderner *Rechentechnik* führte dazu, dass sich die inhaltliche Vorstellung der Begriffe Rechnen und Berechnung über das reine Zahlenrechnen hinaus stark erweitert hat. So lassen sich auch das Unterstreichen eines Wortes mit einer Textverarbeitung, das Abspielen einer Computeranimation, das Compilieren eines Pascal-Programmes oder die Bewegung eines Roboters als *Rechenvorgänge* auffassen. Nicht zuletzt verdankt der Computer seinen Namen dem lateinischen Verb *computare*, dessen deutsche Übersetzung *rechnen* lautet. Unter einer Berechnung versteht man allgemein jede gezielte Umwandlung von *Eingabedaten* in *Ausgabedaten* oder eine kontrollierte Erzeugung von Ausgabedaten ohne Verwendung von Eingabedaten. Die Berechnungsvorschrift, nach der die Datenumwandlung bzw. -erzeugung vollzogen wird, ist ein *Algorithmus*. Jeder Algorithmus, der Eingabedaten aufnimmt, benötigt diese in einer bestimmten zulässigen Form und Struktur. Ein handelsüblicher Taschenrechner mit den Zifferntasten 0 bis 9 etwa versagt, wenn er die römischen Zahlen *MMIV* und *DCLXVI* addieren soll – der Anwender muss die Eingabedaten zuvor in die geforderte Form und Struktur *kodieren*, hier also in die Dezimalzahlen 2004 und 666. Sobald Eingabedaten in einer für einen Algorithmus zugänglichen Weise kodierbar sind, können damit mehr oder weniger sinnvolle Berechnungen ausgeführt werden. Neben der zulässigen Kodierung der Eingabedaten gibt jeder Algorithmus auch die notwendigen Mechanismen für seine (automatische oder manuelle) Abarbeitung vor. Jeder Algorithmus zerfällt hierbei in so genannte elementare *Arbeitsschritte*, die in einer bestimmten zeitlichen Abfolge zur Ausführung kommen. Bei elektronischen Computern besteht ein elementarer Arbeitsschritt vereinfacht betrachtet darin, eine bestimmte Speicherzelle auszulesen, ihren Inhalt entsprechend der algorithmischen Vorgabe durch einen anderen spezifischen Inhalt zu ersetzen und diesen wieder in die Speicherzelle zurückzuschreiben, wobei der vorherige, ausgelesene Inhalt verloren geht. Jede im Verlauf der Algorithmusabarbeitung benutzte Speicherzelle enthält hierbei entweder einen (kleinen) Teil der Eingabedaten oder stellt zusätzlichen Hilfsspeicherplatz bereit, der beispielsweise Zwischenergebnisse aufnehmen kann. Mit der Bereitstellung der Ausgabedaten, die auch als *Berechnungsergebnis* bezeichnet werden, endet die Abarbeitung eines Algorithmus.

Offensichtlich ist die Ausführung von Berechnungen stets an eine Beanspruchung von *Ressourcen* gebunden. Als Ressourcen betrachtet man *Zeit*, *Speicherplatz* und die Anzahl *Verarbeitungseinheiten* (z. B. Prozessoren) einschließlich ihrer Vernetzung. Berechnungen können nur dann von praktischem Wert sein, wenn der Ressourcenbedarf *endlich* bleibt. Endlose Berechnungen, die immer mehr Ressourcen verschlingen, aber nie ein Berechnungsergebnis liefern, sind für den Anwender wenig hilfreich. Man ist daher bemüht, Algorithmen sehr effizient zu gestalten und auf eine Minimierung benötigter Ressourcen auszurichten. Die Ressource Zeit nimmt dabei eine herausgehobene Stellung ein, denn es besteht gewöhnlich ein großes Interesse daran, das Berechnungsergebnis möglichst schnell zu erhalten.

Die ersten, zumeist mechanischen *Rechenmaschinen* waren so gebaut, dass sie jeweils nur einen speziellen Algorithmus abarbeiten konnten, der eine bestimmte, genau abgegrenzte *Klasse* von Aufgaben zu lösen vermochte. Ein bekanntes Beispiel ist die Rechenmaschine von B. Pascal, die Dezimalzahlen bis zu einer vorgegebenen Größe addieren und subtrahieren konnte. Eine Aufgabe aus dieser Klasse stellt die Addition von 2004 und 666 dar. Der Algorithmus war durch den Aufbau der Rechenmaschine, in diesem Fall durch die Anordnung und Form der verwendeten mechanischen Bauteile, fest vorgegeben.

Der voranschreitende Einsatz von Rechenmaschinen und der stärker werdende Wunsch, möglichst viele Aufgabenklassen automatisiert algorithmisch zu lösen, führte bereits lange vor der Erfindung elektromechanischer oder gar elektronischer Computer zu einer Reihe wichtiger Fragestellungen, die eng miteinander verflochten sind:

- Welche Aufgabenklassen sind überhaupt algorithmisch lösbar? Diese Frage zielt auf eine Begriffsdefinition der *Berechenbarkeit* ab.

- Gelingt es, eine *universelle* Rechenmaschine zu schaffen, auf der jede algorithmisch lösbare Aufgabenklasse auch tatsächlich gelöst werden kann? Universelle Rechenmaschinen müssen *frei programmierbar* sein. Hierfür ist es erforderlich, dass die Rechenmaschine über einen festen Satz vordefinierter elementarer Arbeitsschritte verfügt, die sich in ihrer Abfolge variieren lassen und aus denen beliebige Algorithmen zusammengesetzt werden können. Für jede algorithmisch lösbare Aufgabenklasse muss dabei ein entsprechender Algorithmus angebbar sein.

- Wie kann man den Ressourcenbedarf von Algorithmen objektiv messen, und wie lässt sich der minimale Ressourcenbedarf in Abhängigkeit von der zu lösenden Aufgabenklasse ermitteln? Durch die Beantwortung dieser Frage sollen Aussagen über die *Komplexität* und Effizienz beliebiger Algorithmen ermöglicht und ein Vergleich von Algorithmen angestrebt werden. Objektive Bewertungsmaße gestatten es, algorithmisch lösbare Aufgabenklassen hinsichtlich des erforderlichen Aufwandes zu klassifizieren.

Die wissenschaftliche Herangehensweise zur Beantwortung dieser und ähnlicher Fragen stützt sich auf die Mathematik und führte zur Herausbildung der Berechenbarkeitstheorie sowie der Komplexitätstheorie. Man versucht, Rechenmaschinen und die auf ihnen ablaufenden Berechnungen durch mathematische *Modelle* möglichst vollständig und exakt zu beschreiben. Die

Rechenmaschinen müssen dazu nicht zwingend materialisiert als Geräteaufbauten vorhanden sein, sie können auch ausschließlich in der gedanklichen Vorstellungswelt existieren. Auf diese Weise entstehen so genannte *Berechnungsmodelle*. Jede innerhalb der Modelle ausführbare Berechnung entspricht der Abarbeitung eines Algorithmus. Die Aufstellung von Berechnungsmodellen erfordert die Fähigkeit zur Abstraktion, um die unverzichtbaren Modellbestandteile (*Komponenten*) zu erkennen und durch mathematische Beschreibungsmittel zu erfassen. In der ersten Hälfte des 20. Jahrhunderts sind unabhängig voneinander mehrere Berechnungsmodelle entstanden, die auf grundsätzlich verschiedenen Ideen beruhen und völlig unterschiedliche Ansätze zur Ausführung ihrer Berechnungen verfolgen. Das Ziel ihrer Entwicklung bestand darin, sie zur Lösung möglichst vieler Aufgabenklassen einzusetzen. Überraschenderweise konnte von den meisten dieser Berechnungsmodelle gezeigt werden, dass sie alle zur algorithmischen Lösung der gleichen Klassen von Aufgabenstellungen in der Lage sind und folglich die gleiche *Berechnungsstärke* besitzen. Später erdachte Berechnungsmodelle erzielten ebenfalls keine größere Berechnungsstärke, so dass man annimmt, die Grenze der Berechenbarkeit gefunden zu haben. Die in diesem Kapitel vorgestellten Berechnungsmodelle erlauben eine Formalisierung des Berechenbarkeitsbegriffs, liefern die Grundlage für universelle Rechenmaschinen und bilden das wissenschaftliche Fundament für viele Bereiche der Informatik. Für die Konzeption wie auch für die Bestimmung der Berechnungsstärken DNA-basierter Computer sind sie ebenfalls unerlässlich. Computer und Programmiersprachen lassen sich als technische Implementierungen von Berechnungsmodellen auffassen.

Die nachfolgend beschriebenen mathematischen Grundlagen des DNA-Computing umfassen die zum Entwurf und zur Analyse entsprechender Berechnungsmodelle notwendigen Beschreibungsmittel, Zusammenhänge und Werkzeuge, die vorwiegend dem Gebiet der *Algebra* zuzuordnen sind.

Das Kapitel beginnt mit der Definition der mathematischen Grundbegriffe, die für die weiterführende Beschreibung und Untersuchung von Berechnungsmodellen relevant sind. Den Ausgangspunkt bilden dabei aus *Elementen* bestehende *Mengen*, auf denen alle nachfolgenden Betrachtungen basieren und die die kleinsten unterscheidbaren Bestandteile von Berechnungsmodellen symbolisieren. Die Mengenlehre stellt grundlegende Aussagen über Mengen bereit, aus denen sich bestimmte mathematische Werkzeuge ableiten lassen, die später Anwendung finden. Elemente von Mengen können miteinander in Beziehung stehen. Gelingt es beispielsweise, eine „Momentaufnahme" vom Abarbeitungsstatus eines Algorithmus auf einem Berechnungsmodell vorzunehmen, die alle für die Fortsetzung der Abarbeitung notwendigen Informationen enthält, so lässt sich diese als ein Element einer Menge aller potentiell möglichen Momentaufnahmen kodieren. Zwei derartige Elemente können genau dann in Beziehung zueinander stehen, wenn sich aus dem einen Element durch Ausführung genau eines Arbeitsschrittes das andere Element ergibt. Beziehungen zwischen Elementen von Mengen werden allgemein durch *Relationen* und im Speziellen durch *Funktionen* mathematisch beschrieben. Insbesondere im Hinblick auf die Modellierung von DNA als Datenträger sind Mengen interessant, die zu jedem enthaltenen Element auch seine Exemplaranzahl aufnehmen und somit mehrfache Vorkommen gleicher Elemente berücksichtigen. Solche Mengen nennt man *Multimengen*. Sie werden gemeinsam mit Grundlagen der Multimengenarithmetik eingeführt. Bestimmte DNA-Strukturen besitzen große Ähnlichkeit mit Verbindungsnetzwerken, wenn DNA-Stränge an manchen Stellen an andere DNA-Stränge chemisch gebunden sind, so dass ein räumliches oder flächiges DNA-Geflecht entsteht. Zusätzlich zu Multimengen eignen sich *Graphen* für eine mathematische Beschreibung dieser und weiterer Strukturen. Die bisher erwähnten mathematischen Beschreibungsmittel (Mengen aus Elementen, Relationen, Funktionen, Multimengen und Graphen) kann man sich als Bausteine (Komponenten) vorstellen, die zur Schaffung komplizierterer Strukturen einschließlich aller Berechnungsmodelle dienen. Als wichtige Zwischenstufe auf dem gedanklichen Weg von den genannten Bausteinen hin zu universellen Berechnungsmodellen erweisen sich *algebraische Strukturen, formale Sprachen* und *endliche Automaten*. Algebraische Strukturen liefern die Idee, um einzelne Komponenten mathematisch zu komplizierteren Einheiten zusammenzusetzen. Über algebraische Strukturen ist beispielsweise der Begriff der *Operation* definiert. Formale Sprachen repräsentieren eine wichtige Notationsform für Ein- und Ausgabedaten von Algorithmen und werden darüber hinaus herangezogen, um Berechnungsstärken zu klassifizieren. Endliche Automaten sind die einfachsten Berechnungsmodelle, die sich mathematisch sehr effizient handhaben lassen, aber in ihrer Berechnungsstärke gegenüber universellen Modellen starken Einschränkungen unterliegen. Sie werden als Hilfsmittel für bestimmte Nachweise benötigt.

Ausgehend von den mathematischen Grundbegriffen werden ausgewählte universelle Berechnungsmodelle vorgestellt. Die Modellbeschreibung geht jeweils einher mit einer ausführlichen Erläuterung ihrer Arbeitsweise einschließlich der modellspezifischen Definitionen für die elementaren Arbeitsschritte, für die damit ausführbaren Berechnungen und für die Gestalt der möglichen Berechnungsergebnisse. Im Einzelnen werden folgende Modelle betrachtet:

- die deterministische und nichtdeterministische Turingmaschine,
- die Klasse der μ-rekursiven Funktionen,
- die Klasse der WHILE-Programme,
- Chomsky-Grammatiken vom Typ 0 zur Erzeugung rekursiv aufzählbarer Sprachen,
- λ-definierbare Funktionen im ungetypten λ-Kalkül

Beispiele verdeutlichen die Abarbeitung von Algorithmen auf diesen Modellen. Neben einem einführenden Beispiel wird einheitlich für alle betrachteten Berechnungsmodelle jeweils ein Algorithmus zur Berechnung des aufgerundeten Logarithmus angegeben, die zugrunde liegenden Ideen erläutert und seine Ausführung anhand einer konkreten Aufgabe nachvollziehbar demonstriert. Das Repertoire bekannter universeller Berechnungsmodelle ist mit den angegebenen bei weitem nicht erschöpft. Es wurden diejenigen Modelle aufgenommen, die mittels weiterführend betrachteter Modelle des DNA-Computing simuliert werden können und deshalb für ihren Universalitätsnachweis von Bedeutung sind.

An die Vorstellung der Berechnungsmodelle schließt sich der Nachweis ihrer Universalität an. Dieser wird konstruktiv erbracht durch Angabe von Transformationen, mit denen sich die Modelle gegenseitig simulieren können. Wenn sich ein Berechnungsmodell A in ein Berechnungsmodell B überführen lässt, so ist B in der Lage, auch alle denkbaren Berechnungen von A auszuführen. B kann A folglich simulieren. Gelingt es umgekehrt auch, B in A zu transformieren, dann ist eine gegenseitige Simulation der Berechnungsmodelle A und B möglich, und sie besitzen deshalb die gleiche Berechnungsstärke. Die Modelltransformationen gestatten es darüber hinaus, beliebige, für ein bestimmtes Berechnungsmodell entwickelte Algorithmen auf jedes andere Berechnungsmodell zu portieren, sofern eine Transformationskette vom Ausgangsmodell zum Zielmodell existiert. Der praktische Vorteil von Modelltransformationen liegt darin, dass Algorithmen zunächst für dasjenige Berechnungsmodell erstellt werden können, das eine möglichst kompakte Algorithmennotation und/oder eine effiziente (ressourcenminimierte) Abarbeitung für alle zulässigen Eingabedaten verspricht. Bei Bedarf lässt sich dieser Algorithmus dann automatisiert – ohne dass schöpferisches Denken notwendig wäre – in andere Berechnungsmodelle übertragen.

Ein wichtiger Aspekt der Berechenbarkeit ist die *Entscheidbarkeit*. Sie behandelt Aufgabenklassen (*Probleme*), deren Lösung entweder in der Antwort „ja" oder in der Antwort „nein" besteht. In gewisser Weise kann man eine Ja-nein-Antwort als einfachste Form eines Berechnungsergebnisses ansehen. Trotzdem gestaltet sich die Entscheidungsfindung, also die Berechnung, für viele Aufgabenklassen sehr zeitaufwendig, wenn man kein Risiko einer Fehlentscheidung eingehen möchte. Viele praxisrelevante Probleme fallen in diese Kategorie. Die Berechenbarkeitstheorie kennt mehrere Stufen der Entscheidbarkeit und ordnet Entscheidungsprobleme danach ein, ob die Ja-nein-Antwort immer oder nur in bestimmten Fällen nach endlicher Zeit erwartet werden kann. Gesetzmäßigkeiten der Entscheidbarkeit ermöglichen es, mit dem Begriff *undefiniert* algorithmisch umzugehen und die Grenzen der Berechenbarkeit zu erkennen. Zentrale Aussagen der Berechenbarkeitstheorie einschließlich der Problematik der Entscheidbarkeit werden im Abschnitt zum Algorithmus- und Berechenbarkeitsbegriff behandelt. Sie setzen auf den zuvor diskutierten universellen Berechnungsmodellen auf.

Ausgewählte Grundbegriffe der Komplexitätstheorie, die im Zusammenhang mit der Betrachtung von *kombinatorischen Suchproblemen* (so genannte *NP-Probleme*) und Effizienzbewertungen entsprechender Lösungsalgorithmen stehen, beschließen dieses Kapitel. Die Komplexitätstheorie beschäftigt sich mit der Frage, welche Menge an Ressourcen zur Abarbeitung eines Algorithmus unter Benutzung eines bestimmten Berechnungsmodells benötigt wird. Die Ressource Abarbeitungszeit dient zumeist als wichtigstes Effizienzmaß bei der Bewertung und dem Vergleich von Algorithmen. Komplexitätstheoretische Untersuchungen werden herangezogen, um die durch das DNA-Computing erzielbare Steigerung der Abarbeitungsgeschwindigkeit allgemein wie auch formal angeben (quantifizieren) zu können. Einer Einführung ausgewählter komplexitätstheoretischer Grundlagen folgt die Definition der Klasse der NP-Probleme und damit in Verbindung stehender Begriffe. Die zeiteffiziente Lösung von NP-Problemen gilt als Hauptmotivation für das experimentelle DNA-Computing. Als repräsentative Beispiele für NP-Probleme werden das Hamiltonkreis-Problem, der Erfüllbarkeitstest der Aussagenlogik (SAT) sowie das Rucksackproblem auf natürlichen Zahlen definiert. Auf diese NP-Probleme wird in nachfolgenden Kapiteln Bezug genommen.

Das Kapitel über die mathematischen Grundlagen des DNA-Computing ist vor allem als Wissensspeicher und Nachschlagewerk angelegt. Alle für das DNA-Computing wichtigen Begriffe, Gesetzmäßigkeiten und Zusammenhänge der Berechenbarkeits- und Komplexitätstheorie wurden in kompakter Form aufbereitet und werden in logisch gegliederten, fortlaufend aufeinander aufbauenden Abschnitten vermittelt.

3.1   Grundbegriffe

3.1.1   Mengen

Definition 3.1   *Menge (nach* CANTOR*)*

Eine Menge ist eine Zusammenfassung bestimmter, wohlunterschiedener Objekte der Anschauung oder des Denkens, wobei von jedem Objekt eindeutig feststeht, ob es zur Menge gehört oder nicht. Diese Objekte heißen Elemente der Menge. Eine Menge kann nicht Element von sich selbst sein. Bezeichnungen: $x \in M$ bedeutet „x ist ein Element der Menge M", $x \notin M$ bedeutet „x ist kein Element der Menge M".

Mengen können durch Aufzählung ihrer Elemente (z. B. $M = \{x, y, z\}$) oder durch Angabe einer definierenden Eigenschaft (z.B. $M = \{x \mid 2 \cdot x + 4 = 8\}$) beschrieben werden. Eine Menge, die keine Elemente enthält, heißt *leere Menge* und wird mit $\emptyset$ bezeichnet. Die *Anzahl der Elemente* einer Menge wird mit $|M|$ oder alternativ card(M) (*Kardinalität*) bezeichnet. Ist $|M|$ endlich, so spricht man von einer endlichen Menge M.

Definition 3.2   *Mengensystem*

Eine Menge von Mengen heißt ein Mengensystem.

Definition 3.3   *Teilmenge, echte Teilmenge*

Gilt für zwei Mengen A und B: $\forall x . ((x \in A) \Rightarrow (x \in B))$, so ist A eine *Teilmenge* von B, Bezeichnung: $A \subseteq B$. Gilt $(A \subseteq B) \wedge (\exists x . ((x \notin A) \wedge (x \in B)))$, so ist A eine *echte Teilmenge* von B, Bezeichnung: $A \subset B$.

Die leere Menge ist Teilmenge jeder Menge ($\emptyset \subseteq M$).

Definition 3.4   *Menge der natürlichen Zahlen (*PEANO*sche Axiome)*

(P1) 0 ist eine natürliche Zahl.

(P2) Zu jeder natürlichen Zahl n gibt es genau eine natürliche Zahl succ(n), den unmittelbaren Nachfolger von n.

(P3) Für jede natürliche Zahl n gilt: succ$(n) \neq 0$.

(P4) Für alle natürlichen Zahlen m, n gilt: wenn succ$(n) = $ succ(m), so $m = n$.

(P5) Für jede Teilmenge $M \subseteq \mathbb{N}$ der Menge der natürlichen Zahlen gilt: wenn $0 \in M$ und für jedes $n \in M$ auch succ$(n) \in M$, so $M = \mathbb{N}$.

Die Menge der natürlichen Zahlen $\mathbb{N}$ erfüllt die Axiome **(P1)** bis **(P5)** und ist definiert durch $\mathbb{N} = \{0, \text{succ}(0), \text{succ}(\text{succ}(0)), \text{succ}(\text{succ}(\text{succ}(0))), \ldots\}$. Im dekadischen Positionssystem wird $\mathbb{N}$ durch Elementzuordnung dargestellt als $\mathbb{N} = \{0, 1, 2, 3, \ldots\}$.

Die PEANOschen Axiome definieren die Menge der natürlichen Zahlen $\mathbb{N}$ induktiv. Ausgehend von 0 führt jede fortgesetzte Bildung von succ zu einem weiteren Element in der Menge der natürlichen Zahlen. Da es zu jeder natürlichen Zahl n genau eine natürliche Zahl $\text{succ}(n)$ gibt, kann keine größte natürliche Zahl existieren. Die Menge der natürlichen Zahlen ist *abzählbar unendlich*. Es wird definiert: $|\mathbb{N}| = \aleph_0$. Auf $\mathbb{N}$ sind die *Äquivalenzrelation* $=$ sowie die *Halbordnung* $\leq$ definiert. Es gilt: $\forall n \in \mathbb{N} . n \leq \text{succ}(n)$.

Definition 3.5 *Potenzmenge*

Die Menge aller Teilmengen einer Menge M heißt Potenzmenge $\mathcal{P}$ von M, Bezeichnung: $\mathcal{P}(M)$.

Die leere Menge ist Element jeder Potenzmenge ($\emptyset \in \mathcal{P}(M)$). Es gilt: $|\mathcal{P}(M)| = 2^{|M|}$.

Definition 3.6 *Mengengleichheit*

Zwei Mengen A und B sind genau dann gleich, wenn sie dieselben Elemente besitzen oder alternativ, wenn jede Menge Teilmenge der anderen ist: $A \subseteq B \land B \subseteq A$.

Definition 3.7 *Vereinigung, Durchschnitt*

Seien A und B Mengen. Die Vereinigung $A \cup B$ bzw. der Durchschnitt $A \cap B$ sind definiert durch $A \cup B = \{x \mid x \in A \lor x \in B\}$ und $A \cap B = \{x \mid x \in A \land x \in B\}$.

Es gilt: $|A \cup B| = |A| + |B| - |A \cap B|$. Weiterhin gilt:

$$\bigcup_{i=1}^{n} A_i = A_1 \cup \ldots \cup A_n, \; n \in \mathbb{N}, n \geq 1 \qquad \bigcap_{i=1}^{n} A_i = A_1 \cap \ldots \cap A_n, \; n \in \mathbb{N}, n \geq 1$$

$$\bigcup_{i \in I} A_i = \{x \mid \exists\, i \in I . (x \in A_i)\} \qquad \bigcap_{i \in I} A_i = \{x \mid \forall\, i \in I . (x \in A_i)\}$$

Definition 3.8 *disjunkt*

Zwei Mengen A und B heißen zueinander disjunkt, falls $A \cap B = \emptyset$.

Disjunkte Mengen besitzen keine gemeinsamen Elemente.

Definition 3.9 *Differenzmenge*

Seien A und B Mengen. Die Differenzmenge $A \setminus B$ ist definiert durch $A \setminus B = \{x \mid x \in A \land x \notin B\}$.

Definition 3.10 *Kartesisches Produkt*

Seien A_1 bis A_n Mengen. Das Kartesische Produkt $\times$ ist definiert durch

$$\underset{i=1}{\overset{n}{\times}} A_i = A_1 \times A_2 \times \ldots \times A_n = \{(a_1, a_2, \ldots, a_n) \mid a_1 \in A_1 \wedge a_2 \in A_2 \wedge \ldots \wedge a_n \in A_n\}.$$

Für die Gleichheit von Elementen Kartesischer Produkte gilt:

$(a_1, a_2, \ldots, a_n) = (b_1, b_2, \ldots, b_n)$ gdw. $(a_1 = b_1) \wedge (a_2 = b_2) \wedge \ldots \wedge (a_n = b_n)$

$(a_1, a_2, \ldots, a_n)$ wird allgemein als n-Tupel bezeichnet. Jedes a_i mit $i = 1, \ldots, n$ ist eine Komponente des Tupels. Das Kartesische Produkt bildet die Menge aller n-Tupel über den Elementen der beteiligten Mengen. Es gilt: $|A_1 \times A_2 \times \ldots \times A_n| = |A_1| \cdot |A_2| \cdot \ldots \cdot |A_n|$. Zweikomponentige Tupel werden als geordnetes Paar bezeichnet, dreikomponentige als Tripel, vierkomponentige als Quadrupel und fünfkomponentige als Quintupel. Wird das Kartesische Produkt einer Menge A ausschließlich mit dieser selbst gebildet, so schreibt man A^n abkürzend für $\underset{i=1}{\overset{n}{\times}} A$. Es gilt ferner: $A^0 = \emptyset$, $A^1 = A$.

Kartesische Produkte erfassen in den Tupeln alle elementweisen Kombinationen aus den zugrunde liegenden Mengen A_1 bis A_n.

Definition 3.11 *n-stellige Relation*

Seien A_i mit $i = 1, \ldots, n$ Mengen. Eine n-stellige Relation R ist definiert durch eine beliebige Teilmenge $R \subseteq \underset{i=1}{\overset{n}{\times}} A_i$.

Bei zweistelligen Relationen $R \subseteq A \times B$ mit $a \in A$ und $b \in B$ schreibt man statt $(a, b) \in R$ auch abkürzend aRb. Zweistellige Relationen $R \subseteq A^2$ werden *binäre Relationen* genannt.

Definition 3.12 *inverse Relation, Relationenprodukt*

Seien A, B und C Mengen sowie $R \subseteq A \times B$ und $S \subseteq B \times C$ zweistellige Relationen. Die inverse Relation R^{-1} ist definiert durch $R^{-1} = \{(b, a) \mid aRb\}$. Das Relationenprodukt $R \circ S$ ist definiert durch $R \circ S = \{(a, c) \mid \exists b . (b \in B \wedge aRb \wedge bSc)\}$.

Definition 3.13 *reflexiv, symmetrisch, antisymmetrisch, transitiv, linear*

Sei $R \subseteq A^2$ eine binäre Relation. R heißt:
reflexiv, falls $\forall a \in A . (aRa)$
symmetrisch, falls $\forall a \in A \, \forall b \in A . (aRb \Rightarrow bRa)$
antisymmetrisch, falls $\forall a \in A \, \forall b \in A . ((aRb \wedge bRa) \Rightarrow (a = b))$
transitiv, falls $\forall a \in A \, \forall b \in A \, \forall c \in A . ((aRb \wedge bRc) \Rightarrow aRc)$
linear, falls $\forall a \in A \, \forall b \in A . (aRb \vee bRa)$

Definition 3.14 *reflexive transitive Hülle*

Seien $R \subseteq A^2$ eine binäre Relation und $I_A = \{(a,a) \mid a \in A\}$ die identische Relation auf A. Es wird rekursiv definiert:
$$R^0 = I_A, \qquad R^1 = R, \qquad R^{n+1} = R \circ R^n, \quad n \in \mathbb{N}.$$
Die transitive Hülle R^+ von R ist definiert durch $R^+ = R^1 \cup R^2 \cup \ldots = \bigcup\limits_{n \in \mathbb{N} \setminus \{0\}} R^n$.

Die reflexive transitive Hülle R^* von R ist definiert durch $R^* = R^0 \cup R^1 \cup R^2 \cup \ldots = \bigcup\limits_{n \in \mathbb{N}} R^n$.

Jede reflexive transitive Hülle R^* über $R \subseteq A^2$ besitzt folgende Eigenschaften:
  Einbettung: $R \subseteq R^*$.
  Abgeschlossenheit: $(R^*)^* = R^*$.
  Monotonie: Seien R und S binäre Relationen $R \subseteq A^2, S \subseteq A^2$. Wenn $R \subseteq S$, so $R^* \subseteq S^*$.

Definition 3.15 *Äquivalenzrelation*

Eine binäre Relation heißt Äquivalenzrelation, wenn sie reflexiv, symmetrisch und transitiv ist.

Definition 3.16 *Halbordnung, reflexive Ordnung*

Eine binäre Relation heißt Halbordnungsrelation oder kurz Halbordnung, wenn sie reflexiv, antisymmetrisch und transitiv ist. Eine binäre Relation heißt reflexive Ordnungsrelation oder reflexive Ordnung, wenn sie Halbordnung und zusätzlich linear ist.

3.1.2 Funktionen

Definition 3.17 *Vorbereich, Nachbereich*

Sei $R \subseteq A \times B$ eine zweistellige Relation.
Der Vorbereich V_R ist definiert durch $V_R = \{a \in A \mid \exists b \in B \,.\, (aRb)\}$.
Der Nachbereich V_N ist definiert durch $V_N = \{b \in B \mid \exists a \in A \,.\, (aRb)\}$.

Definition 3.18 *rechtseindeutig, linkseindeutig*

Sei $R \subseteq A \times B$ eine zweistellige Relation.
R heißt rechtseindeutig, falls gilt: $\forall a \in A \; \forall b_1, b_2 \in B \,.\, ((aRb_1 \wedge aRb_2) \Rightarrow (b_1 = b_2))$.
R heißt linkseindeutig, falls gilt: $\forall a_1, a_2 \in A \; \forall b \in B \,.\, ((a_1 Rb \wedge a_2 Rb) \Rightarrow (a_1 = a_2))$.

Definition 3.19   *Funktion*

Sei $f \subseteq A \times B$ eine mindestens zweistellige Relation. f heißt Funktion oder Abbildung von A in B, falls f rechtseindeutig und A Vorbereich von f ist. Bezeichnungen: $f : A \to B$ (Mengen), $a \overset{f}{\mapsto} b$ oder $b = f(a)$ für $a \in A$ und $b \in B$ (Elemente). Die a werden als Argumente und die $f(a)$ als Funktionswerte bezeichnet.

$f : A \to B$ kann entweder durch eine explizite Funktionsgleichung, eine rekursive Bildungsvorschrift oder im Falle endlicher Mengen A und B durch Angabe aller Tupel $(a, f(a))$ beschrieben werden. Die Mengen A und B können Kartesische Produkte mit jeweils endlich vielen Komponenten sein. Die Anzahl der Komponenten in A bezeichnet die Stelligkeit von f. Eine nullstellige Funktion wird als Konstante bezeichnet. Die Rechtseindeutigkeit von f bedeutet, dass es zu jedem Element des Vorbereiches höchstens ein zugeordnetes Element des Nachbereiches geben darf. Gibt es ein $a \in A$, so dass kein $b \in B$ mit $b = f(a)$ existiert, so ist f an der Stelle a nicht definiert.

Die Notationsform $f(a)$ (Funktionsbezeichner gefolgt von den Argumenten) wird *Präfixnotation* genannt. Bei zweistelligen Funktionen $f : A^2 \to B$ mit $a_1, a_2 \in A$ werden statt der Präfixnotationen $f(a_1, a_2)$ mitunter mathematikgeschichtlich etablierte *Infixnotationen* $(a_1 \ f \ a_2)$ verwendet.

Definition 3.20   *injektiv, surjektiv, bijektiv*

Eine Funktion $f : A \to B$ heißt injektiv oder eineindeutig, falls f linkseindeutig ist. Sie heißt surjektiv oder „Abbildung auf", falls B der Nachbereich von f ist. Eine Funktion f heißt bijektiv, falls sie injektiv und surjektiv ist.

Surjektivität einer Funktion $f : A \to B$ bedeutet, dass jedes Element von B auch tatsächlich als Funktionswert $f(a)$, $a \in A$ vorkommt.

Seien $f : A \to B$ und $g : B \to C$ Funktionen, $a \in A$, $c \in C$. Das Relationenprodukt $f \circ g$ bezeichnet die Verkettung (Hintereinanderausführung) von f und g. Es gilt: $f \circ g = g(f(a)) = c$.

Ist $f : A \to B$ eine Funktion, so ist die inverse Relation $f^{-1} \subseteq B \times A$ eine Funktion (Umkehrfunktion) genau dann, wenn f bijektiv ist.

Definition 3.21   *Gleichheit von Funktionen*

Zwei Funktionen $f : A \to B$, $g : C \to D$ heißen gleich $(f = g)$, falls $(A = C) \wedge (B = D) \wedge (\forall a \in A \ . \ (f(a) = g(a)))$.

Definition 3.22   *neutrales Element zweistelliger Funktionen*

Sei $f : A^2 \to B$ eine zweistellige Funktion. $\varepsilon \in A$ heißt neutrales Element bezüglich f gdw. $\forall a \in A \ . \ (f(a, \varepsilon) = f(\varepsilon, a) = a)$.

Definition 3.23 *Kommutativität, Assoziativität, Distributivität zweistelliger Funktionen*

Seien f $: A^2 \to B$ und g $: A^2 \to B$ zweistellige Funktionen.
f ist kommutativ gdw.
$\quad \forall a_1, a_2 \in A \ . \ (\mathrm{f}(a_1, a_2) = \mathrm{f}(a_2, a_1)).$
f ist assoziativ gdw.
$\quad \forall a_1, a_2, a_3 \in A \ . \ (\mathrm{f}(\mathrm{f}(a_1, a_2), a_3) = \mathrm{f}(a_1, \mathrm{f}(a_2, a_3))).$
Zwischen f und g besteht Distributivität gdw.
$\quad \forall a_1, a_2, a_3 \in A \ . \ (\mathrm{f}(a_1, \mathrm{g}(a_2, a_3)) = \mathrm{g}(\mathrm{f}(a_1, a_2), \mathrm{f}(a_1, a_3)))$ oder
$\quad \forall a_1, a_2, a_3 \in A \ . \ (\mathrm{g}(a_1, \mathrm{f}(a_2, a_3)) = \mathrm{f}(\mathrm{g}(a_1, a_2), \mathrm{g}(a_1, a_3))).$

Definition 3.24 *Projektion*

Eine Funktion $\mathrm{f}_n^i \ : \ A_1 \times A_2 \times \ldots \times A_n \ \to \ A_i$ mit $i \ \in \ \{1, 2, \ldots, n\}$, die durch $\mathrm{f}_n^i(a_1, a_2, \ldots, a_n) = a_i$ mit $a_i \in A_i$ definiert ist, heißt Projektion.

Definition 3.25 *Mengenfamilie*

Sei I eine nichtleere Menge, $\mathcal{K}$ ein Mengensystem und f $: I \to \mathcal{K}$ eine Funktion, die jedem $i \in I$ ein Element $\mathrm{f}(i) = A_i \in \mathcal{K}$ zuordnet, so heißt $(A_i \mid i \in I)$ eine Familie von Mengen bzw. Mengenfamilie (aus $\mathcal{K}$).

3.1.3   Multimengen

Gewöhnliche Mengen bestehen aus paarweise verschiedenen Elementen. Multimengen erweitern den Mengenbegriff dahingehend, dass auch mehrfache (aber endliche) Vorkommen gleicher Elemente erfasst werden können.

Definition 3.26 *Multimenge*

Sei A eine Menge. Eine Multimenge über A ist definiert als Paar $\langle A, \mathrm{f} \rangle$, wobei die Komponente A eine Menge und die Komponente f eine Funktion f $: A \to \mathbb{N}$ ist.

Man kann die Funktion f so auffassen, dass sie zu jedem Element aus A die Anzahl ihrer Vorkommen in der Multimenge $\langle A, \mathrm{f} \rangle$ angibt. Ist A eine endliche Menge, so wird auch jede Multimenge $\langle A, \mathrm{f} \rangle$ als endlich bezeichnet.

Jede (gewöhnliche) Menge B ist Spezialfall einer Multimenge, die sich durch $\langle B, \mathrm{f} \rangle$ mit
$\mathrm{f}(b) = \begin{cases} 0, & \text{falls } b \notin B \\ 1, & \text{falls } b \in B \end{cases}$ notieren lässt.

Definition 3.27 *Support*

Sei $\mathcal{A} = \langle A, \mathrm{f} \rangle$ eine Multimenge. Eine Menge $B \subseteq A$ heißt Support von $\mathcal{A}$ (supp$(\mathcal{A})$) gdw. $B = \{b \in A \mid \mathrm{f}(b) > 0\}$.

Beispiel 3.28

Die Multimenge $\mathcal{A}=\langle\{a,b,c,d\},\{(a,2),(b,1),(c,0),(d,5)\}\rangle$ besitzt den Support $\{a,b,d\}$.

Definition 3.29   *leere Multimenge*

Sei $\mathcal{A} = \langle A,\mathrm{f}\rangle$ eine Multimenge. $\mathcal{A}$ heißt leere Multimenge gdw. $\forall a \in A$. $(\mathrm{f}(a)=0)$.

Definition 3.30   *Kardinalität von Multimengen*

Die Kardinalität $|\mathcal{A}|$ einer Multimenge $\mathcal{A} = \langle A,\mathrm{f}\rangle$ ist definiert durch $|\mathcal{A}| = \sum\limits_{a\in A} \mathrm{f}(a)$.

Definition 3.31   *Teilmultimenge, echte Teilmultimenge*

Seien $\mathcal{A} = \langle A,\mathrm{f}\rangle$ und $\mathcal{B} = \langle B,\mathrm{g}\rangle$ Multimengen.
$\mathcal{A}$ ist eine Teilmultimenge von $\mathcal{B}$, notiert $\mathcal{A} \subseteq \mathcal{B}$ gdw. $A \subseteq B \wedge \forall a \in A$. $(\mathrm{f}(a) \leq \mathrm{g}(a))$.
$\mathcal{A}$ ist echte Teilmultimenge von $\mathcal{B}$, notiert $\mathcal{A} \subset \mathcal{B}$ gdw. $\mathcal{A} \subseteq \mathcal{B} \wedge \exists a \in A$. $(\mathrm{f}(a) < \mathrm{g}(a))$.

Definition 3.32   *Gleichheit von Multimengen*

Zwei Multimengen $\mathcal{A} = \langle A,\mathrm{f}\rangle$ und $\mathcal{B} = \langle B,\mathrm{g}\rangle$ sind gleich, notiert $\mathcal{A} = \mathcal{B}$ gdw.
$\mathcal{A} \subseteq \mathcal{B} \wedge \mathcal{B} \subseteq \mathcal{A}$.

Definition 3.33   *Vereinigung, Durchschnitt von Multimengen*

Seien $\mathcal{A} = \langle A,\mathrm{f}\rangle$ und $\mathcal{B} = \langle A,\mathrm{g}\rangle$ Multimengen.
Die Vereinigung $\mathcal{A} \cup \mathcal{B}$ ist definiert durch $\mathcal{A} \cup \mathcal{B} = \langle A,\mathrm{h}\rangle$, wobei für alle $a \in A$ gilt:
$\mathrm{h}(a) = \max\Big(\mathrm{f}(a),\mathrm{g}(a)\Big)$.
Der Durchschnitt $\mathcal{A} \cap \mathcal{B}$ ist definiert durch $\mathcal{A} \cap \mathcal{B} = \langle A,\mathrm{h}\rangle$, wobei für alle $a \in A$ gilt:
$\mathrm{h}(a) = \min\Big(\mathrm{f}(a),\mathrm{g}(a)\Big)$.

Definition 3.34   *Multimengensumme*

Seien $\mathcal{A} = \langle A,\mathrm{f}\rangle$ und $\mathcal{B} = \langle A,\mathrm{g}\rangle$ Multimengen. Die Multimengensumme $\mathcal{A}\uplus\mathcal{B}$ ist definiert
durch $\mathcal{A} \uplus \mathcal{B} = \langle A,\mathrm{h}\rangle$, wobei für alle $a \in A$ gilt: $\mathrm{h}(a) = \mathrm{f}(a) + \mathrm{g}(a)$.

Definition 3.35   *Multimengendifferenz*

Seien $\mathcal{A} = \langle A,\mathrm{f}\rangle$ und $\mathcal{B} = \langle A,\mathrm{g}\rangle$ Multimengen. Die Multimengendifferenz $\mathcal{A} \ominus \mathcal{B}$ ist
definiert durch $\mathcal{A} \ominus \mathcal{B} = \langle A,\mathrm{h}\rangle$, wobei für alle $a \in A$ gilt: $\mathrm{h}(a) = \max\Big(\mathrm{f}(a)-\mathrm{g}(a),0\Big)$.

3.1.4   Graphen

Um netzwerkartige Strukturen (Verbindungsnetzwerke) mathematisch zu beschreiben, verwendet man *Graphen*.

Definition 3.36   *endlicher Graph*

Sei V eine nichtleere endliche Menge. Ein Paar $\mathcal{G} = (V, E)$ mit $E \subseteq V \times V$ heißt endlicher Graph. V wird als Knotenmenge bezeichnet, die binäre Relation E als Kantenmenge. Jedes Element aus V ist ein Knoten, jedes Element (geordnete Paar) aus E eine Kante.

Definition 3.37   *ungerichteter, gerichteter Graph*

Sei $\mathcal{G} = (V, E)$ ein endlicher Graph. $\mathcal{G}$ heißt ungerichtet, wenn E symmetrisch ist, anderenfalls gerichtet.

Definition 3.38   *Kantenbewertung*

Sei $\mathcal{G} = (V, E)$ ein endlicher Graph, A eine nichtleere Menge. Eine Funktion $f : E \rightarrow A$ wird als Kantenbewertung bezeichnet, A als Bewertungsmenge.

$\mathbb{N}$, $\mathbb{N} \setminus \{0\}$ oder $\mathbb{N} \cup \{\infty\}$ werden häufig als Bewertungsmenge verwendet.

Definition 3.39   *Pfad*

Seien $\mathcal{G} = (V, E)$ ein endlicher Graph und das Tupel $k = (v_0, v_1, \ldots, v_n) \in V^{n+1}$ mit $n \geq 1$ und $n \in \mathbb{N}$ eine Folge von $n + 1$ Knoten aus $\mathcal{G}$. Das Tupel k heißt Pfad oder Kantenfolge von v_0 nach v_n gdw. $\forall i \in \{0, \ldots, n - 1\} . ((v_i, v_{i+1}) \in E)$.

Definition 3.40   *Weg*

Seien $\mathcal{G} = (V, E)$ ein endlicher Graph und das Tupel $k = (v_0, v_1, \ldots, v_n) \in V^{n+1}$ mit $n \geq 1$ und $n \in \mathbb{N}$ ein Pfad. Das Tupel k ist ein Weg von v_0 nach v_n gdw. $\forall i, j \in \{0, \ldots n\} . ((i \neq j) \Rightarrow (v_i \neq v_j))$.

In einem Weg darf jeder Knoten nur höchstens einmal auftreten, während in einem Pfad auch Schleifen (sich wiederholende Abschnitte von Kantenfolgen) vorkommen können.

Definition 3.41   *zusammenhängender Graph*

Ein endlicher Graph $\mathcal{G} = (V, E)$ heißt zusammenhängend, wenn es für jedes Paar $(i, j) \in V \times V$ mit $i \neq j$ einen Weg von i nach j gibt.

3.1.5   Algebraische Strukturen

Algebraische Strukturen dienen als Grundlage für die mathematische Beschreibung von Berechnungsprozessen (Rechenvorgängen) und gestatten es weiterführend, Berechnungsmodelle zu definieren und zu analysieren. Der Begriff der *Operation* ist ein wichtiger Bestandteil algebraischer Strukturen.

Definition 3.42   *Operation*

Eine n-stellige Operation f in einer Menge A ist eine Funktion $f : A^n \rightarrow A$. Gilt $B \subset A^n$ und $f : B \rightarrow A$, so wird f als partielle Operation bezeichnet. Im Falle von $n = 0$ bewirkt f die Auszeichnung eines Elementes von A. Die Menge A wird als Trägermenge bezeichnet.

Eine Operation kann somit nie aus ihrer Trägermenge herausführen, das heißt, jede Trägermenge ist bezüglich ihrer Operationen abgeschlossen. Diese Eigenschaft spezialisiert Operationen gegenüber Funktionen. Einstellige Operationen $f : A \rightarrow A$ werden als unär bezeichnet, zweistellige Operationen $f : A^2 \rightarrow A$ als binär und dreistellige Operationen $f : A^3 \rightarrow A$ als ternär.

Definition 3.43   *Algebra*

Eine Algebra (auch als algebraische Struktur oder universelle Algebra bezeichnet) ist ein Konstrukt $(A, f_1, f_2, \ldots, f_n)$, bestehend aus einer Trägermenge A und den Operationen $f_1 : A^{k_1} \rightarrow A$, $f_2 : A^{k_2} \rightarrow A$ bis $f_n : A^{k_n} \rightarrow A$ mit $k_1, k_2, \ldots, k_n \in \mathbb{N}$.

Wird die Trägermenge A einer Algebra durch eine Mengenfamilie $(A_s \mid s \in S)$ ersetzt, so spricht man von einer *heterogenen* Algebra. Die Menge S heißt in diesem Fall *Sortenmenge*.

Definition 3.44   *Halbgruppe*

Eine Algebra $(A, \diamond)$ mit einer assoziativen binären Operation $\diamond$ wird Halbgruppe genannt.

Definition 3.45   ABEL*sche Halbgruppe*

Eine Halbgruppe $(A, \diamond)$ wird ABELsch genannt, falls $\diamond$ kommutativ ist.

Definition 3.46   *Einselement*

Sei $(A, \diamond)$ eine Algebra mit einer beliebigen binären Operation $\diamond$. Ein Element $\varepsilon \in A$ heißt linkes Einselement bzgl. $\diamond$ gdw. $\forall a \in A \,.\, (\varepsilon \diamond a = a)$. Ein Element $\varepsilon \in A$ heißt rechtes Einselement bzgl. $\diamond$ gdw. $\forall a \in A \,.\, (a \diamond \varepsilon = a)$. ε heißt Einselement oder neutrales Element, falls es linkes und rechtes Einselement ist.

Definition 3.47   *Monoid*

Ein Monoid $(A, \diamond, \varepsilon)$ ist eine Halbgruppe $(A, \diamond)$ mit Einselement $\varepsilon \in A$.

Definition 3.48   *Nullelement*

Sei $(A, \diamond)$ eine Algebra mit einer beliebigen binären Operation $\diamond$. Ein Element $\rho \in A$ heißt linkes Nullelement bzgl. $\diamond$ gdw. $\forall a \in A \,.\, (\rho \diamond a = \rho)$. Ein Element $\rho \in A$ heißt rechtes Nullelement bzgl. $\diamond$ gdw. $\forall a \in A \,.\, (a \diamond \rho = \rho)$. ρ heißt Nullelement, falls es linkes und rechtes Nullelement ist.

Definition 3.49   *inverses Element*

Sei $(A, \diamond)$ eine Algebra mit einer beliebigen binären Operation $\diamond$. Für $a \in A$ heißt ein Element $a^{-1} \in A$ linksinverses Element von a bzgl. $\diamond$ gdw. $a^{-1} \diamond a = \varepsilon$. Für $a \in A$ heißt ein Element $a^{-1} \in A$ rechtsinverses Element von a bzgl. $\diamond$ gdw. $a \diamond a^{-1} = \varepsilon$. a^{-1} heißt inverses Element von a bzgl. $\diamond$, falls es links- und rechtsinverses Element ist.

Definition 3.50   *Gruppe*

Eine Gruppe $(A, \diamond, \varepsilon)$ ist ein Monoid $(A, \diamond, \varepsilon)$, bei dem zu jedem Element $a \in A$ ein inverses Element $a^{-1} \in A$ existiert.

Definition 3.51   *Homomorphismus*

Seien $\mathcal{A} = (A, f_1, f_2, \ldots, f_n)$ und $\mathcal{B} = (B, g_1, g_2, \ldots, g_n)$, $n \in \mathbb{N}$, $n \geq 1$ zwei Algebren mit gleichen Stelligkeiten $ar_1, ar_2, \ldots, ar_n \in \mathbb{N}$ der Operationen. Ein Homomorphismus ist eine Funktion $h : A \to B$, für die gilt:

$$h(f_1(a_1, a_2, \ldots, a_{ar_1})) = g_1(h(a_1), h(a_2), \ldots, h(a_{ar_1})),$$
$$h(f_2(a_1, a_2, \ldots, a_{ar_2})) = g_2(h(a_1), h(a_2), \ldots, h(a_{ar_2})),$$
$$\vdots$$
$$h(f_n(a_1, a_2, \ldots, a_{ar_n})) = g_n(h(a_1), h(a_2), \ldots, h(a_{ar_n})).$$

Definition 3.52   *Isomorphismus*

Ein bijektiver Homomorphismus wird Isomorphismus genannt.

3.1.6   Formale Sprachen

Formale Sprachen gelten als wichtiges Beschreibungsmittel für Berechnungsergebnisse in der Theoretischen Informatik und besitzen eine große Bedeutung bei der Definition wie auch bei der Klassifikation von Berechnungsstärken.

Definition 3.53   *Alphabet*

Ein Alphabet (Zeichenvorrat) Σ ist eine nichtleere, endliche Menge von Symbolen (Zeichen) $a \in \Sigma$.

Definition 3.54   *Wort*

Ein Wort (Zeichenkette, String) über Σ ist eine endliche Folge $(a_1, a_2, \ldots, a_n)$, $n \in \mathbb{N}$ von Symbolen aus einem Alphabet Σ.

Statt $(a_1, a_2, \ldots, a_n)$ wird ein Wort kurz durch $a_1 a_2 \ldots a_n$ notiert. Das leere Wort, welches kein Symbol enthält, wird mit ε bezeichnet.

Definition 3.55   *Menge aller Wörter über einem Alphabet* (KLEENE-*Stern*)

Sei $a \in \Sigma$ ein Symbol aus einem Alphabet Σ. Die Menge aller Wörter Σ^* über Σ ist induktiv definiert durch:
   Basisklausel: $\varepsilon \in \Sigma^*$,
   induktive Klausel: Wenn $x \in \Sigma^*$, dann auch $xa \in \Sigma^*$,
   Extremalklausel: Weitere Wörter in Σ^* gibt es nicht.

Es gilt: $\emptyset^* = \{\varepsilon\}$. Für beliebige Alphabete Σ wird statt $\Sigma^* \setminus \{\varepsilon\}$ vereinfachend Σ^+ geschrieben. Die Menge aller Wörter über einem Alphabet ist abzählbar unendlich.

Definition 3.56   *Wortlänge*

Seien Σ ein Alphabet, $a \in \Sigma$ und $x \in \Sigma^*$. Die Wortlänge von x ist eine Funktion $\mathrm{lgth} : \Sigma^* \to \mathbb{N}$ und induktiv definiert durch:
   Basisklausel: $\mathrm{lgth}(\varepsilon) = 0$,
   induktive Klausel: $\mathrm{lgth}(xa) = \mathrm{lgth}(x) + 1$.

Definition 3.57   *Gleichheit von Wörtern*

Zwei Wörter $x, y \in \Sigma^*$ über einem Alphabet Σ mit $x = x_1 x_2 \ldots x_m$ und $y = y_1 y_2 \ldots y_n$, $m, n \in \mathbb{N}$ heißen gleich ($x = y$) gdw.
$(\mathrm{lgth}(x) = \mathrm{lgth}(y)) \wedge \forall i \in \{1, 2, \ldots, \mathrm{lgth}(x)\} . (x_i = y_i)$.

Definition 3.58   *Wortverkettung (Konkatenation)*

Seien Σ ein Alphabet und $x, y \in \Sigma^*$ zwei Wörter über Σ mit $x = x_1 x_2 \ldots x_m$ und $y = y_1 y_2 \ldots y_n$, $m, n \in \mathbb{N}$. Die Wortverkettung (Konkatenation) ist eine Operation $\circ : \Sigma^* \times \Sigma^* \to \Sigma^*$ und durch $x \circ y = x_1 x_2 \ldots x_m y_1 y_2 \ldots y_n$ definiert.

Die Wortverkettung $\circ$ ist assoziativ, aber nicht kommutativ. ε ist bezüglich $\circ$ neutrales Element. Es gilt: $\text{lgth}(x \circ y) = \text{lgth}(x) + \text{lgth}(y)$. Jede Algebra $(\Sigma^*, \circ, \varepsilon)$ über Σ bildet ein Monoid.

Definition 3.59 *Potenz eines Wortes*

Sei $x \in \Sigma^*$ ein Wort über einem Alphabet Σ. Die n-te Potenz von x ist eine Funktion potenz $: \Sigma^* \times \mathbb{N} \to \Sigma^*$ und induktiv definiert durch:

Basisklausel: $\text{potenz}(x, 0) = \varepsilon$,

induktive Klausel: $\text{potenz}(x, n) = \text{potenz}(x, n - 1) \circ x, \quad n \in \mathbb{N} \setminus \{0\}$.

Für $\text{potenz}(x, n)$, $x \in \Sigma^*$, $n \in \mathbb{N}$ schreibt man abkürzend entweder $(x)^n$, falls $\text{lgth}(x) > 1$ oder x^n, falls $\text{lgth}(x) \leq 1$.

Definition 3.60 *Präfix, Suffix, Teilwort, echtes Teilwort*

Seien $v, w, x, y \in \Sigma^*$ Wörter über einem Alphabet Σ.

v heißt Präfix von w gdw. $\exists y \in \Sigma^* . (w = v \circ y)$,

v heißt Suffix von w gdw. $\exists x \in \Sigma^* . (w = x \circ v)$,

v heißt Teilwort (Substring) von w gdw. $\exists x, y \in \Sigma^* . (w = x \circ v \circ y)$,

v heißt echtes Teilwort (echter Substring) von w gdw. v ist Teilwort von w und $v \neq w$.

Definition 3.61 *formale Sprache, Wort einer formalen Sprache*

Sei Σ ein Alphabet. Eine beliebige Menge $L \subseteq \Sigma^*$ heißt formale Sprache. Jede Zeichenkette $x \in L$ wird Wort der formalen Sprache L genannt.

Die leere Sprache wird mit $\emptyset$ bezeichnet und diejenige Sprache, die als einziges Element das leere Wort enthält, mit $\{\varepsilon\}$.

Definition 3.62 *Verkettung formaler Sprachen*

Seien $L_1, L_2 \subseteq \Sigma^*$ formale Sprachen über einem Alphabet Σ. Die Verkettung $L_1 \otimes L_2$ ist definiert durch $L_1 \otimes L_2 = \{v \circ w \mid v \in L_1 \wedge w \in L_2\}$.

Definition 3.63 *reflexive transitive KLEENEsche Hülle*

Sei $L \subseteq \Sigma^*$ formale Sprache über einem Alphabet Σ. Es wird rekursiv definiert:
$$L^0 = \{\varepsilon\}, \qquad L^{n+1} = L \otimes L^n, \quad n \in \mathbb{N}.$$
Die transitive KLEENEsche Hülle L^+ von L ist definiert durch $L^+ = \bigcup_{n \in \mathbb{N} \setminus \{0\}} L^n$.

Die reflexive transitive KLEENEsche Hülle L^* von L ist definiert durch $L^* = \bigcup_{n \in \mathbb{N}} L^n$.

Die Potenzmenge $\mathcal{P}(\Sigma^*)$ enthält alle formalen Sprachen über Σ.

Definition 3.64 *reguläre Sprachen*

Sei Σ ein Alphabet. Die regulären Sprachen über Σ sind induktiv durch folgende Regeln definiert:

- Die leere Sprache $\emptyset$, die Sprache $\{\varepsilon\}$ und jede Sprache $\{a\}$, die genau ein Symbol $a \in \Sigma$ enthält, sind reguläre Sprachen.
- Wenn L_1 und L_2 reguläre Sprachen sind, dann auch $(L_1 \cup L_2)$, $(L_1 \otimes L_2)$ und $(L_1)^*$.
- Andere reguläre Sprachen über Σ existieren nicht.

Jede reguläre Sprache L^+ lässt sich beschreiben durch $L^* \otimes L$. Die Verknüpfungen $*$, $\otimes$ und $\cup$ haben in der angegebenen Reihenfolge absteigende Priorität. Redundante Klammerungen bei der Angabe regulärer Sprachen können daher weggelassen werden. Die regulären Sprachen über Σ sind abgeschlossen unter $\cup$, $\cap$, $\otimes$, $*$ sowie Komplementbildung $\bar{L} = \Sigma^* \setminus L$.

Definition 3.65 *Substitution*

Seien Σ_1 und Σ_2 zwei Alphabete, $(\Sigma_1^*, \circ, \varepsilon)$ und $(\Sigma_2^*, \circ, \varepsilon)$ zwei Monoide über den jeweiligen Alphabeten. Eine Substitution von Σ_1^* nach Σ_2^* ist eine Funktion $f : \Sigma_1^* \to \mathcal{P}(\Sigma_2^*)$ mit folgenden Eigenschaften:

- $f(\varepsilon) = \{\varepsilon\}$.
- Für alle $x \in \Sigma_1$ ist $f(x)$ eine formale Sprache über Σ_2.
- Für alle $x, y \in \Sigma_1^*$ gilt: $f(x \circ y) = f(x) \circ f(y)$.

Für jede formale Sprache $L \subseteq \Sigma_1^*$ gilt: $f(L) = \bigcup_{x \in L} f(x)$.

Jede Substitution f mit der Eigenschaft, dass für jedes $x \in \Sigma_1^*$ das zugehörige $f(x)$ aus nur einem Wort besteht, ist ein Homomorphismus zwischen den Monoiden $(\Sigma_1^*, \circ, \varepsilon)$ und $(\Sigma_2^*, \circ, \varepsilon)$. In diesem Fall gilt: $f : \Sigma_1^* \to \Sigma_2^*$.

Definition 3.66 *Kodierung*

Seien Σ_1 und Σ_2 zwei Alphabete, $(\Sigma_1^*, \circ, \varepsilon)$ und $(\Sigma_2^*, \circ, \varepsilon)$ zwei Monoide über den jeweiligen Alphabeten. Eine Kodierung von Σ_1^* nach Σ_2^* ist ein Isomorphismus $f : \Sigma_1^* \to \Sigma_2^*$. Für jede formale Sprache $L \subseteq \Sigma_1^*$ gilt: $f(L) = \bigcup_{x \in L} f(x)$.

Die Umkehrfunktion $f^{-1} : \Sigma_2^* \to \Sigma_1^*$ einer Kodierung f wird als *Dekodierung* bezeichnet.

3.1.7 Endliche Automaten

Endliche Automaten verkörpern einfache Berechnungsmodelle, mit denen sich Berechnungsprozesse zum Erkennen beliebiger regulärer Sprachen mathematisch beschreiben und bewerten lassen.

Definition 3.67 *deterministischer endlicher Automat (DEA)*

Ein deterministischer endlicher Automat (DEA) M ist ein Quintupel (heterogene Algebra) $M = (Z, \Sigma, \delta, z_0, F)$ mit folgender Bedeutung der Komponenten: Z ist die nichtleere endliche Menge von Zuständen, Σ das Eingabealphabet, $z_0 \in Z$ der Startzustand, $F \subseteq Z$ die Menge der Finalzustände und $\delta : Z \times \Sigma \to Z$ die Zustandsüberführungsfunktion. Zusätzlich gilt: $Z \cap \Sigma = \emptyset$.

Jeder DEA M akzeptiert eine durch seine Komponenten bestimmte reguläre Sprache $L(M)$, indem er von einer gegebenen Zeichenkette $x \in \Sigma^*$ entscheidet, ob sie ein Wort von $L(M)$ ist oder nicht. Die Arbeitsweise jedes DEA lässt sich als zeichenweise getaktet auffassen, das heißt, die Eingabezeichenkette x wird zeichenweise (von links nach rechts) eingelesen. Die Berechnung beginnt mit Takt 0 im Zustand z_0. In jedem Takt t ermittelt M aus dem aktuellen Eingabezeichen $a \in \Sigma$ (mit a Teilwort von x) sowie aus dem aktuellen Zustand $z \in Z$ den Zustand für den unmittelbar nachfolgenden Takt durch Bestimmung des Funktionswertes $\delta(z, a) \in Z$. Der DEA M stoppt, sobald die Eingabezeichenkette x vollständig zeichenweise eingelesen ist. Hat er zu diesem Zeitpunkt einen Zustand aus F erreicht, so spricht man davon, dass er die Eingabezeichenkette x als ein Wort der formalen Sprache $L(M)$ erkannt (akzeptiert) hat. Anderenfalls gehört x nicht zur formalen Sprache $L(M)$. Die zum Akzeptieren einer Eingabezeichenkette x benötigte Taktanzahl entspricht genau der Länge $\text{lgth}(x)$.

Definition 3.68 *nichtdeterministischer endlicher Automat (NEA)*

Ein nichtdeterministischer endlicher Automat (NEA) M ist ein Quintupel (heterogene Algebra) $M = (Z, \Sigma, \delta, z_0, F)$ mit folgender Bedeutung der Komponenten: Z ist die nichtleere endliche Menge von Zuständen, Σ das Eingabealphabet, $z_0 \in Z$ der Startzustand, $F \subseteq Z$ die Menge der Finalzustände und $\delta : Z \times \Sigma \to \mathcal{P}(Z)$ die Zustandsüberführungsfunktion. Zusätzlich gilt: $Z \cap \Sigma = \emptyset$.

Die Arbeitsweise des NEA entspricht der des DEA, sie unterscheidet sich jedoch in der Anwendung der Zustandsüberführungsfunktion. Weist δ zu einem gegebenem Paar $(z, a) \in Z \times \Sigma$ mehrere Zustände aus, so werden alle gleichwertig behandelt. Eine Eingabezeichenkette $x \in \Sigma^*$ gilt als vom NEA akzeptiert, wenn es mindestens eine Zustandsfolge gibt, die bei zeichenweiser Eingabe von x in einen Finalzustand führt.

DEA sind Spezialfälle von NEA. NEA lassen sich durch eine Potenzmengenkonstruktion über der Zustandsmenge, die zu modifizierten Komponenten Z, F und δ führt, in verhaltensgleiche DEA transformieren. Jede von einem NEA akzeptierbare Sprache ist auch von einem DEA akzeptierbar, beide Automaten sind hinsichtlich ihrer Berechnungsstärke gleichmächtig. DEA und NEA werden auch als Akzeptorautomaten bezeichnet.

Definition 3.69 *Konfiguration eines NEA*

Sei $M = (Z, \Sigma, \delta, z_0, F)$ ein NEA. Eine Konfiguration c von M ist definiert durch $c \in Z \times \Sigma^*$.

Definition 3.70 *Arbeitsschritt eines NEA*

Sei $M = (Z, \Sigma, \delta, z_0, F)$ ein NEA. Ein Arbeitsschritt (Takt) von M ist eine Relation
$\vdash_M \subseteq (Z \times \Sigma^*) \times (Z \times \Sigma^*)$ definiert durch:
$(z, w) \vdash_M (z', x)$ gdw. $z \in Z \wedge w = ax \wedge a \in \Sigma \wedge x \in \Sigma^* \wedge z' \in \delta(z, a)$.

Die reflexive transitive Hülle von $\vdash_M$ wird mit $\vdash_M^*$ bezeichnet.

Definition 3.71 *Berechnung, akzeptierende Berechnung eines NEA*

Sei $M = (Z, \Sigma, \delta, z_0, F)$ ein NEA. Eine Berechnung B_M von M auf einem Wort $x \in \Sigma^*$
ist eine Folge von Konfigurationen $B_M = c_0 \vdash_M c_1 \vdash_M c_2 \vdash_M \ldots \vdash_M c_n$ mit
$n \leq \text{lgth}(x) + 1$, wobei $c_0 = (z_0, x)$ Startkonfiguration sowie $c_n = (z, \varepsilon)$ mit $z \in Z$ oder
$c_n = (z, ay)$ mit $z \in Z \wedge a \in \Sigma \wedge y \in \Sigma^* \wedge \delta(z, a) = \emptyset$ Endkonfiguration ist. B_M ist eine
akzeptierende Berechnung von M, falls $c_n = (z, \varepsilon)$ mit $z \in F$ ist.

Definition 3.72 *akzeptierte Sprache eines NEA*

Sei $M = (Z, \Sigma, \delta, z_0, F)$ ein NEA. Die von M akzeptierte Sprache $L(M)$ ist definiert durch
$L(M) = \{x \in \Sigma^* \mid \exists B_M \cdot (((z_0, x) \vdash_M^* (z, \varepsilon)) \wedge (z \in F))\}$.

Jede akzeptierende Berechnung B_M von M liefert mit x ein Wort der von M akzeptierten
Sprache $L(M)$. DEA wie auch NEA können in Abhängigkeit von ihren konkret belegten Komponenten Z, Σ, δ, z_0 und F jede beliebige reguläre Sprache über dem Alphabet Σ akzeptieren,
und umgekehrt lässt sich auch zu jeder beliebigen (z. B. als Mengenausdruck gegebenen) regulären Sprache ein NEA konstruieren, der genau diese reguläre Sprache akzeptiert.

3.2 Ausgewählte konventionelle universelle Berechnungsmodelle

3.2.1 Deterministische und nichtdeterministische Turingmaschine

Das Berechnungsmodell der deterministischen Turingmaschine wurde von A. Turing und E.
Post aus der Intention heraus entwickelt, eine formale Definition des Berechenbarkeitsbegriffes anzugeben. Die Zielvorstellung bestand darin, eine mathematisch beschreibbare Maschine zu schaffen, die allgemein genug ist, um stellvertretend für jeden beliebigen algorithmischen Berechnungsprozess zu stehen. Ausgehend von der Beobachtung, wie ein Mensch einen
vorgegebenen Algorithmus abarbeitet, konnten die Komponenten der Turingmaschine erkannt,
abstrahiert und formalisiert werden. Aufbau und Arbeitsweise der Turingmaschine lieferten die
Grundidee für die von-Neumann-Rechnerarchitektur. Mit der Turingmaschine entstand ein formales Modell eines universellen, sequentiell, getaktet und deterministisch arbeitenden Rechners. Dieses Modell ist auf verschiedene Weise erweitert worden, wie beispielsweise um die

Einführung eines Zufallsmechanismus bei der nichtdeterministischen Turingmaschine oder um das Prinzip der Parallelverarbeitung bei der Mehrbandturingmaschine mit dem Ziel, ein noch berechnungsstärkeres Modell zu schaffen. Es wurde gezeigt, dass alle Erweiterungen die Berechnungsstärke der deterministischen Turingmaschine nicht übertreffen. Deterministische Turingmaschinen besitzen in der Theoretischen Informatik eine zentrale Bedeutung.

Definition 3.73 *deterministische Turingmaschine (DTM)*

Eine deterministische Turingmaschine (DTM) ist ein 8-Tupel (heterogene Algebra) $TM = (Z, \Sigma, \Theta, V, \delta, z_0, \Box, F)$ mit folgender Bedeutung der Komponenten: Z bezeichnet die nichtleere endliche Zustandsmenge, Σ das Eingabealphabet, Θ mit $\Sigma \subset \Theta$ das Arbeitsalphabet, $V = \{L, N, R\}$ die Menge der Verschieberichtungen, $\delta : Z \times \Theta \to Z \times \Theta \times V$ die Überführungsfunktion, $z_0 \in Z$ den Startzustand, $\Box \in \Theta \setminus \Sigma$ das Blanksymbol und $F \subseteq Z$ die Menge der Finalzustände. Zusätzlich gilt: $Z \cap \Theta = \emptyset$, $Z \cap V = \emptyset$, $\Theta \cap V = \emptyset$.

Eine deterministische Turingmaschine besteht aus einem potentiell unendlich langen Ein-Ausgabe-Band, das in Felder unterteilt ist, einem Schreib-Lese-Kopf, der Feldinhalte lesen und schreiben kann, sowie aus der Steuereinheit, in der der aktuelle Zustand, die Überführungsfunktion δ und die Menge der Finalzustände gespeichert und ausgewertet werden. Jedes Feld des Ein-Ausgabe-Bandes ist mit einem Zeichen des Arbeitsalphabetes belegbar.

Das Eingabewort $x \in \Sigma^*$ steht zu Beginn einer Berechnung zeichenweise auf benachbarten Feldern des Ein-Ausgabe-Bandes. Der Schreib-Lese-Kopf zeigt auf das erste Zeichen von x, der aktuelle Zustand ist z_0. Die Berechnung einer DTM erfolgt durch Hintereinanderausführung von Turingtakten. In jedem Turingtakt werden folgende Aktionen vorgenommen:

1. Einlesen des Zeichens $a \in \Theta$ vom Ein-Ausgabe-Band, auf das der Schreib-Lese-Kopf zeigt.

2. Aus dem aktuellen Zustand z und dem eingelesenen Zeichen a mittels Überführungsfunktion δ bestimmen: Ausgabezeichen $b \in \Theta$, Folgezustand $z' \in Z$, Verschieberichtung des Schreib-Lese-Kopfes $\in \{L, N, R\}$. Dabei bedeutet L die Verschiebung um ein Bandfeld nach links, R um ein Bandfeld nach rechts und N keine Verschiebung.

3. Schreiben des Ausgabezeichens $b \in \Theta$ auf das Ein-Ausgabe-Band. Das zuvor eingelesene Zeichen $a \in \Theta$ wird dabei überschrieben.

4. $z' \in Z$ wird zum aktuellen Zustand.

5. Bewegen des Schreib-Lese-Kopfes auf dem Ein-Ausgabe-Band entsprechend der durch $\delta(z, a)$ bestimmten Verschieberichtung.

Eine Turingmaschine stoppt, sobald ein Finalzustand erreicht ist. In diesem Fall spricht man davon, dass TM das Eingabewort $x \in \Sigma^*$ akzeptiert hat. TM stoppt ebenfalls, sobald zu einem (z, a) der zu berechnende Funktionswert $\delta(z, a)$ nicht definiert ist. Das Eingabewort wird in diesem Fall nicht akzeptiert. Durch das Stoppen schließt jede Turingmaschine die auf ihr ausgeführte Berechnung ab. Die dabei auf dem Ein-Ausgabe-Band zurückgelassene Inschrift

(Endbandinschrift) kann zusätzlich zur Akzeptanzentscheidung des Eingabewortes als ein Berechnungsergebnis interpretiert werden. Infolge der Fähigkeit von Turingmaschinen, Endband-
inschriften erzeugen zu können, lassen sie sich auch zur *Generierung* formaler Sprachen anwenden. Eine Berechnung auf einer Turingmaschine muss nicht zwingend terminieren, so dass
es vorkommen kann, dass eine Turingmaschine nie stoppt. Aufgrund ihrer Universalität können
Turingmaschinen beliebige rekursiv aufzählbare formale Sprachen akzeptieren bzw. generieren.

In Erweiterung der deterministischen Turingmaschine verkörpert die nichtdeterministische Turingmaschine ein Berechnungsmodell der gleichen Berechnungsstärke, welches zusätzlich die
Möglichkeit für Zufallsentscheidungen bietet. Die Darstellung und Abarbeitung von Algorithmen im Modell der nichtdeterministischen Turingmaschine kann effizienter sein, weil sie oft
mit weniger Zuständen als eine DTM zur Lösung der gleichen Aufgabenstellung auskommt.
Zufallsentscheidungen haben Eingang in die Algorithmenkonstruktion gefunden. Beispielsweise verwenden heuristische und genetische Algorithmen sowie Monte-Carlo-Methoden das Element Zufall gezielt im Problemlösungsprozess. Die Strategie, eine potentielle Lösung zu raten,
ihre Richtigkeit zu prüfen und erforderlichenfalls erneut zu raten, ermöglicht insbesondere bei
kombinatorischen Suchproblemen im Allgemeinen eine beschleunigte Lösung, weil die zeitaufwendige vollständige deterministische Durchmusterung des Lösungsraumes häufig auf wenige
Rate- und Prüfvorgänge reduziert werden kann. In der Theoretischen Informatik dient das Modell der nichtdeterministischen Turingmaschine zur Definition der Komplexitätsklasse $\mathcal{NP}$ und
wird als Hilfsmittel für Beweise herangezogen.

Definition 3.74 *nichtdeterministische Turingmaschine (NTM)*

Eine nichtdeterministische Turingmaschine (NTM) TM ist ein 8-Tupel (heterogene Algebra) $TM = (Z, \Sigma, \Theta, V, \delta, z_0, \Box, F)$ mit folgender Bedeutung der Komponenten: Z bezeichnet die nichtleere endliche Zustandsmenge, Σ das Eingabealphabet, Θ mit $\Sigma \subset \Theta$
das Arbeitsalphabet, $V = \{L, N, R\}$ die Menge der Verschieberichtungen, $\delta : Z \times \Theta \rightarrow$
$\mathcal{P}(Z \times \Theta \times V)$ die Überführungsfunktion, $z_0 \in Z$ den Startzustand, $\Box \in \Theta \setminus \Sigma$ das Blanksymbol und $F \subseteq Z$ die Menge der Finalzustände. Zusätzlich gilt: $Z \cap \Theta = \emptyset$, $Z \cap V = \emptyset$,
$\Theta \cap V = \emptyset$.

Aufbau und Arbeitsweise einer nichtdeterministischen Turingmaschinen entsprechen der deterministischen Turingmaschine mit dem einzigen Unterschied, dass die Überführungsfunktion
δ zu gegebenem $(z, a) \in Z \times \Theta$ mehrere Tripel $\delta(z, a) \in Z \times \Theta \times V$ zuordnen kann. In
diesem Fall wählt die NTM willkürlich eines dieser Tripel aus. Alle entsprechenden Tripel
werden hierbei als gleichwertig betrachtet. Nichtdeterministische Turingmaschinen akzeptieren das Eingabewort, wenn mindestens eine aller möglichen Auswahlfolgen zum Erreichen
eines Finalzustandes führt. In Analogie zur DTM stoppt eine Berechnung auf einer NTM, ohne das Eingabewort zu akzeptieren, sobald zu einem (z, a) der zu berechnende Funktionswert
$\delta(z, a) = \emptyset$ ist.

Deterministische Turingmaschinen lassen sich als spezielle nichtdeterministische Turingmaschinen auffassen. Nichtdeterministische Turingmaschinen können durch ebenenweises Nachvollziehen des Berechnungsbaumes in deterministische Turingmaschinen transformiert werden,
die die gleiche formale Sprache akzeptieren bzw. generieren.

Definition 3.75 *Konfiguration einer Turingmaschine*

Sei $TM = (Z, \Sigma, \Theta, V, \delta, z_0, \square, F)$ eine deterministische oder nichtdeterministische Turingmaschine. Eine Konfiguration c von TM ist definiert durch ein Wort $c \in \Theta^* \otimes Z \otimes \Theta^*$.

Eine Konfiguration $c = xzy$ mit $x \in \Theta^*$, $z \in Z$ und $y \in \Theta^*$ bedeutet, dass x die Inschrift des Ein-Ausgabe-Band-Teiles links vom Schreib-Lese-Kopf ist, z der aktuelle Zustand und dass der Schreib-Lese-Kopf auf das erste Zeichen von y zeigt. Die restlichen Zeichen von y befinden sich, sofern vorhanden, rechts vom Schreib-Lese-Kopf.

Definition 3.76 *Arbeitsschritt einer Turingmaschine*

Sei $TM = (Z, \Sigma, \Theta, V, \delta, z_0, \square, F)$ eine deterministische oder nichtdeterministische Turingmaschine, $a_i \in \Theta$ mit $i = 1, \ldots, m$, $m \in \mathbb{N}$, $b_i \in \Theta$ mit $i = 1, \ldots, n$, $n \in \mathbb{N} \setminus \{0\}$ sowie $d \in \Theta$, $z, z' \in Z$. Ein Arbeitsschritt (Turingtakt) ist eine Relation $\vdash_{TM} \subseteq (\Theta^* \otimes Z \otimes \Theta^*) \times (\Theta^* \otimes Z \otimes \Theta^*)$ definiert durch:

$$a_1 \ldots a_m z b_1 \ldots b_n \vdash_{TM} \begin{cases} a_1 \ldots a_m z' d b_2 \ldots b_n & \text{falls } \delta(z, b_1) = (z', d, N),\ m \geq 0,\ n \geq 1 \\ a_1 \ldots a_m d z' b_2 \ldots b_n & \text{falls } \delta(z, b_1) = (z', d, R),\ m \geq 0,\ n \geq 2 \\ a_1 \ldots a_m d z' \square & \text{falls } \delta(z, b_1) = (z', d, R),\ m \geq 0,\ n = 1 \\ a_1 \ldots a_{m-1} z' a_m d b_2 \ldots b_n & \text{falls } \delta(z, b_1) = (z', d, L),\ m \geq 1,\ n \geq 1 \\ z' \square d b_2 \ldots b_n & \text{falls } \delta(z, b_1) = (z', d, L),\ m = 0,\ n \geq 1 \end{cases}$$

Die reflexive transitive Hülle von $\vdash_{TM}$ wird mit $\vdash_{TM}^*$ bezeichnet.

Definition 3.77 *Berechnung, akzeptierende Berechnung einer Turingmaschine*

Sei $TM = (Z, \Sigma, \Theta, V, \delta, z_0, \square, F)$ eine deterministische oder nichtdeterministische Turingmaschine, $w, y \in \Theta^*$. Eine Berechnung B_{TM} von TM auf einem Wort (Anfangsbandinschrift) $x \in \Sigma^*$ ist eine Folge von Konfigurationen
$B_{TM} = c_0 \vdash_{TM} c_1 \vdash_{TM} c_2 \vdash_{TM} \ldots \vdash_{TM} c_k$ mit $k \in \mathbb{N} \setminus \{0\}$, wobei $c_0 = z_0 x$ Startkonfiguration sowie $c_k = wzy$ mit $z \in F$ oder $c_k = wzay$ mit
$(a \in \Theta) \wedge (\delta(z, a)$ nicht definiert) (bei deterministischer Turingmaschine) bzw. mit
$(a \in \Theta) \wedge (\delta(z, a) = \emptyset)$ (bei nichtdeterministischer Turingmaschine)
Endkonfiguration ist.
B_{TM} ist eine akzeptierende Berechnung von TM, falls $c_k = wzy$ mit $z \in F$ ist.

Definition 3.78 *akzeptierte Sprache einer Turingmaschine*

Sei $TM = (Z, \Sigma, \Theta, V, \delta, z_0, \square, F)$ eine deterministische oder nichtdeterministische Turingmaschine. Die von TM akzeptierte Sprache $L(TM)$ ist
für deterministische Turingmaschinen definiert durch
$L(TM) = \{x \in \Sigma^* \mid ((z_0 x \vdash_{TM}^* wzy) \wedge (w, y \in \Theta^*) \wedge (z \in F))\}$
und für nichtdeterministische Turingmaschinen durch
$L(TM) = \{x \in \Sigma^* \mid \exists B_{TM} \cdot ((z_0 x \vdash_{TM}^* wzy) \wedge (w, y \in \Theta^*) \wedge (z \in F))\}$.

Beispiel 3.79 *Berechnung der Nachfolgerfunktion* $\mathrm{succ} : \mathbb{N} \to \mathbb{N}$ *mit* $\mathrm{succ}(n) = n + 1$

Gegeben sei die deterministische Turingmaschine $TM = (Z, \Sigma, \Theta, V, \delta, z_0, \square, F)$ mit $Z = \{z_0, z_1, z_F\}$, $\Sigma = \{a\}$, $\Theta = \Sigma \cup \{\varepsilon\}$, $V = \{L, N, R\}$, $F = \{z_F\}$, $\square = \varepsilon$,

δ	a	ε
z_0	(z_0, a, R)	(z_1, a, L)
z_1	(z_1, a, L)	(z_F, ε, R)

Jede natürliche Zahl n ist im Beispiel 3.79 auf dem Ein-Ausgabe-Band von TM durch das Eingabewort a^n kodiert. Der Schreib-Lese-Kopf befindet sich zu Beginn der Berechnung unter dem ersten (äußerst linken) Zeichen des Eingabewortes. TM akzeptiert die Sprache $L(TM) = \{a\}^*$ und mithin alle natürlichen Zahlen als Eingabe. Darüber hinaus generiert TM im Verlauf einer Berechnung das Wort a^{n+1} als Endbandinschrift, welches die Zahl $n + 1$ kodiert und plaziert den Schreib-Lese-Kopf wieder unter dem ersten Zeichen dieses Wortes.

Für das Eingabewort aaa gestaltet sich die Berechnung B_{TM} wie folgt durch Angabe der Konfigurationsfolge: $z_0aaa \vdash_{TM} az_0aa \vdash_{TM} aaz_0a \vdash_{TM} aaaz_0\varepsilon \vdash_{TM} aaz_1aa \vdash_{TM} az_1aaa \vdash_{TM} z_1aaaa \vdash_{TM} z_1\varepsilon aaaa \vdash_{TM} z_Faaaa$

Beispiel 3.80 *Berechnung des aufgerundeten Logarithmus auf natürlichen Zahlen*

$f_{\log_b} : \mathbb{N} \to \mathbb{N}$ mit $f_{\log_b}(n) = \lceil \log_b(n) \rceil$, wobei $b \in \mathbb{N}$ und $b \geq 2$

Gegeben sei die deterministische Turingmaschine $TM = (Z, \Sigma, \Theta, V, \delta, z_0, \square, F)$ mit $Z = \{z_0, z_{1\#}, z_{2\#}, z_{C1}, z_{C2}, z_{C3}, z_{C4}, z_{E1}, z_{E2}, z_{E3}, z_{E4}, z_{E5}, z_{E6}, z_F, z_{Rb}\} \cup \{z_{i,b} \mid i \in \{1,\ldots,b\}\}$, $\Sigma = \{a\}$, $\Theta = \Sigma \cup \{y, \#, \varepsilon\}$, $V = \{L, N, R\}$, $F = \{z_F\}$, $\square = \varepsilon$,

δ	a	y	$\#$	ε	
z_0	$(z_{3\#}, a, R)$	–	–	–	
$z_{1\#}$	$(z_{1\#}, a, R)$	–	–	$(z_{2\#}, \#, L)$	
$z_{2\#}$	$(z_{2\#}, a, L)$	–	–	$(z_{1,b}, \varepsilon, R)$	
$z_{3\#}$	$(z_{1\#}, a, R)$	–	–	(z_{E4}, ε, L)	
$z_{1,b}$	$(z_{2,b}, a, R)$	$(z_{1,b}, y, R)$	$(z_{E2}, \#, R)$	–	
$z_{i,b}$	$(z_{i+1,b}, a, R)$	–	$(z_{Rb}, \#, L)$	–	$\forall i \in \{2,\ldots,b-1\}$
$z_{b,b}$	(z_{C1}, y, L)	–	$(z_{Rb}, \#, L)$	–	
z_{Rb}	(z_{C1}, y, L)	–	–	–	
z_{C1}	(z_{C1}, a, L)	(z_{C2}, a, R)	–	(z_{C4}, ε, R)	
z_{C2}	(z_{C2}, a, R)	(z_{C3}, y, L)	–	–	
z_{C3}	(z_{C1}, y, L)	–	–	–	
z_{C4}	(z_{C4}, ε, R)	$(z_{1,b}, y, R)$	–	–	
z_{E1}	(z_F, a, N)	(z_{E1}, ε, R)	(z_{E1}, ε, R)	(z_F, ε, N)	
z_{E2}	(z_{E2}, a, R)	–	–	(z_{E3}, a, L)	
z_{E3}	(z_{E3}, a, L)	(z_{E4}, y, L)	$(z_{E3}, \#, L)$	–	
z_{E4}	(z_F, ε, N)	(z_{E5}, y, R)	–	(z_{E1}, ε, R)	
z_{E5}	–	(z_{E5}, y, R)	$(z_{E6}, \#, L)$	–	
z_{E6}	–	(z_{E6}, a, L)	–	$(z_{1,b}, \varepsilon, R)$	

Im Beispiel 3.80 ist jede natürliche Zahl n auf dem Ein-Ausgabe-Band von TM ebenfalls durch das Eingabewort a^n kodiert. Der Schreib-Lese-Kopf befindet sich zu Beginn der Berechnung unter dem ersten (äußerst linken) Zeichen des Eingabewortes. TM akzeptiert die Sprache $L(TM) = \{a\}^+$ und mithin alle natürlichen Zahlen außer Null als Eingabe. Darüber hinaus generiert TM im Verlauf einer Berechnung das Wort $a^{\lceil \log_b(n) \rceil}$ als Endbandinschrift, welches die Zahl $\lceil \log_b(n) \rceil$ kodiert, und plaziert den Schreib-Lese-Kopf wieder unter dem ersten Zeichen dieses Wortes. Wird die Zahl 0, kodiert durch das leere Wort ε, als Eingabewort vorgegeben, so stoppt die Berechnung, ohne dieses Eingabewort zu akzeptieren. Eine Endbandinschrift wird in diesem Fall nicht erzeugt. Einige Komponenten von TM sind von der Belegung des Parameters b (Basis des Logarithmus) abhängig.

Der Ablauf jeder Berechnung beginnt damit, dass die beiden Sonderfälle $\lceil \log_b(0) \rceil$ (nicht definiert) und $\lceil \log_b(1) \rceil = 0$ abgefangen werden. Im ersten Fall stoppt die Berechnung ohne den Finalzustand zu erreichen und verändert die anfängliche Bandinschrift nicht. Im zweiten Fall wird das aus einem einzelnen Zeichen a bestehende Eingabewort durch ε ersetzt, in den Finalzustand übergegangen und somit die Berechnung beendet.

Die algorithmische Strategie der Logarithmusberechnung beruht auf einer fortlaufenden Division des Numerus n durch die Basis b, bis ein Wert ≤ 1 entsteht. Die Anzahl der hierfür notwendigen Divisionen repräsentiert den gesuchten natürlichzahligen aufgerundeten Logarithmus. Da die Turingmaschine auf Wörtern arbeitet, muss die numerische Berechnung entsprechend angepasst werden. Eine ganzzahlige Division durch b lässt sich auf dem die Zahl n kodierenden Wort a^n leicht nachbilden, indem von links beginnend jeweils b unmittelbar aufeinander folgende Zeichen a durch ein Hilfszeichen – hier y – ersetzt werden und nach vollständigem Durchlauf jedes y wieder in ein a rückverwandelt wird. Die Division von 8 durch 2 führt beispielsweise zu folgenden Ersetzungen: $aaaaaaaa \rightarrow yaaaaaa \rightarrow yyaaaa \rightarrow yyyaa \rightarrow yyyy \rightarrow aaaa$. Bleibt am rechten Ende des Wortes beim Umwandeln der a in y eine Anzahl a übrig, die kleiner als b ist, so wird für diese Anzahl a ebenfalls ein Symbol y gesetzt, was das Aufrunden bewirkt. Die Division 9 durch 4 schlägt sich folglich in den Ersetzungen $aaaaaaaaa \rightarrow yaaaaa \rightarrow yya \rightarrow yyy \rightarrow aaa$ nieder. Die Anzahl von Divisionen bis zum Abbau des Eingabewortes auf ein Symbol wird ermittelt, indem zu Beginn der Berechnung am rechten Wortende ein Trennsymbol – hier $\#$ – angefügt und anschließend nach jeder abgeschlossenen Division der rechts vom Trennsymbol befindliche Ergebniszähler durch Hinzufügen jeweils eines Symbols um eins erhöht wird. Für die Berechnung von $\lceil \log_2(8) \rceil = 3$ sind zum Beispiel drei Divisionen notwendig, so dass aus dem Eingabewort nach jeder Division folgende Bandinschriften entstehen: $aaaaaaaa\# \rightarrow aaaa\#a \rightarrow aa\#aa \rightarrow a\#aaa$. In einem abschließenden Schritt der Berechnung werden alle Symbole links vom Trennsymbol sowie das Trennsymbol selbst gelöscht und der Schreib-Lese-Kopf auf das erste Zeichen des Ergebniswortes gesetzt.

Die Berechnung B_{TM} von $\lceil \log_2(6) \rceil = 3$ soll ausführlich anhand der Konfigurationsfolge dargelegt werden:
- Prüfen der Sonderfälle $\lceil \log_2(0) \rceil$ und $\lceil \log_2(1) \rceil$ sowie Anbringen des Trennsymbols $\#$:
  $z_0 aaaaaa \vdash_{TM} az_3\#aaaaa \vdash_{TM} aaz_1\#aaaa \vdash_{TM} aaaz_1\#aaa \vdash_{TM} aaaaz_1\#aa \vdash_{TM}$
  $aaaaaz_1\#a \vdash_{TM} aaaaaaz_1\#\varepsilon \vdash_{TM} aaaaaz_2\#a\# \vdash_{TM} aaaaaz_2\#aa\# \vdash_{TM}$
  $aaaz_2\#aaa\# \vdash_{TM} aaz_2\#aaaa\# \vdash_{TM} az_2\#aaaaa\# \vdash_{TM} z_2\#aaaaaa\# \vdash_{TM}$
  $z_{2\#}\varepsilon aaaaaa\# \vdash_{TM} z_{1,b}aaaaaa\#$
- erste Division:
  $z_{1,b}aaaaaa\# \vdash_{TM} az_{b,b}aaaaa\# \vdash_{TM} z_{C1}ayaaaa\# \vdash_{TM} z_{C1}\varepsilon ayaaaa\# \vdash_{TM}$

$z_{C4}ayaaaa\# \vdash_{TM} z_{C4}yaaaa\# \vdash_{TM} yz_{1,b}aaaa\# \vdash_{TM} yaz_{b,b}aaa\# \vdash_{TM}$

$yz_{C1}ayaa\# \vdash_{TM} z_{C1}yayaa\# \vdash_{TM} az_{C2}ayaa\# \vdash_{TM} aaz_{C2}yaa\# \vdash_{TM}$

$az_{C3}ayaa\# \vdash_{TM} z_{C1}ayyaa\# \vdash_{TM} z_{C1\varepsilon}ayyaa\# \vdash_{TM} z_{C4}ayyaa\# \vdash_{TM}$

$z_{C4}yyaa\# \vdash_{TM} yz_{1,b}yaa\# \vdash_{TM} yyz_{1,b}aa\# \vdash_{TM} yyaz_{b,b}a\# \vdash_{TM}$

$yyz_{C1}ay\# \vdash_{TM} yz_{C1}yay\# \vdash_{TM} yaz_{C2}ay\# \vdash_{TM} yaaz_{C2}y\# \vdash_{TM}$

$yaz_{C3}ay\# \vdash_{TM} yz_{C1}ayy\# \vdash_{TM} z_{C1}yayy\# \vdash_{TM} az_{C2}ayy\# \vdash_{TM} aaz_{C2}yy\# \vdash_{TM}$

$az_{C3}ayy\# \vdash_{TM} z_{C1}ayyy\# \vdash_{TM} z_{C1\varepsilon}ayyy\# \vdash_{TM} z_{C4}ayyy\# \vdash_{TM} z_{C4}yyy\# \vdash_{TM}$

$yz_{1,b}yy\# \vdash_{TM} yyz_{1,b}y\# \vdash_{TM} yyyz_{1,b}\# \vdash_{TM} yyy\#z_{E2}\varepsilon$

- Inkrementieren des Ergebniszählers und Rückschreiben der y-Folge in die a-Folge:

$yyy\#z_{E2}\varepsilon \vdash_{TM} yyyz_{E3}\#a \vdash_{TM} yyz_{E3}y\#a \vdash_{TM} yz_{E4}yy\#a \vdash_{TM}$

$yyz_{E5}y\#a \vdash_{TM} yyyz_{E5}\#a \vdash_{TM} yyz_{E6}y\#a \vdash_{TM} yz_{E6}ya\#a \vdash_{TM}$

$z_{E6}yaa\#a \vdash_{TM} z_{E6\varepsilon}aaa\#a \vdash_{TM} z_{1,b}aaa\#a$

- zweite Division:

$z_{1,b}aaa\# \vdash_{TM} az_{b,b}aa\#a \vdash_{TM} z_{C1}aya\#a \vdash_{TM} z_{C1\varepsilon}aya\#a \vdash_{TM}$

$z_{C4}aya\#a \vdash_{TM} z_{C4}ya\#a \vdash_{TM} yz_{1,b}a\#a \vdash_{TM} yaz_{b,b}\#a \vdash_{TM} yz_{Rb}a\#a \vdash_{TM}$

$z_{C1}yy\#a \vdash_{TM} az_{C2}y\#a \vdash_{TM} z_{C3}ay\#a \vdash_{TM} z_{C1\varepsilon}yy\#a \vdash_{TM}$

$z_{C4}yy\#a \vdash_{TM} yz_{1,b}y\#a \vdash_{TM} yyz_{1,b}\#a \vdash_{TM} yy\#z_{E2}a$

- Inkrementieren des Ergebniszählers und Rückschreiben der y-Folge in die a-Folge:

$yy\#z_{E2}a \vdash_{TM} yy\#az_{E2}\varepsilon \vdash_{TM} yy\#az_{E3}a \vdash_{TM} yy\#z_{E3}aa \vdash_{TM}$

$yyz_{E3}\#aa \vdash_{TM} yz_{E3}y\#aa \vdash_{TM} z_{E4}yy\#aa \vdash_{TM} yz_{E5}y\#aa \vdash_{TM} yyz_{E5}\#aa \vdash_{TM}$

$yz_{E6}y\#aa \vdash_{TM} z_{E6}ya\#aa \vdash_{TM} z_{E6\varepsilon}aa\#aa \vdash_{TM} z_{1,b}aa\#aa$

- dritte Division:

$z_{1,b}aa\#aa \vdash_{TM} az_{b,b}a\#aa \vdash_{TM} z_{C1}ay\#aa \vdash_{TM} z_{C1\varepsilon}ay\#aa \vdash_{TM}$

$z_{C4}ay\#aa \vdash_{TM} z_{C4}y\#aa \vdash_{TM} yz_{1,b}\#aa \vdash_{TM} y\#z_{E2}aa$

- Inkrementieren des Ergebniszählers und Rückschreiben der y-Folge in die a-Folge:

$y\#z_{E2}aa \vdash_{TM} y\#az_{E2}a \vdash_{TM} y\#aaz_{E2}\varepsilon \vdash_{TM} y\#az_{E3}aa \vdash_{TM}$

$y\#z_{E3}aaa \vdash_{TM} yz_{E3}\#aaa \vdash_{TM} z_{E3}y\#aaa \vdash_{TM} z_{E4}\varepsilon y\#aaa \vdash_{TM} z_{E1}y\#aaa$

- verbliebenes y und das Trennsymbol löschen sowie Schreib-Lese-Kopf auf dem ersten Zeichen der Endbandinschrift positionieren:

$z_{E1}y\#aaa \vdash_{TM} z_{E1}\#aaa \vdash_{TM} z_{E1}aaa \vdash_{TM} z_{F}aaa$

Die generierte Endbandinschrift aaa kodiert das Ergebnis der Berechnung. Da TM den Finalzustand erreicht hat, ist zugleich das Eingabewort $aaaaaa$ akzeptiert worden.

3.2.2 Klasse der μ-rekursiven Funktionen

Die ersten Bestrebungen, den Berechenbarkeitsbegriff mit mathematischen Beschreibungsmitteln formal zu erfassen, führten zum Schema der μ-Rekursion. Im Zentrum dieses Berechnungsmodells stehen Funktionen über natürlichen Zahlen. Dies bedeutet, dass alle zu verarbeitenden Daten in Form natürlicher Zahlen kodiert werden müssen. Dem Schema der μ-Rekursion liegt die Idee zugrunde, eine Menge von *Basisfunktionen* bereitzustellen und aus diesen mittels wohldefinierter Prinzipien (Komposition, primitive Rekursion, Minimierung durch μ-Operator) alle in der Klasse enthaltenen Funktionen zusammenzusetzen. Da die Berechnungsvorschriften für die Basisfunktionen und alle genannten Prinzipien definiert sind, ergeben sich auch die Berechnungsvorschriften für alle daraus aufgebauten Funktionen, die in ihrer Gesamtheit die Klasse der μ-rekursiven Funktionen darstellen. Eine wichtige echte Teilmenge der Klasse der μ-rekursiven Funktionen bildet die Klasse der primitiv rekursiven Funktionen.

Definition 3.81 *Klasse der primitiv rekursiven Funktionen*

Die Klasse der primitiv rekursiven Funktionen auf $\mathbb{N}$ ist induktiv durch folgende Regeln definiert:

(PR1) Alle Konstanten c mit $c \in \mathbb{N}$ sind primitiv rekursiv.

(PR2) Alle Projektionen (identischen Abbildungen)

$$\text{proj} : \mathbb{N}^m \to \mathbb{N}, \quad m \in \mathbb{N} \setminus \{0\} \quad \text{mit}$$
$$\text{proj}_m^i(x_1, \ldots, x_m) = x_i, \quad i = 1, \ldots, m$$

sind primitiv rekursiv.

(PR3) Die Nachfolgerfunktion

$$\text{succ} : \mathbb{N} \to \mathbb{N} \quad \text{mit}$$
$$\text{succ}(x) = x + 1$$

ist primitiv rekursiv.

(PR4) Sind eine Funktion $g : \mathbb{N}^m \to \mathbb{N}$, $m \in \mathbb{N}$ und beliebige Funktionen $h_i : \mathbb{N}^k \to \mathbb{N}$, $k \in \mathbb{N}$, $i = 1, \ldots, m$ primitiv rekursiv, dann auch die durch Komposition (Einsetzen) gewonnene Funktion

$$f : \mathbb{N}^m \to \mathbb{N} \quad \text{mit}$$
$$f(x_1, \ldots, x_m) = g(h_1(x_1, \ldots, x_k), \ldots, h_m(x_1, \ldots, x_k)).$$

(PR5) Sind eine Funktion $\phi : \mathbb{N}^{m+2} \to \mathbb{N}$, $m \in \mathbb{N}$ sowie eine Funktion $k : \mathbb{N}^m \to \mathbb{N}$ primitiv rekursiv, dann auch die durch primitive Rekursion gewonnene Funktion

$$f : \mathbb{N}^{m+1} \to \mathbb{N} \quad \text{mit}$$
$$f(0, x_1, \ldots, x_m) = k(x_1, \ldots, x_m),$$
$$f(x + 1, x_1, \ldots, x_m) = \phi(x, x_1, \ldots, x_m, f(x, x_1, \ldots, x_m)).$$

Die Funktionen nach **(PR1)**, **(PR2)** und **(PR3)** werden als Basisfunktionen bezeichnet. **(PR4)** bedeutet, dass jede Funktion, die durch Ineinandereinsetzen primitiv rekursiver Funktionen entsteht, selbst auch primitiv rekursiv ist. **(PR5)** definiert das Schema der primitiven Rekursion, das heißt, die Berechnung einer Funktion $f(x + 1, y_1, \ldots, y_m)$ wird zurückgeführt auf die Berechnung $f(x, y_1, \ldots, y_m)$ (Rekursionsschritt), bis $f(0, y_1, \ldots, y_m)$ ohne weitere Benutzung von f bestimmt werden kann (Rekursionsanfang). Die Prinzipien **(PR4)** und **(PR5)** werden bei der Berechnung beliebiger primitiv rekursiver Funktionen nur jeweils endlich oft angewandt, so dass jede Berechnung einer primitiv rekursiven Funktion mit der Ausgabe des Funktionswertes terminiert. Jede primitiv rekursive Funktion $p : \mathbb{N}^m \to \mathbb{N}$ mit $m \in \mathbb{N}$ ist zudem für alle $(x_1, \ldots, x_m) \in \mathbb{N}^m$ definiert.

Beispiel 3.82 *Addition*

Die Addition $f_+ : \mathbb{N}^2 \to \mathbb{N}$ mit $f_+(x, x_1) = x + x_1$ lässt sich im Schema der Klasse der primitiv rekursiven Funktionen beschreiben durch:

$$f_+(0, x_1) = x_1 = k(x_1)$$
$$f_+(x + 1, x_1) = \text{succ}(f_+(x, x_1)) = \phi(x, x_1, f_+(x, x_1))$$

Die Berechnung von $f_+(3,2)$ gemäß Beispiel 3.82 im Schema der Klasse der primitiv rekursiven Funktionen ergibt sich durch nachstehende Abfolge von Regelanwendungen:

$$f_+(3,2) \xrightarrow{(\text{PR5})} \text{succ}(f_+(2,2)) \xrightarrow{(\text{PR5})} \text{succ}(\text{succ}(f_+(1,2))) \xrightarrow{(\text{PR5})}$$

$$\text{succ}(\text{succ}(\text{succ}(\text{proj}_2^2(0,2)))) \xrightarrow{(\text{PR2})} \text{succ}(\text{succ}(\text{succ}(2))) \xrightarrow{(\text{PR3})} \text{succ}(\text{succ}(3)) \xrightarrow{(\text{PR3})}$$

$$\text{succ}(4) \xrightarrow{(\text{PR3})} 5$$

Analog lassen sich weitere wichtige Funktionen definieren:

Beispiel 3.83   *Multiplikation*

Die Multiplikation $f_* : \mathbb{N}^2 \to \mathbb{N}$ mit $f_*(x,x_1) = x \cdot x_1$ lässt sich im Schema der Klasse der primitiv rekursiven Funktionen mittels Rückführung auf die Addition f_+ beschreiben durch:

$$\begin{aligned} f_*(0,x_1) &= 0 &= k(x_1) \\ f_*(x+1,x_1) &= f_+(x_1,f_*(x,x_1)) &= \phi(x,x_1,f_*(x,x_1)) \end{aligned}$$

Die Funktionsdefinition widerspiegelt die Distributivität $(x+1) \cdot x_1 = x \cdot x_1 + x_1$.

Beispiel 3.84   *Potenz*

Die Potenz $f_{\text{pot}} : \mathbb{N}^2 \to \mathbb{N}$ mit $f_{\text{pot}} = x_1^x$ lässt sich im Schema der Klasse der primitiv rekursiven Funktionen mittels Rückführung auf die Multiplikation f_* beschreiben durch:

$$\begin{aligned} f_{\text{pot}}(0,x_1) &= 1 &= k(x_1) \\ f_{\text{pot}}(x+1,x_1) &= f_*(x_1,f_{\text{pot}}(x,x_1)) &= \phi(x,x_1,f_{\text{pot}}(x,x_1)) \end{aligned}$$

Die Funktionsdefinition widerspiegelt die Distributivität $x_1^{x+1} = x_1 \cdot x_1^x$.

Beispiel 3.85   *Vorgängerfunktion*

Die Vorgängerfunktion $f_{\text{pre}} : \mathbb{N} \to \mathbb{N}$ mit $f_{\text{pre}}(x) = \begin{cases} 0, & \text{falls } x = 0 \\ x-1, & \text{falls } x > 0 \end{cases}$

lässt sich im Schema der Klasse der primitiv rekursiven Funktionen beschreiben durch:

$$\begin{aligned} f_{\text{pre}}(0) &= 0 &= k() \\ f_{\text{pre}}(x+1) &= x &= \phi(x,f_{\text{pre}}(x)) \end{aligned}$$

Beispiel 3.86   *nichtnegative Subtraktion*

Die nichtnegative Subtraktion $f_{\text{nsub}} : \mathbb{N}^2 \to \mathbb{N}$ mit

$$f_{\text{nsub}}(x_1,x) = x_1 \dotminus x = \begin{cases} x_1 - x, & \text{falls } x_1 \geq x \\ 0, & \text{falls } x_1 < x \end{cases}$$

lässt sich im Schema der Klasse der primitiv rekursiven Funktionen mittels Rückführung auf die Vorgängerfunktion f_{pre} beschreiben durch:

$$\begin{aligned} f_{\text{nsub}}(0,x_1) &= 0 &= k(x_1) \\ f_{\text{nsub}}(x+1,x_1) &= f_{\text{pre}}(f_{\text{nsub}}(x,x_1)) &= \phi(x,x_1,f_{\text{nsub}}(x,x_1)) \end{aligned}$$

Beispiel 3.87 *Vorzeichenfunktion (Signumfunktion)*

Die Vorzeichenfunktion sign : $\mathbb{N} \to \mathbb{N}$ mit

$$\text{sign}(x) = \begin{cases} 0 \text{ falls } x = 0 \\ 1 \text{ falls } x > 0 \end{cases}$$

lässt sich im Schema der Klasse der primitiv rekursiven Funktionen beschreiben durch:

$$\begin{aligned} \text{sign}(0) &= 0 = \text{k}() \\ \text{sign}(x+1) &= \text{proj}_2^2(\text{sign}(x), 1) = \phi(x, \text{sign}(x)) \end{aligned}$$

Durch Anwendung von Projektionen ist es möglich, beliebige *Argumentpermutationen* primitiv rekursiv zu beschreiben.
Beispielsweise erfasst $\text{f}(\text{proj}_3^3(x_1, x_2, x_3), \text{proj}_3^1(x_1, x_2, x_3), \text{proj}_3^2(x_1, x_2, x_3))$ die Permutation (Anordnung) (x_3, x_1, x_2) der Argumente (x_1, x_2, x_3).

Funktionen, die für manche Argumente nicht definiert sind (wie beispielsweise Logarithmusfunktionen an der Stelle 0) wie auch Funktionen, die so schnell wachsen, dass zu ihrer Berechnung das Schema der primitiven Rekursion nicht mehr ausreicht (wie beispielsweise die *Ackermannfunktion*), erfordern zusätzliche Prinzipien für ihre Beschreibung. Der μ-Operator ermittelt die *kleinste* Nullstelle einer gegebenen Funktion bezüglich eines vorgegebenen Argumentes, sofern eine solche existiert. Die Anwendung des μ-Operators lässt sich als Suchprozess veranschaulichen, bei dem für die Nullstelle mit 0 beginnend nacheinander fortlaufende Werte $(0, 1, 2, 3, \ldots)$ eingesetzt werden sowie der daraus jeweils entstehende Funktionswert berechnet und mit 0 verglichen wird. Da der μ-Operator die kleinste Nullstelle sucht, realisiert seine Anwendung einen *Minimierungsprozess*, der das erforderliche Prinzip liefert, um jede algorithmisch berechenbare Funktion in einem Rekursionsschema beschreiben zu können.

Definition 3.88 *unbeschränkte Minimalisierung, μ-Operator*

Sei $n \in \mathbb{N}$. Die Funktion f : $\mathbb{N}^n \to \mathbb{N}$ entsteht aus g : $\mathbb{N}^{n+1} \to \mathbb{N}$ durch unbeschränkte Minimalisierung (Anwendung des μ-Operators), falls gilt:

$$\text{f}(x_1, \ldots, x_n) = \begin{cases} y & \text{falls } \text{g}(x_1, \ldots, x_n, y) = 0 \text{ und} \\ & \text{g}(x_1, \ldots, x_n, z) \text{ ist definiert und } \neq 0 \\ & \text{für alle } 0 \leq z < y \\ \text{undefiniert sonst} \end{cases}$$

Der μ-Operator μ bzgl. des Argumentes y, angewandt auf die Funktion g, ist definiert durch:
$\text{f}(x_1, \ldots, x_n) =: \mu y[\text{g}(x_1, \ldots, x_n, y) = 0]$

Definition 3.89 *Klasse der μ-rekursiven Funktionen*

Die Klasse der μ-rekursiven Funktionen besteht aus den Funktionen, welche man aus den Basisfunktionen durch endlichmaliges Anwenden von Komposition, primitiver Rekursion und unbeschränkter Minimalisierung erhält.

Sei eine Funktion f : $\mathbb{N}^m \to \mathbb{N}$ mit $\text{f}(x_1, \ldots, x_m)$, $m \in \mathbb{N}$ im Schema der Klasse der μ-rekursiven Funktionen beschrieben und eine Belegung ihrer Argumente $x_1, \ldots, x_m \in \mathbb{N}$

mit natürlichen Zahlen gegeben. Jede Anwendung der Regeln **(PR1)** bis **(PR5)** oder des μ-Operators kann als ein Schritt im Schema der Klasse der μ-rekursiven Funktionen aufgefasst werden. Eine Berechnung im Schema der Klasse der μ-rekursiven Funktionen ist eine Abfolge unmittelbar hintereinander ausgeführter Schritte. Die Berechnung einer beliebigen μ-rekursiven Funktion terminiert mit der Ausgabe des Funktionswertes nach endlich vielen Schritten, wenn der Funktionswert definiert ist.

Beispiel 3.90 *Berechnung des aufgerundeten Logarithmus auf natürlichen Zahlen*

$f_{\log_b} : \mathbb{N} \to \mathbb{N}$ mit $f_{\log_b}(x) = \lceil \log_b(x) \rceil$, wobei $b \in \mathbb{N}$ und $b \geq 2$

$f_{\log_b}$ lässt sich im Hinblick auf die Anwendung des μ-Operators beschreiben durch

$$f_{\log_b}(x) = \mu y[(1 \div \text{sign}(x)) \cdot (b^y \div x) + (x \div b^y) = 0],$$

wobei die Vorzeichenfunktion, Multiplikation, Addition, Potenz sowie nichtnegative Subtraktion entsprechend den vorangegangenen Beispielen primitiv rekursiv definiert sind. Der Parameter b wird als Konstante behandelt.

Die Idee dafür, wie die Berechnung des aufgerundeten Logarithmus auf natürlichen Zahlen im Schema der Klasse der μ-rekursiven Funktionen erfolgen kann, liefert die mathematische Definition des Logarithmus als eine mögliche *Umkehrung* des Potenzierens: Stellt man die Gleichung $\log_b(x) = y$ unter Vernachlässigung des Aufrundens nach x um, so entsteht $x = b^y$. Werden für x und b die gegebenen Zahlenwerte eingesetzt und durchläuft y nacheinander die Belegungen $0, 1, 2, \ldots$, so wächst der Wert b^y schrittweise an und kann in jedem Schritt mit dem Wert von x verglichen werden. Auf diese Weise lässt sich feststellen, bei welchem y-Wert der Term b^y den Wert von x erreicht oder erstmalig überschreitet. Dieser y-Wert repräsentiert den gesuchten Funktionswert $f_{\log_b}(x)$. Der Vergleich zwischen x und b^y kann im Hinblick auf eine Bestimmung der kleinsten Nullstelle einer Funktion $g(x, y)$ bzgl. y ausgedrückt werden durch $g(x, y) = x \div b^y = 0$. Durch diese Funktion g wird mittels Anwendung des μ-Operators die gesuchte Funktion $f_{\log_b}(x) = \mu y[g(x, y) = 0]$ mit Ausnahme der Stelle $x = 0$ korrekt berechnet. Im Fall $x = 0$ entsteht der Funktionswert $f_{\log_b}(0) = 0$, was der mathematischen Definition des Logarithmus widerspricht. Um sicherzustellen, dass an der Stelle $x = 0$ der geforderte undefinierte Funktionswert vorliegt, wird die Funktion g angepasst. Der Schalter-Term $(1 \div \text{sign}(x)) \cdot (b^y \div x)$ besitzt für alle $x > 0$ unabhängig von y den Wert 0 und für $x = 0$ den Wert b^y. Die Potenz b^y ist immer > 0. Addiert man den Schalter-Term zur obigen Definition von g hinzu, so dass $g(x, y) = (1 \div \text{sign}(x)) \cdot (b^y \div x) + (x \div b^y)$ entsteht, treffen die gewünschten Eigenschaften zusammen: Der Schalter-Term beeinflusst nicht die Funktionswerte $f_{\log_b}(x)$ für $x > 0$ und erzwingt den undefinierten Funktionswert $f_{\log_b}(0)$.

Die Berechnung von $\lceil \log_2(6) \rceil = 3$ im Schema der Klasse der μ-rekursiven Funktionen gestaltet sich wie folgt:

$$
\begin{aligned}
\lceil \log_2(6) \rceil &= \mu y[(1 \div \text{sign}(6)) \cdot (2^y \div 6) + (6 \div 2^y) = 0] \\
&= \mu y[(1 \div 1) \cdot (2^y \div 6) + (6 \div 2^y) = 0] \\
&= \mu y[0 \cdot (2^y \div 6) + (6 \div 2^y) = 0] \\
&= \mu y[0 + (6 \div 2^y) = 0]
\end{aligned}
$$

$$= \mu y[6 \div 2^y = 0] \qquad \text{Anwendung des } \mu\text{-Operators:}$$
$$y = 0 \quad \Longrightarrow \quad 6 \div 2^0 = 6 \div 1 = 5 \neq 0$$
$$y = 1 \quad \Longrightarrow \quad 6 \div 2^1 = 6 \div 2 = 4 \neq 0$$
$$y = 2 \quad \Longrightarrow \quad 6 \div 2^2 = 6 \div 4 = 2 \neq 0$$
$$y = 3 \quad \Longrightarrow \quad 6 \div 2^3 = 6 \div 8 = 0$$

$$= 3$$

3.2.3   Klasse der WHILE-Programme

Die Klasse der WHILE-Programme ist beschrieben durch die Menge aller syntaktisch korrekten Programme, notiert in der imperativen Programmiersprache WHILE. Die Programmiersprache WHILE bildet gemeinsam mit einem angenommenen daten- sowie befehlssequentiellen Abarbeitungsmechanismus für Programme dieser Sprache ein universelles Berechnungsmodell. Syntax und Semantik von WHILE sind eng an die Programmiersprache Pascal angelehnt, jedoch ist WHILE auf einen einzigen Datentyp (Menge der natürlichen Zahlen $\mathbb{N}$ ohne Einschränkungen) sowie wenige Operationen und Steueranweisungen reduziert. Ein- und Ausgabe erfolgen gemäß semantischer Festlegungen ausschließlich über Variablen des Datentyps. Eine echte Teilmenge der Klasse der WHILE-Programme bildet die Klasse der LOOP-Programme.

Definition 3.91   *syntaktische Komponenten von LOOP-Programmen*

LOOP-Programme sind aus folgenden syntaktischen Komponenten aufgebaut:
    Variablen vom Typ $\mathbb{N}$: x_0, x_1, x_2, ..., x_n
    Konstanten: 0, 1, 2, ... $\in \mathbb{N}$
    Trennsymbole: ; , :=
    Operationszeichen: +, –
    Schlüsselwörter: LOOP, DO, END

Definition 3.92   *Syntax der Klasse der LOOP-Programme*

Die Syntax der Klasse der LOOP-Programme ist induktiv durch folgende Regeln definiert:

(L1) Seien x_i und x_j mit $i, j \in \mathbb{N}$ und $c \in \mathbb{N}$ eine Konstante. Jedes Konstrukt
        x_i := x_j (Wertzuweisung von einer Variablen),
        x_i := c (Wertzuweisung von einer Konstanten),
        x_i := x_j + c (Addition einer Konstanten) und
        x_i := x_j – c (nichtnegative Subtraktion einer Konstanten)
    ist ein LOOP-Programm.
(L2) Sind P_1 und P_2 LOOP-Programme, dann ist auch $P_1 ; P_2$ ein LOOP-Programm.
(L3) Ist P ein LOOP-Programm und x_i mit $i \in \mathbb{N}$ eine Variable, dann ist auch
        LOOP x_i DO P END
    ein LOOP-Programm.

Die syntaktischen Konstrukte „Wertzuweisung von einer Konstanten" sowie „Wertzuweisung von einer Variablen" sind nicht zwingend notwendig, weil sie durch das Konstrukt „Addition einer Konstanten" nachgebildet werden können, gestalten aber die Notation von Algorithmen übersichtlicher.

Definition 3.93   *Semantik von LOOP-Programmen*

Sei $f : \mathbb{N}^m \rightarrow \mathbb{N}$ mit $m \in \mathbb{N}$ eine primitiv rekursive Funktion, deren Funktionswert $f(x_1, \dots, x_m)$ für gegebene Argumente $x_1, \dots, x_m$ durch ein LOOP-Programm bestimmt werden soll. Die Semantik von LOOP-Programmen ist wie folgt definiert:

- Die Variablen x_1, x_2, ..., x_n sind mit den Argumentenwerten für $x_1, x_2, \dots,$ x_m vorbelegt, alle weiteren im LOOP-Programm vorkommenden Variablen mit 0.
- x_i := x_j bedeutet, dass der Variablen x_i der Wert der Variablen x_j zugewiesen wird.
- x_i := c bedeutet, dass der Variablen x_i der Wert der Konstanten $c \in \mathbb{N}$ zugewiesen wird.
- x_i := x_j + c bedeutet, dass der Variablen x_i die Summe aus dem Wert der Variablen x_j und der Konstanten $c \in \mathbb{N}$ zugewiesen wird.
- x_i := x_j - c bedeutet, dass der Variablen x_i das Ergebnis der nichtnegativen Subtraktion x_j $\dot{-}$ c zwischen der Variablen x_j und der Konstanten $c \in \mathbb{N}$ zugewiesen wird.
- P_1 ; P_2 bedeutet, dass das LOOP-Programm P_2 unmittelbar nach dem LOOP-Programm P_1 ausgeführt wird (Sequenz).
- LOOP x_i DO P END bedeutet, dass das LOOP-Programm P sooft unmittelbar hintereinander ausgeführt wird, wie der Variablenwert x_i zu Beginn der Abarbeitung des LOOP-Konstruktes angibt (Zählschleife). Änderungen des Variablenwertes x_i innerhalb von P beeinflussen die Anzahl Wiederholungen nicht.
- Das Berechnungsergebnis $f(x_1, \dots, x_m)$ liegt nach Ausführung des LOOP-Programms als Wert der Variablen x_0 vor.

Jedes LOOP-Programm terminiert mit einem definierten Wert der Ausgabevariablen x_0. Es kann eine beliebige primitiv rekursive Funktion $f : \mathbb{N}^m \rightarrow \mathbb{N}$ mit $m \in \mathbb{N}$ berechnen.

Beispiel 3.94   *Multiplikation*

Die Multiplikation $f_* : \mathbb{N}^2 \rightarrow \mathbb{N}$ mit $f_*(x_1, x_2) = x_1 \cdot x_2 =: x_0$ lässt sich mittels eines LOOP-Programms beschreiben durch:

```
x_0 := 0;
LOOP x_1 DO
  LOOP x_2 DO
    x_0 := x_0 + 1
  END
END
```

Analog zu primitiv rekursiven Funktionen können auch LOOP-Programme nicht mit undefinierten Funktionswerten umgehen sowie keine *beliebig großen* Zuwächse von Variablenwerten produzieren, wie sie beispielsweise zur Berechnung der Ackermannfunktion an beliebigen Stellen durch ein- und dasselbe Programm erforderlich sind. Die Klasse der LOOP-Programme wird deshalb durch Hinzunahme einer syntaktischen Komponente (WHILE) erweitert.

Definition 3.95 *syntaktische Komponenten von WHILE-Programmen*

Alle syntaktischen Komponenten von LOOP-Programmen sind auch syntaktische Komponenten von WHILE-Programmen. Zusätzliche syntaktische Komponenten von WHILE-Programmen sind:

Trennsymbol: `<>`
Schlüsselwort: `WHILE`

Definition 3.96 *Syntax der Klasse der WHILE-Programme*

Die Syntax der Klasse der WHILE-Programme ist induktiv durch folgende Regeln definiert:

- Alle LOOP-Programme sind auch WHILE-Programme.
- Ist P ein WHILE-Programm und `x_i` mit $i \in \mathbb{N}$ eine Variable, dann ist auch
    `WHILE x_i <> 0 DO` P `END`
  ein WHILE-Programm.

Definition 3.97 *Semantik von WHILE-Programmen*

Sei f : $\mathbb{N}^m \rightarrow \mathbb{N}$ mit $m \in \mathbb{N}$ eine μ-rekursive Funktion, deren Funktionswert $f(x_1, \ldots, x_m)$ für gegebene Argumente $x_1, \ldots, x_m$ – sofern er existiert – durch ein WHILE-Programm bestimmt werden soll. Die Semantik von WHILE-Programmen ist wie folgt definiert:

- Die Semantik von LOOP-Programmen gilt auch für WHILE-Programme.

- `WHILE x_i <> 0 DO` P `END` bedeutet, dass das WHILE-Programm P so lange hintereinander wiederholt ausgeführt wird, wie der Wert der Variablen `x_i` ungleich Null ist.

Sei eine Funktion f : $\mathbb{N}^m \rightarrow \mathbb{N}$ mit $f(x_1, \ldots, x_m)$, $m \in \mathbb{N}$ durch ein WHILE-Programm beschrieben und eine Belegung der Argumente $x_1, \ldots, x_m \in \mathbb{N}$ gegeben. Jede Addition +, nichtnegative Subtraktion –, Wertzuweisung := und jeder Vergleich <> kann als ein Schritt der Abarbeitung eines WHILE-Programms aufgefasst werden. Eine Berechnung in der Klasse der WHILE-Programme ist eine Abfolge unmittelbar hintereinander ausgeführter Schritte, beginnend mit dem Programmstart. Falls der mittels eines WHILE-Programms zu berechnende Funktionswert $f(x_1, \ldots, x_m)$ nicht definiert ist, gerät das Programm in eine Endlosschleife. WHILE-Programme müssen deshalb nicht zwingend mit einem Berechnungsergebnis terminieren.

Beispiel 3.98   *Berechnung des aufgerundeten Logarithmus auf natürlichen Zahlen*

$f_{\log_b} : \mathbb{N} \to \mathbb{N}$ mit $f_{\log_b}(x) = \lceil \log_b(x) \rceil$, wobei $b \in \mathbb{N}$ und $b \geq 2$

Das folgende WHILE-Programm berechnet $f_{\log_b}$, wobei gilt: $\texttt{x\_0} := f_{\log_b}(\texttt{x\_1})$

```
x_0 := 0;
x_6 := b; ...........................................................
x_5 := 1;                                                   Endlosschleife
LOOP x_1 DO x_5 := 0 END;                                   bei  x_1 = 0
WHILE x_5 <> 0 DO x_0 := x_0 + 1 END; ...........................
x_2 := x_1 - 1;
WHILE x_2 <> 0 DO
    x_0 := x_0 + 1; ...........................................
    x_4 := b;                               Von hier bis zum Ende der
    x_5 := x_0 - 1;                         WHILE-Schleife wird berechnet:
    LOOP x_5 DO                                 x_2 := x_1 ∸ b^x_0
      x_3 := 0;
      LOOP x_6 DO
        LOOP x_4 DO x_3 := x_3 + 1 END
      END;
      x_4 := x_3;
    END;
    x_2 := x_1;
    LOOP x_4 DO x_2 := x_2 - 1 END ...............................
END
```

Die algorithmische Idee des WHILE-Programmes zur Berechnung des aufgerundeten Logarithmus auf natürlichen Zahlen entspricht der Vorgehensweise im Schema der μ-rekursiven Funktionen: Der in $\texttt{x\_1}$ vorgegebene Argumentwert wird mit dem Wert $b^{\texttt{x\_0}}$ fortlaufend verglichen, wobei $\texttt{x\_0}$ von 0 beginnend jeweils um 1 erhöht wird. Das Berechnungsergebnis liegt vor, sobald der Wert von $b^{\texttt{x\_0}}$ den Wert von $\texttt{x\_1}$ erreicht oder erstmalig überschreitet. Der Fall $\texttt{x\_1} = 0$ muss gesondert abgefangen und in eine Endlosschleife geführt werden, damit kein definierter Funktionswert entsteht. Der Rumpf des WHILE-Programmes lässt sich somit in Pseudocode wie folgt notieren:

```
x_0 := 0;
IF x_1 = 0 THEN Endlosschleife END;
WHILE b^x_0 < x_1 DO x_0 := x_0 + 1 END
```

Alle Konstrukte, die nicht in der Syntax von WHILE-Programmen enthalten sind, werden durch semantisch äquivalente Konstrukte gemäß Definition 3.96 ersetzt. Die nachfolgende Abarbeitungstabelle zeigt die Berechnung von $\lceil \log_2(6) \rceil = 3$:

x_0	0			1			2			3									
x_1	6																		
x_2	0		5		6	4				6	2								6	0
x_3	0						4					0	4		0	8			
x_4	0			2				4		2				4			8		
x_5	0	1	0				1			2									
x_6	0	2																	

3.2.4 Chomsky-Grammatiken zur Beschreibung rekursiv aufzählbarer Sprachen

Chomsky-Grammatiken sind endliche Erzeugungssysteme für formale Sprachen und beruhen auf einer durch Regeln gesteuerten, fortlaufenden Teilwortersetzung, die ausgehend von einem Startsymbol zu jedem beliebigen Wort der beschriebenen formalen Sprache führt. Während Akzeptorautomaten vorteilhaft genutzt werden können, um zu erkennen, ob eine vorgegebene Zeichenkette Wort einer bestimmten formalen Sprache ist, gestatten Chomsky-Grammatiken die Generierung von Wörtern formaler Sprachen. Chomsky-Grammatiken repräsentieren eine von mehreren Möglichkeiten, um formale Sprachen, die im Allgemeinen unendlich viele Wörter umfassen, durch ein endliches formales System zu beschreiben. Als ein universelles Berechnungsmodell gelten Chomsky-Grammatiken zur Beschreibung der allgemeinsten Klasse formaler Sprachen, der rekursiv aufzählbaren Sprachen.

Definition 3.99 *Chomsky-Grammatik*

Eine Chomsky-Grammatik G ist ein Quadrupel $G = (V, \Sigma, P, S)$ mit folgender Bedeutung der Komponenten: V bezeichnet das Alphabet der Nichtterminalsymbole (Variablenmenge), Σ das Alphabet der Terminalsymbole, die nichtleere endliche Menge
$$P \subset ((V \cup \Sigma)^* \otimes V \otimes (V \cup \Sigma)^*) \times ((V \cup \Sigma)^*)$$
bezeichnet die Regelmenge und $S \in V$ das Startsymbol (Axiom). Zusätzlich gilt: $V \cap \Sigma = \emptyset$.

Definition 3.100 *Ableitungsschritt*

Sei $G = (V, \Sigma, P, S)$ eine Chomsky-Grammatik, $x, y \in (V \cup \Sigma)^*$. Ein Ableitungsschritt (Regelanwendung, Produktion) von x nach y ist eine Relation
$\vdash_G \subset ((V \cup \Sigma)^*) \times ((V \cup \Sigma)^*)$, definiert durch:
$x \vdash_G y = \{(x, y) \mid x = x_1 u x_2 \wedge y = x_1 v x_2 \wedge \exists x_1, x_2 \in (V \cup \Sigma)^* . ((u, v) \in P)\}$.

$x \vdash_G y$ drückt aus, dass x durch Anwendung genau einer Grammatikregel $(u, v) \in P$ zu y abgeleitet wird. Die Relation $\vdash_G$ ist im Allgemeinen keine Funktion, das heißt, zu einem x kann es mehrere y geben. Die Ausführung von Ableitungsschritten ist deshalb ein nichtdeterministischer Prozess. Die reflexive transitive Hülle von $\vdash_G$ wird mit $\vdash_G^*$, die transitive Hülle mit $\vdash_G^+$ bezeichnet. $x \vdash_G^* y$ drückt aus, dass x durch fortlaufende Anwendung beliebig vieler (auch null) Grammatikregeln aus P zu y abgeleitet wird. Grammatikregeln $(u, v) \in P$ werden häufig auch durch $u \longrightarrow v$ notiert.

Definition 3.101 *Wortform*

Sei $G = (V, \Sigma, P, S)$ eine Chomsky-Grammatik. Ein Wort $w \in (V \cup \Sigma)^*$ mit $S \vdash_G^* w$ wird Wortform genannt.

Definition 3.102   *Ableitung*

Sei $G = (V, \Sigma, P, S)$ eine Chomsky-Grammatik. Eine endliche Folge
$(S, w_1, w_2, \ldots, w_n) \in ((V \cup \Sigma)^*)^n$ mit $n \in \mathbb{N} \setminus \{0\}$, $w_n \in \Sigma^*$ und
$S \vdash_G w_1 \vdash_G w_2 \vdash_G \ldots \vdash_G w_n$ heißt Ableitung von w_n bezüglich G.

Definition 3.103   *durch eine Chomsky-Grammatik beschriebene Sprache*

Sei $G = (V, \Sigma, P, S)$ eine Chomsky-Grammatik. Die durch G beschriebene (generierte)
Sprache $L(G)$ ist definiert durch $L(G) = \{x \in \Sigma^* \mid S \vdash_G^* x\}$.

Beispiel 3.104   *Chomsky-Grammatik G zur Erzeugung von $L(G) = \{a^{2n+1} \mid n \in \mathbb{N}\}$*

Die Chomsky-Grammatik $G = (V, \Sigma, P, S)$ mit $V = \{S, A\}$, $\Sigma = \{a\}$ und
$P = \{(S \longrightarrow a), (S \longrightarrow aA), (A \longrightarrow aS)\}$ impliziert u.a. folgende Ableitungen:

$\quad S \vdash_G a$

$\quad S \vdash_G aA \vdash_G aaS \vdash_G aaa$

$\quad S \vdash_G aA \vdash_G aaS \vdash_G aaaA \vdash_G aaaaS \vdash_G aaaaa$

Beispiel 3.105   *Berechnung des aufgerundeten Logarithmus auf natürlichen Zahlen*

$f_{\log_b} : \mathbb{N} \to \mathbb{N}$ mit $f_{\log_b}(n) = \lceil \log_b(n) \rceil$, wobei $b \in \mathbb{N}$ und $b \geq 2$

Die Chomsky-Grammatik $G = (V, \Sigma, P, S)$ mit $V = \{S, X, Y, L, R, B, E\}$, $\Sigma = \{a\}$ und

$$
\begin{aligned}
P = \{ &S \longrightarrow LX^n RB\} \cup \\
&\{LY^c X^b \longrightarrow LY^{c+1} \mid \forall c \in \{0, \ldots, n-1\}\} \cup \\
&\{LY^c X^k R \longrightarrow LY^{c+1} R \mid \forall k \in \{1, \ldots, b-1\}\, \forall c \in \{0, \ldots, n-1\}\} \cup \\
&\{LY^c RE^i B \longrightarrow LX^c RE^{i+1} B \mid \forall c \in \{1, \ldots, n\}\, \forall i \in \{0, \ldots, c\}\} \cup \\
&\{LXRE^i B \longrightarrow a^i \mid \forall i \in \{0, \ldots, n\}\}
\end{aligned}
$$

erzeugt in Abhängigkeit von den gewählten Werten für n und b die leere oder einelementige
formale Sprache:

$$
L(G) = \begin{cases} \{a^{\lceil \log_b(n) \rceil}\} & \text{falls } n > 0 \\ \emptyset & \text{falls } n = 0 \end{cases}
$$

Die algorithmische Strategie der Logarithmusberechnung beruht – ebenso wie die Turingmaschine aus Beispiel 3.80 – auf einer fortgesetzten Division des Numerus n durch die Basis b,
bis ein Wert ≤ 1 erreicht ist. Die Anzahl der hierfür notwendigen Divisionen repräsentiert den
gesuchten natürlichzahligen aufgerundeten Logarithmus. Der numerische Berechnungsprozess
wird gemäß des Berechnungsmodells Chomsky-Grammatik durch gezielte Ersetzungsvorgänge
auf Wörtern bzw. Wortformen nachgebildet. Die Grundidee entspricht hierbei ebenfalls der Arbeitsweise der Turingmaschine aus Beispiel 3.80.

Durch die zuerst anzuwendende Grammatikregel $S \longrightarrow LX^n RB$ wird der Numerus n durch die Wortform $LX^n RB$ kodiert. Die Symbole L und R sind als linker bzw. rechter Begrenzer des Numerus und der daraus entstehenden Divisionsergebnisse zu verstehen. Zwischen dem Begrenzer R und dem äußeren Begrenzer B wird im weiteren Verlauf der Berechnung der Ergebniszähler für den gesuchten Logarithmus eingebracht, der nach jeder abgeschlossenen Division ein zusätzliches Symbol E zwischen R und B einfügt.

Eine Division durch b wird bewerkstelligt, indem von links beginnend jeweils b unmittelbar aufeinander folgende Symbole X durch genau ein Hilfssymbol Y ersetzt werden, bis der rechte Begrenzer R erreicht ist. Beispielsweise führt die Division von 8 durch 2 zwischen den Begrenzern L und R zu den Ersetzungen $LXXXXXXXXR \rightarrow LYXXXXXXR \rightarrow LYYXXXXR \rightarrow LYYYXXR \rightarrow LYYYYR$. Zur Steuerung der Division dienen die Regeln $\{LY^c X^b \longrightarrow LY^{c+1} \mid \forall c \in \{0, \ldots, n-1\}\}$. Die Regeln beziehen den linken Begrenzer L mit ein, um die Ersetzungen konsequent vom linken zum rechten Rand hin zu steuern und einen Austausch von X-Symbolen an anderen Stellen der X-Kette zu verhindern.

Ist eine Division nicht ohne Rest möglich, wie zum Beispiel bei 9 durch 4, so verbleibt nach den beschriebenen Ersetzungen eine Restanzahl X zwischen den Begrenzern L und R: $LXXXXXXXXXR \rightarrow LYXXXXXR \rightarrow LYYXR$. Die Anzahl der verbleibenden X-Symbole liegt immer zwischen 0 und $b-1$. Gemäß des beabsichtigten Aufrundens wird die Anzahl der verbleibenden X-Symbole durch genau ein Symbol Y ersetzt. Hierzu dienen die Regeln $\{LY^c X^k R \longrightarrow LY^{c+1} R \mid \forall k \in \{1, \ldots, b-1\} \ \forall c \in \{0, \ldots, n-1\}\}$, die alle möglichen Rundungssituationen berücksichtigen und von denen zum Abschluss jeder Division höchstens eine zur Anwendung kommen kann. Im Beispiel „9 durch 4" betrifft dies die Regel $LY^2 X^1 R \longrightarrow LY^3 R$, die aus der mit $LYYXR$ beginnenden Wortform die mit $LYYYR$ beginnende Wortform erzeugt.

Nach Abschluss jeder Division sind alle X-Symbole durch Y-Symbole ersetzt, und der Ergebniszähler kann um eins erhöht werden. Gleichzeitig erfolgt der Rücktausch der Y-Symbole in X-Symbole zur Vorbereitung der nächsten Division. Beide Aufgaben werden von den Regeln $\{LY^c RE^i B \longrightarrow LX^c RE^{i+1} B \mid \forall c \in \{1, \ldots, n\} \ \forall i \in \{0, \ldots, c\}\}$ übernommen.

Ist keine Division mehr möglich, so äußert sich dies darin, dass zwischen den Begrenzern L und R genau ein X-Symbol und keine weiteren Symbole stehen: LXR. Die Anzahl E-Symbole zwischen den Begrenzern R und B verkörpert den gesuchten Logarithmuswert. Er liegt immer zwischen 0 und n. Die Regeln $\{LXRE^i B \longrightarrow a^i \mid \forall i \in \{0, \ldots, n\}\}$ enthalten die Vorschriften, um alle möglichen Werte des Ergebniszählers in das korrespondierende Wort der generierten formalen Sprache umzuwandeln, welches den Logarithmuswert kodiert. Entsprechend der konkreten Berechnung ist jeweils genau eine dieser Regeln abschließend anwendbar. Sie erzeugt das einzige Wort $a^{\lceil \log_b(n) \rceil}$ der Sprache $L(G)$ bei Vorgabe von $n > 0$.

Im Fall $n = 0$ kann nach der Erzeugung der Wortform LRB durch die Regel $S \longrightarrow LX^0 RB$ keine weitere Regel mehr angewendet werden, so dass kein Wort der Sprache $L(G)$ entsteht ($L(G) = \emptyset$). Die leere Sprache $\emptyset$ entspricht folglich dem undefinierten Funktionswert $\lceil \log_b(0) \rceil$.

Die Berechnung von $\lceil \log_2(6) \rceil = 3$ gestaltet sich wie folgt durch Angabe der Ableitung:

- Kodieren des Numerus n in die zugeordnete Wortform:
  $S \vdash_G LXXXXXXRB$
- erste Division:

$LXXXXXXRB \vdash_G LYXXXXRB \vdash_G LYYXXRB \vdash_G LYYYRB$

- Inkrementieren des Ergebniszählers und Rückschreiben der Y in X:
  $LYYYRB \vdash_G LXXXREB$
- zweite Division:
  $LXXXREB \vdash_G LYXREB \vdash_G LYYREB$
- Inkrementieren des Ergebniszählers und Rückschreiben der Y in X:
  $LYYREB \vdash_G LXXREEB$
- dritte Division:
  $LXXREEB \vdash_G LYREEB$
- Inkrementieren des Ergebniszählers und Rückschreiben der Y in X:
  $LYREEB \vdash_G LXREEEB$
- Wortform in das ergebniskodierende Wort der von G erzeugten Sprache umwandeln:
  $LXREEEB \vdash_G aaa$

Das Wort aaa kodiert die natürliche Zahl 3 als Berechnungsergebnis. Für die aus der Vorgabe von $n = 6$ und $b = 2$ resultierende Grammatik G sind keine anderen als die angegebenen Ableitungen möglich, da auf jede Wortform nur genau eine Grammatikregel angewendet werden kann. Folglich kann die Grammatik keine anderen Wörter generieren und beschreibt die einelementige Sprache $L(G) = \{aaa\}$.

Chomsky-Grammatiken können in Abhängigkeit von der *Struktur* der enthaltenen Regeln unterschiedliche *Klassen* formaler Sprachen erzeugen. Je stärker die zugelassene Struktur der Grammatikregeln eingeschränkt wird, umso weniger formale Sprachen lassen sich mit Grammatiken, die diesen Regelstrukturen entsprechen, beschreiben, aber umso effizienter können diese Sprachen analysiert werden. Die nachfolgend eingeführten Klassen formaler Sprachen bilden eine wichtige *Hierarchie* und charakterisieren die Berechnungsstärke (Mächtigkeit) von Berechnungsmodellen. Entsprechend der erzeugbaren Klasse formaler Sprachen teilt man Chomsky-Grammatiken in verschiedene *Typen* ein.

Definition 3.106 *G vom Typ 0, Klasse der rekursiv aufzählbaren Sprachen*

Sei $G_0 = (V, \Sigma, P, S)$ eine Chomsky-Grammatik ohne weitere Einschränkungen, dann ist sie vom Typ 0. Jede durch eine Chomsky-Grammatik vom Typ 0 beschriebene Sprache $L(G_0)$ ist eine rekursiv aufzählbare Sprache. Die Mengenfamilie aller rekursiv aufzählbaren Sprachen bildet die Klasse der rekursiv aufzählbaren Sprachen RE (recursive enumerable).

Definition 3.107 *G vom Typ 1, Klasse der kontextsensitiven Sprachen*

Sei $G_1 = (V, \Sigma, P, S)$ eine Chomsky-Grammatik vom Typ 0 mit
$\forall (u, v) \in P . ((u = u_1 A u_2) \wedge (v = u_1 x u_2) \wedge (u_1, u_2, x \in (V \cup \Sigma)^*) \wedge (A \in V) \wedge$
$(\mathrm{lgth}(x) \geq 1) \vee ((u, v) = (S, \varepsilon)))$, dann ist sie vom Typ 1 oder kontextsensitiv. Jede durch eine Chomsky-Grammatik vom Typ 1 beschriebene Sprache $L(G_1)$ ist eine Typ1-Sprache. Die Mengenfamilie aller Typ1-Sprachen bildet die Klasse der kontextsensitiven Sprachen CS (context sensitive).

Typ1-Grammatiken dürfen insbesondere außer $S \longrightarrow \varepsilon$ keine *verkürzenden* Regeln enthalten. Bei verkürzenden Regeln $u \longrightarrow v$ besteht die rechte Regelseite v aus einer kürzeren Zeichenkette als die linke Regelseite u. Grammatiken vom Typ 2 stellen sicher, dass bei Ableitungen die Länge der Wortformen mit jedem Ableitungsschritt wächst oder gleichbleibt bis ein beliebiges Wort der generierten Sprache vorliegt. Bei einer Rückverfolgung der Ableitung vom Wort ausgehend zum Startsymbol S können somit keine Wortformen vorkommen, die länger als das ursprüngliche Wort sind, so dass der Speicherplatzbedarf für jede Rückverfolgung durch die Wortlänge begrenzt ist. Die Lösungen der meisten praktisch relevanten algorithmischen Probleme lassen sich durch kontextsensitive Sprachen darstellen.

Definition 3.108   *G vom Typ 2, Klasse der kontextfreien Sprachen*

Sei $G_2 = (V, \Sigma, P, S)$ eine Chomsky-Grammatik vom Typ 1 mit $\forall (u, v) \in P . (u \in V)$, dann ist sie vom Typ 2 oder kontextfrei. Jede durch eine Chomsky-Grammatik vom Typ 2 beschriebene Sprache $L(G_2)$ ist eine Typ2-Sprache. Die Mengenfamilie aller Typ2-Sprachen bildet die Klasse der kontextfreien Sprachen CF (context free).

Definition 3.109   *G vom Typ 3, Klasse der regulären Sprachen*

Sei $G_3 = (V, \Sigma, P, S)$ eine Chomsky-Grammatik vom Typ 2 mit $\forall (u, v) \in P . ((u \in V) \wedge (v \in \Sigma \cup \Sigma \otimes V \cup \{\varepsilon\}))$, dann ist sie vom Typ 3 oder regulär. Jede durch eine Chomsky-Grammatik vom Typ 3 beschriebene Sprache $L(G_3)$ ist eine Typ3-Sprache. Die Mengenfamilie aller Typ3-Sprachen bildet die Klasse der regulären Sprachen REG.

Definition 3.110   *Klasse der endlichen Sprachen*

Sei $G_{\text{fin}} = (V, \Sigma, P, S)$ eine Chomsky-Grammatik vom Typ 3 mit $\forall (u, v) \in P . ((u = S) \wedge (v \in \Sigma^*))$, dann erzeugt sie eine endliche Sprache $L(G_{\text{fin}})$. Die Mengenfamilie aller endlichen Sprachen bildet die Klasse der endlichen Sprachen FIN (finite).

Man gibt für eine Chomsky-Grammatik immer ihren größten (maximalen) Typ an. Mit Chomsky-Grammatiken eines bestimmten Typs können auch alle darin eingeschlossenen Sprachklassen erzeugt werden. Die Chomsky-Grammatik aus Beispiel 3.105 ist vom Typ 0, obwohl sie eine endliche Sprache aus der Klasse FIN beschreibt. Die Chomsky-Grammatik aus Beispiel 3.104 besitzt den Typ 3 und generiert eine reguläre Sprache aus der Klasse REG.

Die Typen der Chomsky-Grammatiken stehen durch die Chomsky-Hierarchie miteinander in Beziehung:

$$
\begin{array}{ccccccccc}
L(G_{\text{fin}}) & \subset & L(G_3) & \subset & L(G_2) & \subset & L(G_1) & \subset & L(G_0) \\
\cap & & \cap & & \cap & & \cap & & \cap \\
FIN & \subset & REG & \subset & CF & \subset & CS & \subset & RE
\end{array}
$$

Gelingt es, die Regeln von Chomsky-Grammatiken über die Zugehörigkeit zu einem bestimmten Typ hinaus zu standardisieren, das heißt, mit so wenig Regelstrukturen wie möglich aus-
zukommen und alle benötigten Regeln in diese Strukturen abzubilden, so kann eine große
Palette an vorgefertigten Algorithmen mit großer Nutzungsbreite bereitgestellt werden. Diese Algorithmen sind dann sehr leicht auf eine Vielzahl von Grammatiken anwendbar und
unterstützen eine effiziente Analyse der beschriebenen Sprachen. Die Standardisierung von
Grammatiken bezüglich der Struktur ihrer Regeln führt zu so genannten *Normalformen*. Für
Chomsky-Grammatiken vom Typ 0 ist die *Kuroda*-Normalform von großer Bedeutung.

Definition 3.111   *Kuroda-Normalform einer Chomsky-Grammatik*

Sei $G = (V, \Sigma, P, S)$ eine Chomsky-Grammatik vom Typ 0 sowie $A, B, C, D \in V, a \in \Sigma$.
G ist in Kuroda-Normalform, wenn alle Regeln $\in P$ eine der Formen haben: $(A, a), (A, \varepsilon)$,
$(A, BC), (AB, CD)$.

Jede Chomsky-Grammatik $G = (V, \Sigma, P, S)$ lässt sich effizient in eine Kuroda-Normalform
$G' = (V', \Sigma, P', S)$ überführen, mit der die gleiche Sprache erzeugt wird $(L(G) = L(G'))$.

Sei $G = (V, \Sigma, P, S)$ eine Chomsky-Grammatik, $A_i \in V$, $B_i \in V$, $a_i \in \Sigma$, $i \in \mathbb{N} \setminus \{0\}$.
Die Regelmenge P wird durch folgende Umformungen in die Regelmenge P' der Kuroda-
Normalform überführt:

1. Es wird $V' := V$ und $P' := P$ gesetzt.

2. In jeder Regel $(u, v) \in P'$ mit $\mathrm{lgth}(u) > 1$ und $\mathrm{lgth}(v) > 1$ wird jedes Vorkommen
   von a_i durch das neue Nichtterminalsymbol $D_i \in V'$ ersetzt und P' die Regel (D_i, a_i)
   hinzugefügt.

3. Jede Regel der Form $(A_1 \ldots A_m, B_1 \ldots B_n) \in P'$ mit $m > 2$, $n < m$ wird durch
   folgenden Satz von Regeln $\in P'$ ersetzt: $(A_1 \ldots A_m, B_1 \ldots B_n E_1 \ldots E_p), (E_j, \varepsilon)$ mit
   $p = m - n$, $j \in \{1, \ldots, p\}$ und die neuen Nichtterminalsymbole $E_1, \ldots, E_p$ der Menge
   V' hinzugefügt.

4. Jede Regel der Form $(A_1 \ldots A_m, B_1 \ldots B_n) \in P'$ mit $2 \leq m \leq n$, wobei m und n nicht
   beide gleich 2 sind, wird durch folgenden Satz von Regeln $\in P'$ ersetzt

   $$
   \begin{array}{ll}
   (A_1 A_2, B_1 F_2) & (F_m, B_m F_{m+1}) \\
   (F_2 A_3, B_2 F_3) & (F_{m+1}, B_{m+1} F_{m+2}) \\
   \quad\vdots & \quad\vdots \\
   (F_{m-1} A_m, B_{m-1} F_m) & (F_{n-1}, B_{n-1} B_n)
   \end{array}
   $$

   und die neuen Nichtterminalsymbole $F_2, \ldots, F_{n-1}$ der Menge V' hinzugefügt.

5. Jede Regel der Form $(A_i, B_1 B_2 \ldots B_k) \in P'$, $k \geq 3$ wird durch $k - 1$ Regeln der Form
   $(A_i, B_1 C_2), (C_2, B_2 C_3), \ldots, (C_{k-1}, B_{k-1} B_k) \in P'$ ersetzt und die neuen Nichtterminalsymbole $C_2, \ldots, C_{k-1}$ der Menge V' hinzugefügt.

6. Jede Regel der Form $(A_i, B_j) \in P'$ wird durch die Regeln $(A_i, B_j E), (E, \varepsilon) \in P'$
   ersetzt.

Beispiel 3.112 *Transformation einer Chomsky-Grammatik in Kuroda-Normalform*

Die Chomsky-Grammatik $G = (V, \Sigma, P, S)$ mit $V = \{S, A, B, C\}$, $\Sigma = \{a\}$ und
$P = \{S \longrightarrow BAB, BA \longrightarrow BC, CA \longrightarrow AAC, CB \longrightarrow AAB, B \longrightarrow \varepsilon, A \longrightarrow a\}$
ist vom Typ 0, generiert die Sprache $L(G) = \{a^{(2^n)} \mid n \in \mathbb{N}\}$ und liegt nicht in Kuroda-Normalform vor, weil die Regeln $S \longrightarrow BAB$, $CA \longrightarrow AAC$ und $CB \longrightarrow AAB$ von der geforderten Struktur abweichen.

Aus der Regel $S \longrightarrow BAB$ entstehen gemäß Punkt 4. der Transformationsvorschrift die Regeln $S \longrightarrow BF_1$ und $F_1 \longrightarrow AB$.

Aus der Regel $CA \longrightarrow AAC$ entstehen analog die Regeln $CA \longrightarrow AG_1$ und $G_1 \longrightarrow AC$.

Aus der Regel $CB \longrightarrow AAB$ entstehen analog die Regeln $CB \longrightarrow AH_1$ und $H_1 \longrightarrow AB$.

Die aus G abgeleitete Chomsky-Grammatik G' in Kuroda-Normalform lässt sich angeben durch $G' = (V', \Sigma, P', S)$ mit $V' = \{S, A, B, C, F_1, G_1, H_1\}$, $\Sigma = \{a\}$ und
$P' = \{S \longrightarrow BF_1, F_1 \longrightarrow AB, BA \longrightarrow BC, CA \longrightarrow AG_1, G_1 \longrightarrow AC, CB \longrightarrow AH_1, H_1 \longrightarrow AB, B \longrightarrow \varepsilon, A \longrightarrow a\}$.
Die Chomsky-Grammatik G' generiert die gleiche Sprache wie G.

3.2.5 Ungetypter λ-Kalkül

Der λ-Kalkül hat für die Entwicklung heutiger moderner funktionaler Sprachen und für ihre Notation große Bedeutung. Er wurde Anfang der 1930er Jahre von Alonzo Church entwickelt, um über die Operationen Funktionsabstraktion und Funktionsapplikation den Begriff der Berechenbarkeit zu formalisieren [Bare_84]. Aber nicht nur im Zusammenhang mit funktionaler Programmierung spielt der λ-Kalkül syntaktisch und semantisch eine Rolle. Eine der Aussagen der Arbeiten von Church et al. ist die, dass trotz unterschiedlicher Zugänge zum Berechenbarkeitsbegriff, wie z. B. mathematisch oder maschinenorientiert, in jedem Fall genau dieselbe Klasse von Funktionen erfasst wird, die als Klasse der berechenbaren Funktionen bezeichnet wird. Auf der Basis dieser Aussage postulierte Church seine These, dass alle berechenbaren Funktionen λ-definierbar sind und somit der nichtformale Begriff der Berechenbarkeit dem formalen Begriff der λ-Definierbarkeit entspricht.

Grundlage zum λ-Kalkül bildet die rein syntaktische Beschreibung von mathematischen Funktionen.

Definition 3.113 *Menge der λ-Terme*

Sei x ein Element der Menge der Variablen $V = \{v, v', v'', \dots\}$ und seien e, e_1 und e_2 beliebige λ-Terme, dann ist die Menge der λ-Terme Λ induktiv wie folgt definiert:

$$x \in V \Rightarrow x \in \Lambda$$
$$e \in \Lambda \Rightarrow (\lambda x.e) \in \Lambda$$
$$e_1, e_2 \in \Lambda \Rightarrow (e_1\, e_2) \in \Lambda$$

Der Term $(e_1 \, e_2)$ repräsentiert dabei eine *Applikation*, d. h. die Anwendung eines Argumentes e_2 auf eine Funktion e_1 und der Term $(\lambda x.e)$ stellt eine *Abstraktion* dar, d. h. die Definition einer Funktion mit dem formalen Parameter x und einem Funktionskörper e. Gewöhnlich ist die Variable x in e vorhanden, e kann aber auch unabhängig von x sein.

Beispiel 3.114   *Funktionsabstraktion und Funktionsapplikation*

Der Term $\lambda x.e$ wird als Abstraktion $(z. B. (\lambda x.x))$ und der Term $(e_1 \, e_2)$ als Applikation $(z. B. (y((\lambda y.y)x)))$ bezeichnet.

Zur Vereinfachung der Schreibweise von λ-Termen haben sich folgende Konventionen durchgesetzt:

1. Äußerste Klammern können weggelassen werden. $\lambda x.x \equiv (\lambda x.x), \quad e_1 \, e_2 \equiv (e_1 \, e_2)$
2. Die Applikation assoziiert nach links. $e_1 \, e_2 \, e_3 \equiv ((e_1 \, e_2) \, e_3)$
3. λ bindet so weit wie möglich nach rechts. $\lambda x.e_1 \, e_2 \equiv (\lambda x.(e_1 \, e_2))$
4. λ-Bindungen können zusammengefasst werden. $\lambda x_1 x_2 \ldots x_n.e \equiv \lambda x_1.\lambda x_2.\ldots.\lambda x_n.e$

λ bindet in einem Term $\lambda x.e$ alle freien Vorkommen von x in e. Das wird mit der folgenden Definition formalisiert.

Definition 3.115   *Menge der freien Variablen*

Sind $e, e_1, e_2 \in \Lambda$ und $x \in V$, dann ist die Menge der freien Variablen von e (notiert als $FV(e)$) induktiv wie folgt definiert:

$$FV(x) = \{x\}$$
$$FV(e_1 \, e_2) = FV(e_1) \cup FV(e_2)$$
$$FV(\lambda x.e) = FV(e) \setminus \{x\}$$

Eine Variable $x \in V$ heißt frei in e gdw. $x \in FV(e)$. e wird *geschlossener* λ-Term oder *Kombinator* genannt, wenn $FV(e) = \emptyset$. Λ^0 repräsentiert die Menge der geschlossenen λ-Terme.

Beispiel 3.116   *Freie Variablen*

Im λ-Term $y(\lambda xy.xyz)$ sind y und z freie Variablen und x sowie y gebundene Variablen. Der Term $\lambda xy.xxy$ ist geschlossen und demnach ein Kombinator.

Kombinatoren werden benutzt, um rekursive Darstellungen von Funktionen in der Syntax des λ-Kalküls zu ermöglichen.

Freie Vorkommen von x im Term e_1 können durch den Term e_2 substituiert werden. Die Substitution in e_1 (notiert als $e_1[x := e_2]$) ist definiert:

Definition 3.117   *Substitution freier Vorkommen von Variablen*

Seien $x, y \in V$, $e_1, e_2, e_3, e_4 \in \Lambda$.

$$
\begin{aligned}
x[x := e_2] &\equiv e_2 \\
y[x := e_2] &\equiv y \text{ mit } x \not\equiv y \\
(e_3\, e_4)[x := e_2] &\equiv (e_3[x := e_2])(e_4[x := e_2]) \\
(\lambda y.e_3)[x := e_2] &\equiv \lambda y.(e_3[x := e_2]) \text{ mit } y \not\equiv x \\
(\lambda x.e_3)[x := e_2] &\equiv (\lambda x.e_3)
\end{aligned}
$$

Der ungetypte λ-Kalkül ist definiert als ein System von Gleichungen zwischen λ-Termen.

Definition 3.118   *Ungetypter λ-Kalkül*

Seien $e_1, e_2, e_3 \in \Lambda$ und $x, y \in V$. Der λ-Kalkül ist dann wie folgt definiert:

1. α-Konversion (Umbenennung) $\quad \lambda x.e_1 = \lambda y.e_1[x := y]$ mit $y \notin FV(e_1)$
2. β-Konversion (Applikation) $\quad (\lambda x.e_1)e_2 = e_1[x := e_2]$ für alle $e_1, e_2 \in \Lambda$
3. η-Konversion (Extensionalität) $\quad \lambda x.(ex) = e$ mit $x \notin FV(e)$
4. Weitere Axiome und Regeln sind:

$$
\begin{aligned}
e_1 &= e_1 \\
e_1 = e_2 &\Rightarrow e_2 = e_1 \\
e_1 = e_2, e_2 = e_3 &\Rightarrow e_1 = e_3 \\
e_1 = e_2 &\Rightarrow e_1\, e_3 = e_2\, e_3 \\
e_1 = e_2 &\Rightarrow e_3\, e_1 = e_3\, e_2 \\
e_1 = e_2 &\Rightarrow \lambda x.e_1 = \lambda x.e_2
\end{aligned}
$$

5. Die Gleichheit von zwei Termen im λ-Kalkül wird mit $\lambda \vdash e_1 = e_2$ oder verkürzt mit $e_1 = e_2$ notiert. e_1 und e_2 heißen dann ineinander konvertierbar.

Auf der Basis dieser Substitutionsregeln werden Transformationsregeln für den λ-Kalkül definiert, die eine Semantik der Terme zulassen [Bare_92]. Die Definition der Transformationsregeln erfolgt auf der Basis bekannter Begriffe wie Relation, Hülle und Reduktion.

Definition 3.119   *Λ-Hülle, ρ-Reduktion und ρ-Äquivalenz*

Seien $e_1, e_2, e_3 \in \Lambda$, $x \in V$ und $\rightarrow_\rho$ eine binäre Relation auf Λ mit $\rightarrow_\rho \subseteq \Lambda \times \Lambda$.

1. $\rightarrow_\rho$ wird im Hinblick auf die Bildung der Λ-kompatiblen Hülle $\rightarrow_\rho^*$ wie folgt definiert:

$$
\begin{aligned}
(e_1 \rightarrow_\rho e_2) &\Rightarrow (e_1\, e_3 \rightarrow_\rho e_2\, e_3) \\
(e_1 \rightarrow_\rho e_2) &\Rightarrow (e_3\, e_1 \rightarrow_\rho e_3\, e_2) \\
(e_1 \rightarrow_\rho e_2) &\Rightarrow (\lambda x.e_1 \rightarrow_\rho \lambda x.e_2)
\end{aligned}
$$

2. Die ρ-Reduktion $\rightarrow_\rho^*$ ist definiert als die reflexive transitive Hülle von $\rightarrow_\rho$:

$$
\begin{aligned}
(e_1 \rightarrow_\rho e_2) &\Rightarrow (e_1 \rightarrow_\rho^* e_2) \\
& (e_1 \rightarrow_\rho^* e_1) \\
((e_1 \rightarrow_\rho e_2) \wedge (e_1 \rightarrow_\rho e_3)) &\Rightarrow (e_1 \rightarrow_\rho^* e_3)
\end{aligned}
$$

3. Die ρ-Äquivalenz $=_\rho$ ist die von ρ erzeugte Äquivalenzrelation:

$$
\begin{aligned}
(e_1 \rightarrow_\rho^* e_2) &\Rightarrow (e_1 =_\rho e_2) \\
(e_1 =_\rho e_2) &\Rightarrow (e_2 =_\rho e_1) \\
((e_1 =_\rho e_2) \wedge (e_2 =_\rho e_3)) &\Rightarrow (e_1 =_\rho e_3)
\end{aligned}
$$

Zur Vereinfachung der Schreibweise werden folgende Konventionen eingeführt.

- $e_1 \rightarrow_\rho e_2$ bedeutet, e_1 wird in einem Schritt zu e_2 reduziert.

- $e_1 \rightarrow_\rho^* e_2$ bedeutet, e_1 wird zu e_2 reduziert in beliebig vielen Schritten. Es ist üblich, die reflexive transitive Hülle $\rightarrow_\rho^*$ mit $\Rightarrow_\rho$ zu bezeichnen. $\Rightarrow_\rho$ nennt man eine Reduktionsrelation auf Λ.

- $e_1 =_\rho e_2$ bedeutet, e_1 und e_2 sind ρ-konvertibel.

Zur Definition der Transformationsregeln im λ-Kalkül werden binäre Relationen auf Λ formuliert und damit Reduktions- bzw. Äquivalenzrelationen definiert.

Definition 3.120   *α-Konversion*

Sind $e_1 \in \Lambda$, $x, y \in V$ und $y \notin FV(e_1)$. Dann wird eine Äquivalenzrelation
$(\lambda x.e_1) =_\alpha (\lambda y.e_1[x := y])$ als α-Konversion bezeichnet.

Die α-Konversion besagt, dass die Wahl des Namens eines Parameters in der Funktion nicht relevant ist.

Beispiel 3.121   *α-Konversion*

$\lambda x.xy =_\alpha \lambda z.zy \neq_\alpha \lambda y.yy$

Die β-Reduktion stellt die eigentliche „Rechenregel" (Arbeitsschritt) im Kalkül dar. Mit ihr wird die Auswertung einer Applikation formalisiert.

Definition 3.122   *β-Reduktion*

Sind $e_1, e_2 \in \Lambda$, $x \in V$ und $GV(e_1) \cap FV(e_2) = \emptyset$. Dann wird eine Reduktionsrelation
$(\lambda x.e_1)e_2 \rightarrow_\beta (e_1[x := e_2])$ als β-Reduktion bezeichnet.

Beispiel 3.123   *β-Reduktion*

Für ein und denselben λ-Term lassen sich verschiedene β-Reduktionsfolgen aufzeigen:
$(\lambda x.x\ x)((\lambda y.y)z) \rightarrow_\beta (\lambda x.x\ x)z \rightarrow_\beta z\ z$
$(\lambda x.x\ x)((\lambda y.y)z) \rightarrow_\beta ((\lambda y.y)z)((\lambda y.y)z) \rightarrow_\beta z\ ((\lambda y.y)z) \rightarrow_\beta z\ z$

Definition 3.124   *η-Reduktion*

Sind $e_1, e_2 \in \Lambda$ und $x \notin FV(e_1)$. Dann wird eine Reduktionsrelation $\lambda x.(e_1\ x) \rightarrow_\eta e_1$ als η-Reduktion bezeichnet.

Beispiel 3.125 *η-Reduktion*

$(\lambda x.((z\ y)x)) \rightarrow_\eta (z\ y)$
Der Term $z\ y$ ist unabhängig von der Variable x. Es gilt $x \notin FV(z\ y)$.

Funktionale Programme werden durch ihre λ-Terme repräsentiert. Das Programm berechnet einen Wert, indem der Term reduziert wird. Das Ergebnis nach einer Sequenz von Reduktionen wird als Semantik des λ-Terms bezeichnet. Die Art und Weise, wie die Semantik definiert ist, wird durch den Begriff *Reduktionssemantik* ausgedrückt.

Als Berechnungsergebnis eines λ-Terms, d. h. als dessen Semantik, soll der Term angesehen werden, der nicht weiter reduzierbar ist. Terme, die nicht weiter reduzierbar sind, nennt man *Normalformen*.

Definition 3.126 *β-Redex, η-Redex, Normalform, β-Normalform*

Seien $e, e' \in \Lambda$ und $x \in V$.
1. Ein β-Redex ist ein Term der Form $(\lambda x.e)\,e'$.
2. Ein η-Redex ist ein Term der Form $\lambda x.(ex)$ mit $x \notin FV(e)$.
3. Ein λ-Term e hat eine Normalform, wenn er keine β- oder η-Redexe als Teilausdrücke enthält.
4. Ein λ-Term e_1 ist in β-Normalform, wenn für ein beliebiges e_2 gilt: $e_1 =_\beta e_2$ und e_2 ist in β-Normalform.
5. Falls e_1 in β-Normalform ist, dann gilt: $e_1 \Rightarrow_\beta e_2 \Rightarrow e_1 \equiv e_2$.

Beispiel 3.127 *Terme mit und ohne Normalform*

$(\lambda x.x)(\lambda y.y)$ hat die Normalform $\lambda y.y$, der Term $(\lambda x.xx)(\lambda x.xx)$ hat keine Normalform.

Mit dem Begriff der λ-*Definierbarkeit* beschreibt man, welche Funktionen und Datenstrukturen mit Hilfe des λ-Kalküls definiert und nachgebildet werden können. Um die Universalität des Kalküls plausibel zu machen, wird zunächst am Beispiel der natürlichen Zahlen gezeigt, wie allgemein gebräuchliche Datenstrukturen in den ungetypten λ-Kalkül übersetzt werden können. Es werden weiterhin Funktionen für natürliche Zahlen, die Darstellung boolescher Werte und der Aufbau des Bedingungsoperators dargestellt [Bare_92].

Definition 3.128 *Definition der* CHURCH*schen Zahlen*

- $F^n(M)$ mit $n \in \mathbb{N}$ und $F, M \in \Lambda$ ist induktiv definiert:

$$F^0(M) = M$$
$$F^{n+1}(M) = F(F^n(M))$$

- Die CHURCHschen Zahlen $c_0, c_1, \ldots$ sind definiert durch $c_n \equiv \lambda f x.f^n x$.

Beispiel 3.129   *Kodierung natürlicher Zahlen in* CHURCH*sche Zahlen*

$$0 \quad \text{entspricht} \quad c_0 \equiv \lambda f x.x,$$
$$1 \quad \text{entspricht} \quad c_1 \equiv \lambda f x.f x$$
$$2 \quad \text{entspricht} \quad c_2 \equiv \lambda f x.f(f x)$$
$$\vdots$$
$$n \quad \text{entspricht} \quad c_n \equiv \lambda f x.f^n x = \lambda f x.\underbrace{f(f(\ldots f\, x \ldots))}_{n\text{-mal}}$$

Definition 3.130   *Operationen über* CHURCH*schen Zahlen*

$add \equiv \lambda xypq.xp(ypq)$	Für alle $n, m \in \mathbb{N}$ gilt: $\quad add\, c_n\, c_m = c_{n+m}$	(Addition)
$mul \equiv \lambda xyz.x(yz)$	Für alle $n, m \in \mathbb{N}$ gilt: $\quad mul\, c_n\, c_m = c_{n \cdot m}$	(Multiplikation)
$exp \equiv \lambda xy.yx$	Für alle $n, m \in \mathbb{N}$ gilt: $\quad exp\, c_n\, c_m = c_{n^m}$	(Potenz)

Definition 3.131   *Boolesche Wahrheitswerte und der Bedingungsoperator*

Seien $x, y, z \in V$ und $P, Q, M, N \in \Lambda$.
1. $true \equiv \lambda xy.x$
2. $false \equiv \lambda xy.y$
3. $cond \equiv \lambda xyz.xyz$
4. $(if\ B\ then\ P\ else\ Q) \equiv (cond\ B\ P\ Q)$, wobei $B \in \{true, false\}$. Es gilt:
     a) $(cond\ true\ P\ Q) = P$
     b) $(cond\ false\ P\ Q) = Q$

Beispiel 3.132   *Notation ausgewählter Funktionen als* λ*-Terme*

1. $suc \equiv \lambda n f x.f(n f x)$
2. $fst \equiv \lambda p.p\ true$
3. $pair \equiv \lambda xyf.fxy$
4. $prefn \equiv \lambda fp.pair\ (f\ (fst\ p))\ (fst\ p)$
5. $pre \equiv \lambda n f x.(\lambda p.p\ false)\ (n\ (prefn\ f)(pair\ x\ x))$
6. $sub \equiv \lambda mn.n\ pre\ m$
7. $iszero \equiv \lambda n.n\ (\lambda x.false)\ true$
8. $sig \equiv \lambda x.cond\ (iszero(add(sub\, x\, c_0)(sub\, c_0\, x)))c_0\, c_1$
9. $equal \equiv \lambda xy.iszero(add\ (mul\ (sub\, c_1\ (sig\, y))(sub\, x\, y))(sub\, y\, x))$

Um Funktionen rekursiv definieren zu können, wird für den λ-Kalkül eine Methode notwendig, die es ermöglicht, eine namenlose Funktion (ein λ-Term führt keinen Bezeichner) wie es in Programmiersprachen üblich ist über sich selbst zu definieren. Die Funktion muss in ihrer eigenen Definition verfügbar sein. Die Methode, die zum Einsatz kommt, benutzt den *Fixpunktkombinator*, der mit Hilfe einer wesentlichen Eigenschaft genau diesen Fakt schafft. Dass ein Fixpunktkombinator existiert, entspricht dem *Fixpunktsatz*.

Satz 3.133 *Fixpunktsatz*

1. Jeder Term $F \in \Lambda$ besitzt einen Fixpunkt $X \in \Lambda$, so dass $FX = X$ gilt.
2. Es existiert ein so genannter Fixpunktkombinator Y mit
   $Y \equiv \lambda f.(\lambda x.f(xx))(\lambda x.f(xx))$,
   so dass $F(YF) = YF$ für alle Terme F gilt. Weiterhin ist $X \equiv YF$.

Beispiel 3.134 *Anwendung des Fixpunktkombinators*

$$
\begin{aligned}
Y\,F \;\;\; &\rightarrow_\beta \;\; (\lambda x.F(xx))(\lambda x.F(xx)) \\
&\rightarrow_\beta \;\; F((\lambda x.F(xx))(\lambda x.F(xx))) \\
&=_\beta \;\; F\,(Y\,F)
\end{aligned}
$$

Rekursive Definitionen für Funktionen werden unter Verwendung des Fixpunktkombinators Y und einer zusätzlich einzuführenden Variablenabstraktion, die sich auf die Funktion selbst bezieht, vorgenommen. Auf diese Art und Weise ist eine Darstellung der Rekursion allgemein im λ-Kalkül möglich. Die rekursiv definierte Funktion f wird über eine Funktion f' dargestellt, die einen zusätzlichen Parameter besitzt, an den man f' selbst bindet.

Beispiel 3.135 *Rekursive Definition der Funktion sum*

Rekursive Definition für $f(x) = sum\ x$ mit $sum\ x = \sum_{i=0}^{x} i$ und $x, i \in \mathbb{N}$

$f = sum \equiv (\lambda x.if^1\,(equal\ x\ c_0)\ c_0\,(add\ x\,(sum\,(sub\ x\ c_1))))$

Die Funktion $f = sum$ wird über $sum \equiv Y\ sum'$ mit
$sum' \equiv (\lambda f'.\lambda x.if\,(equal\ x\ c_0)\ c_0\,(add\ x(f'\,(sub\ x\ c_1))))$ dargestellt.

Abarbeitung (Applikation der Funktion sum mit dem Argument 2) im Sinne der Applikation im λ-Kalkül, es gilt: $sum'\,(Y\ sum') = Y\ sum'$.

$$
\begin{aligned}
& sum\ c_2 \\
\equiv\;& (Y\ sum')\ c_2 \\
=_\beta\;& (\lambda f'.\lambda x.if\,(equal\ x\ c_0)\ c_0\,(add\ x(f'\,(sub\ x\ c_1))))(Y\ sum')\ c_2 \\
\rightarrow_\beta\;& (\lambda x.if\,(equal\ x\ c_0)\ c_0\,(add\ x\,((Y\ sum')(sub\ x\ c_1))))\ c_2 \\
\rightarrow_\beta\;& (if\,(equal\ c_2\ c_0)\ c_0\,(add\ c_2\,((Y\ sum')(sub\ c_2\ c_1)))) \\
\rightarrow_\beta^*\;& (add\ c_2\,((Y\ sum')\ c_1)) \\
=_\beta\;& (add\ c_2\,(sum'(Y\ sum')\ c_1)) \\
\rightarrow_\beta^*\;& (add\ c_2\,(if\,(equal\ c_1\ c_0)\ c_0\,(add\ c_1((Y\ sum')(sub\ c_1\ c_1))))) \\
\rightarrow_\beta^*\;& (add\ c_2(add\ c_1((Y\ sum')\ c_0))) \\
=_\beta\;& (add\ c_2(add\ c_1(sum'(Y\ sum')\ c_0))) \\
& \dots \\
\rightarrow_\beta\;& c_3
\end{aligned}
$$

---

[1] Zur leichteren Lesbarkeit wird – wie in der Literatur üblich – für den λ-Term *cond* nachfolgend der Bezeichner *if* geschrieben.

Beispiel 3.136 *Berechnung des aufgerundeten Logarithmus auf natürlichen Zahlen*

$f_{\log_b} : \mathbb{N} \to \mathbb{N}$ mit $f_{\log_b}(x) = \lceil \log_b(x) \rceil$, $b \in \mathbb{N}$ und $b \geq 2$

Der λ-Term $F \equiv (\lambda m.\lambda x\ f\ (x_1, x_2).if\ (equal\ (f(x, x_2))x_1)\ x\ (m\ (suc\ x)\ f\ (x_1, x_2)))$ berechnet $f_{\log_b}$ für $b = c_b$ und $x = c_x$.

$(Y\ F)\ c_0\ exp\ (c_x, c_b)$
$\equiv Y\ (\lambda m.\lambda x\ f\ (x_1, x_2).if\ (equal\ (f(x, x_2))x_1)\ x\ (m\ (suc\ x)\ f\ (x_1, x_2)))\ c_0\ exp\ (c_x, c_b)$
$=_\beta F\ (Y\ F)\ c_0\ exp\ (c_x, c_b)$
$\to_\beta (\lambda x\ f\ (x_1, x_2).if\ (equal\ (f(x, x_2))x_1)\ x\ ((Y\ F)\ (suc\ x)\ f\ (x_1, x_2)))\ c_0\ exp\ (c_x, c_b)$
$\to_\beta^* (if\ (equal\ (exp(c_0, x_b))c_x)\ c_0\ ((Y\ F)\ (suc\ c_0)\ exp\ (c_x, c_b)))$
$\ldots$

$\to_\beta ((Y\ F)\ (suc\ c_0)\ exp\ (c_x, c_b))$
$\to_\beta ((F(Y\ F))\ (suc\ c_0)\ exp\ (c_x, c_b))$
$\to_\beta^* c_{\lceil \log_b(x) \rceil}$

Die Idee zum Aufbau des λ-Terms F zur Berechnung des aufgerundeten Logarithmus auf natürlichen Zahlen entspricht der Vorgehensweise im Schema der μ-rekursiven Funktionen: Argumente der Funktion, über deren Parametervariablen im Term abstrahiert wird, sind $(Y\ F)$ zur Darstellung der Rekursion, der Startwert c_0 für die Minimierung von x, die Funktion exp für f sowie die Werte (x, b) der konkreten Aufgabenstellung. Zu beachten ist, dass die natürlichen Zahlen über ihre äquivalenten Terme der CHURCHschen Zahlen bzw. Funktionen ebenfalls über ihre λ-Terme ausgedrückt werden. Die Applikationen werden linksassoziativ abgearbeitet, die Argumente werden an die Parametervariablen gebunden. Das Berechnungsergebnis liegt vor, sobald der Wert von b^x entsprechend des *equal*-Tests mit dem Numerus des gesuchten Logarithmuswertes übereinstimmt. Dabei ist die Möglichkeit des Aufrundens gegeben. Der Term $c_{\lceil \log_b(x) \rceil}$ stellt die Normalform der Applikation $(Y\ F)\ c_0\ exp\ (c_x, c_b)$ dar. Für den Fall, dass der Numerus $x = 0$ ist, terminiert die Reduktionsfolge nicht und eine Normalform wird nicht erreicht.

Die folgende λ-Applikation berechnet $f_{\log_b}$ für $b = c_2$ und $x = c_8$.
$(Y\ F)\ c_0\ exp\ (c_8, c_2)$
$\equiv Y\ (\lambda m.\lambda x\ f\ (x_1, x_2).if\ (equal\ (f(x, x_2))x_1)\ x\ (m\ (suc\ x)\ f\ (x_1, x_2)))\ c_0\ exp\ (c_8, c_2)$
$=_\beta F\ (Y\ F)\ c_0\ exp\ (c_8, c_2)$
$\to_\beta (\lambda x\ f\ (x_1, x_2).if\ (equal\ (f(x, x_2))x_1)\ x\ ((Y\ F)\ (suc\ x)\ f\ (x_1, x_2)))\ c_0\ exp\ (c_8, c_2)$
$\to_\beta (\lambda f\ (x_1, x_2).if\ (equal\ (f(c_0, x_2))x_1)\ c_0\ ((Y\ F)\ (suc\ c_0)\ f\ (x_1, x_2)))\ exp\ (c_8, c_2)$
$\to_\beta (\lambda(x_1, x_2).if\ (equal\ (exp(c_0, c_2))\ c_8)\ c_0\ ((Y\ F)\ (suc\ c_0)\ exp\ (c_8, c_2)))$
$\to_\beta (if\ (equal\ (exp(c_0, c_2))\ c_8)\ c_0\ ((Y\ F)\ (suc\ c_0)\ exp\ (c_8, c_2)))$
$\to_\beta ((Y\ F)\ c_1\ exp\ (c_8, c_2))$
$=_\beta^* ((F\ (Y\ F))\ c_1\ exp\ (c_8, c_2))$
$\to_\beta^* (if\ (equal\ (exp(c_1, c_2))\ c_8)\ c_1\ ((Y\ F)\ (suc\ c_1)\ exp\ (c_8, c_2)))$
$\ldots$

$\to_\beta^* (if\ (equal\ (exp(c_2, c_2))\ c_8)\ c_2\ ((Y\ F)\ (suc\ c_2)\ exp\ (c_8, c_2)))$
$\ldots$

$\to_\beta^* (if\ (equal\ (exp(c_3, c_2))\ c_8)\ c_3\ ((Y\ F)\ (suc\ c_3)\ exp\ (c_8, c_2)))$
$\ldots$

$\to_\beta^* c_3$

3.3 Zusammenhänge zwischen konventionellen universellen Berechnungsmodellen

Dieser Abschnitt legt dar, wie sich die eingeführten universellen Berechnungsmodelle gegenseitig simulieren können.

3.3.1 Transformation von Turingmaschinen in Chomsky-Grammatiken vom Typ 0

Sei $TM = (Z, \Sigma, \Theta, \{L, R, N\}, \delta, z_0, \Box, F)$ eine deterministische Turingmaschine. Die daraus abgeleitete Chomsky-Grammatik $G = (V, \Sigma_G, P, S)$ vom Typ 0 ist bestimmt durch:

$$\Delta = \big(\Theta \otimes (Z \times \Theta)\big) \cup \big((Z \times \Theta) \otimes \Theta\big) \cup (Z \times \Theta),$$

$$P_1', P_2', P_3', P' \subseteq \Delta \times \Delta$$

$$P_1' = \{c(z,a) \longrightarrow (z',c)b \mid \forall c \in \Theta \,.\, \forall z \in Z \,.\, \forall a \in \Theta \,.\, \delta(z,a) = (z',b,L)\}$$

$$P_2' = \{(z,a)c \longrightarrow b(z',c) \mid \forall c \in \Theta \,.\, \forall z \in Z \,.\, \forall a \in \Theta \,.\, \delta(z,a) = (z',b,R)\}$$

$$P_3' = \{(z,a) \longrightarrow (z',b) \mid \forall z \in Z \,.\, \forall a \in \Theta \,.\, \delta(z,a) = (z',b,N)\}$$

$$P' = P_1' \cup P_2' \cup P_3'$$

$$V = \{S\} \cup (\Delta \times \Sigma)$$

$$\Sigma_G = \Theta$$

$$
\begin{aligned}
P = \;& \{S \longrightarrow S(a,a) \mid \forall a \in \Sigma\} \cup && \text{(3.1)}\\
& \{S \longrightarrow ((z_0,a),a) \mid \forall a \in \Sigma\} \cup && \text{(3.2)}\\
& \{(\alpha_1,a)(\alpha_2,b) \longrightarrow (\beta_1,a)(\beta_2,b) \mid \\
& \qquad\qquad \forall \alpha_1\alpha_2 \longrightarrow \beta_1\beta_2 \in P' \,.\, \forall a,b \in \Sigma\} \cup && \text{(3.3)}\\
& \{((z,a),b) \longrightarrow a \mid \forall z \in F \,.\, \forall a \in \Theta \,.\, \forall b \in \Sigma\} \cup && \text{(3.4)}\\
& \{(a,b) \longrightarrow a \mid \forall a \in \Theta \,.\, \forall b \in \Sigma\} && \text{(3.5)}
\end{aligned}
$$

Die Anfangsbandinschrift $a_1 a_2 \ldots a_n \in \Sigma^n$ mit $n \in \mathbb{N} \setminus \{0\}$ wird durch folgende Ableitung mittels der Regeln aus 3.1 und 3.2 gesetzt, wobei die zuletzt angewandte Regel aus 3.2 das Positionieren des Schreib-Lese-Kopfes auf das Symbol a_1 nachbildet (Herstellen der Startkonfiguration von TM):

$$S \vdash_G^* ((z_0,a_1),a_1)(a_2,a_2)\ldots(a_{n-1},a_{n-1})(a_n,a_n)$$

Eine akzeptierende Berechnung von TM mittels der Regeln aus 3.3 entspricht einer Ableitung:

$$((z_0,a_1),a_1)(a_2,a_2)\ldots(a_{n-1},a_{n-1})(a_n,a_n) \vdash_G^*$$
$$(b_1,a_1)(b_2,a_2)\ldots((z,b_k),a_k)\ldots(b_n,a_n)$$

mit $z \in F$, $b_i \in \Theta$, $a_i \in \Sigma$, $n \in \mathbb{N} \setminus \{0\}$, $k \in \{1,\ldots,n\}$, $i = 1,\ldots,n$

Mittels Anwendung der Regeln aus 3.4 und 3.5 wird die Endbandinschrift als Wort in $L(G)$ extrahiert:

$$(b_1, a_1)(b_2, a_2) \ldots ((z, b_k), a_k) \ldots (b_n, a_n) \vdash_G^* b_1 b_2 \ldots b_n$$

Folglich gilt: $L(TM) \subseteq L(G)$

Im Falle einer nichtdeterministischen Turingmaschine TM müssen die Bildungsvorschriften für P_1', P_2' und P_3' derart abgeändert werden, dass jeweils statt $\delta(z, a) = \ldots$ geschrieben wird: $\forall \delta(z, a) \,.\, \delta(z, a) = \ldots$

3.3.2 Transformation von Chomsky-Grammatiken vom Typ 0 in Turingmaschinen

Sei $G = (V, \Sigma, P, S)$ mit $A, B, C, D \in V$ und $a \in \Sigma$ eine gegebene Chomsky-Grammatik vom Typ 0, o.B.d.A in Kuroda-Normalform. Eine nichtdeterministische Turingmaschine $TM = (Z, \Sigma, \Theta, \{L, R, N\}, \delta, z_0, \Box, F)$, die $L(G)$ akzeptiert, lässt sich wie folgt konstruieren:

Sei $a_1 \ldots a_n \in \Sigma^n$ mit $n \in \mathbb{N} \setminus \{0\}$ ein beliebiges Wort über Σ, dessen Zugehörigkeit zu $L(G)$ geprüft werden soll. TM versucht, das Wort $a_1 \ldots a_n$, kodiert durch die Anfangskonfiguration $\# z_0 a_1 \ldots a_n \#$, mittels sukzessiver Rückwärtsanwendung der Regeln $\in P$ auf das Startsymbol S zurückzuführen, das heißt, die Endkonfiguration $\# S z_F \#$ zu erreichen. Das Symbol $\# \notin V \cup \Sigma$ dient als Begrenzer des Arbeitsbereiches auf dem Ein-Ausgabe-Band.

$$
\begin{aligned}
Z :=\ & \{z_0, z_1, z_F, z_{S1}, z_{S2}\} \cup \\
& \{z_{(A,\varepsilon),1}, z_{(A,\varepsilon),2} \mid \forall (A, \varepsilon) \in P\} \cup \\
& \{z_{(AB,CD),1}, z_{(AB,CD),2} \mid \forall (AB, CD) \in P\} \cup \\
& \{z_{(A,BC),1}, z_{(A,BC),2}, z_{(A,BC),3}, z_{(A,BC),4} \mid \forall (A, BC) \in P\} \cup \\
& \{z_x \mid \forall x \in \Theta \setminus \{*\}\} \\
\Theta :=\ & V \cup \Sigma \cup \{\Box\} \cup \{\#, *\} \text{ mit } \#, * \notin V \cup \Sigma \\
F :=\ & \{z_F\}
\end{aligned}
$$

$\delta\ :\ Z \times \Theta \to \mathcal{P}(Z \times \Theta \times V)$

Die Überführungsfunktion δ setzt sich aus den nachfolgend genannten Bestimmungsstücken zusammen, die entsprechend ihrer Aufgaben (angestrebte Konfigurationsübergänge) aufgelistet werden:

Hin- und Herbewegen des Schreib-Lese-Kopfes innerhalb des Arbeitsbereiches auf der Suche nach nächster Grammatikregel, Konfigurationsübergang

$$\# \gamma_1 \ldots \gamma_k z_0 \gamma_{k+1} \gamma_{k+2} \ldots \gamma_m \# \vdash_{TM}^* \# \gamma_1 \ldots \gamma_k \gamma_{k+1} z_0 \gamma_{k+2} \ldots \gamma_m \#$$

bzw. $\# \gamma_1 \ldots \gamma_m z_0 \# \vdash_{TM}^* z_0 \# \gamma_1 \ldots \gamma_m \# \vdash_{TM} \# z_0 \gamma_1 \ldots \gamma_m \#$, $\gamma_i \in \Theta$

$\qquad \forall x \in V \cup \Sigma \,.\, [\delta(z_0, x) := \{(z_0, x, R)\}]$

$\qquad \delta(z_0, \#) := \{(z_1, \#, L)\}$

$\qquad \forall x \in V \cup \Sigma \,.\, [\delta(z_1, x) := \{(z_1, x, L)\}]$

$\qquad \delta(z_1, \#) := \{(z_0, \#, R)\}$

Regeln der Form (A, a), Konfigurationsübergang

$$\#\gamma_1 \ldots \gamma_{k-1} z_0 a \gamma_{k+1} \ldots \gamma_m \# \vdash^*_{TM} \#\gamma_1 \ldots \gamma_{k-1} z_0 A \gamma_{k+1} \ldots \gamma_m \#, \ \gamma_i \in \Theta$$

$\forall (A, a) \in P \ . \ [\delta(z_0, a) := \delta(z_0, a) \cup \{((z_0, a), (z_0, A, N))\}]$

Regeln der Form (A, ε), Konfigurationsübergang

$$z_0 \# \gamma_1 \ldots \gamma_m \# \vdash^*_{TM} \# z_0 A \gamma_1 \ldots \gamma_m \#$$

bzw. $\#\gamma_1 \ldots \gamma_m z_0 \# \vdash^*_{TM} \#\gamma_1 \ldots \gamma_m z_0 A \#, \ \gamma_i \in \Theta$

$\forall (A, \varepsilon) \in P \ . \ [\delta(z_0, \#) := \delta(z_0, \#) \cup \{((z_0, \#), (z_{(A,\varepsilon),1}, A, R))\}]$

$\forall (A, \varepsilon) \in P \ . \ [\delta(z_{(A,\varepsilon),1}, \square) := \{(z_1, \#, L)\}]$

$\forall (A, \varepsilon) \in P \ . \ [\delta(z_1, \#) := \delta(z_1, \#) \cup \{((z_1, \#), (z_{(A,\varepsilon),2}, A, L))\}]$

$\forall (A, \varepsilon) \in P \ . \ [\delta(z_{(A,\varepsilon),2}, \square) := \{(z_0, \#, R)\}]$

Regeln der Form (AB, CD), Konfigurationsübergang

$$\#\gamma_1 \ldots \gamma_k z_0 CD \gamma_{k+3} \ldots \gamma_m \# \vdash^*_{TM} \#\gamma_1 \ldots \gamma_k z_0 AB \gamma_{k+3} \ldots \gamma_m \#, \ \gamma_i \in \Theta$$

$\forall (AB, CD) \in P \ . \ [\delta(z_0, C) := \delta(z_0, C) \cup \{((z_0, C), (z_{(AB,CD),1}, C, R))\}]$

$\forall (AB, CD) \in P \ . \ [\delta(z_{(AB,CD),1}, D) := \{(z_{(AB,CD),2}, B, L)\}]$

$\forall (AB, CD) \in P \ . \ \forall x \in \Theta \setminus \{D\} \ . \ [\delta(z_{(AB,CD),1}, x) := \{(z_0, x, N)\}]$

$\forall (AB, CD) \in P \ . \ [\delta(z_{(AB,CD),2}, C) := \{(z_0, A, N)\}]$

Regeln der Form (A, BC), Konfigurationsübergang

$$\#\gamma_1 \ldots \gamma_k z_0 BC \gamma_{k+3} \ldots \gamma_m \# \vdash^*_{TM} \#\gamma_1 \ldots \gamma_k A \gamma_{k+3} \ldots \gamma_m z_0 \#, \ \gamma_i \in \Theta$$

$\forall (A, BC) \in P \ . \ [\delta(z_0, B) := \delta(z_0, B) \cup \{((z_0, B), (z_{(A,BC),1}, B, R))\}]$

$\forall (A, BC) \in P \ . \ [\delta(z_{(A,BC),1}, C) := \{(z_{(A,BC),3}, C, L)\}]$

$\forall (A, BC) \in P \ . \ \forall x \in \Theta \setminus \{C\} \ . \ [\delta(z_{(A,BC),1}, x) := \{(z_0, x, N)\}]$

$\forall (A, BC) \in P \ . \ [\delta(z_{(A,BC),3}, B) := \{(z_{(A,BC),4}, A, R)\}]$

$\forall (A, BC) \in P \ . \ [\delta(z_{(A,BC),4}, C) := \{(z_{(A,BC),2}, *, R)\}]$

$\forall (A, BC) \in P \ . \ \forall x \in \Theta \setminus \{*\} \ . \ [\delta(z_{(A,BC),2}, x) := \{(z_x, *, L)\}]$

$\forall (A, BC) \in P \ . \ \forall x \in V \cup \Sigma \ . \ [\delta(z_x, *) := \{(z_{(A,BC),2}, x, R)\}]$

$\forall (A, BC) \in P \ . \ [\delta(z_{(A,BC),2}, *) := \{(z_{(A,BC),2}, *, R)\}]$

$\delta(z_\#, *) := \{(z_0, \#, N)\}$

Erkennen der Endbandinschrift $\#S\#$ jeder akzeptierenden Berechnung

$\delta(z_0, \#) := \delta(z_0, \#) \cup \{(z_{S1}, \#, R)\}$

$\delta(z_{S1}, S) := \{(z_{S2}, S, R)\}$

$\delta(z_{S2}, \#) := \{(z_F, \#, N)\}$

$\forall x \in \Theta \setminus \{S\} \ . \ [\delta(z_{S1}, x) := \{(z_0, x, N)\}]$

$\forall x \in \Theta \ . \ [\delta(z_{S2}, x) := \{(z_0, x, N)\}]$

Folglich gilt: $L(G) \subseteq L(TM)$

3.3.3   Transformation von Turingmaschinen in WHILE-Programme

Die Transformation verwendet als Hilfsmittel die Klasse der GOTO-Programme. Es wird gezeigt, wie deterministische Turingmaschinen in GOTO-Programme und GOTO-Programme in WHILE-Programme überführbar sind.

GOTO-Programme bilden ein eigenständiges Berechnungsmodell, das gegenüber den WHILE-Programmen gleichwertig und gleichmächtig ist. Insbesondere maschinennahe imperative Programmiersprachen wie Assembler lassen sich vorteilhaft auf GOTO-Programme zurückführen. Darüber hinaus stehen GOTO-Programme in einem engen Zusammenhang zu so genannten Registermaschinen, die ihrerseits ebenfalls ein universelles Berechnungsmodell darstellen. Im Folgenden wird die Klasse der GOTO-Programme ausschließlich als Hilfsmittel für die Transformation von deterministischen Turingmaschinen in WHILE-Programme herangezogen. Für Universalitätsnachweise von formalen Modellen des DNA-Computing besitzen sowohl GOTO-Programme als auch Registermaschinen eine untergeordnete Bedeutung. GOTO-Programme unterscheiden sich von WHILE-Programmen durch die jeweiligen Steueranweisungen.

Definition 3.137 *syntaktische Komponenten von GOTO-Programmen*

GOTO-Programme sind aus folgenden syntaktischen Komponenten aufgebaut:
  Variablen vom Typ $\mathbb{N}$: x_0, x_1, x_2, ..., x_n mit $n \in \mathbb{N}$
  Konstanten: $0, 1, 2, ... \in \mathbb{N}$
  Trennsymbole: ; , : , := , =
  Operationszeichen: +, −
  Schlüsselwörter: GOTO, IF, THEN, HALT

Definition 3.138 *Syntax der Klasse der GOTO-Programme*

Die Syntax der Klasse der GOTO-Programme ist durch folgende Regeln definiert:

(G1) GOTO-Programme bestehen aus Sequenzen von Anweisungen A_i, $i \in \mathbb{N} \setminus \{0\}$, die jeweils durch eine spezifische Sprungmarke M_i eingeleitet werden.
  $M_1 : A_1$; $M_2 : A_2$; ...; $M_m : A_m$

(G2) Seien x_i und x_j mit i, j $\in \mathbb{N}$ Variablen und c $\in \mathbb{N}$ eine Konstante.
  Folgende Konstrukte sind als Anweisungen A_k zulässig:
    x_i := x_j (Wertzuweisung von einer Variablen),
    x_i := c (Wertzuweisung von einer Konstanten),
    x_i := x_j + c (Addition einer Konstanten),
    x_i := x_j − c (nichtnegative Subtraktion einer Konstanten),
    GOTO M_j (unbedingter Sprung),
    IF x_i = c THEN GOTO M_j (bedingter Sprung) und
    HALT (Stopanweisung)

Sprungmarken, die nie durch ein GOTO oder IF ... THEN GOTO angesprungen werden, können zur Vereinfachung der Programmnotation weggelassen werden.

Definition 3.139 *Semantik der Klasse der GOTO-Programme*

Sei $f : \mathbb{N}^m \to \mathbb{N}$ mit $m \in \mathbb{N}$ eine μ-rekursive Funktion, deren Funktionswert $f(x_1, \ldots, x_m)$ für gegebene Argumente $x_1, \ldots, x_m$ – sofern er existiert – durch ein GOTO-Programm bestimmt werden soll. Die Semantik von GOTO-Programmen ist wie folgt definiert:

- Die Variablen x_1, ..., x_m sind mit den Argumentenwerten für $x_1, \ldots, x_m$ vorbelegt, alle weiteren im GOTO-Programm vorkommenden Variablen mit 0.

- Die Abarbeitung beginnt mit der ersten Anweisung A_1 der Anweisungssequenz: $M_1 : A_1; \; M_2 : A_2; \; \ldots; \; M_n : A_n$

- x_i := x_j bedeutet, dass der Variablen x_i der Wert der Variablen x_j zugewiesen wird.

- x_i := c bedeutet, dass der Variablen x_i der Wert der Konstanten $c \in \mathbb{N}$ zugewiesen wird.

- x_i := x_j + c bedeutet, dass der Variablen x_i die Summe aus dem Wert der Variablen x_j und der Konstanten $c \in \mathbb{N}$ zugewiesen wird.

- x_i := x_j - c bedeutet, dass der Variablen x_i das Ergebnis der nichtnegativen Subtraktion x_j $\dot{-}$ c zwischen der Variablen x_j und der Konstanten $c \in \mathbb{N}$ zugewiesen wird.

- $M_k : A_k; \; M_{k+1} : A_{k+1}$ bedeutet, dass die Anweisung A_{k+1} unmittelbar nach der Anweisung A_k ausgeführt wird, sofern in A_k keine abweichende Folgeanweisung bestimmt ist (Sequenz).

- GOTO M_k bedeutet, dass die Abarbeitung mit der Anweisung A_k fortgesetzt wird, die durch die Sprungmarke M_k eingeleitet wird.

- IF x_i = c THEN GOTO M_k bedeutet, dass die Abarbeitung genau dann mit der Anweisung A_k an der Sprungmarke M_k fortgesetzt wird, wenn der Wert der Variablen x_i gleich dem Wert der Konstanten c ist, ansonsten mit der auf IF x_i = c THEN GOTO M_k folgenden Anweisung.

- HALT bedeutet das Ende der Abarbeitung.

- Das Berechnungsergebnis $f(x_1, \ldots, x_m)$ liegt nach Ausführung des GOTO-Programms als Wert der Variablen x_0 vor.

Transformation von Turingmaschinen in GOTO-Programme

Sei $TM = (Z, \Sigma, \Theta, \{L, R, N\}, \delta, z_0, \square, F)$ eine deterministische Turingmaschine mit $Z = \{z_1, \ldots, z_k\}$ und $\Theta = \{a_1, \ldots, a_m\}$ mit $k, m \in \mathbb{N} \setminus \{0\}$. O.B.d.A. wird vereinbart, dass $F = \{z_f\}$ mit $f \in \{1, \ldots, k\}$. Sei ferner b eine Zahl mit $b \in \mathbb{N}$ und $b > |\Theta|$.

Eine Konfiguration $a_{i_1} \ldots a_{i_p} z_l a_{j_1} \ldots a_{j_q}$ von TM wird kodiert durch drei Variablen x_1, x_2, x_3, wobei gilt:

$$x\_1 \;=\; (i_1 \ldots i_p)_b \;=\; \sum_{\mu=1}^{p} i_\mu \cdot b^{p-\mu},$$

$$x\_2 \;=\; (j_q \ldots j_1)_b \;=\; \sum_{\mu=1}^{q} j_{q-\mu+1} \cdot b^{q-\mu},$$

$$x\_3 \;=\; l$$

$(i_1 \ldots i_p)_b$ bezeichnet die Darstellung der Zahl $i_1 \ldots i_p$ im Positionssystem mit Basis b, $(j_q \ldots j_1)_b$ bezeichnet die Darstellung der Zahl $j_1 \ldots j_q$ mit umgekehrter Reihenfolge der Ziffern im Positionssystem mit Basis b.

Das aus TM abgeleitete GOTO-Programm besteht aus drei Teilen, die mit den Sprungmarken M_1, M_3 und M_4 eingeleitet werden. Der erste Teil beinhaltet die Kodierung der Startkonfiguration $z_0 a_{j_1} \ldots a_{j_q}$ in Werte der Variablen x_1, x_2 und x_3. Im zweiten Teil wird eine Schrittfolge $\vdash^{*}_{TM}$ ausgeführt, bis eine akzeptierende Berechnung vorliegt. In diesem Fall wird die Abarbeitung mit dem dritten Teil fortgesetzt, der o.B.d.A. die Bandinschrift rechts vom Schreib-Lese-Kopf kodiert in der Variablen x_0 bereitstellt und die Programmabarbeitung beendet. Falls kein Finalzustand erreicht wird, verbleibt das GOTO-Programm innerhalb des zweiten Teils in einer Endlosschleife.

Das angegebene GOTO-Programm benutzt die primitiv rekursiven Hilfsfunktionen * (Multiplikation auf $\mathbb{N}$), DIV (ganzzahlige Division auf $\mathbb{N}$), MOD (Divisionsrest bei ganzzahliger Division auf $\mathbb{N}$) und AND ($\wedge$-Verknüpfung), die analog zu den Beispielen 3.94 und 3.98 als GOTO-Programme darstellbar sind.

```
M₁ : x_1 := 0;
     x_2 := jq;
     x_3 := 0;
     x_4 := b;
     x_5 := q;
M₂ : IF x_5 = 0 THEN GOTO M3;
     x_2 := x_2 * x_4 + jx_5;
     x_5 := x_5 - 1;
     GOTO M2;
M₃ : x_6 := x_2 MOD x_4;
     IF (x_3 = 1) AND (x_6 = 1) THEN GOTO M(1-1)m+(1-1)+5;
     IF (x_3 = 1) AND (x_6 = 2) THEN GOTO M(1-1)m+(2-1)+5;
          ⋮
     IF (x_3 = u) AND (x_6 = v) THEN GOTO M(u-1)m+(v-1)+5;
          ⋮
     IF (x_3 = k) AND (x_6 = m) THEN GOTO M(k-1)m+(m-1)+5;
M₄ : x_0 := x_2;
     HALT
```

Für jeden Eintrag $\delta(z_u, a_v)$ ist ein GOTO-Programmabschnitt vorgesehen, der mit der Sprungmarke $M_{(u-1)m+(v-1)+5}$ eingeleitet wird und den entsprechenden Schritt $\vdash_{TM}$ realisiert. Es gilt:

Falls $\delta(z_u, a_v) = (z_{u'}, a_{v'}, L)$, dann

```
M_(u−1)m+(v−1)+5 : x_3 := u';
                   IF x_3 = f THEN GOTO M_4;
                   x_2 := x_2 DIV x_4;
                   x_2 := x_2 * x_4 + v';
                   x_2 := x_2 * x_4 + (x_1 MOD x_4);
                   x_1 := x_1 DIV x_4;
                   GOTO M_3;
```

Falls $\delta(z_u, a_v) = (z_{u'}, a_{v'}, R)$, dann

```
M_(u−1)m+(v−1)+5 : x_3 := u';
                   IF x_3 = f THEN GOTO M_4;
                   x_1 := x_1 DIV x_4;
                   x_1 := x_1 * x_4 + v';
                   x_1 := x_1 * x_4 + (x_2 MOD x_4);
                   x_2 := x_2 DIV x_4;
                   GOTO M_3;
```

Falls $\delta(z_u, a_v) = (z_{u'}, a_{v'}, N)$, dann

```
M_(u−1)m+(v−1)+5 : x_3 := u';
                   IF x_3 = f THEN GOTO M_4;
                   x_2 := x_2 DIV x_4;
                   x_2 := x_2 * x_4 + v';
                   GOTO M_3;
```

Transformation von GOTO-Programmen in WHILE-Programme

Sei $M_1 : A_1$; $M_2 : A_2$; ...; $M_m : A_m$ ein GOTO-Programm mit den Sprungmarken M_1 bis M_m und den Anweisungen A_1 bis A_m. Seien ferner x_a, x_b, x_c und x_d Variablen, die im vorgenannten GOTO-Programm nicht vorkommen.

Ein äquivalentes WHILE-Programm ergibt sich wie folgt:
```
    x_d := 1;
    WHILE x_d <> 0 DO
       IF x_d = 1 THEN A'_1 END;
       IF x_d = 2 THEN A'_2 END;
       ⋮
       IF x_d = m THEN A'_m END
    END
```

Für alle A'_i mit $i \in \{1, \dots, m\}$ gilt:
Falls $A_i =$ x_j := c, dann $A'_i =$ x_j := c; x_d := x_d + 1

Falls A_i = x_j := x_h, dann A_i' = x_j := x_h; x_d := x_d + 1
Falls A_i = x_j := x_h + c, dann A_i' = x_j := x_h + c; x_d := x_d + 1
Falls A_i = x_j := x_h - c, dann A_i' = x_j := x_h - c; x_d := x_d + 1
Falls A_i = GOTO M_n, dann A_i' = x_d := n
Falls A_i = IF x_j = c THEN GOTO M_n, dann A_i' =
                                   IF x_j = c THEN x_d := n END;
                                   IF x_j <> c THEN x_d := x_d + 1 END
Falls A_i = HALT, dann A_i' = x_d := 0

Jedes Konstrukt der Form IF x = c THEN P END kann als WHILE-Programm geschrieben werden durch:

```
x_b := x - c;
x_c := c - x;
x_a := x_b + x_c;
x_b := 1;
LOOP x_a DO x_b := 0 END;
LOOP x_b DO P;
```

Jedes Konstrukt der Form IF x <> c THEN P END kann als WHILE-Programm geschrieben werden durch:

```
x_b := x - c;
x_c := c - x;
x_a := x_b + x_c;
x_b := 0;
LOOP x_a DO x_b := 1 END;
LOOP x_b DO P;
```

Folglich gilt: $L(TM) \subseteq$ Klasse der durch WHILE-Programme berechenbaren Funktionen

3.3.4   Transformation von WHILE-Programmen in Turingmaschinen

Sei Q ein WHILE-Programm, das die $(k + 1)$ fortlaufend indexnumerierten Variablen x_0, x_1, ..., x_k verwendet.

Die Anfangsbelegung der Variablen x_0, x_1, ..., x_k wird wie folgt in eine Anfangsbandinschrift abgebildet: Das Ein-Ausgabe-Band ist repräsentiert durch ein $(k + 1)$-elementiges Tupel von Wörtern über dem Alphabet $\{<, *, >\}$, wobei gilt: Jeder Variablenwert x_i = $n_i \in \mathbb{N}$, $i \in \{0, ..., k\}$, ist als i-te Komponente des $(k + 1)$-komponentigen Tupels $(<*^{n_0}>, <*^{n_1}>, ..., <*^{n_k}>)$ durch das Wort $<*^{n_i}>$ kodiert. Der Inhalt des m-ten belegten Bandfeldes ergibt sich aus den jeweils m-ten Zeichen aller Komponenten, $m \leq \left(\max_{i=0}^{k} n_i \right) + 2$.

Beispiel 3.140 *Kodierung von WHILE-Programmvariablen in Bandinschrift*

Die Variablenbelegung $x\_0 = 0$, $x\_1 = 4$, $x\_2 = 1$ ist durch das Tupel $(<>, <****>, <*>)$ kodiert. Sechs aufeinander folgende Bandfelder werden mit den Einträgen $(<,<,<), (>,*,*), (\varepsilon,*,>), (\varepsilon,*,\varepsilon), (\varepsilon,*,\varepsilon)$ und $(\varepsilon,>,\varepsilon)$ belegt.

Die Transformation von Q in eine deterministische Turingmaschine erfolgt induktiv über den Aufbau von Q.

Jedes Konstrukt der Form $x\_i := 0$ wird ersetzt durch $TM = (Z, \Sigma, \Theta, \delta, z_0, \varepsilon, F)$ mit

$Z = \{z_0, z_1, z_2\}$, $F = \{z_2\}$,

$\Sigma = \overset{k}{\underset{i=0}{\text{X}}}\{<,*,>\} = \{<,*,>\}^{k+1}$, $\Theta = \overset{k}{\underset{i=0}{\text{X}}}\{<,*,>,\varepsilon\} = \{<,*,>,\varepsilon\}^{k+1}$,

$\delta(z_0, (<,<,\dots,<)) = (z_1, (<,<,\dots,<), R)$
$\delta(z_0, (a_0,\dots,a_k)) = (z_0, (a_0,\dots,a_k), L) \quad \forall(a_0,\dots,a_k) \in \Theta . [(a_0,\dots,a_k) \neq (<,\dots,<)]$
$\delta(z_1, (a_0,\dots,a_k)) = (z_2, (a_0,\dots,a_{i-1},>,a_{i+1},\dots,a_k), N) \quad \forall(a_0,\dots,a_k) \in \Theta.$

Jedes Konstrukt der Form $x\_i := x\_j$ wird ersetzt durch $TM = (Z, \Sigma, \Theta, \delta, z_0, \varepsilon, F)$ mit

$Z = \{z_0, z_1, z_2, z_3\}$, $F = \{z_3\}$,

$\Sigma = \overset{k}{\underset{i=0}{\text{X}}}\{<,*,>\} = \{<,*,>\}^{k+1}$, $\Theta = \overset{k}{\underset{i=0}{\text{X}}}\{<,*,>,\varepsilon\} = \{<,*,>,\varepsilon\}^{k+1}$,

$\delta(z_0, (<,<,\dots,<)) = (z_1, (<,<,\dots,<), R)$
$\delta(z_0, (a_0,\dots,a_k)) = (z_0, (a_0,\dots,a_k), L) \quad \forall(a_0,\dots,a_k) \in \Theta . [(a_0,\dots,a_k) \neq (<,\dots,<)]$
$\delta(z_1, (a_0,\dots,a_k)) = (z_2, (a_0,\dots,a_{i-1},a_j,\dots,a_k), R) \; \forall(a_0,\dots,a_k) \in \Theta.[\text{proj}_{k+1}^j(a_0,\dots,a_k) \neq >]$
$\delta(z_2, (a_0,\dots,a_k)) = (z_3, (a_0,\dots,a_{i-1},>,\dots,a_k), N) \; \forall(a_0,\dots,a_k) \in \Theta.[\text{proj}_{k+1}^j(a_0,\dots,a_k) = >].$

Jedes Konstrukt $x\_i := x\_j + 1$ wird ersetzt durch $TM = (Z, \Sigma, \Theta, \delta, z_0, \varepsilon, F)$ mit

$Z = \{z_0, z_1, z_2, z_3\}$, $F = \{z_3\}$,

$\Sigma = \overset{k}{\underset{i=0}{\text{X}}}\{<,*,>\} = \{<,*,>\}^{k+1}$, $\Theta = \overset{k}{\underset{i=0}{\text{X}}}\{<,*,>,\varepsilon\} = \{<,*,>,\varepsilon\}^{k+1}$,

$\delta(z_0, (<,<,\dots,<)) = (z_1, (<,<,\dots,<), R)$
$\delta(z_0, (a_0,\dots,a_k)) = (z_0, (a_0,\dots,a_k), L) \quad \forall(a_0,\dots,a_k) \in \Theta . [(a_0,\dots,a_k) \neq (<,\dots,<)]$
$\delta(z_1, (a_0,\dots,a_k)) = (z_1, (a_0,\dots,a_{i-1},a_j,\dots,a_k), R) \; \forall(a_0,\dots,a_k) \in \Theta.[\text{proj}_{k+1}^j(a_0,\dots,a_k) \neq >]$
$\delta(z_1, (a_0,\dots,a_k)) = (z_2, (a_0,\dots,a_{i-1},*,\dots,a_k), R) \; \forall(a_0,\dots,a_k) \in \Theta.[\text{proj}_{k+1}^j(a_0,\dots,a_k) = >]$
$\delta(z_2, (a_0,\dots,a_k)) = (z_3, (a_0,\dots,a_{i-1},>,a_{i+1},\dots,a_k), N) \quad \forall(a_0,\dots,a_k) \in \Theta.$

Jedes Konstrukt der Form $x\_i := c$ mit $c > 0$ wird ersetzt durch die Sequenz:

$$x\_i := 0; \underbrace{x\_i := x\_i + 1; \; x\_i := x\_i + 1; \dots; \; x\_i := x\_i + 1}_{\text{C-mal}}$$

Jedes Konstrukt $x\_i := x\_j - 1$ wird ersetzt durch $TM = (Z, \Sigma, \Theta, \delta, z_0, \varepsilon, F)$ mit

$Z = \{z_0, z_1, z_2, z_3\}$, $F = \{z_3\}$,

$\Sigma = \overset{k}{\underset{i=0}{\text{X}}}\{<,*,>\} = \{<,*,>\}^{k+1}$, $\Theta = \overset{k}{\underset{i=0}{\text{X}}}\{<,*,>,\varepsilon\} = \{<,*,>,\varepsilon\}^{k+1}$,

$$\delta(z_0, (<, <, \ldots, <)) = (z_1, (<, <, \ldots, <), R)$$
$$\delta(z_0, (a_0, \ldots, a_k)) = (z_0, (a_0, \ldots, a_k), L) \quad \forall (a_0, \ldots, a_k) \in \Theta \,.\, [(a_0, \ldots, a_k) \neq (<, \ldots, <)]$$
$$\delta(z_1, (a_0, \ldots, a_k)) = (z_1, (a_0, \ldots, a_{i-1}, a_j, \ldots, a_k), R) \,\, \forall (a_0, \ldots, a_k) \in \Theta . [\mathrm{proj}_{k+1}^j(a_0, \ldots, a_k) \neq >]$$
$$\delta(z_1, (a_0, \ldots, a_k)) = (z_2, (a_0, \ldots, a_{i-1}, >, \ldots, a_k), L) \,\, \forall (a_0, \ldots, a_k) \in \Theta . [\mathrm{proj}_{k+1}^j(a_0, \ldots, a_k) = >]$$
$$\delta(z_2, (a_0, \ldots, a_{i-1}, *, \ldots, a_k)) =$$
$$\qquad (z_3, (a_0, \ldots, a_{i-1}, >, \ldots, a_k), N) \,\, \forall (a_0, \ldots, a_k) \in \Theta . [\mathrm{proj}_{k+1}^i(a_0, \ldots, a_k) = *]$$
$$\delta(z_2, (a_0, \ldots, a_k)) = (z_3, (a_0, \ldots, a_k), N) \quad \forall (a_0, \ldots, a_k) \in \Theta \,.\, [\mathrm{proj}_{k+1}^i(a_0, \ldots, a_k) \neq *].$$

Jedes Konstrukt x_i := x_j - c mit c > 0 wird ersetzt durch die Sequenz:

x_i := x_j; $\underbrace{\text{x\_i := x\_i - 1; x\_i := x\_i - 1; \ldots; x\_i := x\_i - 1}}_{\text{C-mal}}$

Für jedes Konstrukt P_1 ; P_2 gilt:

Sei P_1 realisiert durch $TM_1 = (Z_1, \Sigma, \Theta, \delta_1, z_1, \varepsilon, F_1)$,
sei P_2 realisiert durch $TM_2 = (Z_2, \Sigma, \Theta, \delta_2, z_2, \varepsilon, F_2)$ und gelte
$Z_1 \cap Z_2 = \emptyset$ (zur Herstellung erforderlichenfalls Zustände umbenennen),
dann wird P_1 ; P_2 realisiert durch
$$TM = (Z_1 \cup Z_2, \Sigma, \Theta, \delta_1 \cup \delta_2 \cup \{((z_e, a), (z_2, a, N)) \mid \forall z_e \in F_1 \,.\, \forall a \in \Theta\}, z_1, \varepsilon, F_2).$$

Für jedes Konstrukt WHILE x_i <> 0 DO P END gilt:

Sei P realisiert durch $TM_P = (Z_P, \Sigma, \Theta, \delta_P, z_P, \varepsilon, F_P)$ und gelte
$Z_P \cap \{z_0, z_1, z_F\} = \emptyset$ (zur Herstellung erforderlichenfalls Zustände umbenennen),
dann wird WHILE x_i <> 0 DO P END realisiert durch
$$TM = (Z_P \cup \{z_0, z_1, z_F\}, \Sigma, \Theta, \delta, z_0, \varepsilon, z_F) \text{ mit}$$
$$\delta = \delta_P \cup \{((z_0, (<, \ldots, <)), (z_1, (<, \ldots, <), R))\} \cup$$
$$\quad \{((z_0, (a_0, \ldots, a_k)), (z_0, (a_0, \ldots, a_k), L)) \mid \forall (a_0, \ldots, a_k) \in \Theta . [(a_0, \ldots, a_k) \neq (<, \ldots, <)]\} \cup$$
$$\quad \{((z_1, (a_0, \ldots, a_{i-1}, >, \ldots, a_k)), (z_F, (a_0, \ldots, a_{i-1}, >, \ldots, a_k), L)) \mid \forall (a_0, \ldots, a_k) \in \Theta \,.$$
$$\qquad [\mathrm{proj}_{k+1}^i(a_0, \ldots, a_k) = >]\} \cup$$
$$\quad \{((z_1, (a_0, \ldots, a_k)), (z_P, (a_0, \ldots, a_k), L)) \mid \forall (a_0, \ldots, a_k) \in \Theta . [\mathrm{proj}_{k+1}^i(a_0, \ldots, a_k) \neq >]\} \cup$$
$$\quad \{((z_e, (a_0, \ldots, a_k)), (z_0, (a_0, \ldots, a_k), N)) \mid \forall z_e \in F_P \,.\, \forall (a_0, \ldots, a_k) \in \Theta\}.$$

Jedes Konstrukt LOOP x_i DO P END wird ersetzt durch:

x_h := x_i; WHILE x_h <> 0 DO x_h := x_h - 1; P END
Die neue Variable x_h wird hierbei in das WHILE-Programm aufgenommen.

Folglich gilt: Klasse der durch WHILE-Programme berechenbaren Funktionen $\subseteq L(TM)$.

3.3.5 Transformation von μ-rekursiven Funktionen in WHILE-Programme

Sei f : $\mathbb{N}^k \rightarrow \mathbb{N}$ mit den Argumenten $x_1, \ldots, x_k$ und beliebigem $k \in \mathbb{N}$ eine μ-rekursive Funktion, definiert im Schema der Klasse der μ-rekursiven Funktionen. Die Funktion f wird transformiert in ein WHILE-Programm P, das die $(k+1)$ fortlaufend indexnumerierten Variablen x_0, x_1, ..., x_k verwendet. Die Argumente $x_1, \ldots, x_k$ von f korrespondieren mit den

Anfangsbelegungen der Variablen x_1 bis x_k von P.

Nach Beendigung der Programmausführung von P besitzt die Variable x_0 den Wert $f(x_1, \ldots, x_k)$. Falls $f(x_1, \ldots, x_k)$ nicht definiert ist, terminiert P nicht.

Die Ersetzung von f durch P erfolgt induktiv über den Aufbau von f aus den Basisfunktionen und den angewandten Prinzipien Komposition, primitive Rekursion sowie μ-Rekursion.

Konstante: Jede Konstante $c \in \mathbb{N}$ wird überführt in:
```
x_0 := c
```

Projektion: Jede Projektion $\text{proj}_k^i(x_1, \ldots, x_k) = x_i$ wird überführt in:
```
x_0 := x_i
```

Nachfolgerfunktion: Jede Nachfolgerfunktion $\text{succ}(x_1) = x_1 + 1$ wird überführt in:
```
x_0 := x_1 + 1
```

Komposition: Für jede Komposition
$f(x_1, \ldots, x_k) = g(h_1(x_1, \ldots, x_m), \ldots, h_k(x_1, \ldots, x_m))$ gilt:
Das WHILE-Programm H_j berechne $h_j(x_1, \ldots, x_m)$, $j = 1, \ldots, k$. Die Argumente $x_1, \ldots, x_m$ werden jeweils als Werte der Variablen x_1 bis x_m übergeben, der Funktionswert $h_j(x_1, \ldots, x_m)$ wird nach Ausführung von H_j jeweils als Wert der Variablen x_0 bereitgestellt.
Das WHILE-Programm G berechne $g(x_1, \ldots, x_k)$. Die Argumente $x_1, \ldots, x_k$ werden als Werte der Variablen x_1 bis x_k übergeben, der Funktionswert $g(x_1, \ldots, x_k)$ wird nach Ausführung von G als Wert der Variablen x_0 bereitgestellt.
Die Funktion $f(x_1, \ldots, x_k)$ lässt sich durch folgendes WHILE-Programm berechnen:
```
H₁;
x_(k+m+1) := x_0;
H₂;
x_(k+m+2) := x_0;
⋮

Hₖ;
x_(k+m+k) := x_0;
x_1 := x_(k+m+1);
x_2 := x_(k+m+2);
⋮

x_k := x_(k+m+k);
G
```

Primitive Rekursion: Für jede primitive Rekursion $f(x_1, \ldots, x_k, 0) = g(x_1, \ldots, x_k)$, $f(x_1, \ldots, x_k, x_{k+1} + 1) = \phi(x_1, \ldots, x_k, x_{k+1}, f(x_1, \ldots, x_k, x_{k+1}))$ gilt:
Das WHILE-Programm G berechne $g(x_1, \ldots, x_k)$. Die Argumente $x_1, \ldots, x_k$ werden als Werte der Variablen x_1 bis x_k übergeben, der Funktionswert $g(x_1, \ldots, x_k)$ wird nach Ausführung von G als Wert der Variablen x_0 bereitgestellt.
Das WHILE-Programm Φ berechne $\phi(x_1, \ldots, x_k, x_{k+1}, x_{k+2})$. Die Argumente $x_1, \ldots, x_k, x_{k+1}, x_{k+2}$ werden als Werte der Variablen x_1 bis x_(k+2) übergeben, der Funktionswert $\phi(x_1, \ldots, x_k, x_{k+1}, x_{k+2})$ wird nach Ausführung von Φ als Wert der

Variablen x_0 bereitgestellt.

Die neue Variable x_h wird in das WHILE-Programm aufgenommen.

Die Funktion $f(x_1, \ldots, x_k, x_{k+1})$ lässt sich durch folgendes WHILE-Programm berechnen:

```
G;
x_(k+2) := x_0;
x_h := x_(k+1);
x_(k+1) := 0;
LOOP x_h DO x_(k+1) := x_(k+1) + 1; Φ; x_(k+2) := x_0 END
```

μ-Rekursion: Für jede μ-Rekursion $f(x_1, \ldots, x_k) = \mu x_{k+1}[g(x_1, \ldots, x_k, x_{k+1}) = 0]$ gilt: Das WHILE-Programm G berechne $g(x_1, \ldots, x_k, x_{k+1})$. Die Argumente $x_1, \ldots, x_k, x_{k+1}$ werden als Werte der Variablen x_1 bis x_(k+1) übergeben, der Funktionswert $g(x_1, \ldots, x_k, x_{k+1})$ wird nach Ausführung von G als Wert der Variablen x_0 bereitgestellt.

Die Funktion $f(x_1, \ldots, x_k)$ lässt sich durch folgendes WHILE-Programm berechnen:

```
x_(k+1) := 0;
G;
WHILE x_0 <> 0 DO x_(k+1) := x_(k+1) + 1; G END
```

Folglich gilt: Klasse der μ-rekursiven Funktionen $\subseteq$ Klasse der durch WHILE-Programme berechenbaren Funktionen

3.3.6   Transformation von WHILE-Programmen in μ-rekursive Funktionen

Sei P ein WHILE-Programm, das die $(k+1)$ fortlaufend indexnumerierten Variablen x_0, x_1, ..., x_k verwendet. P wird transformiert in $(k+1)$ μ-rekursive Funktionen $f_{i,[P]}$: $\mathbb{N}^{k+1} \to \mathbb{N}$ mit $i = 0, \ldots, k$. Alle $f_{i,[P]}$ sind im Schema der Klasse der μ-rekursiven Funktionen dargestellt. Die Anfangsbelegungen der Variablen x_0 bis x_k von P korrespondieren mit den Argumentwerten $x_0, \ldots, x_k$.

Die Funktionswerte $f_{i,[P]}(x_0, \ldots, x_k)$, $i = 0, \ldots, k$ entsprechen den Werten der Variablen x_i nach Beendigung der Programmausführung. Falls P nicht terminiert, sind die $f_{i,[P]}(x_0, \ldots, x_k)$ nicht definiert.

Die Ersetzung von P durch die $f_{i,[P]}$ erfolgt induktiv über den Aufbau von P aus den Konstrukten Wertzuweisung von einer Konstanten, Wertzuweisung von einer Variablen, Konstantenaddition, nichtnegative Konstantensubtraktion, Sequenz, LOOP-Schleife und WHILE-Schleife.

Wertzuweisung von einer Konstanten: Das WHILE-Programm x_i := c wird überführt in die Funktionen:

$$f_{h,[\text{x\_i := c}]} : \mathbb{N}^{k+1} \to \mathbb{N}, \quad h = 0, \ldots, k \text{ mit}$$
$$f_{h,[\text{x\_i := c}]}(x_0, \ldots, x_k) = c, \text{ falls } h = i$$
$$f_{h,[\text{x\_i := c}]}(x_0, \ldots, x_k) = \text{proj}_{k+1}^h(x_0, \ldots, x_k) = x_h, \text{ falls } h \neq i$$

Wertzuweisung von einer Variablen: Das WHILE-Programm x_i := x_j wird überführt in die Funktionen:

$f_{h,[\text{x\_i}\ :=\ \text{x\_j}]} : \mathbb{N}^{k+1} \to \mathbb{N}, \quad h = 0, \dots, k$ mit

$f_{h,[\text{x\_i}\ :=\ \text{x\_j}]}(x_0, \dots, x_k) = \text{proj}_{k+1}^{j}(x_0, \dots, x_k) = x_j$, falls $h = i$

$f_{h,[\text{x\_i}\ :=\ \text{x\_j}]}(x_0, \dots, x_k) = \text{proj}_{k+1}^{h}(x_0, \dots, x_k) = x_h$, falls $h \neq i$

Konstantenaddition: Das WHILE-Programm x_i := x_j + c wird überführt in die Funktionen:

$f_{h,[\text{x\_i}\ :=\ \text{x\_j}\ +\ \text{c}]} : \mathbb{N}^{k+1} \to \mathbb{N}, \quad h = 0, \dots, k$ mit

$f_{h,[\text{x\_i}\ :=\ \text{x\_j}\ +\ \text{c}]}(x_0, \dots, x_k) = \underbrace{\text{succ}(\dots \text{succ}(\text{succ}(}_{C\text{-mal}}\text{proj}_{k+1}^{j}(x_0, \dots, x_k)))\dots)$, falls $h = i$

$f_{h,[\text{x\_i}\ :=\ \text{x\_j}\ +\ \text{c}]}(x_0, \dots, x_k) = \text{proj}_{k+1}^{h}(x_0, \dots, x_k) = x_h$, falls $h \neq i$

Nichtnegative Konstantensubtraktion: Das WHILE-Programm x_i := x_j - c wird überführt in die Funktionen:

$f_{h,[\text{x\_i}\ :=\ \text{x\_j}\ -\ \text{c}]} : \mathbb{N}^{k+1} \to \mathbb{N}, \quad h = 0, \dots, k$ mit

$f_{h,[\text{x\_i}\ :=\ \text{x\_j}\ -\ \text{c}]}(x_0, \dots, x_k) = \underbrace{f_{\text{pre}}(\dots f_{\text{pre}}(f_{\text{pre}}(}_{C\text{-mal}}\text{proj}_{k+1}^{j}(x_0, \dots, x_k)))\dots)$, falls $h = i$

$f_{h,[\text{x\_i}\ :=\ \text{x\_j}\ -\ \text{c}]}(x_0, \dots, x_k) = \text{proj}_{k+1}^{h}(x_0, \dots, x_k) = x_h$, falls $h \neq i$

$f_{\text{pre}} : \mathbb{N} \to \mathbb{N}$ ist hierbei die Vorgängerfunktion gemäß Beispiel 3.85.

Sequenz: Seien Q und R WHILE-Programme. Q sei transformiert in die μ-rekursiven Funktionen $q_h : \mathbb{N}^{k+1} \to \mathbb{N}$, $h = 0, \dots, k$. R sei analog transformiert in $r_h : \mathbb{N}^{k+1} \to \mathbb{N}$, $h = 0, \dots, k$. Das WHILE-Programm $Q; R$ wird überführt in die Funktionen:

$f_{h,[Q;R]} : \mathbb{N}^{k+1} \to \mathbb{N}, \quad h = 0, \dots, k$ mit

$f_{h,[Q;R]}(x_0, \dots, x_k) = \text{proj}_{k+1}^{h}(\ r_0(q_0(x_0, \dots, x_k), q_1(x_0, \dots, x_k), \dots, q_k(x_0, \dots, x_k)),$
$\qquad\qquad\qquad\qquad r_1(q_0(x_0, \dots, x_k), q_1(x_0, \dots, x_k), \dots, q_k(x_0, \dots, x_k)),$
$$\vdots$$
$\qquad\qquad\qquad\qquad r_k(q_0(x_0, \dots, x_k), q_1(x_0, \dots, x_k), \dots, q_k(x_0, \dots, x_k)))$

LOOP-Schleife: Sei Q ein WHILE-Programm, transformiert in die μ-rekursiven Funktionen $q_h : \mathbb{N}^{k+1} \to \mathbb{N}$, $h = 0, \dots, k$. Das WHILE-Programm LOOP x_i DO Q END wird überführt in die Funktionen:

$f_{h,[\text{LOOP x\_i DO } Q \text{ END}]} : \mathbb{N}^{k+1} \to \mathbb{N}, \quad h = 0, \dots, k$ mit

$f_{h,[\text{LOOP x\_i DO } Q \text{ END}]}(x_0, \dots, x_k) = p_h(x_0, \dots, x_k, \text{proj}_{k+1}^{i}(x_0, \dots, x_k))$

$p_h : \mathbb{N}^{k+2} \to \mathbb{N}, \quad h = 0, \dots, k$ mit

$p_h(x_0, \dots, x_k, 0) = \text{proj}_{k+1}^{h}(x_0, \dots, x_k) = x_h$

$p_h(x_0, ..., x_k, n+1) =$
$\qquad \text{proj}_{k+1}^{h}(\ q_0(p_0(x_0, ..., x_k, n), p_1(x_0, ..., x_k, n), ..., p_k(x_0, ..., x_k, n)),$
$\qquad\qquad\qquad q_1(p_0(x_0, ..., x_k, n), p_1(x_0, ..., x_k, n), ..., p_k(x_0, ..., x_k, n)),$
$$\vdots$$
$\qquad\qquad\qquad q_k(p_0(x_0, ..., x_k, n), p_1(x_0, ..., x_k, n), ..., p_k(x_0, ..., x_k, n)))$

WHILE-**Schleife:** Sei Q ein WHILE-Programm, transformiert in die μ-rekursiven Funktionen q_h : $\mathbb{N}^{k+1} \to \mathbb{N}$ mit $h = 0, \ldots, k$. Das WHILE-Programm WHILE x_i <> 0 DO Q END wird überführt in das Rekursionsschema:

$f_{h,[\text{WHILE x\_i<>0 DO } Q \text{ END}]}$: $\mathbb{N}^{k+1} \to \mathbb{N}$, $h = 0, \ldots, k$ mit
$f_{h,[\text{WHILE x\_i<>0 DO } Q \text{ END}]}(x_0, \ldots, x_k) = t_h(x_0, \ldots, x_k, \text{proj}_{k+1}^{i}(x_0, \ldots, x_k))$

$t_h : \mathbb{N}^{k+2} \to \mathbb{N}$, $h = 0, \ldots, k$ mit
$t_h(x_0, \ldots, x_k, 0) = \text{proj}_{k+1}^{h}(x_0, \ldots, x_k) = x_h$
$t_h(x_0, \ldots, x_k, y) =$

$\quad \text{proj}_{k+1}^{h}(f_{0,[\text{WHILE x\_i<>0 DO } Q \text{ END}]}(q_0(x_0, ..., x_k), q_1(x_0, ..., x_k), \ldots, q_k(x_0, ..., x_k)),$
$\qquad\qquad f_{1,[\text{WHILE x\_i<>0 DO } Q \text{ END}]}(q_0(x_0, ..., x_k), q_1(x_0, ..., x_k), \ldots, q_k(x_0, ..., x_k)),$

$\qquad\qquad \vdots$

$\qquad\qquad f_{k,[\text{WHILE x\_i<>0 DO } Q \text{ END}]}(q_0(x_0, ..., x_k), q_1(x_0, ..., x_k), \ldots, q_k(x_0, ..., x_k)))$

Überträgt man dieses Rekursionsschema in das μ-Rekursionsschema, so wird über die Anwendung des μ-Operators die kleinste Anzahl von Schleifendurchläufen ermittelt, bei der die Variable x_i erstmalig den Wert 0 annimmt. Die Anzahl der Schleifendurchläufe wird durch das Argument x_{k+1} symbolisiert. Die Funktionswerte der Hilfsfunktionen p_h : $\mathbb{N}^{k+2} \to \mathbb{N}$ für $h = 0, \ldots, k$ korrespondieren mit den Belegungen der Variablen x_0 bis x_k, nachdem der Schleifenkörper Q jeweils x_{k+1}-mal ausgeführt wurde:

$f_{h,[\text{WHILE x\_i<>0 DO } Q \text{ END}]}$: $\mathbb{N}^{k+1} \to \mathbb{N}$, $h = 0, \ldots, k$ mit
$f_{h,[\text{WHILE x\_i<>0 DO } Q \text{ END}]}(x_0, \ldots, x_k) = \mu x_{k+1}[p_i(x_0, \ldots, x_{k+1}) = 0]$ falls $h = i$
$f_{h,[\text{WHILE x\_i<>0 DO } Q \text{ END}]}(x_0, \ldots, x_k) =$
$\qquad\qquad p_h(x_0, \ldots, x_k, \mu x_{k+1}[p_i(x_0, \ldots, x_{k+1}) = 0])$ falls $h \neq i$

$p_h : \mathbb{N}^{k+2} \to \mathbb{N}$, $h = 0, \ldots, k$ mit

$$p_h(x_0, \ldots, x_{k+1}) = \begin{cases} x_h & \text{falls } x_{k+1} = 0 \\ q_h(x_0, \ldots, x_k) & \text{falls } x_{k+1} = 1 \\ f_{h,[Q;Q]}(x_0, \ldots, x_k) & \text{falls } x_{k+1} = 2 \\ \qquad\qquad \vdots \\ f_{h,[\underbrace{Q;Q;\ldots;Q}_{x_{k+1}\text{-mal}}]}(x_0, \ldots, x_k) & \text{falls } x_{k+1} \geq 2 \end{cases}$$

Die Fallunterscheidungen lassen sich wie folgt zusammenführen:

$$\begin{aligned} p_h(x_0, \ldots, x_{k+1}) = \quad & (1 \dot{-} \text{sign}(x_{k+1})) \cdot x_h + \\ & (1 \dot{-} \text{sign}((x_{k+1} \dot{-} 1) + (1 \dot{-} x_{k+1}))) \cdot q_h(x_0, \ldots, x_k) + \\ & (1 \dot{-} \text{sign}(2 \dot{-} x_{k+1})) \cdot f_{h,[\underbrace{Q;Q;\ldots;Q}_{x_{k+1}\text{-mal}}]}(x_0, \ldots, x_k) \end{aligned}$$

Die Vorzeichenfunktion sign, die nichtnegative Subtraktion $\dot{-}$, die Addition $+$ sowie die Multiplikation $\cdot$ sind als primitiv rekursive Funktionen in den Beispielen 3.82 bis 3.87 definiert.

Die Funktionen $f_{h,[\underbrace{Q;Q;\ldots;Q}_{x_{k+1}\text{-mal}}]}$: $\mathbb{N}^{k+1} \to \mathbb{N}$, $h = 0, \ldots, k$

entstehen gemäß der Transformationsvorschrift für Sequenzen von WHILE-Programmen.

Folglich gilt: Klasse der durch WHILE-Programme berechenbaren Funktionen $\subseteq$ Klasse der μ-rekursiven Funktionen.

3.3.7 Transformation von μ-rekursiven Funktionen in λ-Terme

In der Berechenbarkeitstheorie wird mit der Klasse der primitiv rekursiven Funktionen (auf den natürlichen Zahlen) die kleinste Klasse von berechenbaren Funktionen beschrieben. Es geht zunächst darum, die Funktionen dieser Klasse in geeignete Terme des λ-Kalküls zu transformieren. Anschließend soll gezeigt werden, wie auch der Minimalisierungsoperator, der die Klasse der primitiv rekursiven Funktionen erweitert, um die Klasse der μ-rekursiven Funktionen zu beschreiben, in einen geeigneten λ-Term transformiert werden kann [Schr_97].

Jede primitiv rekursive Funktion ist λ-definierbar.

Definition 3.141 *λ-Definierbarkeit der Basisfunktionen*

- Zur Darstellung von 0 wird der λ-Term c_0 eingesetzt.

- Die Nachfolgerfunktion wird repräsentiert durch den λ-Term *suc*.

- Für $proj_n^i$ wird der λ-Term $\lambda(x_1, x_2, \ldots, x_n).x_i$ eingesetzt.

Definition 3.142 *λ-Definierbarkeit der Komposition*

Die k-stellige Funktion h und die n-stelligen Funktionen $g_1, \ldots, g_k$ seien durch die Terme H und G_i mit $1 \leq i \leq k$ λ-definiert, dann wird die n-stellige Funktion

$$f(m_1, \ldots, m_n) = h(g_1(m_1, \ldots, m_n), \ldots, g_k(m_1, \ldots, m_n))$$

als Komposition aus den Funktionen g und h durch den Term

$$F \equiv \lambda x_1 \ldots x_n.H(G_1 x_1 \ldots x_n) \ldots (G_k x_1 \ldots x_n) \quad \lambda\text{-definiert.}$$

Die Klasse der λ-definierbaren Funktionen ist nicht nur abgeschlossen unter Komposition, sondern auch unter primitiver Rekursion.

Definition 3.143 *λ-Definierbarkeit der primitiven Rekursion*

Seien die k-stellige Funktion g und die $k + 2$-stellige Funktion h durch die Terme G und H λ-definiert und eine $k + 1$-stellige Funktion f gegeben mit

$$f(0, m_1, \ldots, m_k) = g(m_1, \ldots, m_k)$$
$$f(n + 1, m_1, \ldots, m_k) = h(n, f(n, m_1, \ldots, m_k), m_1, \ldots, m_k),$$

dann wird f über den Term $F \equiv \lambda r x_1 \ldots x_n.R(G x_1 \ldots x_n)(\lambda r v.H r v x_1 \ldots x_n) r$
λ-definiert

mit $R \equiv \Theta(\lambda f x y z.(\lambda x y z.z((\lambda x y.x)y)x)x(y(pre\,z)(f x y(pre\,z)))z)$

und $\Theta \equiv (\lambda z x.x(z z x))(\lambda z x.x(z z x))$.

Die Auswertung des für die Funktion f verwendeten Terms F bezieht sich auf eine λ-Abstraktion mit $n+1$ gebundenen Variablen, zum einen für den Parameter der Funktion, über den die Rekursion betrachtet wird, und n mögliche weitere Parameter der Funktion. Nach $n+1$ β-Reduktionsschritten steht der Term R am Beginn einer Folge von drei Applikationen. Für die Auswertung von R werden nach [Schr_97] zwei Fälle unterschieden.

$$RGH\,c_0 =_\beta G$$
$$RGH\,c_{n+1} =_\beta H c_n(RGH c_n)$$

G und H sind in dieser Darstellung bereits die Applikationen, d.h. die λ-Terme der Funktionen g und h, einschließlich ihrer Argumente. Das heißt, in dem Fall, in dem das Argument, über welches die Rekursion betrachtet wird, 0 ist, berechnet sich der Wert des Terms $RGH\,c_0$ aus dem Wert der Funktion g und damit über die Auswertung des Terms G, in allen anderen Fällen aus dem Wert der Funktion h und damit über die Auswertung des Terms H.

$$
\begin{aligned}
RGH\,c_0 &=_\beta (\Theta(\lambda fxyz.(\lambda xyz.z((\lambda xy.x)y)x)x(y(pre\,z)(fxy(pre\,z)))z))\,GH\,c_0{}^1\\
&=_\beta ((\lambda fxyz.(\lambda xyz.z((\lambda xy.x)y)x)x(y(pre\,z)(fxy(pre\,z)))z)R)\,GH\,c_0\\
&=_\beta (\lambda xyz.(\lambda xyz.z((\lambda xy.x)y)x)x(y(pre\,z)(Rxy(pre\,z)))z)\,GH\,c_0\\
&=_\beta (\lambda xyz.z((\lambda xy.x)y)x)G(H(pre\,c_0)(RGH(pre\,c_0)))c_0\\
&=_\beta (\lambda yz.z((\lambda xy.x)y)G)(H(pre\,c_0)(RGH(pre\,c_0)))c_0\\
&=_\beta (\lambda z.z((\lambda xy.x)(H(pre\,c_0)(RGH(pre\,c_0))))G)c_0\\
&=_\beta c_0((\lambda xy.x)(H(pre\,c_0)(RGH(pre\,c_0))))G^2\\
&=_\beta (\lambda fx.x)((\lambda xy.x)(H(pre\,c_0)(RGH(pre\,c_0))))G\\
&=_\beta (\lambda x.x)G\\
&=_\beta G
\end{aligned}
$$

$$
\begin{aligned}
RGH\,c_{n+1} &=_\beta (\Theta(\lambda fxyz.(\lambda xyz.z((\lambda xy.x)y)x)x(y(pre\,z)(fxy(pre\,z)))z))\,GH\,c_{n+1}\\
&=_\beta ((\lambda fxyz.(\lambda xyz.z((\lambda xy.x)y)x)x(y(pre\,z)(fxy(pre\,z)))z)R)\,GH\,c_{n+1}\\
&=_\beta (\lambda xyz.(\lambda xyz.z((\lambda xy.x)y)x)x(y(pre\,z)(Rxy(pre\,z)))z)\,GH\,c_{n+1}\\
&=_\beta (\lambda xyz.z((\lambda xy.x)y)x)G(H(pre\,c_{n+1})(RGH(pre\,c_{n+1})))c_{n+1}\\
&=_\beta (\lambda yz.z((\lambda xy.x)y)G)(H(pre\,c_{n+1})(RGH(pre\,c_{n+1})))c_{n+1}\\
&=_\beta (\lambda z.z((\lambda xy.x)(H(pre\,c_{n+1})(RGH(pre\,c_{n+1}))))G)c_{n+1}\\
&=_\beta c_{n+1}((\lambda xy.x)(H(pre\,c_{n+1})(RGH(pre\,c_{n+1}))))G\\
&=_\beta (\lambda fx.f^{n+1}x)((\lambda xy.x)(H(pre\,c_{n+1})(RGH(pre\,c_{n+1}))))G\\
&\ \ \vdots\\
&=_\beta (H(pre\,c_{n+1})(RGH(pre\,c_{n+1})))\\
&=_\beta H c_n(RGH c_n)
\end{aligned}
$$

Der Beweis für die λ-Definition des Terms F wird induktiv über n geführt [Schr_97].

---

[1]$\Theta F = F(\Theta F)$
[2]$c_0 = \lambda fx.x$

Es muss bewiesen werden:

$$F \equiv \lambda r x_1 \ldots x_k.R(Gx_1 \ldots x_k)(\lambda r v.Hr v x_1 \ldots x_k)\,r$$

ist der λ-Term für eine Funktion $f(n, m_1, \ldots, m_k)$, gegeben über ihr Rekursionsschema, für alle $n \in \mathbb{N}$. Dabei sind G und H die λ-Definitionen der Funktionen g und h aus dem Rekursionsschema der Funktion f (Induktionsannahme).

Zur Verbesserung der Lesbarkeit werden die gebundenen Variablen $x_1 \ldots x_k$, die für Parameter stehen, mit $\vec{x}$ abgekürzt. Gleiches gilt für Argumente $m_1 \ldots m_k$. Sie werden mit $\vec{m}$ abgekürzt.

Induktionsanfang $(n = 0)$

Der Term $\lambda r x_1 \ldots x_k.R(Gx_1 \ldots x_k)(\lambda r v.Hr v x_1 \ldots x_k)\,r$ definiert die Funktion f für das Argument $r = 0$ und beliebige Argumente m_i mit $1 \le i \le k$ im λ-Kalkül.

$$(\lambda r\vec{x}.R(G\vec{x})(\lambda r v.Hr v\vec{x})\,r)c_0\vec{m} =_\beta R(G\,\vec{m})(\lambda r v.Hr v\vec{m})c_0$$
$$=_\beta G\,\vec{m}$$
$$\equiv g(\vec{m})$$

Induktionsschritt $(n \mapsto n + 1)$

Induktionsvoraussetzung
Der Term $\lambda r x_1 \ldots x_k.R(Gx_1 \ldots x_k)(\lambda r v.Hr v x_1 \ldots x_k)\,r$ definiert die Funktion f für ein beliebiges Argument n und beliebige Argumente m_i mit $1 \le i \le k$ im λ-Kalkül.

Induktionsbehauptung
Der Term $\lambda r x_1 \ldots x_k.R(Gx_1 \ldots x_k)(\lambda r v.Hr v x_1 \ldots x_k)\,r$ definiert die Funktion f auch für das Argument $n + 1$ und beliebige Argumente m_i mit $1 \le i \le k$ im λ-Kalkül.

Induktionsbeweis

$$(\lambda r\vec{x}.R(G\vec{x})(\lambda r v.Hr v\vec{x})\,r)c_{n+1}\vec{m} =_\beta R(G\,\vec{m})(\lambda r v.Hr v\vec{m})c_{n+1}$$
$$=_\beta (\lambda r v.Hr v\vec{m})c_n(R(G\,\vec{m})(\lambda r v.Hr v\vec{m})c_n)$$
$$=_\beta H\,c_n\,(R(G\,\vec{m})(\lambda r v.Hr v\vec{m})c_n)\vec{m}$$
$$=_\beta H\,c_n\,((\lambda r\vec{x}.R(G\,\vec{x})(\lambda r v.Hr v\vec{x})r)c_n\,\vec{m})\vec{m}$$
$$=_\beta H\,c_n\,(F\,n\,\vec{m})\,\vec{m}$$
$$\equiv h(n, f(n, \vec{m}), \vec{m})$$

Es ist möglich, in der Liste der Argumente für die Funktion h unter Anwendung der Projektionsfunktion die Reihenfolge beliebig zu tauschen, um die Übereinstimmung mit bereits vorgenommenen Definitionen wiederherzustellen.

Der Beweis führt zur Aussage, jede primitiv rekursive Funktion ist λ-definierbar.

Die Erweiterung der Klasse der primitiv rekursiven Funktionen wird durch Hinzunahme des μ-Operators (Minimierungsoperator) erreicht und damit die Klasse der μ-rekursiven Funktionen beschrieben. μ-rekursive Funktionen können als Minimierungsaufgaben formuliert werden. Für genau diese Minimierung muss ein λ-Term konstruktiv aufgebaut werden. Für ein Argument, dessen Wertbindung mit 0 beginnt, wird entschieden, ob es damit den minimalen Wert besitzt oder ob dieser Wert um 1 zu erhöhen ist, um auszuwerten, ob diese Erhöhung zum kleinstmöglichen Wert des Argumentes führt.

Die Minimierung führt zur Definition von partiellen Funktionen. Es gibt Argumente, für die diese Funktionen undefiniert sind. Die Repräsentation partieller Funktionen im λ-Kalkül erfordert dazu folgende Überlegung. Es liegt nahe, eine intuitive Vorstellung von „die Funktion sei undefiniert" im λ-Kalkül mit dem Normalisierungsverhalten ihres λ-Terms zu verbinden, d.h. die Reduktion des Terms führt zu keiner Normalform.

Definition 3.144 *Normalisierung*

- Ein λ–Term e heißt schwach normalisierend, falls eine endliche Reduktionsfolge $e \to_\beta e_1 \to_\beta e_2 \to_\beta \ldots \to_\beta e_n$ existiert, so dass e_n eine Normalform ist.

- Ein λ–Term e heißt stark normalisierend, falls jede mögliche Reduktionsfolge $e \to_\beta e_1 \to_\beta e_2 \to_\beta \ldots$ endlich ist.

Satz 3.145 *Existenz von Normalformen*

Nicht jeder λ–Term hat eine Normalform, d. h. nicht alle Terme heißen schwach normalisierend.

Dieser Satz kann mit einem Gegenbeispiel bewiesen werden. λ-Terme, die keine Normalform besitzen, können als nichtterminierend betrachtet werden, da sie immer wieder einen Redex beinhalten und einen weiteren Reduktionsschritt ausführen können.

Jede μ-rekursive Funktion ist λ-definierbar.

Definition 3.146 *λ-Definierbarkeit des μ-Operators*

Sei $f(m_1, m_2, \ldots, m_n) = h(\mu k.g(m_1, m_2, \ldots, m_n, k) = 0)$ eine μ-rekursive Funktion, abkürzend dargestellt mit $f(\vec{m}) = h(\mu k.g(\vec{m}, k) = 0)$. Dabei sind g und h primitiv rekursive Funktionen, λ-definiert über die Terme G und H. Dann wird f durch den λ-Term
$$F \equiv \lambda \vec{x}.Q(\Theta Z \vec{x} c_0)$$
mit

$$
\begin{aligned}
Q &\equiv H \\
\Theta &\equiv (\lambda zx.x(zzx))(\lambda zx.x(zzx)) \\
Z &\equiv (\lambda u \vec{x} y.(\lambda xyz.z((\lambda xy.x)y)x)y(u\vec{x}(suc\, y))(G\vec{x}y)) \qquad \lambda\text{-definiert.}
\end{aligned}
$$

Die λ-Terme aus Definition 3.146 können nach [Schr_97] wie folgt entwickelt werden:

Betrachtet man den λ-Term

$$F\vec{x}y =_\beta (\lambda xyz.z((\lambda xy.x)y)x)y(F\vec{x}(suc\,y))(G\vec{x}y),$$

stellt man fest, dass er eine Funktionsdefinition für eine Funktion f darstellt, die als Parameter x_i mit $1 \leq i \leq k$ und y besitzt. Die Funktion und damit auch F ist rekursiv, auf der rechten Seite der Funktionsdefinition steht ebenfalls der Term F. Wird diese Funktion mit y aufgerufen, erfolgt die Auswertung des Terms nach der Strategie, dass y mit dem kleinstmöglichen Wert belegt ist, der $(G\vec{x}y) = 0$ ergibt, falls ein solches y existiert. Solange $(G\vec{x}y) \neq 0$ erfolgt die Applikation der Funktion F mit den Argumenten x_i mit $1 \leq i \leq k$ und dem um 1 erhöhten Wert y.

Wie in 3.2.5 gezeigt, wird im λ-Kalkül zur Formulierung der Rekursion in die λ-Abstraktion der Funktionsdefinition ein zusätzlicher Parameter gebunden, der für die Funktion selbst vorgesehen ist. Die Funktion f, λ-definiert über den Term

$$(\lambda \vec{x}y.(\lambda xyz.z((\lambda xy.x)y)x)y(F\vec{x}(suc\,y))(G\vec{x}y)),$$

wird demnach als Funktion f' und mit dem λ-Term

$$(\lambda u\vec{x}y.(\lambda xyz.z((\lambda xy.x)y)x)y(u\vec{x}(suc\,y))(G\vec{x}y))$$

dargestellt. Nach dem Fixpunktsatz aus 3.2.5 ist

$$\Theta Z \equiv \Theta\,(\lambda u\vec{x}y.(\lambda xyz.z((\lambda xy.x)y)x)y(u\vec{x}(suc\,y))(G\vec{x}y))$$

ein Fixpunkt für den Term F. Im ungetypten λ-Kalkül sind verschiedene Fixpunktkombinatoren bekannt. Für den Beweis wird wiederum der Fixpunktkombinator Θ nach Alain Turing benutzt, ohne auf Spezifitäten im Reduktionsverhalten dieses Fixpunktkombinators einzugehen. Mit Θ wird der Term $(\lambda zx.x(zzx))(\lambda zx.x(zzx))$ bezeichnet.

Zu beweisen ist, dass der Term $\lambda \vec{x}.Q(\Theta Z\vec{x}c_0)$ die Funktion f λ-definiert [Schr_97]:

- $\Theta Z\vec{m}c_0 =_\beta c_{k_1}$, falls k_1 kleinstes k mit $g(\vec{m}, k) = 0$.

- Über k_1 ist induktiv zu zeigen: Falls $g(\vec{m}, k) \neq 0$ für alle $k < k_1$, dann $\Theta Z\vec{m}c_0 =_\beta (\lambda xyz.z((\lambda xy.x)y)x)c_{k_1}(\Theta Z\vec{m}(suc\,c_{k_1}))(G\vec{m}c_{k_1})$.

Mit anderen Worten: Wenn k_1 das kleinste k mit $g(\vec{m}, k) = 0$ ist, dann ist $\Theta Z\vec{m}c_0 =_\beta c_{k_1}$, da $G\vec{m}c_{k_1} =_\beta c_0$.

Beweis:

- $k_1 = 0$ mit $D \equiv (\lambda xyz.z((\lambda xy.x)y)x)$:

$$\Theta Z\vec{m}c_0 =_\beta Dc_0(\Theta Z\vec{m}c_1)(G\vec{m}c_0)$$

- $k_1 > 0$ mit $D \equiv (\lambda xyz.z((\lambda xy.x)y)x)$:

$$\Theta Z \vec{m} c_0 =_\beta D(pre\ c_{k_1})(\Theta Z \vec{m} c_{k_1})(G\vec{m}(pre\ c_{k_1}))$$
$$=_\beta \Theta Z \vec{m} c_{k_1}$$
$$=_\beta D c_{k_1}(\Theta Z(suc\ c_{k_1})(G\vec{m} c_{k_1}))$$

Wenn $f(m_1, \ldots, m_n)$ undefiniert ist, d.h. wenn $g(m_1, \ldots, m_n, k) \neq 0$ für alle k bei gegebenen $m_1, \ldots, m_n$, hat der Term $\Theta Z \vec{m} c_0$ keine Normalform.

$$\Theta Z \vec{m} c_0 \rightarrow_\beta D c_0(\Theta Z \vec{m} c_1)(G\vec{m} c_0)$$
$$\rightarrow_\beta \Theta Z \vec{m} c_1$$
$$\rightarrow_\beta D c_1(\Theta Z \vec{m} c_2)(G\vec{m} c_1)$$
$$\rightarrow_\beta \Theta Z \vec{m} c_2$$
$$\vdots$$

Somit existiert eine nichtterminierende Reduktionsfolge. Der Term $\Theta Z \vec{m} c_0$ hat keine β-Normalform.

Damit wurde gezeigt, jede μ-rekursive Funktion ist λ-definierbar.

## 3.3.8	Transformation von λ-Termen in μ-rekursive Funktionen

Man kann nicht nur konstruktiv zeigen, dass alle μ-rekursiven Funktionen λ-definierbar sind. Auch die umgekehrte Richtung der Aussage, alle λ-definierbaren Funktionen sind rekursiv im Sinne der μ-Rekursion, gilt. Folgende Betrachtungsweise hat sich in diesem Zusammenhang durchgesetzt: Jedem λ-Term $e \in \Lambda$ wird eineindeutig eine natürliche Zahl $\#e$ (*Gödelzahl*) zugeordnet. Sei $V = \{x_1, x_2, \ldots\}$ die Menge der Variablen und besitze jede Variable eine Numerierung in Form eines Index. Die Zuordnung von $\#e$ zu einem λ-Term kann auf der Basis der Syntaxdefinition von λ-Termen (Abschnitt 3.2.5) in beliebiger Art und Weise erfolgen. Eine Möglichkeit sei an dieser Stelle angegeben.

Definition 3.147	*Zuordnung von Gödelzahlen zu λ-Termen*

Seien $x_i \in V$ Variablen, V die Menge der Variablen und e, e_1 und e_2 beliebige λ-Terme, dann kann jedem λ-Term eineindeutig eine Gödelzahl zugeordnet werden:

$$\#x_i = 2^i$$
$$\#(\lambda x_i.e) = 3^i 5^{\#e}$$
$$\#(e_1\ e_2) = 7^{\#e_1} 11^{\#e_2}$$

Die Zuordnung der natürlichen Zahlen zur unendlichen Menge der λ-Terme führt zu einer Menge, die *rekursiv aufzählbar* ist. Die Elemente der Menge können durch systematische Berechnung aufgezählt werden, die Menge selbst ist unendlich. Ihre Aufzählung kann in einem Programm oder über eine Turingmaschine dargestellt werden. Die Anwendung der Gödelisierung macht es außerdem möglich, aus der Gödelzahl effektiv wieder den λ-Term zu rekonstruieren.

Um zu zeigen, dass alle λ-definierbaren Funktionen auch rekursiv sind, muss es für jeden vorgegebenen λ-Term F möglich sein, dass eine rekursive Funktion f angegeben werden kann, für die gilt: $f(k_1, \ldots, k_n) = k$ genau dann, wenn $F c_{k_1} \ldots c_{k_n} = c_k$.

Man sucht also eine Funktion, deren Funktionswert k ist und somit dem Term c_k entspricht. Der Term c_k ist die Normalform des Terms F. Eine n-stellige Funktion f wird durch F λ-definiert. Für die Funktionsdefinition und für alle Argumente können λ-Terme angegeben werden.

Die Suche nach der Funktion und ihre Zuordnung zu den berechenbaren Funktionen, die auch als μ-rekursive Funktionen dargestellt werden können, soll mit folgender Strategie skizziert werden: Zur Auswertung von λ-Termen kann in einfacher Weise ein Interpreter eingesetzt werden. Dieser Interpreter realisiert eine Funktion Φ, die einem λ-Term ϕ und CHURCHschen Zahlen c_{k_i} mit $k \in \mathbb{N}$ und $1 \leq i \leq n$ eine CHURCHsche Zahl c_k als Funktionswert zuordnet:

$$\Phi : (\phi, \vec{x}) \mapsto \phi(x) \text{ für alle } \phi \in \Lambda \text{ und alle CHURCHschen Zahlen } x$$

Dabei stehen die λ-Terme ϕ für Funktionen f und auch für die CHURCHschen Zahlen werden ihre λ-Terme betrachet. Der Interpreter realisiert die vollständige Reduktionsfolge, d.h. die α-Konversionen und β-Reduktionsschritte, die für die Applikation bzw. für mehrere Applikationen zur Auswertung des Terms $(\phi \vec{x})$ bis zu seiner Normalform notwendig sind, sofern es die Normalform gibt. Man kann sich vorstellen, dass dieser Interpreter z.B. durch ein funktionales Programm realisiert werden könnte. Die Funktion, die ein solches Programm beschreibt, ist berechenbar. Sie kann mit Basisfunktionen, dem Schema der primitiven Rekursion und dem Minimalisierungsoperator beschrieben werden.

Unter Nutzung der Gödelisierung ist es nun möglich, diese Funktion auch als eine Funktion über den natürlichen Zahlen zu betrachten, denn Gödelzahlen sind ausgewählte natürliche Zahlen. Wird von der Darstellung von λ-Termen auf die Darstellung der dazugehörenden Gödelzahlen abstrahiert, kann eine Funktion betrachtet werden, die von mehreren Gödelzahlen auf eine Gödelzahl abbildet. Auch diese Funktion ist rekursiv und kann mit Basisfunktionen, dem Schema der primitiven Rekursion und dem Minimalisierungsoperator beschrieben werden.

Der Interpreter für λ-Terme ist ein umfangreiches Programm. Dieses Programm ist jedoch leichter nachvollziehbar als andere Möglichkeiten, sich der Menge der rekursiven Funktionen zu nähern. Es ist auch möglich, eine Turingmaschine (siehe Abschnitt 3.2.1) zu betrachten, die die Funktion f berechnet, die für den λ-Term F steht. Mit einem Programm kann für jeden λ-Term seine Turingmaschine für konkrete Argumente simuliert und die Bandinschrift nach dem Anhalten in entsprechender Weise mit dem Wert c_k verglichen werden. Eine andere Möglichkeit besteht in der Betrachtung der *universellen* Turingmaschine, die mit einer festen Anzahl von Zuständen alle Turingmaschinen berechenbarer Funktionen (nach Definition 3.73) simulieren kann.

3.4   Algorithmus- und Berechenbarkeitsbegriff

Für den intuitiven Algorithmusbegriff gibt es verschiedene Definitionen, z. B. nach [Kroe_91] oder [Loec_76]:

> **Definition 3.148**   *intuitiver Algorithmusbegriff*
>
> Ein Algorithmus ist
> - eine allgemeingültige, detaillierte, eindeutige und formalisiert ausführbare Vorschrift
> - zum schrittweisen Lösen einer lösbaren Aufgabenklasse
> - unter Zugrundelegung eines bestimmten Prozessortyps
> - mit endlichem Aufwand (Zeit, Speicherplatz, Anzahl Verarbeitungseinheiten),
> - niedergeschrieben als endlicher Text in einer vereinbarten Notierungsform.

Algorithmen besitzen folgende Eigenschaften:

Diskretheit: Jeder Algorithmus setzt sich aus einer Folge elementarer Schritte zusammen. Die Abarbeitung jedes Algorithmus erfolgt entsprechend schrittweise.

Determiniertheit: Jeder Schritt eines Algorithmus ist eindeutig beschreibbar (syntaktisch und semantisch) und sein Ergebnis eindeutig bestimmt. Nach der Abarbeitung eines Schrittes muss feststehen, welcher Schritt unmittelbar danach ausgeführt wird. Wird die Abarbeitung eines Algorithmus mit gleicher Eingabe wiederholt, entsteht stets das gleiche Ergebnis.

Elementarität: Jeder Schritt eines Algorithmus muss eine elementare Einheit bilden.

Allgemeingültigkeit: Jeder Algorithmus muss zur Lösung einer Klasse von Problemen anwendbar sein. Die einzelnen Probleminstanzen entsprechen konkreten Parameterbelegungen.

Endlichkeit: Die Beschreibung jedes Algorithmus muss durch ein Notat endlicher Länge gegeben sein (statische Finalität). Jeder Algorithmus greift in jedem Schritt nur auf endlich viele Ressourcen zu (dynamische Finalität).

Effektivität: Die Wirkung jedes einzelnen Schrittes muss exakt festgelegt sein.

Verständlichkeit: Jede zulässige Schrittfolge muss durch ausschließliche Nutzung der Syntax des verwendeten Berechnungsmodells notierbar sein und ausgeführt werden können.

Terminiertheit (Konklusivität): Jeder Algorithmus soll nach Ausführung endlich vieler Schritte mit der Bereitstellung des Berechnungsergebnisses terminieren.

Korrektheit: Jeder Algorithmus soll bei jeder zulässigen Eingabe das richtige Ergebnis erzeugen (setzt sowohl eine Spezifikation des „richtigen Ergebnisses" als auch eine Möglichkeit zur Überprüfung der Richtigkeit voraus).

Es existieren Algorithmen, die die Eigenschaften Konklusivität und Korrektheit nicht bei der Bearbeitung aller erfassten Probleminstanzen besitzen, wie beispielsweise probabilistische Verfahren, die mit Fehlerwahrscheinlichkeiten behaftet sind oder Aufzählungsverfahren auf semientscheidbaren Mengen.

Ein Algorithmus beschreibt eine Abbildung $f : E \rightarrow A$ von der Menge E der zulässigen Eingabedaten in die Menge A der Ergebnisdaten (Ausgabedaten). Für eine Präzisierung und mathematisch exakte Fassung des Algorithmusbegriffes in der Informatik wird stellvertretend das Berechnungsmodell der deterministischen Turingmaschine herangezogen.

Definition 3.149 *Algorithmus*

Ein Algorithmus ist eine (konkrete) deterministische Turingmaschine $TM = (Z, \Sigma, \Theta, \{L, R, N\}, \delta, z_0, \square, F)$, deren Komponenten vollständig vorgegeben sind. Die Ausführung (Abarbeitung) des Algorithmus ist eine Berechnung B_{TM} von TM, wobei die Startkonfiguration die Eingabedaten sowie die Endkonfiguration die Ergebnisdaten repräsentieren.

Der Algorithmusbegriff lässt sich auf Verfahren übertragen, die durch andere Beschreibungsmittel notiert sind, sofern eine Transformation dieser Verfahren in entsprechende konkrete deterministische Turingmaschinen möglich ist.

Vom Begriff der Berechenbarkeit existiert eine intuitive Vorstellung. Danach gilt eine Funktion $f : \mathbb{N}^k \rightarrow \mathbb{N}$ als berechenbar, wenn man einen Algorithmus angeben kann, der mit endlichen Ressourcen (Zeit, Speicherplatz, Anzahl Verarbeitungseinheiten) zu jeder zulässigen Eingabe $(n_1, \ldots, n_k) \in \mathbb{N}^k$ den zugehörigen Funktionswert $f(n_1, \ldots, n_k)$ – sofern dieser definiert ist – bestimmt, ausgibt und stoppt. Der Turing-Berechenbarkeitsbegriff ist sowohl für Funktionen auf natürlichen Zahlen als auch für Funktionen auf Wörtern (Generierung von Sätzen formaler Sprachen) definiert. Beide Fassungen sind gleichwertig und gegenseitig ersetzbar.

Definition 3.150 *Turing-Berechenbarkeit*

Eine Funktion $f : \mathbb{N}^k \rightarrow \mathbb{N}$ mit $k \in \mathbb{N}$ heißt Turing-berechenbar genau dann, wenn es eine Turingmaschine $TM = (Z, \Sigma, \Theta, \{L, R, N\}, \delta, z_0, \square, F)$ gibt, so dass für alle $n_1, \ldots, n_k, m \in \mathbb{N}$ gilt:
  $f(n_1, \ldots, n_k) = m$ gdw.
  $z_0 \mathrm{bin}(n_1) \# \mathrm{bin}(n_2) \# \ldots \# \mathrm{bin}(n_k) \vdash_{TM}^{*} \square \ldots \square z_e \mathrm{bin}(m) \square \ldots \square$,
wobei $z_e \in F$ und $\# \in \Sigma$. Der Term $\mathrm{bin}(n)$ bezeichnet die Binärdarstellung der Zahl $n \in \mathbb{N}$.

Eine Funktion $f : \Sigma^* \rightarrow \Sigma^*$ über dem Alphabet Σ heißt Turing-berechenbar genau dann, wenn es eine Turingmaschine $TM = (Z, \Sigma, \Theta, \{L, R, N\}, \delta, z_0, \square, F)$ gibt, so dass für alle $x, y \in \Sigma^*$ und $\mathrm{lgth}(x) \in \mathbb{N}$, $\mathrm{lgth}(y) \in \mathbb{N}$ gilt:
  $f(x) = y$ gdw. $z_0 x \vdash_{TM}^{*} \square \ldots \square z_e y \square \ldots \square$,
wobei $z_e \in F$.

Die Mengenfamilie aller Turing-berechenbaren Funktionen bildet die Klasse der Turing-berechenbaren Funktionen.

Die durch Chomsky-Grammatiken, WHILE-Programme, μ-rekursive Funktionen und ungetypte λ-Terme spezifizierten Funktionen sind ebenfalls Turing-berechenbar, da sie auf entsprechende Turingmaschinen reduziert werden können.

Definition 3.151   *universell, platzbeschränkt universell*

Ein Berechnungsmodell heißt universell (computational complete), wenn es die Klasse der Turing-berechenbaren Funktionen berechnen oder formale Sprachen aus RE akzeptieren kann. Ein Berechnungsmodell heißt platzbeschränkt universell (space bounded computational complete), wenn es die Klasse CS der kontextsensitiven formalen Sprachen akzeptieren oder generieren kann.

Die Berechnungsmodelle Turingmaschine, Klasse der μ-rekursiven Funktionen, Klasse der WHILE-Programme, Chomsky-Grammatiken vom Typ 0 und ungetypter λ-Kalkül berechnen die gleiche Klasse von Funktionen, nämlich genau die Klasse der Turing-berechenbaren Funktionen. Die genannten Berechnungsmodelle sind daher universell. Außer den genannten gibt es weitere universelle Berechnungsmodelle.

Bisher konnte kein Berechnungsmodell definiert werden, welches in der Lage ist, eine größere (mächtigere) Menge als die Menge der Turing-berechenbaren Funktionen zu berechnen. Man nimmt deshalb an, dass mit dem Turing-Berechenbarkeitsbegriff der intuitive Berechenbarkeitsbegriff erfasst ist, das heißt, wenn eine Funktion nicht Turing-berechenbar ist, so ist sie vermutlich überhaupt nicht berechenbar. Die CHURCHsche These spiegelt diesen Sachverhalt wider: „Die durch die Definition der Turing-Berechenbarkeit erfasste Klasse von Funktionen stimmt genau mit der Klasse der im intuitiven Sinne berechenbaren Funktionen überein."

Der Begriff der Entscheidbarkeit ist eng mit dem Begriff der Berechenbarkeit verknüpft. Im Folgenden werden abschließend damit im Zusammenhang stehende Begriffe eingeführt.

Definition 3.152   *totale Funktion*

Eine Funktion f : $\mathbb{N}^k \to \mathbb{N}$ mit $k \in \mathbb{N}$ heißt totale Funktion, wenn für alle $(n_1, \ldots, n_k) \in \mathbb{N}^k$ der zugehörige Funktionswert $f(n_1, \ldots, n_k)$ definiert ist.

Alle durch LOOP-Programme berechenbaren Funktionen sowie alle primitiv rekursiven Funktionen sind totale Funktionen.

Definition 3.153   *partielle Funktion*

Eine Funktion f : $\mathbb{N}^k \to \mathbb{N}$ mit $k \in \mathbb{N}$ heißt partielle Funktion, wenn es mindestens ein $(n_1, \ldots, n_k) \in \mathbb{N}^k$ gibt, dessen zugehöriger Funktionswert $f(n_1, \ldots, n_k)$ nicht definiert ist.

An undefinierten Stellen terminiert die Funktionswertberechnung nicht. Dies bedeutet:

- Turingmaschinen erreichen keinen Finalzustand und führen eine unendliche Schrittfolge aus.

- WHILE-Programme geraten in eine Endlosschleife.

- Im μ-Rekursionsschema tritt bei Anwendung des μ-Operators die Situation $\min \emptyset$ auf.

- Bei Chomsky-Grammatiken vom Typ 0 führen beliebige Folgen zulässiger Regelanwendungen zu keinem Wort der Sprache, das einen undefinierten Funktionswert kodieren würde.

- Ungetypte λ-Terme lassen sich nicht normalisieren, sie besitzen keine Normalform.

Definition 3.154   *totale charakteristische Funktion einer Menge*

Die totale charakteristische Funktion $\chi_L : \Sigma^* \rightarrow \{0,1\}$ einer Menge $L \subseteq \Sigma^*$ ist für alle $w \in \Sigma^*$ definiert durch:
$$\chi_L(w) = \begin{cases} 1 \text{ falls } & w \in L \\ 0 \text{ sonst} \end{cases}$$

Definition 3.155   *Entscheidbarkeit von Mengen*

Eine Menge $M \subseteq \Sigma^*$ über dem Alphabet Σ heißt entscheidbar genau dann, wenn ihre totale charakteristische Funktion $\chi_M : \Sigma^* \rightarrow \{0,1\}$ berechenbar ist.

Definition 3.156   *partielle charakteristische Funktion einer Menge*

Die partielle charakteristische Funktion $\chi'_L : \Sigma^* \rightarrow \{0,1\}$ einer Menge $L \subseteq \Sigma^*$ ist für alle $w \in \Sigma^*$ definiert durch:
$$\chi'_L(w) = \begin{cases} 1 & \text{falls } w \in L \\ \text{undefiniert sonst} \end{cases}$$

Definition 3.157   *Semientscheidbarkeit von Mengen*

Eine Menge $M \subseteq \Sigma^*$ über dem Alphabet Σ heißt semientscheidbar genau dann, wenn ihre partielle charakteristische Funktion $\chi'_L : \Sigma^* \rightarrow \{0,1\}$ berechenbar ist.

Eine Sprache ist rekursiv aufzählbar genau dann, wenn sie semientscheidbar ist.

Definition 3.158   *Abzählbarkeit von Mengen*

Eine Menge M heißt abzählbar genau dann, wenn es eine totale Funktion $f : \mathbb{N} \rightarrow \mathcal{P}(M)$ gibt, so dass $M = \{f(0), f(1), f(2), \ldots\}$. Die Berechenbarkeit von f wird nicht gefordert.

Jede Teilmenge einer abzählbaren Menge ist wieder abzählbar.

Zwischen entscheidbaren, semientscheidbaren und abzählbaren Mengen besteht folgender Zusammenhang:

Klasse der entscheidbaren Mengen $\subset$ Klasse der semientscheidbaren Mengen $\subset$ Klasse der abzählbaren Mengen.

3.5 Ausgewählte komplexitätstheoretische Grundlagen

Die Komplexitätstheorie untersucht Methoden, um den Ressourcenbedarf (Zeit, Speicherplatz, Anzahl Verarbeitungseinheiten) zur Lösung algorithmischer Probleme zu bestimmen, zu klassifizieren und zu minimieren. Die Ressource Zeit wird dabei fokussiert. Als algorithmische Probleme werden Aufgabenstellungen angesehen, die sich durch Abarbeitung von Algorithmen lösen lassen. Ein Zusammenhang zwischen algorithmischen Problemen und formalen Sprachen existiert dadurch, dass Wörter einer formalen Sprache als Kodierungen von Probleminstanzen interpretiert werden. Entscheidungsprobleme können zum Beispiel darin bestehen festzustellen, ob eine als Eingabe gegebene Zeichenkette ein Wort einer bestimmten formalen Sprache ist. Generierungsprobleme umfassen die gezielte Erzeugung von Sätzen formaler Sprachen. Beispielsweise wird durch die Berechnung eines Funktionswertes $f(n)$ mit dem Argument $n \in \mathbb{N}$ als Eingabe ein Wort der Sprache $\{f(0), f(1), \ldots\}$ generiert. Als formale Sprachen dienen im Allgemeinen entscheidbare Sprachen, um sicherzustellen, dass die entsprechenden Algorithmen in jedem Fall terminieren. In der Komplexitätstheorie werden entscheidbare Sprachen in Komplexitätsklassen eingeteilt.

3.5.1 Komplexitätsmaße für Algorithmen

Die Bestimmung des Zeitbedarfs (*Zeitkomplexität*) von Algorithmen bezieht sich auf die Berechnungsmodelle deterministische und nichtdeterministische Turingmaschine. Die Anzahl von Berechnungsschritten ist ein Maß für die Zeitkomplexität.

Definition 3.159 *Schrittanzahl auf deterministischer Turingmaschine*

Sei ein Algorithmus gegeben durch eine deterministische Turingmaschine $TM = (Z, \Sigma, \Theta, \{L, R, N\}, \delta, z_0, \square, F)$. Ferner sei gegeben eine Eingabe $x \in \Sigma^*$ als Anfangsbandinschrift der Startkonfiguration $z_0 x$ von TM. Die Funktion $\text{time}_{TM} : \Sigma^* \to \mathbb{N}$ bezeichnet die Schrittanzahl auf TM. $\text{time}_{TM}(x)$ gibt die Anzahl Schritte zur Ausführung der Berechnung B_{TM} auf TM mit der Eingabe x an. Die Länge $\text{lgth}(x)$ der Eingabe x bezeichnet die Problemgröße.

Definition 3.160 *Schrittanzahl auf nichtdeterministischer Turingmaschine*

Sei ein Algorithmus gegeben durch eine nichtdeterministische Turingmaschine $TM = (Z, \Sigma, \Theta, \{L, R, N\}, \delta, z_0, \square, F)$. Ferner sei gegeben eine Eingabe $x \in \Sigma^*$ als Anfangsbandinschrift der Startkonfiguration $z_0 x$ von TM. Die Funktion $\text{ntime}_{TM} : \Sigma^* \to \mathbb{N}$ bezeichnet die Schrittanzahl auf TM. $\text{ntime}_{TM}(x)$ ist definiert durch:

$$\text{ntime}_{TM}(x) = \begin{cases} \min\{\text{Anz. Schritte aller } B_{TM} \text{ auf } TM \text{ mit Eingabe } x\} & \text{falls } x \in L(TM) \\ 0 & \text{sonst} \end{cases}$$

B_{TM} bezeichnet eine akzeptierende Berechnung. Die Länge $\text{lgth}(x)$ der Eingabe x bezeichnet die Problemgröße.

Statt $\text{lgth}(x)$ wird häufig ohne Angabe einer konkreten Eingabe der abstrakte Problemgrößenparameter $n \in \mathbb{N}$ verwendet.

Definition 3.161 *Zeitbeschränktheit eines Algorithmus*

Sei ein Algorithmus gegeben durch eine deterministische oder nichtdeterministische Turingmaschine $TM = (Z, \Sigma, \Theta, \{L, R, N\}, \delta, z_0, \square, F)$. TM heißt $t(n)$-zeitbeschränkt, wenn für jede Eingabe x der Länge $n = \text{lgth}(x)$, die zu einer akzeptierenden Berechnung B_{TM} führt, gilt: $\text{time}_{TM}(x) \leq t(n)$ bzw. $\text{ntime}_{TM}(x) \leq t(n)$. Die Funktion $t(n) : \mathbb{N} \to \mathbb{N}$ wird als Zeitbeschränkungsfunktion bezeichnet.

Zeitbeschränkungsfunktionen $t(n)$ sind im Allgemeinen monoton wachsend, sie geben immer das Laufzeitverhalten eines Algorithmus im ungünstigsten Fall (längstmögliche Laufzeit) an. Zeitbeschränkungsfunktionen mit qualitativ ähnlichem Wachstumsverhalten für $n \longrightarrow \infty$ werden zu Wachstumsklassen zusammengefasst.

Definition 3.162 *Ordnung einer Funktion*

Sei $f : \mathbb{N} \to \mathbb{R}$ eine Funktion. f wächst mit der Ordnung $g(n)$, Bezeichnung $f(n) \in O(g(n))$ genau dann, wenn gilt:
$$O(g(n)) = \{f : \mathbb{N} \to \mathbb{R} \mid \exists c \in \mathbb{R} \setminus \{0\} . \exists n_0 \in \mathbb{N} . \forall n \geq n_0 . (|f(n)| \leq c \cdot |g(n)|)\}$$
Das Symbol O wird als Landau-Symbol bezeichnet, das Symbol $\mathbb{R}$ steht für die Menge der reellen Zahlen.

Eine Funktion $f(n)$ mit $f(n) \in O(g(n))$ ist höchstens von der Ordnung $O(g(n))$. Als Ordnung O einer Funktion f gibt man die kleinste Ordnung an, die f enthält. Die Ordnung einer Funktion bildet ein Maß für deren asymptotisches Wachstum.

Sei $c \in \mathbb{N} \setminus \{0\}$ eine Konstante, p, q natürliche Zahlen. Für das Rechnen mit bzw. Bestimmen von Ordnungen gelten folgende Gesetzmäßigkeiten:

$$c \in O(1)$$
$$\log_c(n) \in O(\log(n))$$
$$n^p \in O(n^q) \text{ für } p \leq q$$
$$p^n \in O(p^n) \text{ für } p \geq 2$$
$$f(n) \in O(f(n))$$
$$c \cdot O(f(n)) = O(f(n))$$
$$O(f(n) + g(n)) = O(\max(|f(n)|, |g(n)|))$$
$$f(n) \cdot O(g(n)) = O(f(n) \cdot g(n))$$
$$O(f(n)) + O(g(n)) = O(|f(n)| + |g(n)|)$$
$$O(f(n)) \cdot O(g(n)) = O(f(n) \cdot g(n))$$
$$O(O(f(n))) = O(f(n))$$

Jede Ordnung O definiert eine Wachstumsklasse. Seien r, s reelle Zahlen, $r > 2$, $s \geq 2$. Zwischen ausgewählten Wachstumsklassen besteht folgende Hierarchie:

$$O(1) \subset O(\log(n)) \subset O(n) \subset O(\log(n) \cdot n) \subset O(n^2) \subset O(n^r) \subset O(s^n) \subset O(n!) \subset O(n^n)$$

Die Ordnung der Zeitbeschränkungsfunktion eines Algorithmus ist ein Maß für dessen Zeiteffizienz.

3.5.2   Komplexitätsklassen $\mathcal{P}$ und $\mathcal{NP}$

Definition 3.163 *Komplexitätsklasse $TIME$*

Sei $TM = (Z, \Sigma, \Theta, \{L, R, N\}, \delta, z_0, \square, F)$ eine $t(n)$-zeitbeschränkte deterministische Turingmaschine. Die Komplexitätsklasse $TIME(t(n))$ ist definiert durch:
$$TIME(t(n)) = \{A \mid \exists TM \, . \, ((A = L(TM)) \wedge (TM \text{ ist } t(n)\text{-zeitbeschränkt}))\}$$

Die Klasse $TIME(t(n))$ umfasst alle formalen Sprachen A, die von einer $t(n)$-zeitbeschränkten deterministischen Turingmaschine akzeptiert werden.

Definition 3.164 *Polynom auf natürlichen Zahlen*

Ein Polynom vom Grad k auf natürlichen Zahlen ist eine Funktion $p : \mathbb{N} \to \mathbb{N}$ der Form:
$$p(n) = \begin{cases} 0 \\ a_k n^k + a_{k-1} n^{k-1} + \ldots + a_1 n + a_0 \end{cases} \text{ mit } a_k \neq 0, \, a_i \in \mathbb{N}, \, i = 0, \ldots, k, \, k \in \mathbb{N}$$
Die a_i mit $i = 0, \ldots, k$ werden als Koeffizienten des Polynoms $p(n)$ bezeichnet.

Definition 3.165 *Komplexitätsklasse $\mathcal{P}$*

Sei $p(n)$ ein Polynom auf natürlichen Zahlen, $TM = (Z, \Sigma, \Theta, \{L, R, N\}, \delta, z_0, \square, F)$ eine $p(n)$-zeitbeschränkte deterministische Turingmaschine. Die Komplexitätsklasse $\mathcal{P}$ ist definiert durch:
$$\mathcal{P} = \{A \mid \exists TM \, . \, ((A = L(TM)) \wedge (TM \text{ ist } p(n)\text{-zeitbeschränkt}))\}$$

Sei $p(n)$ ein Polynom. Mithin gilt: $\mathcal{P} = \bigcup_{\forall p(n)} TIME(p(n))$

Die Klasse $\mathcal{P}$ umfasst alle formalen Sprachen A, die von einer deterministischen Turingmaschine in polynomiell vielen Schritten akzeptiert werden. Jeder Algorithmus aus $\mathcal{P}$ besitzt eine polynomielle Zeitkomplexität und gilt als *zeiteffizient*.

Definition 3.166 *Komplexitätsklasse $NTIME$*

Sei $TM = (Z, \Sigma, \Theta, \{L, R, N\}, \delta, z_0, \square, F)$ eine $t(n)$-zeitbeschränkte nichtdeterministische Turingmaschine. Die Komplexitätsklasse $NTIME(t(n))$ ist definiert durch:
$$NTIME(t(n)) = \{A \mid \exists TM \, . \, ((A = L(TM)) \wedge (TM \text{ ist } t(n)\text{-zeitbeschränkt}))\}$$

Die Klasse $NTIME(t(n))$ umfasst alle formalen Sprachen A, die von einer $t(n)$-zeitbeschränkten nichtdeterministischen Turingmaschine akzeptiert werden.

Definition 3.167 *Komplexitätsklasse $\mathcal{NP}$*

Sei $p(n)$ ein Polynom auf natürlichen Zahlen, $TM = (Z, \Sigma, \Theta, \{L, R, N\}, \delta, z_0, \square, F)$ eine $p(n)$-zeitbeschränkte nichtdeterministische Turingmaschine. Die Komplexitätsklasse $\mathcal{NP}$ ist definiert durch:
$$\mathcal{NP} = \{A \mid \exists TM \ . \ ((A = L(TM)) \wedge (TM \text{ ist } p(n)\text{-zeitbeschränkt}))\}$$

Sei $p(n)$ ein Polynom. Mithin gilt: $\mathcal{NP} = \bigcup_{\forall p(n)} NTIME(p(n))$

Die Klasse $\mathcal{NP}$ umfasst alle formalen Sprachen A, die von einer nichtdeterministischen Turingmaschine in polynomiell vielen Schritten akzeptiert werden. Ein Algorithmus aus $\mathcal{NP}$ besitzt eine polynomielle Zeitkomplexität, wenn er auf einer nichtdeterministischen Turingmaschine abgearbeitet wird. Simuliert man die Abarbeitung des Algorithmus auf einer deterministischen Turingmaschine, so müssen im ungünstigsten Fall alle Berechnungspfade (alle Folgen von Konfigurationsübergängen) der nichtdeterministischen Turingmaschine nacheinander durchlaufen werden. Da eine nichtdeterministische Turingmaschine $TM = (Z, \Sigma, \Theta, \{L, R, N\}, \delta, z_0, \square, F)$ von einer Konfiguration aus in bis zu $|\mathcal{P}(Z \times \Theta \times \{L, R, N\})| = 2^{|Z| \cdot |\Theta| \cdot 3}$ Folgekonfigurationen übergehen kann, besitzen Algorithmen aus $\mathcal{NP}$ bei Abarbeitung auf deterministischen Turingmaschinen im ungünstigsten Fall eine Zeitkomplexität der Ordnung $O(2^{p(n)})$. Praktisch bedeutet dies, dass eine Erhöhung der verarbeiteten Problemgröße um 1 im Allgemeinen den Zeitbedarf verdoppelt. Algorithmen aus $\mathcal{NP}$ gelten deshalb als zeitineffizient.

Eine Teilmenge der Sprachen aus $\mathcal{NP}$ steht über die NP-Vollständigkeit miteinander in Beziehung.

Definition 3.168 *Polynomielle Reduzierbarkeit*

Seien Σ und Ψ Alphabete, und seien $A \subseteq \Sigma^*$ sowie $B \subseteq \Psi^*$ formale Sprachen. A heißt auf B polynomiell reduzierbar, Bezeichnung $A \leq_p B$, falls es eine totale und mit polynomieller Komplexität berechenbare Funktion $f : \Sigma^* \to \Psi^*$ gibt, so dass für alle $x \in \Sigma^*$ gilt:
$$x \in A \text{ gdw. } f(x) \in B$$

Definition 3.169 *NP-hart*

Eine formale Sprache A heißt NP-hart, falls für alle Sprachen $L \in \mathcal{NP}$ gilt: $L \leq_p A$

Definition 3.170 *NP-vollständig*

Eine formale Sprache A heißt NP-vollständig, falls A NP-hart ist und $A \in \mathcal{NP}$ gilt.

Die Begriffe NP-hart und NP-vollständig werden gleichwertig auch auf Entscheidungs- bzw. Generierungsprobleme auf den entsprechenden Sprachen sowie auf ihre Lösungsalgorithmen angewandt. NP-vollständige Probleme sind praktisch durch einen exponentiellen Ressourcenverbrauch für eine exakte und uneingeschränkte Lösung im ungünstigsten Fall gekennzeichnet. Aufgrund der polynomiellen Reduzierbarkeit lassen sich NP-vollständige Probleme mit polynomiellem Aufwand auf einer deterministischen Turingmaschine ineinander überführen. NP-vollständige Probleme werden auch als kombinatorische Suchprobleme bezeichnet, denen ein – bezogen auf die Problemgröße – exponentieller, aber immer endlicher Suchraum zugrunde liegt.

Die Beantwortung der offenen Frage, ob $\mathcal{P} = \mathcal{NP}$, stellt eine zentrale Aufgabe in der Theoretischen Informatik dar. Es gilt:

$\mathcal{P} \subseteq \mathcal{NP} \subset$ Klasse der entscheidbaren Sprachen
$\mathcal{P} \subseteq \mathcal{NP} \subset$ Klasse der primitiv rekursiven Funktionen

3.5.3   Ausgewählte NP-vollständige Probleme

Derzeit sind etwa 1000 NP-vollständige Probleme bekannt. Stellvertretend erfolgt eine Auswahl von drei NP-vollständen Problemen, zu deren Lösung weiterführend DNA-basierte Algorithmen konstruiert und analysiert werden. Bezüglich einer Sammlung NP-vollständiger Probleme sei auf [CrKa_99] verwiesen. Viele NP-vollständige Probleme besitzen eine wirtschaftliche wie auch wissenschaftliche Bedeutung.

Definition 3.171   *Erfüllbarkeitstest der Aussagenlogik*

Gegeben sei eine beliebige, auf die Operatoren $\wedge$, $\vee$ und $\neg$ reduzierte Formel F der Aussagenlogik, in der die booleschen Variablen x_1 bis x_n vorkommen. Gibt es eine Belegung der in F enthaltenen booleschen Variablen mit Werten $\in \{0, 1\}$, so dass F den Wert 1 annimmt?

Der Erfüllbarkeitstest der Aussagenlogik wird häufig als satisfiability problem, kurz SAT, bezeichnet. Die Problemgröße n besteht in der Anzahl der in F enthaltenen booleschen Variablen. Es sind 2^n Belegungen dieser Variablen mit Werten $\in \{0, 1\}$ möglich.

Definition 3.172   *Hamiltonkreis-Problem für gerichtete Graphen*

Gegeben sei ein zusammenhängender endlicher gerichteter Graph $\mathcal{G} = (V, E)$ ohne Kantenbewertung mit n Knoten, $V = \{v_1, \ldots, v_n\}$. Gibt es eine Permutation π der Knotenindices $\left(v_{\pi(1)}, \ldots, v_{\pi(n)}\right)$, so dass für $i = 1, \ldots, n-1$ gilt: $\left(v_{\pi(i)}, v_{\pi(i+1)}\right) \in E$ und außerdem $\left(v_{\pi(n)}, v_{\pi(1)}\right) \in E$?

Das Hamiltonkreis-Problem impliziert die Fragestellung, ob es eine Rundreise (Hamiltonkreis) entlang von Kanten des Graphen $\mathcal{G}$ gibt, so dass jeder Knoten $\in V$ genau einmal besucht wird und die Rundreise wieder am Startknoten endet. Die Knotenanzahl n repräsentiert die Problemgröße. Eine vollständige Durchmusterung des Suchraumes erfordert im ungünstigsten

Fall ($\mathcal{G}$ besitzt n^2 Kanten) die Untersuchung von $O(2^{n^2})$ Kantenfolgen auf Vorliegen eines Hamiltonkreises.

Definition 3.173 *Rucksackproblem auf natürlichen Zahlen*

Gegeben seien n natürliche Zahlen $a_1, a_2, \ldots, a_n$ mit $n \in \mathbb{N} \setminus \{0\}$ sowie eine natürliche Zahl b. Gibt es eine Teilmenge $I \subseteq \{1, 2, \ldots, n\}$ mit $\sum_{i \in I} a_i = b$?

Die Zahlen a_1 bis a_n lassen sich als Gewichte der Gegenstände 1 bis n auffassen. Das Rucksackproblem kann veranschaulicht werden durch die Fragestellung, ob es eine Packmöglichkeit eines Rucksacks mit einer Auswahl aus diesen Gegenständen gibt, so dass der Rucksackinhalt exakt dem Referenzgewicht b beträgt. Die Anzahl der Gegenstände n fungiert als Problemgröße. Mit n Gegenständen existieren 2^n Packmöglichkeiten des Rucksacks.

Ein Nachweis der NP-Vollständigkeit der drei genannten Probleme ist zum Beispiel in [Schö_97] angegeben.

Konventionelle Lösungsstrategien für NP-vollständige Probleme sind beispielsweise die vollständige Enumeration des Suchraumes, Branch-and-Bound-Verfahren, Dynamisches Optimieren, Greedy-Strategien und heuristische Methoden (z. B. Simulated Annealing oder Tabu Search).

4 Molekularbiologische Grundlagen des DNA-Computing

Die praktische Ausführung von Rechenvorgängen mittels technischer Geräte ist immer an die Anwendung von Naturgesetzen gebunden. Mechanische Rechenmaschinen realisieren Rechenvorgänge beispielsweise durch koordinierte Bewegungen von Zahnrädern, Walzen und ähnlichen Bauelementen, die auf den physikalischen Gesetzen der Mechanik basieren. Elektronische Computer nutzen die steuerbare elektrische Leitfähigkeit bestimmter Werkstoffe, indem sie Stromflüsse und elektrische Spannungen innerhalb eines Leitungsnetzwerkes gezielt beeinflussen, um auf diese Weise Rechenvorgänge praktisch umzusetzen. Ihrem Arbeitsprinzip liegen naturwissenschaftliche Gesetzmäßigkeiten der Elektrotechnik zugrunde. Abhängig davon, welche konkreten Naturgesetze zur Ausführung von Rechenvorgängen herangezogen werden, unterscheidet man verschiedene Computingkonzepte. Das DNA-Computing stützt sich im Gegensatz zu konventionellen Computingkonzepten auf Prinzipien der Biochemie sowie der Molekularbiologie. Dieses Kapitel vermittelt das für das laborpraktische DNA-Computing relevante Grundlagenwissen.

Das Erbmolekül DNA (Desoxyribonucleinsäure, deoxyribonucleic acid) ist neben der RNA (Ribonucleinsäure, ribonucleic acid) das wichtigste Medium zur Datenspeicherung in der Natur. Die Erbinformationen über Aufbau und Funktion aller derzeit bekannten zellulären Organismen werden durch spezifische DNA- oder RNA-Moleküle kodiert und bei der Fortpflanzung an die Individuen der nächsten Generation weitergegeben. DNA besitzt im Vergleich zu RNA favorisierte Eigenschaften wie beispielsweise eine größere Stabilität der Moleküle und eine höhere Spezifität vieler Reaktionen. Es liegt daher nahe, das von der Natur hervorgebrachte Speichermedium DNA als Datenträger im Sinne der Informatik einzusetzen.

DNA lässt sich durch eine Vielzahl molekularbiologischer Prozesse gezielt modifizieren und nach verschiedenen Kriterien analysieren. Als molekularbiologische Prozesse dienen biochemische Reaktionen und spezielle physikalische Abläufe, die bestimmte Eigenschaften der DNA ausnutzen. Die naturwissenschaftlichen Gesetzmäßigkeiten, auf denen diese molekularbiologischen Prozesse beruhen, bilden in ihrer Gesamtheit ein Computingkonzept, das zur Realisierung beliebiger Rechenvorgänge geeignet ist. Die Ausführung eines molekularbiologischen Prozesses auf einem DNA-Pool entspricht dabei einem Rechenschritt. Insofern kann jeder geeignete molekularbiologische Prozess auf DNA als eine Operation im Sinne der Mathematik und Informatik aufgefasst werden. Eine definierte Prozessabfolge stellt die Abarbeitung eines Algorithmus dar. Das Verständnis dieser Prozesse sowie die Kenntnis der damit einhergehenden Techniken und Methoden ist Voraussetzung für erfolgreiche Implementierungen DNA-basierter Algorithmen im molekularbiologischen Labor.

Viele molekularbiologische Prozesse vollziehen sich auf natürliche Weise in der lebenden Zelle (*in vivo*) und bewirken beispielsweise die Replikation (Duplizierung) von DNA bei der Zellteilung. Infolge umfangreicher Entdeckungen und Entwicklungen auf dem Gebiet der „Wissenschaften des Lebens" gelingt es in zunehmendem Maße, molekularbiologische Prozesse auf DNA auch außerhalb lebender Zellen in Reagenzgläsern (*in vitro*) ablaufen zu lassen. Ergänzend wurden weitere molekularbiologische Prozesse sowie entsprechende Methoden zu ihrer Ausführung in vitro erdacht, die kein unmittelbares Vorbild in der lebenden Zelle besitzen, aber vor allem die Auswertung der in der DNA gespeicherten Informationen mit den menschlichen Sinnen ermöglichen. Bis auf sehr wenige Ausnahmen wird das praktische DNA-Computing auf dem heutigen Stand der Technik in vitro betrieben. Das verfügbare Repertoire laborpraktisch nutzbarer molekularbiologischer Prozesse hat sich in den vergangenen Jahren rasant erweitert. Die Wissenschaften des Lebens gelten als Schlüsseltechnologie des 21. Jahrhunderts. Es ist abzusehen, dass die Entdeckung und Synthese neuer Biokatalysatoren im Einklang mit Fortschritten auf dem Gebiet der Strukturbiologie zu weiteren, bisher nicht hinreichend verstandenen Möglichkeiten zur Verarbeitung von DNA-Informationen führen wird.

Das Kapitel gibt einen Überblick über den Stand der Technik. Die Gliederung orientiert sich an einer pragmatischen Herangehensweise, die der Methodik bei der laborpraktischen Implementierung von Algorithmen des DNA-Computing aus dem Blickwinkel der Informatik nachempfunden ist. Ausgehend von der Beschreibung der chemischen DNA-Struktur einschließlich ihrer Konformationen (räumlichen Anordnung der Atome) und der daraus ableitbaren Eigenschaften werden die molekularbiologischen Prozesse vorgestellt, die für das DNA-Computing in vitro relevant sind. Diese Prozesse lassen sich in fünf Gruppen einteilen. Die erste Gruppe enthält Methoden zur *Gewinnung von DNA*. Da Eingabedaten im laborpraktischen DNA-Computing kodiert in Form geeigneter DNA vorliegen müssen, werden Methoden benötigt, die spezifische DNA mit gewünschten Eigenschaften bereitstellen können. Betrachtet werden die Oligonucleotidsynthese sowie die Isolation von DNA aus Organismen. Methoden, die zur *Bereitstellung von DNA-Pools in wässriger Lösung* dienen, gehören zur zweiten Gruppe wie das Mischen, Aliquotieren und Verdünnen. Gemeinsames Merkmal dieser Prozesse ist, dass keine chemischen Bindungen innerhalb der DNA verändert werden und darüber hinaus auch keine gezielte DNA-Separation nach definierten Kriterien erfolgt. Die dritte Gruppe fasst diejenigen Prozesse zusammen, die ein *Knüpfen bzw. Aufbrechen von Wasserstoffbrückenbindungen* bewirken, wodurch einzel- und doppelsträngige DNA ineinander überführt werden kann (Hybridisierung, Denaturierung). Die vierte, bedeutendste und zugleich größte Gruppe bilden die *enzymatischen Reaktionen*, mit denen sich DNA auf vielfältige Weise rekombinieren lässt, indem die in der DNA gespeicherte Information gezielt modifiziert wird. Vorgestellt werden die Ligation, die Restriktionsspaltung, die Strangendenmodifikation, die Polymerisation sowie die Polymerase-Kettenreaktion. In die fünfte Gruppe werden Prozesse zur *Separation und Analyse von DNA* aufgenommen wie die Avidin-Biotin-Separation, die Gel-Elektrophorese und die im DNA-Computing häufig als Ausgabeoperation dienende Sequenzierung von DNA.

Neben der Beschreibung der chemischen bzw. physikalischen Grundlagen des jeweiligen Prozessablaufes wird auch dargelegt, wie sich die daraus resultierenden Labortechniken ausführen lassen. Einen besonderen Stellenwert nimmt die Analyse der *Seiteneffekte* ein, mit denen jeder molekularbiologische Prozess behaftet ist. Unter Seiteneffekten versteht man die nicht gezielt reproduzierbaren, sporadisch auftretenden und zumeist unerwünschten Wirkungen der Prozesse, die man beim DNA-Computing verhindern oder zumindest eindämmen bzw. kompensieren möchte. Eine abschließende Auswertung klassifiziert mögliche Seiteneffekte, nennt Methoden zu ihrem Nachweis und vergleicht die betrachteten Prozesse der einzelnen Gruppen hinsichtlich verschiedener Kriterien, die für die Konstruktion von DNA-Algorithmen wichtig sind.

4.1 DNA als Datenträger – Struktur und Eigenschaften

Die Nucleinsäuren gelten als Moleküle des Lebens, wobei der Begriff *Nuclein* davon abgeleitet ist, dass diese Substanzen erstmals in Zell*kernen* aufgrund ihrer Säureeigenschaften nachgewiesen wurden, jedoch ohne die gesamte chemische Struktur und die Funktion dieser Moleküle in der Zelle zu kennen. Außer DNA und RNA gehört auch PNA (Peptidnucleinsäure, peptide nucleic acid) zu dieser Stoffgruppe.

Im chemischen Sinne sind Nucleinsäuren strangartige Moleküle, die als *Polymere* bezeichnet werden. Darunter versteht man Stoffe, die sich aus einzelnen Bausteinen, den *Monomeren*, entsprechend eines definierten Aufbauprinzips zusammensetzen. Verschiedene Nucleinsäuren unterscheiden sich dadurch, welcher Satz an Monomeren jeweils zugrunde liegt und wie sich die einzelnen Bausteine chemisch zu einem Polymer verbinden können.

Prinzipiell eignen sich alle Polymere zur chemischen Kodierung von Informationen durch die räumliche Anordnung und Auswahl der Monomere. Damit die im Polymer gespeicherten Informationen gezielt gesetzt, verändert und ausgelesen werden können, bedarf es darauf abgestimmter, zuverlässig ausführbarer Methoden. Die Verwendung von DNA als Datenträger ist im Vergleich zu RNA, PNA und Mischformen derzeit am besten untersucht.

DNA kommt fast ausschließlich in Form von *DNA-Einzelsträngen* (Oligonucleotiden) und *DNA-Doppelsträngen* (Duplexen) vor. Unter speziellen Bedingungen können auch Triplexe und Quadruplexe auftreten, die in natürlicher DNA aber sehr selten sind und für das DNA-Computing keine Bedeutung haben.

4.1.1 DNA-Einzelstränge und ihre Primärstruktur

DNA-Einzelstränge bestehen aus einer linearen Abfolge (Kette) von *Nucleotiden*, die die monomeren Bausteine bilden. Jedes Nucleotid ist aus der Desoxyribose (einer Zuckerart), Phosphorsäure und einer Base aufgebaut. Man unterscheidet dabei vier mögliche Basen: Adenin, Cytosin, Guanin und Thymin. Die entsprechenden Nucleotide werden mit den Buchstaben A, C, G und T bezeichnet. Die Basen Adenin und Guanin werden durch den Oberbegriff Purin (Doppelringbasen) zusammengefasst, Cytosin und Thymin sind hingegen Pyrimidine (Einfachringbasen).

Definition 4.1 *Nucleotid*

Ein Nucleotid ist die kleinste informationstragende Einheit (monomerer Baustein) in DNA. Man unterscheidet die Nucleotide A, C, G und T.

Die einzelnen Nucleotide sind über Phosphodiesterbindungen zu einem Strang verknüpft. Jede Phosphodiesterbindung liegt zwischen zwei benachbarten Desoxyribosen. Die Desoxyribose ist ein Zucker, der eine ringförmige Struktur besitzt und fünf Kohlenstoffatome enthält. Die Positionen dieser Kohlenstoffatome innerhalb der Desoxyribose werden mit 1' bis 5' angegeben. Die Base ist an das 1'-Kohlenstoffatom kovalent gekoppelt. An das 3'- und das 5'-Kohlenstoffatom kann sich über Phosphodiester-Brücken jeweils eine weitere Desoxyribose anlagern, so dass eine Kette (ein Strang) entsteht. Die 3'- und die 5'-Bindungsstelle sind nicht nur

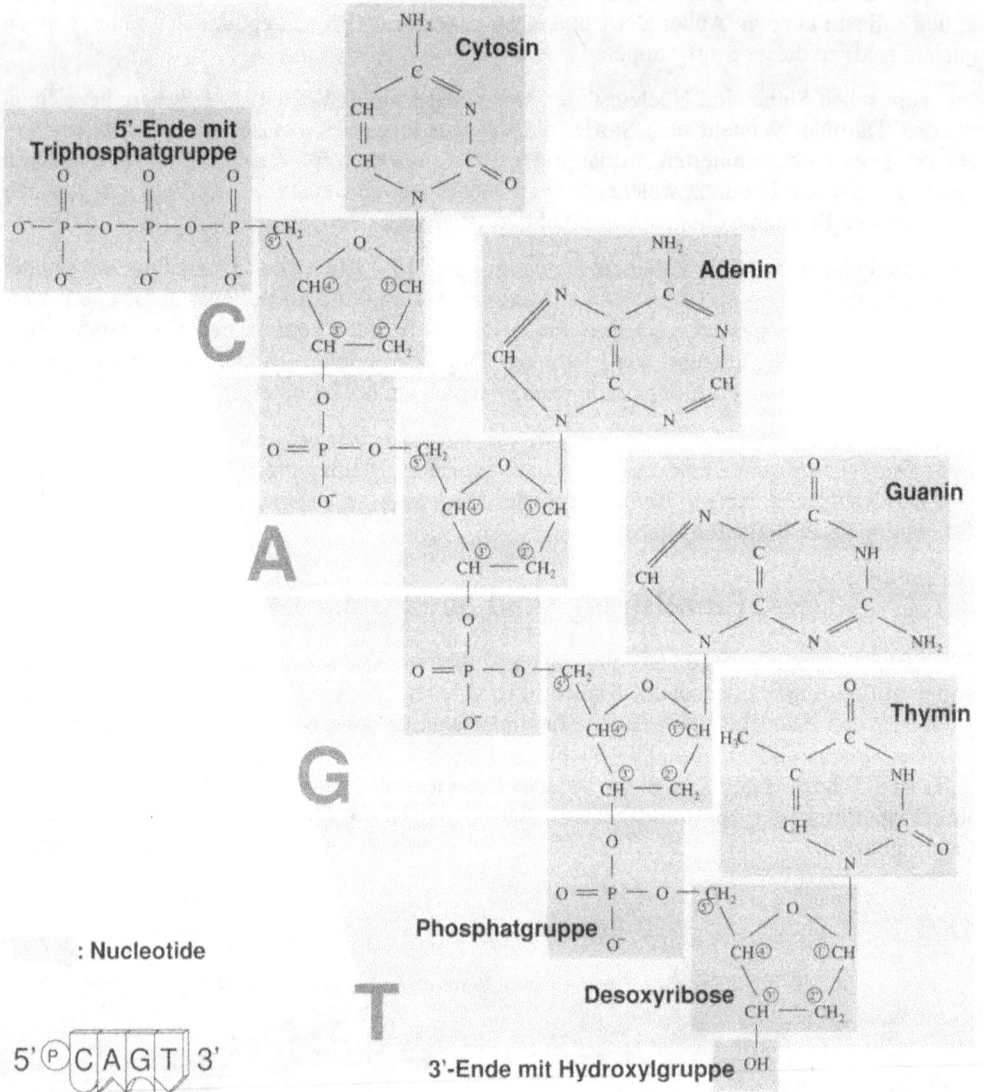

5'-Ende mit Triphosphatgruppe

Cytosin

Adenin

Guanin

Thymin

C

A

G

T

Phosphatgruppe

Desoxyribose

: Nucleotide

3'-Ende mit Hydroxylgruppe OH

5' P C A G T 3'

Abb. 4.1: *Primärstruktur des DNA-Einzelstranges 5'P-CAGT-3'*

räumlich voneinander getrennt, sie besitzen infolge der abweichenden Anordnung und Art der Atome in der lokalen Umgebung auch eine spezifische chemische Struktur. Man kann deshalb das *3'-Ende* und das *5'-Ende* eines DNA-Stranges voneinander unterscheiden. Dies bedeutet, dass DNA-Stränge gerichtet (orientiert) sind, wobei die 5'-3'-Richtung als *sense* und die 3'-5'-Richtung als *antisense* bezeichnet wird. Es ist üblich, Nucleotidsequenzen in 5'-3'-Richtung zu notieren.

An 5'- und 3'-Enden von DNA-Strängen können spezifisch bestimmte chemische Gruppen oder Moleküle kovalent angelagert bzw. abgebaut werden, so dass jedes Strangende entsprechend chemisch markiert ist. Die Enden natürlich vorkommender DNA sind mit *Phosphatgruppen* ($-PO_4$) oder *Hydroxylgruppen* ($-OH$) versehen. Ein DNA-Strangende, an das eine Hydroxylgruppe gekoppelt ist, wird als *freies Ende* bezeichnet, weil anstelle der Hydroxylgruppe leicht eine andere Strangendenmarkierung angebracht werden kann. Insbesondere für Analyseverfahren stehen hierfür zahlreiche Moleküle zur Verfügung, wie beispielsweise *Biotin* und verschiedene *Fluoreszenzmarker*.

Definition 4.2 *Strangendenmarkierung*

Chemische Gruppen oder Moleküle, die spezifisch an 5'- oder 3'-Enden von DNA-Strängen kovalent angelagert oder abgebaut werden können, bezeichnet man als Strangendenmarkierung.

Analog zu den Nucleotiden werden auch Strangendenmarkierungen durch Symbole bezeichnet, die zur kompakten Notation von DNA-Strängen dienen. Phosphatgruppen erhalten unabhängig von der Anzahl die Bezeichnung P und Biotin die Bezeichnung B. Freie Enden werden nicht gesondert gekennzeichnet. Die Bezeichnungen der Strangendenmarkierungen dürfen nicht mit ihren chemischen Strukturformeln verwechselt werden.

Die Sequenz (Abfolge) der Basen in der Nucleotidkette bestimmen gemeinsam mit den Strangendenmarkierungen die Information, die der entsprechende DNA-Einzelstrang enthält (kodiert). Ein DNA-Einzelstrang kann folglich durch seine Nucleotidsequenz und seine Strangendenmarkierungen charakterisiert werden. Die Angabe der Nucleotidsequenz muss jedoch mit der Angabe der Leserichtung (sense oder antisense) einhergehen, um Verwechslungen mit der reversen Sequenz auszuschließen. Die durch die kovalenten Bindungen stabilisierte Nucleotidsequenz mit den Strangendenmarkierungen kennzeichnet die *Primärstruktur* jedes DNA-Einzelstranges.

Definition 4.3 *DNA-Einzelstrang*

Ein DNA-Einzelstrang ist eine Sequenz der Nucleotide A, C, G und T. Die Enden der Nucleotidsequenz werden mit 5' und 3' angegeben. Jedes der beiden DNA-Einzelstrangenden trägt eine Strangendenmarkierung.

Die Abbildung 4.1 illustriert die Primärstruktur des DNA-Einzelstranges 5'P-CAGT-3'. An das 5'-Ende dieses Stranges ist eine Triphosphatgruppe angelagert, an das 3'-Ende eine Hydroxylgruppe.

Jede im DNA-Strang befindliche Phosphatgruppe ist elektrisch negativ geladen, erkennbar durch die O^- in Abbildung 4.1. Dies bewirkt eine elektrisch negative Ladung des gesamten DNA-Stranges und somit seine hohe Polarität.

4.1.2   DNA-Doppelstränge und ihre Sekundärstruktur

DNA-Stränge besitzen unter bestimmten Voraussetzungen die Fähigkeit zur Basenpaarung. Basenpaarung kann zwischen benachbarter einzelsträngiger DNA auftreten. Dabei bilden sich zwischen je zwei gegenüberliegenden Basen Wasserstoffbrückenbindungen aus. Die Basen Adenin und Thymin können sich paaren, wobei zwei Wasserstoffbrückenbindungen entstehen. Die Basen Cytosin und Guanin können sich ebenfalls paaren. Hierbei entstehen drei Wasserstoffbrückenbindungen. Andere Paarungsmöglichkeiten der Basen gibt es nicht.

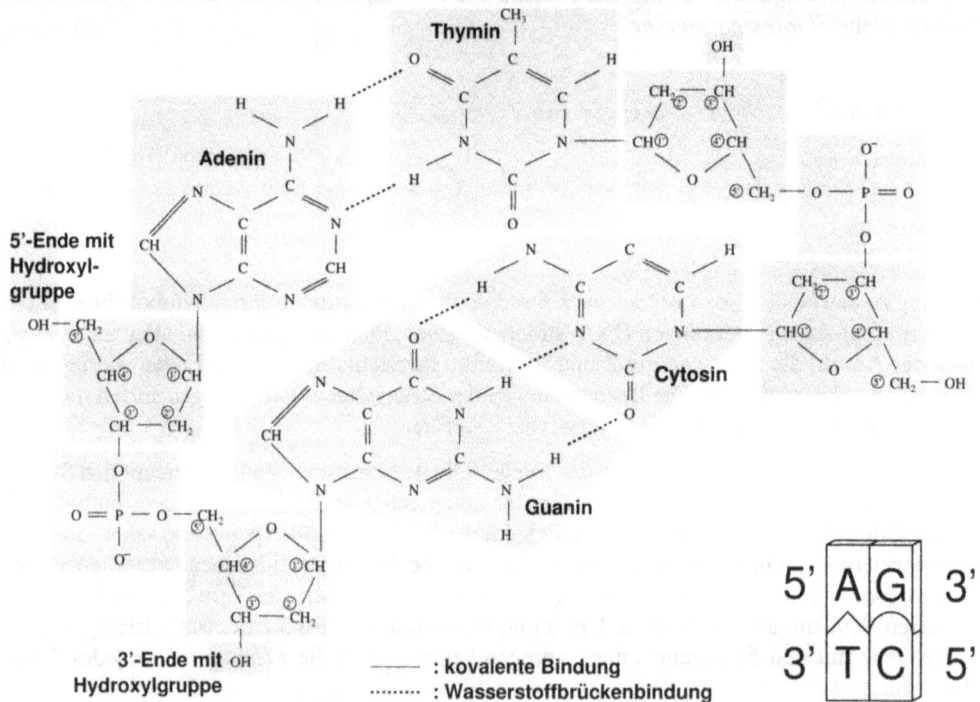

Abb. 4.2: *Basenpaarung im DNA-Doppelstrang* $\begin{smallmatrix} 5'-AG-3' \\ 3'-TC-5' \end{smallmatrix}$ *mit Kennzeichnung der Wasserstoffbrückenbindungen. An allen Strangenden sind Hydroxylgruppen angelagert.*

Eine Wasserstoffbrückenbindung ist eine thermisch instabile chemische Bindung, bei der sich jeweils zwei Atome ein Proton (H^+) teilen. Dieses Proton lässt sich als Brücke zwischen den beiden Atomen veranschaulichen. In DNA wird dieses Proton durch das an ein Sauerstoffatom (O) oder Stickstoffatom (N) kovalent gebundene Wasserstoffatom bereitgestellt. Auf der gegenüberliegenden Seite der Wasserstoffbrücke befindet sich entweder eine Amidgruppe ($-NH$) oder eine Carbonylgruppe ($-CO$). Eine Wasserstoffbrücke bildet sich aus, wenn sich das Proton und die gegenüberliegende Gruppe auf eine Entfernung von etwa $0,28$nm nähern. Die

Bindung ist dann am stärksten, wenn die beteiligten Atome auf einer Linie angeordnet sind. Die Bindungsenergie liegt zwischen 12 und 29kJ/mol und beträgt somit nur etwa ein Zehntel der Energie kovalenter Bindungen innerhalb der DNA. Die Wasserstoffbrücken zwischen Adenin und Thymin sowie zwischen Cytosin und Guanin sind in Abbildung 4.2 durch gestrichelte Linien dargestellt. Cytosin-Guanin-Paare sind stärker gebunden als Adenin-Thymin-Paare, da sie eine Wasserstoffbrückenbindung mehr besitzen.

Infolge der Möglichkeit zur Basenpaarung bezeichnet man die Nucleotide A und T sowie die Nucleotide C und G als komplementär. Nur komplementäre Nucleotide können sich über Wasserstoffbrückenbindungen zusammenlagern. Der DNA-Strang und die in ihm enthaltenen Wasserstoffbrücken kennzeichnen seine *Sekundärstruktur*.

Definition 4.4 *Komplementarität von Nucleotiden*

Die Nucleotide A und T sind zueinander komplementär, ebenso die Nucleotide C und G.

Die Betrachtung der Basenpaarung lässt sich von einzelnen Nucleotiden auf Nucleotidsequenzen ausdehnen. Zwei gleichlange DNA-Einzelstränge können derart beschaffen sein, dass sich *jede* Base des einen Stranges mit der gegenüberliegenden Base des anderen Stranges paart. Dabei entsteht ein zweisträngiges Band komplementärer Nucleotide, ein DNA-Doppelstrang. Beide Stränge verlaufen in entgegengesetzter Richtung, der eine Strang von 5' nach 3', der andere Strang von 3' nach 5'.

Die entgegengesetzte Ausrichtung von einzelsträngiger DNA wird durch den Begriff *antiparallel* beschrieben. Er charakterisiert insbesondere eine räumliche Lage zweier DNA-Einzelstränge zueinander. Viele molekularbiologische Prozesse können nur dann in der gewünschten Weise ablaufen, wenn die als Reaktionspartner fungierenden DNA-Stränge eine bestimmte räumliche Anordnung haben.

Definition 4.5 *antiparallel*

Entgegengesetzt ausgerichtete einzelsträngige DNA (ein Strang in 5'-3'-Richtung, der andere in 3'-5'-Richtung) wird als antiparallel bezeichnet.

Definition 4.6 *DNA-Doppelstrang*

DNA, bei der sich mehrere abschnittsweise antiparallel-komplementäre DNA-Einzelstränge (oder ein DNA-Einzelstrang mit sich selbst) durch Basenpaarung (Ausbildung von Wasserstoffbrücken) miteinander verbunden haben, wird als doppelsträngig bezeichnet, ein entsprechender DNA-Strang heißt DNA-Doppelstrang.

Jeder DNA-Doppelstrang weist mindestens ein durch Wasserstoffbrücken gebildetes Paar komplementärer Nucleotide auf. Die Beschaffenheit der äußeren Enden von DNA-Doppelsträngen

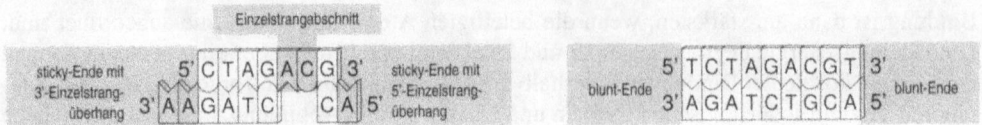

Abb. 4.3: *Beispiele für sticky-Enden, blunt-Enden, Einzelstrangüberhänge und Einzelstrangabschnitte bei DNA-Doppelsträngen in linearisierter Darstellung. Alle 5'- und 3'-Enden sind frei.*

beeinflussen den Ablauf zahlreicher molekularbiologischer Prozesse. Man unterscheidet äußere DNA-Doppelstrangenden mit und ohne *Einzelstrangüberhang*, wobei ein Einzelstrangüberhang durch eine zumeist sehr kurze ungepaarte Nucleotidsequenz an einem äußeren Doppelstrangende definiert ist, siehe Abbildung 4.3. DNA-Doppelstrangenden mit Einzelstrangüberhang werden als *sticky* (klebrig) bezeichnet, weil sie ein sehr effektives Zusammenfügen (Verkleben) von DNA-Doppelsträngen gestatten. DNA-Doppelstrangenden ohne Einzelstrangüberhang nennt man *blunt* (glatt).

Definition 4.7 *blunt-Ende*

Ein äußeres DNA-Doppelstrangende ist blunt, wenn es keinen Einzelstrangüberhang besitzt.

Definition 4.8 *sticky-Ende*

Ein äußeres DNA-Doppelstrangende ist sticky, wenn es einen Einzelstrangüberhang besitzt. Man unterscheidet hierbei 3'- und 5'-Einzelstrangüberhänge.

Neben Einzelstrangüberhängen können auch *Einzelstrangabschnitte* in DNA-Doppelsträngen vorkommen. Der in Abbildung 4.3 links dargestellte DNA-Doppelstrang setzt sich aus drei DNA-Einzelsträngen zusammen und hat beidseitig sticky-Enden mit 5'-Überhang sowie zusätzlich einen Einzelstrangabschnitt. Der rechts dargestellte DNA-Doppelstrang ist aus zwei über ihre gesamte Länge antiparallel-komplementären DNA-Einzelsträngen aufgebaut und endet beidseitig blunt.

Viele im DNA-Computing vorteilhaft eingesetzte DNA-Doppelstränge zeichnen sich durch eine vergleichsweise einfache Sekundärstruktur aus, die es ermöglicht, diese DNA-Doppelstränge *linearisiert* zu notieren. Hierfür wird vereinbart, dass die in den zweizeiligen Darstellungen mittels passgeformter Bausteine jeweils oben abgebildeten Einzelstränge eines DNA-Doppelstranges in 5'-3'-Richtung und die unteren in 3'-5'-Richtung notiert werden.

Definition 4.9 *linearer DNA-Strang*

Ein DNA-Strang heißt linear, wenn er ausschließlich aus einer Sequenz (linearen Abfolge) von Nucleotidpaaren und/oder Nucleotiden besteht, genau zwei äußere Enden besitzt und an keiner Stelle nichtkomplementär-antiparallel ausgerichtete Nucleotide enthält.

Die in der Abbildung 4.3 dargestellten DNA-Doppelstränge sind linear, ebenso DNA-Einzelstränge, innerhalb derer keine Wasserstoffbrücken existieren. Lineare DNA-Stränge werden im DNA-Computing bevorzugt benutzt und lassen sich durch viele molekularbiologische Prozesse gut verarbeiten.

Nichtlineare DNA-Doppelstränge entstehen häufig im Ergebnis einer nichtoptimal verlaufenden Basenpaarung, die zu so genannten *Basenfehlpaarungen* (Mismatches) führen kann. Bei der Zusammenlagerung mehrerer DNA-Einzelstränge zu einem DNA-Doppelstrang wird hierbei nicht die maximal mögliche Anzahl von Wasserstoffbrücken ausgebildet. Beispiele für nichtlineare DNA-Doppelstränge zeigt Abbildung 4.4.

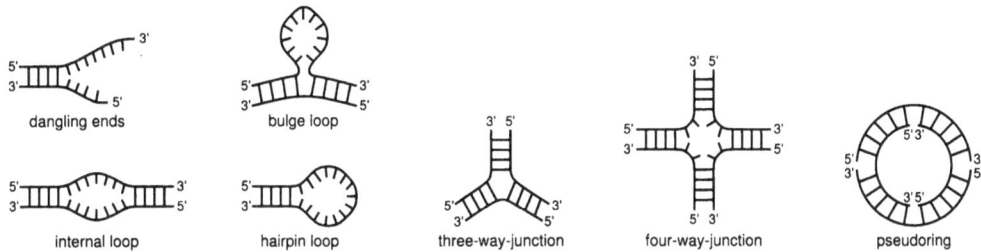

dangling ends   bulge loop

internal loop   hairpin loop   three-way-junction   four-way-junction   pseudoring

Abb. 4.4: *Beispiele für mögliche Sekundärstrukturen nichtlinearer DNA-Doppelstränge*

DNA-Einzelstränge, lineare DNA-Doppelstränge wie auch nichtlineare DNA-Doppelstränge werden mit dem Oberbegriff *DNA-Strang* bezeichnet.

4.1.3   DNA-Konformationen und Tertiärstruktur

Aus Zellen von Organismen gewonnene DNA-Doppelstränge bestehen aus genau zwei, über ihre gesamte Länge antiparallel-komplementären DNA-Einzelsträngen, bei denen sich alle Nucleotide zu Nucleotidpaaren verbunden haben, siehe Abbildung 4.5.

Die räumliche Struktur (*Tertiärstruktur*) dieser DNA-Doppelstränge hat die Form einer Doppelhelix: Die beiden antiparallel-komplementären DNA-Einzelstränge (Molekülbänder) sind um eine gemeinsame helikale (zentrale) Achse gewunden, so dass die Gestalt einer Spirale aus gestapelten, fortlaufend gedrehten Sprossen entsteht („verdrillte Sprossenleiter"). Die durch Wasserstoffbrücken zusammengehaltenen Basen gepaarter Nucleotide bilden jeweils eine Sprosse. Alle Atome der Basen einer Sprosse befinden sich in einer gemeinsamen Ebene, so dass die Basen als planar bezeichnet werden. In der Doppelhelix sind die Sprossen aus den planaren Basenpaaren nach innen gerichtet, während die Phosphat-Desoxyribose-Einheiten außen liegen und das Bandrückgrat formen. Die Doppelhelix repräsentiert den Kern des DNA-Modells von Watson/Crick ([WaCr_53]). Der linke Teil der Abbildung 4.5 zeigt ein Beispiel für eine DNA-Doppelhelix, deren räumliche Struktur vereinfacht dargestellt ist. Diese Struktur entsteht durch die Gesamtwirkung aller Bindungskräfte, wobei außer den kovalenten Bindungen und den Wasserstoffbrücken auch verschiedene Wechselwirkungen auftreten.

Die Doppelhelix beinhaltet eine Redundanz der in ihr gespeicherten Informationen, denn aus der Nucleotidsequenz des einen Einzelstranges kann die Nucleotidsequenz des antiparallel-

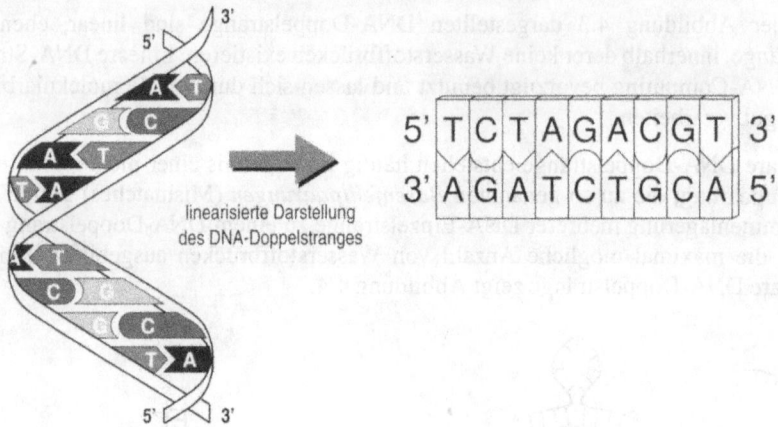

Abb. 4.5: *Beispiel einer DNA-Doppelhelix und vereinfachte (linearisierte) Darstellung des entsprechenden DNA-Doppelstranges durch passgeformte Nucleotidbausteine.*

komplementären Einzelstranges rekonstruiert werden. Dieser Umstand wird bei der DNA-Replikation ausgenutzt und ermöglicht eine nahezu fehlerfreie Weitergabe der Erbinformationen.

Die räumliche Anordnung der einzelnen Atome, aus denen ein Molekül zusammengesetzt ist, nennt man *Konformation*. Für die DNA-Doppelhelix sind drei mögliche Konformationen bekannt, die als *A-DNA*, *B-DNA* und *Z-DNA* bezeichnet werden. Abhängig von den physikalischen und chemischen Umgebungsbedingungen nimmt jeder DNA-Doppelstrang vollständig oder abschnittsweise eine dieser Konformationen ein und kann bei Änderung relevanter Umgebungsbedingungen in eine andere Konformation übergehen.

Die am häufigsten vorkommende Konformation von DNA in wässriger Lösung ist die B-DNA, auf der das DNA-Modell von Watson/Crick beruht. B-DNA stellt eine rechtsgängige Doppelhelix dar, deren mittlerer Durchmesser $2,37$nm beträgt. Eine Windung enthält 10 Basenpaare, so dass benachbarte Basenpaare auf der helikalen Achse jeweils um $36°$ gedreht sind. Die Längenausdehnung (Ganghöhe) einer Windung misst $3,54$nm. In der äußeren Gestalt der Doppelhelix wechseln sich so genannte kleine und große Furchen ab.

Die Konformation der A-DNA lässt sich beobachten, wenn die DNA dehydratisiert vorliegt, d.h. die relative Feuchtigkeit unter etwa 75% absinkt bzw. das Lösungsmittel eine geringere Polarität aufweist als die DNA. A-DNA ähnelt der B-DNA, sie ist ebenfalls rechtsgängig, erscheint aber gestauchter (Ganghöhe $2,53$nm, 11 Basenpaare pro Windung) und besitzt einen größeren mittleren Helixdurchmesser ($2,55$nm).

Das Auftreten von Z-DNA setzt einen hohen Salzgehalt des Lösungsmittels oder Abschnitte von alternierenden Pyrimidinen und Purinen voraus. Die im Gegensatz zur A-DNA und B-DNA linksgängigen Windungen führen zu einer Ganghöhe von $4,56$nm, einem mittleren Helixdurchmesser von $1,85$nm und 12 Basenpaaren pro Windung. In Z-DNA lassen sich große und kleine Furchen nicht signifikant unterscheiden, die äußere Form kann durch einen regelmäßigen Zickzackverlauf versinnbildlicht werden.

4.1.4   Eigenschaften von DNA-Strängen

DNA-Stränge verfügen über eine Reihe von Eigenschaften, die ihre Nutzung als Datenträger für ein Computingkonzept favorisieren:

- DNA-Stränge sind im Vergleich zu herkömmlichen Speichermedien sehr klein und durch ihre gewundene Struktur sehr kompakt. DNA erlaubt eine *Speicherdichte* von bis zu 10^{21} Basenpaaren pro Liter, das entspricht etwa 1 bit pro nm^3 ([Kari_97]).

- DNA-Stränge sind unter geeigneten Bedingungen beliebig lange konservierbar. Durch die *Langlebigkeit* eignet sich DNA somit auch als persistentes Speichermedium.

- DNA-Stränge können auch außerhalb von Zellen verarbeitet und aufbewahrt werden. Dies ermöglicht ein effizientes *in-vitro-Handling* im Labor.

- DNA-Stränge lassen sich leicht millionenfach duplizieren und auf mehrere Reagenzgläser verteilen. Auf diese Weise ist eine *redundante, dezentrale, verlustsichere Informationsspeicherung* möglich.

- DNA-Stränge können sehr *energieeffizient* verarbeitet werden ($2 \cdot 10^{19}$ molekulare Operationen pro Joule, [Kari_97]).

- DNA-Stränge sind *richtungsbehaftet*, was die Kodierung und Dekodierung von Daten in DNA-Sequenzen erleichtert und die Modellierung von DNA-Strängen durch Zeichenketten erlaubt.

- DNA-Stränge sind *elektrisch negativ geladen*, wodurch elektrophoretische Analysemethoden anwendbar sind.

- Die Enden von DNA-Strängen können *chemisch markiert* werden, indem dort geeignete chemische Gruppen oder Moleküle angelagert oder abgebaut werden. Dies erleichtert die Selektion und Separation von DNA-Strängen.

- Einfache Fehler in der DNA-Struktur (wie beispielsweise Strangbrüche) können unter geeigneten Bedingungen in bestimmtem Umfang effizient behoben werden. Hierdurch ist eine begrenzte *Reparaturfähigkeit* von DNA gegeben.

- DNA-Stränge lassen sich unter Verwendung einer Vielzahl spezifisch wirkender Enzyme rekombinieren (verarbeiten), wodurch ein *großes Spektrum an molekularbiologischen Prozessen* existiert.

- Sowohl die *Synthese* als auch die *Sequenzbestimmung* von DNA-Einzelsträngen sind möglich. Es existiert somit ein Instrumentarium zur Kodierung und Visualisierung von DNA-Daten.

- DNA-Stränge sind in hohem Maße *recyclingfähig* und *wiederverwendbar*. Dadurch wird eine *umweltfreundliche* und *verschleißfreie* Informationsverarbeitung und -speicherung erreicht.

4.2   Allgemeine Grundsätze zum laborpraktischen Umgang mit DNA

Die weiterführend als *DNA-Operationen* bezeichneten molekularbiologischen Prozesse des DNA-Computing werden laborpraktisch meist in einem Reagenzglas (synonym: Reaktions-gefäß, Test Tube) ausgeführt, wofür sich der Begriff *in vitro* etabliert hat. Im Gegensatz da-zu steht der Begriff *in vivo*, der Abläufe in der lebenden Zelle charakterisiert. Ein Reagenz-glas kann eine beliebig große, aber endliche Menge von DNA-Strängen enthalten, die dort im Allgemeinen in wässriger Lösung vorliegen. Übliche Reaktionsansätze beinhalten bis zu et-wa 20nmol DNA, die in bis zu etwa 2ml Reinstwasser gelöst sind[1]. Jeder DNA-Strang wird durch eine Vielzahl identischer Moleküle repräsentiert, wobei deren Anzahl gewöhnlich in der Größenordnung von mehreren Millionen liegt. Dadurch ist eine hohe Redundanz der Informa-tionsspeicherung gewährleistet. In den nachfolgenden Beispielabbildungen, die die Wirkungen der DNA-Operationen illustrieren, wird jedoch zumeist nur *ein* Exemplar identischer DNA-Stränge angegeben.

Die Eingangsoperanden einer DNA-Operation liegen als Menge von DNA-Strängen in einem Reagenzglas vor, wobei jede DNA-Operation idealerweise gleichzeitig auf die Gesamtheit aller DNA-Stränge in diesem Reagenzglas wirkt. Im Ergebnis entsteht ein modifizierter Reagenz-glasinhalt. DNA-Operationen sind somit *massiv datenparallel*.

DNA-Operationen sind parameterbehaftet. Über die Belegung von Parametern erfolgt die Pro-zesssteuerung. Typische Parameter sind Ausgangsstoffe und ihre Konzentrationen, Reihenfolge und Zeitpunkte ihrer Zusammenführung, der Temperatur-Zeit-Verlauf des Reaktionsansatzes, pH-Wert sowie von außen einwirkende Kräfte (z.B. Schütteln, Zentrifugieren, Durchmischen und Ruhelage). Neben den Parametern gibt es auch eine Reihe unkontrollierbarer Einfluss-größen, welche die Reproduzierbarkeit von DNA-Operationen beeinträchtigen und die Sei-teneffektanfälligkeit bedingen. Durch die Konstruktion des Versuchsaufbaus als möglichst ge-schlossenes System, eine Parameteroptimierung sowie Kontrollexperimente ist man bestrebt, die Seiteneffektanfälligkeit zu minimieren. Dazu tragen insbesondere eine gründliche Vorabpla-nung aller Arbeitsschritte einschließlich ihres Zusammenwirkens sowie eine sterile und präzise Arbeitsweise bei, die Verunreinigungen der verwendeten Materialien weitestgehend vermeidet. Alle für die Ausführung von DNA-Operationen notwendigen laborpraktischen Arbeitsschritte werden unter detaillierter Angabe aller beeinflussbaren Parameter in einem Abarbeitungsproto-koll erfasst, um eine möglichst exakte Wiederholung des Ablaufs zu einem späteren Zeitpunkt oder an einem anderen Ort zu gewährleisten.

Eine hinreichend große Menge konzentrierter reiner DNA erscheint dem Betrachter als wei-ßes Pulver. DNA, die als Eingangsoperand für DNA-Operationen dient oder das Ergebnis von Operationsausführungen repräsentiert, lässt sich in wässriger Lösung unter geeigneten Bedin-gungen über längere Zeiträume in vitro aufbewahren. Die DNA wird hierfür durch Zugabe von Reinstwasser gelöst, wobei sich die Menge des eingesetzten Reinstwassers nach der angestreb-ten Zielkonzentration richtet. Größere DNA-Vorräte konserviert man vorteilhaft als so genannte Stock-Solutions, die gewöhnlich eine DNA-Konzentration in verschiedenen Stufen zwischen

[1]Die Stoffmenge 1mol umfasst etwa $6,0221367 \cdot 10^{23}$ DNA-Moleküle. Dieser Wert ergibt sich unmittelbar aus der Avogadroschen Konstante $N_A = 6,0221367 \cdot 10^{23} \text{mol}^{-1}$, die als Proportionalitätsfaktor zwischen der Molzahl der Stoffmenge und der Molekülanzahl definiert ist. Eine Stoffmenge von 20nmol enthält folglich ungefähr $1,2 \cdot 10^{16}$ DNA-Moleküle.

einigen $\frac{mmol}{l}$ und etwa $1\frac{\mu mol}{l}$ aufweisen. Die wässrige DNA-Lösung wird in einem gut ver-
schließbaren Reagenzglas, das gewöhnlich aus durchsichtigem Kunststoffmaterial mit Deckel
besteht, bereitgestellt und zur längerfristigen Aufbewahrung in einem Gefrierschrank bei einer
Temperatur von $-20°C$ oder darunter tiefgefroren. Durch diese Temperatur wird verhindert,
dass eventuell als Verunreinigung in der wässrigen Lösung befindliche Stoffe (wie beispielsweise Enzyme) unerwünschte Reaktionen auslösen oder fördern können, die die DNA modifizieren. Zusätzlich ist die DNA im Gefrierschrank auch keinen Umwelteinflüssen ausgesetzt,
die zu Veränderungen der DNA führen können, wie beispielsweise radioaktive Strahlung. Da
die DNA außerhalb lebender Zellen nicht mehr durch entsprechende natürlich ablaufende Re-
paraturmechanismen geschützt ist, kommt der sorgfältigen Einhaltung DNA-konservierender
Bedingungen eine hohe Bedeutung zu.

Bei der Ausführung von DNA-Operationen im molekularbiologischen Labor treten bestimmte
elementare Arbeitsschritte häufig und wiederkehrend auf:

Auftauen/Bereitstellen der wässrigen DNA-Lösung: Im Vorfeld einer Verarbeitung von
DNA in wässriger Lösung wird der tiefgefrorene Reagenzglasinhalt bei Raumtemperatur aufgetaut und das Reagenzglas anschließend in einer mit Eiswürfeln gefüllten Wan-
ne bereitgehalten. Die Eiswanne stellt sicher, dass die Reagenzglasinhalte zwischen den
einzelnen Arbeitsschritten bei einer Temperatur knapp über $0°C$ in flüssigem Zustand
gehalten werden.

Pipettieren: Mit Hilfe des Pipettierens lassen sich Reagenzglasinhalte vollständig oder teilweise von einem Reagenzglas in ein anderes Reagenzglas überführen. Moderne Pipetten
gestatten es, das aufzunehmende Volumen vor dem Ansaugen genau einzustellen. Nach
jedem Pipettiervorgang auswechselbare Pipettenspitzen aus Einwegmaterial ermöglichen
ein steriles Arbeiten. Die Pipettenspitzen sind so beschaffen, dass das angesaugte Volumen auch möglichst vollständig wieder abgegeben werden kann und kaum Reste in der
Pipettenspitze verbleiben. Einwegspitzen werden nach Abschluss jedes Pipettiervorgan-
ges in einen Entsorgungbehälter abgeworfen.

Zentrifugieren: In Flüssigkeiten gelöste Stoffe können durch Zentrifugieren nach ihrer Dichte
und Teilchengröße räumlich getrennt werden. Ebenso lassen sich unlösliche Bestandteile aus Flüssigkeiten separieren. Die entsprechenden Geräte (Zentrifugen) besitzen einen
kreisförmigen Rotor, in den eine bestimmte Anzahl von Reagenzgläsern radial mit ihren
Böden nach außen gerichtet eingesteckt werden kann. Beim Zentrifugieren dreht sich
der Rotor sehr schnell um den Kreismittelpunkt, wodurch infolge der Fliehkräfte die in
den Reagenzgläsern enthaltenen Stoffe umso stärker in Richtung des Reagenzglasbodens
gedrückt werden, je höher ihre Dichte und Teilchengröße ist. Bei der Bestückung des
Rotors ist auf eine genaue Tarierung zu achten, damit keine Unwucht entsteht, die zu
Beschädigungen an der Zentrifuge führen kann. Moderne Tischzentrifugen (Ultrazentri-
fugen) mit Einsätzen für 2ml-fassende Einwegtubes erlauben frei wählbare Rotationsge-
schwindigkeiten bis etwa 12 000rpm (Umdrehungen pro Minute, rotations per minute).
Das Zentrifugieren dauert bei der DNA-Separation von Fremdstoffen üblicherweise zwischen wenigen Sekunden und einigen Minuten. Wird durch Zentrifugieren eine Flüssigkeit in mehrere Schichten (Phasen) aufgeteilt, so nennt man die am Boden des Reagenzglases befindliche Schicht *Unterstand* und die am entgegengesetzten Ende der Flüssig-
keitssäule liegende oberste Schicht *Überstand*. Angesammelte unlösliche Bestandteile

aus Flüssigkeiten heißen *Pellet*. Unterstände, Überstände wie auch Pellets können nach dem Zentrifugieren gesondert abpipettiert werden.

Vortexen/Schütteln: Um Reagenzien innerhalb der wässrigen Lösung im Reagenzglas möglichst gleichmäßig zu verteilen und eine gute Durchmischung zu erzielen, vortext bzw. schüttelt man die dabei gut verschlossenen Reagenzgläser. Das Vortexen geschieht mit Hilfe eines Gerätes, das über einen exzentrisch gelagerten Gummistutzen verfügt, der nach innen gewölbt ist und auf den man per Hand ein Reagenzglas gut aufpressen kann. Beim Vortexen wird der Gummistutzen in Rüttelbewegungen versetzt, die sich auf das aufgepresste Reagenzglas übertragen. Die Intensität der Rüttelbewegungen kann am Gerät variiert werden. Das Schütteln von Reagenzgläsern erfolgt in der Regel von Hand. Beide Vorgänge dauern nur wenige Sekunden. Wenn sich nach dem Vortexen bzw. Schütteln separate Flüssigkeitstropfen an den Innenwänden des Reagenzglases gebildet haben, empfiehlt sich ein sehr kurzes Zentrifugieren mit niedriger Rotationsgeschwindigkeit (short spin), um die einzelnen Tropfen am Reagenzglasboden wieder zusammenzuführen.

Inkubieren: Viele biochemische Reaktionen erfordern einen vorgegebenen Temperatur-Zeit-Verlauf, damit sie in der gewünschten Weise ablaufen. Insbesondere Enzyme (Biokatalysatoren) besitzen spezifische Temperaturen, bei denen sie optimal wirken. Die Zeitspanne, in der die zusammengeführten Stoffe miteinander reagieren und die entsprechenden chemischen Bindungen umgebaut werden, heißt Inkubation. Gerätetechnisch wird das Inkubieren durch geeignete Heiz- und Kühlaggregate ermöglicht, die Reagenzgläser aufnehmen können und diese einer zuvor eingestellten Temperatur bzw. einem weitgehend frei vorgebbaren Temperatur-Zeit-Verlauf aussetzen. Manche Geräte gestatten zusätzlich auch ein kontinuierliches Bewegen der Reagenzgläser, damit deren Inhalt ständig durchmischt wird. Die Dauer des Inkubierens ist sehr reaktionsspezifisch und liegt meist zwischen wenigen Minuten und einem Tag.

Weiterführend werden die für das DNA-Computing relevanten DNA-Operationen im Einzelnen beschrieben und anhand von Beispielen illustriert. Für viele DNA-Operationen existieren mehrere Begriffe, die aus der historischen Entwicklung der Methoden und ihrer Anwendungen entstanden sind. In den Definitionen der DNA-Operationen werden die synonymen Begriffe aufgezählt, die Operation selbst aber nach der international üblichen Bezeichnung benannt.

4.3   Gewinnen von DNA

Die Bereitstellung geeigneter DNA ist Voraussetzung, um DNA-Computing laborpraktisch betreiben zu können. Die zu verarbeitenden Daten müssen in Form von DNA-Strängen kodiert und diese DNA-Stränge anschließend in der erforderlichen Exemplaranzahl gewonnen werden. Prinzipiell gibt es zwei Strategien zur Gewinnung von DNA: Die *DNA-Einzelstrangsynthese* ermöglicht die Erzeugung von DNA-Einzelsträngen mit frei wählbarer Nucleotidsequenz und Exemplaranzahl bis zu einer Länge von etwa 100 Basen. Im Gegensatz dazu kann man alternativ auch DNA aus Trägerorganismen isolieren. Unterschieden wird hierbei, ob die DNA aus den Zellkernen entnommen wird – wie bei der DNA-Gewinnung aus Gewebe bzw. Blut – oder nicht aus dem Zellkern stammt, was zum Beispiel bei Plasmid-DNA der Fall ist. Bei der *DNA-Isolation aus Trägerorganismen* erhält man zumeist doppelsträngige DNA, deren Nucleotidpaarsequenz durch den Träger bestimmt ist.

4.3.1 DNA-Einzelstrangsynthese

Definition 4.10 *Synthesis, DNA-Einzelstrangsynthese, Oligonucleotidsynthese*

Unter Synthesis versteht man das Erzeugen von DNA-Einzelsträngen mit frei wählbarer Nucleotidsequenz und in der Größenordnung vorgebbarer Exemplaranzahl. Die Enden der DNA-Einzelstränge sind mit Hydroxylgruppen markiert.

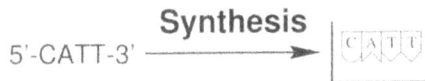

Abb. 4.6: Beispiel für Synthesis

Die ersten erfolgreichen Bestrebungen, DNA-Einzelstränge künstlich herzustellen, liegen mehr als 30 Jahre zurück. Heute gibt es eine Reihe unterschiedlicher Verfahren, von denen sich die im Jahr 1975 durch eine Forschergruppe um Letsinger veröffentlichte Methode durchsetzen konnte ([LFHL_75]). Mit ihr lassen sich DNA-Einzelstränge bis zu etwa 100 Nucleotiden in großer Reinheit (weniger als 5% fehlerhafte Stränge) generieren. Die Synthese erfolgt in antisense-Richtung. Das Verfahren arbeitet nach dem Prinzip der wachsenden Kette: Fixiert an einem Glasträger wird jeder DNA-Einzelstrang beginnend am 3'-Ende zyklisch Nucleotid für Nucleotid aufgebaut, siehe Abbildung 4.7.

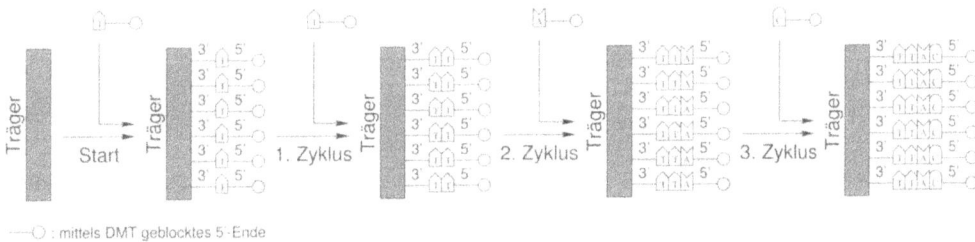

: mittels DMT geblocktes 5'-Ende

Abb. 4.7: DNA-Einzelstrangsynthese – Beispiel für das Prinzip der wachsenden Kette

Zum Anfügen eines neuen Nucleotids dient ein Zyklus, der aus vier Reaktionsschritten (Detritylation, Coupling, Capping und Oxidation) besteht. Die 5'-Enden der in die wachsenden Ketten integrierten Nucleotide sind chemisch mittels Dimethoxytrityl-Gruppen (DMT) geblockt, um Nucleotid-Mehrfachanlagerungen an die gleiche Kette innerhalb eines Zyklus zu verhindern. Der erste Schritt, die *Detritylation*, hat die Aufgabe, das 5'-DMT abzuspalten und auszuschwemmen. Im zweiten Schritt, dem *Coupling*, wird jeweils ein neues, 5'-DMT-geblocktes Nucleotid an die 5'-Enden der wachsenden Ketten angefügt. Bei der Ausführung des Coupling kann der unerwünschte Seiteneffekt auftreten, dass sich an manche 5'-Enden kein neues Nucleotid anlagert. Die beim Coupling freigebliebenen 5'-Enden werden im dritten Schritt, dem *Capping*, chemisch deaktiviert, damit sich dort in keinem nachfolgenden Zyklus noch neue Nucleotide anlagern können. Die durch das Capping deaktivierten DNA-Einzelstränge sind als

Syntheseprodukt verloren. Der vierte Schritt dient zum Stabilisieren der Bindung zwischen den Nucleotiden. Er wird durch Anlagern eines Sauerstoffatoms an die zwischen den Desoxyribosen befindlichen Phosphatgruppen realisiert und als *Oxidation* bezeichnet. Abbildung 4.8 illustriert die Schritte jedes Zyklus.

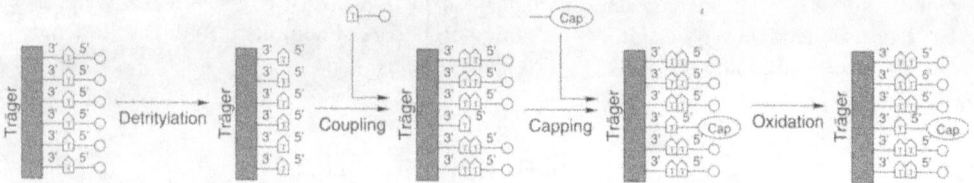

Abb. 4.8: *DNA-Einzelstrangsynthese – Beispiel für die Schritte innerhalb jedes Zyklus*

Nach der Abarbeitung aller Zyklen erfolgen drei abschließende Arbeitsschritte, die als Deprotection, Cleavage und Purification bezeichnet werden. Die *Deprotection* bewirkt das Entblocken der 5'-Enden, wobei das DMT entfernt und durch Hydroxylgruppen ersetzt wird. Mit Hilfe des *Cleavage* löst man die DNA-Einzelstränge vom Glasträger ab und markiert die 3'-Enden ebenfalls mit Hydroxylgruppen. Die *Purification* sondert die gewünschten DNA-Einzelstränge von Reaktionsresten und DNA-Einzelsträngen fehlerhafter Längen ab. Im Ergebnis liegen DNA-Einzelstränge der gewünschten Nucleotidsequenz und Exemplaranzahl in einem gemeinsamen Reagenzglas in wässriger Lösung vor, siehe Abbildung 4.9.

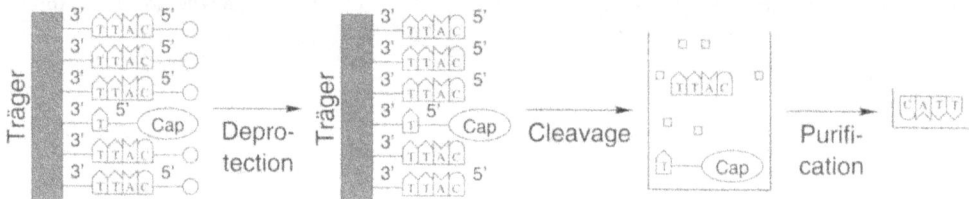

Abb. 4.9: *DNA-Einzelstrangsynthese – Beispiel für die abschließenden Schritte nach Zyklenabarbeitung*

Es sind Geräte verfügbar, die die DNA-Einzelstrangsynthese vollautomatisch übernehmen können. Die Ausbeute eines Synthesevorganges beträgt etwa 20nmol DNA. Das Hauptanwendungsgebiet liegt in der Bereitstellung von Primern (kurzen DNA-Einzelsträngen einer Länge von etwa 20 Basen) für Polymerase-Kettenreaktionen. Die DNA-Einzelstrangsynthese gilt allgemein als zuverlässig. Im Hinblick auf den Einsatzzweck DNA-Computing sind folgende Seiteneffekte relevant:

- Neben den korrekt synthetisierten DNA-Einzelsträngen kann ein geringer Anteil zu kurzer DNA-Einzelstränge (hervorgerufen durch fehlende Nucleotide, so genannte Aussparungen (*Deletions*)) die Purification überdauern und im finalen Reagenzglas vorliegen.

- Ein geringer Anteil der synthetisierten DNA-Einzelstränge kann Abweichungen in der Nucleotidsequenz (bezüglich der Sequenzvorgabe falsch eingebaute Nucleotide, in Anlehnung an den vergleichbaren Effekt bei genomischer DNA als *Punktmutationen* bezeichnet) aufweisen.

- Verunreinigungen durch die verwendeten Chemikalien können in der DNA-Lösung verbleiben.

- Es können zu wenig Strangexemplare erzeugt werden (zu niedrige DNA-Konzentration), so dass nicht genügend DNA-Material für Folgeoperationen zur Verfügung steht.

4.3.2 DNA-Isolation aus Organismen

DNA, die aus Organismen gewonnen wird, kann in ihren für das DNA-Computing relevanten Eigenschaften wie Nucleotidpaarsequenz, Stranglänge und Struktur stark variieren. Entsprechend ihrer Herkunft unterscheidet man *genomische* DNA, *Plasmid*-DNA und *virale* DNA.

Genomische DNA stammt aus Zellkernen und wird hauptsächlich aus Gewebe, Blut, Zellkulturen, Pflanzen, Hefen und Bakterien isoliert. Im Ergebnis liegen lineare DNA-Doppelstränge ohne Einzelstrangabschnitte vor, deren Länge sehr groß ist und mehr als 200 000 Basenpaare betragen kann. Aus diesem Grund wird genomische DNA häufig als *hochmolekular* bezeichnet. Die Vorgehensweise bei der DNA-Isolation ist trotz der Vielfalt an Trägerorganismen sehr ähnlich. Im ersten Arbeitsschritt müssen die Zellwände aufgeschlossen (zersetzt) und die in der Zelle enthaltenen Proteine abgebaut werden. Man realisiert diesen Schritt meist durch enzymatisch katalysierte Reaktionen, bei denen auf den Trägerorganismus abgestimmte Enzyme (wie beispielsweise Proteinasen oder Lysozyme) zum Einsatz kommen. Anschließend erfolgt in einem zweiten Schritt die Reinigung der DNA von zusätzlich in der wässrigen Lösung befindlichen Fremdstoffen sowie das Abtrennen eventuell noch an der DNA anheftender Verunreinigungen wie Proteine, aber auch RNA. Die während der Arbeitsschritte z.B. durch das Pipettieren und Zentrifugieren einwirkenden Scherkräfte können die hochmolekulare DNA unspezifisch in kürzere Fragmente einiger zehntausend Basenpaare zerreißen.

Unter Plasmiden versteht man DNA, die in Mikroorganismen außerhalb der Zellkerne vorkommt und zumeist in Form von doppelsträngigen DNA-Ringen auftritt. Diese spezielle nichtlineare Struktur wird auch als *zirkuläre* DNA bezeichnet. Ein Plasmid enthält im Allgemeinen zwischen 2 000 und mehreren zehntausend Basenpaaren. Aufgrund dieser im Vergleich zu genomischer DNA deutlich geringeren Länge nennt man Plasmid-DNA *niedermolekular*. Da lineare Abschnitte aus Plasmiden laborpraktisch leicht herausgetrennt sowie durch andere lineare DNA-Abschnitte ersetzt werden können und sich darüber hinaus Plasmide in bestimmten Bakterien gut vermehren lassen, haben Plasmide eine große Bedeutung bei der Klonierung. Die die Plasmide tragenden Bakterien werden in Bakterienkulturen aufgezogen und bis zur gewünschten Größe vermehrt. Zur Isolierung der Plasmide werden die Bakterien zunächst durch bestimmte anorganische Basen (z.B. Natriumhydroxid) aufgebrochen (alkalisch lysiert), wobei gleichzeitig auch die enthaltene doppelsträngige DNA einschließlich der Plasmid-DNA durch Abbau der Wasserstoffbrücken in ihre einzelsträngigen Bestandteile zerfällt. Die anschließende Zugabe von neutralisierendem Kaliumacetat bewirkt, dass sich die niedermolekulare DNA wieder zu Doppelstrang-Ringen zusammenlagert und sich in der Flüssigkeit löst, während die hochmolekulare DNA gemeinsam mit den weiteren verunreinigenden Bakterienbestandteilen ungelöst bleibt. Durch Zentrifugieren können die ungelösten Bestandteile abgesondert werden, so dass eine gereinigte wässrige Lösung mit den Plasmiden vorliegt.

Virale DNA gewinnt man zumeist aus Bakteriophagen, die entweder in Flüssigkultur oder auf Agarplatten in Bakterienkulturen vermehrt werden. Die Länge der linearen DNA-

Doppelstränge beträgt etwa 50 000 Basenpaare. Die Isolierung der viralen DNA erfordert mehrere Stufen. In der ersten Stufe erfolgt die Trennung der Bakteriophagen von den Bakterien, indem die Bakterien aufgebrochen (lysiert) werden und die bakterielle DNA enzymatisch abgebaut wird. Die darauffolgende Stufe separiert die Bakteriophagen durch Zentrifugieren und Aufnehmen des dabei entstehenden Pellets. In der dritten Stufe werden die Bakteriophagen aufgeschlossen (enzymatisch lysiert) und die wässrige Lösung in weiteren Stufen schrittweise gereinigt sowie verbliebene an der DNA haftende Verunreinigungen entfernt.

In Bezug auf die Weiterverwendung der aus Trägerorganismen isolierten DNA für das DNA-Computing sind folgende Seiteneffekte relevant:

- Verunreinigungen (insbesondere durch Fremdstoffe, verwendete Chemikalien, Restbestandteile aus den Trägerorganismen und eingesetzte Enzyme) können in der wässrigen DNA-Lösung verbleiben und Folgeoperationen beeinflussen.

- Die gewonnene DNA kann Unspezifitäten (Inhomogenitäten) aufweisen. Dies bedeutet, dass die in ein und demselben Reagenzglas vorliegenden DNA-Stränge unterschiedliche Struktur, Länge und Nucleotidpaarsequenzen besitzen können, die durch Fehler bei der DNA-Replikation in den Organismen im Vorfeld der DNA-Isolation noch zusätzlich differieren können. Fehler bei der DNA-Replikation führen zu *Punktmutationen*, *Deletions* und *Insertions*. Bei Punktmutationen ist an bestimmten Stellen im Strang ein Nucleotid oder Nucleotidpaar durch ein anderes ersetzt, das von dem Nucleotid oder Nucleotidpaar an der gleichen Position in anderen Exemplaren dieses Stranges abweicht. Eine Deletion ist eine Auslassung (Fehlen) eines Nucleotid- oder Nucleotidpaarsequenz-Abschnittes. Bei einer Insertion hingegen liegt ein zusätzlich eingefügter Abschnitt vor.

Basenfehlpaarungen sind bei doppelsträngiger DNA aus Organismen sehr selten.

4.4   Mischen und Aufteilen von DNA in wässriger Lösung

Das Zusammenstellen von DNA-Pools in wässriger Lösung gehört zu den einfachsten, seiteneffektärmsten und laborpraktisch am schnellsten ausführbaren DNA-Operationen, weil keine chemischen Bindungen in den DNA-Strängen verändert werden und auch keine Separation der DNA-Stränge nach spezifischen Kriterien erfolgt. DNA-Operationen in dieser Klasse sind das *Mischen* von DNA-Pools in wässriger Lösung (Vereinigung, Union) sowie das *Aliquotieren* (Aufteilen, Split).

4.4.1   Vereinigung

Definition 4.11 *Union, Merging, Mixing, Mischen, Vereinigung*

Unter Union versteht man das Zusammenführen mehrerer Reagenzglasinhalte in ein gemeinsames Reagenzglas.

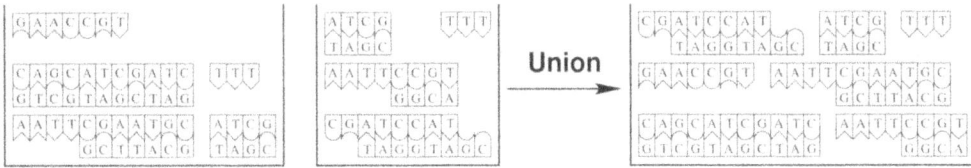

Abb. 4.10: *Beispiel für Union*

Üblicherweise werden zur Ausführung der Operation die zu vereinigenden Reagenzglasinhalte nacheinander mittels einer Pipette aufgesaugt, in das Ergebnisreagenzglas überführt und anschließend der Ergebnisreagenzglasinhalt gründlich durchmischt, um einer DNA-Clusterung vorzubeugen.

Folgende Seiteneffekte sind bei Operationsanwendung im DNA-Computing signifikant:

- DNA-Reste können in den Eingangsreagenzgläsern zurückbleiben und stehen im Ergebnisreagenzglas nicht zur Verfügung.

- DNA-Clusterungen im Ergebnisreagenzglas können dazu führen, dass nachfolgende Reaktionen unvollständig und ineffizient ablaufen, weil sich die Reaktionspartner nicht in räumlicher Nähe zueinander befinden.

- Verunreinigungen eines einzelnen Eingangsreagenzglases können das gesamte Ergebnisreagenzglas kontaminieren.

4.4.2   Aliquotierung

Definition 4.12   *Split, Aufteilen, Aliquotierung*

Unter Split versteht man das Aufteilen eines Reagenzglasinhaltes in mehrere Reagenzgläser.

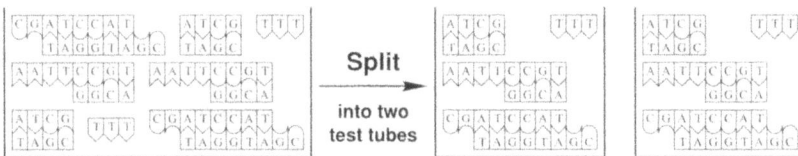

Abb. 4.11: *Beispiel für Split. Im Eingangsreagenzglas liegen von jedem enthaltenen DNA-Strang genau zwei Exemplare vor. Der Reagenzglasinhalt wird hier in idealer Gleichverteilung der DNA-Strangexemplare auf zwei Reagenzgläser aufgesplittet.*

Zur Ausführung dieser DNA-Operation wird zunächst die wässrige DNA-Lösung im Reagenzglas durchmischt (durch mehrmaliges vorsichtiges Ansaugen und Zurückgeben des Reagenzglasinhaltes mit einer Pipette), danach durch Pipettieren der gewünschte Volumenanteil wässrige DNA-Lösung entnommen und in einem anderen, leeren Reagenzglas wieder abgelegt. Das

Durchmischen zu Beginn der Operationsausführung hat die Herstellung einer Gleichverteilung der DNA im Volumen der wässrigen Lösung zum Ziel und beugt DNA-Clusterungen vor.

Das Aliquotieren realisiert eine annähernde Gleichverteilung der DNA-Strangexemplare in die einzelnen Reagenzgläser entsprechend der überführten Volumina. Diese Volumina lassen sich auch so bemessen, dass der ursprüngliche Reagenzglasinhalt vollständig und gleichmäßig auf 2, 3 oder beliebig viele Reagenzgläser verteilt wird.

Folgende Seiteneffekte können beim Aliquotieren auftreten:

- Es ist ein Verlust von DNA-Strängen möglich, die in den Pipettenspitzen verbleiben und nicht in das jeweilige Zielreagenzglas gelangen.

- Abweichungen der Gleichverteilung bzw. eine nicht proportionale Aufteilung der Strangexemplare entsprechend der Volumenanteile in die einzelnen Reagenzgläser können vorkommen.

- Verunreinigungen des ursprünglichen Reagenzglasinhaltes können sich auf alle einbezogenen Reagenzgläser übertragen.

Sowohl Union als auch Split sind laborpraktisch physikalische Prozesse und keine molekularbiologischen Reaktionen, denn es werden in beiden Fällen keine chemischen Bindungen umgebaut.

4.5 Knüpfen und Aufbrechen von Wasserstoffbrückenbindungen

DNA kann in Form von DNA-Einzelsträngen und DNA-Doppelsträngen vorliegen. Beide Formen sind mittels temperaturgesteuerter Prozesse ineinander überführbar. Als maßgeblicher Prozessparameter dient folglich der Temperatur-Zeit-Verlauf, dem das Reagenzglas mit der DNA-Probe ausgesetzt wird. DNA besitzt eine spezifische Schmelztemperatur, unterhalb derer sich die thermisch instabilen Wasserstoffbrücken in der beschriebenen Weise ausbilden und oberhalb derer sie aufbrechen. Entsprechend formieren sich DNA-Doppelstränge aus den zugrunde liegenden DNA-Einzelsträngen, oder die DNA-Doppelstränge zerfallen in ihre Einzelstrangbestandteile. Zur Berechnung der Schmelztemperatur existieren mehrere, zumeist empirisch gewonnene näherungsweise Berechnungsvorschriften auf Basis messbarer bzw. bekannter Eigenschaften der DNA-Probe. Die Schmelztemperatur ist definiert als die Temperatur, bei der 50% der DNA-Probe einzelsträngig vorliegt. In [LoZo_98] ist die zugeschnittene Größengleichung 4.1 zur näherungsweisen Ermittlung der Schmelztemperatur T_m in °C eines linearen DNA-Stranges angegeben:

$$T_{m,°C} = \begin{cases} 81,5 + 16,6 \cdot \ln(K_{+,M}) + 0,41 \cdot \%GC - \frac{500}{L} & \text{für } L > 20 \\ 2 \cdot \#AT + 4 \cdot \#CG & \text{für } L \leq 20 \end{cases} \quad (4.1)$$

L verkörpert die Stranglänge in Basen bei einzelsträngiger, in Basenpaaren bei doppelsträngiger DNA. Die obere Formel wird für DNA-Stränge einer Länge von mehr als 20 Basen bzw. Basenpaaren verwendet. Dabei bedeutet $\%GC$ den prozentualen Guanin-Cytosin-Anteil in Prozent und K_+ die Kationenkonzentration in $\mathrm{M} = \frac{\mathrm{mol}}{\mathrm{l}}$. Kationen („Salz") können der DNA-Lösung beigegeben werden, um die Schmelztemperatur strangstabilisierend zu erhöhen, so dass sie sich nicht seiteneffektbegünstigend auf Folgeoperationen auswirkt. Für sehr kurze DNA-Stränge liefert die untere Formel genauere Werte. Der Parameter $\#AT$ bezeichnet die Gesamtanzahl von Nucleotiden A und T, $\#CG$ die Gesamtanzahl von Nucleotiden C und G im DNA-Strang. Nichtlineare doppelsträngige DNA besitzt gewöhnlich eine niedrigere Schmelztemperatur als lineare doppelsträngige DNA mit gleichem Guanin-Cytosin-Anteil und bei gleicher Kationenkonzentration.

4.5.1 Hybridisierung

Definition 4.13 *Annealing, Hybridisierung, Erstarren, Reassoziation, Renaturierung*

Unter Annealing versteht man das Zusammenlagern von mindestens zwei Molekülen einzelsträngiger DNA (oder eines DNA-Einzelstranges mit sich selbst) an ihren antiparallel-komplementären Stellen zu DNA-Doppelsträngen unter Bildung aller Anlagerungsmöglichkeiten. Beim Zusammenlagern werden zwischen jeweils zwei antiparallel-komplementär gegenüberliegenden Nucleotiden A und T je zwei, zwischen C und G je drei Wasserstoffbrücken ausgebildet, die eine entsprechende Basenpaarung bewirken. Zwei DNA-Stränge bleiben miteinander durch Wasserstoffbrücken verbunden, wenn sie über mindestens 50% der Länge mindestens eines beteiligten DNA-Stranges antiparallel komplementär sind.

Die Abbildung 4.12 veranschaulicht die Wirkung dieser Operation auf eine gegebene Menge von DNA-Strängen. Mehrere im Eingangsreagenzglas befindliche Exemplare eines DNA-Stranges werden durch Angabe eines Repräsentanten dargestellt. Alle DNA-Stränge des Eingangsreagenzglases sowie im Verlauf der Operationsabarbeitung entstehende Zwischenprodukte können miteinander interagieren.

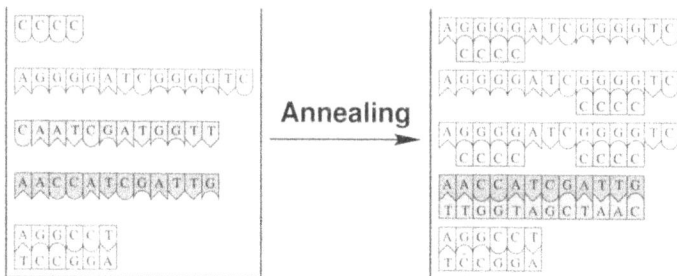

Abb. 4.12: Beispiel für Annealing

Annealing wird laborpraktisch gewöhnlich als ein langsam verlaufender Abkühlungsprozess realisiert. Hierzu erhitzt man die DNA-Probe auf eine Temperatur, die mit Sicherheit oberhalb der Schmelztemperatur liegt (Richtwert: $+94°C$), um bereits vorhandene Wasserstoffbrücken abzubauen und hinreichend viel kinetische Energie zuzuführen, damit sich die DNA-Moleküle neu formieren können. Anschließend wird die DNA-Probe über mehrere Stunden auf Raumtemperatur abgekühlt. Je langsamer dieser Vorgang erfolgt, desto mehr Zeit bleibt zur Ausbildung einer optimalen Basenpaarung, bei der alle möglichen Wasserstoffbrücken auch tatsächlich entstehen.

Als Operation im DNA-Computing ist das Annealing mit mehreren signifikanten Seiteneffekten behaftet:

- Wenn die Exemplaranzahlen der zu annealenden DNA-Stränge nicht exakt aufeinander abgestimmt sind oder der Annealingprozess unvollständig abläuft, können Reste ungebundener DNA zurückbleiben.

- Die Exemplaranzahlen der im Ergebnis der Hybridisierung entstandenen DNA-Stränge können stark voneinander abweichen.

- Die weitaus meisten Modelle des DNA-Computing setzen lineare DNA voraus, oder es werden speziell konstruierte nichtlineare DNA-Strukturen zugrunde gelegt. Unter dieser Annahme zählt auch als Seiteneffekt, dass sich einzelsträngige DNA nicht an *allen* antiparallel-komplementären Stellen verbinden kann oder Basenfehlpaarungen auftreten, so dass nichtlineare DNA entsteht, siehe Abbildung 4.4 auf Seite 105 und Kombinationen der dort dargestellten Artefakte.

- Die durch Annealing erzeugten DNA-Doppelstränge sind nur unterhalb ihrer Schmelztemperatur und in nicht stark alkalischem pH-Milieu stabil. Werden diese Randbedingungen – auch versehentlich – nicht eingehalten, können die Wasserstoffbrückenbindungen wieder aufbrechen.

Annealing ist eine sequenzspezifisch wirkende DNA-Operation, die auf Interaktionen zwischen verschiedenen DNA-Strängen basiert und deshalb ein hohes Strangkombinationspotenzial besitzt. DNA-Doppelstränge ohne Einzelstrangabschnitte, die beidseitig blunt enden, werden durch diese Operation nicht verändert.

4.5.2   Denaturierung

Definition 4.14   *Melting, Denaturierung, Schmelzen, Dissoziation*

Unter Melting versteht man das Aufspalten von DNA-Doppelsträngen in die zugrunde liegenden DNA-Einzelstränge.

Melting, häufig auch als Denaturieren bezeichnet, ist die Umkehrung des molekularbiologischen Ablaufs beim Annealing. Zum Denaturieren wird die DNA üblicherweise bis über ihre Schmelztemperatur erhitzt (Richtwert: $+94°C$). Dabei brechen die thermisch instabilen Wasserstoffbrückenbindungen auf. Die so gewonnenen DNA-Einzelstränge liegen jedoch nur oberhalb ihrer Schmelztemperatur vor. Diese kann bei DNA-Strängen, die für das DNA-Computing

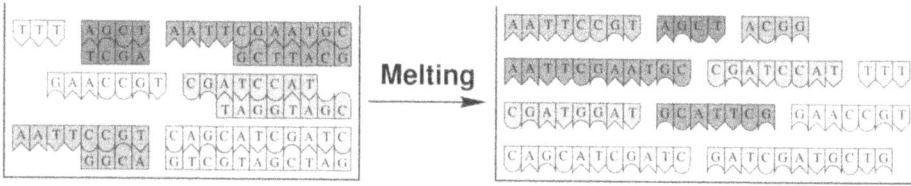

Abb. 4.13: Beispiel für Melting

typisch sind, durchaus mehr als $+70°C$ betragen. Soll eine solch hohe Temperatur nach dem Melting nicht aufrechterhalten werden, besteht alternativ die Möglichkeit, DNA-Doppelstränge zu denaturieren, indem man sie stark alkalischen Bedingungen (hoher pH-Wert) aussetzt.

Auch das Denaturieren ist bezüglich einer Anwendung im DNA-Computing seiteneffektbehaftet:

- Die Reaktion kann unvollständig ablaufen, so dass nur ein Teil der Wasserstoffbrückenbindungen aufgebrochen wird. Im Ergebnis kann unerwünschte nichtlineare DNA entstehen oder die Operationsausführung überdauern. Bei zu niedrig gewählter Temperatur oder zu kurzer Wirkdauer können auch DNA-Doppelstränge im Ergebnisreagenzglas zurückbleiben.

- Bereits bei geringfügiger Abkühlung besteht die Gefahr einer Rehybridisierung.

Das Denaturieren wirkt nicht sequenzspezifisch. DNA-Einzelstränge werden durch diese Operation nicht verändert. Die dem Melting nachfolgende Operation sollte im unmittelbaren Anschluss ausgeführt werden, weil die einzelsträngige DNA bei einer Zwischenlagerung oberhalb ihrer Schmelztemperatur geschädigt werden kann.

4.6 Enzymatische Reaktionen

Enzyme gelten als „Katalysatoren des Lebens". Sie besitzen eine große, wenn nicht gar die zentrale Bedeutung in der Molekularbiologie. Chemische Umwandlungen in lebenden Zellen werden durch Enzyme gefördert und beschleunigt. Dadurch haben sie die Fähigkeit, Lebensvorgänge aufrechtzuerhalten und zu steuern. Lebensvorgänge sind ein kompliziertes Zusammenspiel vieler, größtenteils voneinander abhängiger molekularbiologischer Reaktionen, die dem Stoffwechsel, der Energiegewinnung, der Reproduktion, dem Wachstum und dem Schutz des Lebewesens dienen. Enzyme sind in der Lage, alle Verbindungen zu bilden, die man in lebendem Gewebe findet.

Die Entdeckung der Enzyme ist eng mit der Untersuchung der alkoholischen Gärung verbunden, bei der Glucose in Ethanol und Kohlendioxid umgewandelt wird. Man erkannte im 19. Jahrhundert, dass für die alkoholische Gärung „lösliche Fermente" notwendig sind, die sich in lebenden Hefezellen befinden. Der deutsche Biochemiker Wilhelm Friedrich Kühne nannte die löslichen Fermente Enzyme. Dieser Name ist aus dem griechischen Wort für Sauerteig abgeleitet. Nachdem Enzyme als lösliche subzelluläre Substanz erkannt waren, dauerte es jedoch bis in die 60er Jahre des 20. Jahrunderts, ehe die chemische Struktur und die Wirkungsweise von Enzymen vollständig aufgeklärt und nachgewiesen war.

Die weitaus meisten Enzyme sind Proteine. Als Ausnahme kennt man bisher Ribozyme, bei denen bestimmte RNA-Stränge selbst die Rolle eines Enzyms übernehmen und auf andere RNA-Stränge wirken können. Nachfolgend sollen ausschließlich Proteinenzyme betrachtet werden. Proteine sind Polypeptidketten. Sie bestehen aus einer Kette von Aminosäuren, deren Glieder über Amino- und Carboxylgruppen verbunden sind. Man unterscheidet 20 Aminosäuren, die als monomere Bausteine zur Verfügung stehen. Jede dieser Aminosäuren besitzt durch ihre Seitenketten spezifische chemische Eigenschaften. Jedes Protein ist bestimmt durch seine Aminosäuresequenz und durch die dreidimensionale Faltung der Kette, die hervorgerufen wird durch mannigfaltige Bindungen der Aminosäure-Seitenketten und des Kettenrückgrats untereinander. Es treten Wasserstoffbrückenbindungen, Ionenbindungen, kovalente Bindungen sowie verschiedene Wechselwirkungen auf, die die Kette zu einem Knäuel formen. Die dreidimensionale Faltung verleiht dem Protein eine charakteristische dreidimensionale Oberflächenstruktur aus einem Muster an Eindellungen, Rillen, Taschen, Höhlungen usw. Ein Protein kann mehr als 1000 Aminosäuren enthalten. Aus der Struktur eines Proteins ergibt sich seine Wirkung. Man unterscheidet eine Vielzahl von Proteinen bzw. Enzymen.

Enzyme verkörpern Biokatalysatoren. Das heißt, sie fördern bestimmte molekularbiologische Reaktionen. Während Hitze und die Zugabe von Säuren oder Basen die Reaktionsgeschwindigkeit bestenfalls um das Zehn- bis Hundertfache erhöhen, beschleunigt ein Enzym die Reaktion normalerweise um das Milliardenfache und mehr. Nur durch diese enorme Reaktionsbeschleunigung sind Lebensvorgänge in der Zelle überhaupt möglich. Die Reaktionen würden sonst so langsam ablaufen, dass sie keine Bedeutung für die Zelle haben und ihr Überleben nicht sichern. Jedes Enzym katalysiert eine bestimmte molekularbiologische Reaktion, geht jedoch selbst unverändert aus der Reaktion hervor.

Es erhebt sich die Frage, auf welche Weise ein Enzym spezifisch katalysierend wirken kann. Hierzu muss es das zu verändernde Molekül (Substratmolekül, hier DNA) und seine umzubauende chemische Bindung lokalisieren können. Enzyme bewerkstelligen dies aufgrund des Prinzips von „Schlüssel und Schloss". Ein Teil der Enzymoberfläche ist komplementär zum Substratmolekül geformt. Dadurch kann das Enzym an das Substratmolekül andocken und es eng umschließen. Es bildet sich ein *Enzym-Substrat-Komplex*. Die molekularbiologische Reaktion besteht darin, innerhalb des Substratmoleküls ein Atom oder eine Atomgruppe hinzuzufügen oder zu entfernen. Hierzu ist es notwendig, mindestens eine chemische Bindung des Substratmoleküls aufzubrechen und schrittweise umzuordnen. Dies erfordert eine bestimmte *Aktivierungsenergie*.

Die Aktivierungsenergie ist die Energie, die Moleküle mindestens haben müssen, um in der gewünschten Weise miteinander reagieren zu können. Obwohl bei den auch unkatalysiert möglichen molekularbiologischen Reaktionen die Energie des Endzustandes niedriger ist als die des Ausgangszustands, muss zum Anstoß der Reaktion eine Energiebarriere überwunden werden. Diese erklärt sich daraus, dass auf dem Weg zum Reaktionsprodukt bestimmte energiereiche Übergangszustände durchlaufen werden müssen. Nur diejenigen Moleküle, die hinreichend viel Energie zum Einnehmen dieser Übergangszustände aufweisen, sind somit reaktionsfähig. Ohne Benutzung enzymatischer Katalysatoren kann man beispielsweise durch

Temperaturerhöhung erreichen, dass sich der Anteil der Moleküle mit Aktivierungsenergie vergrößert und die Reaktion schneller abläuft. Die Temperaturerhöhung eignet sich jedoch nicht zur Beschleunigung molekularbiologischer Reaktionen in der lebenden Zelle, da die Hitze von außen (fremdgesteuert) einwirken muss und die Gefahr der Zerstörung der Zelle bei zu hohen Temperaturen besteht. Eine andere Beschleunigungsmöglichkeit ist die Bereitstellung freier Protonen (H^+) oder protonenaufnehmender Ionen (OH^-) durch Zugabe von Säure oder Base (pH-Wert-Änderung), wodurch das Energieniveau des Übergangszustandes und damit die Aktivierungsenergie gesenkt wird. Enzyme bedienen sich dieses Mechanismus.

Nachdem sich der Enzym-Substrat-Komplex gebildet hat, befinden sich auch bestimmte Aminosäuren des Enzyms in unmittelbarer Nähe der umzubauenden chemischen Bindung des Substrats. Diese werden als *aktives Zentrum* des Enzyms bezeichnet, an dem die *Katalyse* stattfindet. Die Seitenketten der Aminosäuren im aktiven Zentrum sind derart beschaffen, dass sie im schnellen Wechsel sowohl als Säure als auch als Base agieren können. Anders ausgedrückt bedeutet dies, dass das aktive Zentrum räumlich komplementär zum Übergangszustand ist und die Aktivierungsenergie herabsetzt. Darüber hinaus führt das Enzym infolge des Schlüssel-Schloss-Prinzips die Reaktionspartner zielgerichtet zusammen, so dass die Reaktion nicht auf zufällige Zusammenstöße der Reaktionspartner angewiesen ist. Die selektive katalytische Wirkung von Enzymen beruht folglich auf Anpassung der Enzymstruktur an die Beschaffenheit des Substratmoleküls und der umzubauenden chemischen Bindung sowie auf der Eigenschaft bestimmter Aminosäuren, als Säure- und Basenkatalysator zu dienen.

Durch die Ausführung der eigentlichen molekularbiologischen Reaktion (Inkubation) verändert sich der Enzym-Substrat-Komplex zum *Enzym-Produkt-Komplex*. Das Enzym löst sich schließlich wieder vom Substrat ab (Dissoziation) und steht für die Katalyse einer gleichartigen molekularbiologischen Reaktion an einem anderen Substratmolekül zur Verfügung.

Enzyme können nur dann optimal arbeiten, wenn ihre Oberfläche die zum Substrat passende Struktur hat. Die Oberflächenstruktur von Enzymen ist angepasst an bestimmte Umgebungsbedingungen und insbesondere sehr empfindlich gegenüber Temperatur- und pH-Wert-Abweichungen. pH-Veränderungen in der Umgebung eines Enzyms können dazu führen, dass zusätzliche Protonen gebunden oder vorhandene Protonen abgegeben werden, wodurch die Faltung des Proteins und damit die Oberflächenstruktur verändert wird. Temperaturabweichungen können eine Entfaltung der Polypeptidkette hervorrufen, was ebenfalls mit einer Änderung der Oberflächenstruktur einhergeht. In der Zelle, dem ursprünglichen Wirkungsort von Enzymen, sind Temperatur und pH-Wert im Allgemeinen nahezu konstant. Bei Verwendung von Enzymen im Reagenzglas müssen diese Bedingungen geschaffen werden. Jedem Enzym ordnet man deshalb eine spezifische Temperatur und einen pH-Wert zu, bei dem es seine maximale Aktivität entfaltet. Um im Reagenzglas einen bestimmten pH-Wert aufrechtzuerhalten, bedient man sich einer *Puffer-Substanz*, die hinzugegeben wird. Eine bestimmte Temperatur des Reaktionsraumes kann man im Labor durch Einsatz geeigneter Heiz- bzw. Kühlgeräte erreichen.

Bei hohen Temperaturen werden Enzyme zerstört und verlieren ihre Wirkung (thermische Instabilität). Diesen Umstand kann man ausnutzen, um Enzyme im Reagenzglas nach Beendigung der molekularbiologischen Reaktion zu *deaktivieren*. Dadurch soll sichergestellt werden, dass das Enzym nachgeschaltete Reaktionen und zusätzliche Substrate nicht mehr beeinflusst.

Die einer enzymatischen Reaktion unterzogenen DNA-Doppelstränge sollten derart beschaffen sein, dass sie während der thermischen Enzymdeaktivierung nicht denaturieren, denn bei kurzen DNA-Doppelsträngen ist ein Denaturieren möglich. Alle Reagenzien sollten im Reagenzglas gut durchmischt (gleichmäßig verteilt) vorliegen, um sicherzustellen, dass sich alle Reaktionspartner in räumlicher Nähe zueinander befinden.

Für das DNA-Computing sind besonders die Enzyme interessant, die auf DNA-Stränge als Substrate einwirken und diese zielgerichtet verändern können. Beispiele hierfür sind Ligasen, Restriktionsendonucleasen, Polymerasen, Kinasen und Phosphatasen.

4.6.1 Ligation

Die Ligation im Sinne des DNA-Computing ist eine molekularbiologische Reaktion, die durch eine DNA-Ligase katalysiert wird und das fortgesetzte Verketten von DNA-Doppelsträngen unter bestimmten Voraussetzungen bewirkt. Jeweils zwei an ihren Enden *kompatible* DNA-Doppelstränge mit *5'-Phosphat* werden durch Herstellung einer Phosphodiesterbindung kovalent miteinander verbunden und bilden damit einen neuen DNA-Doppelstrang. In der lebenden Zelle hat die Ligation Bedeutung bei der DNA-Replikation und bei der Reparatur von Brüchen innerhalb der Nucleotidkette.

Definition 4.15   *Kompatibilität von DNA-Doppelstrangenden*

Zwei sticky-Enden von DNA-Doppelsträngen sind kompatibel, wenn die Einzelstrangüberhänge beider Stränge über ihre gesamte Länge antiparallel-komplementär sind. Blunt-Enden von DNA-Doppelsträngen sind generell kompatibel.

Definition 4.16   *5'-Phosphat*

Die Strangendenmarkierung 5'-Phosphat bezeichnet Phosphatgruppen, die an freie 5'-DNA-Strangenden angelagert sind.

Definition 4.17   *Ligation*

Unter Ligation versteht man eine molekularbiologische Reaktion, bei der DNA-Doppelstränge mit kompatiblen Enden und mindestens einem 5'-Phosphat an diesen kompatiblen Enden fortgesetzt miteinander verkettet werden. Es werden alle möglichen Endenpaare, auch von Zwischenprodukten, in die Reaktion einbezogen. Die Reaktion wird durch eine DNA-Ligase katalysiert.

Die Abbildung 4.14 zeigt ein Beispiel für Strangverkettungen, die mittels Ligation gebildet werden können. Dargestellt sind DNA-Doppelstränge einer Länge von bis zu 15 Basenpaaren, ebenfalls rekombinierbare Stränge größerer Längen sind durch drei Punkte angedeutet.

Im biochemischen Sinne sind DNA-Ligasen Enzyme, die die Ausbildung von Phosphodiesterbindungen zwischen benachbarten 3'-Hydroxylgruppen und 5'-Phosphatgruppen an DNA-Doppelstrangenden katalysieren. DNA-Ligase ermöglicht auch das Reparieren von Brüchen

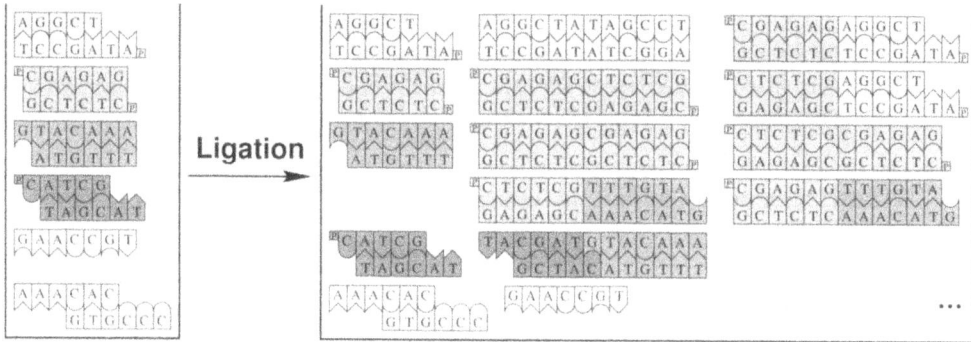

Abb. 4.14: *Beispiel für Ligation*

im Desoxyribose-Phosphat-Rückgrat doppelsträngiger DNA. Der Katalysemechanismus ist bekannt ([DrPo_92]). Die Knüpfung von Phosphodiesterbindungen mittels Katalyse durch eine DNA-Ligase geschieht unter Nutzung des Cosubstrats *Adenosintriphosphat* (ATP) oder *Nicotinamid-Adenin-Dinucleotid* (NAD) als Energielieferant.

Gut untersuchte DNA-Ligasen entstammen dem Bakterium Escherichia coli und dem Bakteriophagen T4 ([WJLF_68]). Aus dieser Herkunft werden auch die meisten kommerziell angebotenen und laborpraktisch verwendeten DNA-Ligasen gewonnen. In Escherichia coli und T4 liegt die DNA linear doppelsträngig vor, und die Enzymoberfläche ist an die Form von DNA-Doppelsträngen angepasst. Deshalb wird durch die genannten Enzyme die Ligation doppelsträngiger DNA, nicht jedoch von DNA-Einzelsträngen, gefördert.

T4-DNA-Ligase entfaltet ihre maximale Aktivität in einem pH-Bereich von etwa $7, 5$ bis $8, 0$. Zur Gewährleistung dieses pH-Milieus dient eine Puffersubstanz (T4-DNA-Ligase-Puffer), die dem Reaktionsansatz in der vom Hersteller spezifizierten Endkonzentration beigegeben wird. Eine in-vitro-Ligation führt man gewöhnlich bei einer Temperatur zwischen $16°C$ und $20°C$ durch, damit die kompatiblen sticky-Enden vor dem Verketten hybridisieren können. Diese Wirktemperatur stellt eine Balance zwischen der Schmelztemperatur der zu annealenden Einzelstrangüberhänge und einer hinreichenden Enzymaktivität dar. Die Inkubationszeit beträgt bis zu 16 Stunden. Die thermische Deaktivierung von T4-DNA-Ligase erfolgt bei $65°C$ für etwa 10 Minuten.

Die Ligation von DNA-Doppelsträngen mit sticky-Enden läuft wesentlich effizienter ab als die Ligation blunt endender DNA. Man benötigt etwa die 50-fache Enzymmenge, um eine vergleichbare Ausbeute an Reaktionsprodukt zu erzielen. Die Zugabe von *Polyethylenglycol* (PEG, etwa 1 Volumenprozent des Reaktionsansatzes als Richtwert) kann blunt-end-Ligationen unterstützen.

Im Hinblick auf die Anwendung der Ligation als Operation im DNA-Computing sind folgende Seiteneffekte signifikant:

- Infolge intramolekularer Ligation können sich DNA-Ringe bilden. DNA-Ringe weisen in Elektrophorese-Gelen gewöhnlich ein anderes Laufverhalten auf als lineare DNA ([Mart_96]).

- Die Exemplaranzahlen der durch die Ligation entstandenen DNA-Fragmentketten-Kombinationen können stark voneinander abweichen. Während von einer bestimmten Verkettung sehr viele identische DNA-Moleküle gebildet wurden, kann eine andere Verkettung nur durch sehr wenige DNA-Moleküle oder gar nicht repräsentiert sein.

- Das deaktivierte Enzym verbleibt im Reagenzglas. Obwohl es selbst keine enzymatische Aktivität mehr besitzt, kann es als Verunreinigung die Auswertung von Reagenzglasinhalten erschweren.

- Durch aktivitätsgeminderte Enzyme, hervorgerufen durch Alterung oder unsachgemäße Lagerung, kann der durch die Ligation bezweckte Effekt nicht oder nur sehr schwach auftreten, und das Ligationsprodukt unterscheidet sich trotz des Vorhandenseins ligierbarer DNA-Doppelstränge kaum von der anfänglich vorliegenden DNA.

Die Operation Ligation wirkt auf DNA-Doppelstränge mit sticky-Enden sequenzspezifisch, auf DNA-Doppelstränge mit blunt-Enden sequenzunabhängig und generell abhängig von einer chemischen Strangendenmarkierung. DNA-Einzelstränge werden durch diese Operation nicht verändert.

Bei der Ligation können schrittweise DNA-Doppelstränge wachsender Längen entstehen, wenn sich die zu Beginn der Reaktion vorliegenden DNA-Doppelstränge im Verlauf der Reaktion zunehmend aneinander lagern. Alle potentiellen Verkettungsmöglichkeiten können dabei gebildet werden. Die Ligation bewirkt Interaktionen zwischen verschiedenen DNA-Doppelsträngen und besitzt deshalb ein hohes Strangkombinationspotenzial.

4.6.2   Restriktionsspaltung

Eine Reihe von Enzymen ermöglicht das gezielte Zerschneiden von DNA-Doppelsträngen und hat in Organismen die Aufgabe, eindringende Fremd-DNA zu zerstören. Diese Enzyme werden durch den Oberbegriff *Restriktionsenzyme* zusammengefasst und unterteilen sich in *Restriktionsexonucleasen* und *Restriktionsendonucleasen*.

Restriktionsexonucleasen bauen DNA von den Enden her ab, indem sie ein Nucleotid nach dem anderen abspalten. Ein Einsatzgebiet ist die Extraktion zirkulärer (ringförmiger) DNA aus einem DNA-Pool. In Bezug auf die laborpraktische Implementierung von DNA-Algorithmen haben Restriktionsexonucleasen eine untergeordnete Bedeutung.

Weitaus größere Bedeutung besitzen Restriktionsendonucleasen, die in drei Klassen (Typ I, II und III) eingeteilt werden. Infolge der Spaltstellenspezifität sind für das DNA-Computing vor allem Typ-II-Restriktionsendonucleasen interessant. Diese lagern sich an einer durch das jeweilige Enzym bestimmten kurzen DNA-Sequenz, der so genannten *Erkennungssequenz*, an den DNA-Doppelstrang an und spalten ihn definiert innerhalb dieser Erkennungssequenz oder dicht daneben, wobei der DNA-Doppelstrang auch versetzt unter Entstehung von Einzelstrangüberhängen geschnitten werden kann. Erkennungssequenzen bestehen zumeist aus 4 bis 8 Basenpaaren und besitzen im Allgemeinen einen palindromischen Aufbau, das heißt, die beiden der Erkennungssequenz zugrunde liegenden kurzen DNA-Einzelstränge sind nicht nur zueinander komplementär, sondern darüber hinaus auch identisch. Man kennt heute etwa 2000 Typ-II-Restriktionsendonucleasen mit etwa 200 Erkennungssequenzen, von denen etwa 500 kommerziell angeboten werden. Sie sind nach ihren Erkennungssequenzen und Spaltstellen katalogisiert. Benannt werden sie durch eine Abkürzung ihres Herkunftsorganismus, wobei man mehrere Enzyme aus demselben Organismus durch eine fortlaufende römische Numerierung unterscheidet. Ein Beispiel ist ClaI aus dem Mikroorganismus Caryophanon latum L mit der Erkennungssequenz $\begin{smallmatrix} 5'-\text{ATCGAT}-3' \\ 3'-\text{TAGCTA}-5' \end{smallmatrix}$ und den Spaltstellen $5' - \text{AT}^{\downarrow}\text{CGAT} - 3'$ und $3' - \text{TAGC}_{\uparrow}\text{TA} - 5'$.

Definition 4.18 *Digestion, Cleavage, Cut, Verdau, Schnitt, Restriktionsspaltung*

Unter Digestion versteht man eine molekularbiologische Reaktion, bei der DNA-Doppelstränge an jedem Vorkommen einer durch das Enzym bestimmten Subsequenz (Erkennungssequenz) an ebenfalls durch das Enzym bestimmten Spaltstellen geschnitten werden, wodurch bei jedem ausgeführten Schnitt zwei neue 3'-5'-Endenpaare entstehen und auch Einzelstrangüberhänge auftreten können. Die beiden bei jedem ausgeführten Schnitt gebildeten 5'-Enden sind mit einer Phosphatgruppe markiert, die 3'-Enden mit einer Hydroxylgruppe. Die Reaktion wird durch eine auf DNA wirkende Typ-II-Restriktionsendonuclease katalysiert.

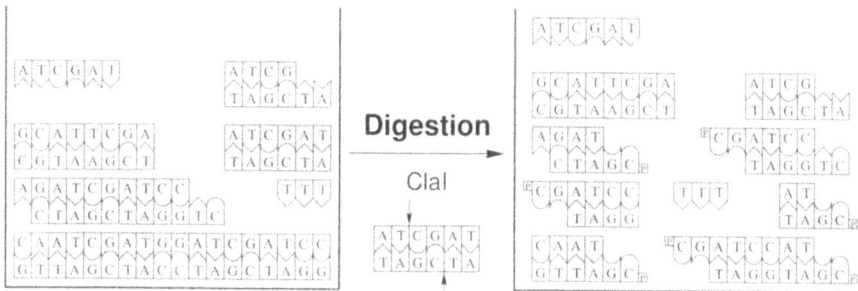

Abb. 4.15: *Beispiel für Digestion*

Die Abbildung 4.15 zeigt die Wirkung der Typ-II-Restriktionsendonuclease ClaI auf den angegebenen DNA-Pool. ClaI gehört zu den kommerziell vertriebenen Restriktionsenzymen.

Die durch Typ-II-Restriktionsendonucleasen katalysierte Reaktion ist die *Hydrolyse* der Phosphodiesterbindungen, welche die Nucleotide zusammenhalten, an den Spaltstellen. Unter einer Hydrolyse versteht man eine Reaktion, bei der unter Zugabe von Wasser eine kovalente Bindung des Substrats aufgebrochen wird. Die Phosphatgruppen verbleiben nach dem Zerschneiden des DNA-Doppelstranges an den entstandenen 5'-Enden. DNA-Stränge, welche die Erkennungssequenz der verwendeten Typ-II-Restriktionsendonuclease nicht enthalten, gehen unverändert aus der Operation hervor. Ebenso erfolgt keine Wirkung, wenn Basen der Erkennungssequenz methyliert (durch angeheftete $-\text{CH}_3$-Gruppen modifiziert) sind. Die Methylierung lässt sich ähnlich der Digestion durch Modifikationsenzyme mit ebenfalls spezifischen Erkennungssequenzen vornehmen. In diesem Kontext spricht man von einem zusammengehörigen funktionellen System von *Modifikation* und *Restriktion*.

Bei der in-vitro-Ausführung der Digestion werden die zu schneidenden DNA-Doppelstränge, der enzymspezifische Puffer sowie die Typ-II-Restriktionsendonuclease in den vom Anbieter angegebenen Endkonzentrationen in ein gemeinsames Reagenzglas gebracht, durchmischt und mit Reinstwasser verdünnt. Manche Enzyme erfordern zusätzliche Reagenzien. Die weiteren Reaktionsparameter richten sich nach Herstellerangaben, üblich sind etwa 3 Stunden Inkubation bei 37°C und eine 10-minütige Enzymdeaktivierung bei 65°C.

Im Hinblick auf die Anwendung der Digestion als Operation im DNA-Computing sind folgende Seiteneffekte signifikant:

- Die Reaktion kann aus verschiedenen Gründen unvollständig ablaufen, so dass ungeschnittene DNA-Doppelstränge trotz enthaltener Erkennungssequenz zurückbleiben.

- Es können zusätzliche, willkürliche Schnitte an nicht spezifizierten Stellen ausgeführt werden (star activity).

- Das deaktivierte Enzym verbleibt im Reagenzglas. Obwohl es selbst keine enzymatische Aktivität mehr besitzt, kann es als Verunreinigung die Auswertung von Reagenzglasinhalten erschweren.

Die einer Digestion unterzogenen DNA-Doppelstränge sollten derart beschaffen sein, dass sie während der thermischen Enzymdeaktivierung nicht denaturieren, denn bei kurzen DNA-Doppelsträngen ist ein Denaturieren möglich. Alle Reagenzien sollten im Reagenzglas gut durchmischt (gleichmäßig verteilt) vorliegen, um sicherzustellen, dass sich alle Reaktionspartner in räumlicher Nähe zueinander befinden.

Die Digestion ist eine sequenzspezifisch wirkende DNA-Operation, die zusätzliche Strangendenmarkierungen erzeugen kann. DNA-Einzelstränge werden durch diese Operation nicht verändert.

4.6.3   Strangendenmodifikation

Definition 4.19 *Labeling, Markieren, Labeln, Strangendenmodifikation*

Unter Labeling versteht man eine molekularbiologische Reaktion, bei der eine geeignete chemische Gruppe oder ein Molekül (Strangendenmarkierung, synonym: Label) an bestimmten Enden von DNA-Strängen entweder angelagert oder entfernt wird. Das gewählte Enzym legt fest, ob an den 3'-Enden oder an den 5'-Enden operiert bzw. ob ein Anfügen oder ein Abbauen der Strangendenmarkierung vorgenommen wird. Das Anfügen geschieht dann und nur dann, wenn das betreffende Ende mit einer Hydroxylgruppe versehen ist. Das Abbauen markiert das betreffende Ende mit einer Hydroxylgruppe.

Die Abbildung 4.16 veranschaulicht das Anfügen ($+$) von Phosphatgruppen an die freien 5'-Enden der DNA-Stränge im Eingangsreagenzglas (5'-Phosphorylierung).

Die Strangendenmodifikation wirkt gleichermaßen auf DNA-Einzelstränge wie auf DNA-Doppelstränge. Als Enzyme finden je nach gewünschter Wirkung verschiedene Transferasen

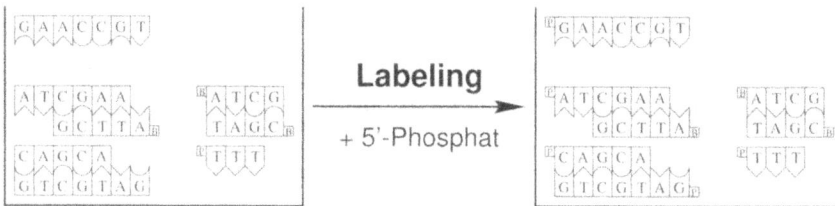

Abb. 4.16: Beispiel für Labeling (5'-Phosphorylierung)

oder Hydrolasen Verwendung. Für den Einsatz im DNA-Computing nutzt man vorwiegend die *5'-Phosphorylierung, 5'-Dephosphorylierung, 5'-Biotinylierung* sowie verschiedene *Fluoreszenzmarkierungen*, die gemäß entsprechender Standardprotokolle ausgeführt werden.

Mit Hilfe von 5'-Phosphorylierungen, z.B. durch das Enzym T4-Polynucleotid-Kinase, lassen sich Phosphatgruppen (Bezeichnungssysmbol P) an freie 5'-Enden anlagern, um dadurch gezielt eine Voraussetzung für eine mögliche Ligation dieser DNA-Stränge zu schaffen. Im Gegensatz dazu gestattet die 5'-Dephosphorylierung, z.B. mittels einer alkalischen Phosphatase als Enzym, durch den Abbau der Phosphatgruppen von den 5'-Enden den Ausschluss der betreffenden DNA-Stränge von einer Ligation. Folglich lässt sich die Ligation über das Setzen bzw. Entfernen von Phosphatgruppen an den Strangenden steuern.

Die 5'-Biotinylierung versieht freie 5'-Enden mit Biotin-Molekülen (Bezeichnungssymbol B). Biotin ist ein Vitamin des Vitamin-B-Komplexes. Es hat die Eigenschaft, sich sehr leicht an Streptavidin binden zu können. Streptavidin kann als Trägersubstanz für die Fixierung von biotinylierten DNA-Strängen an einer Oberfläche eingesetzt werden. Die fixierten DNA-Stränge sind dadurch im Reagenzglas nicht mehr frei beweglich, sondern mit einem Ende an die Oberfläche der Strepatvidin-Kügelchen geheftet. Über diese Art des Labelns lassen sich weiterführend DNA-Stränge in getrennte Reagenzgläser separieren.

Fluoreszenzmarkierungen sind aus technischen Gründen notwendig, um die Nucleotidabfolge von DNA-Einzelsträngen effizient analytisch bestimmen zu können oder die Existenz von DNA-Strängen mit vorgegebenen Subsequenzen in einem DNA-Pool nachzuweisen.

Unabhängig vom konkret gewählten Enzym und Protokoll äußern sich bei Strangendenmodifikationen die nachfolgend genannten Seiteneffekte signifikant und werden ggf. durch weitere, methodenspezifische Seiteneffekte ergänzt.

- Die Reaktion kann unvollständig ablaufen, so dass unbehandelte DNA-Enden zurückbleiben und somit eine Menge von DNA-Strängen existiert, die die gewünschten Labeleigenschaften nicht erhalten haben.

- Das deaktivierte Enzym sowie Reste genutzter oder modifizierter Zusatzstoffe verbleiben im Reagenzglas und können als Verunreinigung nachgeschaltete DNA-Operationen oder die Auswertung von Reagenzglasinhalten beeinträchtigen.

Die Strangendenmodifikation ist sequenzunabhängig.

4.6.4 Polymerisation

Die Operation Polymerisation wirkt auf DNA-Doppelstränge mit Einzelstrangüberhang und konvertiert sticky-Enden zu blunt-Enden unter Benutzung einer DNA-Polymerase als Enzym.

> **Definition 4.20** *Polymerisation, Blunting*
>
> Unter Polymerisation wird eine molekularbiologische Reaktion verstanden, bei der 5'-Überhänge von DNA-Doppelsträngen zu blunt-Enden aufgefüllt sowie entsprechende 3'-Überhänge zu blunt-Enden abgebaut werden. Die aufzufüllenden 3'-Enden an 5'-Überhängen müssen mit Hydroxylgruppen markiert sein. DNA-Einzelstränge werden vollständig abgebaut. Die Reaktion wird durch eine geeignete DNA-Polymerase mit 3'-5'-Exonuclease-Aktivität katalysiert.

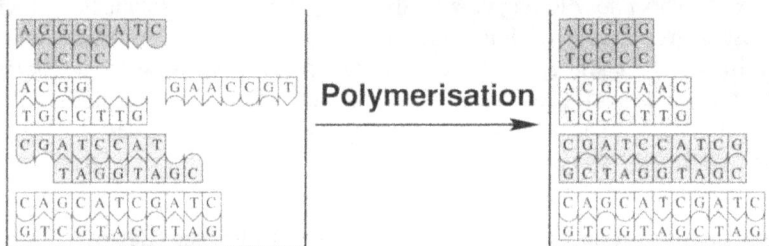

Abb. 4.17: *Beispiel für Polymerisation*

Im Zusammenhang mit der Zellteilung kommt der Polymerisation eine besondere Bedeutung für die Replikation von DNA-Doppelsträngen zu. Die Replikation verläuft *semikonservativ*, das heißt, der DNA-Doppelstrang wird in zwei antiparallel-komplementäre DNA-Einzelstränge aufgespalten und anschließend jeder dieser DNA-Einzelstränge wieder zu einem DNA-Doppelstrang vervollständigt. An diesem Vorgang sind DNA-Polymerasen maßgeblich beteiligt. Die spezielle synthetisierende Wirkung von DNA-Polymerasen lässt sich vorteilhaft im DNA-Computing einsetzen. So ist es beispielsweise möglich, zueinander kompatible DNA-Doppelstrangenden zu erzeugen, die sich miteinander ligieren lassen. Darüber hinaus gestattet die Polymerisation auch die Generierung von DNA-Doppelstrangabschnitten, die als Erkennungssequenzen für eine Digestion dienen können.

Der laborpraktische Ablauf einer Polymerisation erfordert neben der zu bearbeitenden DNA, der Puffersubstanz und der DNA-Polymerase auch die Nucleotide, die weiterführend in den DNA-Strang eingebaut werden sollen. Diese Bausteine stellt man in hinreichender Menge durch Zugabe von dNTP, einem Gemisch aus Verbindungen zwischen Desoxyribose mit jeweils einer der vier Basen sowie aus Triphosphat, zur Verfügung.

Es gibt mehrere DNA-Polymerasen, die sich hinsichtlich ihrer Reaktionsparameter, ihrer thermischen Stabilität und ihrer Wahrscheinlichkeit, an jeder Position das richtige komplementäre Nucleotid einzusetzen, unterscheiden. Am zuverlässigsten arbeiten hierbei jene DNA-Polymerasen, die ihre katalytische Wirkung bei einer vergleichsweise hohen Temperatur entfalten, wie z.B. die Vent-DNA-Polymerase. Sie entstammt dem Bakterium Thermococcus litoralis, das in heißen Quellen unter der Meeresoberfläche vorkommt und gegenüber Umgebungstemperaturen von bis zu 98°C resistent ist. Dieses Enzym hat die gewünschte Nucleotidtransferase-Aktivität zum schrittweisen Einbau von Nucleotiden und besitzt gleichzeitig eine 3'-5'-Exonuclease-Aktivität, die zum kontrollierten nucleotidweisen Abbau der 3'-Überhänge führt. Die maximale katalytische Wirkung der Vent-DNA-Polymerase liegt bei einem pH-Wert zwischen 8 und 9, der vor Beginn der Reaktion über einen geeigneten Puffer eingestellt wird. Die anschließende Inkubation erfolgt bei 72°C, üblich ist ein Zeitraum von etwa 30 Minuten. Vent-DNA-Polymerase kann infolge ihrer Temperatur-Stabilität nicht thermisch deaktiviert werden, das Enzym liegt somit nach Ausführung der Operation noch reaktionsbereit im Reagenzglas vor. Soll eine Polymerisation zu einem späteren Zeitpunkt ausgeschlossen werden, muss eine Reinigung des Reagenzglasinhaltes vom Enzym erfolgen. Dazu eignet sich der Einsatz einer Gel-Elektrophorese.

Im Hinblick auf die Anwendung der Polymerisation als Operation im DNA-Computing sind folgende Seiteneffekte signifikant:

- Der Einbau falscher Nucleotide ist möglich, die zu nicht komplementären Stellen im DNA-Doppelstrang führen und Punktmutationen hervorrufen. Die Fehlerwahrscheinlichkeit ist in Enzymbeschreibungen mit etwa 10^{-4} angegeben.

- Die Reaktion kann unvollständig ablaufen, so dass manche DNA-Stränge nicht in die Reaktion einbezogen werden bzw. die Enden nicht vollständig aufgefüllt oder abgebaut werden. Ursache dafür können eine zu niedrige dNTP-Konzentration bzw. aktivitätsgeminderte Enzyme sein.

- Enzym- sowie dNTP-Reste können nach der Reinigung im Reagenzglas verbleiben und als Verunreinigung nachgeschaltete DNA-Operationen oder die Auswertung von Reagenzglasinhalten beeinträchtigen.

Beidseitig blunt endende lineare DNA-Doppelstränge ohne Einzelstrangabschnitte werden durch die Polymerisation nicht verändert, ebenso zirkuläre doppelsträngige DNA.

4.6.5 Polymerase-Kettenreaktion

Die Polymerase-Kettenreaktion (polymerase chain reaction, PCR) ist eine Technik, die es gestattet, lineare DNA-Doppelstränge millionenfach zu kopieren. Sie wurde 1985 von einer Forschergruppe um K.B. Mullis vorgestellt und setzt sich aus der wiederholten Anwendung einer Operationsfolge bestehend aus Melting, Annealing und Polymerisation zusammen. Die PCR gilt als effektive Methode zur exponentiellen Vervielfältigung (Amplifikation) eines DNA-Strangabschnittes, ohne ihn dafür aus dem Gesamtstrang heraustrennen zu müssen. Für Anwendungen in der medizinischen und forensischen Diagnostik hat sich die PCR erfolgreich etabliert.

Definition 4.21 *PCR, Polymerase Chain Reaction, Polymerase-Kettenreaktion*

Unter PCR versteht man eine Technik zur Vervielfältigung von Abschnitten doppelsträngiger DNA (Template-DNA). Von jedem zu duplizierenden DNA-Abschnitt müssen Sequenzbeginn und -ende bekannt sein und in Form von Primern (DNA-Einzelsträngen einer Mindestlänge von 15 Basen) vorgegeben werden. Jeder DNA-Doppelstrangabschnitt, der von den beiden Primern und ihrem Komplement begrenzt ist, wird exponentiell dupliziert. Die Strangduplikate tragen an ihren 5'-Enden die 5'-Strangendenmarkierungen der jeweiligen Primer. Die in der PCR enthaltene wiederholte Polymerisation wird durch eine thermisch stabile DNA-Polymerase katalysiert.

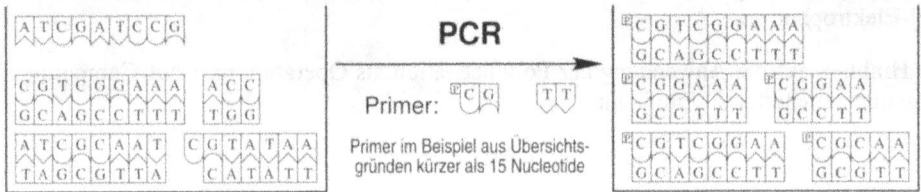

Abb. 4.18: *Beispiel für PCR*

Typische Primer haben eine Länge von etwa 20 Nucleotiden. Zwischen den beiden begrenzenden Primern kann ein DNA-Strangabschnitt beliebiger Sequenz und mit einer Länge bis zu mehreren tausend Nucleotiden liegen.

Die Grundidee der PCR besteht in der zyklischen Anwendung der Operationen Melting, Annealing und Polymerisation. Jeder Zyklus verdoppelt die Anzahl der Duplikate des durch die beiden Primer begrenzten DNA-Strangabschnittes, siehe Abbildung 4.19. Üblich sind bis zu 40 Zyklen, mit deren Hilfe im Idealfall etwa 10^{12} ($\approx 2^{40}$) Duplikate erzeugt werden können, in der Praxis liegt der Wert jedoch niedriger bei etwa $1,5 \cdot 10^8$ ($\approx 1,6^{40}$). Danach tritt eine Sättigung ein, und die exponentielle Vervielfältigung stoppt.

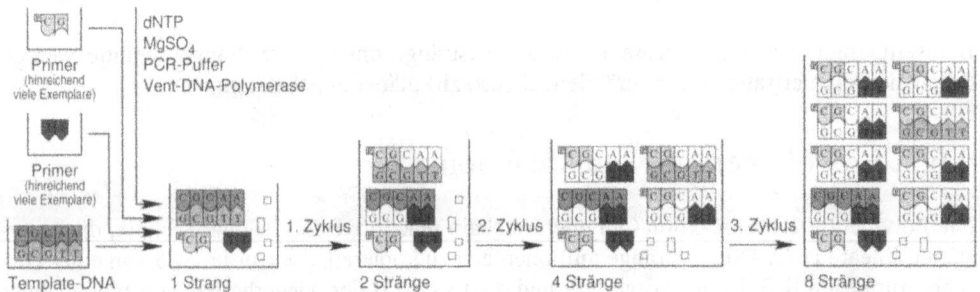

Abb. 4.19: *Beispiel für die Wirkung von PCR-Zyklen*

Jeder Zyklus beginnt mit dem Denaturieren der DNA-Doppelstränge, die in ihre komplementären DNA-Einzelstränge aufgespalten werden. Als Richtwerte für diesen Vorgang gelten eine Temperatur von 94°C, die 60 Sekunden (im ersten Zyklus 5 Minuten) auf das Reagenzglas einwirkt. Anschließend erfolgt die Anlagerung der Primer an die zuvor erzeugten DNA-Einzelstränge mittels Annealing. Da die Primer gegenüber dem zu duplizierenden DNA-Strang sehr kurz sind, besitzen sie eine im Vergleich niedrigere Schmelztemperatur, die gewöhnlich 60°C nicht übersteigt. Zur Primeranlagerung senkt man die Temperatur auf einen Wert etwa 2°C unterhalb der Primerschmelztemperatur und hält diesen für etwa 50 Sekunden aufrecht. Dadurch ist gewährleistet, dass sich die Primer an die langen DNA-Einzelstränge binden können, jedoch nicht die langen DNA-Einzelstränge miteinander. Im dritten Schritt erfolgt die Primerverlängerung zu kompletten DNA-Doppelsträngen durch Polymerisation. Bei Einsatz einer DNA-Polymerase mit 3'-5'-Exonuclease-Aktivität werden 3'-Überhänge, die nach der Primeranlagerung auftreten können, während der Primerverlängerung abgebaut. Entsprechend der Synthesegeschwindigkeit der Polymerase gelten für die Primerverlängerung 72°C über 40 Sekunden als Richtwert. Aus jedem zu Beginn des Zyklus vorliegenden, beidseitig primersequenzbegrenzten DNA-Doppelstrang sind nunmehr zwei sequenzidentische DNA-Doppelstränge entstanden, die in einen erneuten Zyklus eingehen können, siehe Abbildung 4.20.

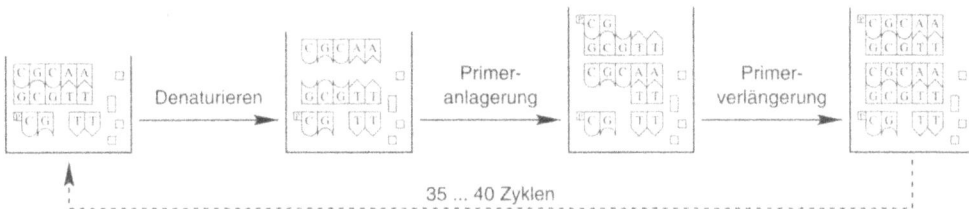

Abb. 4.20: *Beispiel für den Ablauf eines PCR-Zyklus*

Charakteristisches Merkmal der PCR gegenüber anderen enzymatischen Reaktionen ist der Temperatur-Zeit-Verlauf: Jeder Zyklus verwendet drei unterschiedliche Temperaturen, die in kurzer Folge hintereinander eingestellt und in jedem Zyklus wiederholt werden müssen. Zu diesem Zweck wurden spezielle Laborgeräte, so genannte *Cycler*, entwickelt, die mehrere Reagenzgläser aufnehmen können und diese einem weitgehend frei programmierbaren Temperatur-Zeit-Verlauf aussetzen. Leistungsfähige integrierte Heiz- und Kühlaggregate sorgen für einen schnellen Temperaturübergang. Thermisch stabile DNA-Polymerasen, wie z.B. die bereits erwähnte Vent-DNA-Polymerase, wurden gezielt für eine Anwendung in der PCR ausgewählt, denn diese Enzyme müssen das Denaturieren der DNA-Doppelstränge überstehen, ohne an Aktivität zu verlieren.

Aufgrund der Beschreibung des Temperatur-Zeit-Verlaufes, seiner Abhängigkeit von den konkret verwendeten Primern und der komplexen Zusammensetzung aus Einzelreaktionen besitzt die PCR zahlreiche Reaktionsparameter, deren Optimierung eine schwierige Aufgabe darstellt. Im Allgemeinen benutzt man in der ersten Näherung im Voraus berechnete Reaktionsparameter, die dann experimentell für eine möglichst große Ausbeute von Strangkopien feinabgestimmt werden.

Im Hinblick auf die Anwendung der PCR als Operation im DNA-Computing sind folgende Seiteneffekte signifikant:

- Die PCR vereint die Seiteneffekte der Operationen Melting, Annealing und Polymerisation.

- Es besteht die Gefahr, dass teilweise komplementäre Primer hybridisieren. Die verwendeten Primer sollten deshalb nicht – auch nicht abschnittsweise – komplementär sein. Demgegenüber strebt man jedoch eine ähnliche (gleiche) Schmelztemperatur der Primer an, um eine möglichst gleich gute Qualität ihrer Anlagerung sicherzustellen.

- Aus verschiedenen Gründen kann die exponentielle Amplifizierung des Templates herabgesetzt oder gar völlig unterbunden sein.

DNA-Stränge, die keine zu den Primersequenzen komplementären Subsequenzen enthalten, werden durch die PCR nicht vervielfältigt.

Neben der PCR gibt es auch eine Ligase-Kettenreaktion (ligase chain reaction, LCR), die in ihrem Ablauf der PCR sehr ähnlich ist. An die Stelle der Polymerisation tritt eine Ligation, bei der spezielle Ligasen zum Einsatz kommen, die DNA-Einzelstränge miteinander verketten können. Man erzielt eine ähnliche Wirkung wie die Polymerisation, indem im Wechsel kurze Nucleotidsequenzen erst hybridisiert und danach durch Ligation kovalent mit dem davor liegenden, bereits fertiggestellten Strangabschnitt verbunden werden. Die LCR wird ebenso wie die PCR zur Amplifikation von DNA-Strängen eingesetzt, hat aber keine vergleichbare Bedeutung erlangt und erzielt im Allgemeinen eine deutlich niedrigere Amplifikationsrate.

4.7   Separieren und Analysieren von DNA-Strängen

Mit bloßem Auge lässt sich nicht feststellen, ob die wässrige Lösung in einem Reagenzglas DNA-Stränge enthält und wenn ja, aus welchen Nucleotidfolgen diese aufgebaut sind. Folglich benötigt man im DNA-Computing Techniken zur Ergebnisausgabe. Eine solche Ausgabe kann darin bestehen, die Längen der in einem Reagenzglas enthaltenen DNA-Stränge zu bestimmen oder ihre Nucleotidsequenz zu ermitteln. Die hierzu eingesetzten Techniken werden unter dem Begriff der Analyse von DNA-Strängen zusammengefasst. Ein Teil dieser Techniken in Kombination mit weiteren Methoden gestattet zudem eine Separation eines DNA-Pools nach verschiedenen Merkmalen. Beispielsweise können all jene DNA-Stränge in ein gesondertes Reagenzglas extrahiert werden, die eine bestimmte Länge oder Subsequenz besitzen. Die nachfolgend beschriebenen Separations- und Analysetechniken wurden durch laborpraktische Arbeit mit organischen Molekülen entwickelt und haben kein Vorbild in der lebenden Zelle.

4.7.1   Avidin-Biotin-Separation

Definition 4.22   *Affinity Purification, Avidin-Biotin-Separation*

Unter Affinity Purification versteht man eine Separationstechnik, die 5'-biotinylierte DNA-Stränge von nicht 5'-biotinylierten DNA-Strängen räumlich trennt und in verschiedene Reagenzgläser extrahiert.

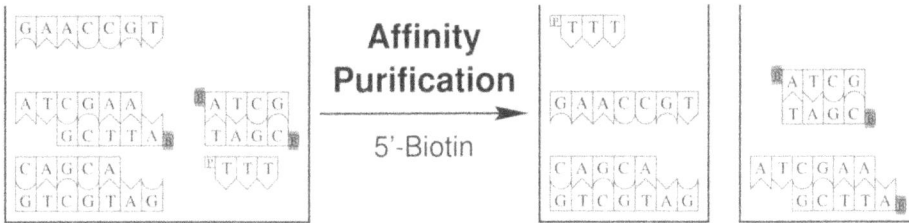

Abb. 4.21: Beispiel für Affinity Purification

Die Abbildung 4.21 zeigt ein Beispiel für eine Avidin-Biotin-Separation, die alle nicht mit 5'-Biotin gelabelten DNA-Stränge des DNA-Pools in das links dargestellte Ergebnisreagenzglas und alle 5'-biotinylierten DNA-Stränge in das andere Ergebnisreagenzglas überführt.

Die Avidin-Biotin-Separation beruht auf der Eigenschaft des Biotins, sich leicht an die Oberfläche von Streptavidin-Kügelchen binden zu können. Diese werden zu Beginn in ein leeres Reagenzglas gegeben. Anschließend fügt man diesem Reagenzglas das zu separierende Gemisch aus 5'-biotinylierten und nicht 5'-biotinylierten DNA-Strängen hinzu. Durch die dabei erfolgende Bindung des Biotins an das Streptavidin werden die entsprechenden DNA-Stränge an ihrem Ende fixiert und sind deshalb im Reagenzglas nicht mehr frei beweglich. Die nicht 5'-biotinylierten DNA-Stränge „schwimmen" hingegen weiterhin in der wässrigen Lösung. Die eigentliche Separation wird durch Zentrifugieren bewerkstelligt: Die Streptavidin-Kügelchen mit den daran gehefteten DNA-Strängen setzen sich am Reagenzglasboden ab, während sich die frei beweglichen DNA-Stränge im Überstand, das heißt in der oberhalb des Streptavidins konzentrierten wässrigen Lösung, ansammeln und mittels einer Pipette vorsichtig in ein anderes Reagenzglas abgesaugt werden können. Die 5'-biotinylierten DNA-Stränge verbleiben gemeinsam mit dem Streptavidin am Reagenzglasboden. Die Avidin-Biotin-Separation wird folglich maßgeblich durch äußere Kräfte, die auf das Reagenzglas einwirken (Zentrifugieren), gesteuert. Der gesamte Prozess einschließlich der Biotin-Streptavidin-Anbindung verläuft bei Raumtemperatur.

Die Avidin-Biotin-Separation ist Kernstück einer Operationsfolge, die eine Separation nach Subsequenz bewirkt. All jene DNA-Stränge eines Reagenzglases, die eine frei wählbare vorgegebene DNA-Sequenz (Subsequenz) enthalten, werden herausgefiltert und in einem gesonderten Reagenzglas aufgefangen (Extraction). Die Subsequenz ist durch einen (kurzen) linearen DNA-Doppelstrang ohne Einzelstrangüberhänge und -abschnitte beschrieben. Die beiden zueinander komplementären DNA-Einzelstränge, aus denen sich die Subsequenz aufbaut, werden synthetisiert, 5'-biotinyliert, in ein gemeinsames Reagenzglas zusammengeführt und dort an Streptavidin gebunden. Auf diese Weise ist eine Matrix aus fixierten DNA-Einzelsträngen entstanden, die mit anderen DNA-Einzelsträngen aus dem zu separierenden DNA-Pool hybridisieren können. Zu diesem Zweck denaturiert man den zu separierenden DNA-Pool und gibt die entstandenen DNA-Einzelstränge in das Reagenzglas, das die Matrix enthält. Dort wird durch langsames Abkühlen ein Hybridisierungsprozess ausgelöst, durch den genau die DNA-Einzelstränge aus dem Pool an die Matrix andocken, welche die Subsequenz enthalten. Jene DNA-Stränge, die die Subsequenz nicht enthalten, bleiben frei beweglich. Sie lassen sich gesondert absaugen und können entweder in einem anderen Reagenzglas aufgefangen oder verworfen werden. Um die DNA-Stränge mit der Subsequenz von der Matrix abzulösen, nutzt man die Operation Denaturierung. Die dadurch wieder frei beweglichen DNA-Einzelstränge mit der Subsequenz werden nunmehr ebenfalls abgesaugt, in einem gesonderten Reagenzglas aufgefangen und abschließend wieder hybridisiert, siehe Abbildung 4.22.

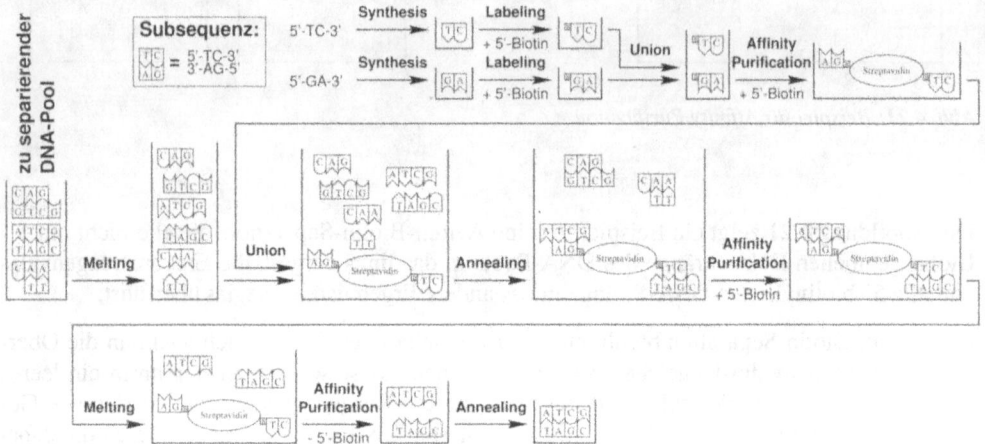

Abb. 4.22: *Beispiel für Separation nach Subsequenz mittels einer Abfolge von DNA-Operationen*

Im Hinblick auf die Anwendung der Avidin-Biotin-Separation als Operation im DNA-Computing sind folgende Seiteneffekte signifikant:

- Dominierender Seiteneffekt ist eine unscharfe Separierung, das heißt, in jedem Ergebnis-reagenzglas befindet sich ein Anteil unerwünschter DNA-Stränge, die das jeweilige Selektionsmerkmal nicht besitzen. Die „Perfektion" des Absaugens – den Überstand exakt, vollständig und ohne Verwischung der Trennschicht zum Streptavidin aufzunehmen – bestimmt maßgeblich die Separierschärfe.

- Die unscharfe Separierung zieht in Konsequenz einen Verlust erwünschter DNA-Stränge nach sich. Reaktionsparameter nachfolgender DNA-Operationen müssen auf die verringerte Strangexemplaranzahl abgestimmt werden.

Bei der Separation nach Subsequenz summieren sich die Seiteneffekte der Operation Affinity Purification mit den Seiteneffekten der Operationen Synthesis, Labeling, Union, Annealing und Melting. Die Separation nach Subsequenz gilt als besonders fehlerbehaftete DNA-Operation.

4.7.2   Gel-Elektrophorese

Definition 4.23   *Gel Electrophoresis, Gel-Elektrophorese*

Unter Gel Electrophoresis wird ein physikalischer Prozess verstanden, der eine Längensepa-ration von DNA-Strängen bewirkt, wodurch diese entsprechend ihrer Nucleotidanzahl räum-lich voneinander getrennt werden.

Die Gel-Elektrophorese ermöglicht eine Längenbestimmung von DNA-Strängen und besitzt im DNA-Computing unter anderem die Funktion einer Ausgabeoperation. Darüber hinaus lassen sich nach erfolgter Gel-Elektrophorese unter Anwendung einer weiteren Labortechnik zur DNA-Isolation aus Gelen genau jene DNA-Stränge aus einem DNA-Pool extrahieren, die eine bestimmte vorgegebene Länge besitzen, siehe Abbildung 4.23. Gel-Elektrophoresen werden auch benutzt, um DNA von bestimmten Fremdstoffen im Reagenzglas (wie z.B. von Enzymresten) zu reinigen.

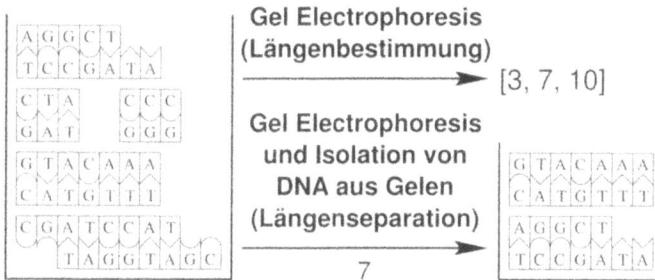

Abb. 4.23: *Beispiel für Gel Electrophoresis als zentrale Technik zur DNA-Längenbestimmung und -separation*

Die Gel-Elektrophorese geht auf Arbeiten von A. Tiselius zurück und ist als Labortechnik seit mehr als 60 Jahren bekannt. Das Wirkprinzip aller Gel-Elektrophoresen beruht auf der *Elektrolyse*: Elektrisch negativ geladene Moleküle (wie DNA) wandern im elektrischen Feld innerhalb eines geeigneten Trägermediums zur positiven Elektrode. Die Wanderungsgeschwindigkeit ist maßgeblich von der Molekülgröße und -gestalt abhängig, im Falle von DNA folglich von der Stranglänge. Als Medium, durch das sich die DNA bewegen kann, sind Gele am besten geeignet. Ihre feste Struktur gleicht einem dreidimensionalen Netzwerk aus miteinander verbundenen Fasern, zwischen denen sich Poren befinden. Die Porengröße ist ein Maß für die Trennschärfe eines Gels und derart bemessen, dass sich die DNA-Stränge hindurch bewegen können. Das Gel sollte derart beschaffen sein, dass es nicht mit der DNA reagiert, leicht herstellbar ist und idealerweise eine Rückgewinnung der DNA zulässt. In der Laborpraxis finden *Agarose-* und *Polyacrylamidgele* Verwendung. Neben Gel-Elektrophoresen sind auch trägerfreie Kapillar-Elektrophoresen bekannt.

Die Gel-Elektrophoreseapparatur besteht aus einer Gelkammer, die das vollständig in eine Pufferlösung eingebettete Gel horizontal oder vertikal aufnimmt, den beiden Elektroden und einem Spannungsversorgungsgerät. Zur Durchführung der Gel-Elektrophorese gibt man die DNA-Probe in eine Tasche (Aussparung, Slot) des Gels nahe der negativen Elektrode und erzeugt durch Anlegen einer Gleichspannung ein elektrisches Feld, das die Elektrolyse auslöst. Je kürzer ein DNA-Strang ist, desto schneller wandert er durch das Gel. Die kürzesten DNA-Stränge der Probe legen somit die größte Entfernung im Gel zurück und bestimmen den Zeitpunkt, an dem die Elektrolyse beendet wird, um ein Austreten dieser DNA-Stränge an der gegenüberliegenden Gelseite zu verhindern. Nach Abschalten der Spannung liegen die DNA-Stränge entsprechend ihrer Längen räumlich verteilt im Gel vor. Um sie sichtbar zu machen und mit Hilfe einer Skala ihre Längen abschätzen zu können, wird die DNA vor dem Einfüllen in die Geltasche mit einem speziellen Farbstoff versetzt, der sich an die DNA bindet und unter ultraviolettem Licht fluoresziert. Zur Auswertung betrachtet man das Gel bei Bestrahlung in diesem Wellenlängenbereich. Die Stellen, an denen sich die mit dem Farbstoff angereicherte DNA befindet, zeichnen sich dabei deutlich in Form so genannter *Banden* ab. In jeder Bande sind DNA-Stränge gleicher Länge konzentriert. Banden lassen sich mittels eines Skalpells aus dem Gel ausschneiden, und die darin enthaltene DNA kann durch nachfolgende Anwendung entsprechender Methoden aus dem Gel isoliert (rückgewonnen) werden.

Die Agarosegel-Elektrophorese hat sich für DNA-Doppelstränge in der Praxis durchgesetzt. Das im Allgemeinen nicht denaturierende Gel besteht dabei aus Agarose, dessen Grundsubstanz Agar aus Meeresalgen stammt. Über die Agarosekonzentration (etwa $0,8$ bis $3,5\%$) kann die Porengröße und in Konsequenz das Auflösungsvermögen variiert werden. Die maximal erreichbare Auflösungsgenauigkeit liegt bei etwa 10% der Stranglänge, also beispielsweise bei 100 Basenpaaren langen Strängen bei etwa 10 Basenpaaren. Das heißt, Stranglängendifferenzen von 10 Nucleotiden sind in diesem Fall gerade noch unterscheidbar. Kleine Längendifferenzen verschmelzen zu einer gemeinsamen Bande. Agarosegele können eine DNA-Laufweite bis etwa 30cm aufweisen und werden meist Gleichspannungen zwischen 80V und 100V ausgesetzt. Der Elektrophorese-Vorgang dauert zwischen 30 Minuten und mehreren Stunden. Als Farbstoff für die Fluoreszenzmarkierung dient im Allgemeinen *Ethidiumbromid*, das sich zwischen den Wasserstoffbrücken doppelsträngiger DNA einlagert. Zur Isolation von DNA aus Agarosegelen sind verschiedene Methoden bekannt, welche die abweichende Dichte von DNA und Agarosegel ausnutzen und durch Gelverflüssigung mittels Erwärmen (Richtwert: 55°C) sowie anschließendes Zentrifugieren eine räumliche Trennung von Gel und DNA bewirken. Der Rückgewinnungsgrad der DNA kann bis zu ca. 80% betragen.

Hochauflösende Polyacrylamidgele sind feinporiger als Agarosegele und ermöglichen eine Auftrennung von DNA-Strängen, deren Längenunterschied nur ein einziges Nucleotid beträgt. Dadurch kann die Längenbestimmung unter geeigneten Bedingungen exakt vorgenommen werden. Die Polyacrylamid-Elektrophorese ist wesentlicher Bestandteil des Arbeitsablaufes zur Sequenzierung von DNA, bei der die konkrete Nucleotidabfolge bestimmt wird. Die mit der Polyacrylamidgel-Elektrophorese einhergehende starke Erwärmung durch Reibung bewirkt zumeist eine Denaturierung, so dass die Längen der dem DNA-Pool zugrunde liegenden DNA-Einzelstränge gemessen werden. Eine Rückgewinnung von DNA aus Polyacrylamidgelen ist von der Beschaffenheit der verwendeten Gelkammer abhängig und setzt voraus, dass die gewünschte DNA-Bande physisch aus dem Gel herausgetrennt und von der Gelkammer zerstörungsfrei entfernt werden kann.

Im Hinblick auf die Anwendung der Gel-Elektrophorese als Operation im DNA-Computing sind folgende Seiteneffekte signifikant:

- Es können unscharfe oder verwischte Banden entstehen, die die Genauigkeit der Längenmessung und die Spezifität der Längenseparation herabsetzen. Ursachen dafür können sowohl inhomogene Gele mit Luftblasen oder Agarose- bzw. Polyacrylamidclusterungen sein als auch ineinander verknäulte DNA-Stränge oder eine Überschreitung der begrenzten Trennleistung jedes Gels. Zudem können unerwünschte Denaturierungen und Rehybridisierungen die Struktur der DNA-Stränge verändern.

- Banden mit sehr geringer DNA-Konzentration sind nicht mehr wahrnehmbar, da der verwendete Farbstoff eine Sichtbarkeitsgrenze impliziert. Die Wahrnehmbarkeitsgrenze einer Bande wird mit etwa 1ng enthaltener DNA angegeben.

- Nichtlineare und überspiralisierte DNA zeigt gegenüber linearer DNA ein anderes Laufverhalten (Wanderungsgeschwindigkeit), das die Auswertung des Bandenmusters erschwert. Ebenso besitzen DNA-Einzelstränge ein anderes Laufverhalten als DNA-Doppelstränge.

- Bei der DNA-Rückgewinnung aus Gelen kann mehr als 20% der DNA verloren gehen.

4.7.3   Sequenzierung

Definition 4.24 *Sequencing, Sequenzierung*

Unter Sequencing wird die Bestimmung der Nucleotidabfolge eines Pools sequenzidentischer DNA-Einzelstränge in vorgegebener Leserichtung verstanden.

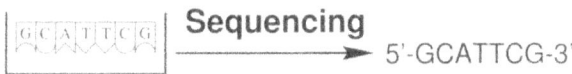

Abb. 4.24: *Beispiel für Sequencing*

Seit 1975 sind die Sequenziermethoden nach Maxam/Gilbert sowie die heute dominierende Methode nach Sanger bekannt. Letztere wird auch als Didesoxy- oder Kettenabbruch-Methode bezeichnet und ist nachfolgend beschrieben.

DNA-Sequenzierung nach Sanger ist heute weitgehend automatisiert. Entsprechende Sequenziergeräte erreichen einen Durchsatz von 80 Nucleotiden pro Stunde und können bis etwa 800 Nucleotide umfassende DNA-Einzelstränge verarbeiten. Der zu sequenzierende Reagenzglasinhalt sollte möglichst ausschließlich aus identischen DNA-Strängen bestehen. DNA-Doppelstränge müssen vor dem Sequenzieren denaturiert werden. Die Methode nach Sanger stellt eine Kombination aus einer Polymerisation und einer Polyacrylamidgel-Elektrophorese dar.

Das Anfangsstück (etwa 20 Nucleotide) des zu sequenzierenden DNA-Einzelstranges muss bekannt sein. Daran wird zu Beginn ein Primer (ein kurzer, zum Anfangsstück antiparallel-komplementärer DNA-Einzelstrang) angelagert. Die bei der Primeranlagerung entstandenen DNA-Stränge verteilt man gleichmäßig in vier Reagenzgläser. Dort erfolgt anschließend parallel eine modifizierte Polymerisation, zu der außer dNTP auch – nach den vier Reagenzgläsern getrennt – in geringem Verhältnis (Richtwert: 1 : 200) Kettenabbruch-Nucleotide (Didesoxynucleotide A^*, C^*, G^*, T^*) gegeben werden. Beispielsweise erhält Reagenzglas 1 nur Kettenabbruch-Nucleotide mit der Base Adenin (A^*), Reagenzglas 2 nur solche mit Cytosin (C^*), Reagenzglas 3 nur solche mit Guanin (G^*) und Reagenzglas 4 nur solche mit Thymin (T^*). Die Kettenabbruch-Nucleotide besitzen gegenüber dNTP die zusätzliche Eigenschaft, dass dahinter kein weiteres Nucleotid mehr an den Strang angefügt werden kann. Bei der Polymerisation wird in jedem der vier Reagenzgläser anstelle eines Nucleotids randomisiert auch das entsprechende Kettenabbruch-Nucleotid eingesetzt, das die Beendigung der Strangverlängerung bewirkt. Im Ergebnis liegen dann DNA-Doppelstränge aller nucleotidweisen

Komplettierungsstufen, reagenzglasspezifisch getrennt nach der letzten Base, vor. Beispielsweise enthält Reagenzglas 1 all jene DNA-Doppelstränge, deren Primerverlängerung mit A*
endet. Diese Primerverlängerungen existieren in sehr vielen unterschiedlichen Längen. Die Anzahl unterschiedlicher Längen ist mit der Anzahl der Vorkommen des Nucleotids A* in der
Primerverlängerung identisch. Analog dazu befinden sich in den Reagenzgläsern 2, 3 und 4 all
jene Primerverlängerungen, die jeweils mit C*, G* und T* enden, siehe Abbildung 4.25 links.

Die vier Reagenzglasinhalte werden anschließend in einem hochauflösenden Polyacrylamid-
gel in vier parallel verlaufenden Bahnen denaturiert und elektrophoretisch aufgetrennt.
Stranglängendifferenzen von einem Nucleotid können in diesem Gel unterschieden werden.
Das resultierende Bandenmuster gibt Aufschluss über die Nucleotidfolge der Primerverlängerung: Der kürzeste DNA-Einzelstrang bestimmt das erste Nucleotid, und je nachdem, in welcher der vier Bahnen die Bande des um ein Nucleotid längeren DNA-Einzelstranges existiert,
kann das Nachfolgenucleotid zugeordnet werden, bis die Primerverlängerung vollständig ausgelesen ist, siehe Abbildung 4.25 rechts. Mit der Primerverlängerung ist auch die Nucleotidfolge des zu sequenzierenden komplementären DNA-Einzelstranges bekannt.

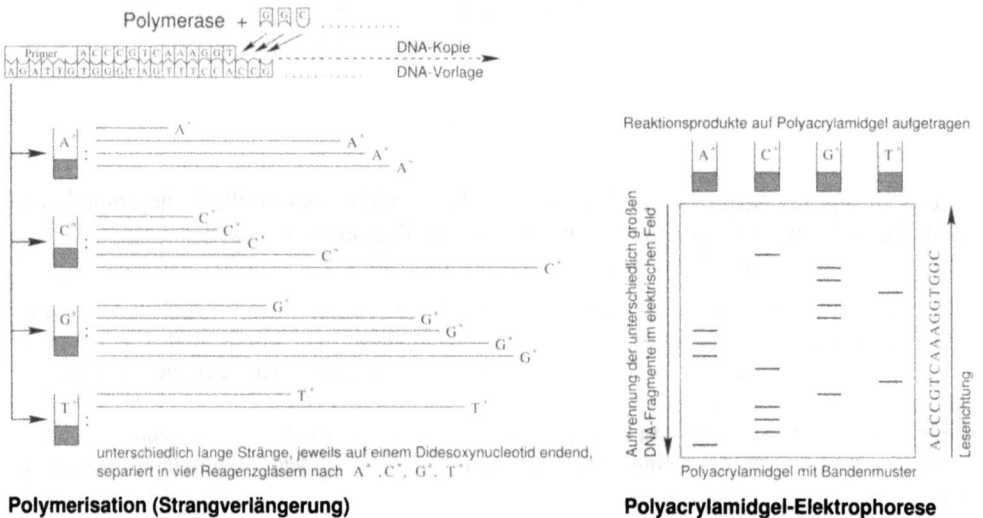

Polymerisation (Strangverlängerung)   **Polyacrylamidgel-Elektrophorese**

Abb. 4.25: Beispiel für die dem Sequenzieren zugrunde liegenden Prozesse

Im Hinblick auf die Anwendung des Sequenzierens als Operation im DNA-Computing sind
folgende Seiteneffekte signifikant:

- Das Sequenzieren vereinigt die Seiteneffekte der Operationen Union, Melting, Annealing
  und Polymerisation.

- Der verwendete, zumeist synthetisierte Primer kann Fehler in seiner Nucleotidsequenz
  aufweisen oder in nicht ausreichender Menge bereitstehen, wodurch das Sequenzieren
  insgesamt fehlschlagen kann und kein auswertbares Bandenmuster zustande kommt.

- Bei der Zuordnung der Nucleotide aus dem Bandenmuster können Mehrdeutigkeiten auftreten, die sich allein aus der Gelanalyse nicht bereinigen lassen und eine Wiederholung
  der Sequenzierung notwendig machen.

Das eingesetzte DNA-Material steht nach dem Sequenzieren nicht mehr zur Verfügung. Trotz der Seiteneffekte gilt die Sequenzierung als weitgehend zuverlässig, wobei im Allgemeinen mehrere Sequenzierläufe von Aliquots (Teilmengen) derselben DNA-Probe durchgeführt werden. Das Sequenzieren dient als Ausgabeoperation im DNA-Computing.

4.8 Systematisierung von DNA-Operationen und ihrer Seiteneffekte

Die vorgestellten molekularbiologischen Prozesse, Techniken und Methoden wurden bezüglich ihrer Anwendung als Operationen des DNA-Computing auf der Beschreibungsebene von Nucleotiden und Strangendenmarkierungen definiert und diskutiert. Sie gehören zum Stand der Technik in der Molekularbiologie und werden laborpraktisch nach weitgehend standardisierten Protokollen ausgeführt.

Abfolgen von DNA-Operationen lassen sich zu DNA-Algorithmen zusammensetzen. Abbildung 4.8 fasst wichtige Eigenschaften der DNA-Operationen zusammen, die im Hinblick auf die Konstruktion von DNA-Algorithmen sowie die Aufstellung von Modellen des DNA-Computing von Bedeutung sind und großen Einfluss auf den Aufbau und die Funktionsweise von DNA-Computern ausüben.

	Synthesis	Annealing	Melting	Union / Split	Ligation	Digestion	Labeling	Polymerisation	PCR	Affinity Purification	Gel Electrophoresis	Sequencing
fortlaufende Interaktionen zwischen verschiedenen DNA-Strängen Bestandteil der Operation		■			■							
Operation sequenzabhängig	■	■			■	■		■	■			■
Operation labelabhängig							■		■	■	■	■

Abb. 4.26: *Eigenschaften von DNA-Operationen*

DNA-Operationen, die durch fortlaufende Interaktionen zwischen verschiedenen DNA-Strängen gekennzeichnet sind, werden im DNA-Computing zur Generierung einer kombinatorischen Vielfalt von DNA-Strängen genutzt. Diese Eigenschaft ist Voraussetzung für die zeiteffiziente laborpraktische Abarbeitung von DNA-Algorithmen zur Lösung besonders rechenintensiver Aufgabenstellungen. Mathematische Modelle des DNA-Computing setzen ebenfalls mindestens eine DNA-Operation mit hohem *Strangkombinationspotenzial* zur Erzielung universeller Berechnungsstärke voraus. Praktisch einsatzfähige DNA-Computer basieren wiederum auf diesen mathematischen Modellen und benötigen ein hohes Strangkombinationspotenzial für eine effektive Arbeitsweise.

DNA-Operationen, die von vorgegebenen DNA-Sequenzen und/oder Strangendenmarkierungen abhängig sind, unterstützen aufgrund ihrer selektiven Wirkung die Konstruktion von weitgehend *seiteneffektkompensierenden* DNA-Algorithmen.

Bei laborpraktischer Ausführung gemäß dem Stand der Technik haben DNA-Operationen neben der definierten Wirkung jedoch zusätzliche, nicht gezielt reproduzierbare und zumeist unerwünschte Wirkungen, die als Seiteneffekte bezeichnet werden. Seiteneffekte im DNA-Computing werden gegenwärtig auf Basis verschiedener Ansätze intensiv erforscht und kontrovers diskutiert.

		Synthesis	Annealing	Melting	Union / Split	Ligation	Digestion	Labeling	Polymerisation	PCR	Affinity Purification	Gel Electrophoresis	Sequencing
Abweichungen in der Primärstruktur der Ergebnis-DNA	Punktmutationen (ausgetauschte Nucleotide)	■							■	■			■
	Deletions (Nucleotidauslassungen)	■											
	Insertions (Nucleotideinfügungen)					■							
Abweichungen in der Sekundärstruktur der Ergebnis-DNA	unerwünschte nichtlineare DNA, hervorgerufen durch Basenfehlpaarungen		■			■			■				■
Abweichungen im Prozeßverlauf	Clusterungen ineinander verknäulter DNA											■	■
	zu niedrige DNA-Konzentration	■	■	■		■	■	■	■	■	■	■	■
	Verunreinigungen durch Fremdstoffe	■				■	■	■	■	■	■	■	■
	unvollständige Reaktion		■	■		■	■	■	■	■			
	unspezifische Wirkungen einer Reaktion						■					■	■
	unerwünschte Denaturierungen und Rehybridisierungen		■	■		■	■	■	■	■		■	■
	Verlust von DNA-Strängen				■							■	■

***Abb. 4.27:** Klassifikation typischer Seiteneffekte von DNA-Operationen*

Die Eindämmung bzw. Kompensation von Seiteneffekten gilt derzeit als größte Herausforderung im laborpraktischen DNA-Computing. Seiteneffekte lassen sich wegen ihres sporadischen, auch von nicht steuerbaren Einflussgrößen abhängigen Auftretens derzeit nur sehr eingeschränkt quantifizieren. Möglich sind statistische Aussagen über ihre Häufigkeiten, die auf der Auswertung spezieller Kontrollexperimente beruhen. Kontrollexperimente dienen dem Nachweis des Vorhandenseins bzw. Nichtvorhandenseins bestimmter Seiteneffekte. Die nachfolgende Tabelle 4.1 klassifiziert typische Seiteneffekte von DNA-Operationen und fasst mögliche experimentelle Nachweismethoden zusammen. Abbildung 4.27 trifft eine Zuordnung darüber, welche Seiteneffekte für welche DNA-Operationen signifikant sind.

		Seiteneffekt	möglicher experimenteller Nachweis
Abweichungen in der Primärstruktur der Ergebnis-DNA		Punktmutationen (ausgetauschte Nucleotide)	spektroskopische Analyse des Fluoreszenzenergie-transfers ([PaPa_96])
		Deletions (Nucleotidauslassungen)	Gel-Elektrophorese
		Insertions (Nucleotideinfügungen)	Gel-Elektrophorese
Abweichungen in der Sekundärstruktur der Ergebnis-DNA		unerwünschte nichtlineare DNA, hervorgerufen durch Basenfehlpaarungen	Vergleich des Laufverhaltens im Gel in unterschiedlichem pH-Milieu
Abweichungen im Prozessverlauf		Clusterungen ineinander verknäulter DNA	Entspiralisierung eines Teils der DNA-Probe, anschließender Vergleich der originalen und der entspiralisierten Proben mittels Gel-Elektrophorese
		zu niedrige DNA-Konzentration	DNA-Konzentrationsmessung mittels spektrophotometrischer Messung ([LoZo_98])
		Verunreinigungen durch Fremdstoffe	Reinigung mittels Gel-Elektrophorese und Rückgewinnung der DNA aus dem Gel, anschließender Vergleich der originalen mit der gereinigten Probe durch Gel-Elektrophorese
		unvollständige Reaktion	abhängig von der konkreten Reaktion; Ausführung einer abgestimmten Folgereaktion, die die nicht verarbeiteten von den verarbeiteten DNA-Strängen analysierbar unterscheidet (Kontrollexperiment)
		unspezifische Wirkungen einer Reaktion	mehrfache Wiederholungen des Reaktionsablaufes einschließlich Positiv- und Negativkontrollen und Vergleich durch geeignete Analysen der Ergebnisreagenzglasinhalte
		unerwünschte Denaturierungen und Rehybridisierungen	Vergleich des Laufverhaltens im Gel in unterschiedlichem pH-Milieu
		Verlust von DNA-Strängen	Ausführung einer abgestimmten Folgereaktion zur Positiv- bzw. Negativkontrolle

Tabelle 4.1: Typische Seiteneffekte von DNA-Operationen und ihre möglichen experimentellen Nachweise

Eine stabile Laborimplementierung von DNA-Computern und darauf ablaufenden DNA-Algorithmen wird durch auftretende Seiteneffekte erschwert. Bei Hintereinanderausführung mehrerer DNA-Operationen können sich Seiteneffekte aufsummieren und zu ungenauen, fehlerbehafteten oder gar unbrauchbaren Ergebnissen von DNA-Algorithmen im Laborexperiment führen. Seiteneffekteindämmende Maßnahmen wurden deshalb frühzeitig in die Konstruktion

von DNA-Algorithmen einbezogen und lassen sich zu den folgenden allgemeinen Handlungs-
prinzipien zusammenfassen:

- Auswahl einer geeigneten, auf die DNA-Operationsfolge abgestimmten DNA-Kodierung
  der zu verarbeitenden Eingangsdaten durch DNA-Stränge, bestimmt durch ihre Nucleotidsequenz, Stranglänge und Strangendenmarkierungen ([Baum_99], [DMGF_99])

- explizite Überprüfung des Ausführungserfolges jeder einzelnen DNA-Operation mittels
  geeigneter Positiv- und Negativkontrollen, ggf. mehrfache Wiederholung der Operationsausführung sowie experimentelle Optimierung und Abstimmung der Prozessparameter,
  die der gewünschten Operationsfolge zugrunde liegen ([Adle_94])

- Verwendung möglichst seiteneffektkompensierender Operationsfolgen, bei denen der
  Anteil ergebniskodierender DNA im DNA-Pool während der Algorithmusabarbeitung
  stetig zunimmt ([BDLS_99])

- Ersatz von DNA-Operationen oder Operationsfolgen, die als besonders seiteneffektanfäl-
  lig gelten, durch robustere DNA-Operationen bzw. Operationsfolgen wie beispielsweise

    - Verwendung von PCR und weiterer enzymatischer Reaktionen zur Separation nach
      Subsequenz anstelle der Avidin-Biotin-Separation in Kombination mit Hybridisie-
      rung ([AmGH_99], [AWHO_98])

    - Verwendung doppelsträngiger genomischer DNA anstelle der Hybridisierung
      von über ihre gesamte Länge antiparallel-komplementären, synthetisierten DNA-
      Einzelsträngen, soweit durch Sequenzvorgabe möglich ([StSH_01])

- Automatisierung von Laborarbeiten durch Einsatz spezieller Roboter zur Erhöhung der
  Präzision bisher manuell ausgeführter Arbeitsgänge ([Hagi_00])

Das laborpraktische DNA-Computing ist eng mit den Entwicklungen und Fortschritten in der
Molekularbiologie, Biochemie und Gentechnologie verflochten. Diese Wissenschaften stellen
ein Repertoire an Techniken und Methoden zur Verfügung, die – vergleichbar mit einem Werk-
zeugkasten – als Operationen im laborpraktischen DNA-Computing genutzt werden können.
Obwohl in den zurückliegenden Jahren spürbare Verbesserungen der Genauigkeit und Wiederholbarkeit von laborpraktisch implementierten DNA-Algorithmen erzielt werden konnten, steht
die Eindämmung von Seiteneffekten weiterhin im Mittelpunkt des wissenschaftlichen Interesses.

5   Labornahe Simulation molekularbiologischer Prozesse auf DNA

Forschung auf dem Gebiet des DNA-Computing war in den ersten Jahren durch zwei Hauptrichtungen geprägt: Laborpraktischen Experimenten zur Lösung zumeist spezieller rechenintensiver Probleme stand die Entwicklung abstrakter, stark idealisierter Berechnungsmodelle gegenüber, mit deren Hilfe das Gesamtpotenzial des DNA-Computing abgeschätzt werden konnte. Vielversprechende Ergebnisse beider Forschungsrichtungen ließen weiterführende Arbeiten zum Aufbau einsatzfähiger frei programmierbarer DNA-Computer lohnenswert erscheinen. Die Konstruktion wie auch die Programmierung von DNA-Computern in vitro erfordert genaue Kenntnisse über den Ablauf der chemischen und physikalischen Prozesse auf molekularer Ebene. Insbesondere Seiteneffekte der Prozesse, die in den abstrakten Modellen des DNA-Computing nicht erfasst sind, sich aber massiv auf die Prozessabläufe auswirken können, gelten als störende Einflussfaktoren, die eingedämmt bzw. kompensiert werden müssen.

Das Erkennen und anschließende Beschreiben der *Gesetzmäßigkeiten* in vitro ausgeführter DNA-Operationen ist Voraussetzung dafür, die zugrunde liegenden molekularbiologischen Prozesse im Detail zu *verstehen* und *vorhersagen* zu können. Als wichtigstes Hilfsmittel hierfür dient die *Simulation*. Die algorithmische Nachbildung der Prozessabläufe ermöglicht die Studie von Einzelheiten, die sich einer unmittelbaren Beobachtung im Labor entziehen. Bestimmte Grenzfälle und ungewöhnliche Situationen lassen sich vorteilhaft durch so genannte *Was-wäre-wenn-Szenarien* gefahrlos testen. Für eine kostengünstige Vorbereitung und *Optimierung* laborpraktisch ausgeführter DNA-Algorithmen ist eine möglichst wirklichkeitsgetreue Simulation der entsprechenden Prozesse und Prozessfolgen ebenfalls unerlässlich. Zusammensetzung, Menge und Eigenschaften des erwarteten Reaktionsproduktes können durch Prozesssimulation analysiert und durch Veränderung von Parametern an Zielvorgaben angepasst werden. Heute sieht man labornahe Simulationen als dritte Hauptrichtung von Forschungsarbeiten auf dem Gebiet des DNA-Computing an, die eine Brücke zwischen den berechenbarkeitstheoretischen Grundlagen und den laborpraktischen Implementierungen schlagen [Reif_02].

Simulationen finden in zahlreichen Bereichen der Natur- und Ingenieurwissenschaften breite Anwendung. Die damit einhergehenden Techniken und Methoden haben sich zu einer eigenständigen wissenschaftlichen Querschnittsdisziplin entwickelt. Ihre Grundzüge sowie ihre Anwendung für das DNA-Computing bilden den Gegenstand dieses Kapitels.

Der erste Teil des Kapitels behandelt die *Modellbildung*. Simulation und Modellbildung sind eng miteinander verbunden. Jeder zu simulierende Prozess muss durch ein Modell beschrieben sein, das alle relevanten Eigenschaften der einbezogenen Objekte durch geeignete *Parameter* und ihre konkrete Belegung erfasst. Die Gesetzmäßigkeiten des Prozesses manifestieren sich in den Beziehungen zwischen den Parametern. Die Festlegung (Wahl) der Parameter entscheidet über den *Detailliertheitsgrad* des Modells und bestimmt sein *Abstraktionsniveau*. So kann ein DNA-Molekül im einfachsten Fall lediglich durch seine Nucleotidabfolge (Primärstruktur) parametrisiert sein. Die für den Ablauf vieler DNA-spezifischer Reaktionen wesentlichen Wasserstoffbrückenbindungen sind in diesem Fall nicht in den Parametersatz integriert und können auch nicht bei der Simulation von Reaktionen ausgewertet werden, woraus sich ein geringer Detailliertheitsgrad, aber ein hohes Abstraktionsniveau des Modells ergibt. Da wesentliche Eigenschaften der Objekte (DNA-Moleküle) unberücksichtigt blieben, können auch die Gesetzmäßigkeiten der darauf ablaufenden Prozesse nur sehr unvollständig beschrieben werden. Dies würde eine Simulation nach sich ziehen, deren Ergebnisse stark von den Resultaten realer Abläufe abweichen würden. Die Aussagekraft und der Nutzen einer solchen Simulation wären sehr gering. Eine Modellverbesserung besteht darin, jedes DNA-Molekül sowohl durch seine Primär- als auch durch seine Sekundärstruktur zu beschreiben, so dass auch die Positionen aller Wasserstoffbrücken als Parameter in das Modell einfließen. Einen besonders hohen Detailliertheitsgrad erreicht man durch Abbildung der Tertiärstruktur, so dass jedes Atom durch seine räumliche Position innerhalb des Moleküls beschrieben ist. Zusätzlich kann es sinnvoll sein, jedem einzelnen Objekt weitere so genannte *mikroskopische* Parameter zuzuordnen, die Einfluss auf den Prozessablauf ausüben. Dazu zählen zum Beispiel sein Ort innerhalb des Reagenzglases, seine Masse und Bewegungsrichtung. Jedes in das Modell aufgenommene Molekül ist letztendlich durch einen spezifischen Satz von Parametern beschrieben, aus dem sich die für das Gesamtsystem (Reagenzglas) resultierenden *makroskopischen* (messbaren) Parameter ergeben, wie beispielsweise die Temperatur und bestimmte Zustandsgrößen. Die makroskopischen Parameter erlauben einen Vergleich des Modells mit der Realität und dienen deshalb zur *Validation* und *Verifikation*. Das *Prozessmodell* bezeichnet die Vorschrift, nach der die einzelnen Parameter fortlaufend ausgewertet und gezielt verändert werden. Die hierbei zugrunde liegenden Abhängigkeiten kennzeichnen die Gesetzmäßigkeiten des jeweiligen Prozesses.

Ausgehend vom Modell für die betrachteten Objekte und den Prozess erfolgt die Simulation, das „Durchrechnen" des Prozessmodells. Man unterscheidet in Abhängigkeit vom Prozessmodell mehrere mögliche Strategien für die Simulation, die jeweils spezifische Vor- und Nachteile besitzen. Wichtige Simulationsmethoden werden eingeführt und gegenübergestellt. Dazu gehören die *statische* und *dynamische*, die *deterministische* und *stochastische*, die *ereignisgesteuerte* und *zeitgesteuerte* sowie die *kontinuierliche* und *diskrete* Simulation.

Die allgemeinen Konzepte der Parametrisierung, Modellbildung und Simulation werden anschließend in den Kontext des DNA-Computing eingegliedert und anhand spezieller Techniken und Methoden konkretisiert. Es wird gezeigt, wie DNA-Sekundärstrukturen mit Hilfe von *Bindungsmatrizen* effizient und mit hohem Detailliertheitsgrad parametrisierbar sind. Wichtige, häufig benötigte Algorithmen zum Umgang mit Bindungsmatrizen, wie beispielsweise der Test auf Strukturgleichheit von DNA, ergänzen diesen Abschnitt.

Auf Basis der durch Bindungsmatrizen parametrisierten DNA-Moleküle erfolgt die Aufstellung der Prozessmodelle für die einzelnen DNA-Operationen, deren Simulation anhand von Beispielen verdeutlicht wird. Die Betrachtung der DNA-Operation Annealing fokussiert die Methode des nächsten Nachbarn (*nearest neighbor*). Die beschriebenen Prozessmodelle und Simulationen decken das Spektrum der im Kapitel 4 vorgestellten molekularbiologischen Prozesse vollständig ab. Ein Ausblick über weiterführende Ansätze wie die labornahe Simulation der Abarbeitung eines DNA-Algorithmus beschließt das Kapitel.

5.1 Von realen Vorgängen aus Physik und Chemie zum mathematischen Modell – Ideen und Ansätze

Die Beobachtung und experimentelle Untersuchung vieler physikalischer und chemischer Vorgänge führte zur Aufstellung zahlreicher miteinander in Einklang stehender Naturgesetze, deren mathematische Beschreibung infolge erzielter Fortschritte bei der Erkenntnisgewinnung zunehmend präziser gelingt. Die Entwicklung naturwissenschaftlicher Forschungen ermöglichte eine fundierte Definition der einzelnen Fachdisziplinen und ihrer gegenseitigen Verzahnung. Die Chemie gilt als Wissenschaft von den Stoffen, ihrem Aufbau, ihren Eigenschaften und den Reaktionen, die Stoffumwandlungen bewirken. Alle chemischen Reaktionen sind durch den Umbau von Bindungen zwischen den Teilchen (z.B. Atomen oder Ionen) gekennzeichnet, aus dem die Stoffe aufgebaut sind. Die Physik untersucht neben der inneren Struktur von Teilchen auch Energieformen und ihre Umwandlung sowie die von Teilchen und Wellen verursachten Kräfte und Wechselwirkungen. Chemie und Physik ergänzen sich häufig und überlappen sich in vielen Bereichen. Mathematische Ansätze zur Simulation von Prozessen des DNA-Computing greifen auf Erkenntnisse aus beiden Wissensgebieten zurück, die sich auf vielfältige Weise miteinander kombinieren.

5.1.1 Grundlagen der Modellierung molekülbasierter Vorgänge

Das Grundelement chemischer wie auch physikalischer Vorgänge bilden einzelne *Objekte* bzw. eine Gesamtheit von Objekten, deren Verhalten unter bestimmten Bedingungen und Einflussfaktoren untersucht werden soll. Im Folgenden sind Atome und Moleküle die betrachteten Objekte, wobei ein Molekül aus mindestens zwei Atomen besteht, die durch chemische Bindungen (kovalente Bindungen oder Wasserstoffbrücken) zusammengehalten werden. Die modellhafte Beschreibung eines solchen Objektes kann entweder *explizit* durch Angabe seiner chemischen Struktur (häufig vereinfacht zur Summenformel) oder *implizit* durch Auflistung seiner Eigenschaften erfolgen. Die chemische Struktur eines Moleküls beschreibt die Art und Anordnung der chemischen Bindungen zwischen den zugrunde liegenden Atomen. In Abhängigkeit davon, welche Arten chemischer Bindungen und weiterführend zusätzlicher physikalischer Wechselwirkungen berücksichtigt bzw. vernachlässigt werden, unterscheidet man mehrere Abstraktionsgrade chemischer Strukturen, wie beispielsweise Primär-, Sekundär- und Tertiärstrukturen bei DNA-Molekülen (siehe Abschnitt 4.1). Die Summenformel reduziert die Beschreibung eines Moleküls auf die Information, welche Atome in welcher Anzahl im Molekül vorkommen. Ein Wassermolekül besitzt beispielsweise die Summenformel H_2O, da es sich aus zwei Wasserstoffatomen (H) und einem Sauerstoffatom (O) zusammensetzt.

Jeder chemische und physikalische Vorgang vollzieht sich in einem *System*. In diesem Zusammenhang lässt sich ein System als ein Gebilde auffassen, das von seiner Umgebung abgegrenzt oder abgegrenzt gedacht ist und selbst aus einer endlichen Menge von Objekten besteht, die über feste Beziehungen zwischen ihnen aufeinander einwirken können. Beim in vitro ausgeführten DNA-Computing dienen Reagenzgläser, Reaktionsgefäße, Bioreaktoren, Flussreaktoren oder spezielle Behältnisse als Systeme. Die Einführung eines geeigneten Systembegriffes hat zum Ziel, den Ort und/oder die Zeitspanne des interessierenden Vorganges eingrenzen zu können. Auf diese Weise können für den Ablauf des Vorganges relevante und deshalb wichtige Einflussfaktoren von vernachlässigbaren Einflussfaktoren getrennt werden. Systeme, in denen chemische oder physikalische Vorgänge ablaufen, lassen sich in *abgeschlossene*, *geschlossene* und *offene* Systeme einteilen. Bei abgeschlossenen Systemen findet weder ein Stoffaustausch (Materieaustausch) noch ein Energieaustausch mit der Umgebung statt. Geschlossene Systeme gestatten die Abgabe oder Aufnahme von Energie an bzw. aus der Umgebung, während offene Systeme sowohl in einen Stoff- als auch in einen Energieaustausch mit der Umgebung treten können. Die weiterführend betrachteten Prozesse des in vitro ausgeführten DNA-Computing entsprechen Vorgängen in geschlossenen Systemen, denn es kann Wärmeenergie zugeführt oder entzogen werden, aber alle beteiligten Atome verbleiben trotz möglicherweise stattfindender Stoffumwandlungen innerhalb des jeweiligen Systems.

Die Gesetzmäßigkeiten, die dem Ablauf des interessierenden Vorganges innewohnen, werden durch den Begriff des *Prozessmechanismus* erfasst. Der Prozessmechanismus beschreibt, wie die einzelnen Objekte innerhalb des geschlossenen Systems aufeinander einwirken und welche Konsequenzen ein Energieaustausch mit der Umgebung für die einzelnen Objekte im System hat. Das Kernstück einer Prozesssimulation wird durch den Prozessmechanismus gebildet. Er steuert sowohl die *Dynamik* der Objekte als auch ihre mögliche Veränderung. Unter dem Begriff Dynamik versteht man die Führung der im System enthaltenen bzw. sich verändernden Objekte durch die *Zeit* und/oder durch den *Raum*. Zu jedem definierten Zeitpunkt des modellierten Vorganges und an jedem definierten Ort des Systems wird durch den Prozessmechanismus der *Systemstatus* bestimmt. Der Systemstatus enthält alle notwendigen Informationen, um die Fortsetzung der Prozesssimulation sicherzustellen. Zusammenfassend beantwortet der Prozessmechanismus die Frage: „Wann und wo geschieht im System womit was?"

Die im Zusammenhang mit dem in-vitro-basierten DNA-Computing relevanten physikalischen Vorgänge wie die Gel-Elektrophorese, das Zentrifugieren, das Schütteln oder das Mischen und Aufteilen von Reagenzglasinhalten durch Pipettieren können nur in sehr seltenen Fällen und unter außergewöhnlichen Bedingungen Kräfte hervorrufen, die groß genug sind, um chemische Bindungen in DNA-Molekülen aufzubrechen. Im Folgenden wird deshalb davon ausgegangen, dass die als Objekte angesehenen DNA-Moleküle beim Ablauf physikalischer Vorgänge in ihrer Struktur nicht verändert werden. Die Simulation physikalischer Vorgänge auf DNA konzentriert sich deshalb auf die Dynamik bei den jeweiligen Prozessmechanismen.

Im Gegensatz dazu steht bei chemischen Reaktionen die Veränderung der Objekte im Mittelpunkt der Betrachtungen. Die wichtigste Voraussetzung für eine Stoffumwandlung sind wirksame Zusammenstöße reaktionsfähiger Atome oder Moleküle, die durch das Prinzip der zufälligen Kollisionen modelliert werden können. Jedem als Objekt innerhalb des Systems befindlichen Atom oder Molekül wird hierzu eine initial zufällig gewählte Bewegungsrichtung und Geschwindigkeit zugeordnet. Auf diese Weise lässt sich eine chaotische (ungeordnete) Bewegung der einzelnen Objekte erreichen, welche deren Dynamik widerspiegelt. Trifft ein Objekt auf eine Systemwand, so wird es durch Veränderung seiner Bewegungsrichtung reflektiert. Von besonderem Interesse sind die Zusammenstöße zwischen den Objekten. Im Falle einer solchen Kollision erfolgt eine Auswertung der Parameter, mit denen jedes der beteiligten Objekte behaftet ist. Die objektspezifischen Parameter geben beispielsweise Auskunft über die Art des Moleküls und seine kinetische Energie. Ergibt die Parameterauswertung, dass eine Reaktion möglich ist, so wird sie vollzogen, indem die beteiligten Objekte entsprechend der *Reaktionsvorschrift* verändert sowie alle für die resultierenden Objekte gültigen Parameter bestimmt werden. Dies schließt die Wahl der Bewegungsrichtungen und Geschwindigkeiten der betreffenden Objekte ein. Durch die Veränderung dieser Objekte ist die mit der Reaktion einhergehende Stoffumwandlung im Prozessmodell beschreibbar. Zusammenstöße von Objekten, die zu einer

Stoffumwandlung führen, werden als *nichtelastische Kollisionen* bezeichnet. Zusammenstöße zwischen Objekten, deren Parameterauswertung keine Stoffumwandlung zulässt, heißen *elastische* Kollisionen. Sie bewirken lediglich eine Veränderung der Bewegungsrichtung sowie mitunter auch der Geschwindigkeit bei den beteiligten Objekten. Die Abfolge der nichtelastischen Kollisionen kennzeichnet den Reaktionsfortschritt. Ein Energieaustausch mit der Umgebung schlägt sich in einer Anpassung ausgewählter Parameter (wie z.B. Bewegungsgeschwindigkeit) für alle Objekte des Systems nieder.

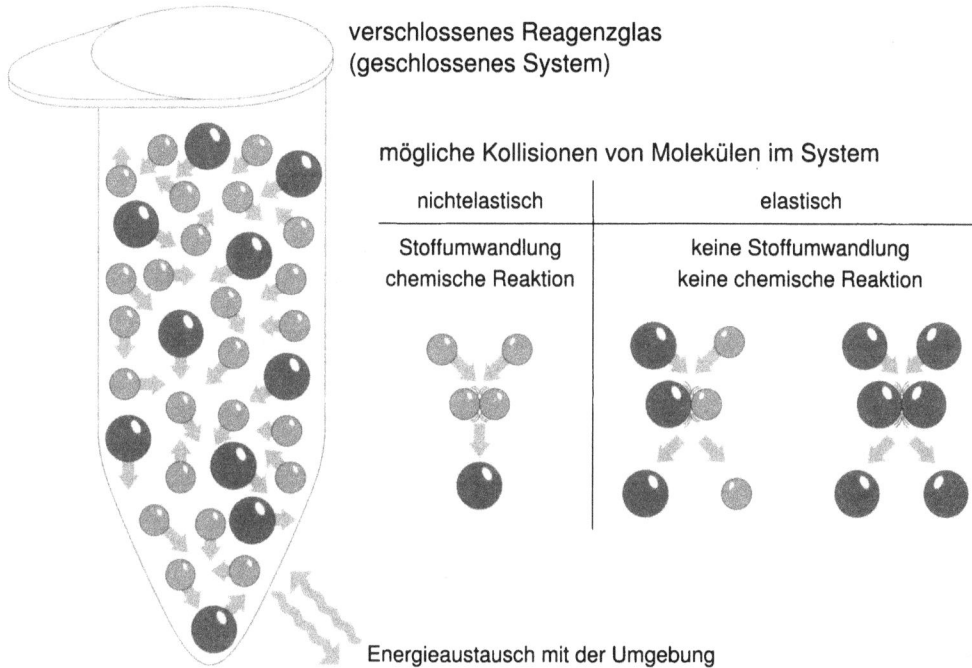

verschlossenes Reagenzglas
(geschlossenes System)

mögliche Kollisionen von Molekülen im System

nichtelastisch	elastisch
Stoffumwandlung chemische Reaktion	keine Stoffumwandlung keine chemische Reaktion

Energieaustausch mit der Umgebung

Abb. 5.1: Beispiel für ein geschlossenes System mit zwei Arten von Molekülen und möglichen Kollisionen zwischen ihnen

Abbildung 5.1 zeigt ein einfaches Beispiel eines geschlossenen Systems mit zwei Arten von Objekten. Jedes Objekt symbolisiert ein Molekül, das eine spezifische Bewegungsrichtung und Geschwindigkeit besitzt (dargestellt durch Richtung und Länge der unterlegten Pfeile). Mögliche Molekülkollisionen und ihre Wirkungen im Beispielsystem sind angegeben. Jede nichtelastische Kollision fasst die zwei beteiligten Objekte zu einem resultierenden Objekt zusammen. Im Verlauf der modellierten chemischen Reaktion werden die „kleinen" Moleküle zunehmend durch die „größeren" Moleküle ersetzt, bis nur noch elastische Kollisionen auftreten.

Das Prinzip der zufälligen Zusammenstöße wird häufig zur Modellierung chemischer Reaktionen herangezogen. Die Dynamik der Objekte ist der *Brownschen Bewegung* nachempfunden und wird gewöhnlich als *random walk* bezeichnet.

Die bei nichtelastischen Kollisionen stattfindenden Stoffumwandlungen lassen sich unter Vernachlässigung der energetischen Parameter durch *Reaktionsgleichungen* beschreiben. Hierbei wird ausschließlich die Art der beteiligten Objekte ausgewertet. Bezeichnet man beispielsweise jedes „kleine" Molekül aus Abbildung 5.1 mit dem Platzhaltersymbol A und jedes „größere" Molekül mit B, so folgt die modellierte Reaktion der Gleichung:

$$A + A \longrightarrow B$$

Auf der linken Seite des Reaktionspfeiles $\longrightarrow$ sind die Ausgangsstoffe (*Edukte*) notiert, auf der rechten Seite die Reaktionsprodukte. Mehrere Ausgangsstoffe bzw. mehrere Reaktionsprodukte werden durch das Trennsymbol + voneinander unterschieden. Das Trennsymbol + darf nicht mit dem Operationssymbol für die Addition in der Mathematik verwechselt werden. Die oben angegebene Reaktionsgleichung besagt, dass jeweils zwei Moleküle A bei Kollision zu einem Molekül B reagieren.

Reaktionsgleichungen können verschiedene Strukturen aufweisen. Neben Reaktionen mehrerer Ausgangsstoffe zu einem Reaktionsprodukt sind prinzipiell auch intramolekulare Umwandlungen der Art A $\longrightarrow$ B, die Erzeugung mehrerer Reaktionsprodukte wie etwa bei A + B $\longrightarrow$ C + D oder der Zerfall eines Ausgangsstoffes wie etwa bei A $\longrightarrow$ B + C möglich. Die Anzahl der Ausgangsstoffe und Reaktionsprodukte kann beliebig variieren.

Vielfach beobachtet man im Verlauf einer chemischen Reaktion, dass sich bereits entstandene Reaktionsprodukte wieder zu Ausgangsstoffen umwandeln. Das gleiche Molekül kann folglich während desselben Reaktionsprozesses Ausgangsstoff und Reaktionsprodukt zugleich sein, also sowohl links als auch rechts vom Reaktionspfeil vorkommen. Darüber hinaus gibt es Reaktionen, bei denen bestimmte Ausgangsstoffe unverändert aus der Reaktion hervorgehen.

Bezeichnet man alle an einer Reaktion beteiligten Stoffe – egal, ob Ausgangsstoff oder Reaktionsprodukt – mit S_1 bis S_p und die Anzahl Vorkommen des Stoffes S_i auf der linken Seite der Reaktionsgleichung mit dem Faktor a_i sowie auf der rechten Seite mit b_i, so lautet die allgemeine Form einer Reaktionsgleichung:

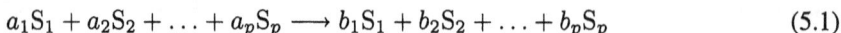

$$a_1 S_1 + a_2 S_2 + \ldots + a_p S_p \longrightarrow b_1 S_1 + b_2 S_2 + \ldots + b_p S_p \qquad (5.1)$$

Die eingangs erwähnte Reaktionsgleichung A + A $\longrightarrow$ B hat in der allgemeinen Form die Gestalt 2A + 0B $\longrightarrow$ 0A + 1B. Die Anzahl p beteiligter Stoffe ist 2.

Die Zahlen a_1 bis a_p und b_1 bis b_p nennt man *stöchiometrische Faktoren*. Stöchiometrische Faktoren sind immer natürlichzahlig. Der Grund hierfür liegt in der Erhaltung der Atome bei chemischen Reaktionen. Kennzeichnet man jeden in einer Reaktionsgleichung einbezogenen Stoff S_i durch seine Summenformel oder Strukturformel, so lässt sich aus der Reaktionsgleichung ablesen, wie viele Atome welcher Arten in die Reaktion eingehen. Während der Reaktion können zwar chemische Bindungen zwischen den Atomen umgebaut werden, aber die Anzahl und Art der Atome, aus denen sich Ausgangsstoffe wie auch Reaktionsprodukte zusammensetzen, bleibt unverändert. Die Anzahl der Vorkommen eines bestimmten Atoms kann nur durch eine natürliche Zahl repräsentiert werden. Die stöchiometrischen Faktoren jeder Reaktionsgleichung müssen darüber hinaus so gewählt werden, dass die Atomerhaltung gewährleistet ist.

Ein Beispiel liefert die Verbrennung (Oxydation) von Ethanol. Hierbei reagiert Ethanol mit zweiwertigem Sauerstoff zu Kohlendioxid und Wasser. Die Reaktionsgleichung lautet:

$$C_2H_6O + 3O_2 \longrightarrow 2CO_2 + 3H_2O$$

Jede Paarung aus einem Molekül der Ausgangsstoffe Ethanol (C_2H_6O) und Sauerstoff (O_2) liefert insgesamt zwei Atome Kohlenstoff (C), sechs Atome Wasserstoff (H) und drei Atome Sauerstoff (O). Auf Seiten der Reaktionsprodukte besteht jedes Molekülpaar Kohlenstoff und Wasser jedoch aus insgesamt nur einem Atom Kohlenstoff, zwei Atomen Wasserstoff und drei Atomen Sauerstoff. Würde ein Molekül Ethanol mit einem Sauerstoffmolekül zu einem Molekül Kohlendioxid und einem Molekül Wasser umgewandelt, so wäre das Prinzip der Atomerhaltung verletzt. Wählt man die stöchiometrischen Faktoren jedoch wie in der obigen Gleichung, bleibt die Anzahl der Atome jeder Art während der Reaktion konstant, denn es werden zwei Kohlenstoffatome, sechs Wasserstoffatome und sieben Sauerstoffatome einbezogen, aus denen sich sowohl die Ausgangsstoffe als auch die Reaktionsprodukte vollständig zusammensetzen.

Viele chemische Vorgänge in geschlossenen Systemen unterliegen nicht nur einer, sondern mehrerer verschiedener Reaktionsgleichungen, die gemeinsam ein *Reaktionssystem* bilden. Insbesondere dann, wenn im System eine Vielzahl unterschiedlicher Stoffe durch entsprechende Moleküle (Objekte) vorliegt, können die einzelnen Moleküle auf mannigfaltige Weise miteinander kollidieren. In Abhängigkeit davon, welche Molekülarten hierbei jeweils aufeinander treffen, sind unterschiedliche Reaktionen möglich. Erfasst man jede dieser möglichen Reaktionen durch eine entsprechende Gleichung, so ergibt sich ein System von Reaktionsgleichungen. Die einzelnen Gleichungen daraus können untereinander in Abhängigkeitsbeziehungen stehen, wie beispielsweise dann, wenn ein Reaktionsprodukt einer Gleichung als ein Ausgangsstoff in einer anderen Gleichung dient.

Beobachtet man den Ablauf chemischer Reaktionen in geschlossenen Systemen über einen langen Zeitraum und protokolliert in regelmäßigen Zeitabständen, wie viele Moleküle welchen Stoffes sich im System befinden, so fällt auf, dass sich die Molekülanzahlen der einzelnen Stoffe zu Beginn sehr heftig ändern und im Allgemeinen bei fortschreitender Reaktion diese Änderungen immer kleiner werden, bis nur noch vereinzelte oder gar keine Änderungen mehr auftreten. Das geschlossene System und mithin die in ihm ablaufenden Vorgänge befinden sich dann in einem *Gleichgewicht*. Sobald das Gleichgewicht erreicht ist, beendet man beim invitro-basierten DNA-Computing gewöhnlich den molekularbiologischen Prozess. Bei einem geschlossenen System im Gleichgewicht treten entweder nur noch elastische Kollisionen auf, oder die nichtelastischen Kollisionen neutralisieren sich in ihrer Wirkung gegenseitig.

Das Beispielsystem aus Abbildung 5.1 ist im Gleichgewicht, nachdem sich alle „kleinen" Moleküle in die „größeren" Moleküle umgewandelt haben. Wie aus dem dargestellten Systemstatus hervorgeht, kann auch kein einzelnes „kleines" Molekül übrig bleiben, da deren Anzahl im System gerade ist.

5.1.2 Parametrisierung molekülbasierter Vorgänge

Die zur Beschreibung eines geschlossenen Systems geführten Parameter bestimmen maßgeblich den Detailliertheitsgrad des Modells und entscheiden über die Abstraktionsebene der daraus resultierenden Prozesssimulation. Die Wahl und die Belegung der berücksichtigten Parameter richtet sich nach dem Einsatzzweck der Simulation. Nachfolgend wird darauf eingegangen, welche Parameter bei der labornahen Simulation von Prozessen des DNA-Computing üblicherweise Verwendung finden und wie die Erfassung sowie die Auswertung dieser Parameter erfolgt, so dass eine umfassende Beschreibung der entsprechenden Prozessmechanismen auf verschiedenen Abstraktionsebenen ermöglicht wird.

Ein geschlossenes System, dessen Objekte Moleküle oder Atome verkörpern, lässt sich in guter Näherung als ein *Vielteilchensystem* auffassen, das den Gesetzen der *Thermodynamik* (Lehre von den Energieumwandlungen) unterliegt. Typische Reaktionsansätze im laborpraktischen DNA-Computing enthalten mehrere Millionen Moleküle. Jedes einzelne dieser Objekte kann im Modell – als Punktmasse angesehen – durch einen Satz von Parametern beschrieben werden:

- chemische Struktur des Objektes, repräsentiert durch seine Struktur- oder Summenformel

- Masse des Objektes. Bei Kenntnis der zugrunde liegenden Atommassen ist die Masse des Objektes aus seiner Struktur- oder Summenformel ableitbar.

- Ort (Position) des Objektes innerhalb des geschlossenen Systems. Stellt man sich das geschlossene System in einem geeigneten dreidimensionalen Koordinatensystem (z.B. dem kartesischen Koordinatensystem) vor, so lässt sich die Objektposition durch einen dreidimensionalen Ortsvektor beschreiben.

- Lage des Objektes. Dieser Parameter beschreibt die Drehwinkel des Objektes im Raum in Bezug auf jede Koordinatenachse, dargestellt durch einen dreidimensionalen Winkelvektor.

- Geschwindigkeit des Objektes in Bezug auf jede Koordinatenachse, dargestellt durch einen dreidimensionalen Geschwindigkeitsvektor

Die Belegung dieser Parameter mit konkreten Werten variiert gewöhnlich von Objekt zu Objekt und verändert sich darüber hinaus für jedes Objekt während des zeitlichen Ablaufes des simulierten Prozesses. Je nach Abstraktionsebene des Modells können ausgewählte Parameter vernachlässigt und/oder für Klassen aus mehreren Objekten mit jeweils gleichen Werten versehen werden.

Ein geschlossenes System besteht aus N Objekten, die zur Unterscheidung fortlaufend von 1 bis N durchnumeriert werden. Jedes Objekt j mit $j = 1, \ldots, N$ sei durch seinen Parametersatz

$$(S_j, m_j, \vec{x}_j, \vec{\alpha}_j, \vec{v}_j) \tag{5.2}$$

beschrieben, wobei S_j die chemische Struktur des Objektes bezeichnet, m_j seine Masse,

$\vec{x}_j = \begin{pmatrix} x_j \\ y_j \\ z_j \end{pmatrix}$ seinen Ort, $\vec{\alpha} = \begin{pmatrix} \alpha_j \\ \beta_j \\ \gamma_j \end{pmatrix}$ seine Lage und $\vec{v}_j = \begin{pmatrix} v_{x,j} \\ v_{y,j} \\ v_{z,j} \end{pmatrix}$ seine Geschwindigkeit.

Aus diesen Parametern lassen sich weitere für die Simulation wichtige Größen berechnen. Der absolute Betrag der Geschwindigkeit des Objektes j ergibt sich aus

$$|\vec{v}_j| = \sqrt{v_{x,j}^2 + v_{y,j}^2 + v_{z,j}^2}.$$ (5.3)

Die *kinetische Energie* (Bewegungsenergie) $E_{kin,j}$ des Objektes j berechnet sich durch

$$E_{kin,j} = \frac{1}{2}m_j|\vec{v}_j|^2.$$ (5.4)

Jeder der genannten Parameter $S_j, m_j, \vec{x}_j, \vec{\alpha}_j, \vec{v}_j, E_{kin,j}$ drückt eine spezifische Eigenschaft eines einzelnen Objektes aus. Solche Parameter nennt man *mikroskopisch*. Bei realen molekülbasierten Systemen lassen sich die mikroskopischen Parameter nicht oder nur sehr eingeschränkt direkt messen. Um die durch Prozesssimulation erhaltenen Ergebnisse experimentell überprüfen zu können, werden jedoch Parameter benötigt, deren Werte im betreffenden System messbar sind. Solche Parameter beziehen sich nicht mehr auf ein einzelnes, konkretes Objekt, sondern verkörpern statistische Aussagen über alle Objekte gemeinsam. Die entsprechenden Parameter sind deshalb systemglobal und werden als *makroskopisch* bezeichnet. Mikroskopische und makroskopische Parameter für ein System stehen miteinander in Beziehung.

Molekularbiologische Prozesse des DNA-Computing laufen zumeist in wässrigen Lösungen ab. Für die Simulation dieser Prozesse in geschlossenen Systemen sind insbesondere die makroskopischen Parameter *Temperatur* und *innere Energie* von Bedeutung.

Die Temperatur T (in der Einheit Kelvin) ist ein Maß für die mittlere kinetische Energie $\overline{E_{kin}}$ der Objekte im System. Je höher die Temperatur ist, umso schneller bewegen sich die einzelnen Objekte im Mittel:

$$\overline{E_{kin}} = \frac{3}{2}k_B T = \frac{1}{N} \cdot \sum_{j=1}^{N} E_{kin,j}$$ (5.5)

Die *Boltzmann-Konstante* k_B besitzt einen Wert von $1,381 \cdot 10^{-23} \frac{J}{K}$. Die innere Energie U des Systems (in der Einheit Joule) ist die Summe der kinetischen Energien aller in ihm enthaltenen Objekte. Es gilt der Zusammenhang:

$$U = \frac{3}{2}k_B NT = \sum_{j=1}^{N} E_{kin,j}$$ (5.6)

Führt man dem System Wärmeenergie zu oder ab (ΔQ), so ändern sich auch seine innere Energie, Temperatur und die mittlere kinetische Energie der Objekte entsprechend ($\Delta Q = \Delta U = \frac{3}{2}k_B N \Delta T$ und $\Delta \overline{E_{kin}} = \frac{3}{2}k_B \Delta T$). Dies bedingt ebenfalls Veränderungen der korrespondierenden mikroskopischen Parameterwerte für die einzelnen Objekte, die aber von Objekt zu Objekt quantitativ sehr unterschiedlich ausfallen können und in der Simulation mit geeigneten Zufallskomponenten unter Berücksichtigung der statistischen Vorgaben behaftet werden.

5.1.3   Belegung der Parameter mit Anfangswerten

Es stellt sich die Frage, wie die eingeführten mikroskopischen und die daraus resultierenden makroskopischen Parameter für eine Prozesssimulation mit geeigneten *Anfangswerten* belegt werden können, um eine stochastische, ungeordnete Bewegung der Objekte im System nachzubilden, die den statistischen Gesetzen der Thermodynamik genügt.

Die Struktur- bzw. Summenformeln der anfänglich im System vorliegenden Objekte werden als bekannt vorausgesetzt. Für das DNA-Computing relevante Objekte setzen sich nahezu ausschließlich aus Wasserstoff-, Kohlenstoff-, Stickstoff-, Sauerstoff- und Phosphoratomen zusammen. Die absolute Masse der einzelnen Atome ergibt sich, indem die *atomare Masseeinheit* $u = 1,66054 \cdot 10^{-27}$ kg mit den relativen Atommassen für die jeweiligen Atome multipliziert wird. Die Tabelle 5.1 listet die entsprechenden absoluten Atommassen auf.

Atom		absolute Atommasse in kg	
Wasserstoff	H	$1,0079 \cdot u$	$1,6763 \cdot 10^{-27}$
Kohlenstoff	C	$12,0107 \cdot u$	$1,9944 \cdot 10^{-26}$
Stickstoff	N	$14,0067 \cdot u$	$2,3258 \cdot 10^{-26}$
Sauerstoff	O	$15,9994 \cdot u$	$2,6567 \cdot 10^{-26}$
Phosphor	P	$30,9738 \cdot u$	$5,1433 \cdot 10^{-26}$

Tabelle 5.1: *ausgewählte absolute Atommassen*

Ein als Objekt j dienendes Wasserstoffmolekül mit der Summenformel H_2 besitzt demnach die Masse $m_j = 3,3526 \cdot 10^{-27}$ kg.

Die räumliche Verteilung der Objekte im System wird als zufällig, aber gleichmäßig angesehen, ebenso die Verteilung ihrer Lagen und ihrer Geschwindigkeits*richtungen*. Die absoluten Beträge der Geschwindigkeiten der Systemobjekte sind jedoch aus energetischen Gründen nicht gleichverteilt. Geht man von einer konstanten Temperatur $T > 0$ aus und betrachtet die Verteilung der Geschwindigkeitsbeträge aller Objekte gleicher Masse m im System, so zeigt sich, dass nur sehr wenige Objekte einen Geschwindigkeitsbetrag von 0 oder geringfügig darüber besitzen, während die meisten Objekte innerhalb eines bestimmten Geschwindigkeitsbereiches liegen und nur sehr wenige Objekte einen größeren Geschwindigkeitsbetrag erreichen. Es entsteht eine asymmetrische Verteilung, die als *Maxwell-Boltzmann-Verteilung* bezeichnet wird. Ihre Dichte in Abhängigkeit vom absoluten Geschwindigkeitsbetrag ist durch die Funktion f_0 wie folgt beschrieben:

$$f_0(|\vec{v}|) = 4\pi \cdot \left(\frac{m}{2\pi k_B T} \right)^{\frac{3}{2}} \cdot |\vec{v}|^2 \cdot e^{-\frac{m|\vec{v}|^2}{2k_B T}} \tag{5.7}$$

Diskretisiert man die Geschwindigkeitsbeträge in eine endliche Anzahl von Intervallen, so gibt der Funktionswert den Anteil an der Gesamtzahl N der Objekte an, die einen Geschwindigkeitsbetrag aus den jeweiligen Intervallen aufweisen. Der Anteil liegt dabei immer zwischen 0% und 100%. Die Abbildung 5.2 verdeutlicht den Sachverhalt anhand eines Systems aus Wasserstoffmolekülen.

Die Diskretisierung gestattet darüber hinaus auch eine effiziente Umwandlung gleichverteilter Zufallszahlen in die gewünschte Maxwell-Boltzmann-Verteilung.

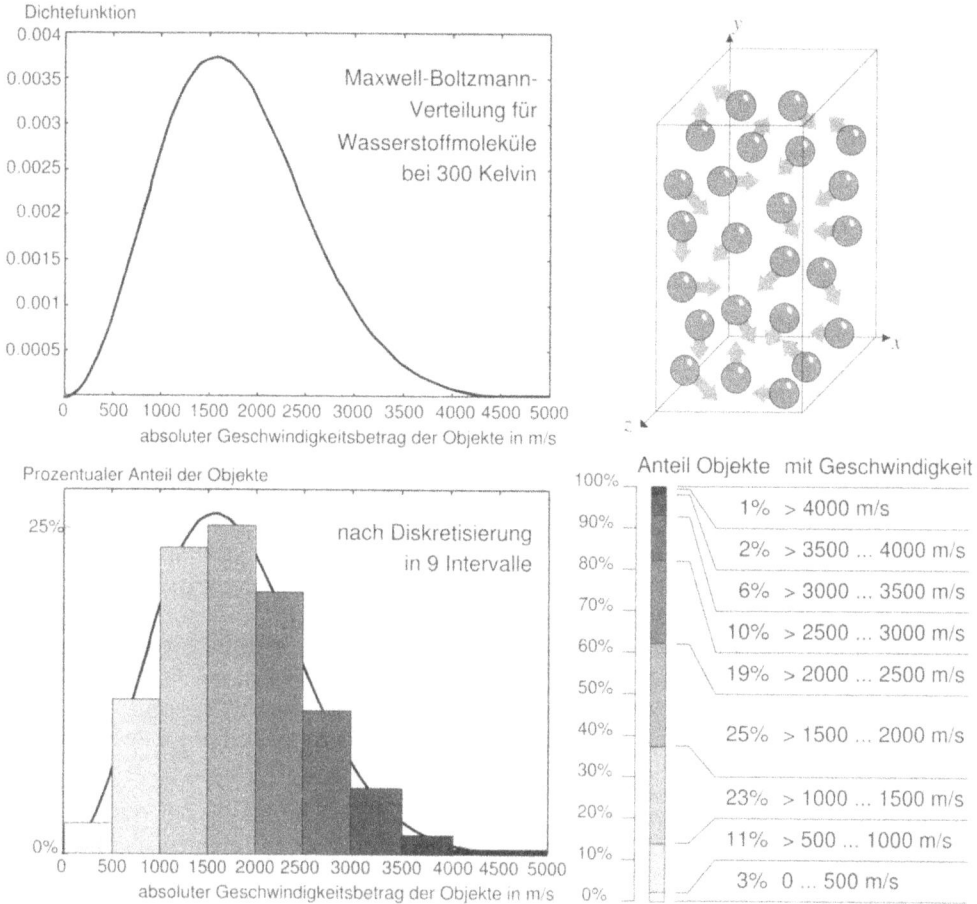

Abb. 5.2: *Beispiel für die Maxwell-Boltzmann-Verteilung der absoluten Geschwindigkeitsbeträge von Wasserstoffmolekülen bei $T = 300K$ in einem System (oben) und ihre Diskretisierung in neun Intervalle (unten). Die Intervallanzahl wurde willkürlich gewählt. Die gerundeten Prozentzahlen geben an, wieviel Prozent der Objekte im System einen Geschwindigkeitsbetrag innerhalb des jeweiligen Intervalls besitzen.*

5.1.4 Dynamische Anpassung der Parameter

Nachdem alle im gewählten Modell erfassten mikroskopischen Parameter mit geeigneten Anfangswerten belegt sind, müssen sie während der Simulation fortlaufend angepasst werden, um die Dynamik der Objekte nachzubilden. Grundsätzlich unterscheidet man hierbei *ereignisgesteuerte* und *zeitgesteuerte* Ansätze. Beide Varianten werden häufig für Prozesssimulationen genutzt.

Kernstück bei ereignisgesteuerten Ansätzen ist eine *Ereigniswarteschlange*. Jede potentiell mögliche Kollision von Objekten wird als ein Ereignis angesehen, ebenso jede Reflexion eines Objektes an einer Systembegrenzungsfläche. In der Ereigniswarteschlange sind die zu erwartenden Kollisionen in der zeitlichen Reihenfolge ihres voraussichtlichen Eintreffens angeordnet.

Ausgehend von der Annahme einer konstanten Bewegungsgeschwindigkeit der Objekte zwischen zwei unmittelbar aufeinander folgenden Ereignissen lässt sich der Weg jedes Objektes j im System durch eine Gerade veranschaulichen, die durch den Vektor

$$\begin{pmatrix} x_j(t) \\ y_j(t) \\ z_j(t) \end{pmatrix} = \begin{pmatrix} x_j(t_0) \\ y_j(t_0) \\ z_j(t_0) \end{pmatrix} + t \cdot \begin{pmatrix} v_{x,j} \\ v_{y,j} \\ v_{z,j} \end{pmatrix} \tag{5.8}$$

beschrieben ist. Die Vektorkomponenten $x_j(t_0), y_j(t_0), z_j(t_0)$ enthalten entweder die entsprechenden Anfangswerte für den Ort des Objektes innerhalb des Systems oder seinen Ort zum vorherigen bewegungsrichtungsverändernden Ereignis, dem es zuletzt unterworfen war. Ergibt sich aus dem Gleichsetzen der Vektorgleichungen zweier Objekte ein eindeutiger Schnittpunkt der beiden Geraden mit $t \geq 0$, so kennzeichnet der Wert für t den Zeitpunkt der erwarteten Kollision der als Punktmassen angesehenen Objekte. In ähnlicher Weise lässt sich auch bestimmen, zu welchen Zeitpunkten die Objekte auf die Systembegrenzungsflächen treffen. Die Schnittpunktbestimmung für alle Paare von Objekten untereinander sowie für jedes Objekt mit den Systembegrenzungsflächen liefert die zeitliche Abfolge der erwarteten Ereignisse. Die Auswertung der Ereignisse erfolgt in der Reihenfolge ihrer Auflistung in der Ereigniswarteschlange. Ein ausgewertetes Ereignis führt dann zur Löschung zeitlich nachrangiger Ereignisse aus der Warteschlange, wenn diese nach der Ereignisauswertung nicht mehr auftreten können. Zusätzlich wird nach jeder Ereignisauswertung die Generierung neuer Ereignisse (durch Schnittpunktbestimmung) angestoßen und die Einordnung dieser Ereignisse in die Warteschlange vorgenommen.

Zeitorientierte Ansätze basieren auf einer fortlaufenden Bestimmung des Systemstatus in äquidistanten (gleichlangen) Zeitintervallen. Die Länge des frei wählbaren Zeitintervalls bildet hierbei die kleinste auswertbare Zeiteinheit im Modell. In einigen Spezialfällen sind infinitesimal kleine (gegen 0 strebende) Zeitintervalle möglich, die eine *zeitkontinuierliche* Simulation des Systems zulassen. Die weitaus meisten zeitorientierten Ansätze arbeiten jedoch *zeitdiskret*. Das hierbei zugrunde liegende Zeitintervall Δt gibt die Schrittweite für die systemglobale Uhr vor. Beginnend mit dem Zeitpunkt 0 werden die mikroskopischen Parameter aller Objekte für die Zeitpunkte $\Delta t, 2\Delta t, 3\Delta t, \ldots$ ermittelt. Um entscheiden zu können, ob innerhalb des aktuellen Zeitintervalls Δt Kollisionen zwischen Objekten stattgefunden haben oder Objekte auf eine Systembegrenzungsfläche aufgetroffen sind, bietet es sich an, den *Abstand* der Objekte untereinander und zu den Systembegrenzungsflächen zu betrachten. Der Abstand $d_{i,k}(t)$ zwischen den Objekten i und k zum Zeitpunkt t lässt sich durch

$$d_{i,k}(t) = \sqrt{(x_i(t) - x_k(t))^2 + (y_i(t) - y_k(t))^2 + (z_i(t) - z_k(t))^2} \tag{5.9}$$

berechnen. Anstelle von $d_{i,k}$ wird häufig $d_{i,k}^2$ als effizienter berechenbares Abstandsmaß verwendet. Für alle paarweisen Abstände der N Systemobjekte entsteht eine symmetrische

$N \times N$-Matrix. Unterschreitet der Abstand zwischen zwei Objekten einen systemglobal festgelegten Minimalwert, so nimmt man eine Kollision der betreffenden Objekte an. Die Entscheidung, ob ein Objekt eine Systembegrenzungsfläche erreicht hat, wird auf analoge Weise getroffen.

5.1.5 Behandlung von Kollisionen

Liegt eine Kollision zwischen zwei Systemobjekten vor, so muss zunächst entschieden werden, ob es sich um eine elastische oder um eine nichtelastische Kollision handelt. Die hierbei auszuwertenden Parameter sind die kinetischen Energien der beteiligten Objekte und mitunter auch zusätzlich ihre Lage (parametrisiert durch den zugehörigen Winkelvektor).

Voraussetzung für eine chemische Reaktion miteinander kollidierter Objekte (Moleküle bzw. Atome) ist, dass ihre kinetischen Energien die für die Reaktion notwendige *Aktivierungsenergie* E_A erreichen oder übersteigen. Zusätzlich kann ein Zusammentreffen der Objekte in einer bestimmten Lagebeziehung vorausgesetzt werden. Ergibt der Test, dass die zusammengestoßenen Objekte nicht miteinander reagieren, so liegt eine elastische Kollision vor, die im Modell näherungsweise durch einen elastischen zentralen Stoß beschreibbar ist. Aus dem Impulserhaltungssatz und der Erhaltung der kinetischen Energie folgen die Geschwindigkeiten $\vec{v}_i'$ und $\vec{v}_k'$ der kollidierten Objekte i und k nach dem elastischen Stoß:

$$
\begin{aligned}
\vec{v}_i' &= \frac{m_i - m_k}{m_i + m_k} \cdot \vec{v}_i + \frac{2 m_k}{m_i + m_k} \cdot \vec{v}_k \\
\vec{v}_k' &= \frac{m_k - m_i}{m_i + m_k} \cdot \vec{v}_k + \frac{2 m_i}{m_i + m_k} \cdot \vec{v}_i
\end{aligned}
\tag{5.10}
$$

Die Vektoren $\vec{v}_i$ und $\vec{v}_k$ repräsentieren die Geschwindigkeiten der beiden Objekte vor dem Stoß. Eine mögliche Anpassung der Lage der Objekte richtet sich nach der Art (chemischen Struktur) der Moleküle.

Bei einer nichtelastischen Kollision, die zur Verschmelzung beider Objekte i und k zu einem neuen Objekt p führt, gilt unter Annahme eines unelastischen Stoßes:

$$
\begin{aligned}
m_p &= m_i + m_k \\
\vec{v}_p' &= \frac{m_i}{m_i + m_k} \cdot \vec{v}_i + \frac{m_k}{m_i + m_k} \cdot \vec{v}_k
\end{aligned}
\tag{5.11}
$$

Die kinetische Energie der beteiligten Objekte nimmt durch einen unelastischen Stoß ab, da ein Teil dieser Energie umgewandelt wird.

Die eigentliche chemische Reaktion ist durch Stoff- und Energieumwandlungen gekennzeichnet. Die Stoffumwandlungen werden durch die zugrunde liegende Reaktionsgleichung beschrieben wie beispielsweise A + B $\longrightarrow$ C. Damit die Ausgangsstoffe zu den Reaktionsprodukten umgebaut werden können, müssen sie einen oder mehrere energiereiche, aber instabile

Zwischenzustände einnehmen und mithin eine Energiebarriere überwinden. Die hierfür notwendige Aktivierungsenergie E_A wird durch die kinetischen Energien der Teilchen, aus denen die Ausgangsstoffe bestehen, aufgebracht. Der konkrete Wert der Aktivierungsenergie hängt von der Art der Reaktion sowie von Systemparametern ab. Er lässt sich für viele Reaktionen näherungsweise experimentell über die Reaktionsgeschwindigkeit ermitteln, siehe Abschnitt 5.1.6.

Im Verlauf der Reaktion $A + B \longrightarrow [AB] \longrightarrow C$ wird nach erfolgter Objektkollision unter Einsatz eines Teils der kinetischen Energien der Objekte die Kette der energiereichen, instabilen Zwischenzustände durchlaufen. Die damit verbundenen Zwischenprodukte ([AB] bei der obigen Reaktionsgleichung) existieren nur kurzzeitig und zerfallen sehr schnell in die Reaktionsprodukte (im Beispiel: C). Ausgangsstoffe und Reaktionsprodukte speichern nicht nur kinetische Energie, sondern auch – bedingt durch ihre chemische Struktur – Bindungsenergie, die ein Maß für die Stabilität der Moleküle darstellt. Die (Gesamt)Energie eines Stoffes lässt sich als Summe aller in ihm gespeicherten Energien auffassen. Vergleicht man die Energien von Ausgangsstoffen und Reaktionsprodukten einer chemischen Reaktion, so entsprechen sich beide Werte nur sehr selten. Gewöhnlich findet eine Energieumverteilung statt. Besitzen die Reaktionsprodukte weniger Energie als die Ausgangsstoffe, so wird Energie freigesetzt, die in Form von Wärmeenergie in die Systemumgebung entweicht. Reaktionen mit dieser Eigenschaft heißen *exotherm*. Weisen die Reaktionsprodukte jedoch mehr Energie auf als die Ausgangsstoffe, so kann die Reaktion meist nur durch Zufuhr von Energie in das System über einen längeren Zeitraum aufrecht erhalten werden. Solche Reaktionen nennt man *endotherm*. Die Abbildung 5.3 veranschaulicht die Energiebilanzen chemischer Reaktionen anhand von zwei Beispielen.

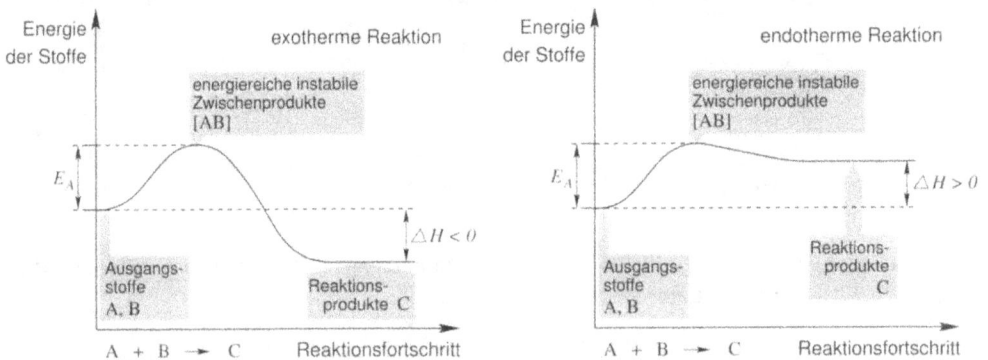

Abb. 5.3: *Beispiel für die Energiebilanzen exothermer und endothermer Reaktionen*

Die Energiedifferenz zwischen Reaktionsprodukten und Ausgangsstoffen wird Änderung der *Reaktionsenthalpie* genannt und mit dem Symbol ΔH bezeichnet.

Die Angabe der Reaktionsenthalpieänderung allein lässt noch keinen Rückschluss darauf zu, ob die Reaktion *freiwillig*, d.h. ohne Energiezufuhr von außen, abläuft oder nicht. Auch endotherme Reaktionen können freiwillig ablaufen, wenn die kinetische Energie der Objekte groß genug ist, um den Bedarf für die Energiezunahme der Reaktionsprodukte zu decken. Ob eine Reaktion freiwillig abläuft oder nicht, wird durch ihre *Triebkraft* charakterisiert. Als Maß für die Triebkraft dient die Änderung der *freien Enthalpie* ΔG im Verlauf einer Reaktion. Die freie Enthalpie kann durch die *Gibbs-Helmholtz-Gleichung*

$$\Delta G = \Delta H - T \cdot \Delta S \qquad (5.12)$$

berechnet werden. ΔS bezeichnet die *Entropieänderung* der Reaktion. Die Entropie beschreibt den Grad der Unordnung in einem System. Im Verlauf einer chemischen Reaktion nimmt diese entweder stetig zu oder verharrt auf dem Maximalwert. Die Entropie eines Systems kann aus der Überlagerung aller potentiell möglichen Systemstatus und den Wahrscheinlichkeiten ihres Auftretens abgeleitet werden.

Reaktionen mit $\Delta G \leq 0$ laufen freiwillig ab und werden als *exergon* bezeichnet. Reaktionen mit $\Delta G > 0$ können nicht freiwillig ablaufen. Sie werden *endergon* genannt. Nach der Gibbs-Helmholtz-Gleichung vergrößert sich die Triebkraft einer chemischen Reaktion, umso mehr Wärmeenergie freigesetzt wird (ΔH-Anteil) und/oder umso stärker die Entropie zunimmt (ΔS-Anteil). Jede exotherme Reaktion ist zugleich auch exergon. Eine endotherme Reaktion kann hingegen nur dann exergon werden, wenn der Betrag $|T \cdot \Delta S|$ den Betrag $|\Delta H|$ übersteigt. Alternativ zur Gleichung 5.12 lässt sich ΔG für chemische Reaktionen auch aus spezifischen Bestimmungsstücken der beteiligten Reaktionspartner unter Normbedingungen ermitteln (wie beispielsweise aus den freien Standard-Bildungsenthalpien der Ausgangsstoffe), sofern diese bekannt sind. Der wahrscheinlichste Verlauf einer chemischen Reaktion führt zu einer Minimierung[1] von ΔG. Können zwei kollidierte Objekte der Ausgangsstoffe (wie z.B. A und B) potentiell sowohl zu einem Reaktionsprodukt C als auch – das Vorhandensein einer entsprechenden Reaktionsgleichung vorausgesetzt – zu einem Reaktionsprodukt D umgewandelt werden, so wird diejenige Reaktion mit dem kleineren Wert für ΔG bevorzugt. Die Änderung der freien Energie stellt somit ein Kriterium bereit, nach dem bei mehreren möglichen Reaktionsprodukten innerhalb einer Prozessimulation ein konkretes auswählbar ist. Einige Simulationstechniken wie die Methode des nächsten Nachbarn zur Bestimmung von DNA-Hybridisierungsprodukten greifen auf diesen Ansatz zurück.

Statistische Systemaussagen treffende Parameter und ihre Änderungen (innere Energie U und ihre Änderung ΔU, mittlere kinetische Energie der Objekte $\overline{E_{kin}}$ und ihre Änderung $\Delta \overline{E_{kin}}$, Änderung der Reaktionsenthalpie ΔH, Änderung (Zunahme) der Entropie ΔS sowie Änderung der freien Enthalpie ΔG) lassen sich als Zustandsgrößen für das System ansehen, die seine Energiebilanz thermodynamisch erfassen. Sie kennzeichnen das System zu Beginn und am Ende einer chemischen Reaktion, geben aber keine Informationen über zeitbezogene Systemeigenschaften wie beispielsweise die Reaktionsgeschwindigkeit.

5.1.6 Reaktionskinetik

Innerhalb eines geschlossenen Systems sind nicht nur statistische Aussagen in Bezug auf Energiegrößen möglich, auch der Reaktionsverlauf und seine Dynamik unterliegen statistischen Gesetzmäßigkeiten, deren Kenntnis und Anwendung eine effiziente Prozesssimulation erleichtern kann. Die Untersuchung zeitbezogener Eigenschaften chemischer Reaktionen führt zu Aussagen über die *Reaktionskinetik*.

---

[1] ΔG hat gewöhnlich negative Werte. Der Begriff Minimierung wird hier im streng mathematischen Sinne gebraucht: Beispielsweise ist das Minimum von $\{-10, -5, -7\}$ der Wert -10. Die Minimierung darf nicht mit einer Betragsminimierung verwechselt werden.

Grundlegende Parameter für reaktionskinetische Betrachtungen sind *Stoffmengen* und *Stoffkonzentrationen*. Unter der Stoffmenge n versteht man die Anzahl der Objekte (Moleküle oder Atome) gleicher Art (gleichen Stoffes, gleicher chemischer Struktur) im System. Alle Objekte ein und desselben Stoffes werden in Reaktionsgleichungen durch das gleiche Platzhaltersymbol (z.B. A) bezeichnet. Zur Unterscheidung der Stoffmengen verschiedener Stoffe wird ein stoffbezeichnender Index eingeführt. Die Stoffmenge von A lässt sich beispielsweise als n_A notieren. Da reale Reaktionsansätze zumeist mehrere Millionen Objekte verschiedener Stoffe in eine Reaktion einbeziehen, ist es zur Vermeidung sehr großer Zahlenwerte in der Chemie oft üblich, den Zahlenwert der Stoffmenge als Vielfaches einer fest definierten Basisstoffmenge anzugeben. Die Stoffmengeneinheit mol ist auf diese Weise entstanden[2]. Bei der Betrachtung chemischer Reaktionen in der Simulation erfordert der Umgang mit dieser Stoffmengeneinheit jedoch eine Umrechnung in die tatsächliche Objektanzahl. Im Folgenden wird deshalb die Stoffmenge immer als tatsächliche Objektanzahl aufgefasst und nicht als Vielfaches einer Basisstoffmenge angegeben. Die Stoffmenge ist eine systemglobale absolute Größe.

Die Stoffkonzentration c wird als Quotient aus Stoffmenge und Volumen definiert ($c = \frac{n}{V}$). Der Begriff der Stoffkonzentration gestattet die Angabe von Stoffmengen relativ, d.h. auf ein einheitliches Volumen bezogen. Auf diese Weise können Systeme unterschiedlichen Rauminhaltes miteinander verglichen werden. Es ist zulässig, als Volumen pauschal das gesamte System anzunehmen, so dass die Begriffe Stoffmenge und Stoffkonzentration inhaltlich verschmelzen. Unter dieser Annahme gilt auch für Stoffkonzentrationen die Einheit „Anzahl Objekte eines Stoffes im System", die aber zumeist nicht gesondert ausgewiesen wird. Stoffmengen und Stoffkonzentrationen verändern sich gewöhnlich während des Ablaufes chemischer Reaktionen und sind von der Art und Weise der Reaktionsausführung abhängig, so dass sie sich zur Beschreibung des zeitbezogenen Systemverhaltens eignen.

Die *Reaktionsgeschwindigkeit* v_R ist definiert als Quotient aus den Stoffkonzentrationsänderungen über alle im System befindlichen Objekte und der dazu benötigten Zeit. Sie wird als Differentialquotient formuliert:

$$v_R = \frac{dc}{dt} \qquad (5.13)$$

Die Ausgangsstoffkonzentrationen, Reaktionsbedingungen wie Temperatur und Aktivierungsenergie sowie die Anzahl der nichtelastischen Kollisionen beeinflussen die Reaktionsgeschwindigkeit. Mit zunehmender Ausgangsstoffkonzentration steigt unter geeigneten Reaktionsbedingungen die Anzahl Z der nichtelastischen Kollisionen proportional an, so dass für die Beispielreaktionsgleichung A + B $\longrightarrow$ C gilt:

---

[2]1mol ist definiert als diejenige Stoffmenge eines Systems, das aus so vielen gleichartigen Objekten besteht wie Atome in $0,012$kg des Kohlenstoffnuklids $^{12}_{6}$C enthalten sind. Die Avogadrosche Konstante $N_A = 6,0221367 \cdot 10^{23} \text{mol}^{-1} = \frac{12\text{g}}{12 \cdot u \cdot 10^3 \frac{\text{g}}{\text{kg}} \cdot 1\text{mol}}$ (mit der atomaren Masseeinheit $u = 1,66054 \cdot 10^{-27}$kg) fungiert als Proportionalitätsfaktor zwischen Molzahl und Objektanzahl.

$$Z \sim c_A \quad \text{und} \quad Z \sim c_B$$
$$Z \sim c_A \cdot c_B$$
$$v_R = k_R \cdot c_A \cdot c_B \tag{5.14}$$

Der Proportionalitätsfaktor k_R wird allgemein als *Geschwindigkeitskonstante* bezeichnet. Ihr Wert verkörpert eine Maßzahl für die Gesamtheit aller Reaktionsbedingungen. Die Geschwindigkeitskonstante k_R lässt sich näherungsweise durch die *Arrhenius-Gleichung* bestimmen:

$$k_R = A \cdot e^{-\frac{E_A}{R \cdot T}} \tag{5.15}$$

Die *allgemeine Gaskonstante* $R = k_B \cdot N_A = 8,314 \frac{J}{K \cdot mol}$ geht als reaktionsunabhängiger Parameter in die Gleichung ein. R stellt das Produkt aus der Boltzmann-Konstante k_B und der Avogadroschen Konstante N_A dar. Die Temperatur T in Kelvin lässt sich experimentell direkt messen, ebenso kann die Reaktionsgeschwindigkeit k_R über die Stoffkonzentrationsänderungen experimentell bestimmt werden. Führt man eine Reaktion mehrfach bei jeweils unterschiedlichen Temperaturen durch, so können aus der Gesamtheit aller aufgenommenen Messwertpaare (T, k_R) sowohl die Aktivierungsenergie E_A als auch der präexponentielle Faktor A approximiert werden.

Eine Möglichkeit, chemische Reaktionen zu beschleunigen (ihre Reaktionsgeschwindigkeit zu erhöhen), besteht darin, sie bei höherer Temperatur ablaufen zu lassen. Für thermisch instabile Biomoleküle ist diese Vorgehensweise jedoch nur sehr eingeschränkt anwendbar. Eine wesentlich stärkere Beschleunigung der Reaktion erzielt man hier durch den Einsatz von Biokatalysatoren, deren häufigste Vertreter Enzyme sind. Sie senken die Aktivierungsenergie E_A deutlich ab, indem sie die Ausbildung energieärmerer instabiler Zwischenprodukte fördern, die dann in die Reaktionsprodukte zerfallen. An der Zusammensetzung der Zwischenprodukte sind die eingesetzten Katalysatoren beteiligt. Katalysierte Reaktionen besitzen deshalb eine größere Geschwindigkeitskonstante als unkatalysierte Vergleichsreaktionen. Der Katalysator selbst geht unverändert aus der chemischen Reaktion hervor und hat auch keinen Einfluss auf die Lage des Gleichgewichtes.

Um die Zeitabhängigkeit der Stoffkonzentrationen bei einer chemischen Reaktion mathematisch zu beschreiben, setzt man die beiden Bestimmungsstücke für die Reaktionsgeschwindigkeit aus 5.13 und 5.14 gleich, so dass ein Differentialgleichungssystem erster Ordnung entsteht. Für die allgemeine Form einer Reaktionsgleichung gemäß 5.1

$$a_1 S_1 + a_2 S_2 + \ldots + a_p S_p \longrightarrow b_1 S_1 + b_2 S_2 + \ldots + b_p S_p$$

gilt:

$$\frac{dc_{S_i}}{dt} = k_R \cdot (b_i - a_i) \cdot \prod_{j=1}^{p} c_{S_j}^{a_j} \quad \text{mit} \quad i = 1, \ldots, p \tag{5.16}$$

Besteht ein Reaktionssystem aus r Reaktionsgleichungen der allgemeinen Form

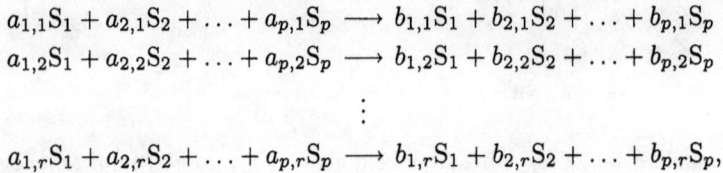

$$a_{1,1}S_1 + a_{2,1}S_2 + \ldots + a_{p,1}S_p \longrightarrow b_{1,1}S_1 + b_{2,1}S_2 + \ldots + b_{p,1}S_p$$
$$a_{1,2}S_1 + a_{2,2}S_2 + \ldots + a_{p,2}S_p \longrightarrow b_{1,2}S_1 + b_{2,2}S_2 + \ldots + b_{p,2}S_p$$
$$\vdots$$
$$a_{1,r}S_1 + a_{2,r}S_2 + \ldots + a_{p,r}S_p \longrightarrow b_{1,r}S_1 + b_{2,r}S_2 + \ldots + b_{p,r}S_p,$$

so gilt erweiternd:

$$\frac{\mathrm{d}c_{S_i}}{\mathrm{d}t} = \sum_{h=1}^{r} \left(k_{R,h} \cdot (b_{i,h} - a_{i,h}) \cdot \prod_{j=1}^{p} c_{S_j}^{a_{j,h}} \right) \quad \text{mit} \quad i = 1, \ldots, p \qquad (5.17)$$

Das Differentialgleichungssystem erster Ordnung ist im Allgemeinen nichtlinear. Die Anfangswerte $c_{S_1}(0), c_{S_2}(0), \ldots, c_{S_p}(0)$ der einzelnen Stoffkonzentrationen werden gewöhnlich als bekannt vorausgesetzt. Die Lösung des Differentialgleichungssystems besteht in den Zeitverläufen $c_{S_1}(t), c_{S_2}(t), \ldots, c_{S_p}(t)$ der einzelnen Stoffkonzentrationen, deren Asymptoten das sich einstellende Gleichgewicht kennzeichnen. Im Abschnitt 5.2 werden ausgewählte Lösungsverfahren für entsprechende Differentialgleichungssysteme behandelt und Beispiele angegeben.

Ausgewählte Gesetzmäßigkeiten molekülbasierter Vorgänge wurden im zurückliegenden Abschnitt formuliert, in einen Gesamtkontext eingeordnet und im Hinblick auf eine spätere Anwendung für labornahe Prozesssimulationen aufbereitet. Die Gesamtheit der Gesetzmäßigkeiten oder bestimmte Teile davon bilden Modelle, mit denen sich chemische und physikalische Vorgänge auf molekularer Ebene detailliert beschreiben lassen. Einige der getroffenen Annahmen und genannten Gesetzmäßigkeiten gelten jedoch nur in Näherung, da sie weiteren, bisher nicht erwähnten Einflussfaktoren unterliegen:

- So genannte Phasenübergänge im System, d.h. Änderungen des Aggregatzustandes wie etwa von flüssig nach fest oder von flüssig nach gasförmig sind nicht in die Betrachtungen einbezogen worden, da sie bei Prozessen des DNA-Computing in wässriger Lösung gewöhnlich eine untergeordnete Bedeutung besitzen.

- Druck und Volumen des Systems werden als konstant im Prozessverlauf angesehen, obwohl sie in Flüssigkeiten eine geringe Temperaturabhängigkeit aufweisen.

- Die freie Beweglichkeit der Objekte im System ist bei Flüssigkeiten gegenüber Gasen eingeschränkt. Auf die Integration der damit verbundenen Einflüsse (vor allem Reibung und Viskosität) in die genannten Gesetzmäßigkeiten wurde ebenfalls verzichtet.

- Die dynamische Behandlung der Objekte als Punktmassen ohne innere Struktur stellt eine Abstraktion dar, die z.B. die Berücksichtigung submolekularer Wechselwirkungen und quantenmechanischer Effekte ausschließt.

Auf die Beschreibung der chemischen Struktur der Systemobjekte „DNA-Moleküle" im Speziellen wird im übernächsten Abschnitt ausführlich eingegangen.

5.2   Allgemeine Simulationsmethoden für molekülbasierte Vorgänge

Um einem vorliegenden Modell nutzbare Aussagen über das Systemverhalten unter bestimmten Bedingungen entnehmen zu können, sind weiterführende Auswertungsschritte erforderlich, denen das Modell unterzogen wird. Ein Modell erfasst zwar die betrachteten Gesetzmäßigkeiten der beschriebenen Prozesse, liefert aber nicht unmittelbar die konkreten Parameterwerte des Systems zu einem gegebenen Zeitpunkt bzw. für die Gleichgewichtssituation chemischer Reaktionen. Zu diesem Zweck muss das Modell mathematisch (algorithmisch, analytisch bzw. numerisch) erschlossen werden. Die dazu ausgeführten Arbeitsgänge umschreibt man mit dem Begriff *Simulation*. Jede Simulation besteht folglich darin, das zuvor aufgestellte Modell rechentechnisch handhabbar zu machen.

Bei der Simulation molekülbasierter Vorgänge werden die im Modell verankerten Gesetzmäßigkeiten des Systems (z.B. die in Abschnitt 5.1 genannten) aufgegriffen und analysiert. Dabei kommen spezielle, nachfolgend näher betrachtete Methoden zur Gewinnung gewünschter Informationen über das Systemverhalten und die Parameterbelegungen zum Einsatz. Das Ziel der Simulation besteht oft darin, die erhaltenen Erkenntnisse gedanklich auf das reale System zurückzuübertragen und damit im Zusammenhang stehende Schlüsse zu ziehen. Im Hinblick auf die Erstellung denkbarer Was-wäre-wenn-Szenarien und Zukunftsprognosen des Systemverhaltens lässt sich Simulation auch als ein gezieltes Experimentieren am Modell auffassen, das insbesondere zur Veranschaulichung von Abläufen dient. Die Simulation chemischer Reaktionen auf einer Abstraktionsebene, die die stoffliche Zusammensetzung von Reaktionsansätzen berücksichtigt und reaktionskinetische Aussagen erlaubt, wird häufig durch den Begriff *Künstliche Chemie* (Artificial Chemistry) charakterisiert [DiZB_01], [SBBD_00].

Für eine effektive Simulation zahlreicher Modelle aus unterschiedlichen Wissenschaftsdisziplinen sind in der Vergangenheit mehrere einheitliche, breit anwendbare *Simulationsmethoden* entwickelt worden, die auch als Simulationsmodelle bezeichnet werden. In Abhängigkeit von der Beschreibung des vorliegenden Modells und von der Art der zu gewinnenden Informationen lassen sich Simulationsmethoden klassifizieren, mit denen wichtige Eigenschaften der Simulationen verbunden sind.

5.2.1   Simulationsmethoden – Klassifikation und Eigenschaften

Die Einteilung von Simulationen nach der Art und Weise, wie die Statusübergänge des Systems vorgenommen werden, führt zur nachfolgenden Klassifikation:

statische vs. dynamische Simulation: Dieses Kriterium gibt Auskunft darüber, ob Zeitabhängigkeiten in der Simulation Berücksichtigung finden oder nicht.
Statische Simulationen sind dadurch gekennzeichnet, dass den Systemobjekten gemäß der im Modell beschriebenen Gesetzmäßigkeiten bestimmte Objektmerkmale (*Attribute*) zugeordnet werden. Eine mögliche zeitliche Abfolge dieser Zuordnung wird hierbei nicht betrachtet, was häufig eine sehr effiziente algorithmische Behandlung ermöglicht. Statische Simulationen chemischer Reaktionen beziehen sich gewöhnlich auf die Angabe von Informationen über den Gleichgewichtszustand, ohne den Weg dorthin (Reaktionsfortschritt) nachzuvollziehen. Dies ist genau dann möglich, wenn allein aus den Ausgangs-

stoffen die gesuchten Gleichgewichtskenngrößen unmittelbar (ohne auf Zwischengrößen zurückgreifen zu müssen) hergeleitet werden können.

Dynamische Simulationen beziehen zeitliche Abhängigkeiten bei der Fortschreibung des Systemstatus mit ein. Sie erlauben nicht nur den Blick in das System zu Beginn und am Ende des simulierten Vorganges, sondern darüber hinaus auch zu dazwischenliegenden Zeitpunkten. Reaktionskinetische Aussagen sind nur durch dynamische Simulation zu erlangen. Die Simulation chemischer Vorgänge, bei denen allein aus den Ausgangsstoffen noch keine hinreichenden Aussagen über ein Gleichgewicht möglich sind, erfordert dynamische Methoden. Insbesondere gehören hierzu solche Reaktionen, die aus wenigen Ausgangsstoffen eine Vielzahl unterschiedlicher Reaktionsprodukte hervorbringen können wie beispielsweise die Hybridisierung von DNA-Strängen. Dynamische Simulationen verursachen zumeist ein aufwendigeres algorithmisches Handling als statische, besitzen aber ein deutlich größeres Einsatzgebiet.

deterministische vs. stochastische Simulation: Jede Simulation ist dadurch gekennzeichnet, ob sie Zufallselemente verwendet oder nicht.

Bei *deterministischen* Simulationen ist das gesamte Systemverhalten einschließlich der Parameteranpassungen eindeutig bestimmt. Die Wiederholung einer Simulation mit den gleichen Anfangsparameterbelegungen führt stets zum gleichen Systemverhalten und bewirkt deshalb eine gleiche Fortschreibung der Parameterwerte. Es werden keine Zufallsentscheidungen herangezogen.

Stochastische Simulationen zeichnen sich dadurch aus, dass sie wahrscheinlichkeitsbehaftet sind und Zufallsentscheidungen folgen. Das Systemverhalten ist aus diesem Grund nicht allein durch die Anfangsbelegungen der Parameter eindeutig bestimmt. Mehrfache Simulationen mit gleicher Parameterbelegung können zu unterschiedlichen Ergebnissen führen, die sich jedoch in einen statistischen Gesamtkontext einordnen lassen. Stochastische Simulationen erfordern einen geeigneten Zufallszahlengenerator, der die benötigten *Zufallszahlen* in der gewünschten Verteilung und in möglichst hoher Qualität zur Verfügung stellt.

Obwohl Zufall allgemein als Ausdruck von Unwissenheit aufgefasst wird, erbringen stochastische Simulationen häufig eine größere Realitätsnähe als deterministische. Der Grund hierfür liegt darin, dass man statistische (wahrscheinlichkeitsbehaftete) Gesetzmäßigkeiten insbesondere in den Naturwissenschaften vielfach leichter aufstellen und experimentell überprüfen kann, ohne Details kennen zu müssen, die die scheinbar oder tatsächlich vorhandenen Zufallsentscheidungen eliminieren. Statistische Gesetzmäßigkeiten ergänzen oft die Modelle und bedingen deshalb deren stochastische Simulation. Deterministische Simulation kann als Spezialfall stochastischer Simulation angesehen werden.

ereignisgesteuerte vs. zeitgesteuerte Simulation: Dynamische Simulationen lassen sich danach einteilen, wie die Zeitfortschreibung erfolgt und in welchen Zeitabständen der Systemstatus bestimmt wird.

Ereignisgesteuerte Simulationen aktualisieren die im System geführten Parameter zu genau den Zeitpunkten, an denen Situationen (Ereignisse) auftreten, von denen das künftige Systemverhalten abhängt. Die Kollision zweier molekülkodierender Objekte ist beispielsweise ein solches Ereignis bei der Simulation chemischer Reaktionen. Die Behandlung eines Ereignisses zieht die Generierung und/oder Löschung zukünftig möglicher Ereignisse nach sich, die sich durch das ursprüngliche Ereignis ergeben können. Die erwarteten Ereignisse werden gewöhnlich in einer Warteschlange gehalten und in der zeitlichen Reihenfolge ihres Eintreffens abgearbeitet. Die Zeitabstände zwischen zwei unmittelbar aufeinander folgenden Ereignissen kann stark variieren und sogar den Wert 0 annehmen, wenn mindestens zwei Ereignisse gleichzeitig stattfinden.

Zeitgesteuerte Simulationen passen die im System geführten Parameter jeweils nach Ablauf gleichlanger (äquidistanter) Zeitintervalle an. Die Wahl der Intervall-Länge entscheidet oft über die Qualität der Simulationsergebnisse. Je kürzer die Intervalle sind, umso mehr Feinheiten des Systemverhaltens treten in der Simulation zu Tage, aber umso höher werden auch die rechentechnischen bzw. mathematisch-analytischen Anforderungen.

Ob im konkreten Einsatzfall eine ereignisgesteuerte oder eine zeitgesteuerte Simulation zu bevorzugen ist, hängt maßgeblich vom zugrunde liegenden Modell einschließlich der Parameter ab. Bei der Simulation chemischer Reaktionen sind beide Methoden gleichberechtigt anwendbar, während die Simulation physikalischer Vorgänge oftmals eine Zeitsteuerung favorisiert.

diskrete vs. kontinuierliche Simulation: Dynamische Simulationen unterscheiden sich bezüglich des Wertevorrats und des Änderungsverhaltens der zeitabhängigen Parameter.

Bei *diskreten* Simulationen ist der Wertevorrat aller zeitabhängigen Parameter entweder endlich oder abzählbar unendlich. Beim Übergang von einem Systemzeitpunkt zum nachfolgenden bleibt der Wert eines beliebigen zeitabhängigen Parameters entweder erhalten oder er ändert sich sprunghaft auf ein anderes Element des Wertevorrats. Die Systemzeitfortschreibung erfolgt dabei meist ebenfalls diskret durch die Kette auslösender Ereignisse oder feste Zeitintervalle. Natürlichzahlige Parameterwerte sind typisch für diskrete Simulationen. Bei Simulationen chemischer Reaktionen kodieren sie gewöhnlich Molekülanzahlen bzw. Stoffmengen.

Im Gegensatz dazu existieren bei *kontinuierlichen* Simulationen zeitabhängige Parameter, deren Wertebelegung einen stetigen Verlauf annehmen kann, das heißt, bei beliebig kleinen Zeitänderungen sind auch beliebig kleine Änderungen des Parameterwertes möglich. Dies setzt einen überabzählbar unendlichen Wertevorrat voraus wie er beispielsweise durch den Bereich der reellen Zahlen gegeben ist. Kontinuierliche Simulationen laufen üblicherweise zeitgesteuert ab und basieren auf analytischen Lösungen von Differentialgleichungssystemen als verwendetes Modell.

Sowohl diskrete als auch kontinuierliche Simulationen trifft man an, wenn Modelle chemischer Reaktionen und physikalischer Vorgänge zugrunde liegen. Beide Simulationsmethoden lassen sich hierbei oft ineinander umwandeln. Im Einzelfall ist zu beachten, dass durch Diskretisierung ursprünglich kontinuierlicher Größen keine zu großen Ungenauigkeiten in der Abbildung des Systems entstehen und dass umgekehrt durch Interpretation diskreter als kontinuierliche Größen keine unsinnigen Parameterbelegungen auftreten können.

endogene vs. exogene Simulation: Die Behandlung von Einflüssen, die von außen auf ein System einwirken, liefern ebenfalls ein wichtiges Klassifikationsmerkmal für Simulationen.

Endogene Simulationen ignorieren äußere Einflüsse auf das System. Sie eignen sich vor allem für die Simulation des Verhaltens abgeschlossener Systeme. Das gesamte mögliche Systemverhalten wird hierbei allein durch die Systembeschreibung abgedeckt. Fallen äußere Einflussfaktoren auf das Systemverhalten kaum ins Gewicht, werden sie häufig vernachlässigt.

Bei *exogenen* Simulationen können äußere Einflüsse zu einer Neubestimmung von Parameterwerten führen und folglich Ereignisse oder Aktivitäten darstellen, die das Systemverhalten verändern. Beispielsweise schlägt sich eine Erwärmung des Reagenzglases (äußerer Einfluss) auf die kinetischen Energien (Bewegungsgeschwindigkeiten) der enthaltenen Moleküle nieder, die in der Simulation entsprechend angepasst werden.

Bestimmte Kombinationen der genannten Simulationsmethoden treten bei der Simulation molekülbasierter Vorgänge besonders häufig auf. Die Abbildung 5.4 zeigt diese bevorzugten Kombinationen.

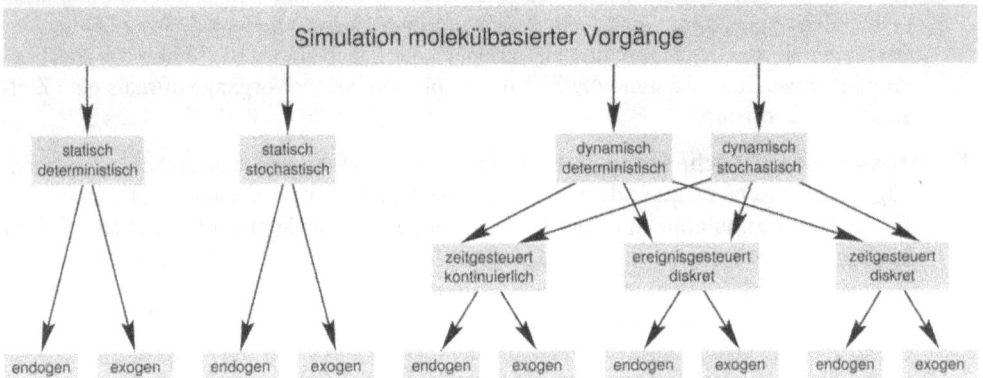

Abb. 5.4: *Bevorzugte Kombinationen von Simulationsmethoden für molekülbasierte Vorgänge*

Nach einem kurzen Exkurs über die Erzeugung von Zufallszahlen für stochastische Simulationen werden bevorzugte Kombinationen von Simulationsmethoden im Detail und anhand konkreter Beispiele chemischer Reaktionen und physikalischer Vorgänge betrachtet.

5.2.2   Erzeugung von Zufallszahlen für stochastische Simulationen

Zufallszahlen besitzen mannigfaltige Anwendungen in der Informatik. Sie dienen nicht nur der computergestützten Ausführung stochastischer Simulationen, sondern ermöglichen auch die Abarbeitung effizienter probabilistischer Algorithmen wie Monte-Carlo- und Las-Vegas-Verfahren, stützen nichtdeterministische Heuristiken zur Lösung von Suchproblemen und bilden einen festen Bestandteil kryptografischer Anwendungen [Ziel_78]. Bei der Generierung von Testdatensätzen für Programmpakete spielen Zufallszahlen ebenfalls eine wesentliche Rolle.

In praktischen Anwendungen der Informatik benötigt man selten nur eine einzelne Zufallszahl, gewöhnlich verarbeiten die entsprechenden Algorithmen *Zufallszahlenfolgen*, die aus einer potentiell beliebig langen Sequenz von Zufallszahlen bestehen und gliedweise (Zahl für Zahl) bis zur Terminierung der Abarbeitung eingelesen werden. Jede Zufallszahlenfolge ist durch den möglichen Wertevorrat, aus dem die enthaltenen Zufallszahlen gebildet werden, gekennzeichnet. Häufig genutzte Wertevorräte sind $\{0, 1\}$ (Binärziffern), $\{0, \dots, 9\}$ (Dezimalziffern) und $\{x \in \mathbb{R} \mid 0 \leq x < 1\}$ (Nachkommaanteile reeller Zahlen), wobei letztere bedingt durch die Art der internen Zahlendarstellung im Computer auf endliche Mengen eingeschränkt werden.

Zufallszahlenfolgen sollten die Eigenschaft aufweisen, dass allein aus der Kenntnis eines Teils der Zahlenfolge die nächsten Glieder der Folge nicht mit absoluter Sicherheit vorhergesagt werden können. Dies setzt voraus, dass ein Beobachter, der nur die ausgegebene Zufallszahlenfolge wahrnimmt, keine vollständige Beschreibung des Systems ableiten kann, das diese Folge generiert. Zufall ist demnach immer an Unwissenheit (unvollständiges Wissen) gebunden. Man strebt deshalb an, dass die Zufallszahlen der Folge möglichst unabhängig voneinander sind. Ein Maß für diese Unabhängigkeit ist die *Autokorrelation*, die mit verschiedenen Testmethoden der mathematischen Statistik aus der Zufallszahlenfolge bestimmt werden kann [Goeh_86].

Darüber hinaus sollten die Zufallszahlen innerhalb einer Folge einer vorgegebenen Verteilung genügen, wobei in den allermeisten Fällen eine Gleichverteilung (Uniformität der Zufallszahlen) gefordert wird. Eine Folge gleichverteilter Zufallszahlen kann in eine korrespondierende Zufallszahlenfolge jeder anderen bekannten Verteilung (wie z.B. der Maxwell-Boltzmann-Verteilung) mit mathematischen Methoden transformiert werden. Zur Überprüfung der Gleichverteilung stehen ebenfalls statistische Tests zur Verfügung.

Neben der Unvorhersagbarkeit, der Unabhängigkeit und der Uniformität der zu einer Folge gehörenden Zufallszahlen wünscht man je nach Anwendungsfall entweder eine Möglichkeit zur Wiederholung (Reproduzierbarkeit) der Zahlenfolge oder verlangt ihre Irreproduzierbarkeit.

Nach den Erzeugungsprinzipien lassen sich Zufallszahlengeneratoren einteilen in Generatoren für *echte* Zufallszahlen und in *Pseudozufallszahlengeneratoren*, siehe Abbildung 5.5.

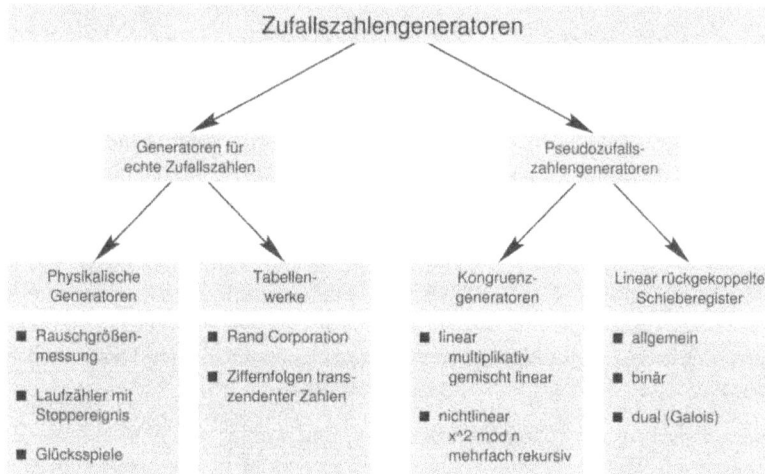

Abb. 5.5: Erzeugungsprinzipien für Zufallszahlen und Beispiele für häufig benutzte Generatoren

Die auf Generatoren für echte Zufallszahlen produzierten Folgen sind von sehr hoher Qualität. Die verwendeten Mechanismen basieren ihrerseits auf einer externen Zufallskomponente. Hauptsächlich eingesetzt werden *physikalische* Generatoren wie *Rauschgrößenmessungen* oder *Laufzähler mit Stoppereignissen*, aber auch Glücksspiele (Würfeln, Münzwurf u.a.) fallen in diese Kategorie. Bei der Rauschgrößenmessung wird eine in ihrem Verlauf als zufällig angenommene zeitabhängige physikalische Zufallsgröße $a(t)$ (z.B. atmosphärisches Rauschen) in regelmäßigen Zeitintervallen abgetastet. Der zum Zeitpunkt t_i erfasste Messwert $a(t_i)$ wird mit dem unmittelbar zuvor bestimmten Messwert $a(t_{i-1})$ verglichen. Die Transformation in eine Zufallsfolge $y(i)$ von Binärziffern kann dann z.B. nach der Vorschrift $a(t_i) \geq a(t_{i-1}) \Rightarrow y(i) = 1$ und $a(t_i) < a(t_{i-1}) \Rightarrow y(i) = 0$ geschehen, siehe Abbildung 5.6 links. Laufzähler mit Stoppereignissen beruhen auf einem Zähler modulo n, der fortlaufend schnell von 0 bis $n-1$ zählt und jeweils bei Eintreten des zählerunabhängigen Stoppereignisses sofort den aktuellen Zählerwert als Zufallszahl bereitstellt. Jedes Stoppereignis liefert eine Zufallszahl aus dem Bereich $\{0, \ldots, n-1\}$, siehe Abbildung 5.6 rechts. Zählgeschwindigkeit und Stoppereignisse werden so koordiniert, dass ein mehrfaches vollständiges Durchzählen zwischen aufeinander folgenden Stoppereignissen sichergestellt ist. Die Stoppereignisse erfolgen nicht äquidistant, denn die zwischen ihnen verstrichene Zeitspanne verkörpert die externe Zufallskomponente.

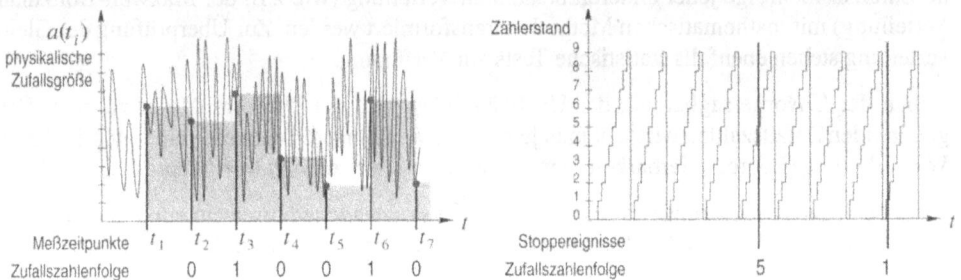

Abb. 5.6: *Prinzip der Rauschgrößenmessung (links) und des Laufzählers mit Stoppereignissen (rechts)*

Tabellenwerke basieren zumeist auf Zufallszahlenfolgen, die zuvor mittels physikalischen Generatoren erzeugt wurden wie etwa bei der Rand Corporation. Eine interessante Alternative bietet die Verwendung aufeinander folgender Ziffern transzendenter Zahlen. Darunter werden jene reellen Zahlen verstanden, die nicht als Nullstellen beliebiger Polynome $a_n x^n + a_{n-1} x^{n-1} + \ldots + a_1 x + a_0$ vom Grad $n \in \mathbb{N} \setminus \{0\}$ mit rationalen Koeffizienten $a_i \in \mathbb{Q}$, $i = 0, \ldots, n$ vorkommen können. Die bekanntesten transzendenten Zahlen sind $\pi = 3,141592653\ldots$ und $e = 2,718281828\ldots$ Die externe Zufallskomponente besteht hier in der Auswahl der Zahl als solche sowie in der Vorgabe, bei welcher Nachkommastelle die Zufallszahlenfolge beginnt. Nachkommastellen transzendenter Zahlen lassen sich z.B. mittels Spigot-Algorithmen in beliebiger Genauigkeit bestimmen.

Generatoren zur Erzeugung echter Zufallszahlen sind immer auf eine externe Zufallskomponente angewiesen. Hat man eine solche nicht oder nicht in der benötigten Kapazität zur Verfügung, kommen Pseudozufallszahlengeneratoren zum Einsatz. Sie gewinnen die Zahlenfolgen durch deterministische Berechnung und schwächen die Forderung nach genereller Unvorhersagbarkeit ab. Ihr gemeinsames Prinzip besteht darin, dass ausgehend von einem gewählten Startwert und geeigneten Parameterbelegungen die Pseudozufallszahlenfolge durch eine spezifische rekursive Berechnungsvorschrift vollzogen wird. Die Pseudozufallszahlenfolge wiederholt sich dabei in endlichen Zyklen (Perioden). Für die auftretende Periodenlänge strebt man eine Maximierung an. Praktisch nutzbar ist im Allgemeinen nur die erste Periode einer Pseudozufallszahlenfolge, da die zyklische Wiederholung eine hohe Autokorrelation (Wegfall der Unabhängigkeit) nach sich ziehen würde. Perfekte Pseudozufallszahlengeneratoren stellen sicher, dass die auf ihnen erzeugten Zahlenfolgen ohne Kenntnis der Berechnungsvorschrift, des Startwertes und der Parameterbelegungen nicht durch einen effizienten (polynomiell zeit-aufwendigen) Algorithmus signifikant von echten Zufallszahlenfolgen unterschieden werden können. Die am häufigsten eingesetzten Pseudozufallszahlengeneratoren sind *Kongruenzgeneratoren* und *linear rückgekoppelte Schieberegister*.

Entsprechend der rekursiven Bildungsvorschrift unterscheidet man *lineare* und *nichtlineare* Kongruenzgeneratoren. Die einfachste lineare Variante ist der *multiplikative* Generator, der zwei Parameter $a, m \in \mathbb{N}$ mit $a \geq 2, a < m, m > 1$ verwendet und die Rekursionsgleichung $z(i) = (a \cdot z(i-1)) \mod m$ mit einem beliebigen Startwert $z(0) \in \{1, \ldots, m-1\}$ benutzt. Die Glieder $y(i)$ der Pseudozufallszahlenfolge ergeben sich aus $y(i) = \lfloor \frac{z(i)}{m} \rfloor$, wobei $y(i)$ stets zwischen 0 und 1 liegt. Eine maximale Periodenlänge von m ist nach Kobayashi erreichbar, wenn $m = p^l$ oder $m = 2p^l$ gewählt wird, wobei p eine ungerade Primzahl und $l \in \mathbb{N} \setminus \{0\}$ ist sowie zusätzlich gilt: $a^{m-1} \equiv 1 \mod m$ und $\mathrm{ggT}(z(0), m) = 1$ (d.h. $z(0)$ und m sind teilerfremd). Eine Minimierung der Autokorrelation wird bei $a \approx \sqrt{m}$ erreicht. Der leichten Implementierbarkeit und der Schnelligkeit des Verfahrens stehen die kleine Periodenlänge und die vergleichsweise leichte Vorhersagbarkeit der Pseudozufallszahlenfolge gegenüber.

Bei *gemischt linearen* Kongruenzgeneratoren kommt zu a und m noch ein dritter Parameter c mit $0 < c < m$ hinzu. Die Rekursionsgleichung lautet $z(i) = (a \cdot z(i-1) + c) \mod m$ ausgehend vom Startwert $z(0) \in \{1, \ldots, m-1\}$. Die Pseudozufallszahlenfolge $y(i)$ wird ebenfalls durch die Berechnungsvorschrift $y(i) = \lfloor \frac{z(i)}{m} \rfloor$ gebildet, so dass Zahlen zwischen 0 und 1 entstehen. Eine maximale Periodenlänge von m gilt nach Lehmer unter den Bedingungen $\mathrm{ggT}(c, m) = 1$, $a \equiv 1 \mod q$ für jeden Elementarteiler q von m sowie $a \equiv 1 \mod 4$, wenn 4 Teiler von m ist. Nach Fishman/Greenberg wird die Autokorrelation bei $a \approx \sqrt{m - \frac{6c}{m}(1 - \frac{c}{m})}$ minimiert. Obwohl sich bei geeigneter Parameterwahl eine bessere Qualität der Pseudozufallszahlenfolge als beim multiplikativen Generator erzielen lässt, ist die Periodenlänge immer noch verhältnismäßig klein.

Durch nichtlineare Kongruenzgeneratoren versucht man, die Periodenlänge zu vergrößern. Ein naheliegender Ansatz ist die so genannte *mehrfache Rekursion*, bei der eine Pseudozufallszahl nicht nur aus einem einzelnen Vorgängerglied der Zahlenfolge bestimmt wird, sondern aus mehreren. Die allgemeine Form der Rekursionsgleichung lautet hierfür

$$z(i) = \left(\sum_{k=1}^{r} a_k \cdot z(i-k) \right) \mod m$$

unter Verwendung der Parameter $r, m, a_1, \ldots, a_r \in \mathbb{N}$ mit $r \geq 1$, $a_i \in \{0, \ldots, m-1\}$ und $m > 1$ sowie der r Startwerte $z(1), \ldots, z(r) \in \{0, \ldots, m-1\}$ mit $\exists j \in \{1, \ldots, r\}. z(j) \neq 0$. Die Pseudozufallszahlenfolge $y(i)$ entsteht wiederum durch $y(i) = \lfloor \frac{z(i)}{m} \rfloor$ und führt zu Zahlen zwischen 0 und 1. Durch die mehrfache Rekursion ist eine maximale Periodenlänge von $m^r - 1$ möglich. Das Finden geeigneter Parameterbelegungen, die zusätzlich eine Minimierung der Autokorrelation bewirken, gilt als aufwendig.

Ein perfekter, aus der Kryptographie stammender nichtlinearer Kongruenzgenerator ist das Verfahren von *Blum/Shub*. Ausgehend von drei Parametern $s, p, q \in \mathbb{N}$ mit p, q prim, $p \approx q, p \equiv 3 \mod 4, q \equiv 3 \mod 4, 0 < s < p \cdot q$ und $\mathrm{ggT}(s, p \cdot q) = 1$ sowie beginnend mit dem Startwert $z(0) = s^2 \mod (p \cdot q)$ findet die Rekursionsgleichung $z(i) = z(i-1)^2 \mod (p \cdot q)$ Anwendung. Die Pseudozufallszahlenfolge $y(i)$ wird durch $y(i) = z(i) \mod 2$ gebildet und besitzt den Wertevorrat $\{0, 1\}$.

Sehr schnelle, hardwarenah implementierbare Pseudozufallszahlengeneratoren lassen sich durch linear rückgekoppelte Schieberegister realisieren. Hauptbestandteil ist eine Kaskade (Kette) von r Speicherzellen, wobei jede dieser Speicherzellen ein Bit für einen Takt speichern kann. Die Kaskade wird als Schieberegister der Länge r bezeichnet. Man initialisiert es mit einer beliebigen Bitfolge ungleich $\underbrace{0\ldots0}_{r\text{-mal}}$. Die im Schieberegister gespeicherten Bits durchlaufen taktweise die Kaskade, wobei jeweils das Bit der letzten Speicherzelle als Pseudozufallszahl aus $\{0,1\}$ ausgegeben und das neue Bit zur Belegung der ersten Speicherzelle mit Hilfe einer Rückkopplungsfunktion berechnet wird, siehe Abbildung 5.7 links. Die Arbeitsweise eines linear rückgekoppelten Schieberegisters lässt sich gleichwertig auch als Rekursionsschema notieren. Die Definition der Rückkopplungsfunktion und die Belegung ihrer Parameter bestimmen wesentlich die Qualität der Pseudozufallszahlenfolge. Unabhängig von der gewählten zulässigen Initialisierung der Speicherzellen wird eine maximale Periodenlänge von 2^r-1 Bit erreicht.

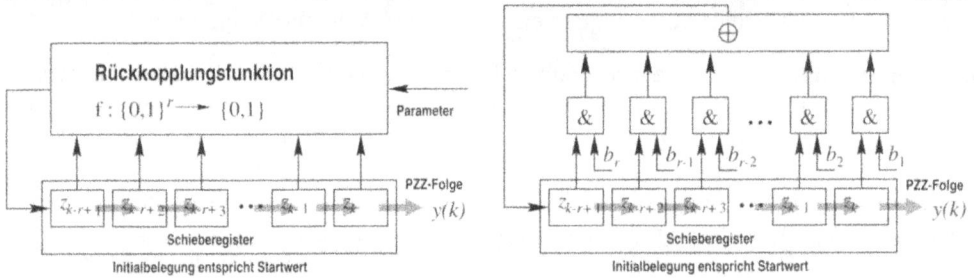

Abb. 5.7: *Prinzip eines linear rückgekoppelten Schieberegisters allgemein (links) und binär mit spezieller Rückkopplungsfunktion (rechts)*

Binäre und im Aufbau sehr ähnliche duale linear rückgekoppelte Schieberegister, auch *Galois-Schieberegister* genannt, finden oft Verwendung. Bei ihnen wird die Rückkopplungsfunktion f durch ein irreduzibles charakteristisches Polynom p $: \{0,1\}^r \rightarrow \{0,1\}$ ersetzt, das durch $p(x) = (b_r \wedge x^{r-1}) \oplus (b_{r-1} \wedge x^{r-2}) \oplus \ldots \oplus (b_3 \wedge x^2) \oplus (b_2 \wedge x^1) \oplus (b_1 \wedge x^0)$ mit $x^j = z_{k-j}$, $j = 0,\ldots,r-1$ und die Koeffizienten $b_i \in \{0,1\}$ unter Benutzung der binären Operatoren

$\wedge$	0	1
0	0	0
1	0	1

(AND-Verknüpfung) und

$\oplus$	0	1
0	0	1
1	1	0

(XOR-Verknüpfung) definiert ist, siehe Abbildung 5.7 rechts. Für die Pseudozufallszahlenfolge gilt: $y(k) = z_k$ für die Takte $k \geq r$.

Um mittels einer Zufallszahl ein wahrscheinlichkeitsbehaftetes Ereignis auszuwählen, ordnet man jedem Element aus dem Wertevorrat des Zufallszahlengenerators eindeutig ein Ereignis zu. Ist der Wertevorrat zu klein, bietet es sich an, die Wertevorräte mehrerer voneinander unabhängiger Zufallszahlengeneratoren zu kombinieren. Ein einfaches Beispiel zeigt die nebenstehende Skizze.

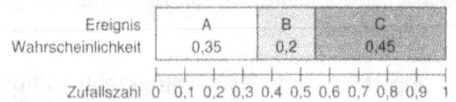

Ereignis	A	B	C
Wahrscheinlichkeit	0,35	0,2	0,45

Zufallszahl 0 0,1 0,2 0,3 0,4 0,5 0,6 0,7 0,8 0,9 1

Beispiel für eine Zuordnung gleichverteilter Zufallszahlen aus $\{x \in \mathbb{R} \mid 0 \leq x < 1\}$ auf drei wahrscheinlichkeitsbehaftete Ereignisse

5.2.3   Ausgewählte Kombinationen von Simulationsmethoden im Detail

Bei der Simulation molekülbasierter Vorgänge favorisiert man bestimmte Kombinationen von Simulationsmethoden in Abhängigkeit vom gegebenen Reaktionssystem, der berücksichtigten Gesetzmäßigkeiten, des angestrebten Detailliertheitsgrades und der erwarteten Ergebnisse. Eine sinnvolle Auswahl solcher Kombinationen, die jedoch bei weitem nicht erschöpfend ist, wird nachfolgend betrachtet. Die Simulation bildet dabei stets einen Kompromiss zwischen hohem Detailliertheitsgrad auf der einen und möglichst niedrigem Rechenaufwand auf der anderen Seite.

Statische, deterministische, endogene Simulation.

Die Kombination aus statischer, deterministischer und endogener Simulation stellt den einfachsten Fall dar, der rechentechnisch sehr effizient behandelt werden kann, aber auch nur wenige Informationen über das zugrunde liegende System liefert. Voraussetzung ist ein Modell des Prozesssystems, aus dem die Zusammensetzung des chemischen Gleichgewichts bzw. die betrachteten Parameterbelegungen am Prozessende unmittelbar hervorgehen. Chemische Reaktionen, die im Modell nur in eine Richtung ablaufen, keine Rückwirkungen des Reaktionsproduktes auf die Ausgangsstoffe besitzen und ein Reaktionsprodukt eindeutig bestimmter Zusammensetzung hervorbringen, eignen sich für diese Simulation, ebenso physikalische Vorgänge, die durch explizite Funktionsgleichungen für alle Parameter modelliert sind und unmittelbar durch Einsetzen einer Wertevorgabe das Simulationsergebnis bereitstellen.

Beispiel 5.1   *Reaktion* $A + A \longrightarrow B$ *ausgehend von* m *Molekülen* A

Es sei ein Reaktionssystem betrachtet, das m Objekte vom Typ A enthält und durch die Reaktionsgleichung $A + A \longrightarrow B$ definiert ist. Die räumliche Verteilung der Objekte sowie energetische und reaktionskinetische Einflüsse werden vernachlässigt. Gesucht ist die Anzahl der Objekte A und B nach vollständigem Ablauf der Reaktion.

Aus der Reaktionsgleichung ergibt sich unmittelbar, dass ein vollständiger Umsatz zu $\lfloor \frac{m}{2} \rfloor$ Objekten des Typs B führt sowie zusätzlich $m \mod 2$ Objekte des Typs A im System verbleiben, das bedeutet, genau ein Objekt, falls m ungerade ist und kein Objekt, falls m gerade ist.

Statische, stochastische, endogene Simulation.

Lassen sich die gesuchten Parameterbelegungen unmittelbar durch Einsetzen von gegebenen Werten in die Modellbeschreibung gewinnen, so wird eine statische, stochastische, endogene Simulation bevorzugt dann eingesetzt, wenn die Modellbeschreibung Reaktionsprodukte in mehreren möglichen Zusammensetzungen zulässt, von denen eines im Ergebnis einer Zufallsentscheidung entsprechend statistischer Verteilungsvorgaben auszuwählen ist. Die Modellbeschreibung enthält in diesem Fall alle Auswahlalternativen und die Häufigkeiten ihrer Vorkommen. Die Zufallsentscheidung selbst wird unter Benutzung eines geeigneten Zufallszahlengenerators getroffen, dessen Ausgabe eindeutig unter Beachtung der angenommenen Verteilung auf eine konkrete Auswahlalternative (Simulationsergebnis) abgebildet wird.

Beispiel 5.2 *Reaktionssystem ohne Rückwirkungen mit Auswahlalternativen*

Gegeben sei ein Reaktionssystem, das zu Prozessbeginn 10 Objekte vom Typ A, 7 Objekte vom Typ B und 6 Objekte vom Typ C enthält. Es folgt den zwei Reaktionsgleichungen $A + B \longrightarrow D$ und $A + C \longrightarrow E$. Die räumliche Verteilung der Objekte sowie energetische und reaktionskinetische Einflüsse bleiben unberücksichtigt. Gesucht ist wiederum die Anzahl der Objekte A, B, C, D, E nach vollständigem Ablauf der Reaktionen.

Der Ausgangsstoff A wird für beide Reaktionen benötigt. Die anfänglich vorliegende Objektanzahl von A reicht nicht aus, um den gesamten Vorrat der Ausgangsstoffe B und C umzusetzen, so dass Restanzahlen dieser Ausgangsstoffe nach Prozessende im System verbleiben. Je nachdem, wie viele der 10 Objekte A sich mit B verbinden und wie viele mit C, sind vier unterschiedliche Zusammensetzungen der Reaktionsprodukte möglich:

Auswahlalternative	I	II	III	IV
Reaktionsumsätze	$7A + 7B \rightarrow 7D$ $3A + 3C \rightarrow 3E$	$6A + 6B \rightarrow 6D$ $4A + 4C \rightarrow 4E$	$5A + 5B \rightarrow 5D$ $5A + 5C \rightarrow 5E$	$4A + 4B \rightarrow 4D$ $6A + 6C \rightarrow 6E$
Zusammensetzung der Reaktionsprodukte	0 Objekte A 0 Objekte B 3 Objekte C 7 Objekte D 3 Objekte E	0 Objekte A 1 Objekt B 2 Objekte C 6 Objekte D 4 Objekte E	0 Objekte A 2 Objekte B 1 Objekt C 5 Objekte D 5 Objekte E	0 Objekte A 3 Objekte B 0 Objekte C 4 Objekte D 6 Objekte E
Häufigkeit (Anzahl möglicher Objektkombinationen)	$\binom{10}{7}$ $= \frac{10!}{7! \cdot 3!}$ $= 120$	$\binom{10}{6}$ $= \frac{10!}{6! \cdot 4!}$ $= 210$	$\binom{10}{5}$ $= \frac{10!}{5! \cdot 5!}$ $= 252$	$\binom{10}{4}$ $= \frac{10!}{4! \cdot 6!}$ $= 210$
Auftrittswahrscheinlichkeit	$120/792$ $\approx 0,152$	$210/792$ $\approx 0,265$	$252/792$ $\approx 0,318$	$210/792$ $\approx 0,265$

Ein Zufallszahlengenerator trifft abschließend unter Berücksichtigung der Auftrittswahrscheinlichkeiten die Entscheidung über die als Simulationsergebnis ausgegebene Auswahlalternative.

Dynamische, stochastische, ereignisgesteuerte, diskrete, endogene Simulation.

Die Kombination aus dynamischer, stochastischer, ereignisgesteuerter, diskreter und endogener Simulation ist vielseitig einsetzbar und lässt sich für zahlreiche, auch komplexere molekülbasierte Vorgänge effizient anwenden.

Das Systemverhalten einschließlich der eingebrachten Zufallskomponenten wird durch einen systemspezifischen, aus dem Modell hervorgehenden Algorithmus beschrieben, dessen Abarbeitung die Simulation darstellt. Die im System enthaltenen Objekte mit ihren Parametern sowie alle systemglobalen Parameter werden hierfür in geeignete Datenstrukturen abgebildet.

Bei der Simulation von Reaktionssystemen, die durch einen Satz von Reaktionsgleichungen in allgemeiner Form modelliert sind, bietet es sich an, die nichtelastischen Kollisionen der Objekte untereinander schrittweise nachzubilden. Jede nichtelastische Kollision wird hierbei als ein Ereignis aufgefasst.

Sei die Menge aller molekülkodierenden Objekte im System durch eine Multimenge P repräsentiert und trage darüber hinaus jedes Objekt einen Parameter, der die chemische Struktur

(Stoffart) als ein Element der Menge $\{S_1, S_2, \ldots, S_p\}$ aller in den Reaktionsgleichungen erfassten Stoffarten angibt. In Anlehnung an [DiZB_01] kann dann folgendes Grundgerüst für den Algorithmus angegeben werden:

```
while not prozessende() do
   r := waehle_reaktionsgleichung();
   if anwendbar(a₁,ᵣS₁ + a₂,ᵣS₂ + ... + aₚ,ᵣSₚ ⟶ b₁,ᵣS₁ + b₂,ᵣS₂ + ... + bₚ,ᵣSₚ) then
      for i := 1 to p step 1 do
         for j := 1 to aᵢ step 1 do
            P := entferne(P, Sᵢ)
         end;
      end;
      for i := 1 to p step 1 do
         for j := 1 to bᵢ step 1 do
            P := fuege_ein(P, Sᵢ)
         end
      end
   end
end
```

Die Prozedur „prozessende" prüft, ob noch mindestens eine der zur Verfügung stehenden Reaktionsgleichungen angewendet werden kann und/oder der Nutzer eine Terminierung der Simulation wünscht. Mit Hilfe der Prozedur „waehle_reaktionsgleichung" wird zufällig eine der Reaktionsgleichungen aus der Systembeschreibung ausgewählt. Die Prozedur „anwendbar" testet daraufhin, ob die durch die gewählte Reaktionsgleichung notwendige Objektinteraktion auch tatsächlich realisierbar ist. Voraussetzungen sind mindestens das Vorhandensein aller benötigten Objekte in der geforderten Anzahl. Die Prozeduren „entferne" und „fuege_ein" bilden den eigentlichen Stoffumsatz nach, indem solche Objekte zufällig aus der Multimenge P entnommen werden, die die auf der linken Seite der Reaktionsgleichung geforderten Eigenschaften besitzen und anstelle der entnommenen Objekte anschließend die Reaktionsprodukte, kodiert durch entsprechende Objekte, wieder zur Multimenge P hinzugefügt werden. Das angegebene Grundgerüst des Algorithmus berücksichtigt noch keine ortsbezogenen, lagebezogenen, energetischen und reaktionskinetischen Parameter, lässt sich aber leicht dahingehend erweitern. Ebenso kann eine Parallelisierung erfolgen, um die Dynamik voneinander unabhängiger Ereignisse auch zeitgetreu abzubilden und der Angleichung von Reaktionsgeschwindigkeiten im Prozessverlauf besser Rechnung zu tragen.

Beispiel 5.3 *Reaktion* $A + A \longrightarrow B$ *ausgehend von 24 Molekülen* A

Es sei ein Reaktionssystem betrachtet, das 24 Objekte vom Typ A enthält und durch die Reaktionsgleichung $A + A \longrightarrow B$ definiert ist. Die räumliche Verteilung der Objekte sowie energetische und reaktionskinetische Einflüsse werden vernachlässigt. Gesucht ist die Anzahl der Objekte A und B nach jedem Stoffumsatz (Reaktionsschritt) bis zur Einstellung des Gleichgewichtes (Stoffmengen-Zeit-Diagramm).

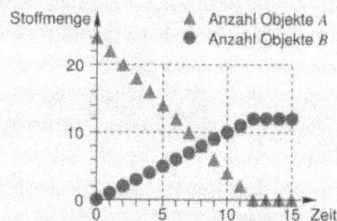

Die Beschreibung von Reaktionssystemen mittels Reaktionsgleichungen setzt voraus, dass alle denkbaren Reaktionsprodukte bereits explizit angegeben sind, bevor eine Simulation erfolgt. Einige molekülbasierte Vorgänge, insbesondere Polymerbildungen aus monomeren Bausteinen, bringen eine sehr große Vielzahl unterschiedlicher Reaktionsprodukte hervor, die sich nur mit sehr hohem Aufwand in ein System von Reaktionsgleichungen einbetten lassen. Sobald im Verlauf einer chemischen Reaktion eine kombinatorische Vielfalt möglicher Reaktionsprodukte entstehen kann (wie beispielsweise bei den DNA-Operationen Hybridisierung und Ligation), spricht man von einem *generativen* Reaktionssystem. Die Modellierung solcher Systeme erfolgt gewöhnlich durch geeignete Berechnungsmodelle wie etwa Chomsky-Grammatiken, Turingmaschinen und den ungetypten λ-Kalkül [Font_92]. Die in den Berechnungsmodellen verarbeiteten Daten (Operanden) werden als Kodierungen für Objekte (Moleküle oder Atome) interpretiert, und die Interaktionen der Objekte (chemische Reaktionen) korrespondieren mit der Ausführung von Arbeitsschritten im jeweiligen Berechnungsmodell. Zur Veranschaulichung sei stellvertretend das System *AlChemy* in der Fassung aus [FoBu_96] herausgegriffen, das auf dem ungetypten λ-Kalkül basiert. Es ist sogar für die abstrakte Beschreibung sich selbst organisierender biologischer Systeme, die der Evolution unterworfen sind, geeignet. AlChemy geht von einem frei wählbaren Pool vorgegebener λ-Terme aus. Es wird unterstellt, dass jeder dieser λ-Terme ein spezifisches Molekül kodiert und im Pool in unendlich großer Exemplaranzahl vorhanden ist. In jedem Simulationsschritt werden zwei λ-Terme (z.B. e_1 und e_2) willkürlich unter Benutzung eines Zufallszahlengenerators aus dem Pool ausgewählt und anschließend zu einer Applikation ($e_1\ e_2$) zusammengesetzt. Die Bildung der Normalform des λ-Terms ($e_1\ e_2$) durch geeignete Reduktionsschritte versinnbildlicht den Umbau chemischer Bindungen im Verlauf der Reaktion. Die resultierende Normalform repräsentiert das entstandene Reaktionsprodukt und kodiert wiederum ein Objekt (Molekül oder Atom). Hat der λ-Term ($e_1\ e_2$) keine Normalform, so wird angenommen, dass die entsprechenden Objekte nicht miteinander reagieren können. Die aus den Aktionen Termauswahl, Zusammensetzung zu einer Applikation und Reduktion auf die Normalform bestehenden Simulationsschritte wiederholt man beliebig oft, bis sich eine hinreichend große Vielfalt unterschiedlicher Objekte gebildet hat oder die gesuchten Simulationsergebnisse vorliegen. Potentiell kann die Simulation unendlich lange laufen und dabei unendlich viele verschiedene Objekte generieren.

Beispiel 5.4   *Simulation des Aufbaus von kettenförmigen Polymeren mit AlChemy*

Monomere Bausteine (wie beispielsweise Aminosäuren) können sich zu kettenförmigen Polymeren (Strängen) beliebiger Längen durch Polymerbildung kovalent verbinden. Als Energielieferant wird hierbei ein Hilfsstoff benötigt, der sich bei der Polymerbildung aufbraucht. Gesucht ist die Vielfalt möglicher kettenförmiger Polymere, die aus den monomeren Bausteinen hervorgehen kann. Es bietet sich in AlChemy an, jeden monomeren Baustein durch die CHURCHsche Zahl 1 und mithin durch den λ-Term $c_1 \equiv \lambda f x.f(x)$ zu kodieren und den Hilfsstoff durch den λ-Term *add* c_1 mit *add* $\equiv \lambda x y p q.x p(y p q)$ (Additionsoperator über CHURCHschen Zahlen). Jede Applikation *add* $c_1\ c_i$ mit beliebiger CHURCHscher Zahl i führt zur Normalform c_{1+i}, also zu $i + 1$. Auf diese Weise werden schrittweise alle CHURCHschen Zahlen ≥ 1 generiert, die mit kettenförmigen Polymeren der entsprechenden Längen korrespondieren. Variiert man den λ-Term c_1 in seinen gebundenen Variablen, indem man statt f andere Symbole benutzt (also z.B. $\lambda g x.g(x)$ und/oder $\lambda h x.h(x)$), so lassen sich auch mehrere unterschiedliche monomere Bausteine kodieren, die sich beliebig verketten.

Dynamische, deterministische, zeitgesteuerte, kontinuierliche Simulation.

Die Kombination aus dynamischer, deterministischer, zeitgesteuerter und kontinuierlicher Simulation bietet sich an, wenn das modellierte System durch ein analytisch lösbares Differentialgleichungssystem, häufig in Ergänzung mit einem Anfangswertproblem, beschrieben ist. Der zeitabhängige Systemstatus wird hierbei durch einen Parametersatz von stetigen Zustandsfunktionen $x_1(t), \ldots, x_n(t)$ erfasst. Zusätzliche Einflussgrößen lassen sich durch Eingabefunktionen $u_1(t), \ldots, u_m(t)$ in die Modellbeschreibung einbeziehen. Das resultierende Differentialgleichungssystem ergibt sich häufig durch Betrachtung von Änderungsraten (ersten Ableitungen) der Zustandsfunktionen in der Form:

$$
x_1'(t) = f_1(x_1(t), \ldots, x_n(t), u_1(t), \ldots, u_m(t))
$$
$$
\vdots
$$
$$
x_n'(t) = f_n(x_1(t), \ldots, x_n(t), u_1(t), \ldots, u_m(t)) \tag{5.18}
$$

Die Werte der Zustandsfunktionen zum Startzeitpunkt der Simulation $x_1(0), \ldots, x_n(0)$ sind zumeist vorgegeben, ebenso die Werte der Eingabefunktionen $u_1(0), \ldots, u_m(0)$. Bei exogenen Simulationen modellieren die Eingabefunktionen die berücksichtigten äußeren Einflüsse einschließlich ihrer Zeitabhängigkeit. Endogene Simulationen benötigen keine Eingabefunktionen, das heißt, bei ihnen gilt: $u_i(t) = 0$ für alle $i = 1, \ldots, n$. Die Funktionen f_1 bis f_n verknüpfen die einzelnen Zustands- und Eingabefunktionen zur Beschreibung des gesamten Systemverhaltens. Die dem System zugrunde liegenden Gesetzmäßigkeiten manifestieren sich darin. Die als Simulationsergebnis dienenden Ausgabefunktionen $y_1(t), \ldots, y_r(t)$ sind unter Einbeziehung von Hilfsfunktionen h_1 bis h_r allgemein definiert durch:

$$
y_1(t) = h_1(x_1(t), \ldots, x_n(t))
$$
$$
\vdots
$$
$$
y_r(t) = h_r(x_1(t), \ldots, x_n(t)) \tag{5.19}
$$

Vielfach erlauben es die Systembeschreibungen, die Zustandsfunktionen unmittelbar als Ausgabefunktionen aufzufassen, so dass $r = n$ und $y_j(t) = x_j(t)$ für alle $j = 1, \ldots, n$.

Die Struktur des Differentialgleichungssystems kann in Abhängigkeit von den konkret eingesetzten Funktionen sehr stark variieren und ist gewöhnlich nichtlinear. Nicht alle möglichen Differentialgleichungssysteme gemäß 5.18 gestatten die Herleitung einer geschlossenen analytischen Lösung mit bekannten mathematischen Verfahren wie z.B. Trennung der Variablen, Variation der Konstanten, Substitution oder Methode des integrierenden Faktors, so dass in diesen Fällen auf numerische Näherungsverfahren ausgewichen werden muss. Eine geschlossene analytische Lösung führt zu expliziten Funktionsgleichungen für die Ausgabefunktionen, die mit freien Parametern behaftet sind. Die Belegung dieser freien Parameter wird entsprechend der Anfangswertbedingungen gewählt.

Bei der Untersuchung der Zeitverläufe von Stoffkonzentrationen entstehen Differentialgleichungssysteme, wenn das Reaktionssystem durch einen Satz von Reaktionsgleichungen beschrieben ist, siehe Vorschrift 5.17 auf Seite 160. Der stetige Verlauf der Stoffkonzentrationen kann hier jedoch eine Genauigkeit vortäuschen, die in realen Systemen mit einer endlichen (insbesondere mit einer sehr geringen) Anzahl von Objekten nicht vorliegt.

Beispiel 5.5   *Reaktion* $A + A \longrightarrow B$ *ausgehend von 24 Molekülen* A

Es sei ein Reaktionssystem betrachtet, das zu Beginn 24 Objekte vom Typ A enthält und durch die Reaktionsgleichung $A + A \longrightarrow B$ definiert ist. Die räumliche Verteilung der Objekte sowie energetische Einflüsse werden vernachlässigt. Gesucht ist die Stoffkonzentration der Objekte A und B zu jedem beliebigen Zeitpunkt bis zur Einstellung des chemischen Gleichgewichtes. Die Stoffkonzentration bezieht sich auf das gesamte System.

Aus $2A + 0B \longrightarrow 0A + 1B$ ergibt sich gemäß 5.17 das Differentialgleichungssystem

$$\begin{array}{rl}
\text{(I)} & c'_A(t) = -2 \cdot k_R \cdot c_A(t)^2 \\
\text{(II)} & c'_B(t) = k_R \cdot c_A(t)^2,
\end{array}$$

wobei $c_A(t)$ die Stoffkonzentration der Objekte A, $c_B(t)$ die Stoffkonzentration der Objekte B, jeweils zum Zeitpunkt t und k_R die Geschwindigkeitskonstante der Reaktion bezeichnen.

Gleichung (I) ist offensichtlich erfüllt für $c_A(t) = 0$, was jedoch der Anfangswertbedingung $c_A(0) = 24$ widerspricht. Die gesuchte Lösung ergibt sich durch Trennung der Variablen:

$$\begin{array}{rcl|l}
\frac{d c_A}{d t} & = & -2 \cdot k_R \cdot c_A^2 & : c_A^2,\ \text{wobei } c_A \neq 0 \\
\frac{1}{c_A^2}\frac{d c_A}{d t} & = & -2 k_R & \int d t \\
\int \frac{1}{c_A^2} d c_A & = & \int -2 k_R \, d t & \\
-\frac{1}{c_A} & = & -2 k_R t + C & \cdot(-1) \text{ und } 1/ \\
c_A & = & \frac{1}{2 k_R t - C} &
\end{array}$$

Daraus folgt:

$c_A(t) = \frac{1}{2 k_R t - C}$.

Durch Einsetzen in (II) und Integration erhält man

$c_B(t) = \frac{-1}{2(2 k_R t - C)} + D$.

Aus den Anfangswertbedingungen $c_A(0)=24$ und $c_B(0) = 0$ folgt für die freien Parameter:

$C = -1/24$ und

$D = 12$.

Stoffkonzentration-Zeit-Diagramm

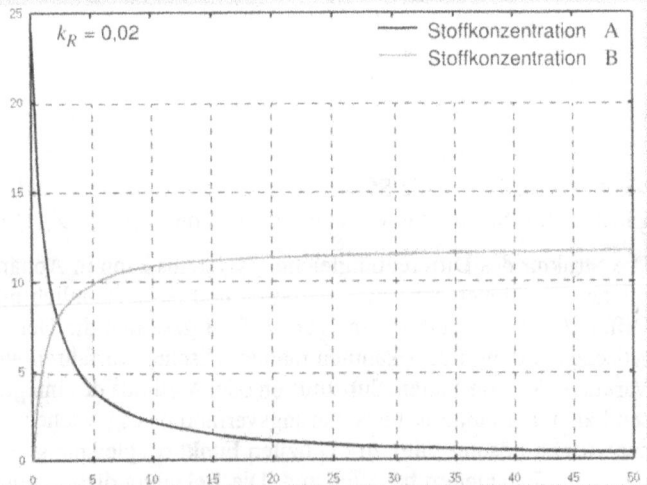

Dynamische, deterministische, zeitgesteuerte, diskrete Simulation.

Liegt die Berechnungsvorschrift der Modellparameter in einer Form vor, die ausgehend von einer Anfangswertbelegung aller Parameter eine Fortschreibung in gleichen Zeitintervallen zulässt, so erscheint eine Kombination aus dynamischer, deterministischer, zeitgesteuerter und diskreter Simulation vorteilhaft.

Häufig wird diese Kombination auch dann eingesetzt, wenn ein Differentialgleichungssystem gemäß 5.18 existiert, das jedoch nicht, nicht uneingeschränkt oder nicht mit vertretbarem Aufwand analytisch lösbar ist. In diesem Fall erfolgt eine *Diskretisierung* jeder einzelnen Gleichung i, indem die Differentialquotienten (mit infinitesimal kleinem Zeitintervall dt)

$$x_i'(t) = \frac{dx_i}{dt} = \lim_{\Delta t \to 0} \frac{x_i(t + \Delta t) - x_i(t)}{\Delta t} = f_i(x_1(t), \ldots, x_n(t), u_1(t), \ldots, u_m(t))$$

durch Weglassen der Grenzwertbildung in Differenzenquotienten (mit diskreten Zeitintervallen $\Delta t > 0$)

$$\frac{x_i(t + \Delta t) - x_i(t)}{\Delta t} = f_i(x_1(t), \ldots, x_n(t), u_1(t), \ldots, u_m(t)) \tag{5.20}$$

umgewandelt werden. Eine naheliegende, leicht anwendbare Vorgehensweise hierfür ist das EULER-Verfahren, bei dem man die Berechnungsvorschrift für die Differenzenquotienten gemäß 5.20 nach $x_i(t + \Delta t)$ umformt, ein festes (möglichst kleines) Zeitintervall $\Delta t > 0$ wählt und ausgehend von den Anfangswerten $x_i(0)$ die nachfolgenden Werte $x_i(\Delta t), x_i(2\Delta t), x_i(3\Delta t), \ldots$ numerisch bis zum interessierenden Finalzeitpunkt gemäß 5.21 schrittweise errechnet:

$$x_1(t + \Delta t) = f_1(x_1(t), \ldots, x_n(t), u_1(t), \ldots, u_m(t)) \cdot \Delta t + x_1(t)$$
$$\vdots$$
$$x_n(t + \Delta t) = f_n(x_1(t), \ldots, x_n(t), u_1(t), \ldots, u_m(t)) \cdot \Delta t + x_n(t) \tag{5.21}$$

Aus dem ursprünglichen Differentialgleichungssystem ist nunmehr ein Differenzengleichungssystem entstanden. Für hinreichend kleine Zeitintervalle Δt konvergiert das EULER-Verfahren, das heißt, je kleiner Δt gewählt wird, umso stärker nähern sich die Zahlenfolgen $x_i(k \cdot \Delta t)$ mit $k \in \mathbb{N}$ dem tatsächlichen (stetigen) Verlauf der Funktion $x_i(t)$ an.

Durch eine Diskretisierung und die anschließende rein numerische Behandlung von ursprünglich zeitkontinuierlich beschriebenen Modellen können Ungenauigkeiten (Diskretisierungsfehler) auftreten. Insbesondere Rundungsfehler bergen die Gefahr einer signifikanten Verfälschung der Simulationsergebnisse, da sie sich in den Iterationsschritten der Berechnungsvorschrift fortpflanzen und verstärken können. Instabile Differential- bzw. Differenzengleichungssysteme verschärfen diese Problematik. Bereits kleinste Veränderungen der Anfangswerte ziehen hier tiefgreifende Veränderungen der Funktionsverläufe $x_i(t)$ nach sich, so dass ein pseudo-chaotisches Verhalten auftreten kann. Vor allem dann, wenn die Parameterbelegungen in die Nähe eines qualitativen Umschlagens der Funktionsverläufe geraten (z.B. zwischen Einstellung einer Gleichgewichtssituation und fortschreitendem Aufschwingen), können sich Diskretisierungsfehler fatal auswirken. Die Wahl eines geeigneten Zeitintervalls Δt, das einerseits zu hinreichend genauen Simulationsergebnissen führt und andererseits den Berechnungsaufwand möglichst niedrig hält, gestaltet sich oft schwierig.

Das EULER-Verfahren ist mit zwei Nachteilen behaftet. Einerseits konvergiert es im Vergleich zu anderen Diskretisierungsverfahren sehr langsam, das heißt, für eine hinreichend gute Annäherung der Werteverläufe müssen die Zeitintervalle Δt sehr klein gewählt werden. Andererseits fördern die numerische Addition und Multiplikation betragsmäßig stark voneinander abweichender Werte (wie sie für Δt, $x_i(t)$ und f_i vorkommen können) das Auftreten von Rundungsfehlern. Neben einer Vielzahl bekannter Diskretisierungsverfahren findet besonders häufig das Verfahren nach RUNGE und KUTTA praktische Anwendung, das mit der numerischen Integration nach SIMPSON verwandt ist und ebenfalls auf der Vorgabe eines festen Zeitintervalls $\Delta t > 0$ beruht. Der Verlauf einer Funktion $x(t)$ wird hierbei explizit an diskreten Stellen $t(k) = k \cdot \Delta t$ durch eine Zahlenfolge $x(k)$ approximiert, die durch den Anfangswert $x(0)$ und eine Bestimmungsgleichung der Form $x(k + 1) = f(t(k), x(k))$ gegeben ist. Jedes Glied $x(k + 1)$ ergibt sich durch die Vorschrift:

$$
\begin{aligned}
x(k+1) &= x(k) + \frac{\Delta t}{6} \cdot (A + 2 \cdot B + 2 \cdot C + D) \quad \text{mit} \\
A &= f(t(k), x(k)) \\
B &= f(t(k) + \frac{\Delta t}{2}, x(k) + \frac{\Delta t}{2} \cdot A) \\
C &= f(t(k) + \frac{\Delta t}{2}, x(k) + \frac{\Delta t}{2} \cdot B) \\
D &= f(t(k+1), x(k) + \Delta t \cdot C)
\end{aligned} \tag{5.22}
$$

Aus einem Differentialgleichungssystem der Form 5.18 entsteht auf diese Weise ein Differenzengleichungssystem der Form:

$$
x_1(t + \Delta t) = x_1(t) + \frac{\Delta t}{6} \cdot (A_1 + 2 \cdot B_1 + 2 \cdot C_1 + D_1)
$$

$$
\vdots
$$

$$
x_n(t + \Delta t) = x_n(t) + \frac{\Delta t}{6} \cdot (A_n + 2 \cdot B_n + 2 \cdot C_n + D_n) \quad \text{mit} \tag{5.23}
$$

$$
\begin{aligned}
A_i &= f_i(x_1(t), \dots, x_n(t), u_1(t), \dots, u_m(t)), \quad i = 1, \dots, n \\
B_i &= f_i(x_1(t), \dots, x_{i-1}(t), x_i(t) + \frac{\Delta t}{2} \cdot A_i, x_{i+1}(t), \dots, x_n(t), u_1(t), \dots, u_m(t)) \\
C_i &= f_i(x_1(t), \dots, x_{i-1}(t), x_i(t) + \frac{\Delta t}{2} \cdot B_i, x_{i+1}(t), \dots, x_n(t), u_1(t), \dots, u_m(t)) \\
D_i &= f_i(x_1(t), \dots, x_{i-1}(t), x_i(t) + \Delta t \cdot C_i, x_{i+1}(t), \dots, x_n(t), u_1(t), \dots, u_m(t))
\end{aligned}
$$

Gegenüber dem Verfahren nach EULER wird hier eine schnellere Konvergenz erzielt. Dies bedeutet, dass bei Vorgabe des gleichen Zeitintervalls Δt durch das RUNGE-KUTTA-Verfahren die Verläufe der Funktionen $x_1(t)$ bis $x_n(t)$ besser (genauer) angenähert werden.

Beispiel 5.6 *Reaktion* $A + A \longrightarrow B$ *ausgehend von 24 Molekülen* A

Es sei ein Reaktionssystem betrachtet, das zu Beginn 24 Objekte vom Typ A enthält und durch die Reaktionsgleichung $A + A \longrightarrow B$ definiert ist. Die räumliche Verteilung der Objekte sowie energetische Einflüsse werden vernachlässigt. Gesucht ist die Stoffkonzentration der Objekte A und B jeweils nach $0,01$ Sekunden (diskretes Zeitintervall $\Delta t = 0,01$) bis zur Einstellung des chemischen Gleichgewichtes. Die Stoffkonzentration bezieht sich auf das gesamte System.

Aus $2A + 0B \longrightarrow 0A + 1B$ ergibt sich gemäß 5.17 das Differentialgleichungssystem

(I) $\quad c_A'(t) \quad = \quad -2 \cdot k_R \cdot c_A(t)^2$

(II) $\quad c_B'(t) \quad = \quad k_R \cdot c_A(t)^2,$

wobei $c_A(t)$ die Stoffkonzentration der Objekte A, $c_B(t)$ die Stoffkonzentration der Objekte B, jeweils zum Zeitpunkt t und k_R die Geschwindigkeitskonstante der Reaktion bezeichnen.

Aus der Diskretisierung nach EULER resultiert das Differenzengleichungssystem:

$c_A(t + \Delta t) \quad = \quad \left(-2 \cdot k_R \cdot c_A(t)^2\right) \cdot \Delta t + c_A(t) \quad$ mit $\quad c_A(0) = 24$

$c_B(t + \Delta t) \quad = \quad \left(k_R \cdot c_A(t)^2\right) \cdot \Delta t + c_B(t) \quad$ mit $\quad c_B(0) = 0$

Aus der Diskretisierung nach RUNGE-KUTTA resultiert das Differenzengleichungssystem:

$c_A(t + \Delta t) \quad = \quad c_A(t) + \frac{\Delta t}{6} \cdot (A_1 + 2 \cdot B_1 + 2 \cdot C_1 + D_1) \quad$ mit $\quad c_A(0) = 24$

$c_B(t + \Delta t) \quad = \quad c_B(t) + \frac{\Delta t}{6} \cdot (A_2 + 2 \cdot B_2 + 2 \cdot C_2 + D_2) \quad$ mit $\quad c_B(0) = 0,$ wobei

$A_1 \quad = \quad -2k_R \cdot c_A(t)^2$ $\qquad\qquad A_2 \quad = \quad k_R \cdot c_A(t)^2$

$B_1 \quad = \quad -2k_R \cdot \left(c_A(t) + \frac{\Delta t}{2} \cdot A_1\right)^2$ $\qquad B_2 \quad = \quad k_R \cdot c_A(t)^2$

$C_1 \quad = \quad -2k_R \cdot \left(c_A(t) + \frac{\Delta t}{2} \cdot B_1\right)^2$ $\qquad C_2 \quad = \quad k_R \cdot c_A(t)^2$

$D_1 \quad = \quad -2k_R \cdot \left(c_A(t) + \Delta t \cdot C_1\right)^2$ $\qquad D_2 \quad = \quad k_R \cdot c_A(t)^2$

Als Simulationsergebnis mit $k_R = 0,02$ und $\Delta t = 0,01$ entsteht folgende Tabelle (Auszug). Die zum Vergleich angegebenen analytisch ermittelten Werte stammen von den Funktionsgleichungen aus Beispiel 5.5.

t	$c_A(t)$			$c_B(t)$		
Zeit	EULER	RUNGE-K.	analytisch	EULER	RUNGE-K.	analytisch
0,00	24,000000	24,000000	24,000000	0,000000	0,000000	0,000000
5,00	4,125879	4,137931	4,137931	9,825265	9,875330	9,931034
10,00	2,259307	2,264151	2,264151	10,756167	10,811021	10,867925
15,00	1,555784	1,558442	1,558442	11,107392	11,163606	11,220779
20,00	1,186421	1,188119	1,188119	11,291871	11,348666	11,405941
25,00	0,958813	0,960000	0,960000	11,405578	11,462676	11,520000
30,00	0,804488	0,805369	0,805369	11,482685	11,539965	11,597315
50,00	0,489422	0,489796	0,489796	11,640137	11,697710	11,755102

Bei der labornahen Simulation molekularbiologischer Prozesse des DNA-Computing greift man auf die vorgestellten Simulationsmethoden und ihre Kombinationen zurück. Die im zurückliegenden Abschnitt aufgezeigten Vorgehensweisen einschließlich der behandelten Beispiele vermitteln die grundlegenden Prinzipien der entsprechenden Simulationsmethoden und können im konkreten Anwendungsfall spezifisch verfeinert, präzisiert und erweitert werden. Die Wahl der verwendeten Kombination von Simulatiomsmethoden richtet sich in erster Linie nach der Art der zu gewinnenden Aussagen, auf deren Basis im Allgemeinen auch die der Simulation vorangehende Modellentwicklung erfolgt. Oft besteht hinsichtlich der Entscheidung über die verwendete Modellbeschreibung eine ausreichende Flexibilität. Abbildung 5.8 gibt einen Überblick darüber, welche Kombinationen von Simulationsmethoden für molekülbasierte Vorgänge effizient zur Gewinnung welcher Aussagen beitragen können.

Kombination von Simulationsmethoden für molekülbasierte Vorgänge

geeignet zur Gewinnung von

	statisch, deterministisch	statisch, stochastisch	dynamisch, determ., zeitgesteuert, kontinuierlich	dynamisch, determ., zeitgesteuert, diskret	dynamisch, stochast., ereignisgesteuert, diskret
qualitativen Aussagen über das System	■	■	■	■	■
quantitativen Aussagen über das System	■	■		■	■
energetischen Aussagen über das System	■			■	■
reaktionskinetischen Aussagen über das System				■	■
qualitativen Aussagen über einzelne Objekte				■	■
quantitativen Aussagen über einzelne Objekte				■	■
zeit-/ortsbezogenen Aussagen über einzelne Objekte				■	■

Abb. 5.8: Zuordnung, welche Aussagen sich vorteilhaft mit welcher Kombination von Simulationsmethoden erzielen lassen

Unter Aussagen über das System werden Belegungen systemglobaler Parameter verstanden, die gewöhnlich statistische Informationen makroskopischer Natur bereitstellen. Aussagen über einzelne Objekte gestatten den Blick in das System, da sie vorwiegend mikroskopische Parameter mit ihren Belegungen auswerten. Qualitative Aussagen spiegeln Tendenzen wider, indem sie eine Zunahme oder eine Abnahme bei Werteverläufen signalisieren. Durch quantitative Aussagen lassen sich Werteverläufe und Entwicklungen mengenmäßig und somit genauer beziffern bzw. miteinander in ein Verhältnis setzen. Hinter energetischen Aussagen verbergen sich bei molekülbasierten Vorgängen Zustandsgrößen, die allein keine eindeutigen Rückschlüsse auf die Systemgeschichte erlauben. So können unterschiedliche Reaktionswege zu einem gleichen Ergebnis führen. Zeit- und ortsbezogene Aussagen über einzelne Objekte kennzeichnen einen hohen Detailliertheitsgrad des Modells, der in der Simulation berücksichtigt wird.

5.3 Parametrisierung der Primär- und Sekundärstruktur von DNA

Die Struktur von DNA-Molekülen besitzt großen Einfluss auf die darauf ablaufenden molekularbiologischen Prozesse. Einer aussagekräftigen Parametrisierung der Struktur DNA-kodierender Objekte kommt deshalb eine besondere Bedeutung bei der labornahen Simulation physikalischer und chemischer Vorgänge auf DNA zu. Die einer Simulation vorausgehende Phase der Modellbildung schließt eine Parametrisierung von DNA-Strukturen durch geeignete mathematische Beschreibungsmittel ein, die sich in Datenstrukturen der Informatik abbilden sowie algorithmisch auswerten lassen.

Unter dem Begriff „Struktur" wird in diesem Zusammenhang die Gesamtheit aller im Modell berücksichtigten Informationen über den Aufbau, die Gestalt, die innere Zusammensetzung, die Oberflächenbeschaffenheit und die Bindungsfähigkeit von DNA-Molekülen verstanden, aus denen spezifische Eigenschaften wie die erwartete Schmelztemperatur oder das Molekulargewicht berechnet werden können. Die Struktur eines DNA-Moleküls ist Träger der darin gespeicherten Informationen. Man unterscheidet die Primär-, Sekundär- und Tertiärstruktur von DNA, wie sie im Abschnitt 4.1 ab Seite 99 dargelegt ist. Im Folgenden wird auf die Beschreibung der Primär- und Sekundärstruktur sowohl für lineare als auch für nichtlineare DNA-Stränge eingegangen, da sie für eine labornahe Modellierung von Operationen des DNA-Computing auf der Ebene einzelner Nucleotide und Strangendenmarkierungen unerlässlich sind. Häufig benötigte Basisalgorithmen auf diesen DNA-Strukturen ergänzen den Abschnitt. Hierzu zählen insbesondere der Test auf Gleichheit und das Auffinden von Einzelstrangüberhängen und -abschnitten.

Die Tertiärstruktur, die je nach vorliegender Konformation der DNA sehr vielgestaltig sein kann und häufigen Änderungen (molekulardynamischen Einflüssen) unterliegt, lässt sich mathematisch durch einen Satz planarer geometrischer Grundmuster und ihrer Lagebeziehungen zueinander (Winkel und Entfernungen) beschreiben. Die Erkennung der Gesetzmäßigkeiten von prozessabhängigen Veränderungen der Tertiärstruktur sowie ihre vollständige Formalisierung gehören zu gegenwärtig vorangetriebenen Forschungsvorhaben.

5.3.1 Erfassung der Primärstruktur durch Zeichenketten

Die Primärstruktur von DNA ist ausschließlich durch die kovalenten chemischen Bindungen gekennzeichnet, wie sie Abbildung 4.1 auf Seite 100 zeigt. Bezüglich der Primärstruktur bleiben Wasserstoffbrücken und andere thermisch instabile Bindungsformen unberücksichtigt, so dass allein die zugrunde liegenden DNA-Einzelstränge herangezogen werden, aus denen sich ein betrachtetes DNA-Molekül zusammensetzt. DNA-Einzelstränge bilden ein richtungsbehaftetes Polymer aus einer Kette wiederkehrender monomerer Einheiten, den Nucleotiden, die beidseitig mit spezifischen Strangendenmarkierungen versehen ist. Der größte Teil der in einem DNA-Strang gespeicherten Informationen ist durch die Abfolge (Sequenz) der vier möglichen Nucleotide A (chemische Summenformel $C_{10}H_{12}N_5O_6P$), C ($C_{10}H_{10}N_3O_7P$), G ($C_{10}H_{12}N_5O_7P$) und T ($C_{10}H_{12}N_2O_8P$) kodiert. Der innere Aufbau jeder dieser vier spezifischen monomeren Einheiten kann im Hinblick auf die Existenz kovalenter Bindungen zwischen bestimmten enthaltenen Atomen als stets gleich angesehen werden. Insofern reicht es aus, jedes einzelne Nucleotid durch seinen Buchstabenbezeichner (Symbol) zu charakterisieren. Eine Sequenz von Nucleotiden lässt sich dann als eine endliche nichtleere Zeichenkette aus diesen Symbolen auffassen, die in 5'-3'-Richtung notiert wird. Die am Beginn (5'-Ende) und Ende (3'-Ende) der Kette befindlichen Strangendenmarkierungen repräsentieren ebenfalls einen festen Satz verfügbarer chemischer Bausteine, die sich ähnlich der Nucleotide durch ein spezifisches Symbol bezeichnen lassen. Als häufigste Strangendenmarkierungen trifft man auf Hydroxylgruppen (chemische Summenformel $-OH$, abkürzend durch das Symbol H bezeichnet) und Phosphatgruppen (chemische Summenformel $-PO_4$ bei Einfachphosphaten bzw. $-P_nO_{3n+1}$ bei Mehrfachphosphaten, zusammenfassend abkürzend durch das Symbol P bezeichnet). Darüber hinaus können auch Biotin (chemische Summenformel $-C_{10}H_{16}N_2O_3S$, abgekürzt durch das Symbol B) sowie verschiedene Fluoreszenzmarkierungen (jeweils abgekürzt durch ein Symbol, das mit der entsprechenden Farbe korrespondiert) auftreten.

Als abstraktes mathematisches Beschreibungsmittel für die Primärstruktur von DNA eignen sich somit Wörter formaler Sprachen. Die Abbildung 5.9 versinnbildlicht das Herauslesen von informationstragenden Zeichenketten aus einem DNA-Strang. Aus der Menge aller resultierenden Wörter lässt sich die Primärstruktur des ursprünglichen DNA-Stranges rekonstruieren.

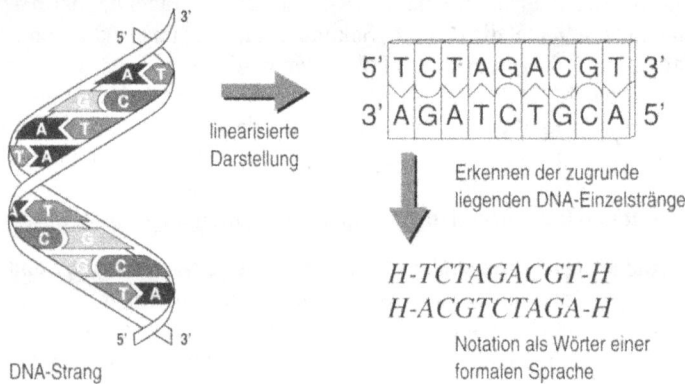

Abb. 5.9: *Beispiel für eine abstrakte Beschreibung der Primärstruktur von DNA-Strängen durch Wörter der formalen Sprache* $L = \{H, P, B\} \otimes \{-\} \otimes \{A, C, G, T\}^+ \otimes \{-\} \otimes \{H, P, B\}$

Offensichtlich gelingt es bereits in der Klasse der regulären Sprachen, alle denkbaren Primärstrukturen von DNA abstrakt zu erfassen. Jedes DNA-Molekül ist hierbei durch eine endliche Anzahl nichtleerer Wörter gemäß Abbildung 5.9 spezifiziert.

Die Beschreibung der Primärstruktur von DNA mit Hilfe von Wörtern formaler Sprachen gestattet die Anwendung von Algorithmen aus der Theoretischen Informatik. Beispielsweise lässt sich auf diese Weise der Test auf Strukturgleichheit auf das Überprüfen der Gleichheit von Wörtern gemäß Definition 3.57 auf Seite 32 zurückführen.

Eine Sonderstellung nimmt die Primärstruktur ringförmiger (zirkulärer) DNA-Moleküle ein, die weder über Strangenden noch über Strangendenmarkierungen verfügen. Hierfür bietet es sich an, das zugehörige Wort mit einem speziellen Symbol (z.B. ∘) einzuleiten und den Ring bei der Notation gedanklich an derjenigen Position aufzuschneiden, die bei alphabetischer Sortierung aller möglichen linearisierten Nucleotidsequenzen zur am weitesten vornstehenden Wortnotation führt, siehe Abbildung 5.11.

5.3.2   Erfassung der Sekundärstruktur durch Bindungsmatrizen

Die Sekundärstruktur eines DNA-Moleküls ist durch die Lage und Anordnung der Wasserstoffbrücken gekennzeichnet. Das Vorhandensein von Wasserstoffbrücken qualifiziert DNA-Doppelstränge gegenüber DNA-Einzelsträngen. Viele im DNA-Computing genutzte molekularbiologische Prozesse – insbesondere zahlreiche enzymatische Reaktionen – besitzen eine hohe Spezifität bezüglich der in den Molekülen enthaltenen Wasserstoffbrücken.

Wasserstoffbrücken können zwischen komplementären Nucleotiden (d.h. zwischen A und T sowie zwischen C und G) auftreten und setzen eine räumliche Nähe der beteiligten Nucleotide voraus, die eine Basenpaarung nach sich zieht.

Die zur Primärstruktur zählenden kovalenten Phosphodiesterbrücken zwischen benachbarten Nucleotiden eines DNA-Stranges lassen sich gemeinsam mit den Wasserstoffbrücken durch so genannte *Bindungsmatrizen* erfassen. Die Sekundärstruktur eines beliebigen (linearen wie auch nichtlinearen) DNA-Moleküls ist durch die zugeordnete Bindungsmatrix eindeutig bestimmt. Jeder Bindungsmatrix liegt ein einheitlich definiertes Aufbauprinzip zugrunde.

Jedes DNA-Molekül zerfällt in eine endliche Menge von DNA-Einzelsträngen, zwischen denen Wasserstoffbrücken bestehen können. Die Nucleotidsequenzen dieser DNA-Einzelstränge in 5'-3'-Richtung (ohne Berücksichtigung der Strangendenmarkierungen) werden alphabetisch aufsteigend sortiert. Jedes einzelne Nucleotid aus jeder Sequenz begründet eine eigene Zeile und Spalte einer quadratischen Matrix.

Eine chemische Bindung zwischen zwei verschiedenen Nucleotiden widerspiegelt sich durch einen Eintrag an den beiden Kreuzungsstellen der jeweiligen Matrixzeilen und -spalten. Aus diesem Grund entsteht stets eine bezüglich der Hauptdiagonalen *symmetrische* Matrix, die als Bindungsmatrix bezeichnet wird. Für jede eingetragene Bindungsform (kovalente Phosphodiesterbrücke und Wasserstoffbrücke) wird ein spezifisches Symbol festgelegt.

Die Hauptdiagonale jeder Bindungsmatrix bleibt frei von Bindungseinträgen, da ein Nucleotid mit sich selbst weder über eine kovalente Phosphodiesterbrücke noch über eine Wasserstoffbrücke in Beziehung stehen kann. Bindungsmatrizen sind deshalb in jedem Fall *irreflexiv*.

In DNA-Doppelsträngen (Duplexen) kann jedes Nucleotid nur höchstens zwei kovalente Phosphodiesterbrückenbindungen zu seinen Nachbarn eingehen sowie darüber hinaus an höchstens einer Wasserstoffbrücke zu einem anderen, komplementären Nucleotid beteiligt sein. Durch eine entsprechende Anzahl von Bindungseinträgen gilt die betreffende Matrixzeile und -spalte als abgesättigt und kann keine weiteren Bindungseinträge mehr aufnehmen. Die drei Nucleotide, mit denen ein Nucleotid maximal verbunden sein kann, sind paarweise voneinander verschieden, so dass auch keine Überlappungen von Matrixeinträgen (mehrere Bindungseinträge an derselben Stelle der Matrix) auftreten. Man spricht in diesem Zusammenhang von *disjunkten* Matrizen der einzelnen erfassten Bindungsformen.

Die umseitige Abbildung 5.10 zeigt ein einfaches Beispiel der Bindungsmatrix für ein nichtlineares DNA-Molekül, das aus zwei unterschiedlich langen DNA-Einzelsträngen besteht, die untereinander und in sich selbst über Wasserstoffbrücken vernetzt sind. Jede kovalente Phosphodiesterbrücke ist in der Matrix durch ein schwarzes Quadrat vermerkt und jede Wasserstoffbrücke durch einen schwarzen Kreis. Die Spalten und Zeilen der durch Bindungen abgesättigten Nucleotide wurden grau unterlegt. Das dargestellte DNA-Molekül verkörpert eine Kombination aus *hairpin loop*, *bulge loop* und *internal loop* gemäß Abbildung 4.4 auf Seite 105.

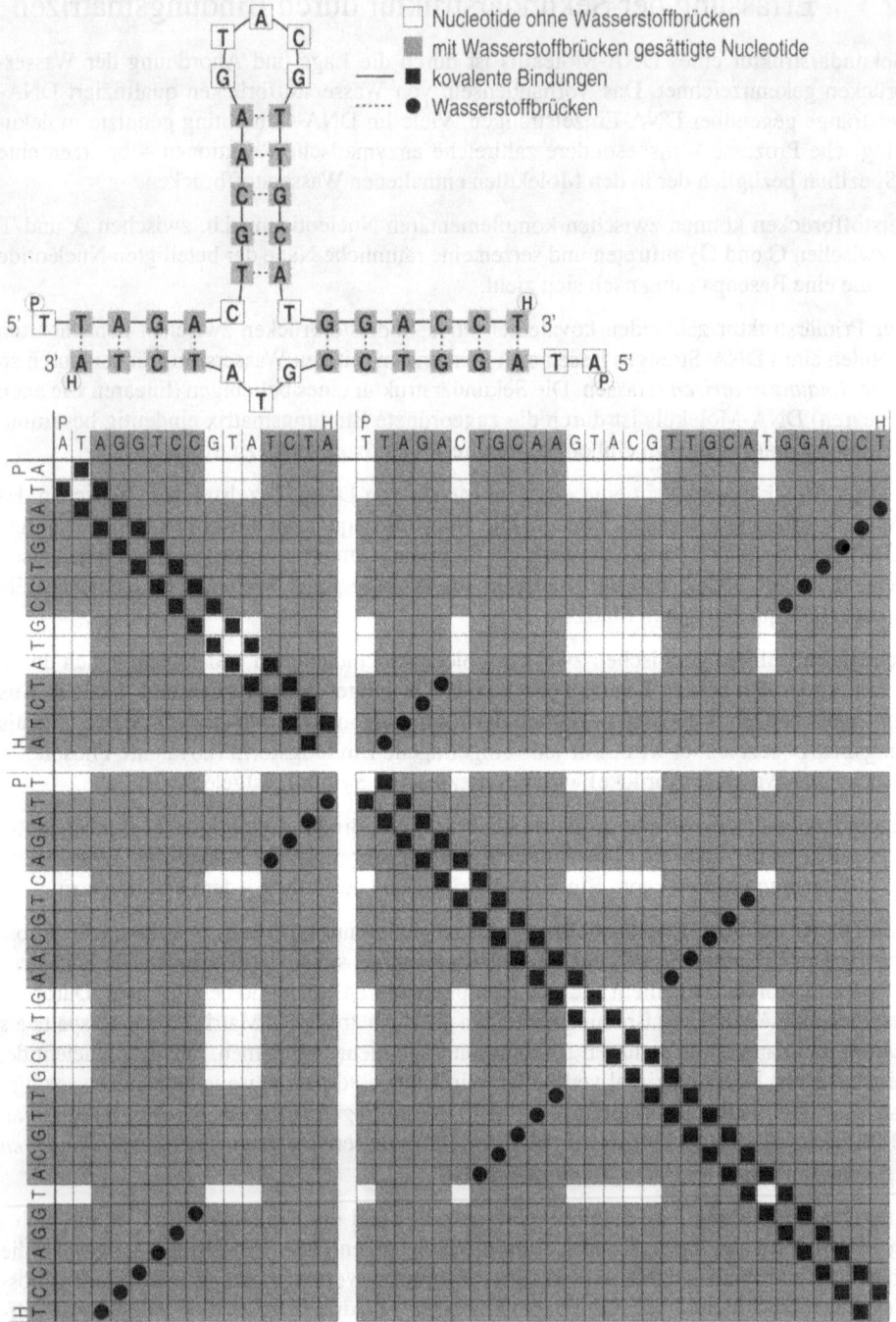

Abb. 5.10: Beispiel einer Bindungsmatrix für nichtlineare DNA

Numeriert man die Spalten und Zeilen der Bindungsmatrix von links nach rechts und von oben nach unten fortlaufend durch, so dass jedes einzelne Nucleotid eine gesonderte Nummer (Positionsindex) erhält, dann lässt sich die Gesamtheit der eingetragenen Bindungen jeder Form vorteilhaft als *Relation* mathematisch beschreiben und behandeln.

Im Hinblick auf eine möglichst hohe Zeiteffizienz von Algorithmen, die auf Bindungsmatrizen arbeiten, erscheint es sinnvoll, die Zuordnung zwischen DNA-Molekül und Bindungsmatrix nicht nur eindeutig, sondern eineindeutig vorzunehmen. Dies bedeutet, dass für jedes konkret vorgegebene DNA-Molekül genau eine zugeordnete Bindungsmatrix existiert und nicht mehrere verschiedene. Nach den bisherigen Ausführungen sind mehrere Bindungsmatrizen für ein und dasselbe DNA-Molekül genau dann möglich, wenn es mehrere DNA-Einzelstränge der gleichen Nucleotidsequenz enthält. Trotz alphabetischer Sortierung können diese bei der Anordnung innerhalb der Matrix beliebig permutiert werden. Der in Abbildung 5.11 links dargestellte lineare DNA-Doppelstrang weist beispielsweise Mehrfachvorkommen gleicher Nucleotidsequenzen auf.

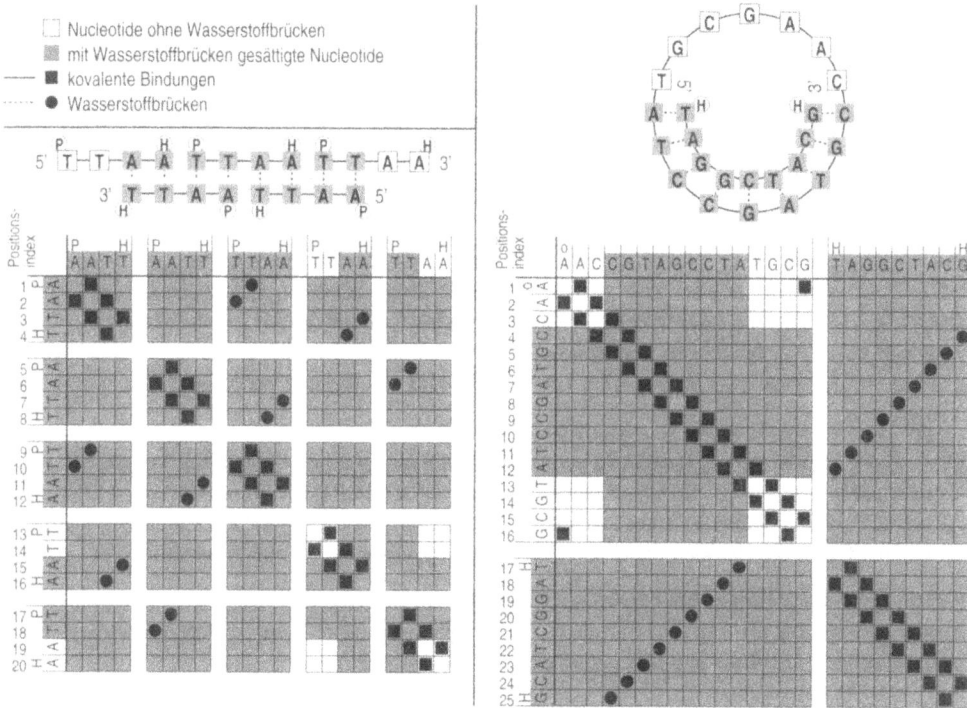

Abb. 5.11: Beispiel einer Bindungsmatrix für lineare und zirkuläre nichtlineare DNA

Die Beseitigung der möglichen Mehrdeutigkeiten gelingt durch Einführung einer *Normalform* für Bindungsmatrizen. Hierbei werden gleiche Nucleotidsequenzen von links nach rechts und von oben nach unten aufsteigend nach dem kleinsten Positionsindex des Komplementärnucleotids der eingetragenen Wasserstoffbrücken angeordnet. Da jedes Nucleotid nur höchstens eine Wasserstoffbrücke zu einem anderen Nucleotid knüpfen kann, ergibt sich auf diese Weise im-

mer eine eineindeutige Reihenfolge, in der die einzelnen Nucleotidsequenzen in die Bindungsmatrix aufgenommen werden. Zwei modellierte DNA-Moleküle sind bezüglich ihrer Primär-
und Sekundärstruktur genau dann identisch, wenn sie gleiche Bindungsmatrix-Normalformen
besitzen.

In der Abbildung 5.11 links (linearer DNA-Doppelstrang) ist die Nucleotidsequenz AATT
zweimal und die Nucleotidsequenz TTAA dreimal im Gesamtstrang enthalten. Die kleinsten
Positionsindices der Komplementärnucleotide für die eingetragenen Wasserstoffbrücken lauten
bei AATT in aufsteigender Folge 9 und 11 sowie für TTAA 1, 3 und 5. In dieser Reihenfolge
werden die jeweils gleichen Nucleotidsequenzen in die Bindungsmatrix eingegliedert.

Zirkuläre DNA wird bei der Erstellung der Bindungsmatrix genauso behandelt wie endenbe-
haftete DNA-Stränge. Als zusätzlicher Arbeitsschritt muss lediglich vor Beginn des Matrixauf-
baus eine Linearisierung des DNA-Ringes in eine Nucleotidsequenz erfolgen. Hierzu lässt sich
der DNA-Ring an einer beliebigen Position gedanklich zerschneiden, so dass eine Kette von
Nucleotiden entsteht, die in 5'-3'-Richtung notiert werden kann. Da der Schnitt an jeder Stelle
des DNA-Ringes zwischen zwei benachbarten Nucleotiden vorgenommen werden kann, ergeben sich bei n Nucleotiden im Ring auch n mögliche Schnittpositionen und mithin auch n
mögliche Nucleotidsequenzen. Nach alphabetisch aufsteigender Sortierung dieser n Nucleotidsequenzen wählt man die vorderste Nucleotidsequenz aus. Beginnt die alphabetisch sortierte
Sequenzliste mit mehreren gleichen Nucleotidsequenzen, so wird analog zur Normalisierung
bei den Strängen wieder diejenige mit kleinstem Positionsindex der Komplementärnucleotide
der eingetragenen Wasserstoffbrücken herangezogen. Der rechte Teil der Abbildung 5.11 zeigt
ein Beispiel für die Bindungsmatrix zirkulärer DNA.

Mit Vorliegen der Normalform der Bindungsmatrix ist die Parametrisierung der Primär- und
Sekundärstruktur der modellierten DNA-Moleküle abgeschlossen. Die Normalform der Bindungsmatrix fungiert als Parameter für die chemische Struktur des in der Simulation als Objekt
angesehenen DNA-Moleküls. Gemeinsam mit den Belegungen der restlichen Parameter des
jeweiligen Objektes (wie Masse, Ort, Lage und Geschwindigkeit) vervollständigt sich der Parametersatz.

DNA-Pools und Reagenzglasinhalte lassen sich als Multimengen vollständig belegter Parametersätze auffassen. Strukturgleiche Objekte unterscheiden sich gewöhnlich durch Werte anderer
Parameter (wie z.B. den Ort innerhalb des Systems), so dass identische Parametersätze nur sehr
selten (bei Objektkollisionen unter speziellen Bedingungen) zu beobachten sind.

Häufig bei Simulationen benötigte Auswertungsschritte können durch die Verwendung von
Bindungsmatrizen als Datenstruktur sehr effizient ausgeführt werden. Entsprechende leicht
nachnutzbare algorithmische Ideen sind nachfolgend angegeben.

Test auf Strukturgleichheit.
Der Test auf Strukturgleichheit überprüft, ob zwei modellierte DNA-Moleküle bezüglich ihrer
Primär- und Sekundärstruktur übereinstimmen. Wenn beide DNA-Moleküle durch die Normalformen ihrer Bindungsmatrizen beschrieben sind, beschränkt sich der Test auf den sukzessiven
Vergleich der einzelnen Bindungseinträge. Da die Bindungsmatrizen symmetrisch sind, reicht
es hierfür aus, nur eine der beiden durch die Hauptdiagonale (Symmetrieachse) getrennten Ma-
trixhälften zu untersuchen. Der Zeitaufwand für die Abarbeitung des Algorithmus verhält sich
somit in jedem Fall polynomiell (quadratisch) in der Anzahl der Nucleotide.

Auffinden von Einzelstrangüberhängen und -abschnitten.
Das Auffinden von Einzelstrangüberhängen wird zur Prüfung auf Endenkompatibilität von
DNA-Molekülen benötigt. Darüber hinaus kennzeichnen Einzelstrangüberhänge und -abschnit-
te diejenigen Bereiche eines DNA-Moleküls, an denen es noch mit anderen DNA-Molekülen
hybridisieren kann. Markiert man die durch Wasserstoffbrücken abgesättigten Zeilen und Spalten in der Bindungsmatrix, so lassen sich die Sequenzen der Einzelstrangüberhänge und -ab-
schnitte unmittelbar aus den übriggebliebenen (nicht markierten) Spalten und Zeilen ablesen.
Reicht ein solcher nicht markierter Bereich bis zum Rand einer Nucleotidsequenz, so handelt
es sich um einen Einzelstrangüberhang, wobei seine Lage am Beginn der Nucleotidsequenz
auf einen 5'-Überhang und am Ende auf einen 3'-Überhang hindeutet. Unmarkierte Bereiche
inmitten von Nucleotidsequenzen repräsentieren Einzelstrangabschnitte. In den Abbildungen
5.10 und 5.11 sind die markierten Zeilen und Spalten grau unterlegt sowie die nicht markierten
Teile der Nucleotidsequenzen auf weißem Hintergrund belassen. Der resultierende Algorithmus
verhält sich in jedem Fall polynomiell (linear) in der Anzahl der Nucleotide.

Berechnung der Masse und des Molekulargewichts.
Die Masse und das Molekulargewicht von DNA-Molekülen werden vielfach herangezogen, so
bei Simulationen chemischer Reaktionen auf Basis von random walks wie auch bei der Simulation des physikalischen Prozesses der Gel-Elektrophorese. Bereits aus der Primärstruktur eines
modellierten DNA-Moleküls lassen sich seine Masse und sein Molekulargewicht berechnen.
Für einzelne Nucleotide und Strangendenmarkierungen gilt gemäß Tabelle 5.1 auf Seite 152
entsprechend der chemischen Summenformeln:

Nucleotid bzw. Strangendenmarkierung	chemische Summenformel	Masse m_X in g	Molekulargewicht M_X in $\frac{g}{mol}$
A	$C_{10}H_{12}N_5O_6P$	$5,4668 \cdot 10^{-22}$	$329,2$
C	$C_{10}H_{10}N_3O_7P$	$5,2337 \cdot 10^{-22}$	$315,2$
G	$C_{10}H_{12}N_5O_7P$	$5,7324 \cdot 10^{-22}$	$345,2$
T	$C_{10}H_{12}N_2O_8P$	$5,3004 \cdot 10^{-22}$	$319,2$
H	OH	$2,8243 \cdot 10^{-23}$	$17,0$
P	PO_4	$1,5770 \cdot 10^{-22}$	$95,0$
B	$C_{10}H_{16}N_2O_3S$	$4,0572 \cdot 10^{-22}$	$244,3$

Tabelle 5.2: Massen und Molekulargewichte von Nucleotiden und Strangendenmarkierungen

Das Molekulargewicht M ergibt sich aus der Masse m und der Avogadroschen Konstante
$N_A = 6,0221367 \cdot 10^{23} \text{mol}^{-1}$ durch $M = m \cdot N_A$.

Zur Bestimmung der Masse des gesamten DNA-Moleküls wird ermittelt, wie viele Nucleotide und Strangendenmarkierungen jeder Art im Molekül vorkommen. Sei die Anzahl #A der
Nucleotide A bekannt und liegen analog die Anzahlen #C, #G, #T, #H, #P, #B der restlichen Nucleotide und Strangendenmarkierungen vor, dann folgt:

$$m_{\text{DNA-Molekül}} = m_A \cdot \#A + m_C \cdot \#C + m_G \cdot \#G + m_T \cdot \#T + m_H \cdot \#H + m_P \cdot \#P + m_B \cdot \#B$$

Berechnung der Anzahl Wasserstoffbrücken.
Die Anzahl #$_W$ der Wasserstoffbrücken ist ein Maß für die Strangstabilität und ergibt sich
unmittelbar aus der Anzahl Basenpaare #AT und #CG nach Auslesen der Bindungsmatrix
durch #$_W$ = $2 \cdot$ #AT + $3 \cdot$ #CG.

5.4   Labornahe Simulation von DNA-Operationen

Das Ziel dieses Abschnitts besteht darin, konkrete Lösungsvorschläge zu unterbreiten und Ideen zu vermitteln, wie die im Kapitel 4 vorgestellten DNA-Operationen labornah auf der Beschreibungsebene einzelner Nucleotide und Strangendenmarkierungen mit Hilfe der vorstehend behandelten Modelle und Methoden simuliert werden können. Dadurch gelingt die Herausarbeitung spezifischer Merkmale der DNA-Operationen aus dem Blickwinkel der Konstruktion von DNA-Algorithmen. Besonderes Augenmerk liegt auf der Einbeziehung von Seiteneffekten, mit denen die DNA-Operationen behaftet sind. Die Ergebnisse der Simulationen sollen Aussagen über die Zusammensetzung von DNA-Pools nach Ausführung von DNA-Operationen ermöglichen sowie Studien über die Auswirkungen von Seiteneffekten und ihre Fortpflanzung gestatten. Kompatible Schnittstellen für die Datenstrukturen und Parametersätze der einzelnen DNA-Operationen orientieren auf die Möglichkeit ihrer unmittelbaren Hintereinanderausführung, so dass Simulationen der Abarbeitung von DNA-Algorithmen vorgenommen werden können.

Nachfolgend werden die DNA-Operationen Synthesis, Union, Split, Annealing, Melting, Ligation, Digestion, Labeling, Polymerisation, Affinity Purification und Gel Electrophoresis einschließlich Rückgewinnung der DNA betrachtet. Die Zusammenstellung dieses Satzes an DNA-Operationen erfolgte nach dem Kriterium, das gesamte Spektrum berechenbarer und entscheidbarer Probleme gemäß Kapitel 3 durch DNA-Algorithmen abdecken zu können und mithin eine universelle Berechnungsstärke zu erzielen.

Jedes DNA-Molekül (Objekt) ist nachfolgend durch einen Parametersatz gemäß Vorgabe 5.2 auf Seite 150 beschrieben, wobei die chemischen Strukturinformationen (Primär- und Sekundärstruktur) durch Bindungsmatrizen in Normalform gegeben sind bzw. im Verlauf der Simulation entstehen. Nicht alle Parameter werden bei jeder DNA-Operation ausgewertet, aber mitgeführt.

Entsprechend dem Vorbild der in vitro ausgeführten molekularbiologischen Prozesse liegt der Simulation jeder DNA-Operation ein eigenes modelliertes System zugrunde, das zusätzlich zu den objektspezifischen Parametersätzen auch systemglobale *Operations-* und *Seiteneffektparameter* enthält.

Ausgehend von der zu beantwortenden Fragestellung, wie der Ergebnis-DNA-Pool nach Operationsausführung zusammengesetzt ist, ergibt sich für jede DNA-Operation eine geeignete Kombination von Simulationsmethoden, die den jeweils gewünschten Detailliertheitsgrad mit hoher Zeiteffizienz der genutzten Algorithmen verknüpft. Abweichende oder weiterführende Fragestellungen können an die einzelnen Simulationen andere Anforderungen stellen und andere Kombinationen von Simulationsmethoden favorisieren als die nachfolgend besprochenen.

5.4.1   Statisch simulierbare DNA-Operationen

DNA-Operationen, bei denen der Zeitverlauf nur wenig Einfluss auf die Variationsbreite des Ergebnis-DNA-Pools besitzt, lassen sich vorteilhaft statisch simulieren. Weitere Voraussetzungen sind, dass keine fortlaufenden Interaktionen (Wechselwirkungen) zwischen den Objekten auftreten, deren Abfolge die Zusammensetzung des Ergebnis-DNA-Pools beeinflusst. Die einzelnen Objekte müssen sich in der statischen Simulation isoliert voneinander behandeln lassen. Ihr Beitrag zum Simulationsergebnis ist unabhängig von speziellen Eigenschaften der weiteren im System befindlichen Objekte unter Wahrung statistischer Gesamtaussagen des Systems.

Synthesis

Die DNA-Operation Synthesis modelliert die DNA-Einzelstrangsynthese nach dem Prinzip der wachsenden Kette. Jede Reaktion in jedem Zyklus lässt sich durch eine Reaktionsgleichung beschreiben, so dass ein kaskadisches Reaktionsgleichungssystem entsteht, dessen Reaktionsprodukte alle möglichen Ketten (einschließlich unerwünschter Fragmente) repräsentieren. Stark vereinfacht lassen sich die Reaktionen zur Erzeugung der DNA-Einzelstränge 5'-ATT-3' zykluszusammenfassend durch

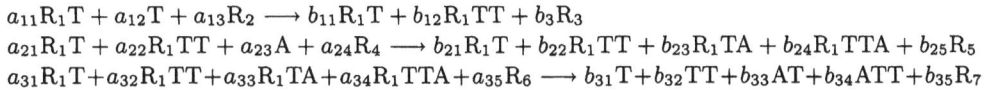

$$a_{11}R_1T + a_{12}T + a_{13}R_2 \longrightarrow b_{11}R_1T + b_{12}R_1TT + b_3R_3$$
$$a_{21}R_1T + a_{22}R_1TT + a_{23}A + a_{24}R_4 \longrightarrow b_{21}R_1T + b_{22}R_1TT + b_{23}R_1TA + b_{24}R_1TTA + b_{25}R_5$$
$$a_{31}R_1T + a_{32}R_1TT + a_{33}R_1TA + a_{34}R_1TTA + a_{35}R_6 \longrightarrow b_{31}T + b_{32}TT + b_{33}AT + b_{34}ATT + b_{35}R_7$$

notieren. Die R_i bezeichnen hierbei Molekülreste, Hilfsstoffe und Beiprodukte. Über die Vorgaben der stöchiometrischen Faktoren a_{jk} und b_{jk} wird die Ausbeute an Reaktionsprodukten sowie die Intensität von Seiteneffekteinflüssen gesteuert. Bezüglich des DNA-Computing signifikante Seiteneffekte führen zu einem kleinen Anteil verkürzter Nucleotidsequenzen (im obigen Beispiel T, TT, AT) und Verunreinigungen (im obigen Beispiel R_7). Zusätzlich können auch falsche eingebaute Nucleotide (Sequenzabweichungen) auftreten (im obigen Beispiel nicht berücksichtigt). Im Hinblick auf eine statische stochastische Simulation ergeben sich die Operations- und Seiteneffektparameter wie folgt:

Operationsparameter

Nucleotidsequenz: ein nichtleeres endliches Wort über $\{A, C, G, T\}$, das als Nucleotidsequenz in 5'-3'-Richtung mit beidseitig freien Enden interpretiert wird.

Exemplaranzahl: eine natürliche Zahl ungleich 0, die die bereitzustellende Anzahl von DNA-Einzelstrangexemplaren der vorbezeichneten Nucleotidsequenz angibt.

Seiteneffektparameter

Punktmutationsrate: eine reelle Zahl r mit $0 \le r \le 100$. Die Zahl r bezeichnet den prozentualen Anteil von Nucleotiden, die von der vorgegebenen Nucleotidsequenz abweichen, bezogen auf den Wert (Nucleotidsequenzlänge · Exemplaranzahl). Einflussfreiheit dieses Seiteneffekts wird durch Vorgabe des Wertes 0 erreicht. Die Vorgabe des Wertes 100 führt zur Generierung einer Vielfalt von Nucleotidsequenzen, bei denen jedes enthaltene Nucleotid gegenüber der Vorgabe durch ein anderes Nucleotid ausgetauscht ist.

Deletionrate: eine reelle Zahl r mit $0 \le r \le 100$. Die Zahl r bezeichnet den prozentualen Anteil erzeugter Exemplare von DNA-Einzelsträngen, die mit Deletions behaftet sind. Eine Deletion ist eine Auslassung eines Nucleotids oder mehrerer aufeinander folgender Nucleotide innerhalb der Nucleotidsequenz, die zu einer entsprechend verkürzten Nucleotidsequenz führt. Einflussfreiheit dieses Seiteneffekts wird durch Vorgabe des Wertes 0 erreicht. Bei Vorgabe des Wertes 100 werden ausschließlich DNA-Einzelstränge generiert, die gegenüber der Vorgabe zu kurz sind.

Maximale relative Deletionlänge: eine reelle Zahl r mit $0 \le r \le 100$. Die Zahl r bezeichnet den prozentualen Anteil der maximalen Länge einer Deletion, bezogen auf die Nucleotidsequenzlänge. Dieser Seiteneffektparameter wird nur bei Wahl einer Deletionrate > 0 ausgewertet. Die Vorgabe des Wertes 100 kann bewirken, dass mindestens ein Exemplar des gesamten DNA-Einzelstranges nicht erzeugt wird.

Die Simulation der DNA-Operation Synthesis generiert unmittelbar die gewünschte Exemplaranzahl von DNA-Einzelsträngen mit beidseitig freien Enden, exemplarweise kodiert durch separate Parametersätze einschließlich der wasserstoffbrückenfreien Bindungsmatrizen in Normalform. Punktmutationen und Deletions werden gleichverteilt über alle erzeugten Strangexemplare an zufällig ausgewählten Positionen und in einer Häufigkeit entsprechend der gewählten Raten eingestreut, siehe Abbildung 5.12. Die Auswahl jedes konkreten, als Punktmutation dienenden und von der Sequenzvorgabe abweichenden Nucleotids erfolgt wie auch die Festlegung jeder Deletionlänge (innerhalb des definierten Längenbereiches) ebenfalls zufällig.

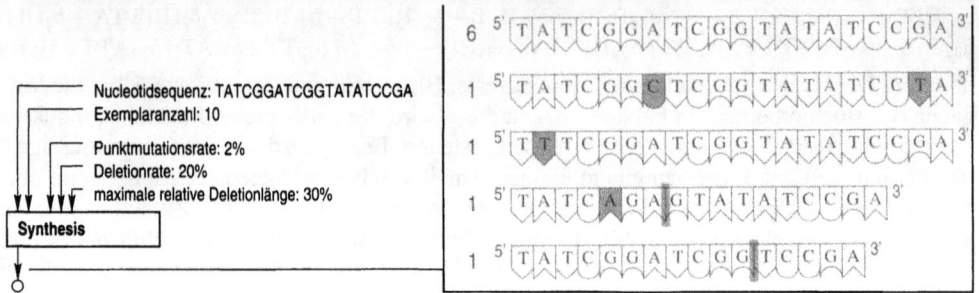

Abb. 5.12: *Beispiel einer möglichen Parameterbelegung und ihrer Auswirkungen bei der Simulation der DNA-Operation Synthesis. Die Zahlen vor den dargestellten DNA-Einzelsträngen geben die jeweils erzeugten Exemplaranzahlen an. Seiteneffekteinflüsse sind durch Graustufen hervorgehoben.*

Die erzeugten Objekte werden abschließend unter Benutzung eines Zufallszahlengenerators gleichmäßig in Raum und Lage innerhalb des Systems verteilt sowie die Bewegungsgeschwindigkeiten gemäß der diskretisierten Maxwell-Boltzmann-Verteilung gesetzt und als Gesamtsystem zur Verfügung gestellt. Im Ergebnis liegt ein System von Objekten, beschrieben durch seine Parameter, vor.

Union

Die Simulation der DNA-Operation Union bildet den physikalischen Vorgang des Vereinigens der in zwei getrennten Systemen enthaltenen Objekte in ein gemeinsames System nach. Folgende Operations- und Seiteneffektparameter gehen in die statische stochastische Simulation ein:

Operationsparameter

> **System1:** Menge von Objekten (DNA-Pool), gegeben durch ihre vollständig belegten Parametersätze

> **System2:** Menge von Objekten (DNA-Pool), gegeben durch ihre vollständig belegten Parametersätze

Seiteneffektparameter

> **Strangverlustrate:** eine reelle Zahl r mit $0 \leq r \leq 100$. Die Zahl r bezeichnet den prozentualen Anteil von Strangexemplaren aus beiden Systemen, der nicht in das Zielsystem, das das Operationsergebnis repräsentiert, übernommen wird. Die Strangverlustrate ist auf die Summe der Strangexemplaranzahlen beider Reagenzgläser

bezogen. Einflussfreiheit wird durch Vorgabe des Wertes 0 erreicht, der Wert 100 führt im Modell zu einem leeren (objektfreien) System.

Zu Beginn der Prozesssimulation geschieht die zufällige Auswahl einer Anzahl von Objekten (Strangexemplaren), die insgesamt der vorgegebenen Strangverlustrate entspricht. Nach dem Entfernen der betreffenden Objekte aus beiden Systemen werden die verbleibenden Objekte beider Systeme in ein gemeinsames System zusammengeführt. Während die Strukturinformationen (Bindungsmatrizen) und Massen unverändert übernommen werden, erfolgt eine Neubelegung der restlichen objektspezifischen Parameter, indem Raum und Lage gleichverteilt zufällig sowie die Geschwindigkleiten entsprechend der Maxwell-Boltzmann-Verteilung neu gesetzt werden. Im Ergebnis liegt ein System von Objekten, beschrieben durch seine Parameter, vor.

Split

Der physikalische Vorgang des Aliquotierens lässt sich durch die DNA-Operation Split simulieren. Ein spezifizierter prozentualer Anteil der Objekte wird dem ursprünglich vorliegenden System entnommen und in ein separates System abgelegt.

Operationsparameter

System: Menge von Objekten (DNA-Pool), gegeben durch ihre vollständig belegten Parametersätze

Aliquotgröße: eine reelle Zahl p mit $0 \leq p \leq 100$. Die Zahl p bezeichnet den prozentualen Anteil von Strangexemplaren des Systems, die in ein gesondertes System überführt werden.

Seiteneffektparameter

Strangverlustrate: eine reelle Zahl r mit $0 \leq r \leq 100$. Die Zahl r bezeichnet den prozentualen Anteil von Strangexemplaren des ursprünglichen Systems, der nicht in das erzeugte System übernommen wird. Die Strangverlustrate ist auf die Objektanzahl im ursprünglichen System bezogen. Einflussfreiheit wird durch Vorgabe des Wertes 0 erreicht, der Wert 100 führt im Modell zu einem leeren (objektfreien) System.

Aus dem gegebenen System werden zunächst willkürlich so viele Objekte wie der Strangverlustrate entsprechen gelöscht. Die verbleibenden Objekte werden gezählt und ihre Anzahl bezüglich der Aliquotgröße mit 100% gleichgesetzt. Anschließend erfolgt die zufällige Auswahl und Entnahme von Objekten, deren Anzahl der gewählten Aliquotgröße entspricht. Diese bilden ein neues System. Die Parameterbelegungen für die Bindungsmatrizen und Massen der entnommenen Objekte behalten ihre Gültigkeit, die restlichen Parameter (Raum, Lage, Geschwindigkeiten) werden zufällig unter Berücksichtigung der geforderten Verteilungen neu gesetzt. Im Ergebnis liegen zwei Systeme von Objekten, jeweils beschrieben durch ihre Parameter, vor.

Melting

Die Simulation der DNA-Operation Melting beschreibt den chemischen Vorgang des Denaturierens, bei dem die thermisch instabilen Wasserstoffbrücken von DNA-Doppelsträngen unter bestimmten Voraussetzungen aufgebrochen werden, so dass die betreffenden DNA-Doppelstränge in ihre separaten Einzelstrangbestandteile zerfallen. Der Prozess erfordert keine Kollisionen von Objekten, sondern vollzieht sich spontan innerhalb des betrachteten Systems.

Operationsparameter

System: Menge von Objekten (DNA-Pool), gegeben durch ihre vollständig belegten Parametersätze

Temperatur: eine reelle Zahl T mit $T > -273,15$. Die Zahl T spezifiziert die im System vorherrschende Temperatur in Grad Celsius.

Kationenkonzentration: eine reelle Zahl K_+ mit $K_+ > 0$. Die Zahl K_+ bezeichnet die Kationenkonzentration in $\frac{mol}{l}$ innerhalb des Systems.

Zunächst werden die Bewegungsgeschwindigkeiten der Objekte an die vorgegebene Systemtemperatur angepasst, indem ihre Beträge entsprechend der Dichtefunktion 5.7 umverteilt werden. Hierbei erfolgt eine Umstufung der einzelnen Geschwindigkeitsbeträge zwischen den Intervallen der diskretisierten Maxwell-Boltzmann-Verteilung, die gesondert für jede im System vorkommende Objektmasse geschieht. Die Celsiustemperatur wird in die Kelvintemperatur umgerechnet ($T_K = T_\circ C + 273,15$).

Anschließend wird für jedes im System befindliche Objekt unter Auswertung der jeweiligen Bindungsmatrix die Schmelztemperatur nach Formel 4.1 auf Seite 116 berechnet, wobei als Stranglänge L die Nucleotidanzahl eingesetzt wird. Ist die Schmelztemperatur des Objekts kleiner oder gleich der Temperatur des Systems, so werden alle Wasserstoffbrücken aus der Bindungsmatrix entfernt. Besteht die Bindungsmatrix nunmehr aus mehreren Teilen, die untereinander nicht durch kovalente Phosphodiesterbrücken in Beziehung stehen, so wird die Bindungsmatrix in die entsprechenden Teile aufgespalten. Jeder Teil bildet eine eigenständige Bindungsmatrix eines neuen Objektes. Seine Masse lässt sich direkt aus der Bindungsmatrix bestimmen. Die Belegungen der Raum- und Lageparameter werden vom ursprünglichen Objekt übernommen und die Geschwindigkeitsrichtungen unter Beibehaltung des Betrages so gewählt, dass die einzelnen Objekte vom gemeinsamen Startpunkt auseinanderstreben. Das ursprüngliche Objekt wird gelöscht. Objekte, die eine höhere Schmelztemperatur als die Systemtemperatur aufweisen, gehen unverändert aus der Simulation hervor. Sie symbolisieren die Möglichkeit einer unvollständigen Reaktion, die als Seiteneffekt auftreten kann. Im Ergebnis liegt wieder ein System von Objekten, beschrieben durch seine Parameter, vor.

Digestion

Die Simulation der DNA-Operation Digestion beschreibt das definierte Zerschneiden von DNA-Doppelsträngen eines DNA-Pools an den Auftrittsstellen der als Operationsparameter vorgegebenen Erkennungssequenz mit Spaltstellen. Stark vereinfacht kann die enzymatisch katalysierte Reaktion durch eine Reaktionsgleichung wie beispielsweise

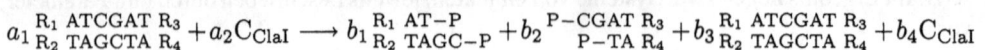

$$a_1 {}^{R_1\ ATCGAT\ R_3}_{R_2\ TAGCTA\ R_4} + a_2 C_{ClaI} \longrightarrow b_1 {}^{R_1\ AT-P}_{R_2\ TAGC-P} + b_2 {}^{P-CGAT\ R_3}_{P-TA\ R_4} + b_3 {}^{R_1\ ATCGAT\ R_3}_{R_2\ TAGCTA\ R_4} + b_4 C_{ClaI}$$

angegeben werden, wobei C_{ClaI} das Restriktionsenzym bezeichnet und R_1 bis R_4 Platzhalter-symbole für die Molekülreste darstellen. Durch die Belegung der stöchiometrischen Faktoren $a_1, a_2, b_1, \ldots, b_4$ lässt sich die Intensität von Seiteneffekteinflüssen wie die Rate unausgeführter Schnitte und – bei geeigneter Ergänzung der Reaktionsgleichung – auch zusätzliche unspezi-fische Schnitte festlegen. Im Hinblick auf eine statische stochastische Simulation ergeben sich die Operations- und Seiteneffektparameter wie folgt:

Operationsparameter

System: Menge von Objekten (DNA-Pool), gegeben durch ihre vollständig belegten Pa-rametersätze

Erkennungssequenz mit Spaltstellen: eine nichtleere endliche Menge nichtleerer endlicher Wörter aus $\mathcal{P}((\{A, C, G, T\}^* \otimes \{\char`\^\} \otimes \{A, C, G, T\}^* \otimes \{\_\} \otimes \{A, C, G, T\}^*) \cup (\{A, C, G, T\}^* \otimes \{\_\} \otimes \{A, C, G, T\}^* \otimes \{\char`\^\} \otimes \{A, C, G, T\}^*))$. Jedes in der Potenzmenge $\mathcal{P}$ enthaltene Wort kodiert wie folgt eine Erkennungs-sequenz mit Spaltstellen: Die durch das Wort unmittelbar in 5'-3'-Richtung an-gegebene Nucleotidsequenz wird an der mit dem Symbol $\char`\^$ gekennzeichneten Position geschnitten, die aus dem Wort ableitbare antiparallel komplementäre, gleichlange Nucleotidsequenz in 5'-3'-Richtung an der mit dem Symbol $\_$ ge-kennzeichneten Position, siehe Abbildung 5.13. Die gleichbehandelten Wörter $\char`\^\_$ und $\_\char`\^$ verkörpern den Sonderfall, bei dem alle Objekte des zugrunde liegenden DNA-Pools in ihre einzelnen Nucleotidpaare und Nucleotide zerfallen, wodurch Exonuclease-Aktivitäten nachgebildet werden.

Seiteneffektparameter

Rate unausgeführter Schnitte: eine reelle Zahl r mit $0 \le r \le 100$. Die Zahl r bezeich-net den prozentualen Anteil möglicher Schnitte, die trotz Vorhandensein der Erken-nungssequenz nicht ausgeführt werden. Der Parameter quantifiziert unvollständige Reaktionen. Einflussfreiheit wird durch Vorgabe des Wertes 0 erreicht. Der Wert 100 bewirkt, dass die Systemobjekte unverändert aus der Simulation hervorgehen.

Restriktions-enzym	Erkennungssequenz mit Spaltstellen	Kodierung durch Wortmenge
HinP1I	5' C G C G 3' / 3' G C G C 5'	{C ^ G C _ G}
PvuII	5' C A G C T G 3' / 3' G T C G A C 5'	{C A G ^ _ C T G}
BsrDI	5' G C A A T G N N 3' / 3' C G T T A C N N 5' N = Platzhalter für ein beliebiges Nucleotid	{GCAATG_AA^,GCAATG_AC^,GCAATG_AG^,GCAATG_AT^, GCAATG_CA^,GCAATG_CC^,GCAATG_CG^,GCAATG_CT^, GCAATG_GA^,GCAATG_GC^,GCAATG_GG^,GCAATG_GT^, GCAATG_TA^,GCAATG_TC^,GCAATG_TG^,GCAATG_TT^}

Abb. 5.13: Beispiele für die Kodierung von Erkennungssequenzen mit Spaltstellen in Wortmengen

In einem Durchlauf über alle Systemobjekte wird zunächst unter Auswertung der Bindungsmatrizen lokalisiert, wo sich Erkennungssequenzen als Doppelstrangabschnitte einschließlich
ihrer Wasserstoffbrücken befinden. Jedes Auftreten der Erkennungssequenzen wird für einen
möglichen Schnitt markiert und gezählt. Nachdem die Gesamtzahl möglicher Schnitte bekannt
ist, löscht man gleichverteilt zufällig so viele Markierungen von Erkennungssequenzen wie der
Rate unausgeführter Schnitte entsprechen. Die anschließende Bearbeitung jeder verbliebenen
Markierung erfolgt, indem durch Aufspaltung der Bindungsmatrizen mehrere neue Objekte aus
dem ursprünglichen Objekt hervorgehen. Alle infolge der Teilung entstandenen 5'-Enden dieser
neuen Objekte werden in den Bindungsmatrizen mit der Strangendenmarkierung P versehen.
Die Belegungen der Raum- und Lageparameter werden vom ursprünglichen Objekt übernommen und die Geschwindigkeitsrichtungen unter Beibehaltung des Betrages so gewählt, dass die
einzelnen Objekte vom gemeinsamen Startpunkt auseinanderstreben. Das ursprüngliche Objekt wird gelöscht. Im Ergebnis liegt wieder ein System von Objekten, beschrieben durch seine
Parameter, vor.

Labeling

Die DNA-Operation Labeling beschreibt das gezielte Anbringen oder Abbauen von Strangendenmarkierungen. In Abhängigkeit davon, welche Strangendenmarkierungen auf welche Weise
durch andere ersetzt werden, gliedert sich das Labeling in mehrere molekularbiologische Prozesse auf wie die 5'-Phosphorylierung, die 5'-Dephosphorylierung und die 5'-Biotinylierung.
Jeder dieser Vorgänge wird durch eine eigene Prozesssimulation nachgebildet, deren algorithmische Abläufe aber sehr ähnlich sind.

Die überwiegend enzymatisch katalytisierten Reaktionen lassen sich vereinfacht in entsprechende Reaktionsgleichungen fassen wie beispielsweise die 5'-Phosphorylierung:

$$a_1 H - R_1 + a_2 PR_2 + a_3 C \longrightarrow b_1 P - R_1 + b_2 H - R_1 + b_3 R_2 + b_4 C$$

Hierbei wird an jedes freie (durch eine Hydroxylgruppe markierte) DNA-Strangende eine Phosphatgruppe angelagert. R_1 bezeichnet die DNA-Molekülreste, R_2 die Reste der Moleküle, die
die Phosphatgruppen liefern (z.B. Adenosintriphosphat) und C das eingesetzte Enzym (z.B. T4-
Polynucleotid-Kinase). Aus der Belegung der stöchiometrischen Faktoren $a_1, a_2, a_3, b_1, \ldots, b_4$
geht die Intensität von Seiteneffekteinflüssen hervor.

Die 5'-Dephosphorylierung bewirkt ein Abbauen der Phosphatgruppen von den 5'-
Strangenden, die danach mit Hydroxylgruppen versehen sind. Die 5'-Biotinylierung ersetzt
freie 5'-Strangenden durch Biotin. Die drei molekularbiologischen Prozesse können im Hinblick auf eine statische stochastische Simulation übereinstimmend parametrisiert werden:

Operationsparameter
> **System:** Menge von Objekten (DNA-Pool), gegeben durch ihre vollständig belegten Pa-
> rametersätze

Seiteneffektparameter
> **Rate unausgeführter Endenmodifikationen:** eine reelle Zahl r mit $0 \leq r \leq 100$. Die
> Zahl r bezeichnet den prozentualen Anteil von Ersetzungen der Strangendenmar-
> kierungen, die nicht ausgeführt werden. Dieser Parameter quantifiziert unvollständi-
> ge Reaktionen. Einflussfreiheit wird durch Vorgabe des Wertes 0 erreicht. Der Wert
> 100 bewirkt, dass die Systemobjekte während der Simulation unverändert bleiben.

In einem Durchlauf über alle Systemobjekte werden zunächst unter Auswertung der Primärstrukturinformationen der Bindungsmatrizen die zu ersetzenden Strangendenmarkierungen gesucht, gekennzeichnet und gezählt. Nach Beendigung dieses Durchlaufes kann man die erhaltene Anzahl mit 100% gleichsetzen und bei einer zufällig gleichverteilt gewählten Anzahl von Strangendenmarkierungen, die der Rate unausgeführter Endenmodifikationen entspricht, die Kennzeichnungen wieder löschen. Anschließend werden die gekennzeichneten Strangendenmarkierungen nach Prozessvorgabe ersetzt, indem die Primärstrukturinformationen der Bindungsmatrizen verändert werden. Die eingetragenen chemischen Bindungen sind davon nicht betroffen. Jede Veränderung einer Bindungsmatrix erfordert die Neuberechnung der Objektmasse. Alle weiteren objektspezifischen Parameter bleiben gültig. Im Ergebnis liegt ein System von Objekten, beschrieben durch seine Parameter, vor.

Polymerisation

Die Operation Polymerisation beschreibt Modifikationen von DNA-Doppelsträngen dergestalt, dass Einzelstrangabschnitte und 5'-Überhänge durch gezieltes Hinzufügen der entsprechenden komplementären Nucleotide sowie 3'-Überhänge mit freien 3'-Enden durch Entfernen der entsprechenden Nucleotide zu beidseitig blunt endenden DNA-Doppelsträngen konvertiert werden. Die jeweilige Anzahl von Einzelstrangbestandteilen, aus denen sich jeder DNA-Doppelstrang zusammensetzt, unterliegt durch die Konvertierung keiner Änderung (d.h. keine Beseitigung von Brüchen im DNA-Doppelstrang zwischen benachbarten Nucleotiden). Stark vereinfacht kann die Polymerisation durch ein Reaktionsgleichungssystem der Art

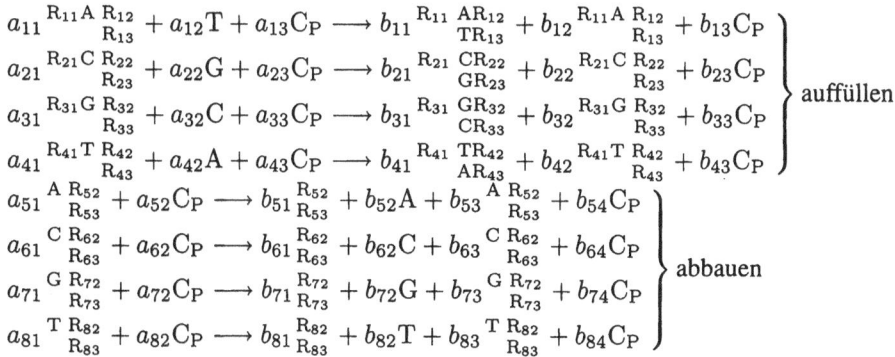

$$
\left.
\begin{aligned}
a_{11}\,{}^{R_{11}A\ R_{12}}_{\ \ R_{13}} + a_{12}T + a_{13}C_P &\longrightarrow b_{11}\,{}^{R_{11}\ AR_{12}}_{\ \ TR_{13}} + b_{12}\,{}^{R_{11}A\ R_{12}}_{\ \ R_{13}} + b_{13}C_P \\
a_{21}\,{}^{R_{21}C\ R_{22}}_{\ \ R_{23}} + a_{22}G + a_{23}C_P &\longrightarrow b_{21}\,{}^{R_{21}\ CR_{22}}_{\ \ GR_{23}} + b_{22}\,{}^{R_{21}C\ R_{22}}_{\ \ R_{23}} + b_{23}C_P \\
a_{31}\,{}^{R_{31}G\ R_{32}}_{\ \ R_{33}} + a_{32}C + a_{33}C_P &\longrightarrow b_{31}\,{}^{R_{31}\ GR_{32}}_{\ \ CR_{33}} + b_{32}\,{}^{R_{31}G\ R_{32}}_{\ \ R_{33}} + b_{33}C_P \\
a_{41}\,{}^{R_{41}T\ R_{42}}_{\ \ R_{43}} + a_{42}A + a_{43}C_P &\longrightarrow b_{41}\,{}^{R_{41}\ TR_{42}}_{\ \ AR_{43}} + b_{42}\,{}^{R_{41}T\ R_{42}}_{\ \ R_{43}} + b_{43}C_P
\end{aligned}
\right\} \text{auffüllen}
$$

$$
\left.
\begin{aligned}
a_{51}\,{}^{A\ R_{52}}_{\ \ R_{53}} + a_{52}C_P &\longrightarrow b_{51}\,{}^{R_{52}}_{R_{53}} + b_{52}A + b_{53}\,{}^{A\ R_{52}}_{\ \ R_{53}} + b_{54}C_P \\
a_{61}\,{}^{C\ R_{62}}_{\ \ R_{63}} + a_{62}C_P &\longrightarrow b_{61}\,{}^{R_{62}}_{R_{63}} + b_{62}C + b_{63}\,{}^{C\ R_{62}}_{\ \ R_{63}} + b_{64}C_P \\
a_{71}\,{}^{G\ R_{72}}_{\ \ R_{73}} + a_{72}C_P &\longrightarrow b_{71}\,{}^{R_{72}}_{R_{73}} + b_{72}G + b_{73}\,{}^{G\ R_{72}}_{\ \ R_{73}} + b_{74}C_P \\
a_{81}\,{}^{T\ R_{82}}_{\ \ R_{83}} + a_{82}C_P &\longrightarrow b_{81}\,{}^{R_{82}}_{R_{83}} + b_{82}T + b_{83}\,{}^{T\ R_{82}}_{\ \ R_{83}} + b_{84}C_P
\end{aligned}
\right\} \text{abbauen}
$$

angegeben werden. Die R_{ij} bezeichnen hierbei DNA-Molekülreste, A, C, G, T sind Platzhalter für die einzelnen Nucleotide, die als dNTP-Gemisch hinzugegeben werden, und C_P symbolisiert die verwendete DNA-Polymerase, die die Reaktionen enzymatisch katalysiert. Über die stöchiometrischen Faktoren a_{kl} und b_{pq} lässt sich die Intensität von Seiteneffekteinflüssen steuern wie etwa unvollständige Reaktionen und – bei entsprechender Ergänzung des Reaktionsgleichungssystems – der Einbau falscher Nucleotide, die nichtlineare DNA-Strukturen verursachen. Im Hinblick auf eine statische stochastische Simulation kann die Polymerisation wie folgt parametrisiert werden:

Operationsparameter

   System: Menge von Objekten (DNA-Pool), gegeben durch ihre vollständig belegten Parametersätze

Seiteneffektparameter

Punktmutationsrate: eine reelle Zahl r mit $0 \leq r \leq 100$. Die Zahl r bezeichnet den prozentualen Anteil fehlerhaft eingefügter Nucleotide, bezogen auf die Gesamtzahl während der Polymerisation eingefügter Nucleotide. Fehlerhaftes Einfügen bedeutet, dass statt des jeweiligen zur Einzelstrangvorlage komplementären Nucleotids ein beliebiges der drei übrigen Verwendung findet. Einflussfreiheit wird durch Vorgabe des Wertes 0 erreicht. Die Vorgabe des Wertes 100 bewirkt, dass Objekte, die Einzelstrangüberhänge und/oder -abschnitte enthalten, in ausgeprägte nichtlineare DNA-Strukturen (internal loops oder dangling ends) ausarten.

Rate unverarbeiteter DNA-Stränge: eine reelle Zahl r mit $0 \leq r \leq 100$. Die Zahl r bezeichnet den prozentualen Anteil von Objekten mit Einzelstrangüberhängen und/oder -abschnitten, der nicht in den Polymerisationsprozess einbezogen wird und unverändert bleibt. Dieser Parameter quantifiziert unvollständige Reaktionen. Einflussfreiheit wird durch Vorgabe des Wertes 0 erreicht. Der Wert 100 bewirkt, dass die Objekte unverändert aus der Prozesssimulation hervorgehen.

Vor Beginn der eigentlichen Polymerisation wird aus dem System eine Anzahl von Objekten mit Einzelstrangüberhängen und/oder -abschnitten zufällig ausgewählt, die der vorgegebenen Rate unverarbeiteter DNA-Stränge entspricht. Die betreffenden Objekte bleiben unverändert und werden nicht in den weiteren Prozessverlauf einbezogen. Aus der verbleibenden Menge von Objekten werden DNA-Einzelstränge mit freien 3'-Enden gelöscht. Einzelstrangüberhänge und -abschnitte lassen sich leicht aus der Bindungsmatrix erkennen.

Die Behandlung der weiteren Objekte richtet sich danach, ob sie Einzelstrangüberhänge oder -abschnitte mit freien Enden aufweisen. Ist dies der Fall, so werden 3'-Überhänge abgebaut, indem die betreffenden Zeilen und Spalten aus der Bindungsmatrix entfernt werden und die Bindungsmatrix wieder in Normalform gebracht wird. Bei 5'-Überhängen erfolgt durch Auswertung der angrenzenden Wasserstoffbrücken die Auswahl des jeweils zu verlängernden Einzelstrangbestandteils. An dessen freies 3'-Ende werden die Komplementärnucleotide eingefügt, gezählt und temporär gekennzeichnet. Die Bindungsmatrix erhält an den betreffenden Stellen zusätzliche Spalten, Zeilen und Bindungseinträge. Nachdem die Bindungsmatrizen aller Systemobjekte ausgewertet und erforderlichenfalls wie beschrieben modifiziert wurden, streut man die Punktmutationen gleichverteilt zufällig über die zuvor eingefügten, temporär gekennzeichneten Nucleotide ein, wobei das jeweilige Nucleotid durch ein anderes ersetzt und eine Anpassung der Bindungseinträge vorgenommen wird. Anschließend erfolgt die Überführung der Bindungsmatrizen in Normalform sowie die Neuberechnung und Aktualisierung der Objektmassen. Die restlichen objektspezifischen Parameter erfahren keine Veränderung. Im Ergebnis liegt ein System von Objekten, beschrieben durch seine Parameter, vor.

Affinity Purification

Die DNA-Operation Affinity Purification (Avidin-Biotin-Separation) stellt eine Kombination aus chemischen Reaktionen und physikalischen Vorgängen dar. Die zu Prozessbeginn erfolgende Streptavidin-Biotin-Anbindung fixiert die biotinylierten DNA-Moleküle und bewirkt eine Selektion. Mittels Zentrifugieren realisiert man danach die räumliche Trennung (Separation) der fixierten von den frei beweglichen DNA-Molekülen, wobei letztere nach Absaugen ein neues System bilden. Nach der Separation wird die Streptavidin-Biotin-Bindung wieder chemisch gelöst, und die nunmehr frei beweglichen biotinylierten DNA-Moleküle können nach erneuter Separation in ein gesondertes System überführt werden. Im Hinblick auf eine statische stochastische Simulation ergeben sich folgende Operations- und Seiteneffektparameter:

Operationsparameter

> **System:** Menge von Objekten (DNA-Pool), gegeben durch ihre vollständig belegten Parametersätze

Seiteneffektparameter

> **Strangverlustrate:** eine reelle Zahl r mit $0 \leq r \leq 100$. Die Zahl r bezeichnet den prozentualen Anteil von Systemobjekten, der zu Beginn der Operationsausführung willkürlich ausgewählt und entfernt wird. Einflussfreiheit wird durch Vorgabe des Wertes 0 erreicht, der Wert 100 führt zu zwei leeren (objektfreien) Systemen als Simulationsergebnis.

> **Rate falscher Positive:** eine reelle Zahl r mit $0 \leq r \leq 100$. Die Zahl r bezeichnet den prozentualen Anteil von nichtbiotinylierten Objekten, die im Zielsystem der biotinylierten Objekte enthalten sind. Der prozentuale Anteil bezieht sich auf die Anzahl biotinylierter Objekte im ursprünglichen System. Einflussfreiheit wird durch Vorgabe des Wertes 0 erzielt, der Wert 100 kann eine Vertauschung der beiden Zielsysteme bewirken.

> **Rate falscher Negative:** eine reelle Zahl r mit $0 \leq r \leq 100$. Die Zahl r bezeichnet den prozentualen Anteil von biotinylierten Objekten, die im Zielsystem der nichtbiotinylierten Objekte enthalten sind. Der prozentuale Anteil bezieht sich auf die Anzahl nichtbiotinylierter Objekte im ursprünglichen System. Einflussfreiheit wird durch Vorgabe des Wertes 0 erzielt, der Wert 100 kann eine Vertauschung der beiden Zielsysteme bewirken.

Zu Beginn der Abarbeitung wird gleichverteilt zufällig eine Anzahl von Objekten aus dem System entfernt, die der Strangverlustrate entspricht. Die weitere Simulation veranlasst einen Durchlauf über alle Systemobjekte. Von jedem Objekt wird unter Auswertung der Primärstrukturinformationen der Bindungsmatrix entschieden, ob es mindestens eine Strangendenmarkierung mit Biotin trägt oder nicht. In Abhängigkeit davon wird das betreffende Objekt dem jeweiligen Zielsystem zugeteilt. Nach Abschluss des Durchlaufes ermittelt man, wie viele Objekte in jedem der beiden Zielsysteme enthalten sind und setzt die entsprechenden Anzahlen mit 100% bezüglich der Raten falscher Positive und Negative gleich. Danach werden wechselseitig willkürlich ausgewählte Objekte, deren Anzahl den jeweiligen Raten entspricht, zwischen beiden Zielsystemen ausgetauscht, so dass eine unscharfe Separierung eintritt. In beiden Zielsystemen bleiben die Bindungsmatrizen sowie die Objektmassen unverändert, aber die restlichen Parameter werden unter Beachtung der geforderten Verteilungen unter Benutzung von Zufallszahlen neu gesetzt. Im Ergebnis liegen zwei separate Systeme, jeweils beschrieben durch ihre Parameter, vor.

5.4.2   Dynamisch diskret simulierbare DNA-Operationen

DNA-Operationen, die eine kombinatorische Vielfalt möglicher Simulationsergebnisse hervorbringen können, eignen sich für dynamische diskrete Simulationen. Ein weiteres gemeinsames

Merkmal dieser molekularbiologischen Prozesse besteht darin, dass sie durch fortlaufende Interaktionen (Wechselwirkungen) zwischen einzelnen Objekten charakterisiert sind, deren zeitliche Reihenfolge großen Einfluss auf den Fortgang der Simulation und die resultierenden Objekte (DNA-Moleküle) hat. Infolge der hohen Variationsbreite bei der Zusammensetzung möglicher Reaktionsprodukte erscheint eine Modellierung allein durch Reaktionsgleichungssysteme sehr aufwendig. Die Simulation stützt sich hier – soweit vertretbar – auf eine schrittweise erfolgende vollständige Enumeration der möglichen Reaktionsprodukte bzw. benutzt spezielle Greedy-Strategien zu deren Eingrenzung und Auswahl.

Annealing

Die Hybridisierung gilt als eine DNA-Operation mit hohem Strangkombinationspotenzial. DNA-Einzelstränge, Einzelstrangüberhänge bzw. -abschnitte verbinden sich dabei an antiparallel-komplementären Stellen unter Ausbildung von Wasserstoffbrücken. Gibt es im zugrunde liegenden DNA-Pool viele Möglichkeiten dieser Zusammenlagerung, so können sich im Prozessverlauf auf mannigfaltige Weise spezifische DNA-Stränge zusammenfügen. Im Ergebnis entsteht eine große Vielzahl von DNA-Doppelsträngen, die sich jeweils in ihrer Sekundärstruktur und häufig auch in ihrer Primärstruktur voneinander unterscheiden. Insbesondere können zahlreiche Formen nichtlinearer DNA und ihre Kombinationen auftreten. Laborpraktisch wird die Hybridisierung durch langsames Abkühlen des DNA-Pools in wässriger Lösung realisiert.

Die Simulation von DNA-Hybridisierungen auf Basis von Gesetzen der Thermodynamik ist bereits seit mehreren Jahrzehnten – auch unabhängig von Anwendungen im DNA-Computing – Gegenstand der internationalen Forschung. Die meisten Ansätze verfolgen eine bestimmte Vorabauswahl betrachteter Reaktionspartner (DNA-Moleküle) und setzen darauf die Methode des *nächsten Nachbarn* (*nearest neighbor*) an [OVGP_97]. Die Vorabauswahl der DNA-Moleküle bezieht sich dabei zumeist entweder auf lineare oder auf spezielle Formen nichtlinearer DNA, wobei auch intramolekulare Basenpaarungen (z.B. bei Hairpins) Berücksichtigung finden. Die Methode des nächsten Nachbarn beruht auf der Bestimmung möglicher Hybridisierungsprodukte der Reaktionspartner und der Berechnung ihrer Änderung der freien Enthalpie ΔG unter Annahme von Normbedingungen. Dasjenige Hybridisierungsprodukt mit minimalem ΔG wird als wahrscheinlichstes Ergebnis der entsprechenden molekularen Interaktion angesehen. Die Berechnung von ΔG stützt sich auf vordefinierte Bestimmungsstücke, die so genannten nächsten Nachbarn. Ihre einzelnen Beiträge zum Gesamtwert für ΔG lassen sich experimentell messen und als Tabelle zur Verfügung stellen. Aus der Literatur sind mehrere, geringfügig voneinander abweichende Tabellen bekannt [Sant_98]. Jüngere Studien wie [SaAS_96] und [OVGP_97] erlauben eine effiziente Anpassung der Tabellenwerte an andere Umgebungsbedingungen und schöpfen die Daten aus sehr umfangreichen Messreihen. Im Folgenden werden die Daten dieser beiden Veröffentlichungen herangezogen. Labornahe Simulationen der DNA-Hybridisierung halten zunehmend Einzug in Forschungsarbeiten zum DNA-Computing, stellvertretend seien [HaGi_99] und [DCBR_03] genannt. Die weiterführenden Betrachtungen sollen sich nicht nur auf die Hybridisierung zweier DNA-Moleküle beschränken, sondern beliebig große DNA-Pools zulassen, die als System von Objekten beschrieben sind.

Die fortlaufenden molekularen Interaktionen sowie intramolekularen Umbildungen favorisieren eine dynamische diskrete Simulation, die zum Teil mit stochastischen Komponenten versehen wird. Die Festlegung der Operationsparameter erfolgt in Analogie zur Simulation der DNA-Operation Melting:

Operationsparameter

System: Menge von Objekten (DNA-Pool), gegeben durch ihre vollständig belegten Parametersätze

Endtemperatur: eine reelle Zahl T mit $T > -273,15$. Die Zahl T spezifiziert die zum Prozessende im System vorherrschende Temperatur in Grad Celsius.

Kationenkonzentration: eine reelle Zahl K_+ mit $K_+ > 0$. Die Zahl K_+ bezeichnet die Kationenkonzentration in $\frac{mol}{l}$ innerhalb des Systems.

Jedes Objekt (DNA-Molekül) j ist durch seinen Parametersatz $(S_j, m_j, \vec{x}_j, \vec{\alpha}_j, \vec{v}_j)$ zu Prozessbeginn gegeben, wobei S_j die Bindungsmatrix in Normalform bezeichnet und die anderen Parameter gemäß Vorschrift 5.2 auf Seite 150 belegt sind. Die Wertebelegungen aller Parameter jedes Objektes unterliegen in der anschließenden Simulation einem Zeitverlauf, so dass sie als Funktionswerte in Abhängigkeit der Systemzeit t beschrieben werden können. Der Parametersatz eines Objektes j lässt sich somit durch das Tupel

$$(S_j(t), m_j(t), \vec{x}_j(t), \vec{\alpha}_j(t), \vec{v}_j(t)) \tag{5.24}$$

notieren. Die als bekannt vorausgesetzten Anfangswerte für $t = 0$ werden durch die Systembeschreibung übergeben. Die Bewegung der Objekte im System lässt sich sowohl zeitgesteuert als auch ereignisgesteuert entsprechend der in Abschnitt 5.1.4 ab Seite 153 behandelten Vorgehensweise modellieren. Bei jeder Kollision zweier Objekte ist ihre Hybridisierung möglich. Darüber hinaus wird idealisiert angenommen, dass ein Objekt mit sich selbst (intramolekular) hybridisieren kann, wenn es auf eine Systembegrenzungsfläche trifft und dort reflektiert wird.

Zu Beginn jeder Kollisionsbehandlung werden aus den Bindungsmatrizen der beteiligten Objekte alle vorhandenen Einzelstrangüberhänge und -abschnitte ausgelesen. Ebenso verfährt man auch am Anfang der Simulation einer intramolekularen Hybridisierung. Anschließend erfolgt die separate Bildung all jener Hybridisierungszwischenprodukte, bei denen sich zwei benachbarte antiparallel-komplementär ausgerichtete Nucleotide miteinander verbunden haben. Hierzu wird ein entsprechendes Pattern-Matching durchgeführt. Jede auf diese Weise erzeugte Basenpaarung über eine Länge von zwei Nucleotiden verkörpert einen so genannten nächsten Nachbarn.

Ein nächster Nachbar besteht folglich aus zwei antiparallel-komplementären Nucleotidsequenzen, die sich über ihre gesamte Länge von zwei Basen hybridisiert haben. Insgesamt unterscheidet man 10 mögliche nächste Nachbarn, deren Nucleotidsequenzen üblicherweise mit AA/TT, AC/GT, AT/AT, CA/TG, CG/CG, CT/AG, GC/GC, GG/CC, TA/TA und TC/GA bezeichnet werden. Beide durch das Symbol / getrennten Nucleotidsequenzen sind in 5'-3'-Richtung notiert. Jeder nächste Nachbar repräsentiert auch die durch richtungserhaltende Drehung im Raum möglichen Anordnungen. So steht beispielsweise der nächste Nachbar AC/GT sowohl für das Doppelstrangfragment $\begin{smallmatrix} 5'-AC-3' \\ 3'-TG-5' \end{smallmatrix}$ als auch für $\begin{smallmatrix} 5'-GT-3' \\ 3'-CA-5' \end{smallmatrix}$.

Der obere Teil der Abbildung 5.14 zeigt anhand eines Beispiels den ersten Schritt einer Hybridisierung, indem aus den DNA-Einzelsträngen $5'P - ATCACTGA - 3'H$ und $5'P - TCACCGATC - 3'H$ zunächst alle fünf möglichen, aus genau einem nächsten Nachbarn bestehenden Hybridisierungszwischenprodukte angegeben sind. Ausgehend von jedem

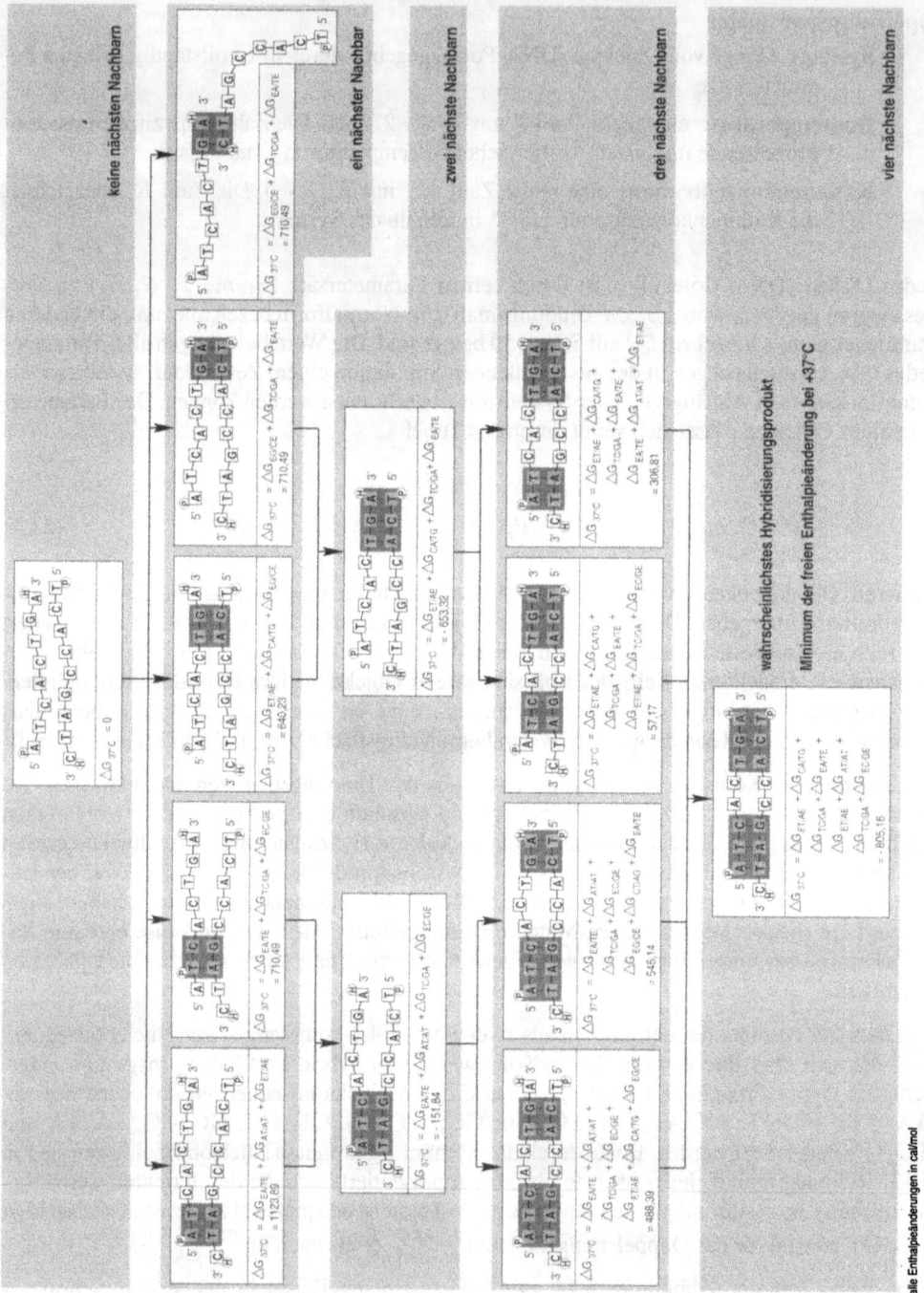

Abb. 5.14: *Beispiel für die Anwendung der Methode des nächsten Nachbarn zur Bestimmung von Hybridisierungsprodukten*

dieser Zwischenprodukte wird weiterführend versucht, die Kette nächster Nachbarn nach links und/oder rechts zu erweitern, indem das jeweils nächste antiparallel-komplementäre Nucleotid-paar hinzugenommen wird. Die hierbei entstehenden Ketten um jeweils ein Nucleotid verscho-bener nächster Nachbarn sind in Abbildung 5.14 dunkelgrau hinterlegt. Existiert kein weiteres antiparallel-komplementäres Nucleotid mehr, das noch an eine bestehende Kette nächster Nach-barn angefügt werden könnte, so wird innerhalb der verbleibenden Einzelstrangüberhänge und -abschnitte erneut nach einem ersten nächsten Nachbarn gesucht, der den Ausgangspunkt für eine neue Kette bildet. Die systematische Erweiterung und Bildung von Ketten nächster Nach-barn wird so lange fortgesetzt, bis entweder alle Nucleotide nächsten Nachbarn zugeordnet sind oder die verbliebenen einzelsträngigen Fragmente keine weiteren nächsten Nachbarn zulassen. Im Verlauf der Kettenbildung und -erweiterung entsteht ein Netzwerk möglicher Hybridisie-rungsprodukte, das sehr umfangreich sein kann. Allein das Beispiel aus Abbildung 5.14 bringt 12 mögliche Hybridisierungsprodukte mit bis zu vier nächsten Nachbarn hervor. Der komple-xitätstheoretische Zeitaufwand zum Auffinden der möglichen Hybridisierungsprodukte verhält sich zwar polynomiell in der Anzahl zu untersuchender Nucleotide, ist aber im Allgemeinen durch große Vorfaktoren und einen hohen Grad des Polynoms gekennzeichnet, der von der maximalen Anzahl vorkommender Ketten nächster Nachbarn abhängt.

Nachdem alle möglichen Hybridisierungsprodukte aus zwei kollidierten Objekten bzw. inner-halb eines Objektes generiert wurden, muss daraus das aus Sicht des realen Reaktionsablaufes wahrscheinlichste Hybridisierungsprodukt ausgewählt werden. Hierzu bedient man sich der Er-kenntnisse über die Triebkraft chemischer Reaktionen und entscheidet aufgrund der Minimie-rung der Änderung der freien Enthalpie ΔG. Gemäß der Gibbs-Helmholtz-Gleichung 5.12 auf Seite 157 und der ihr zugrunde liegenden Gesetzmäßigkeiten verläuft eine chemische Reaktion am wahrscheinlichsten zu denjenigen Reaktionsprodukten, die zu einer Minimierung von ΔG führen. Folglich gilt es, für jedes mögliche Hybridisierungsprodukt den zugehörigen Wert für ΔG zu bestimmen. Resultierend aus umfangreichen Untersuchungen zum Denaturierungsver-halten von DNA kann für jeden der 10 unterscheidbaren nächsten Nachbarn sein Beitrag zur Änderung der freien Enthalpie unter Annahme von Normbedingungen bezüglich der Tempera-tur und der Kationenkonzentration angegeben werden, siehe Tabelle 5.3.

nächster Nachbar	ΔG in $\frac{cal}{mol}$	nächster Nachbar	ΔG in $\frac{cal}{mol}$	End-stücke	ΔG in $\frac{cal}{mol}$
AA/TT	-1013,27	CA/TG	-1354,90	EA/TE	993,11
AC/GT	-1471,09	CG/CG	-2135,74	ET/AE	993,11
AT/AT	-862,33	CT/AG	-1298,15	EC/GE	1002,02
TA/TA	-499,71	GC/GC	-2195,79	EG/CE	1002,02
TC/GA	-1284,64	GG/CC	-1829,39		

Tabelle 5.3: Normierte Änderungen der freien Enthalpie ΔG bei DNA-Hybridisierung für die einzelnen nächsten Nachbarn (Temperatur $T = +37°C$, Kationenkonzentration $K_{Na+} = 1\frac{mol}{l}$) nach [SaAS_96] und [OVGP_97]

Ist für die Simulation eine von $1\frac{mol}{l}$ abweichende Kationenkonzentration vorgegeben, so las-sen sich die tabellierten ΔG-Beiträge mittels der zugeschnittenen Größengleichung 5.25 aus [Sant_98] anpassen (K_{Na+} in $\frac{mol}{l}$, $\Delta G_{37°C,1\frac{mol}{l}}$ in $\frac{cal}{mol}$, $\Delta G_{37°C,K_{Na+}}$ in $\frac{cal}{mol}$):

$$\Delta G_{37°C,K_{Na+}} = 0,001 \cdot \Delta G_{37°C,1\frac{mol}{l}} - 0,175 \cdot \ln(K_{Na+}) \qquad (5.25)$$

Für jedes Hybridisierungsprodukt addiert man die ΔG-Beiträge der einzelnen nächsten Nachbarn in jeder enthaltenen Kette zuzüglich der Werte für die jeweiligen Kettenenden (Endstücke) gemäß Abbildung 5.14. Dasjenige Hybridisierungsprodukt mit kleinstem berechneten $\Delta G_{37^\circ C}$ wird als wahrscheinlichstes Reaktionsprodukt ausgewählt, die anderen verworfen.

Eine stabile Hybridisierung der kollidierten Objekte bzw. innerhalb eines Objektes setzt $\Delta G < 0$ voraus, da bereits für die nicht hybridisierten Ausgangsstoffe $\Delta G = 0$ gilt. Darüber hinaus kann das ausgewählte Hybridisierungsprodukt im weiteren Prozessverlauf nur dann stabil bleiben, wenn seine Schmelztemperatur oberhalb der als Operationsparameter vorgegebenen Endtemperatur liegt. Die Kollisionsbehandlung bzw. intramolekulare Hybridisierung schließt deshalb mit einer Schmelztemperaturberechnung nach Vorschrift 4.1 auf Seite 116 ab. Im Fall eines stabilen Hybridisierungsproduktes vollzieht man die Verschmelzung der beiden kollidierten Objekte bzw. die Umbildung des Objektes, indem die Bindungsmatrizen angepasst und die Parameter gemäß den Gesetzen eines unelastischen Stoßes aktualisiert werden. Ist keine Hybridisierung möglich, verhalten sich die beteiligten Objekte wie bei einem elastischen Stoß.

Treten über einen langen Simulationszeitraum nur noch elastische Stöße auf, beendet man den Hybridisierungsprozess und bringt die einzelnen Bewegungsgeschwindigkeiten der Objekte durch Umverteilung entsprechend der Dichtefunktion 5.7 mit der vorgegebenen Endtemperatur in Einklang. Hierbei fließen Zufallskomponenten in die Simulation ein. Im Ergebnis liegt wieder ein System von Objekten, beschrieben durch seine Parameter, vor. Da im Verlauf der Prozesssimulation potentiell jedes Objekt mit jedem anderen Objekt des Systems kollidieren kann, besteht die Möglichkeit der sukzessiven Generierung einer kombinatorischen Vielfalt stabiler Hybridisierungsprodukte. Damit aus einem geeigneten, hinreichend großen Pool von Objekten mit n unterscheidbaren Sekundärstrukturen mittels Hybridisierung eine exponentielle Anzahl (z.B. 2^n) sekundärstrukturspezifischer Objekte hervorgeht, ist eine ebenfalls exponentielle Anzahl von Objektkollisionen notwendig. Trotz des polynomiellen Zeitaufwandes einer bi- oder intramolekularen Hybridisierung zieht dies eine exponentielle Komplexität in Bezug auf die vollständige Hybridisierung des gesamten DNA-Pools nach sich.

Ligation

Die DNA-Operation Ligation beschreibt das fortlaufende Verketten von endenkompatiblen DNA-Doppelsträngen aus einem DNA-Pool, wobei an jedem verketteten Endenpaar mindestens eines der beteiligten 5'-Enden phosphoryliert sein muss. Sowohl entsprechende sticky- als auch blunt-Enden können miteinander ligieren. Neben dem Annealing gilt die Ligation ebenfalls als eine DNA-Operation mit hohem Strangkombinationspotenzial. Die Zusammensetzung des Ligationsproduktes ist zumeist von der zeitlichen Reihenfolge der einzelnen molekularen Interaktionen abhängig. Aus diesem Grund wird eine dynamische diskrete Simulation favorisiert, die die Systembeschreibung als einzigen Operationsparameter aufnimmt:

Operationsparameter

> **System:** Menge von Objekten (DNA-Pool), gegeben durch ihre vollständig belegten Parametersätze

Wie bei der Simulation der Hybridisierung wird die Bewegung der einzelnen Objekte innerhalb des Systems verfolgt und zu diesem Zweck die Gesamtheit aller objektspezifischen Parameter zeitlich veränderbar gehalten. Sowohl ein zeitgesteuerter als auch ein ereignisgesteuerter Ansatz führen zur Lokalisierung der Objektkollisionen sowie zum Auftreffen und Reflektieren von Objekten an den Systembegrenzungsflächen. Jede Kollision zweier Objekte kann ihre Ligation hervorrufen. Darüber hinaus wird idealisierend angenommen, dass intramolekulare Ligationen bei Auftreffen eines Objektes auf eine Systembegrenzungsfläche möglich sind. Unter intramolekularen Ligationen versteht man die Ausbildung zusätzlicher Phosphodiesterbrücken innerhalb des betreffenden DNA-Moleküls, das sich dadurch beispielsweise zu einem DNA-Ring formen kann oder die Beseitigung von Einzelstrangbrüchen im Doppelstrang bewirkt.

Bei Vorliegen einer Kollision zwischen zwei Objekten wird die Ligierbarkeit getestet. Das Vorhandensein der an der Reaktion als Katalysator beteiligten Ligase wird hierbei unterstellt, ohne dies gesondert in die Modellbeschreibung aufzunehmen. Einzelsträngige 5'- und 3'-Überhänge einschließlich ihrer Strangendenmarkierungen lassen sich im Hinblick auf sticky-End-Ligationen unmittelbar aus den Bindungsmatrizen der beteiligten Objekte ablesen. Ein blunt-Ende ist in der Bindungsmatrix daran erkennbar, dass beide angrenzenden Nucleotidsequenzen gegenläufig mit Wasserstoffbrücken abgesättigt sind, das heißt, eine Nucleotidsequenz bis zu ihrem 3'-Ende und die antiparallel-komplementäre Nucleotidsequenz bis zu ihrem 5'-Ende. Verweist die Sekundärstruktur eines Objektes auf mehrere Doppelstrangenden, so ist eines davon für eine mögliche Verkettung auszuwählen. Dies kann entweder gleichverteilt zufällig oder unter Auswertung der Lageparameter (Winkelvektor) des betreffenden Objektes geschehen, indem man jedem Doppelstrangende einen Winkelbereich zuordnet und mit dem Wert des Lageparameters vergleicht. Besitzt jedes der beiden kollidierten Objekte mindestens ein Doppelstrangende und wurde bei mehreren Doppelstrangenden eines ausgewählt, so kann das Endenpaar anschließend auf Kompatibilität geprüft werden. Fällt die Überprüfung positiv aus, erfolgt die Verkettung der Doppelstrangenden, wobei zunächst die jeweiligen Nucleotidsequenzen (Primärstruktur) innerhalb der Bindungsmatrix zu einem neuen Block zusammengeführt und um die Bindungseinträge der zusätzlichen Phosphodiesterbrücken ergänzt werden. Danach muss die Normalform der Bindungsmatrix wieder hergestellt werden. Die restliche Verschmelzung beider Objekte zu einem neuen Objekt richtet sich nach den Gesetzen des unelastischen Stoßes, so dass ein aktualisierter Parametersatz vorliegt. Sind die kollidierten Objekte nicht ligationsfähig, führen sie einen elastischen Stoß aus.

Intramolekulare Ligationen lassen sich auf ähnliche Weise simulieren. Es werden analog alle vorhandenen Doppelstrangenden ermittelt und paarweise auf ihre Ligierbarkeit getestet. Mögliche Verkettungen führt man hierbei aus, bei mehreren Verkettungsmöglichkeiten erfolgt eine gleichverteilt-zufällige Auswahl. Das Auffinden von Einzelstrangbrüchen in Doppelsträngen erfordert ein systematisches Durchlaufen aller Kombinationen, die genau drei Einzelstrangbestandteile des DNA-Moleküls erfassen. Setzt sich ein modelliertes DNA-Molekül aus n Einzelstrangbestandteilen zusammen, so existieren $\binom{n}{3} = \frac{1}{6} \cdot (n-2) \cdot (n-1) \cdot n$ solche Kombinationen. Jede Kombination wird daraufhin untersucht, ob zwei ihrer Einzelstrangbestandteile bis an ihre benachbarten Enden über Wasserstoffbrücken mit dem gemeinsamen dritten Einzelstrangbestandteil abgesättigt sind. Ist dies der Fall, so liegt ein Bruch vor, der durch entsprechende Verkettung behoben wird.

Treten über einen langen Simulationszeitraum nur noch elastische Stöße auf, beendet man den Ligationsprozess. Im Ergebnis der Prozesssimulation wird ein System von Objekten, beschrieben durch seine Parameter, bereitgestellt. Die algorithmische Behandlung jeder Kollision sowie jeder intramolekularen Ligation verursacht einen polynomiellen Zeitaufwand in der Anzahl zu untersuchender Nucleotide. Die vollständige Simulation eines Ligationsprozesses auf einem hinreichend großen DNA-Pool kann jedoch mit einer exponentiellen Anzahl wirksamer (zu Verkettungen führender) Kollisionen einhergehen, die eine exponentielle Komplexität der Prozesssimulation bedingt. Hieraus erschließt sich das hohe Strangkombinationspotenzial, das wie bei der Hybridisierung zur Generierung einer kombinatorischen Vielfalt strukturspezifischer DNA-Moleküle nutzbar ist.

5.4.3 Dynamisch kontinuierlich simulierbare DNA-Operationen

Vorgänge, die sich durch einen unendlichen Wertevorrat von Parameterbelegungen, stetige Parameterwert-Zeit-Verläufe und eine unmittelbare Modellierung durch Differentialgleichungssysteme auszeichnen, sind für kontinuierliche Simulationen besonders interessant. Vor allem physikalische Vorgänge, bei denen die Orte der einzelnen Objekte innerhalb des Systems und ihre Veränderung entscheidende Bedeutung für den Fortgang des Prozessverlaufes besitzen, sind einer kontinuierlichen Simulation zugänglich. Neben der Gel-Elektrophorese fällt beispielsweise auch das Zentrifugieren in diese Kategorie.

Gel Electrophoresis

Nichtdenaturierende Gel-Elektrophoresen besitzen im DNA-Computing eine herausgehobene Bedeutung als Ausgabeoperation sowie bei der Längenseparation von DNA. Die Eigenschaft „nichtdenaturierend" bedeutet, dass die bei der Bewegung der DNA-Moleküle durch die Gelporen entstehende Reibungswärme nicht ausreicht, um DNA-Doppelstränge in ihre zugrunde liegenden Einzelstrangbestandteile aufzuschmelzen. Folglich treten keine Veränderungen an der Primär- und Sekundärstruktur der einbezogenen DNA-Moleküle auf. Physikalische Gesetzmäßigkeiten nichtdenaturierender Gel-Elektrophoresen, die als Modellvorgabe für eine labornahe Simulation dienen können, sind u.a. in [Andr_86], [Mart_96] und [West_97] dargelegt. Die nachfolgenden Ausführungen stützen sich auf diese Veröffentlichungen.

Der physikalische Ablauf von Gel-Elektrophoresen ist von zahlreichen äußeren Einflussfaktoren abhängig, von denen in der laborpraktischen Anwendung gewöhnlich die elektrische Feldstärke und/oder die Viskosität des Laufmediums (Gel mit spezifischer Porengröße, eingebettet in Pufferlösung) variiert werden. In Anlehnung daran erfolgt die Parametrisierung:

Operationsparameter

    System: Menge von Objekten (DNA-Pool), gegeben durch ihre vollständig belegten Parametersätze

    Maßzahl für die elektrische Feldstärke: eine reelle Zahl E mit $0 \leq E \leq 1000$. Die Zahl E repräsentiert die elektrische Feldstärke in der Einheit $\frac{V}{m}$.

    Maßzahl für die dynamische Viskosität des Mediums: eine reelle Zahl η mit $0 < \eta \leq 0,05$. Die Zahl η repräsentiert die dynamische Viskosität des Mediums in der Einheit $Pa \cdot s$.

Seiteneffektparameter

    Maximale relative Laufabweichung der DNA-Moleküle: eine reelle Zahl D mit $0 \leq D \leq 100$. Durch diesen Seiteneffektparameter wird modelliert, dass sich DNA-Moleküle schneller oder langsamer durch das Gel bewegen können als es aufgrund ihrer messbaren Eigenschaften erwartet würde. Die Zahl D bezeichnet die maximal mögliche Laufabweichung der DNA-Moleküle in Prozent ihrer Masse. Einflussfreiheit wird durch Vorgabe des Wertes 0 erreicht.

Beim Ablauf der Gel-Elektrophorese wirken nach Anlegen der Gleichspannung auf jedes DNA-Molekül (Objekt) zwei entgegengesetzt gerichtete Kräfte. Die elektrische Kraft

$$F_E = q \cdot E = q \cdot \frac{U}{h} \tag{5.26}$$

zieht die negativ geladene DNA zur positiv geladenen Elektrode (q: elektrische Ladung des Objektes, E: elektrische Feldstärke, U: angelegte elektrische Gleichspannung, h: Elektrodenabstand). Der elektrischen Kraft F_E wirkt die Reibungskraft F_R entgegen. Nach dem *Stokesschen Gesetz* berechnet sich die Reibungskraft durch

$$F_R = 6 \cdot \pi \cdot \eta \cdot r \cdot v, \tag{5.27}$$

wobei die Bewegung einer Kugel durch ein flüssiges Medium angenommen wird. Die Materialkonstante η bezeichnet die dynamische Viskosität („Grad der Zähflüssigkeit") des Mediums, in dem die Bewegung stattfindet. Bei Elektrophoresegelen wird die dynamische Viskosität hauptsächlich durch die Porengröße und die verwendete Pufferlösung bestimmt. Der wirksame Radius des Kugelkörpers ist durch r beschrieben, und der Betrag seiner Geschwindigkeit durch v. Bei der Bewegung der DNA-Moleküle durch das Gel bildet sich zwischen der elektrischen Kraft F_E und der Reibungskraft F_R ein Gleichgewicht aus ($F_E = F_R$). Setzt man die beiden Bestimmungsgleichungen ein und stellt nach v um, so ergibt sich die Berechnungsvorschrift:

$$v = \frac{q \cdot E}{6 \cdot \pi \cdot \eta \cdot r} \tag{5.28}$$

Der wirksame Radius r von DNA-Molekülen ist durch einen Volumenvergleich in Näherung bestimmbar. Hierfür kann man sich vorstellen, ein DNA-Molekül gedanklich zu einer Kugel („Knäuel") zu pressen und dabei das Kugelvolumen möglichst vollständig auszufüllen. Das Kugelvolumen entspricht dann etwa dem Volumen des DNA-Moleküls ($V_{\text{Kugel}} \geq V_{\text{DNA}-\text{Molekül}}$). Setzt man für das Kugelvolumen die radiusbezogene Bestimmungsgleichung $V_{\text{Kugel}} = \frac{4}{3} \cdot \pi \cdot r^3$ und für das Volumen des DNA-Moleküls $V_{\text{DNA}-\text{Molekül}} = \frac{m}{\rho}$ ein (m: Masse, ρ: Dichte), so erhält man:

$$r \geq \left(\frac{3}{4 \cdot \pi} \cdot \frac{m}{\rho} \right)^{\frac{1}{3}} \tag{5.29}$$

Die Gleichheit beschreibt den Grenzfall, bei dem das DNA-Molekül ohne Zwischenräume in die Kugelform gepackt ist. Tatsächlich lässt sich ein DNA-Molekül nicht derart dicht packen, so dass Zwischenräume verbleiben, die den wirksamen Radius vergrößern. Aus diesem Grund wird ein Vergrößerungsfaktor $G > 1$ eingeführt, so dass:

$$r = \left(\frac{3}{4 \cdot \pi} \cdot \frac{m}{\rho} \right)^{\frac{1}{3}} \cdot G \tag{5.30}$$

Nach Einsetzen von 5.30 in 5.28 und Notation von v als Differentialquotient $\frac{ds}{dt}$ aus zurückgelegter Wegstrecke s in der dafür benötigten Zeit t erhält man die Differentialgleichung:

$$\frac{ds}{dt} = \frac{q \cdot E}{6 \cdot \pi \cdot \eta \cdot \left(\frac{3 \cdot m}{4 \cdot \pi \cdot \rho}\right)^{\frac{1}{3}} \cdot G} \tag{5.31}$$

Die analytische Lösung dieser Differentialgleichung gibt zu jedem DNA-Molekül die während der Gel-Elektrophorese in der Zeit t zurückgelegte Laufweite als Funktion s(t) an. Durch Integrieren der Differentialgleichung ($\int dt$) und unter Annahme der Anfangswertbedingung s(0) = 0 folgt:

$$s(t) = \frac{q \cdot E}{6 \cdot \pi \cdot \eta \cdot \left(\frac{3 \cdot m}{4 \cdot \pi \cdot \rho}\right)^{\frac{1}{3}} \cdot G} \cdot t$$

$$= \underbrace{\frac{q}{6 \cdot \pi \cdot \left(\frac{3}{4 \cdot \pi \rho}\right)^{\frac{1}{3}} \cdot G}}_{\substack{\text{idealisierend als Lauf-}\\\text{konstante aufgefasst}}} \cdot \underbrace{\frac{E}{\eta}}_{\substack{\text{DNA-unabhängige}\\\text{Konstante}}} \cdot \underbrace{\frac{1}{m^{\frac{1}{3}}}}_{\substack{\text{DNA-abhängige}\\\text{Konstante}}} \cdot t$$

$$= C \cdot \frac{E}{\eta} \cdot \frac{1}{m^{\frac{1}{3}}} \cdot t \tag{5.32}$$

Die Masse jedes DNA-Moleküls ist als objektspezifischer Parameter gespeichert. Die elektrische Feldstärke liegt gewöhnlich zwischen 400 und 500$\frac{V}{m}$, typische dynamische Viskositäten von Elektrophoresegelen schwanken zwischen $0,001 Pa \cdot s$ bei sehr großporigen Gelen, deren Reibungsverhalten allein von der Pufferlösung bestimmt wird, die in etwa der von Wasser entspricht und $0,02 Pa \cdot s$ in kleinporigen Gelen, bei denen das Gelmaterial selbst zur Erhöhung der Reibung beiträgt. Die Maßzahl der Laufkonstante C beträgt experimentellen Untersuchungen zufolge im Mittel etwa $6,8 \cdot 10^{-4}$. Die Laufweite s(t) wird in Metern ausgegeben, wenn die Masse m in kg und die Zeit t in s eingehen.

Um den Seiteneffekt möglicher Laufabweichungen (Unspezifitäten) in die Modellbeschreibung einzubringen, bietet es sich an, die Masse jedes Objektes zu modifizieren. Hierzu werden gesondert für jedes Objekt j mit der Masse m_j eine Zufallszahl r_j mit $0 \leq r_j < 1$ erzeugt und dadurch stochastische Laufabweichungen eingestreut:

$$s(t) = C \cdot \frac{E}{\eta} \cdot \frac{1}{([0,02 \cdot (r_j - 0,5) \cdot D + 1] \cdot m_j)^{\frac{1}{3}}} \cdot t \tag{5.33}$$

Die schrittweise hergeleitete Berechnungsvorschrift 5.33 wird schließlich für die Simulation herangezogen. Bei einer grafischen Darstellung des Simulationsergebnisses in Form von DNA-Banden (hellen Balken, die die im Gel angereicherten DNA-Moleküle repräsentieren) ist ihre Intensität von Bedeutung. Je mehr DNA sich an einer bestimmten Stelle im Gel konzentriert, umso stärker (intensiver bzw. heller) erscheint die entsprechende DNA-Bande. Ein Maß für die Bandenintensität ist unmittelbar die Anzahl der enthaltenen Wasserstoffbrücken, wenn die Nutzung von Ethidiumbromid simuliert wird, das sich dort einlagert und die Fluoreszierung der DNA-Banden bei Bestrahlung mit ultraviolettem Licht bewirkt.

Neben der Simulation einer Gel-Elektrophorese kann auch das Ausschneiden von DNA-Banden und die Rückgewinnung der DNA simuliert werden, wofür als zusätzlicher Operationsparameter der Massebereich $[m_{min}, m_{max}]$ erfasst wird. Alle Objekte, deren Masse im spezifizierten Intervall liegt, werden separiert und bilden im Ergebnis der Simulation ein neues System. Bei linearer DNA besteht ein annähernd proportionaler Zusammenhang zwischen Masse und Stranglänge.

5.4.4 Systematisierung der Simulationen von DNA-Operationen

Die Übersicht 5.15 fasst Merkmale der vorgestellten Methoden zur labornahen Simulation von Prozessen des DNA-Computing zusammen.

DNA-Operationen — Eigenschaften der beschriebenen Simulationen		Synthesis	Union	Split	Melting	Digestion	Labeling	Polymerisation	Affinity Purification	Annealing	Ligation	Gel Electrophoresis
ausgewertete Parameter	Simulationsergebnis primärstrukturabhängig	■				■	■	■	■	■	■	■
	Simulationsergebnis sekundärstrukturabhängig						■	■		■	■	■
	Simulationergebnis von Masse der Objekte abhängig					■					■	■
	Simulationsergebnis von Ort oder Lage der Objekte abhängig									■	■	■
	Simulationsergebnis von Bewegungsgeschwindigkeit der Objekte abhängig					■				■	■	■
genutzte Simulationsmethoden	statisch	■	■	■	■	■	■	■	■			
	dynamisch diskret									■	■	
	dynamisch kontinuierlich											■
	deterministisch (unter Vernachlässigung der Seiteneffekteinflüsse)							■	■			■
	stochastisch (unter Vernachlässigung der Seiteneffekteinflüsse)	■	■	■	■	■				■	■	
	exogen (bzgl. Temperaturspezifität)				■							
berücksichtigte Seiteneffekte	Punktmutationen	■						■				
	Deletions	■										
	unerwünschte nichtlineare DNA (Artefakte)								■		■	■
	Strangverluste			■	■				■			
	unvollständiger Prozessverlauf					■	■	■			■	■
	unspezifische Wirkungen im Prozessverlauf								■			■

Abb. 5.15: Eigenschaften der beschriebenen Simulationen von Prozessen des DNA-Computing

Die behandelten Prozesse des DNA-Computing decken das Spektrum der im Kapitel 4 eingeführten DNA-Operationen vollständig ab. Die dort zusätzlich aufgenommenen zusammengesetzten DNA-Operationen PCR, Extraction (Separation nach Subsequenz) und Sequencing bestehen aus festen Abfolgen der vorstehend untersuchten Prozesse.

Der vorliegende Satz laborpraktisch ausführbarer wie auch labornah simulierbarer DNA-Operationen gestattet die Konstruktion von effizienten DNA-Algorithmen. Er ist darüber hinaus geeignet, um die mögliche Arbeitsweise universeller (frei programmierbarer) DNA-Computer detailliert zu beschreiben.

Die vorgestellten Ideen, Methoden und Techniken zur Simulation von DNA-Operationen in der Granularität einzelner Nucleotide und Strangendenmarkierungen vermitteln das Grundwissen, auf dem entsprechende Softwarewerkzeuge aufsetzen können [HiHS_02]. Der Quelltext eines solchen Simulators für die in der Abbildung 5.15 aufgeführten DNA-Operationen und beliebige Abfolgen hiervon lässt sich als formale Beschreibung eines universellen Modells des DNA-Computing auffassen.

Prozesssimulationen und ihre laborexperimentell gestützte *Validation* (Zulässigkeitsprüfung der Modellannahmen) und *Verifikation* (Korrektheit der Simulation gegenüber der Modellspezifikation) sind eng miteinander verbunden. Die vorgestellten Simulationen erlauben es, die betrachteten molekularbiologischen Vorgänge realitätsnah nachzubilden, wie die jeweils zitierten Vergleichsuntersuchungen belegen. Dennoch wurden einige Idealisierungen vorgenommen, die von weiteren Einflussfaktoren auf die Prozesswirkungen abstrahieren. Aktuelle Studien befassen sich mit ausgewählten Aspekten von Prozessmodellierungen auf atomarer und subatomarer Ebene. Sie beziehen in die Beschreibung von Vielteilchensystemen außer DNA-Molekülen auch Objekte ein, die andere an den Prozessen beteiligte Stoffe (wie beispielsweise Wasser und Enzyme) symbolisieren. Ausgehend von ihrer Tertiärstruktur werden auch molekulardynamische Gesetzmäßigkeiten erschlossen, die prozessbedingte zeitliche Veränderungen der Raumstruktur von Molekülen betreffen. Auf diese Weise wird eine zunehmend detailliertere, aber auch immer komplexere und aufwendigere Prozessmodellierung gelingen. Seiteneffekteinflüsse ergeben sich dann zwingend als inhärente Bestandteile des Prozessmodells und müssen in der Simulation nicht mehr über externe Zufallskomponenten eingestreut werden.

5.5 Konstruktion und Simulation eines DNA-Algorithmus für das Rucksackproblem

Die zeiteffiziente, uneingeschränkt exakte Lösung NP-vollständiger Probleme gilt als wichtiger Aspekt des Wissensgebietes DNA-Computing. Nachfolgend soll am Beispiel des Rucksackproblems gezeigt werden, wie sich aus DNA-Operationen ein DNA-Algorithmus konstruieren lässt, dessen Simulation eine bekannte Aufgabenstellung aus der Informatik zu lösen vermag.

Das Rucksackproblem sei gegeben durch n Gegenstände mit den Gewichten a_1 bis a_n sowie dem Referenzgewicht b gemäß Definition 3.173. Der Algorithmus verfolgt einen Brute-Force-Ansatz: Ausgehend von einem als Starter bezeichneten linearen DNA-Doppelstrang werden sukzessiv alle Packmöglichkeiten durch Erzeugung korrespondierender linearer DNA-Doppelstränge aufgebaut, deren jeweilige Stranglänge ein Maß für das entsprechende Rucksackgewicht ist. Der Aufbau der Packmöglichkeiten erfolgt, indem ein Zyklus n-mal durch-

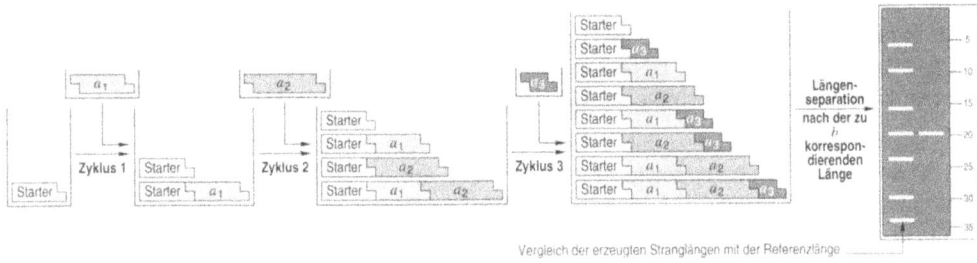

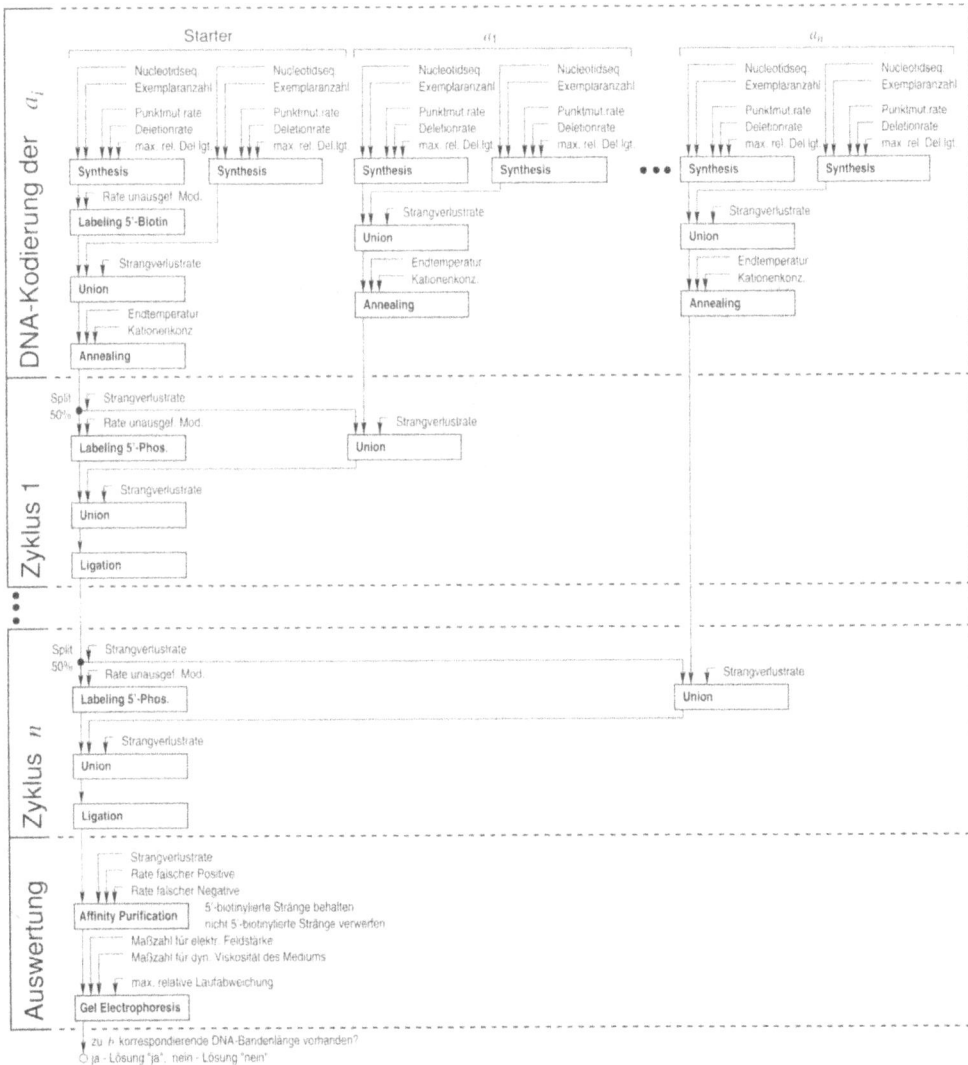

Abb. 5.16: *DNA-Algorithmus zur Lösung des Rucksackproblems, Idee (oben) und Operationsfolge (unten)*

laufen wird. Er besteht aus einer festen Abfolge von DNA-Operationen. Nach dem Aufbau aller Packmöglichkeiten liegen mindestens 2^n in ihrer Primärstruktur unterscheidbare DNA-Doppelstränge vor, die einen DNA-Pool bilden. Dieser wird daraufhin untersucht, ob er mindestens einen DNA-Doppelstrang enthält, dessen Länge zum Referenzgewicht b korrespondiert.

Der Starter wird repräsentiert durch einen linearen DNA-Doppelstrang beliebiger Länge, der ein 5'-biotinyliertes blunt- sowie ein sticky-Ende mit 5'-Überhang besitzt, der zu den 3'-Überhängen aller gegenstandskodierenden DNA-Doppelstränge antiparallel-komplementär ist. Jedes Gegenstandsgewicht a_i mit $i = 1, \ldots, n$ wird kodiert durch einen spezifischen, beidseitig sticky endenden DNA-Doppelstrang proportionaler Länge $l_i = c \cdot a_i$. Der Proportionalitätsfaktor c wird einheitlich als Konstante aus $\mathbb{N} \setminus \{0\}$ festgelegt. Die sticky-Enden aller a_i-kodierenden DNA-Doppelstränge sind antiparallel-komplementär zueinander und tragen die Strangendenmarkierungen H. Die Nucleotidpaarsequenzen lassen sich unter Beachtung der Stranglängenvorgabe und der Endenkompatibilität frei wählen.

Die Erzeugung der jeweils mindestens 2^n Exemplare des Starters sowie der a_i-kodierenden DNA-Doppelstränge in separaten Systemen (Reagenzgläsern) stellt den ersten Abschnitt des DNA-Algorithmus dar. Der sukzessive Aufbau der Packmöglichkeiten geschieht ausgehend von dem DNA-Pool, der die Strangexemplare des Starters enthält. Jeder sich daran anschließende Zyklus hat die Aufgabe, die Anzahl der aufgebauten Packmöglichkeiten durch Einbeziehung der Exemplare eines bisher ungenutzten a_i-kodierenden DNA-Doppelstranges zu verdoppeln. Dieses Ziel wird durch eine Strategie des fortgesetzten Teilens des DNA-Pools, der getrennten Bearbeitung der Teile und ihres anschließenden Wiedervereinigens in jedem Zyklus erreicht. Während eine Hälfte des eingehenden DNA-Pools, durch Aliquotieren vom Rest separiert, unbearbeitet bleibt, wird der restliche DNA-Pool 5'-phosphoryliert, um an den betreffenden Strängen die Voraussetzung für eine gezielte Ligation zu schaffen. Der daraus resultierende DNA-Pool wird mit dem unbearbeitet gebliebenen Teil sowie mit dem DNA-Pool, der die a_i-kodierenden Doppelstrangexemplare eines bisher nicht einbezogenen Gegenstandes i enthält, vereinigt. Eine anschließende Ligation bewirkt das kontrollierte Verketten 5'-phosphorylierter DNA-Doppelstrangexemplare mit jeweils genau einem hinzugegebenen a_i-kodierenden DNA-Doppelstrangexemplar.

Nach Durchlaufung aller Zyklen werden diejenigen DNA-Doppelstränge aus dem resultierenden DNA-Pool separiert, die den Starter enthalten und mithin 5'-biotinyliert sind. Unerwünschte Ligationsprodukte, die aus Monomeren a_i-kodierender DNA-Doppelstränge und Verkettungen a_i-kodierender DNA-Doppelstränge ohne Starter bestehen, werden auf diese Weise ausgesondert. Der aus dieser Operation hervorgegangene DNA-Pool wird abschließend einer Gel-Elektrophorese unterzogen, um zu entscheiden, ob sich DNA-Stränge der Länge (Starterlänge + $c \cdot b$) gebildet haben. DNA-Doppelstränge dieser Länge kodieren Packmöglichkeiten mit dem Referenzgewicht b. Bei Existenz mindestens eines derartigen DNA-Doppelstranges lautet die Problemlösung „ja", ansonsten „nein".

Der DNA-Algorithmus besitzt einen linearen Zeitaufwand bezüglich der Anzahl auszuführender DNA-Operationen, verlagert jedoch die exponentielle Komplexität auf den benötigten Speicherplatz (Anzahl DNA-Doppelstränge). Der Algorithmus zeichnet sich durch eine weitgehende Robustheit gegenüber modellierten Seiteneffekteinflüssen der DNA-Operationen aus. Gezieltes Experimentieren mit Prozesssimulationen durch Was-wäre-wenn-Szenarien quantifiziert die Robustheit und ermöglicht es, die Grenzen der kompensierbaren Seiteneffektintensitäten durch Beobachtung ihrer Wirkungsfortpflanzung auszuloten [HaHS_01].

6 Abstrakte Modelle und formale Sprachen des DNA-Computing

Abstrakte Modelle und formale Sprachen des DNA-Computing beleuchten das Wissensgebiet aus dem Blickwinkel der Theoretischen Informatik, speziell der Berechenbarkeits- sowie Komplexitätstheorie. Hierbei soll untersucht werden, welche Klassen von Aufgaben (Problemen) prinzipiell einer Lösung mittels DNA-Computing zugänglich sind. Man strebt dabei die größtmögliche Berechnungsstärke an, die zu universellen (frei programmierbaren) DNA-Computern führt. Jedes *DNA-Computing-Modell* verkörpert eine abstrakte Beschreibung von Berechnungsprozessen, bei denen durch geeignete mathematische Beschreibung kodierte *DNA-basierte Daten* mittels einer Abfolge darauf einwirkender Operationen gezielt verändert werden. Operationen sind hierbei stark idealisierte (abstrahierte) Abbilder molekularbiologischer Prozesse auf DNA. Daraus resultierende Berechnungsmodelle bauen auf den im Kapitel 3 dargelegten mathematischen Grundlagen auf.

Im Folgenden werden Berechnungsmodelle für das DNA-Computing betrachtet mit dem Ziel, dieses Computingkonzept hinsichtlich seiner Berechnungsstärke, Praktikabilität und der Effizienz von Algorithmen zur Lösung ausgewählter Probleme einzuschätzen. In der vergleichsweise kurzen Geschichte des DNA-Computing wurde eine Vielzahl entsprechender Modelle und formaler Sprachen eingeführt, die jeweils spezifische Aspekte des Rechnens auf DNA hervorheben oder ignorieren. Fasst man diese Aspekte zusammen, so erhält man mögliche Klassifikationsmerkmale für Modelle des DNA-Computing:

- Berechnungsstärke (Klasse der durch das Modell beschreibbaren formalen Sprachen)
- zugrunde liegendes Paradigma (imperativ, funktional, logisch) der Modellsprache
- Ablaufsteuerung der Algorithmenabarbeitung (deterministisch, nichtdeterministisch)
- Einordnung des Modells in das Klassifikationsschema für Rechnerarchitekturen nach Flynn (SISD, SIMD, MISD, MIMD), [Flyn_72]
- Art der Beschreibung der im Modell definierten Operationen (formal, informal)
- Existenz einer laborpraktischen Implementierung der im Modell definierten Operationen und Kontrollstruktur sowie von Beispielalgorithmen
- Verfügbarkeit der Eingangsoperanden nach Operationsausführung als Modellannahme
- Anforderungen an DNA-Strukturen zur Kodierung der im Modell verarbeiteten Daten:
  - einzel- bzw. doppelsträngige lineare DNA, kodiert durch Wörter
  - Berücksichtigung von Strangendenmarkierungen im Modell
  - Hairpins, modelliert durch speziell hybridisierte DNA-Einzelstränge
  - nichtlineare DNA-Strukturen, die im Modell aus gezielt miteinander hybridisierten DNA-Einzelsträngen aufgebaut sind
  - Verbindungen von DNA mit anderen modelldatenkodierenden Molekülen (z.B. Hybride mit RNA oder PNA)

- Berücksichtigung der Exemplaranzahl identischer DNA-Moleküle in der Beschreibung der Modelloperationen (Multimengenbasiertheit)
- Abstraktionsniveau der Operationen hinsichtlich laborpraktischer Implementierbarkeit
- Ressourcenbedarf bei laborpraktischer Implementierung von Modellalgorithmen, z.B.
  - Anzahl benötigter Reagenzgläser; Anzahl, Art, Verfügbarkeit benötigter Enzyme
  - Anforderungen an die als Eingangsoperanden benötigte DNA (Sequenzen, Stranglängen, Mindestmengen)

Allen Modellen des DNA-Computing ist gemeinsam, dass verarbeitete Daten durch abstrahierte Abbildungen von DNA modelliert sind (DNA-basierte Daten), die durch einen spezifischen Satz definiert darauf einwirkender Operationen modifiziert werden. Der Operationssatz umfasst Methoden zur Generierung und selektiven Modifikation DNA-basierter Daten. Selektive Modifikation bedeutet, dass DNA-basierte Daten mit bestimmten definierten Merkmalen gezielt ausgewählt und nur diese zu modifizierten DNA-basierten Daten umgeformt (rekombiniert) werden. Generierung und selektive Modifikation können im Verbund bei der Abarbeitung einer Einzeloperation auftreten. Jedes DNA-Computing-Modell beinhaltet ferner eine Kontrollstruktur, die es ermöglicht, Abfolgen von Operationen zu bestimmen und auszuführen. Alle bisher bekannten abstrakten Modelle des DNA-Computing vernachlässigen mögliche Seiteneffekte molekularbiologischer Prozesse, die bei einer laborpraktischen Implementierung als Bestandteile der Operationswirkungen auftreten können.

Forschungsarbeiten zum DNA-Computing werden motiviert von der Vision, ein möglichst labornahes Modell eines uneingeschränkt in vitro implementierbaren DNA-basierten Universalcomputers zu schaffen, der zuverlässig für eine effiziente Lösung rechen- und speicherintensiver algorithmischer Probleme wirtschaftlicher und wissenschaftlicher Relevanz vorteilhaft eingesetzt werden kann. Bisher bekannte DNA-Computing-Modelle sind von diesem Ideal entfernt, vor allem begründet durch das hohe Abstraktionsniveau der verwendeten Modelloperationen, das einer unmittelbaren Laborimplementierung entgegensteht.

In diesem Kapitel werden DNA-Computing-Modelle beschrieben und untersucht, die *universell* oder *platzbeschränkt universell* sind, gemäß dem natürlichen Vorbild auf der ausschließlichen Nutzung linearer DNA, modelliert durch geeignete Wortkodierungen, basieren und die als wohluntersucht gelten. Modelle des DNA-Computing, die die genannten Auswahlkriterien erfüllen, bilden eine Grundlage, um weiterführende Arbeiten im Hinblick auf die Entwicklung universeller DNA-Computer anzugliedern. Nachfolgend wird eingegangen auf:

- die Filtering-Modelle nach Adleman, Lipton und Amos in einer überarbeiteten Fassung
- das Modell Parallel Associative Memory (PAM)
- die Sprache DNA-Pascal
- das Modell DNA Equality Checking
- Insertion-Deletion-Systeme
- Watson-Crick D0L-Systeme
- Splicing-Systeme (H-Systeme, EH-Systeme)

Die genannten DNA-Computing-Modelle werden eingeführt, begleitet von einem kurzen Abriss der Modellentwicklung. Der jeweilige Universalitätsnachweis wird konstruktiv geführt durch Angabe einer Transformation eines universellen konventionellen Berechnungsmodells aus Kapitel 3 in das entsprechende Modell des DNA-Computing. Einheitlich für alle betrachteten Modelle erfolgt die Konstruktion eines Algorithmus zur Lösung des Rucksackproblems auf natürlichen Zahlen in Einheit mit einer Demonstration der Abarbeitung einer Beispielinstanz.

6.1 Eigenschaften von Modellen des DNA-Computing

Definition 6.1 *restriktiv*

Ein Modell des DNA-Computing ist restriktiv, wenn die Eingangsoperanden jeder Operation nach deren Ausführung nicht mehr zur Verfügung stehen.

Die Modelleigenschaft *restriktiv* ist der Vorgehensweise bei laborpraktischer Ausführung von Algorithmen nachempfunden: DNA modifizierende molekularbiologische Prozesse laufen in einem Reagenzglas ab, dessen ursprünglicher Inhalt nach Prozessende im Allgemeinen verändert ist. Restriktive DNA-Computing-Modelle tragen auch der Tatsache Rechnung, dass beliebige Reagenzglasinhalte, bestehend aus Mengen von DNA-Strängen unterschiedlicher unbekannter Sequenzen, laborpraktisch nicht uneingeschränkt beliebig oft dupliziert werden können. Nichtrestriktive DNA-Computing-Modelle vernachlässigen diesen Aspekt.

Definition 6.2 *multimengenbasiert*

Ein Modell des DNA-Computing ist multimengenbasiert, wenn im Modell abgebildete und verarbeitete Daten durch Multimengen beschrieben werden und die Operationen auf diesen Daten als Multimengenoperationen definiert sind.

Multimengenbasierte DNA-Computing-Modelle erfassen die Exemplaranzahl identischer DNA-Stränge bei der Spezifikation der Operationswirkungen. Sie berücksichtigen somit, dass sich die beobachtbare Wirkung molekularbiologischer Prozesse mit zunehmendem Ungleichgewicht der Exemplaranzahlen eingehender DNA-Stränge signifikant verändern kann.

Definition 6.3 *deterministisch*

Ein Modell des DNA-Computing ist deterministisch, wenn sich bei Ausführung jedes in diesem Modell beschreibbaren Algorithmus jede Operation einer Operationsfolge einschließlich ihrer Eingangsoperanden nur aus den zuvor abgearbeiteten Operationen dieses Algorithmus und seinen Eingangsdaten ergibt.

Definition 6.4 *nichtdeterministisch*

Ein Modell des DNA-Computing ist nichtdeterministisch, wenn es mindestens einen in diesem Modell beschreibbaren Algorithmus gibt, bei dem mindestens eine Operation einer Operationsfolge einschließlich ihrer Eingangsoperanden nicht nur von den zuvor abgearbeiteten Operationen dieses Algorithmus und seinen Eingangsdaten abhängt.

Die Eigenschaften *deterministisch* und *nichtdeterministisch* charakterisieren die Ablaufsteuerung bei Modellen des DNA-Computing. Nichtdeterministische Modelle besitzen aufgrund der innewohnenden Zufallskomponente keine uneingeschränkte Wiederholbarkeit algorithmischer Abläufe.

Definition 6.5 *imperatives Paradigma*

Eine durch ein Modell des DNA-Computing definierte Programmiersprache unterliegt dem imperativen Paradigma, wenn die Kontrollstruktur der in diesem Modell beschreibbaren Algorithmen durch eine Abfolge von Steueranweisungen und Wertzuweisungen vorgegeben ist.

Definition 6.6 *funktionales Paradigma*

Eine durch ein Modell des DNA-Computing definierte Programmiersprache unterliegt dem funktionalen Paradigma, wenn jeder in diesem Modell beschreibbare Algorithmus ausschließlich durch eine Menge von Funktionsdefinitionen gegeben ist und die Berechnung von Funktionswerten die Prinzipien Funktionsabstraktion und Funktionsapplikation nutzt.

Definition 6.7 *logisches Paradigma*

Eine durch ein Modell des DNA-Computing definierte Programmiersprache unterliegt dem logischen Paradigma, wenn ein Algorithmus in Form einer Problemspezifikation durch Axiome beschrieben wird und die Abarbeitung des Algorithmus der Berechnung einer logischen Folgerung aus diesen Axiomen gemäß einer gegebenen Anfrage entspricht.

Definition 6.8 *Multiple-Instruction-fähig*

Ein Modell des DNA-Computing ist Multiple-Instruction-fähig, wenn damit beschreibbare Algorithmen zeitgleich unterschiedliche Operationen im Sinne einer parallelen oder verteilten Berechnung ausführen können.

Definition 6.9 *Multiple-Data-fähig*

Ein Modell des DNA-Computing ist Multiple-Data-fähig, wenn darin eine Operation definiert ist, die zeitgleich auf unterschiedliche DNA-basierte Daten zugreifen und diese im Sinne einer datenparallelen Berechnung verarbeiten kann.

6.2   Filtering-Modelle nach Adleman, Lipton, Amos

Die eng miteinander verwobenen Filtering-Modelle nach Adleman, Lipton und Amos waren die ersten DNA-Computing-Modelle, die in der jungen Geschichte dieses Forschungsgebietes in Auswertung eines tatsächlichen Laborexperimentes entwickelt wurden. Sie entstanden ab 1995 unter dem unmittelbaren Eindruck des *Adleman-Experimentes* zur Lösung einer Instanz des Hamiltonkreis-Problems. Der Grundgedanke des Brute-Force-Ansatzes zur Lösung von NP-Problemen ist tief in diesen Modellen verwurzelt und spiegelt sich in der Spezifikation der Operationen wider: Aus einem initial bereitgestellten umfassenden DNA-Pool, der den gesamten Suchraum DNA-kodiert, werden schrittweise all jene DNA-Stränge entfernt (herausgefiltert), die keine Problemlösung darstellen. Ein finaler Test auf Vorhandensein von DNA liefert schließlich das Ja-nein-Ergebnis.

Aufbauend auf der Erstveröffentlichung [Lipt_95] erfuhr Liptons DNA-Computing-Modell schrittweise mehrere Erweiterungen und Modifikationen, den Umfang des Operationssatzes, die Syntax von Operationen einschließlich ihrer Parameter sowie bestimmte Modelleigenschaften betreffend. Das ursprüngliche, von Lipton eingeführte Modell diente zur Notation eines zeiteffizienten Algorithmus für das SAT-Problem. Das Modell bestand aus den informal beschriebenen Operationen Extract, Merge sowie Detect und war restriktiv, ein initialer DNA-Pool wurde als gegeben vorausgesetzt. Es stellte den ersten experimentell basierten Ansatz dar, Reagenzglasinhalte („test tubes") durch Mengen von Bitketten formal zu beschreiben und darüber hinaus bestimmte, stark idealisierte molekularbiologische Prozessfolgen durch Mengenoperationen zu abstrahieren. Adleman verfeinerte das Pioniermodell von Lipton, indem er die Spezifikation der Operationen einer formalen Beschreibung näherbrachte [Adle_96]. Zusätzlich führte er die nichtrestriktive Operation Amplify in die Modellbeschreibung ein, welche die uneingeschränkte Duplizierung gesamter Reagenzglasinhalte ermöglichte und die Restriktivität des Lipton-Modells aufhob. Das resultierende DNA-Computing-Modell ist weiterführend von Amos überarbeitet worden [Amos_97], der den Begriff *initial set* in die Modellbeschreibung aufnahm und eine definierte Kontrollstruktur durch Verwendung imperativer Steueranweisungen zur Notation von Beispielalgorithmen hinzufügte. Multimengen werden zur Beschreibung von Reagenzglasinhalten zwar zugelassen, die Operationen sind jedoch nicht dahingehend spezifiziert, so dass der Vorzug von Multimengen – der exakte Umgang mit konkreten Anzahlen von Strangkopien – ungenutzt bleibt. Aus den DNA-Computing-Modellen nach Adleman, Lipton und Amos gingen weitere DNA-Computing-Modelle im Ergebnis bestimmter Optimierungen hervor. Stellvertretend hierfür seien PAM und DNA-Pascal genannt.

Die nachfolgend angegebene Modellbeschreibung basiert auf einer überarbeiteten Fassung von [Amos_97], die die Modelle nach Adleman, Lipton und Amos zu einem Filtering-Modell zusammenfasst, das eine imperative Programmiersprache des DNA-Computing bildet. Das Modell besitzt die Eigenschaften nichtrestriktiv, deterministisch und Multiple-Data-fähig. Es ist nicht multimengenbasiert. Eine laborpraktische Implementierbarkeit ist teilweise gegeben. Einige Arbeitsschritte des Adleman-Experimentes zur Lösung des Hamiltonkreis-Problems (Schritte 1 und 4, siehe Abschnitt 6.2.1) in Kombination mit der von Lipton eingeführten Kodierung beliebiger endlicher Bitketten in gerichtete Graphen ([Lipt_95]) können als Beispiele für eine praktische Laborimplementierung der Modelloperationen Initial set und Extract aufgefasst werden. Die Operation Merge hat ein Laboräquivalent in der Vereinigung von Reagenzglasinhalten, die Operation Detect lässt sich durch eine Gel-Elektrophorese implementieren. Für die Operation Amplify gibt es keine unmittelbare Entsprechung durch molekularbiologische Prozesse. Die PCR ist wegen der Vielzahl zu berücksichtigender Primerkombinationen, die zudem zur Produktion unerwünschter verkürzter Bitketten führen können, ungeeignet.

Das Filtering-Modell, das ohne Operationen zur Modifikation von Bitketten (wie z.B. Zerschneiden oder Zusammenfügen) auskommt und auch keine Möglichkeit zur Ausgabe konkreter Bitketten vorsieht, ist platzbeschränkt universell. Der Nachweis wird konstruktiv durch Angabe einer Transformation von WHILE-Programmen mit Platzbeschränkung in Programme des Filtering-Modells geführt. Bitketten werden nach ihrer Erzeugung nicht mehr verändert, sondern anhand bestimmter Merkmale in verschiedene Reagenzgläser separiert.

6.2.1   Adleman-Experiment

Das Experiment zur Lösung einer Instanz des Hamiltonkreis-Problems ist im Folgenden über-
blickshaft wiedergegeben. Für eine detaillierte Angabe der benutzten Materialien, Methoden
und Laborprotokolle sei auf [Adle_94] verwiesen. Es wird ein Brute-Force-Ansatz genutzt.

Beispielinstanz

Der Laborimplementierung lag der gerichtete Graph $\mathcal{G} = (V, E)$ mit $V = \{0, 1, 2, 3, 4, 5, 6\}$,
$E = \{(0,1), (0,3), (0,6), (1,2), (1,3), (2,1), (2,3), (3,2), (3,4), (4,1), (4,5), (5,1), (5,2),$
$(5,6)\}$ zugrunde. Es gilt $|V| = n = 7$ und $|E| = 14$. Es wird gefragt, ob es einen Pfad
vom Knoten 0 zum Knoten 6 gibt, der alle Knoten von $\mathcal{G}$ genau einmal durchläuft. Mit dieser Fragestellung weicht Adleman von der üblichen Definition des Hamiltonkreis-Problems ab,
wonach der gesuchte Pfad zum Startknoten zurückführen muss. Durch Verschmelzen der Knoten 0 und 6 lässt sich leicht eine Anpassung an die übliche Problemdefinition erreichen. Der
gesuchte Hamiltonkreis verläuft über die Kantenfolge $(0, 1, 2, 3, 4, 5, 6)$.

Algorithmische Idee

Die Knoten und Kanten von $\mathcal{G}$ werden sequenzspezifisch durch DNA-Einzelstränge kodiert, so
dass jeweils etwa 10^{12} identische Einzelstrangexemplare vorliegen. Aus der Gesamtheit dieser DNA-Einzelstränge wird eine kombinatorische Vielfalt von DNA-Strängen erzeugt, welche
alle möglichen Pfade aus $\mathcal{G}$ repräsentiert. Aus der Menge dieser DNA-Stränge werden nachfolgend mit Hilfe verschiedener Selektionen schrittweise jene Stränge entfernt, die keine Hamiltonkreise darstellen. Durch einen finalen Test auf Vorhandensein von DNA ergibt sich die
Problemlösung „ja" bzw. „nein". Adleman fasst die algorithmische Idee in fünf Schritten zusammen:

1. Erzeuge willkürlich eine Vielzahl von Pfaden durch den Graphen.

2. Behalte von den Pfaden aus Schritt 1 jene, die am Knoten 0 beginnen und am Knoten 6
   enden.

3. Behalte von den Pfaden aus Schritt 2 jene, die genau n Knoten besuchen.

4. Behalte von den Pfaden aus Schritt 3 jene, die jeden Knoten mindestens einmal besuchen.

5. Falls mindestens ein Pfad übriggeblieben ist, lautet die Lösung „ja", ansonsten „nein".

Schritt 4 muss für jeden Knoten aus $\mathcal{G}$ gesondert ausgeführt werden. Er ist notwendig, um
sicherzustellen, dass kein Knoten mehrfach passiert wird. Jeder Schritt wird durch einen oder
mehrere molekularbiologische Prozesse – wie in Kapitel 4 beschrieben – realisiert.

Kodierung der Knoten und Kanten in DNA-Einzelstränge

Jeder Knoten und jede Kante ist durch einen spezifischen DNA-Einzelstrang der Länge 20
Basen kodiert. Adleman wählte zufällige Sequenzen für jeden Knoten, die lediglich der Bedingung unterliegen, dass eine Stranghälfte zur Identifikation des zugehörigen Knotens ausreicht.
Jeder dem Knoten $i \in V$ zugeordnete DNA-Einzelstrang werde durch O_i in 5'-3'-Richtung
symbolisiert. Der zu O_i komplementäre DNA-Einzelstrang, notiert in 3'-5'-Richtung, erhält
die Notation $\overline{O}_i$. Jede Kante $(i, j) \in E$ ist dargestellt durch einen 20 Basen langen DNA-
Einzelstrang, der sich zusammensetzt aus den 10 Basen am 3'-Ende von O_i, gefolgt von den

Symbol	DNA-Sequenz
O_2	5'-TATCGGATCGGTATATCCGA-3'
O_3	5'-GCTATTCGAGCTTAAAGCTA-3'
$\overline{O}_3$	3'-CGATAAGCTCGAATTTCGAT-5'

Symbol	DNA-Sequenz
O_4	5'-GGCTAGGTACCAGCATGCTT-3'
$O_{2\to3}$	5'-GTATATCCGAGCTATTCGAG-3'
$O_{3\to4}$	5'-CTTAAAGCTAGGCTAGGTAC-3'

Tabelle 6.1: Beispiele der DNA-Kodierung von Knoten und Kanten im Adleman-Experiment

10 Basen am 5'-Ende von O_j. Der resultierende DNA-Einzelstrang $O_{i\to j}$ wird dabei in 5'-3'-Richtung beschrieben und kodiert durch seine Sequenz auch die Richtung der Kante. Adleman nutzte u.a. die in Tabelle 6.1 angegebenen DNA-Sequenzen.

Die Intention dieser Kodierungsvorschrift liegt darin, dass man durch Annealen der halbseitig komplementären, überlappenden Kanten-DNA-Stränge mit den Knoten-DNA-Strängen leicht gültige Pfade durch den Graphen erzeugen kann.

Laborimplementierung der Schritte 1 bis 5

Die den Graph $\mathcal{G}$ kodierenden DNA-Einzelstränge O_i und $\overline{O}_i$ mit $i = 0, \ldots, 6$ sowie $O_{i\to j}$ mit $(i, j) \in E$ werden in gesonderten Reagenzgläsern synthetisiert und jeweils an ihren 5'-Enden phosphoryliert. Insgesamt werden 28 Reagenzgläser benötigt. Die Tabellen 6.2 bis 6.4 skizzieren die ausgeführte Schrittfolge.

Schritt 1: Erzeuge willkürlich eine Vielzahl von Pfaden durch den Graphen.

Ein Aliquot der DNA-Einzelstränge $\overline{O}_i$ mit $i = 0, \ldots, 5$ sowie aller $O_{i\to j}$ mit $(i, j) \in E$ wird in ein gemeinsames Reagenzglas zusammengeführt und dort anschließend annealt. Es wird davon ausgegangen, dass jede eingebrachte knoten- und kantenkodierende DNA in hinreichender Exemplaranzahl vorliegt und durch das Annealing alle in $\mathcal{G}$ enthaltenen Pfade auch tatsächlich in Form der entsprechenden DNA-Doppelstränge generiert werden. Adleman unterstellt, dass sich unter den generierten Pfaden mit hoher Wahrscheinlichkeit auch jene befinden, die als Hamilton-kreise identifiziert werden. Quantifizierende Aussagen über diese Wahrscheinlichkeit wurden von ihm nicht getroffen. Eine dem Annealing nachgeschaltete Ligation realisiert die stabile Verkettung der DNA-Fragmente, aus denen sich die einzelnen Pfade zusammensetzen.

Annealing
Ligation

Tabelle 6.2: Illustration der Schrittfolge im Adleman-Experiment, Schritt 1

Schritt 2: Behalte von den Pfaden aus Schritt 1 jene, die am Knoten 0 beginnen und am Knoten 6 enden.

Das aus Schritt 1 vorliegende Reaktionsprodukt wird mittels PCR amplifiziert, wobei die Primer O_0 und $\overline{O}_6$ zur Anwendung kommen. Durch die PCR werden diejenigen Pfade exponentiell dupliziert, die im Knoten 0 beginnen und im Knoten 6 enden. Die Stranganzahl der exponentiell duplizierten Pfade dominiert gegenüber den nichtamplifizierten Pfaden. Die Pfade, die nicht im Knoten 0 beginnen oder nicht im Knoten 6 enden, sind nach Schritt 2 noch im Reagenzglas vorhanden, aber in vernachlässigbar kleiner Stranganzahl. Bedingt durch die Verwendung der Primer O_0 und $\overline{O}_6$ sind alle Kanten $(0, j)$ und $(j, 6)$ mit $j \in V$ nunmehr durch jeweils 30 Basen umfassende DNA-Stränge $O_{0 \to j}$ bzw. $O_{j \to 6}$ kodiert.

PCR $\boxed{O_0}$ $\boxed{\overline{O}_6}$

$O_{0\to1}$	$O_{1\to2}$	$O_{2\to3}$	$O_{3\to4}$	$O_{4\to5}$	$O_{5\to6}$	
$\overline{O}_0$	$\overline{O}_1$	$\overline{O}_2$	$\overline{O}_3$	$\overline{O}_4$	$\overline{O}_5$	$\overline{O}_6$

$O_{0\to3}$	$O_{3\to4}$	$O_{4\to5}$	$O_{5\to6}$	
$\overline{O}_0$	$\overline{O}_3$	$\overline{O}_4$	$\overline{O}_5$	$\overline{O}_6$

$O_{0\to3}$	$O_{3\to2}$	$O_{2\to3}$	$O_{3\to4}$	$O_{4\to5}$	$O_{5\to6}$	
$\overline{O}_0$	$\overline{O}_3$	$\overline{O}_2$	$\overline{O}_3$	$\overline{O}_4$	$\overline{O}_5$	$\overline{O}_6$

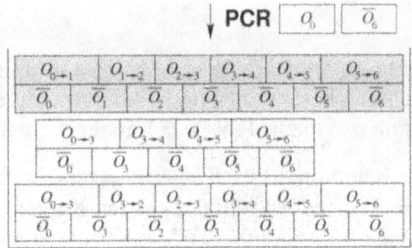

Schritt 3: Behalte von den Pfaden aus Schritt 2 jene, die genau 7 Knoten besuchen.

Die Pfade, die genau 7 Knoten besuchen, sind durch DNA-Doppelstränge der Länge 140bp kodiert. Die DNA-Kodierung von Pfaden benachbarter Längen beträgt 120bp und 160bp. Mittels Agarosegel-Elektrophorese wird das Produkt aus Schritt 2 in die vorhandenen Stranglängen aufgetrennt, die DNA-Bande der Länge 140bp ausgeschnitten und anschließend die enthaltene DNA aus dem Gel isoliert. Die auf diese Weise gewonnenen DNA-Doppelstränge werden wiederholt mittels PCR unter Nutzung der Primer O_0 und $\overline{O}_6$ amplifiziert.

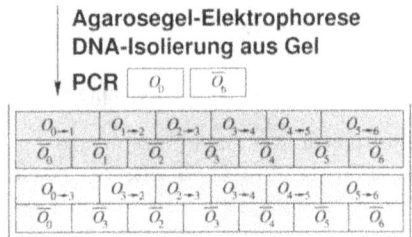

Agarosegel-Elektrophorese
DNA-Isolierung aus Gel

PCR $\boxed{O_0}$ $\boxed{\overline{O}_6}$

$O_{0\to1}$	$O_{1\to2}$	$O_{2\to3}$	$O_{3\to4}$	$O_{4\to5}$	$O_{5\to6}$	
$\overline{O}_0$	$\overline{O}_1$	$\overline{O}_2$	$\overline{O}_3$	$\overline{O}_4$	$\overline{O}_5$	$\overline{O}_6$

$O_{0\to3}$	$O_{1\to2}$	$O_{2\to3}$	$O_{3\to4}$	$O_{4\to5}$	$O_{5\to6}$	
$\overline{O}_0$	$\overline{O}_3$	$\overline{O}_2$	$\overline{O}_3$	$\overline{O}_4$	$\overline{O}_5$	$\overline{O}_6$

Schritt 4: Behalte von den Pfaden aus Schritt 3 jene, die jeden Knoten mindestens einmal besuchen.

Nacheinander werden n Separationen nach Subsequenz durchgeführt, wobei als Subsequenzen die Knotenkodierungen $\overline{O}_0$ bis $\overline{O}_6$ dienen. Es kommt jeweils die in Kapitel 4 beschriebene Separationstechnik auf Basis einer Affinity Purification zum Einsatz. Zum Aufbau der Biotin-Avidin-Matrizen werden Aliquots der DNA-Einzelstränge $\overline{O}_0$ bis $\overline{O}_6$ in separaten Reagenzgläsern an ihren 5'-Enden biotinyliert. Jede Separation nach Subsequenz wird mit dem finalen DNA-Pool der vorherigen Separation angestoßen, die erste Separation erfolgt mit dem Produkt aus Schritt 3. Im Ergebnis aller Separationen werden genau diejenigen DNA-Stränge erwartet, die die in $\mathcal{G}$ enthaltenen Hamiltonkreise kodieren.

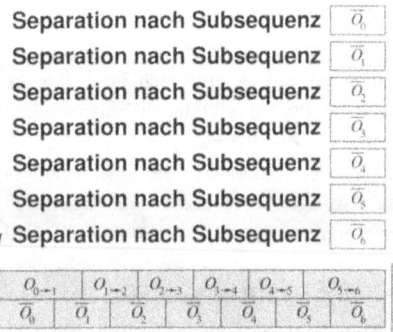

Separation nach Subsequenz $\boxed{\overline{O}_0}$
Separation nach Subsequenz $\boxed{\overline{O}_1}$
Separation nach Subsequenz $\boxed{\overline{O}_2}$
Separation nach Subsequenz $\boxed{\overline{O}_3}$
Separation nach Subsequenz $\boxed{\overline{O}_4}$
Separation nach Subsequenz $\boxed{\overline{O}_5}$
Separation nach Subsequenz $\boxed{\overline{O}_6}$

$O_{0\to1}$	$O_{1\to2}$	$O_{2\to3}$	$O_{3\to4}$	$O_{4\to5}$	$O_{5\to6}$	
$\overline{O}_0$	$\overline{O}_1$	$\overline{O}_2$	$\overline{O}_3$	$\overline{O}_4$	$\overline{O}_5$	$\overline{O}_6$

Tabelle 6.3: Illustration der Schrittfolge im Adleman-Experiment, Schritte 2 bis 4

Schritt 5: Falls mindestens ein Pfad übriggeblieben ist, lautet die Lösung „ja", sonst „nein".

Schritt 5 dient der Visualisierung des Ergebnisses und wird mittels einer PCR und anschließender Agarosegel-Elektrophorese implementiert. Die PCR mit den Primern O_0 und $\overline{O}_6$ hat die Aufgabe, sowohl die im Ergebnis von Schritt 4 eventuell noch verbliebenen DNA-Einzelstränge zu Doppelsträngen zu komplettieren als auch die Hamiltonkreise kodierenden DNA-Doppelstränge zu amplifizieren. Die Agarosegel-Elektrophorese des PCR-Produktes ermöglicht es festzustellen, ob DNA-Doppelstränge der Länge 140bp vorliegen. Diese repräsentieren die Hamiltonkreise. Die Existenz der entsprechenden DNA-Doppelstränge konnte im Experiment durch Sichtbarmachung der korrespondierenden DNA-Bande gezeigt und daraus die Lösung „ja" für die Beispielinstanz abgeleitet werden.

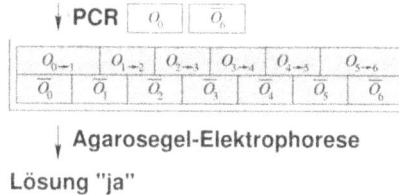

↓ PCR $\quad O_0 \quad \overline{O}_6$

$O_{0\rightarrow1}$	$O_{1\rightarrow2}$	$O_{2\rightarrow3}$	$O_{3\rightarrow4}$	$O_{4\rightarrow5}$	$O_{5\rightarrow6}$
$\overline{O}_0$	$\overline{O}_1$	$\overline{O}_2$	$\overline{O}_3$	$\overline{O}_4$	$\overline{O}_5$	$\overline{O}_6$

↓ Agarosegel-Elektrophorese

Lösung "ja"

Tabelle 6.4: Illustration der Schrittfolge im Adleman-Experiment, Schritt 5

Auswertung

Das Adleman-Experiment fand international Beachtung. Erstmalig war es gelungen, ein NP-vollständiges Problem mit polynomiellem Zeitaufwand erfolgreich im Labor zu lösen. Inspiriert von der Idee, DNA und molekularbiologische Prozesse zur Datenverarbeitung zu nutzen, befasste sich eine Reihe von Forschern mit theoretischen wie auch praktischen Aspekten des DNA-Computing. Bei der laborpraktischen Implementierung von DNA-Algorithmen hat sich die Reproduzierbarkeit der Experimente – Voraussetzung für den praktischen Einsatz des DNA-Computing – als Herausforderung erwiesen. Die Forschergruppe Kaplan/Cecchi/Libchaber versuchte, das Adleman-Experiment zu wiederholen. Dabei konnte das Originalergebnis von Adleman jedoch nicht bestätigt werden ([KaCL_95]). Seiteneffekte, die den Verlauf des Adleman-Experimentes beeinflussen können, sowie Vorschläge zu ihrer Überwindung sind in [Varg_98] beschrieben. Für das Adleman-Experiment im Sinne eines DNA-Algorithmus gilt:

Komplexitätstheoretischer und laborpraktischer Zeitaufwand: Betrachtet man jede Laboroperation als elementaren Arbeitsschritt und n als Problemgröße, so besitzt der Algorithmus eine Zeitkomplexität der Ordnung $O(n)$. Die Ausführung des Adleman-Experimentes im Labor beanspruchte einschließlich Inkubations- und Pipettierzeiten insgesamt eine Woche für die Problemgröße $n = 7$.

Speicherplatzbedarf: Die Anzahl informationstragender, in ihrer DNA-Sequenz unterschiedlicher DNA-Stränge ist von der Ordnung $O(n!)$ und verhält sich damit überexponentiell. In [FuBZ_99] wird ein anderer DNA-Algorithmus zur Lösung des Hamiltonkreis-Problems vorgestellt, dessen Speicherplatzbedarf in $O(n^2 \cdot \log^2(n) \cdot 2^n)$ liegt. Prinzipiell verschiebt sich der exponentielle Ressourcenbedarf von der Zeit zum Speicherplatz.

Skalierbarkeit: Aus modelltheoretischer Sicht lässt sich der Algorithmus auf Graphen beliebiger Knotenzahl skalieren, sofern die DNA-Kodierung der Knoten und Kanten in DNA-Sequenz und Stranglänge geeignet gewählt und die Seiteneffektfreiheit aller verwendeten

Operationen vorausgesetzt wird. Aus laborpraktischer Sicht ist die Skalierbarkeit des Algorithmus begrenzt. Beispielsweise würde bei einem Graphen mit 200 Knoten die Menge der einzusetzenden DNA die Masse der Erde übersteigen ([Hart_95]). Zudem summieren sich vorhandene Seiteneffekte der Operationen auf und können das Ergebnis derart beeinflussen, dass es unbrauchbar wird. Adleman selbst geht davon aus, dass eine laborpraktische Implementierung bis zu einer Problemgröße von etwa $n = 70$ beherrschbar ist. Bisher sind jedoch keine Erkenntnisse über entsprechende Lösungen großer NP-Probleme („*killer applications*") veröffentlicht.

6.2.2   Modellbeschreibung

DNA-basierte Daten

DNA-Stränge sind im Filtering-Modell durch Bitketten frei wählbarer, aber endlicher Länge $n \in \mathbb{N} \setminus \{0\}$ dargestellt. Eine Bitkette ist ein endliches nichtleeres Wort über dem Alphabet $\{0, 1\}$. Die einzelnen Bitpositionen innerhalb einer Bitkette sind links beginnend von 1 bis n durchnumeriert. Unter Nutzung von Platzhaltern $x_i \in \{0, 1\}$, $i = 1, \ldots, n$ ist jede Bitkette y der Länge n beschrieben durch $y = x_1 x_2 \ldots x_n \in \{0, 1\}^n$.

In keiner der zugrunde liegenden Modellbeschreibungen wird eine Zuordnung zwischen den Bitwerten 0, 1 und entsprechenden DNA-Sequenzen angegeben. Im Falle einer Laborimplementierung ist die Darstellung jedes Bits x_i durch eine korrespondierende DNA-Sequenz abhängig vom Bitwert (0 oder 1) *und* von der Position i des Bits innerhalb der Bitkette.

Reagenzglasinhalte werden abstrakt als Reagenzglas (test tube) bezeichnet. Jedes Reagenzglas t ist eine endliche Menge von Bitketten und somit eine endliche formale Sprache. Es gilt:

$$t \subseteq \bigcup_{i=1}^{n} \{0, 1\}^i \in FIN$$

Modelloperationen und Klasse der beschriebenen Programme

Seien t, u und w Reagenzgläser, $i, n \in \mathbb{N} \setminus \{0\}$ Parameter, $x_i \in \{0, 1\}$ mit $i = 1, \ldots, n$ und $a \in \{0, 1\}$ Bits sowie `true` und `false` boolesche Konstanten. Die Modelloperationen auf Reagenzgläsern sind wie folgt spezifiziert:

Initial set	`t := {0,1}`^{n}	erzeugt alle 2^n Bitketten der Länge n und weist sie dem Reagenzglas t zu. Für $n = 0$ ist die Operation nicht explizit spezifiziert. Sinnvoll ist in diesem Fall die Bereitstellung eines leeren Reagenzglases $t = \emptyset$.
Extract	`u :=` `Extract` $(t, x_i = a)$	$\text{Extract}\,(t, x_i = a) := t \cap (\{0,1\}^{i-1} \otimes \{a\} \otimes \{0,1\}^*)$ dupliziert genau die Bitketten aus t in u, bei denen das i-te Bit den Wert a hat. In manchen Veröffentlichungen wird diese Operation auch als *Separate* bezeichnet.

Tabelle 6.5: Beschreibung der Modelloperationen in der überarbeiteten Fassung der Filtering-Modelle nach Adleman, Lipton und Amos, Teil 1

Merge	$w := t \cup u$	bildet die Vereinigung von t und u und weist das Ergebnis dem Reagenzglas w zu. Der Spezialfall $w := t \cup t$ kann vereinfachend beschrieben werden durch $w := t$.
Amplify	$u := \texttt{Amplify}(t)$	erzeugt eine Kopie des Reagenzglases t und weist sie dem Reagenzglas u zu, ohne t zu zerstören. Die Existenz dieser Operation bewirkt die Nichtrestriktivität des Modells. Ohne diese Eigenschaft würden nach Ausführung jeder Operation die Eingangsreagenzgläser nicht mehr zur Verfügung stehen. Mittels $\texttt{Amplify}$ kann man vor Ausführung jeder Operation ein Duplikat jedes Eingangsreagenzglases anfertigen, so dass der Eingangsoperand auch nach Operationsausführung erhalten bleibt. Es wird vereinbart, dass anstelle der expliziten Verwendung von $\texttt{Amplify}$ vereinfachend angenommen wird, dass Eingangsreagenzgläser nach Operationsausführung generell erhalten bleiben.
Detect	$\texttt{Detect}(t)$	$\texttt{Detect}(t) = \begin{cases} \texttt{true falls } t \neq \emptyset \\ \texttt{false falls } t = \emptyset \end{cases}$ gibt den booleschen Wert $\texttt{true}$ zurück, wenn sich mindestens eine Bitkette in t befindet, und sie gibt $\texttt{false}$ zurück, wenn t leer ist.

Tabelle 6.6: *Beschreibung der Modelloperationen in der überarbeiteten Fassung der Filtering-Modelle nach Adleman, Lipton und Amos, Fortsetzung*

Definition 6.10 *Klasse der durch das Filtering-Modell beschriebenen Programme*

Seien t, u und w Reagenzgläser, $i, j, n \in \mathbb{N}$ Parameter, $x_i \in \{0, 1\}$ eine boolesche Variable und $a \in \{0, 1\}$ eine Konstante. Alle Reagenzgläser sind initial leer. In Erweiterung von [Amos_97] wird die Syntax der Klasse der durch das Filtering-Modell beschriebenen Programme induktiv durch folgende Regeln definiert:

(**F1**) Jedes Konstrukt $t := \{0, 1\}^n$ ist ein Programm des Filtering-Modells.

(**F2**) Jedes Konstrukt $u := \texttt{Extract}(t, x_i = a)$ ist ein Programm des Filtering-Modells.

(**F3**) Jedes Konstrukt $w := t \cup u$ und $w := t$ ist ein Programm des Filtering-Modells.

(**F4**) Sind P und Q Programme des Filtering-Modells, dann auch $P\,;Q$.

(**F5**) Ist P ein Programm des Filtering-Modells, dann auch
```
     if (Detect(t) = true) then P end und
     if (Detect(t) = false) then P end.
```

(**F6**) Ist P ein Programm des Filtering-Modells, dann auch
```
     for i := j to n step 1 do P end und
     for i := j to n step -1 do P end.
```

(**F7**) Ist P ein Programm des Filtering-Modells, dann auch
```
     while (Detect(t) = true) do P end und
     while (Detect(t) = false) do P end.
```

Parameterindices zur Spezifikation von Reagenzgläsern sind zugelassen. Für die verwendeten Konstrukte gilt die übliche Semantik.

6.2.3   Universalität

Die platzbeschränkte Universalität des Filtering-Modells wird gezeigt durch Transformation von WHILE-Programmen in Programme des Filtering-Modells. Da WHILE-Programme Variablen und Konstanten verwenden, Programme des Filtering-Modells jedoch auf Bitketten endlicher Länge beschränkt sind, ergibt sich die Notwendigkeit, eine *Platzschranke* einzuführen. Es wird vereinbart, dass die Werte aller Variablen und Konstanten im WHILE-Programm zu jedem Zeitpunkt der Programmausführung $\leq spacebound \in \mathbb{N} \setminus \{0\}$ sein müssen. *spacebound* ist vor Beginn der Programmausführung frei wählbar und während der Programmausführung auf den gewählten Wert fixiert.

Jede in einem WHILE-Programm als Wert einer Variablen oder Konstanten vorkommende natürliche Zahl n wird im korrespondierenden Programm des Filtering-Modells kodiert durch das genau eine Bitkette enthaltende Reagenzglas $\{1^n\} = \{\underbrace{1 \ldots 1}_{n-\text{mal}}\}$, falls $n > 0$ und durch das leere Reagenzglas $\emptyset$, falls $n = 0$.

Sei R ein WHILE-Programm, dessen Variablen- und Konstantenwerte zu keinem Zeitpunkt der Programmabarbeitung den Wert *spacebound* übersteigen. Die Transformation von R in ein Programm des Filtering-Modells erfolgt induktiv über den Aufbau von R.

Jedes Konstrukt der Form x_i := c wird ersetzt durch:

```
t_i := {0,1}^c;
for j := 1 to c step 1 do
  t_i := Extract(t_i, x_j = 1)
next j
```

Das angegebene Programm stellt das Reagenzglas $t_i = \{1^c\}$ bereit.

Jedes Konstrukt der Form x_i := x_j wird ersetzt durch:

```
t_i := t_j ∪ t_j
```

Das angegebene Programm stellt das Reagenzglas $t_i = t_j$ bereit.

Jedes Konstrukt der Form x_i := x_j + 1 wird ersetzt durch:

```
for k := 1 to spacebound step 1 do
  u_k := Extract(t_j, x_k = 1)
next k;
for k := spacebound to 1 step -1 do
  if (Detect(u_k) = false) then
    t_i := {0,1}^k;
    for j := 1 to k step 1 do
      t_i := Extract(t_i, x_j = 1)
    next j
  end
next k
```

Das angegebene Programm stellt das Reagenzglas $t_i = \{1^{j+1}\}$ bereit.

Jedes Konstrukt der Form x_i := x_j - 1 wird ersetzt durch:

```
for k := 1 to spacebound step 1 do
    u_k := Extract(t_j, x_k = 1);
    if (Detect(u_k) = true) then
        t_i := {0,1}^{k-1};
        for j := 1 to k-1 step 1 do
            t_i := Extract(t_i, x_j = 1)
        next j
    end
next k
```

Das angegebene Programm stellt das Reagenzglas $t_i = \{1^{j-1}\}$ bereit.

Seien P und Q WHILE-Programme. Jedes WHILE-Programm P ; Q wird ersetzt durch:

```
P ; Q
```

Sei P ein WHILE-Programm. Jedes WHILE-Programm WHILE x_i <> 0 DO P END wird ersetzt durch:

```
while (Detect(t_i) = true) do P end
```

WHILE-Programme der Form x_i := x_j + c, x_i := x_j - c mit c > 1 und LOOP x_i DO P END werden vor der Transformation in Programme des Filtering-Modells behandelt wie in Abschnitt 3.3.4 beschrieben.

6.2.4   Beispielalgorithmus zur Lösung des Rucksackproblems

Gegeben seien n Gegenstände mit den Gewichten a_1 bis a_n sowie das Referenzgewicht b. Der Algorithmus verfolgt einen Brute-Force-Ansatz: Alle Packmöglichkeiten des Rucksacks werden in einem initialen DNA-Pool (Reagenzglas t_0) bereitgestellt, wobei die Gewichte geeignet im Hinblick auf den nachfolgenden Separationsprozess bitkettenkodiert sind. Durch den Separationsprozess werden jene Bitketten selektiert, die dem Referenzgewicht b entsprechen.

Jedes Gewicht a_i, $i = 1, \ldots, n$ werde durch die Bitkettenabschnitte 1^{a_i} (Gegenstand i im Rucksack enthalten) und 0^{a_i} (Gegenstand i nicht im Rucksack enthalten) repräsentiert. Die Bitkette einer Packmöglichkeit ist eine Kombination aus den Bitkettenabschnitten aller Gegenstände, in der ein Bitkettenabschnitt jedes Gegenstandes genau einmal vorkommt. Die Bitketten aller Packmöglichkeiten besitzen somit eine identische Länge von $\sum_{i=1}^{n} a_i$ Bit. Die Abbildung 6.1 zeigt im äußerst links dargestellten Reagenzglas t_0 anhand einer Probleminstanz die Bitketten, die alle Packmöglichkeiten des Rucksacks darstellen. Die gewählte Bitkettenkodierung hat den Vorteil, dass die Anzahl der Einsen in jeder Bitkette dem Rucksackgewicht der korrespondierenden Packmöglichkeit entspricht. Folglich werden die Bitketten in einem Separationsprozess schrittweise nach der Anzahl Einsen in jeweils verschiedene Reagenzgläser aufgefächert, so dass final bis zu $\left(\sum_{i=1}^{n} a_i \right) + 1$ Reagenzgläser einbezogen sind. Bitketten mit h Einsen liegen am Ende des Separationsprozesses im Reagenzglas t_h vor. Die Bestimmung der Ja-nein-Lösung erfolgt über die abschließende Operation `Detect` (t_b). In Abbildung 6.1 ist die Arbeitsweise des Separationsprozesses dargestellt. Die Laufvariable k gibt an, wie viele Bits (von links beginnend) bereits berücksichtigt wurden. Die grau unterlegten Bänder heben den Weg der einzelnen Bitketten durch die verschiedenen Reagenzgläser hervor.

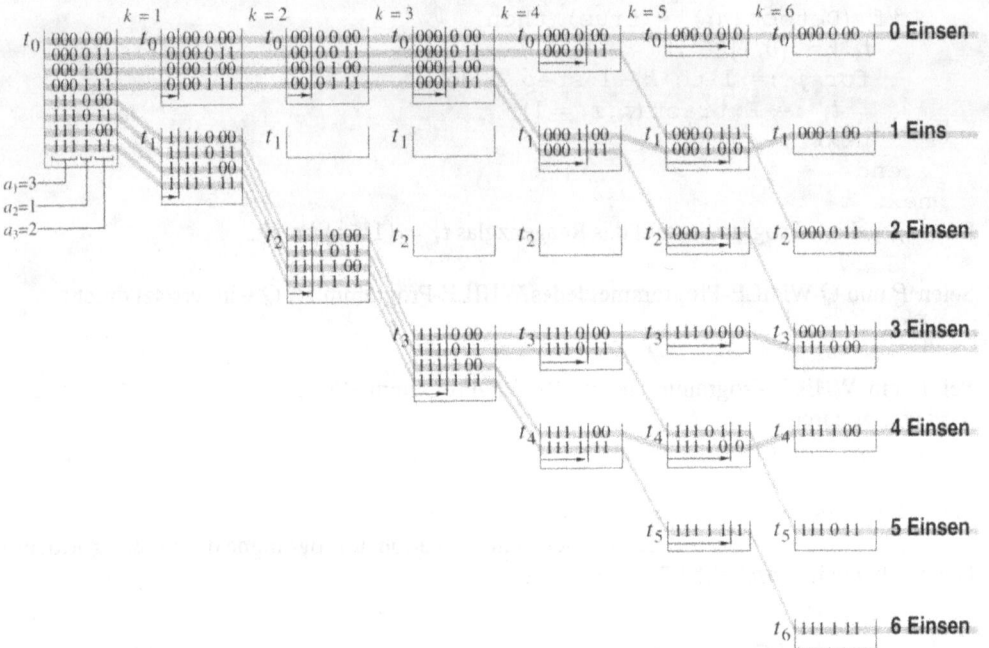

Abb. 6.1: Beispiel für das Arbeitsprinzip des Separationsprozesses zur Lösung eines Rucksackproblems im Filtering-Modell (dargestellte Probleminstanz: $a_1 = 3$, $a_2 = 1$, $a_3 = 2$, $b = 3$). Die Bitketten aus t_0 werden schrittweise entsprechend der Anzahl Einsen in verschiedene Reagenzgläser separiert.

```
/* -- Erzeugen des initialen DNA-Pools, bereitgestellt in t0 */
```
$$t_* := \{0,1\}^{\left(\sum_{i=1}^{n} a_i\right)};$$
$$t_{*0} := t_*;$$
$$t_{*1} := t_*;$$
```
for j := 1 to n step 1 do
```
$$\text{for } k := \left(\sum_{i=1}^{j-1} a_i\right) + 1 \text{ to } \sum_{i=1}^{j} a_i \text{ step 1 do}$$
$$\qquad t_{*0} := \text{Extract}(t_{*0}, x_k = 0);$$
$$\qquad t_{*1} := \text{Extract}(t_{*1}, x_k = 1)$$
```
    next k;
```
$$t_* := t_{*0} \cup t_{*1};$$
$$t_{*0} := t_*;$$
$$t_{*1} := t_*$$
```
next j;
```
$$t_0 := t_*;$$

```
/* -- Separationsprozess */
for k := 1 to ∑ aᵢ step 1 do
         i=1
  for j := k to 1 step -1 do
```
$$\text{for } k := 1 \text{ to } \sum_{i=1}^{n} a_i \text{ step } 1 \text{ do}$$
$$\quad \text{for } j := k \text{ to } 1 \text{ step } -1 \text{ do}$$
$$\quad\quad t_{neue\_Eins} := \text{Extract}(t_{j-1}, x_k = 1);$$
$$\quad\quad t_{Puffer} := t_j;$$
$$\quad\quad t_{j-1} := \text{Extract}(t_{j-1}, x_k = 0);$$
$$\quad\quad t_j := t_{neue\_Eins} \cup t_{Puffer}$$
$$\quad \text{next } j$$
$$\text{next } k;$$
$$\text{if } (\text{Detect}(t_b) = \text{true}) \text{ then } /* \text{ Loesung ja } */ \text{ end;}$$
$$\text{if } (\text{Detect}(t_b) = \text{false}) \text{ then } /* \text{ Loesung nein } */ \text{ end}$$

Komplexitätstheoretischer Zeitaufwand: Fasst man jedes Gegenstandsgewicht a_i als Konstante auf, so dass $\sum_{i=1}^{n} a_i \in O(n)$ gilt, dann führt der angegebene Algorithmus zur Lösung des Rucksackproblems $O(n^2)$ Modelloperationen aus. Es fällt auf, dass die Anzahl Extract-Operationen bestimmend für die Zeitkomplexität des jeweiligen gesamten DNA-Algorithmus im Filtering-Modell ist, wenn man die bisher in diesem Modell beschriebenen und veröffentlichten Algorithmen zugrunde legt (SAT-Problem in [Lipt_95], Brechen des Kryptostandards DES in [BoDL_96], 3-Coloring-Problem in [Amos_97], Bestimmung inverser boolescher Funktionen in [Winf_96] und Rucksackproblem).

Speicherplatzbedarf: Es werden $O(n)$ Reagenzgläser in den Algorithmus einbezogen. Die Anzahl informationstragender Bitketten ist von der Ordnung $O(2^n)$, die maximale Bitkettenlänge beträgt $O(n)$.

6.3   Das Modell Parallel Associative Memory (PAM)

Die Zielstellung, eine schnelle, massiv datenparallele Ausführung umfangreicher Berechnungen auf molekularer Grundlage zu modellieren, führte zur Entwicklung des DNA-Computing-Modells Parallel Associative Memory (PAM). Die Erstveröffentlichung dieses Modells von Reif datiert aus dem Jahr 1995 ([Reif_95]) und ist 1999 in einer überarbeiteten Fassung publiziert worden ([Reif_99]). Basierend auf dem Filtering-Modell nach Adleman und Lipton wird die Modellabbildung von Reagenzglasinhalten auf Multimengen erweitert sowie der Zeichenvorrat für DNA-kodierende Wörter um komplementäre Symbole ergänzt. Die eingeführte Operation PA-Match bildet einen zentralen Bestandteil des Modells. Sie ermöglicht es, leistungsfähige Algorithmen mit vergleichsweise wenigen Modelloperationen zu konstruieren. Die Operation PA-Match kann umfangreiche gezielte Veränderungen eines Reagenzglasinhaltes bewirken und verbindet Strangselektion und Strangmodifikation zu einer Einheit. In Anlehnung an die Join-Operation ⋈ relationaler Datenbanksysteme (u.a. beschrieben in [LoSc_87]), hier jedoch anstelle von Tabellen auf Wörter angewandt, gestattet PA-Match die effiziente parallele Abfrage und Verknüpfung von DNA-kodierten Daten eines Datenpools. Der mit der Archivierung eines solchen Datenpools einhergehende, aus verknüpfbaren Datenelementen aufgebaute Speicher verleiht dem Modell PAM seinen Namen und fokussiert die Idee, DNA-basierte Berechnungen über eine Brute-Force-Strategie zur Lösung von NP-Problemen hinaus sinnvoll anzuwenden.

PAM ist ein nichtrestriktives, deterministisches, Multiple-Data-fähiges, platzbeschränkt universelles und multimengenbasiertes Modell des DNA-Computing, das eine imperative Programmiersprache bildet. Die wiedergegebene Spezifikation der DNA-basierten Daten und Modelloperationen entstammt [Reif_99], wobei die formale Beschreibung der Operationen weiterführend konsequent auf Multimengen ausgerichtet wurde. Die Kontrollstruktur des Modells ist in den genannten Veröffentlichungen informal beschrieben und wird um eine darauf basierende Definition der Klasse der PAM-Programme erweitert. Der Universalitätsnachweis erfolgt konstruktiv durch Angabe einer Transformation nichtdeterministischer Turingmaschinen mit Platzbeschränkung des Ein-Ausgabe-Bandes in PAM-Programme. Die Beweisidee ist ebenfalls [Reif_99] entnommen. Ideen für eine mögliche Laborimplementierung werden in den zugrunde liegenden Literaturstellen genannt, es sind jedoch bisher keine Veröffentlichungen über praktische Umsetzungen bekannt.

6.3.1   Modellbeschreibung

DNA-basierte Daten

DNA-basierte Daten werden durch ein Alphabet Σ, das $2n$ paarweise verschiedene Symbole enthält, dargestellt. Es gilt: $\Sigma = \{\sigma_0, \sigma_1, \ldots, \sigma_{n-1}, \overline{\sigma}_0, \overline{\sigma}_1, \ldots, \overline{\sigma}_{n-1}\}$. Die Symbole σ_i und $\overline{\sigma}_i$, $i = 0, \ldots, n-1$ werden als zueinander komplementär bezeichnet. PAM ist nicht auf die Modellierung von DNA als Datenträger beschränkt. DNA repräsentiert den Spezialfall $\Sigma = \{A, C, T, G\}$ mit $T = \overline{A}$, $G = \overline{C}$ und $n = 2$. DNA-Stränge werden durch nichtleere endliche Wörter über Σ modelliert, wobei im Modell keine Unterscheidung zwischen DNA-Einzel- und -Doppelsträngen erfolgt. Jeder Reagenzglasinhalt ist modelliert durch ein Reagenzglas (test tube). Ein Reagenzglas T ist eine Multimenge von Wörtern über Σ. Es gilt: $T \subseteq \langle \Sigma^*, f \rangle$ mit $f : \Sigma^* \to \mathbb{N}$. Die Funktion f gibt die Exemplaranzahlen der in der Multimenge enthaltenen Wörter an.

Die Kodierung von Eingangsdaten in Wörter über Σ zur Verarbeitung im Modell PAM ist wie folgt beschrieben: Sei A ein beliebiges Alphabet (associative match alphabet) und A^* die Menge aller Wörter über A. Eingangsdaten seien durch geordnete Paare von Wörtern aus $A^* \times A^*$ beschrieben. Mittels einer Kodierung $E : A^* \times A^* \to \Sigma^*$ werden die Eingangsdaten in Wörter über Σ abgebildet.

Modelloperationen und Klasse der beschriebenen Programme

Seien T_1, T_2 und T_3 Reagenzgläser, $w, x \in \Sigma^*$ sowie `true` und `false` boolesche Konstanten. Die Modelloperationen sind wie folgt spezifiziert.

Init	$T_1 := \langle M, f \rangle$	mit $M \subset \Sigma^*$, $|M| \in \mathbb{N}$ und $f : M \to \mathbb{N}$. Init ermöglicht eine Initialbelegung von Reagenzgläsern mit einer endlichen Menge von Wörtern über Σ. Der Spezialfall $M = \emptyset$ ist zugelassen.
Merge	$T_3 := T_1 \uplus T_2$	T_3 wird die Multimengensumme aus T_1 und T_2 zugewiesen.
Copy	$T_2 := \text{Copy}(T_1)$	bedeutet $T_2 := T_1$. Eine Kopie von T_1 wird T_2 zugewiesen.

Tabelle 6.7: Beschreibung der Modelloperationen im Modell PAM, Teil 1

Separation	$T_2 := \text{Sep}(T_1, x, +)$ $T_2 := \text{Sep}(T_1, x, -)$	$\text{Sep}(T_1, x, +) := \langle \{w \in T_1 \mid (x \text{ ist Teilwort von } w)$ $\wedge (w \in \text{supp}(T_1)) \wedge (\text{lgth}(w) > 0)\}, f(w)\rangle$ $\text{Sep}(T_1, x, -) := \langle \{w \in T_1 \mid (x \text{ kein Teilwort von } w)$ $\wedge (w \in \text{supp}(T_1)) \wedge (\text{lgth}(w) > 0)\}, f(w)\rangle$ Separation stellt alle Wörter aus T_1, in denen $x \in \Sigma^*$ vorkommt ($+$) bzw. nicht vorkommt ($-$) in T_2 bereit. Die Operation ist der Separation nach Subsequenz nachempfunden. Die Position von x innerhalb von w ist ohne Belang.
PA-Match	$T_3 := T_1 \bowtie T_2$	Sei $E : A^* \times A^* \to \Sigma^*$ eine Kodierung. Für alle $\alpha, \beta, \beta', \gamma \in A^*$ gilt: $E(\alpha, \beta) \bowtie E(\beta', \gamma) := \begin{cases} E(\alpha, \gamma) & \text{falls } \beta = \beta' \\ \varepsilon & \text{sonst} \end{cases}$ Die Definition schließt die Sonderfälle $\alpha = \varepsilon$ und $\gamma = \varepsilon$ ein. Die PA-Match-Operation $\bowtie$ ist definiert durch: $T_1 \bowtie T_2 := \langle \{w \bowtie x \mid \forall w \in T_1 . \forall x \in T_2\},$ $\{(w \bowtie x, a) \mid a = \begin{cases} 0 & \text{für } w \bowtie x = \varepsilon \\ \min(f(w), f(x)) & \text{sonst} \end{cases}$ $\forall w \in T_1 . \forall x \in T_2\}\rangle$ Die Verbundmenge $T_1 \bowtie T_2$ (in Anlehnung an die Join-Operation) wird T_3 zugewiesen.
Detect	$\text{Detect}(T_1)$	$\text{Detect}(T_1) = \begin{cases} \texttt{true} & \text{falls } \text{supp}(T_1) \neq \emptyset \\ \texttt{false} & \text{falls } \text{supp}(T_1) = \emptyset \end{cases}$ gibt den Wert $\texttt{true}$ zurück, wenn T_1 mindestens ein nichtleeres Wort enthält, sonst $\texttt{false}$.

Tabelle 6.8: Beschreibung der Modelloperationen im Modell PAM, Fortsetzung

Definition 6.11 *Klasse der durch das Modell PAM beschriebenen Programme*

Seien T, U und V Reagenzgläser, $i, j, n \in \mathbb{N}$ Parameter, $x \in \Sigma^*$ ein nichtleeres endliches Wort über Σ, $M \subset \Sigma^*$ eine endliche Menge und $f : M \to \mathbb{N}$ eine Funktion. Alle Reagenzgläser sind initial leer. Die Syntax der Klasse der durch das Modell PAM beschriebenen Programme ist induktiv durch folgende Regeln definiert:

(PAM1) Jedes der Konstrukte $T := \langle M, f \rangle$, $V := T \uplus U$, $U := \text{Copy}(T)$, $V := T \bowtie U$, $U := \text{Sep}(T, x, +)$, $U := \text{Sep}(T, x, -)$, ist ein Programm des Modells PAM.

(PAM2) Sind P und Q Programme des Modells PAM, dann auch $P ; Q$.

(PAM3) Ist P ein Programm des Modells PAM, dann auch
```
if (Detect(T) = true) then P end und
if (Detect(T) = false) then P end .
```

(PAM4) Ist P ein Programm des Modells PAM, dann auch
```
for i := j to n step 1 do P end und
for i := j to n step -1 do P end .
```

(PAM5) Ist P ein Programm des Modells PAM, dann auch
```
while (Detect(T) = true) do P end und
while (Detect(T) = false) do P end .
```

Parameterindices zur Spezifikation von Reagenzgläsern sind zugelassen. Für die verwendeten Konstrukte gilt die übliche Semantik.

6.3.2 Universalität

Die platzbeschränkte Universalität des Modells PAM wird gezeigt durch Transformation platzbeschränkter nichtdeterministischer Turingmaschinen in Programme des Modells PAM. Die Platzschranke $s \in \mathbb{N} \setminus \{0\}$ gibt die Anzahl Felder des Ein-Ausgabe-Bandes der nichtdeterministischen Turingmaschine an, die für eine Berechnung zur Verfügung stehen. s ist vor Beginn jeder Berechnung frei wählbar und während der Berechnung auf den gewählten Wert fixiert. Sei $TM = (Z, \Sigma, \Theta, V, \delta, z_0, \Box, F)$ eine nichtdeterministische Turingmaschine mit Platzschranke s. Die Menge $A \subseteq \left(\bigcup_{i=0}^{s} \Theta^i \right) \otimes Z \otimes \left(\bigcup_{i=0}^{s} \Theta^i \right) \subset \Theta^* \otimes Z \otimes \Theta^*$ beschreibt die Menge aller Konfigurationen, die TM unter Berücksichtigung der Platzbeschränkung annehmen kann. A enthält höchstens $\left(|\Theta| + |Z| \right)^s$ Konfigurationen.

Die Beweisidee besteht darin, beliebige Konfigurationsübergänge geeignet im Modell PAM zu kodieren und ausgehend von der Startkonfiguration so lange alle möglichen Folgekonfigurationen zu generieren, bis eine Endkonfiguration erreicht ist. Zu diesem Zweck wird eine Konfigurationsübergangsrelation $NEXT \subseteq A \times A$ mit $NEXT = \{(c, c') \in A \times A \mid \forall c \in A . (c \vdash_{TM} c')\}$ eingeführt, die alle von einer gegebenen Konfiguration c aus in einem Schritt erreichbaren Folgekonfigurationen c' aufnimmt. Die Startkonfiguration sei mit c_0 bezeichnet, und c_F bezeichne eine Endkonfiguration. Eine Kodierung $E : A \times A \to \Sigma^*$ bildet Konfigurationsübergänge in nichtleere endliche Wörter über Σ ab. Für $f : \Sigma^* \to \mathbb{N}$ gelte: $f(x) = 1 \; \forall x \in \Sigma^*$. Folgendes Programm des Modells PAM realisiert die Simulation von TM:

```
𝒰 := ⟨{E(c, c') | ∀(c, c') ∈ NEXT}, f⟩;
𝒯 := ⟨{E(c₀, c') | ∀(c₀, c') ∈ NEXT}, f⟩;
𝒱 := Sep(𝒯, E(c₀, c_F), +);
while (Detect(𝒱) = false) do
   𝒯 := 𝒯 ⋈ 𝒰;
   𝒱 := Sep(𝒯, E(c₀, c_F), +)
end
```

Das Reagenzglas $\mathcal{U}$ enthält alle möglichen Konfigurationsübergänge, das Reagenzglas $\mathcal{T}$ ist mit genau den Konfigurationsübergängen initialisiert, die von der Startkonfiguration c_0 wegführen. Jeder Schleifendurchlauf simuliert den Folgeschritt von TM und generiert alle Konfigurationen, die im Ergebnis dieses Schrittes angenommen werden können. Die Berechnung terminiert, sobald $E(c_0, c_F)$ separiert und detektiert wird. Die Platzbeschränkung ist notwendig, damit $NEXT$ und mithin $\mathcal{U}$ endliche Mengen sind.

6.3.3 Beispielalgorithmus zur Lösung des Rucksackproblems

Gegeben seien n Gegenstände mit den Gewichten a_1 bis a_n sowie das Referenzgewicht b. Der Algorithmus lässt sich für das Modell PAM vorteilhaft konstruieren, wenn das Rucksackproblem in ein spezielles Graphenproblem transformiert wird, welches ermittelt, ob ein Pfad von einem gegebenen Startknoten zu einem ebenfalls gegebenen Zielknoten existiert. Mittels der PA-Match-Operation können Kanten über gemeinsame Start- und Endknoten zu Pfaden verbunden werden, die die möglichen Rucksackbelegungen repräsentieren. Die Idee der Problemtransformation entstammt einem Ansatz zur Lösung des Rucksackproblems mittels dynamischer Programmierung, beschrieben in [BaBo_99].

Problemtransformation

Der aus dem Rucksackproblem erzeugte endliche gerichtete Graph $\mathcal{G}$ ohne Kantenbewertung besitzt die Struktur eines Gitters aus $(b+1) \cdot (n+1)$ Knoten und ist wie folgt aufgebaut:

$$\mathcal{G} = (V, E) \text{ mit } E \subset V \times V$$
$$V = \{v_{(i,k)} \mid \forall i = 0, \ldots, b \ \forall k = 0, \ldots, n\}$$
$$E = \{(v_{(i,k)}, v_{(i,k+1)}) \mid \forall i = 0, \ldots, b \ \forall k = 0, \ldots, n-1\} \ \cup$$
$$\{(v_{(i,k)}, v_{(i+a_i,k+1)}) \mid \forall i = 0, \ldots, b \cdot (i + a_i \leq b) \ \forall k = 0, \ldots, n-1\}$$

Gibt es in $\mathcal{G}$ einen Pfad von $v_{(0,0)}$ nach $v_{(b,n)}$? Falls ja, besitzt das korrespondierende Rucksackproblem die Lösung „ja", anderenfalls „nein".

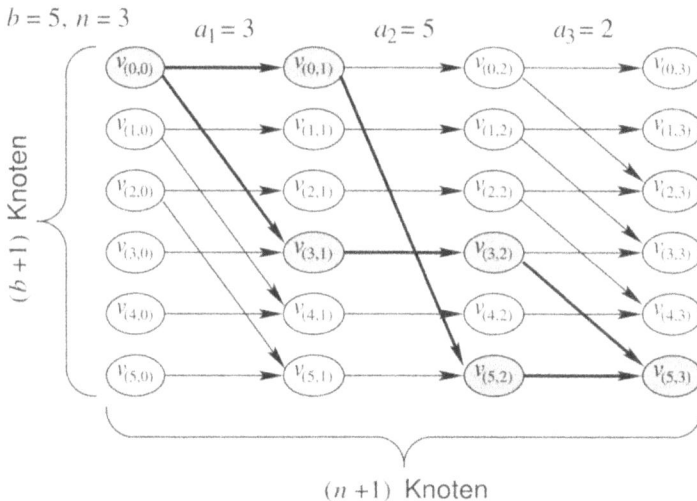

Abb. 6.2: Beispiel für die Transformation der Instanz $a_1 = 3, a_2 = 5, a_3 = 2, b = 5$ des Rucksackproblems in den korrespondierenden Graphen $\mathcal{G}$ mit gitterförmiger Anordnung der Knoten

Algorithmus im Modell PAM

Das Alphabet A (associative match alphabet) entspricht der Knotenmenge V. Die Kodierung $E : E \rightarrow \Sigma^*$ bildet jede Kante aus $\mathcal{G}$ in ein nichtleeres endliches Wort über Σ ab. Für $f : \Sigma^* \rightarrow \mathbb{N}$ gelte: $f(x) = 1 \ \forall x \in \Sigma^* . (\text{lgth}(x) \geq 1)$ und $f(x) = 0$ sonst.

```
/* -- Erzeugen aller potentiellen Kanten ∈ V × V */
T₁ := ⟨{E((v_(i,k), v_(j,m))) | ∀i, j = 0, ..., b ∀k, m = 0, ..., n}, f⟩;
/* -- davon genau die Kanten aus E behalten */
```

```
T₄ := ⟨∅, ∅⟩;
for i := 0 to b step 1 do
  for k := 0 to n − 1 step 1 do
    T₂ := ⟨∅, ∅⟩;
    T₃ := ⟨∅, ∅⟩;
    T₂ := Sep (T₁, E((v₍ᵢ,ₖ₎, v₍ᵢ,ₖ₊₁₎)), +);
    T₆ := ⟨{E((v₍ᵢ,ₖ₎, v₍ᵢ₊ₐᵢ,ₖ₊₁₎))}, f⟩;
    if (Detect (T₆) = true) then
      T₃ := Sep (T₁, E((v₍ᵢ,ₖ₎, v₍ᵢ₊ₐᵢ,ₖ₊₁₎)), +)
    end;
    T₄ := T₄ ⊎ T₂;
    T₄ := T₄ ⊎ T₃;
  next k
next i;
/* -- alle Pfade des Graphen mit n Kanten bilden */
T₅ := ⟨∅, ∅⟩;
for i := 0 to n − 1 step 1 do
  T₅ := T₄ ⋈ T₄;
  T₄ := Copy (T₅)
next i;
/* -- Pfade von v₍₀,₀₎ nach v₍ᵦ,ₙ₎ selektieren */
T₂ := ⟨∅, ∅⟩;
T₃ := ⟨∅, ∅⟩;
for i := 0 to b step 1 do
  T₂ := Sep (T₄, E((v₍₀,₀₎, v₍ᵢ,₁₎)), +);
  T₃ := T₃ ⊎ T₂
next i;
T₄ := Copy (T₃);
T₂ := ⟨∅, ∅⟩;
T₃ := ⟨∅, ∅⟩;
for i := 0 to b step 1 do
  T₂ := Sep (T₄, E((v₍ᵢ,ₙ₋₁₎, v₍ᵦ,ₙ₎)), +);
  T₃ := T₃ ⊎ T₂
next i;
T₄ := Copy (T₃);
/* -- Ergebnisausgabe */
if (Detect (T₄) = true) then /* Loesung ja */ end;
if (Detect (T₄) = false) then /* Loesung nein */ end
```

Komplexitätstheoretischer Zeitaufwand: Fasst man b als Konstante auf, dann führt der angegebene Algorithmus zur Lösung des Rucksackproblems $O(n)$ Modelloperationen aus.

Speicherplatzbedarf: Es werden $O(1)$ Reagenzgläser in den Algorithmus einbezogen. Bei Erzeugung aller Pfade des Graphen $\mathcal{G}$, die über n Kanten verlaufen, werden bis zu $O(2^n)$ Pfade gebildet (ungünstigster Fall: $a_i = 1 \; \forall i = 1, \ldots, n$ und $b = n$), die nach Abarbeitung des entsprechenden Programmabschnittes im Reagenzglas T_4 vorliegen. Jede Kante aus $\mathcal{G}$ ist durch ein nichtleeres Wort über Σ kodiert, wofür bei einem vierelementigen Alphabet ($|\Sigma| = 4$) eine Wortlänge von $2\lceil \log_4((b+1)(n+1)) \rceil$ benötigt wird.

6.4   DNA-Pascal

Das DNA-Computing-Modell DNA-Pascal verkörpert eine imperative Programmiersprache, die ausgewählte Elemente der Programmiersprache Pascal (beschrieben u.a. in [JeWi_78]) mit Operationen und Tests auf Bitkettenmengen kombiniert, die die Verarbeitung DNA-basierter Daten stark idealisiert modellieren. Das Modell, entwickelt von Rooß und Wagner, wurde 1995 in [RoWa_95] erstmals sowie leicht überarbeitet in [RoWa_96] veröffentlicht. Es stellt eine Erweiterung des Filtering-Modells nach Lipton dar, welches vollständig in Form eines eingeschränkten Satzes an Operationen in DNA-Pascal enthalten ist. DNA-Pascal entstand aus der Motivation, die Klasse der mittels DNA-Computing in polynomieller Zeit lösbaren Probleme zu bestimmen und zu beschreiben. In diesem Zusammenhang ist in [RoWa_95] die Transformation von Konfigurationsübergängen deterministischer Turingmaschinen mit Platzbeschränkung in ein DNA-Pascal-Programm angegeben, das neben den spezifizierten Operationen auf DNA-basierten Daten zusätzliche Wertzuweisungen anderen Ergebnistyps enthält. Eine Kurzbeschreibung von DNA-Pascal wird in [Pisa_98] gegeben.

Die nachfolgende Modellbeschreibung bezieht sich auf [RoWa_95]. Das DNA-Computing-Modell DNA-Pascal ist nichtrestriktiv, deterministisch und Multiple-Data-fähig. Multimengen werden in der Beschreibung der Modelloperationen nicht unterstützt. Über laborpraktische Implementierungen von DNA-Pascal sind bisher keine Veröffentlichungen bekannt. DNA-Pascal ist ein universelles Berechnungsmodell, sein Operationssatz gestattet den Aufbau von Bitketten beliebiger Länge ohne Platzbeschränkung. Der Universalitätsnachweis wird konstruktiv durch Angabe einer Transformation von WHILE-Programmen in DNA-Pascal-Programme geführt.

6.4.1   Modellbeschreibung

DNA-basierte Daten

DNA-Stränge sind in DNA-Pascal durch Bitketten dargestellt. Eine Bitkette wird hierbei aufgefasst als beliebiges Wort über dem Alphabet $\{0, 1\}$ ohne die in der Beschreibung des Filtering-Modells genannten Einschränkungen. Jedes endliche Wort über $\{0, 1\}$ assoziiert einen DNA-Strang, wobei keine der zugrunde liegenden Modellbeschreibungen eine Abbildungsvorschrift zwischen endlichen Wörtern über $\{0, 1\}$ und konkreten DNA-Strängen für eine Laborimplementierung angibt.

Reagenzglasinhalte werden abstrakt als Bitkettenmengen bezeichnet. Jede Bitkettenmenge T stellt eine formale Sprache dar. Es gilt: $T \subseteq \{0, 1\}^* = (\{0\} \cup \{1\})^* \in REG$.

Modelloperationen und Klasse der beschriebenen Programme

Seien T, T_1 und T_2 Bitkettenmengen, $m \in \mathbb{N} \setminus \{0\}$ und $n \in \mathbb{N}$ Parameter, x und z Wörter über $\{0, 1\}$, $a \in \{0, 1\}$ ein Bit sowie `true` und `false` boolesche Konstanten. Die Modelloperationen sind gemäß Tabelle 6.9 spezifiziert.

Zusätzlich werden in DNA-Pascal die parameterfreien Schlüsselwörter `accept` und `reject` aufgenommen, die die Rolle von Ausgabeanweisungen übernehmen und vom Programmierer semantisch belegt werden können. Bei erstmaligem Erreichen eines dieser Schlüsselwörter endet die Programmabarbeitung. Bei der Bearbeitung von Entscheidungsproblemen ist es üblich, `accept` mit der Lösung „ja" und `reject` mit der Lösung „nein" gleichzusetzen.

Union	$T := T_1 \cup T_2$	
Bit Extraction	$T := \mathrm{BX}(T_1, m, a)$	mit $\mathrm{BX}(T_1, m, a) = T_1 \cap (\{0,1\}^{m-1} \otimes \{a\}$ $\otimes \{0,1\}^*)$, $a \in \{0,1\}$, $m \geq 1$
Subword Extraction	$T := \mathrm{SX}(T_1, x)$	mit $\mathrm{SX}(T_1, x) = T_1 \cap (\{0,1\}^* \otimes \{x\} \otimes \{0,1\}^*)$, $x \in \{0,1\}^*$
Initialization	$T := \mathrm{IN}(n)$	mit $\mathrm{IN}(n) = \{0,1\}^n$, $n \geq 0$
Empty Word	$T := \{\varepsilon\}$	(Es gilt auch: $\mathrm{IN}(0) = \{\varepsilon\}$)
Right Adding	$T := T_1 \cdot a$	mit $T_1 \cdot a = \{z \circ a \mid \forall z \in T_1\}$
Left Adding	$T := a \cdot T_1$	mit $a \cdot T_1 = \{a \circ z \mid \forall z \in T_1\}$
Concatenation	$T := T_1 \cdot T_2$	mit $T_1 \cdot T_2 = \{x \circ z \mid \forall x \in T_1 \ \forall z \in T_2\}$
Right Cut	$T := T_1/$	mit $T_1/ = \{z/ \mid \forall z \in T_1\}$, $(z \circ a)/ = z$ für $a \in \{0,1\}$ und $\varepsilon/ = \varepsilon$
Left Cut	$T := \backslash T_1$	mit $\backslash T_1 = \{\backslash z \mid \forall z \in T_1\}$, $\backslash(a \circ z) = z$ für $a \in \{0,1\}$ und $\backslash \varepsilon = \varepsilon$
Intersection	$T := T_1 \cap T_2$	
Subset Test	$T_1 \subseteq T_2$	mit $(T_1 \subseteq T_2) = \begin{cases} \texttt{true} \text{ falls } T_1 \subseteq T_2 \\ \texttt{false} \text{ sonst} \end{cases}$
Emptiness Test	$T = \emptyset$	mit $(T = \emptyset) = \begin{cases} \texttt{true} \text{ falls } T = \emptyset \\ \texttt{false} \text{ sonst} \end{cases}$
Membership Test	$x \in T$	mit $(x \in T) = \begin{cases} \texttt{true} \text{ falls } x \in T \\ \texttt{false} \text{ sonst} \end{cases}$

Tabelle 6.9: Beschreibung der Modelloperationen einschließlich Tests im Modell DNA-Pascal

Definition 6.12   *Klasse der durch das Modell DNA-Pascal beschriebenen Programme*

Seien T, T_1 und T_2 Bitkettenmengen, $m \in \mathbb{N} \setminus \{0\}$ und $i, j, k, n \in \mathbb{N}$ Parameter, x und z Wörter über $\{0, 1\}$, $a \in \{0, 1\}$ ein Bit sowie `true` und `false` boolesche Konstanten. Alle Bitkettenmengen sind initial leer. Die Syntax der Klasse der DNA-Pascal-Programme wird durch die Chomsky-Grammatik $G = (V, \Sigma, P, S)$ definiert mit:

V = $\{S, \mathit{Ops}, \mathit{Op}, \mathit{Test}\}$

Σ = $\{\texttt{begin, end, if, then, for } i \texttt{ := } j \texttt{ to } k \texttt{ by 1, for } i \texttt{ := } j \texttt{ to } k \texttt{ by -1,}$
        $\texttt{while, do, ; } T := T_1 \cup T_2,\ T := \mathrm{BX}(T_1, m, a),\ T := \mathrm{SX}(T_1, x),\ T := \mathrm{IN}(n),$
        $T := \{\varepsilon\},\ T := T_1 \cdot a,\ T := a \cdot T_1,\ T := T_1 \cdot T_2,\ T := T_1/,\ T := \backslash T_1,$
        $T := T_1 \cap T_2,\ \texttt{accept, reject,}\ (T_1 \subseteq T_2),\ (T = \emptyset),\ (x \in T),\ \texttt{=true, =false}\}$

P = $\{(S, \texttt{begin } \mathit{Ops} \texttt{ end}),\ (\mathit{Ops}, \mathit{Op}),\ (\mathit{Ops}, \mathit{Ops}; \mathit{Op}),\ (\mathit{Ops}, \texttt{begin } \mathit{Ops} \texttt{ end}),$
        $(\mathit{Op}, T := T_1 \cup T_2),\ (\mathit{Op}, T := \mathrm{BX}(T_1, m, a)),\ (\mathit{Op}, T := \mathrm{SX}(T_1, x)),$
        $(\mathit{Op}, T := \mathrm{IN}(n)),\ (\mathit{Op}, T := \{\varepsilon\}),\ (\mathit{Op}, T := T_1 \cdot a),\ (\mathit{Op}, T := a \cdot T_1),$
        $(\mathit{Op}, T := T_1 \cdot T_2),\ (\mathit{Op}, T := T_1/),\ (\mathit{Op}, T := \backslash T_1),\ (\mathit{Op}, T := T_1 \cap T_2),$
        $(\mathit{Op}, \texttt{accept}),\ (\mathit{Op}, \texttt{reject}),\ (\mathit{Op}, \texttt{if } \mathit{Test} \texttt{ = true then begin } \mathit{Ops} \texttt{ end}),$
        $(\mathit{Op}, \texttt{if } \mathit{Test} \texttt{ = false then begin } \mathit{Ops} \texttt{ end}),$
        $(\mathit{Op}, \texttt{for } i \texttt{ := } j \texttt{ to } k \texttt{ by 1 do begin } \mathit{Ops} \texttt{ end}),$
        $(\mathit{Op}, \texttt{for } i \texttt{ := } j \texttt{ to } k \texttt{ by -1 do begin } \mathit{Ops} \texttt{ end}),$
        $(\mathit{Op}, \texttt{while } \mathit{Test} \texttt{ = true do begin } \mathit{Ops} \texttt{ end}),$
        $(\mathit{Op}, \texttt{while } \mathit{Test} \texttt{ = false do begin } \mathit{Ops} \texttt{ end}),$
        $(\mathit{Test}, (T_1 \subseteq T_2)),\ (\mathit{Test}, (T = \emptyset)),\ (\mathit{Test}, (x \in T))\}$

Jedes Wort der Sprache $L(G)$ ist ein syntaktisch korrektes DNA-Pascal-Programm. Für die verwendeten Konstrukte gilt die in Pascal übliche Semantik.

6.4.2   Universalität

Die Universalität des Modells DNA-Pascal wird konstruktiv gezeigt durch Transformation von WHILE-Programmen in DNA-Pascal-Programme. Jede in einem WHILE-Programm als Wert einer Variablen oder Konstanten vorkommende natürliche Zahl n wird im korrespondierenden DNA-Pascal-Programm kodiert durch die genau eine Bitkette enthaltende Bitkettenmenge $\{1^n\} = \{\underbrace{1\ldots1}_{n-\text{mal}}\}$, falls $n > 0$, und durch $\{\varepsilon\}$, falls $n = 0$.

Sei R ein WHILE-Programm. Die Transformation von R in ein DNA-Pascal-Programm erfolgt induktiv über den Aufbau von R.

Jedes Konstrukt der Form x_i := 0 wird ersetzt durch:
    begin $T_i := \{\varepsilon\}$ end

Jedes Konstrukt der Form x_i := c mit c > 0 wird ersetzt durch:
    begin $T_i := \text{IN}(c);\ \ T_i := \text{SX}(T_i, 1^c)$ end

Jedes Konstrukt der Form x_i := x_j wird ersetzt durch:
    begin $T_i := T_j \cup T_j$ end

Jedes Konstrukt der Form x_i := x_j + 1 wird ersetzt durch:
    begin $T_i := T_j \cup T_j;\ \ T_i := T_i \cdot 1$ end

Jedes Konstrukt der Form x_i := x_j - 1 wird ersetzt durch:
    begin $T_i := T_j \cup T_j;\ \ T_i := T_i/$ end

Seien P und Q WHILE-Programme. Jedes WHILE-Programm $P\,;Q$ wird ersetzt durch:
    begin P; Q end

Sei P ein WHILE-Programm. Jedes WHILE-Programm WHILE x_i <> 0 DO P END wird ersetzt durch:
    begin while $(\varepsilon \in T_i)$ = false do begin P end end

WHILE-Programme der Form x_i := x_j + c, x_i := x_j - c mit c > 1 und LOOP x_i DO P END werden vor der Transformation in DNA-Pascal-Programme behandelt wie in Abschnitt 3.3.4 beschrieben.

6.4.3   Beispielalgorithmus zur Lösung des Rucksackproblems

Gegeben seien n Gegenstände mit den Gewichten a_1 bis a_n sowie das Referenzgewicht b. Jedes Gewicht a_i wird durch die Bitkette 1^{a_i} kodiert. Der Algorithmus baut zunächst die kombinatorische Vielfalt aller Bitketten $\in \{0,1\}^n$ auf, wobei das Bit 0 an der Position $i \in \{1,\ldots,n\}$ angibt, dass der Gegenstand i nicht im Rucksack enthalten ist. Entsprechend gibt das Bit 1 an der Position $i \in \{1,\ldots,n\}$ an, dass der Gegenstand i im Rucksack enthalten ist. Jede Bitkette aus $\{0,1\}^n$ kodiert somit eine konkrete Packmöglichkeit des Rucksacks. An jede Packmöglichkeit wird anschließend ihr Gesamtgewicht bitkettenkodiert angehängt. Von allen resultierenden Bitketten werden die n äußerst linken Bits abgeschnitten, so dass die bitkettenkodierten Gesamtgewichte aller Packmöglichkeiten übrig bleiben. Lässt sich die Bitkette 1^b extrahieren, so lautet die Lösung „ja", anderenfalls „nein".

```
begin
  T₁ := IN(n);
  for i := 1 to n by 1 do begin
    T₂ := BX(T₁,i,1);
    T₃ := BX(T₁,i,0);
    T₆ := {ε};
    for j := 1 to aᵢ by 1 do begin
      T₆ := T₆ · 1
    end;
    T₂ := T₂ · T₆;
    T₁ := T₂ ∪ T₃
  end;
  for i := 1 to n by 1 do begin
    T₁ := \T₁
  end;
  T₄ := {ε};
  for i := 1 to b by 1 do begin
    T₄ := T₄ · 1
  end;
  T₅ := T₁ ∩ T₄;
  if (T₅ = ∅) = false then begin accept end;
  if (T₅ = ∅) = true then begin reject end
end
```

Komplexitätstheoretischer Zeitaufwand: Fasst man jedes Gegenstandsgewicht a_i als Konstante auf, so dass $\sum_{i=1}^{n} a_i \in O(n)$ gilt, dann führt der angegebene Algorithmus zur Lösung des Rucksackproblems $O(n^2)$ Modelloperationen aus.

Speicherplatzbedarf: Es werden $O(1)$ Reagenzgläser in den Algorithmus einbezogen. Die Anzahl informationstragender Bitketten ist von der Ordnung $O(2^n)$, die maximale Bitkettenlänge beträgt $O(n)$.

6.5   DNA Equality Checking

Das DNA-Computing-Modell DNA Equality Checking (DNA-EC) begründet eine imperative Programmiersprache auf Basis von DNA-Pascal mit generalisierter Beschreibung der DNA-basierten Daten sowie einem modifizierten Operationssatz. Die Erstveröffentlichung des Modells erfolgte in [YoKo_99]. Im Gegensatz zu DNA-Pascal unterscheidet DNA-EC zwischen formal kodierten DNA-Einzel- und -Doppelsträngen und führt zu diesem Zweck den Begriff des Komplementäralphabetes ein. Die Operationen auf DNA-basierten Daten weisen ein geringfügig niedrigeres Abstraktionsniveau gegenüber DNA-Pascal auf, das heißt, die Operationen sind labornäher spezifiziert. Eine wichtige Operation in DNA-EC bildet der Äquivalenztest (Equivalence Test), welcher auf Vorhandensein wortkodierter beidseitig blunt endender DNA-Doppelstränge prüft, die aus genau zwei über ihre gesamte Länge antiparallel komplementären DNA-Einzelsträngen aufgebaut sind. Der Universalitätsnachweis von DNA-EC wird in [YoKo_99] geführt durch Simulation von EM (Equality Machines) in DNA-EC-Programme. EM sind modifizierte Turingmaschinen, beschrieben in [EnRo_80]. Nachfolgend wird der Universalitätsnachweis durch Simulation der Klasse der WHILE-Programme erbracht. Die Kontrollstruktur des DNA-EC wird von DNA-Pascal übernommen. Weiterführende Betrachtungen zum Modell DNA-EC sind in [DaEr_98] enthalten.

DNA-EC ist nichtrestriktiv, deterministisch, Multiple-Data-fähig, nicht multimengenbasiert und universell. Über eine laborpraktische Implementierung des Modells sind bisher keine Veröffentlichungen bekannt.

6.5.1 Modellbeschreibung

DNA-basierte Daten

Sei Σ ein beliebiges Alphabet, so bezeichnet $\overline{\Sigma} = \{\overline{a} \mid a \in \Sigma\}$ das *Komplementäralphabet* von Σ. Es gilt: $\overline{(\overline{a})} = a \; \forall a \in \Sigma$. Die in Σ und $\overline{\Sigma}$ enthaltenen Symbole können als formale Darstellung von Nucleotiden aufgefasst werden, wenn $|\Sigma| = |\overline{\Sigma}| = 2$. Symbolpaare werden dargestellt durch das Alphabet $D = D_0 \cup D_1 \cup D_2$ mit $D_0 = [\Sigma/\overline{\Sigma}] = \{[a/\overline{a}] \mid a \in \Sigma\}$, $D_1 = [\Sigma/\emptyset] = \{[a/\;] \mid a \in \Sigma\}$ und $D_2 = [\emptyset/\Sigma] = \{[\;/\overline{a}] \mid a \in \Sigma\}$. Ein nichtleeres Wort $u \in D^+$ heißt *doppelsträngig* genau dann, wenn es in $(D_1^* \cup D_2^*) \otimes D_0^+ \otimes (D_1^* \cup D_2^*)$ liegt. Ein nichtleeres Wort $u \in D^+$ heißt *vollständig doppelsträngig* genau dann, wenn es in D_0^+ liegt. Wörter aus Σ^*, D_1^* oder D_2^* werden als *einzelsträngig* bezeichnet. Der Inhalt eines Reagenzglases T wird durch $I(T)$ notiert und ist definiert durch: $I(T) \subseteq \Sigma^* \cup D^*$.

Modelloperationen und Klasse der beschriebenen Programme

Seien T, T_1, T_2 Reagenzgläser, $k \in \mathbb{N}$ und $n \in \mathbb{N} \setminus \{0\}$ Parameter, $a, b, c, d, \sigma_1, \ldots, \sigma_n \in \Sigma$, $u, v, w \in \Sigma^*$, $x, y \in D^*$ und $\alpha \in D_0$. Zusätzlich seien `true` und `false` boolesche Konstanten. Die Modelloperationen sind gemäß der Tabellen 6.10 und 6.11 spezifiziert.

Emptiness Test	$EM(T)$ mit $EM(T) = \begin{cases} \texttt{true} & \text{falls } I(T) \neq \emptyset \\ \texttt{false} & \text{sonst} \end{cases}$
Equivalence Test	$EQ(T)$ mit $EQ(T) = \begin{cases} \texttt{true} & \text{falls } \exists u \in I(T) \, . \, u \text{ vollst. doppelsträngig} \\ \texttt{false} & \text{sonst} \end{cases}$

Tabelle 6.10: Beschreibung der Tests im Modell DNA-EC

Die Operationen Initialization, Union, Left Cut, Right Cut, Left Adding, Right Adding, Extraction, Deletion, Replacement, 2 Bit Replacement und Reversal wirken auf einzelsträngige Wörter, die Operationen Init2, Cut und Equivalence Test auf doppelsträngige Wörter sowie die Operation Emptiness Test auf beide Wortarten.

Initialization	$T := \text{In}(\Sigma, k)$	mit	$I(T) = \Sigma^k$
Union	$T := T_1 \cup T_2$	mit	$I(T) = I(T_1) \cup I(T_2)$
Left Cut	$T := a \backslash T_1$	mit	$I(T) = \{u \mid au \in I(T_1)\}$
Right Cut	$T := T_1 / a$	mit	$I(T) = \{u \mid ua \in I(T_1)\}$
Left Adding	$T := a \cdot T_1$	mit	$I(T) = \{a\} \otimes I(T_1)$
Right Adding	$T := T_1 \cdot a$	mit	$I(T) = I(T_1) \otimes \{a\}$
Extraction	$T := \text{Ex}(T_1, w)$	mit	$I(T) = I(T_1) \cap \Sigma^* \otimes \{w\} \otimes \Sigma^*$
Deletion	$T := \text{De}(T_1, w)$	mit	$I(T) = \{uv \mid uwv \in I(T_1)\}$
Replacement	$T := \text{Re}(T_1, u, v)$	mit	$I(T) = \{xvy \mid xuy \in I(T_1)\}$
2 Bit Repl.	$T := \text{Rb}(T_1, ab, cd)$	mit	$I(T) = \{xcdy \mid xaby \in I(T_1)\}$
Reversal	$T := T_1^R$	mit	$I(T) = \{u^R \mid u \in I(T)\},$ $(\sigma_1...\sigma_n)^R = \sigma_n...\sigma_1$
Init2	$T := \text{In2}(D, x)$	mit	$I(T) = \{x \mid x \in D^*\}$
Cut	$T := \text{Cu}(T_1, \alpha)$	mit	$I(T) = \{x, y \mid (x\alpha y \in I(T_1)) \wedge (I(T_1) \subseteq D^*)\}$

Tabelle 6.11: Beschreibung der Modelloperationen (außer Tests) im Modell DNA-EC

Definition 6.13 *Klasse der durch das Modell DNA-EC beschriebenen Programme*

Seien T, T_1, T_2 Reagenzgläser, $i, j, k, n \in \mathbb{N}$ Parameter, a, b, c, d Symbole aus Σ, u, v, w Wörter über Σ, x, y Wörter über D und $\alpha \in D_0$ sowie true und false boolesche Konstanten. Alle Reagenzgläser sind initial leer. Die Syntax der Klasse der DNA-EC-Programme wird durch die Chomsky-Grammatik $G = (V, \Sigma', P, S)$ definiert mit:

$V = \{S, Ops, Op, Test\}$

$\Sigma' = \{\texttt{begin, end, if, then, for } i := j \texttt{ to } k \texttt{ by 1, for } i := j \texttt{ to } k \texttt{ by } -1,$
$\quad \texttt{while, do, ;, } T := \text{In}(\Sigma, k), T := T_1 \cup T_2, T := a \backslash T_1, T := T_1 / a, T := a \cdot T_1,$
$\quad T := T_1 \cdot a, T := \text{Ex}(T_1, w), T := \text{De}(T_1, w), T := \text{Re}(T_1, u, v), T := T_1^R,$
$\quad T := \text{Rb}(T_1, ab, cd), T := \text{In2}(D, x), T := \text{Cu}(T_1, \alpha), \texttt{accept, reject,}$
$\quad (EM(T)), (EQ(T)), \texttt{ = true, = false}\}$

$P = \{(S, \texttt{begin } Ops \texttt{ end}), (Ops, Op), (Ops, Ops; Op), (Ops, \texttt{begin } Ops \texttt{ end}),$
$\quad (Op, T := \text{In}(\Sigma, k)), (Op, T := T_1 \cup T_2), (Op, T := a \backslash T_1), (Op, T := T_1 / a),$
$\quad (Op, T := a \cdot T_1), (Op, T := \text{Ex}(T_1, w)), (Op, T := \text{De}(T_1, w)), (Op, T := T_1^R),$
$\quad (Op, T := \text{Re}(T_1, u, v)), (Op, T := \text{Rb}(T_1, ab, cd)), (Op, T := \text{In2}(D, x)),$
$\quad (Op, T := T_1 \cdot a), (Op, T := \text{Cu}(T_1, \alpha)), (Op, \texttt{accept}), (Op, \texttt{reject}),$
$\quad (Op, \texttt{if } Test \texttt{ = true then begin } Ops \texttt{ end}),$
$\quad (Op, \texttt{if } Test \texttt{ = false then begin } Ops \texttt{ end}),$
$\quad (Op, \texttt{for } i := j \texttt{ to } k \texttt{ by 1 do begin } Ops \texttt{ end}),$
$\quad (Op, \texttt{for } i := j \texttt{ to } k \texttt{ by } -1 \texttt{ do begin } Ops \texttt{ end}),$
$\quad (Op, \texttt{while } Test \texttt{ = false do begin } Ops \texttt{ end}), (Test, (EM(T))),$
$\quad (Op, \texttt{while } Test \texttt{ = true do begin } Ops \texttt{ end}), (Test, (EQ(T)))\}$

Jedes Wort der Sprache $L(G)$ ist ein syntaktisch korrektes DNA-EC-Programm. Es gilt die in Pascal übliche Semantik.

6.5.2   Universalität

Die Universalität des Modells DNA-EC wird konstruktiv gezeigt durch Transformation von WHILE-Programmen in DNA-EC-Programme. Jede in einem WHILE-Programm als Wert einer Variablen oder Konstanten vorkommende natürliche Zahl n wird im korrespondierenden DNA-EC-Programm kodiert durch ein genau ein Wort enthaltendes Reagenzglas T mit $I(T) = \{1^n\} = \{\underbrace{1 \ldots 1}_{n-\text{mal}}\}$, falls $n > 0$ und durch $I(T) = \{\varepsilon\}$, falls $n = 0$. Es gilt: $\Sigma = \{1\}$.

Sei R ein WHILE-Programm. Die Transformation von R in ein DNA-EC-Programm erfolgt induktiv über den Aufbau von R.

Jedes Konstrukt der Form x_i := 0 wird ersetzt durch:
    begin $T_i := \text{In}(\{1\}, 0)$ end

Jedes Konstrukt der Form x_i := c mit c > 0 wird ersetzt durch:
    begin $T_i := \text{In}(\{1\}, c)$; $T_i := \text{Ex}(T_i, 1^c)$ end

Jedes Konstrukt der Form x_i := x_j wird ersetzt durch:
    begin $T_i := T_j \cup T_j$ end

Jedes Konstrukt der Form x_i := x_j + 1 wird ersetzt durch:
    begin $T_i := T_j \cup T_j$; $T_i := T_i \cdot 1$ end

Jedes Konstrukt der Form x_i := x_j - 1 wird ersetzt durch:
    begin $T_i := T_j \cup T_j$; $T_i := T_i/1$ end

Seien P und Q WHILE-Programme. Jedes WHILE-Programm P; Q wird ersetzt durch:
    begin P; Q end

Sei P ein WHILE-Programm, T_k ein neues Reagenzglas. Jedes WHILE-Programm
WHILE x_i <> 0 DO P END wird ersetzt durch:
    begin
      $T_k := T_i \cup T_i$;
      $T_k := \text{Ex}(T_k, 1)$;
      while $(EM(T_k))$ = true do begin P end
    end

WHILE-Programme der Form x_i := x_j + c, x_i := x_j - c mit c > 1 und LOOP x_i DO P END werden vor der Transformation in DNA-EC-Programme behandelt wie in Abschnitt 3.3.4 beschrieben.

6.5.3   Beispielalgorithmus zur Lösung des Rucksackproblems

Gegeben seien n Gegenstände mit den Gewichten a_1 bis a_n sowie das Referenzgewicht b, ohne Beschränkung der Allgemeinheit gelte: $b > 0$. Es wird das aus 4 Symbolen bestehende Alphabet $\Sigma = \{0, 1, c, d\}$ zugrunde gelegt. Jedes Gewicht a_i wird durch das Wort c^{a_i} kodiert.

Der Algorithmus baut sukzessiv über n Schleifendurchläufe alle Wörter auf, die die Gesamtgewichte aller möglichen Rucksackinhalte kodieren. Beginnend mit dem leeren Wort ε, erweitert jeder Schleifendurchlauf $i = 1, \ldots, n$ jedes Wort x zu den beiden Wörtern $x0$ und $x1$. Das angehängte Symbol 0 gibt an, dass der Gegenstand i nicht im Rucksack enthalten ist, während 1 das Enthaltensein des Gegenstandes i symbolisiert. Jeder Schleifendurchlauf i endet damit, die angehängten Symbole 1 jeweils durch das Wort c^{a_i} zu ersetzen. Nach Beendigung aller Schleifendurchläufe werden sämtliche Symbole 0 aus den aufgebauten Wörtern entfernt und anschließend genau die Wörter y mit $y = c^b$ durch das bis dahin ungenutzte Symbol d ersetzt. Alle Wörter, die d enthalten, werden in ein gesondertes Finalreagenzglas extrahiert. Enthält dieses mindestens ein Wort, so lautet die Lösung „ja", ansonsten „nein".

```
begin
  T_0 := In({0,1,c,d},0);
  for i := 1 to n by 1 do begin
    T_1 := T_0 ∪ T_0;
    T_2 := T_0 ∪ T_0;
    T_1 := T_1 · 0;
    T_2 := T_2 · 1;
    T_0 := T_1 ∪ T_2;
    T_0 := Re(T_0,1,c^{a_i});
  end;
  T_0 := De(T_0,0);
  T_0 := 0 · T_0;
  T_0 := T_0 · 1;
  T_0 := Re(T_0,0c^b1,d);
  T_3 := Ex(T_0,d);
  if (EM(T_3)) = true then begin accept end;
  if (EM(T_3)) = false then begin reject end
end
```

Komplexitätstheoretischer Zeitaufwand: Der angegebene Algorithmus zur Lösung des Rucksackproblems führt $O(n)$ Modelloperationen aus.

Speicherplatzbedarf: Es werden $O(1)$ Reagenzgläser in den Algorithmus einbezogen. Die Wortanzahl ist von der Ordnung $O(2^n)$, die maximale Wortlänge beträgt $O(n)$, wenn jedes Gewicht a_i als Konstante aufgefasst wird, so dass gilt: $\sum_{i=1}^{n} a_i \in O(n)$.

6.6 Insertion-Deletion-Systeme

Die Idee, in linearen DNA-Strängen gezielt sequenzspezifische DNA-Abschnitte einzufügen und zu entfernen, liegt Insertion-Deletion-Systemen zugrunde. Die Auswahl der entsprechenden DNA-Abschnitte erfolgt kontextsensitiv, das heißt, in Abhängigkeit von der DNA-Sequenz des betreffenden DNA-Abschnittes *und* der ihn umgebenden DNA-Sequenzen im Gesamtstrang. Insertion-Deletion-Systeme bilden formale Modelle des DNA-Computing, die sich untereinander durch Modellparameter unterscheiden, in Definition und Arbeitsprinzip jedoch identisch sind. Die Modellparameter charakterisieren die maximal zulässigen DNA-Sequenzlängen (Wortlängen) der als Kontext dienenden Bereiche. Eine Berechnung in einem

Insertion-Deletion-System ist eine durch Regeln gesteuerte Abfolge von Teilwortersetzungen. Ähnlich zu Chomsky-Grammatiken repräsentieren Insertion-Deletion-Systeme einen Mechanismus zur Generierung formaler Sprachen.

Basierend auf Insertion-Systemen, eingeführt in [Gali_81], wurden Insertion-Deletion-Systeme in [KaTh_96] unter Verwendung der in [Kari_91] definierten Insertion-Deletion-Operation erstveröffentlicht. Die Universalität von Insertion-Deletion-Systemen wurde in [MVPS_98] konstruktiv gezeigt durch Transformation von Chomsky-Grammatiken des Typs 0 in entsprechende Systeme. Die hier wiedergegebene Modellbeschreibung sowie der Universalitätsnachweis sind [PaRS_98] entnommen. Die Optimierung von Modellparametern hinsichtlich verschiedener Kriterien ist Gegenstand von Forschungsarbeiten.

Insertion-Deletion-Systeme bilden nichtrestriktive und nichtdeterministische Modelle des DNA-Computing, die unter der Voraussetzung geeignet gewählter Modellparameter universell sind. Multimengen finden in der Modellbeschreibung keine Verwendung. Vorschläge für eine laborpraktische Implementierung von Teilwortersetzungen (Regelanwendungen) werden in [PaRS_98] skizziert, erste Erkenntnisse über entsprechende Realisierungen liegen vor [DKSG_99]. Insertion-Deletion-Systeme lassen sich als Multiple-Data-fähig auffassen.

6.6.1 Modellbeschreibung

Definition 6.14 *Insertion-Deletion-System*

Ein Insertion-Deletion-System γ ist ein Quadrupel $\gamma = (V, \Sigma, A, R)$ mit folgender Bedeutung der Komponenten: V bezeichnet ein beliebiges Alphabet, $\Sigma \subseteq V$ das Alphabet der Terminalsymbole und die endliche Sprache $A \subset V^*$ die Menge der Axiome. R ist eine endliche Menge von Tripeln der Form $(u, \alpha/\beta, v)$ mit $u, v \in V^*$ und $(\alpha, \beta) \in (V^+ \times \{\varepsilon\}) \cup (\{\varepsilon\} \times V^+)$. R beschreibt die Menge der Insertion-Deletion-Regeln.

Jede Regel $(u, \varepsilon/\beta, v) \in R$ wird als Insertion-Regel interpretiert, indem das Wort $\beta \in V^+$ in den umgebenden Kontext $uv \in V^*$ entsprechend der Ersetzung $uv \longrightarrow u\beta v$ eingefügt wird. Analog wird jede Regel $(u, \alpha/\varepsilon, v)$ als Deletion-Regel interpretiert, indem das Wort $\alpha \in V^+$ aus dem umgebenden Kontext entsprechend der Ersetzung $u\alpha v \longrightarrow uv$ entfernt wird. In R ist die Menge der Insertion-Regeln und die Menge der Deletion-Regeln zusammengefasst.

Definition 6.15 *Ableitungsschritt eines Insertion-Deletion-Systems*

Sei $\gamma = (V, \Sigma, A, R)$ ein Insertion-Deletion-System, $x, y \in V^*$. Ein Ableitungsschritt (Regelanwendung, Produktion) von x nach y ist eine Relation $\vdash_\gamma \subset V^* \times V^*$, definiert durch:

$$x \vdash_\gamma y = \left\{ (x, y) \,\middle|\, \begin{cases} x = x_1 uv x_2 \wedge y = x_1 u\beta v x_2 \wedge \exists x_1, x_2 \in V^*.((u, \varepsilon/\beta, v) \in R) \text{ (Ins.)} \\ x = x_1 u\alpha v x_2 \wedge y = x_1 uv x_2 \wedge \exists x_1, x_2 \in V^*.((u, \alpha/\varepsilon, v) \in R) \text{ (Del.)} \end{cases} \right\}$$

$x \vdash_\gamma y$ drückt aus, dass x durch Anwendung genau einer Insertion-Deletion-Regel aus R zu y abgeleitet wird. Die Relation $\vdash_\gamma$ ist im Allgemeinen keine Funktion, das heißt, zu einem x kann es mehrere y geben. Dies bedingt, dass Insertion-Deletion-Systeme im Allgemeinen nichtdeterministische Modelle des DNA-Computing sind. Die transitive Hülle von $\vdash_\gamma$ wird mit $\vdash_\gamma^+$, die reflexive transitive Hülle mit $\vdash_\gamma^*$ bezeichnet.

Definition 6.16   *durch ein Insertion-Deletion-System beschriebene Sprache*

Sei $\gamma = (V, \Sigma, A, R)$ ein Insertion-Deletion-System. Die durch γ beschriebene (generierte) Sprache $L(\gamma)$ ist definiert durch $L(\gamma) = \{w \in \Sigma^* \mid \exists x \in A \ . \ (x \vdash_\gamma^* w)\}$.

Definition 6.17   *Gewicht eines Insertion-Deletion-Systems*

Ein Insertion-Deletion-System $\gamma = (V, \Sigma, A, R)$ ist vom Gewicht (n, m; p, q) genau dann, wenn:

$$
\begin{aligned}
n &= \max\{\mathrm{lgth}(\beta) \mid (u, \varepsilon/\beta, v) \in R\}, \\
m &= \max\{\mathrm{lgth}(u) \mid (u, \varepsilon/\beta, v) \in R \vee (v, \varepsilon/\beta, u) \in R\}, \\
p &= \max\{\mathrm{lgth}(\alpha) \mid (u, \alpha/\varepsilon, v) \in R\}, \\
q &= \max\{\mathrm{lgth}(u) \mid (u, \alpha/\varepsilon, v) \in R \vee (v, \alpha/\varepsilon, u) \in R\}
\end{aligned}
$$

Definition 6.18   *Sprachklassen von Insertion-Deletion-Systemen*

Die von einem Insertion-Deletion-System $\gamma = (V, \Sigma, A, R)$ generierte Sprache $L(\gamma)$ gehört zur Klasse $INS_n^m DEL_p^q$ mit $m, n, p, q \in \mathbb{N}$ genau dann, wenn γ vom Gewicht $(n', m'; p', q')$ mit $n' \le n, m' \le m, p' \le p, q' \le q$ und $n', m', p', q' \in \mathbb{N}$ ist.

Die Gewichtskomponenten $m, n, p, q \in \mathbb{N}$ werden als Modellparameter bezeichnet. Insertion-Deletion-Systeme lassen sich hinsichtlich ihrer Modellparameter klassifizieren und optimieren, um für jede generierbare Sprachklasse eine kleinstmögliche Wertebelegung der Gewichtskomponenten angeben zu können. Für den Universalitätsnachweis reicht die Angabe einer beliebigen Wertebelegung $(m, n; p, q)$ mit $RE \subseteq INS_n^m DEL_p^q$ aus.

6.6.2   Universalität

Sei $G = (V, \Sigma, P, S)$ eine Chomsky-Grammatik vom Typ 0, o.B.d.A. in Kuroda-Normalform. G wird überführt in ein Insertion-Deletion-System γ vom Gewicht $(3, 2; 3, 0)$. Seien $X, Y, U, Z \in V$, $x \in (V \cup \Sigma)^*$ mit $\mathrm{lgth}(x) \le 2$. Das Insertion-Deletion-System $\gamma = (V \cup \Sigma \cup \{E, K_1, K_2\}, \Sigma, \{SEE\}, R)$ besitzt die Regelmenge:

$$
\begin{aligned}
R = \ & \{(X, \varepsilon/K_1 \dot{x}, \alpha_1 \alpha_2) \mid \forall (X, x) \in P \ . \ ((X \in V) \wedge (x \in (V \cup \Sigma)^*) \wedge (\mathrm{lgth}(x) \le 2)) \\
& \quad \forall \alpha_1, \alpha_2 \in V \cup \Sigma \cup \{E\}\} \cup \\
& \{(XY, \varepsilon/K_2 UZ, \alpha_1 \alpha_2) \mid \forall (XY, UZ) \in P \ . \ (X, Y, U, Z \in V) \\
& \quad \forall \alpha_1, \alpha_2 \in V \cup \Sigma \cup \{E\}\} \cup \\
& \{(\varepsilon, XK_1/\varepsilon, \varepsilon) \mid \forall X \in V\} \cup \{(\varepsilon, XYK_2/\varepsilon, \varepsilon) \mid \forall X, Y \in V\} \cup \{(\varepsilon, EE/\varepsilon, \varepsilon)\}
\end{aligned}
$$

Folglich gilt: $L(G) \subseteq L(\gamma)$ und mithin $RE \subseteq INS_3^2 DEL_3^0$.

Unter Zugrundelegung anderer Normalformen für Chomsky-Grammatiken vom Typ 0 wird in [PaRS_98] ebenfalls konstruktiv bewiesen, dass gilt: $RE \subseteq INS_1^2 DEL_1^1$, $INS_1^2 DEL_1^1 \subseteq RE$ (mithin $RE = INS_1^2 DEL_1^1$) sowie $RE \subseteq INS_1^1 DEL_2^0$.

6.6.3 Beispielalgorithmus zur Lösung des Rucksackproblems

Gegeben seien n Gegenstände mit den Gewichten a_1 bis a_n sowie das Referenzgewicht b. Der Algorithmus, beschrieben durch ein Insertion-Deletion-System γ, generiert eine endliche formale Sprache $L(\gamma)$, aus der sich die Problemlösung ergibt. Ausgehend vom Startwort (Axiom) $< \#_1 \#_2 \cdots \#_n \#_{n+1} >$ gestatten die Regeln aus γ den Aufbau der kombinatorischen Vielfalt aller Packmöglichkeiten, indem das Gewicht a_i jedes Gegenstandes $i = 1, \ldots, n$, kodiert durch das Teilwort 1^{a_i}, mittels entsprechender Insertion-Regeln zwischen den Begrenzern $\#_i$ und $\#_{i+1}$ eingebettet wird. Durch Anwendung entsprechend definierter Deletion-Regeln lassen sich nachfolgend alle Begrenzer $\#_i$ mit $i = 2, \ldots, n$ aus den erzeugten Wörtern entfernen, so dass lediglich die äußeren Begrenzer $\#_1$ und $\#_{n+1}$ sowie alle dazwischen eingefügten Symbole „1" verbleiben. Gelingt es darüber hinaus, eine Deletion-Regel anzuwenden, mit deren Hilfe das Teilwort $\#_1 1^b \#_{n+1}$ entfernt werden kann, so dass das Wort $<>$ als einziges Wort der Sprache $L(\gamma)$ übrig bleibt, dann lautet die Problemlösung „ja". Anderenfalls kann kein Wort der Sprache $L(\gamma)$ generiert werden ($L(\gamma) = \emptyset$), und die Problemlösung lautet „nein".

$$
\begin{aligned}
\gamma &= (V, \Sigma, A, R) \\
V &= \{1, <, >, \#_1, \ldots, \#_{n+1}\} \\
\Sigma &= \{<, >\} \\
A &= \{< \#_1 \#_2 \cdots \#_n \#_{n+1} >\} \\
R &= \{(\#_i, \varepsilon/1^{a_i}, \#_{i+1}) \mid \forall i = 1, \ldots, n\} \cup \\
&\quad \{(1, \#_i/\varepsilon, 1) \mid \forall i = 2, \ldots, n\} \cup \\
&\quad \{(1, \#_i/\varepsilon, \#_{i+1}) \mid \forall i = 2, \ldots, n\} \cup \\
&\quad \{(\#_i, \#_{i+1}/\varepsilon, 1) \mid \forall i = 1, \ldots, n-1\} \cup \\
&\quad \{(\#_j, \#_i/\varepsilon, \#_k) \mid \forall i = 2, \ldots, n \;\forall j = 1, \ldots, i-1 \;\forall k = i+1, \ldots, n+1\} \cup \\
&\quad \{(<, \#_1 1^b \#_{n+1}/\varepsilon, >)\}
\end{aligned}
$$

Es gilt: $L(\gamma) = \begin{cases} \{<>\} & \text{bei Lösung „ja"} \\ \emptyset & \text{bei Lösung „nein"} \end{cases}$

γ besitzt das Gewicht $(1, \max\{a_i \mid i = 1, \ldots, n\}; b+2, 1)$. Durch Auftrennung von Regeln $(u, \alpha/\varepsilon, v)$ und $(u, \varepsilon/\beta, v)$ mit größeren $\mathrm{lgth}(u)$, $\mathrm{lgth}(v)$, $\mathrm{lgth}(\alpha)$, $\mathrm{lgth}(\beta)$ als im Universalitätsnachweis angegeben in jeweils mehrere Regeln unter Einführung zusätzlicher Symbole $\in V$ kann ein entsprechend reduziertes Gewicht von γ erreicht werden.

Ein Abarbeitungsbeispiel des durch γ beschriebenen Algorithmus ist in Abbildung 6.3 gezeigt. Jeder Pfeil entspricht einem Ableitungsschritt $\vdash_\gamma$ oder fasst mehrere Ableitungsschritte aus $\vdash_\gamma^+$ zusammen.

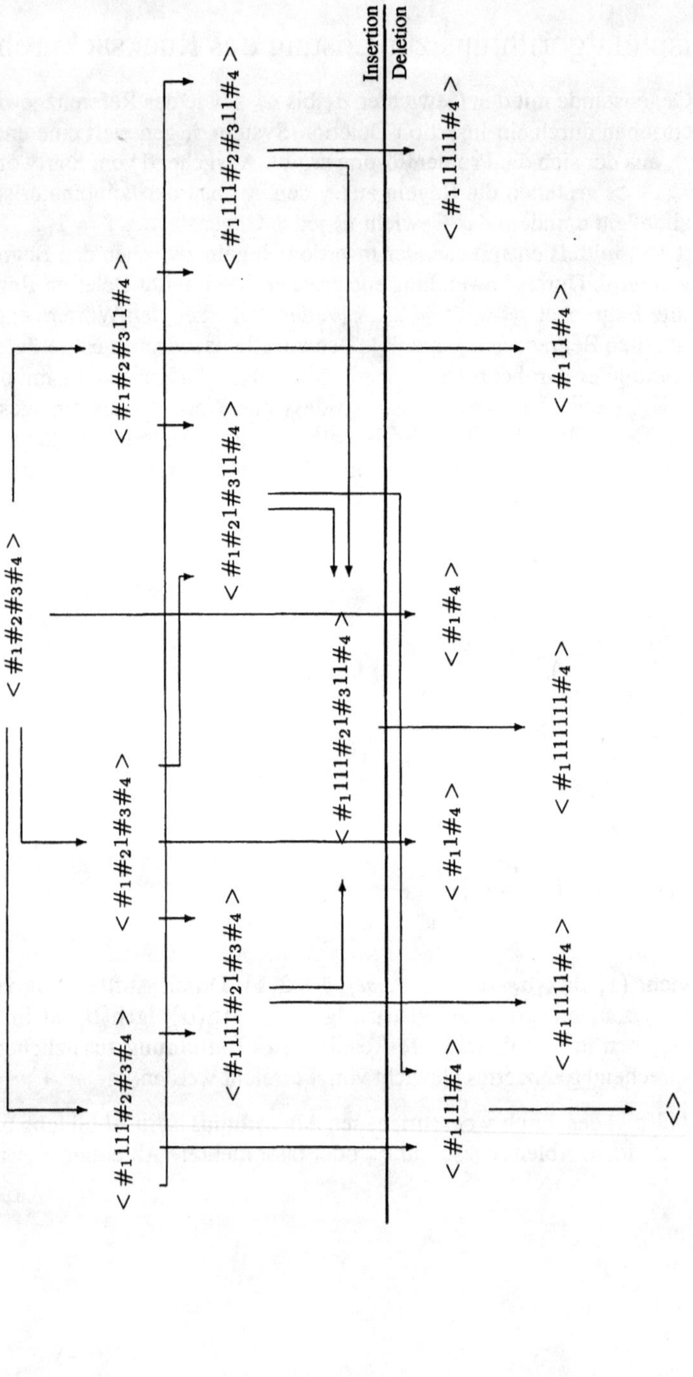

Insertion

Deletion

$\langle\#_1\#_2\#_3\#_4\rangle$

$\langle\#_1 111\#_2\#_3\#_4\rangle$ $\langle\#_1\#_2 1\#_3\#_4\rangle$ $\langle\#_1\#_2\#_3 11\#_4\rangle$ $\langle\#_1 111\#_2\#_3 11\#_4\rangle$

$\langle\#_1 111\#_2 1\#_3\#_4\rangle$ $\langle\#_1\#_2 1\#_3 11\#_4\rangle$

$\langle\#_1 111\#_2 1\#_3 11\#_4\rangle$

$\langle\#111\#_4\rangle$ $\langle\#111111\#_4\rangle$

$\langle\#1\#_4\rangle$ $\langle\#1\#_4\rangle$ $\langle\#1111111\#_4\rangle$

$\langle\#11111\#_4\rangle$ $\langle\#11111\#_4\rangle$ $\langle\#1111\#_4\rangle$

$\langle\,\rangle$

Abb. 6.3: Abarbeitungsbeispiel der Instanz $a_1 = 3$, $a_2 = 1$, $a_3 = 2$, $b = 3$ des Rucksackproblems für ein Insertion-Deletion-System

6.7 Watson-Crick D0L-Systeme

Watson-Crick D0L-Systeme verbinden das Funktionsprinzip *deterministischer kontextfreier Lindenmayer-Systeme* ([RoSa_80]) mit einer sprachtheoretisch definierten Operation, die zueinander komplementäre Wörter in Abhängigkeit einer Majorität enthaltener ausgewählter Symbole wechselseitig ineinander konvertiert. Diese Operation wird formal als Watson-Crick Komplementbildung eingeführt. Das Funktionsprinzip von D0L-Systemen ([DaPa_89]), einer speziellen Ausprägung von Lindenmayer-Systemen, besteht in einer fortlaufenden Umwandlung von Symbolen in Wörter, gesteuert durch die Anwendung von Funktionen, die die zulässigen Teilwortersetzungen beschreiben. Watson-Crick D0L-Systeme ergänzen die Funktionsbeschreibungen mit der Watson-Crick Komplementbildung. Eine Berechnung in einem Watson-Crick D0L-System ist eine Abfolge von Funktionsanwendungen (Einsetzungen) auf ein gegebenes Startwort. Die Eingliederung dieses Berechnungsmodells in Modelle des DNA-Computing ergibt sich aus der Adaption linearer DNA-Einzelstränge sowie der Abstraktion molekularbiologischer Prozesse, die zu einem gegebenen DNA-Einzelstrang den Komplementärstrang unter geeigneten Bedingungen erzeugen können, wie beispielsweise eine aus Primerannealing, Polymerisation und Melting bestehende Prozessfolge.

In [MiSa_97] sind Watson-Crick D0L-Systeme erstveröffentlicht worden. Berechnungsbeispiele arithmetischer Funktionen sowie ein konstruktiv geführter Universalitätsnachweis, der die im μ-Rekursionsschema definierte Klasse der μ-rekursiven Funktionen in Watson-Crick D0L-Systeme transformiert, sind in [Sosi_00] und [Sosi_01] angegeben. Die nachstehende Systemdefinition sowie der Universalitätsnachweis wurden diesen Veröffentlichungen entnommen.

Watson-Crick D0L-Systeme bilden restriktive und deterministische universelle Modelle des DNA-Computing, wodurch sie sich wesentlich von grammatikbasierten Modellen abgrenzen. Multimengen finden keine Verwendung. Da eine Funktionsanwendung auf ein Wort eine beliebige, nur durch die Wortlänge begrenzte Anzahl von Einsetzungsvorgängen bedingen kann, werden Watson-Crick D0L-Systeme als Multiple-Data-fähig angesehen. Über laborpraktische Implementierungen sind bisher keine Veröffentlichungen bekannt.

6.7.1 Modellbeschreibung

Sei nachfolgend $\Sigma = \{a_1, \ldots, a_n, \overline{a_1}, \ldots, \overline{a_n}\}$ mit $n \in \mathbb{N} \setminus \{0\}$ ein *DNA-basiertes Alphabet*. Die Symbole a_i und $\overline{a_i}$ mit $i = 1, \ldots, n$ werden als zueinander *komplementär* bezeichnet. $(\Sigma, \circ, \varepsilon)$ definiert ein Monoid über Σ mit der Operation Wortverkettung $\circ : \Sigma^* \times \Sigma^* \to \Sigma^*$ und dem leeren Wort ε als Einselement.

Definition 6.19 *Watson-Crick Komplementbildung*

Seien Σ ein DNA-basiertes Alphabet zueinander komplementärer Symbole sowie $\mathcal{S}_1 = (\Sigma, \circ, \varepsilon)$ und $\mathcal{S}_2 = (\Sigma, \circ, \varepsilon)$ Monoide über Σ. Die Watson-Crick Komplementbildung $h_W : \Sigma^* \to \Sigma^*$ ist ein Homomorphismus zwischen $\mathcal{S}_1$ und $\mathcal{S}_2$ mit $h_W(a_i) = \overline{a_i}$ und $h_W(\overline{a_i}) = a_i$ für alle $i = 1, \ldots, n$.

Sei Σ ein Alphabet, $a \in \Sigma$ ein Symbol und $w \in \Sigma^*$ ein Wort. $|w|_a$ bezeichnet die Anzahl Vorkommen von a in w. Für eine Teilmenge von Symbolen $\Gamma \subseteq \Sigma$ gilt: $|w|_\Gamma = \sum_{a \in \Gamma} |w|_a$.

Definition 6.20   *formale Sprachen PYR und PUR*

Sei $\Sigma = \{a_1,\ldots,a_n,\overline{a_1},\ldots,\overline{a_n}\}$ ein DNA-basiertes Alphabet zueinander komplementärer Symbole. Die formalen Sprachen *PYR* und *PUR* sind definiert durch:

$$PYR = \{w \in \Sigma^* \mid \sum_{i=1}^{n} |w|_{\overline{a_i}} > \sum_{i=1}^{n} |w|_{a_i}\}$$

$$PUR = \Sigma^* \setminus PYR$$

In Verallgemeinerung des durch Nucleotide von DNA gebildeten Alphabets $\{A, C, G, T\}$ wird jedes Symbol $a_i \in \Sigma$ als *Purin* und jedes Symbol $\overline{a_i}$ als *Pyrimidin* bezeichnet. Entsprechend kann das DNA-basierte Alphabet Σ zueinander komplementärer Symbole notiert werden durch $\Sigma = \Sigma_{pur} \cup \Sigma_{pyr}$ mit $\Sigma_{pur} = \{a_1,\ldots,a_n\}$ und $\Sigma_{pyr} = \{\overline{a_1},\ldots,\overline{a_n}\}$.

Alle Wörter über Σ, in denen mehr Pyrimidine als Purine vorkommen, bilden die formale Sprache *PYR*. Alle restlichen Wörter über Σ bilden die formale Sprache *PUR*. Die Sprache *PYR* ist echt kontextfrei, das heißt: $PYR \in CF \setminus REG$.

Definition 6.21   *Watson-Crick D0L-System*

Ein Watson-Crick D0L-System $G_L = (\Sigma, \mathrm{p})$ ist ein formales System mit folgenden Komponenten: $\Sigma = \{a_1,\ldots,a_n,\overline{a_1},\ldots,\overline{a_n}\}$ bezeichne ein DNA-basiertes Alphabet zueinander komplementärer Symbole und die Funktion $\mathrm{p} : \Sigma^* \to \Sigma^*$ einen Homomorphismus zwischen zwei Monoiden der Gestalt $(\Sigma, \circ, \varepsilon)$.

Definition 6.22   *Ableitungsschritt eines Watson-Crick D0L-Systems*

Seien $G_L = (\Sigma, \mathrm{p})$ ein Watson-Crick D0L-System sowie $w_i, w_{i+1} \in \Sigma^*$ mit $i \in \mathbb{N}$. Ein Ableitungsschritt (Funktionsanwendung, Transition) von w_i nach w_{i+1} ist eine Relation $\vdash_{G_L} \subset \Sigma^* \times \Sigma^*$, definiert durch:

$$w_i \vdash_{G_L} w_{i+1} = \{(w_i, w_{i+1}) \mid w_{i+1} = \begin{cases} \mathrm{p}(w_i) & \text{falls } \mathrm{p}(w_i) \in PUR \\ \mathrm{h}_W(\mathrm{p}(w_i)) & \text{falls } \mathrm{p}(w_i) \in PYR \end{cases}\}$$

$w_i \vdash_{G_L} w_{i+1}$ drückt aus, dass w_i durch Funktionsanwendung zu w_{i+1} umgeformt wird. Die Relation $\vdash_{G_L}$ ist eine (i.a. partielle) Funktion, das heißt, jedem w_i ist höchstens ein w_{i+1} zugeordnet. Daraus folgt, dass Watson-Crick D0L-Systeme deterministische Modelle des DNA-Computing sind. Jedes w_i steht nach seiner Umformung zu w_{i+1} nicht mehr zur Verfügung, woraus sich die Restriktivität von Watson-Crick D0L-Systemen ergibt. Die transitive Hülle von $\vdash_{G_L}$ wird mit $\vdash_{G_L}^+$, die reflexive transitive Hülle mit $\vdash_{G_L}^*$ bezeichnet.

Definition 6.23   *Ableitungsschrittfolge*

Seien $G_L = (\Sigma, \mathrm{p})$ ein Watson-Crick D0L-System sowie $w_0 \in \Sigma$. Eine durch G_L erzeugte Ableitungsschrittfolge $S(G_L, w_0)$ vom Startwort w_0 ist definiert durch die Wortfolge $(w_0, w_1, w_2, \ldots)$.

Eine Berechnung in einem Watson-Crick D0L-System ist eine konkrete Ableitungsschrittfolge. Eine Berechnung terminiert, sobald für ein vorliegendes Wort w_i keine Funktionsanwendung mehr möglich ist oder für alle noch möglichen Funktionsanwendungen gilt: $w_{i+1} = w_i$. Berechnungen in Watson-Crick D0L-Systemen müssen nicht zwingend terminieren.

6.7.2 Universalität

Zum Nachweis der Universalität von Watson-Crick D0L-Systemen wird die Klasse der μ-rekursiven Funktionen, notiert im μ-Rekursionsschema, in entsprechende Systeme in zwei Stufen überführt, wobei die erste Stufe die Funktionen des μ-Rekursionsschemas in geeignete Hilfsfunktionen zerlegt, die in der anschließenden zweiten Stufe jeweils in konkrete Watson-Crick D0L-Systeme transformiert werden.

Ein n-Tupel (n-komponentiger Vektor) natürlicher Zahlen wird nachfolgend mittels der *Parikh-Abbildung* wortkodiert.

Definition 6.24 *Parikh-Abbildung*

Sei X ein Alphabet und w ein endliches Wort über X. Die Parikh-Abbildung $\psi : X \to \mathbb{N}$ ist diejenige Funktion, die jedem Symbol aus X die Anzahl seines Vorkommens in w zuordnet.

Beispiel 6.25 *Parikh-Abbildung*

Für $X = \{a, b, c\}$ und $w = abbaa$ gilt: $\psi(a) = 3$, $\psi(b) = 2$, $\psi(c) = 0$.

Das n-Tupel $(k_1, k_2, \ldots, k_n) \in \mathbb{N}^n$ wird durch ein beliebiges Wort w über einem DNA-basierten Alphabet Σ zueinander komplementärer Symbole mit $a_1, \ldots, a_n \in \Sigma$, $|\Sigma| > 2n$ und $\psi(a_1) = k_1$, $\psi(a_2) = k_2$, ..., $\psi(a_n) = k_n$ kodiert.

Da die Anordnung der Symbole in w keinen Einfluss auf das durch w kodierte n-Tupel natürlicher Zahlen besitzt, kann w durch eine beliebige Anordnung (*Permutation*) der enthaltenen Symbole repräsentiert werden.

Definition 6.26 *Ableitungsschritt mit finaler Symbolpermutation*

Seien $G_L = (\Sigma, \mathrm{p})$ ein Watson-Crick D0L-System sowie $w_i, w_{i+1} \in \Sigma^*$ mit $i \in \mathbb{N}$. Ein Ableitungsschritt $\vdash_{G_L}$ mit finaler Symbolpermutation ist definiert durch:
$$w_i \dot{\vdash}_{G_L} w_{i+1} \text{ gdw. } w_i \vdash_{G_L} w'_{i+1},$$
wobei w'_{i+1} eine beliebige Permutation der Symbole aus w_{i+1} beschreibt.

Die transitive Hülle von $\dot{\vdash}_{G_L}$ wird mit $\dot{\vdash}^+_{G_L}$, die reflexive transitive Hülle mit $\dot{\vdash}^*_{G_L}$ bezeichnet.

Definition 6.27   *Ein- und Ausgabealphabet eines Watson-Crick D0L-Systems*

Seien f : $\mathbb{N}^n \to \mathbb{N}^m$ eine (totale oder partielle) Funktion sowie $G_L = (\Sigma, p)$ ein Watson-Crick D0L-System. G_L berechne f, wenn Σ die zueinander disjunkten Teilmengen $\Gamma = \{\$, A_{[1]}, \dots, A_{[n]}\} \subset \Sigma$ und $\Delta = \{\#, Z_{[1]}, \dots, Z_{[m]}\} \subset \Sigma$ enthält, so dass gilt:

- $f(x_1, \dots, x_n) = (y_1, \dots, y_m)$ gdw. $\$A_{[1]}^{x_1} \dots A_{[n]}^{x_n} \vdash_{G_L}^{\cdot *} \#Z_{[1]}^{y_1} \dots Z_{[m]}^{y_m}$
- $p(\delta) = \delta \ \forall \delta \in \Delta$
- entweder $|w|_\Delta = 0$ oder $w \in \Delta^*$ für jedes Wort w in $S(G_L, \$A_{[1]}^{x_1} \dots A_{[n]}^{x_n})$

Γ wird Eingabealphabet, Δ Ausgabealphabet von G_L genannt.

Die letztgenannte Bedingung in der Definition 6.27 fordert, dass kein Symbol $\in \Delta$ in einer Ableitungsschrittfolge erscheint, bis die Funktionswertbestimmung von $f(x_1, \dots, x_n)$ abgeschlossen ist. Der durch ein Wort $w \in \Delta^*$ kodierte Funktionswert ist unabhängig von der Sequenz der in w enthaltenen Symbole. Falls der Funktionswert $f(x_1, \dots, x_n)$ nicht definiert ist, so produziert G_L kein Symbol des Ausgabealphabets.

Definition 6.28   *Watson-Crick komplementbildungsfrei für k Ableitungsschritte*

Sei $G_L = (\Sigma, p)$ ein Watson-Crick D0L-System mit Eingabealphabet Γ und Ausgabealphabet Δ. G_L ist Watson-Crick komplementbildungsfrei für k Ableitungsschritte („k-lazy"), falls für jedes Startwort $w_0 \in \Gamma^*$ und jedes $p(w_q) \in PYR$, $q \geq 0$ folgt: $p(w_{q+i}) \in PUR$ und $w_{q+i} \notin \Delta^* \ \forall i \in \mathbb{N}$. $(1 \leq i \leq k)$.

Die Definition 6.28 besagt, dass in einem entsprechenden Watson-Crick D0L-System jeder mit einer Watson-Crick Komplementbildung verbundene Ableitungsschritt von mindestens k Ableitungsschritten gefolgt wird, in denen keine Watson-Crick Komplementbildung auftritt und kein Symbol des Ausgabealphabets erzeugt wird.

Definition 6.29   *W_k-berechenbar*

Eine (totale oder partielle) Funktion f wird W_k-berechenbar genannt, falls es ein für mindestens k Ableitungsschritte Watson-Crick komplementbildungsfreies Watson-Crick D0L-System gibt, welches f berechnet.

In den folgenden Sätzen wird die W_k-Berechenbarkeit für Hilfsfunktionen gezeigt, aus denen unter Hinzunahme der Basisfunktionen (Konstante, Nachfolgerfunktion, Projektion) alle μ-rekursiven Funktionen zusammengesetzt werden können.

Satz 6.30   *Argumentpermutation*

Sei f : $\mathbb{N}^n \to \mathbb{N}^m$ eine W_i-berechenbare Funktion, $i \geq 0$. Seien ferner $l \geq n$, $k \leq m$, π eine beliebige Permutation über der Menge $\{1, \dots, l\}$ und ρ eine beliebige Permutation über der Menge $\{1, \dots, m\}$, dann ist auch die Funktion g : $\mathbb{N}^l \to \mathbb{N}^k$ mit $g(x_{\pi(1)}, \dots, x_{\pi(l)}) = (y_{\rho(1)}, \dots, y_{\rho(k)})$ gdw. $f(x_1, \dots, x_n) = (y_1, \dots, y_m)$ W_i-berechenbar.

Beweis: f werde durch $G_L = (\Sigma, p)$ mit $\Gamma = \{\$, A_{[1]}, \ldots, A_{[n]}\}$ und $\Delta = \{\#, Z_{[1]}, \ldots, Z_{[m]}\}$ berechnet. Zur Berechnung von g dient dann $G'_L = (\Sigma', p')$ mit $\Gamma' = \{\$', A'_{[1]}, \ldots, A'_{[l]}\}$, $\Delta' = \{\#', Z'_{[1]}, \ldots, Z'_{[k]}\}$, $\Sigma' = \Sigma \cup \Gamma' \cup \Delta' \cup \{h_W(a) \mid a \in \Gamma' \cup \Delta'\}$ und $p'(\$') = \$$, $p'(\#) = \#'$,

$$p'(A'_{[\pi(j)]}) = \begin{cases} A_{[j]} & \text{falls } 1 \leq j \leq n \\ \varepsilon & \text{falls } n < j \leq l \end{cases}, \quad p'(Z'_{[j]}) = \begin{cases} Z'_{[\rho(j)]} & \text{falls } 1 \leq j \leq k \\ \varepsilon & \text{falls } k < j \leq m \end{cases},$$

$p'(x) = p(x) \; \forall x \in \Sigma \setminus \Delta$, $p'(x) = x$ für alle weiteren $x \in \Sigma'$.

Satz 6.31 *einfache Komposition*

Seien f : $\mathbb{N}^n \to \mathbb{N}^m$ eine W_i-berechenbare Funktion und g : $\mathbb{N}^m \to \mathbb{N}^l$ eine W_j-berechenbare Funktion, $i, j \geq 0$, dann ist die Funktion h : $\mathbb{N}^n \to \mathbb{N}^l$ mit $h(x_1, \ldots, x_n) = g(f(x_1, \ldots, x_n))$ W_k-berechenbar mit $k = \min(i, j)$.

Beweis: f werde durch $G_f = (\Sigma_f, p_f)$ mit $\Gamma_f = \{\$_f, A_{f,[1]}, \ldots, A_{f,[n]}\}$ und $\Delta_f = \{\#_f, Z_{f,[1]}, \ldots, Z_{f,[m]}\}$ berechnet, g durch $G_g = (\Sigma_g, p_g)$ mit $\Gamma_g = \{\$_g, A_{g,[1]}, \ldots, A_{g,[m]}\}$ und $\Delta_g = \{\#_g, Z_{g,[1]}, \ldots, Z_{g,[l]}\}$. Es gelte ferner: $\Sigma_f \cap \Sigma_g = \emptyset$. Zur Berechnung von h dient dann $G_h = (\Sigma_f \cup \Sigma_g, p)$ mit dem Homomorphismus p : $(\Sigma_f \cup \Sigma_g)^* \to (\Sigma_f \cup \Sigma_g)^*$, definiert durch $p(\#_f) = \$_g$, $p(Z_{f,[i]}) = A_{g,[i]} \; \forall i \in \mathbb{N} . (1 \leq i \leq m)$, $p(x) = p_f(x) \; \forall x \in \Sigma_f \setminus \Delta_f$, $p(x) = p_g(x) \; \forall x \in \Sigma_g$. G_h besitzt das Eingabealphabet Γ_f und das Ausgabealphabet Δ_g.

Satz 6.32 *zusätzliche Argumentausgabe im Ergebnis*

Sei f : $\mathbb{N}^n \to \mathbb{N}$ eine durch ein Watson-Crick D0L-System $F = (\Sigma, p)$ W_k-berechenbare Funktion, $k \geq 1$ und besitze F das Eingabealphabet $\Gamma = \{\$, A_{[1]}, \ldots, A_{[n]}\}$ sowie das Ausgabealphabet $\Delta = \{\#, Z\}$, dann gibt es ein Watson-Crick D0L-System $G_1 = (\Sigma_1, p_1)$ derart, dass

$$y = f(x_1, \ldots, x_n) \text{ gdw. } \$' A'^{x_1}_{[1]} \ldots A'^{x_n}_{[n]} \vdash^+_{G_1} \#Z^y (B_{[1]} \overline{C_{[1]}})^{x_1} \ldots (B_{[n]} \overline{C_{[n]}})^{x_n},$$

wobei gilt: $\$', A'_{[1]}, \ldots, A'_{[n]}, B_{[1]}, \ldots, B_{[n]}, \overline{C_{[1]}}, \ldots, \overline{C_{[n]}} \in \Sigma_1$ und f ist mittels G_1 W_k-berechenbar.

Beweis: Das System $G_1 = (\Sigma_1, p_1)$ besteht aus den Komponenten $\Sigma_1 = T \cup \{h_W(a) \mid a \in T\}$ mit $T = \Sigma_{pur} \cup \{\$', A'_{[j]}, B_{[j]}, C_{[j]}, C_{[j]i} \mid \forall j \in \mathbb{N} . (1 \leq j \leq n) \; \forall i \in \mathbb{N} . (1 \leq i \leq k)\}$ sowie $p_1(x) = p(x) \; \forall x \in \Sigma$, $p_1(\$') = \$$, $p_1(A'_{[j]}) = A_{[j]} B_{[j]} \overline{C_{[j]}} \; \forall j \in \mathbb{N} . (1 \leq j \leq n)$, $p_1(B_{[j]}) = B_{[j]} \; \forall j \in \mathbb{N} . (1 \leq j \leq n)$, $p_1(\overline{C_{[j]}}) = \overline{C_{[j]}} \; \forall j \in \mathbb{N} . (1 \leq j \leq n)$, $p_1((B_{[1]} \overline{C_{[1]}})^{x_1} \ldots (B_{[n]} \overline{C_{[n]}})^{x_n}) = (B_{[1]} \overline{C_{[1]}})^{x_1} \ldots (B_{[n]} \overline{C_{[n]}})^{x_n}$, $p_1(\overline{B_{[j]}}) = \varepsilon$, $p_1(C_{[j]}) = B_{[j]} \overline{C_{[j]1}} \; \forall j \in \mathbb{N} . (1 \leq j \leq n)$, $p_1(\overline{C_{[j]i}}) = \overline{C_{[j]i+1}} \; \forall j \in \mathbb{N} . (1 \leq j \leq n) \; \forall i \in \mathbb{N} . (1 \leq i \leq k)$, $p_1(\overline{C_{[j]k}}) = \overline{C_{[j]}} \; \forall j \in \mathbb{N} . (1 \leq j \leq n)$ und $p_1(x) = x$ für alle weiteren $x \in \Sigma_1$.

Satz 6.33 *einfache Komposition mit Argumentausgabe*

Sei f : $\mathbb{N}^n \to \mathbb{N}$ eine W_k-berechenbare Funktion, $k \geq 1$, dann ist die Funktion g : $\mathbb{N}^n \to \mathbb{N}^{n+1}$ mit $g(x_1, \ldots, x_n) = (x_1, \ldots, x_n, f(x_1, \ldots, x_n))$ W_{k-1}-berechenbar.

Beweis: f werde durch $F = (\Sigma, \mathrm{p})$ berechnet. Es existiert ein Watson-Crick D0L-System $G_1 = (\Sigma_1, \mathrm{p}_1)$ auf Basis von F mit den in Satz 6.32 genannten Eigenschaften. Unter Nutzung von G_1 dient zur Berechnung von g das Watson-Crick D0L-System $G_2 = (\Sigma_2, \mathrm{p}_2)$ mit $\Gamma_2 = \Gamma_1$, $\Delta_2 = \{\#', Z'_{[1]}, \ldots, Z'_{[n+1]}\}$, $\Sigma_2 = U \cup \{\mathrm{h}_W(a) \mid a \in U\}$, $U = T \cup \Delta_2 \cup \{S_i, D_i \mid 0 \leq i \leq 2k - 1\} \cup \{C_{[j]i} \mid k < i \leq 2k - 1, 1 \leq j \leq n\}$ sowie $\mathrm{p}_2(x) = \mathrm{p}_1(x) \; \forall x \in (\Sigma_1 \setminus \Delta) \setminus \{C_{[j]k} \mid 1 \leq j \leq n\}$, $\mathrm{p}_2(\#) = \overline{S_0}$, $\mathrm{p}_2(Z) = \overline{D_0}$, $\mathrm{p}_2(S_i) = S_{i+1} \; \forall i \in \mathbb{N} . \; (0 \leq i < 2k - 1)$, $\mathrm{p}_2(D_i) = D_{i+1} \; \forall i \in \mathbb{N} . \; (0 \leq i < 2k - 1)$, $\mathrm{p}_2(S_{k-1}) = \overline{S_k}$, $\mathrm{p}_2(D_{k-1}) = \overline{D_k}$, $\mathrm{p}_2(C_{[j]i}) = C_{[j]i+1} \; \forall j \in \mathbb{N} . \; (1 \leq j \leq n) \; \forall i \in \mathbb{N} . \; (k \leq i < 2k - 1)$, $\mathrm{p}_2(S_{2k-1}) = \#'$, $\mathrm{p}_2(D_{2k-1}) = Z'_{[j]} \; \forall j \in \mathbb{N} . \; (1 \leq j \leq n)$ und $\mathrm{p}_2(x) = x$ für alle weiteren $x \in \Sigma_2$.

Satz 6.34   *modifizierter μ-Operator*

Sei $f : \mathbb{N}^n \to \mathbb{N}^n$, $n \geq 2$, eine W_k-berechenbare Funktion, $k \geq 1$, dann ist die Funktion $g : \mathbb{N}^n \to \mathbb{N}$ mit

$$g(x_1, \ldots, x_n) = \begin{cases} (x_1, \ldots, x_n) & \text{falls } i = 0 \\ \underbrace{f(f(\ldots f(}_{i-\text{mal}} x_1, \ldots, x_n) \ldots)) & \text{falls } i > 0 \, , \end{cases}$$

$$i = \min\{l \in \mathbb{N} \mid (\, \underbrace{f(f(\ldots f(}_{l-\text{mal}} x_1, \ldots, x_n) \ldots)) = (y_1, \ldots, y_n) \,) \wedge (y_1 \geq y_2)\},$$

durch ein Watson-Crick D0L-System berechenbar, wenn es ein solches $i \in \mathbb{N}$ gibt, sonst ist $g(x_1, \ldots, x_n)$ undefiniert.

Beweis: f werde durch $F = (\Sigma, \mathrm{p})$ mit $\Gamma = \{\$, A_{[1]}, \ldots, A_{[n]}\}$ und $\Delta = \{\#, Z_{[1]}, \ldots, Z_{[n]}\}$ berechnet. Zur Berechnung der definierten Funktionswerte von g dient dann $G' = (\Sigma', \mathrm{p}')$ mit $\Gamma' = \{\$', A'_{[1]}, \ldots, A'_{[n]}\}$, $\Delta' = \{\#', Z'_{[1]}, \ldots, Z'_{[n]}\}$, $\Sigma' = V \cup \{\mathrm{h}_W(a) \mid a \in V\}$, $V = \Sigma_{pur} \cup \Gamma' \cup \Delta' \cup \{S, B_{[j]}, C_{[j]}, E_{[j]i} \mid 1 \leq i \leq k, 1 \leq j \leq n\}$, $\mathrm{p}'(x) = \mathrm{p}(x) \; \forall x \in \Sigma \setminus \Delta$, $\mathrm{p}'(\$') = \overline{S}$, $\mathrm{p}'(A'_{[1]}) = \overline{B}_{[1]}$, $\mathrm{p}'(A'_{[2]}) = C_{[2]}$, $\mathrm{p}'(A'_{[j]}) = \overline{B}_{[j]} C_{[j]} \; \forall j \in \mathbb{N} . \; (2 < j \leq n)$, $\mathrm{p}'(\overline{S}) = \$$, $\mathrm{p}'(\overline{B}_{[1]}) = A_{[1]}$, $\mathrm{p}'(\overline{B}_{[j]}) = \varepsilon \; \forall j \in \mathbb{N} . \; (2 \leq j \leq n)$, $\mathrm{p}'(C_{[j]}) = A_{[j]} \; \forall j \in \mathbb{N} . \; (2 \leq j \leq n)$, $\mathrm{p}'(\#) = \$'$, $\mathrm{p}'(Z_{[j]}) = A'_{[j]} \; \forall j \in \mathbb{N} . \; (1 \leq j \leq n)$, $\mathrm{p}'(S) = S_1$, $\mathrm{p}'(\overline{C}_{[2]}) = E_{[2]1}$, $\mathrm{p}'(\overline{C}_{[j]}) = \varepsilon \; \forall j \in \mathbb{N} . \; (2 < j \leq n)$, $\mathrm{p}'(B_{[j]}) = E_{[j]1} \; \forall j \in \mathbb{N} . \; (1 \leq j \leq n)$, $\mathrm{p}'(S_i) = S_{i+1} \; \forall i \in \mathbb{N} . \; (1 \leq i < k)$, $\mathrm{p}'(E_{[j]i}) = E_{[j]i+1} \; \forall j \in \mathbb{N} . \; (1 \leq j \leq n) \; \forall i \in \mathbb{N} . \; (1 \leq i < k)$, $\mathrm{p}'(S_k) = \#'$, $\mathrm{p}'(E_{[j]k}) = Z'_{[j]} \; \forall j \in \mathbb{N} . \; (1 \leq j \leq n)$.

Unter Benutzung der Sätze 6.30 bis 6.34 ergeben sich für die im μ-Rekursionsschema definierten Funktionen die nachfolgend angegebenen Transformationen in Watson-Crick D0L-Systeme.

Satz 6.35   *Basisfunktionen durch Watson-Crick D0L-Systeme*

Jede Basisfunktion der Klasse der primitiv rekursiven Funktionen ist W_k-berechenbar mit $k \geq 0$.

Beweis:

Zur Berechnung der Konstanten $0 \in \mathbb{N}$ dient $G = (\{\$, A, \#, Z, \overline{\$}, \overline{A}, \overline{\#}, \overline{Z}\}, \mathrm{p})$ mit $\mathrm{p}(\$) = \#$, $\mathrm{p}(A) = \varepsilon$ und $\mathrm{p}(x) = x$ für alle weiteren $x \in \Sigma$.

Zur Berechnung der Nachfolgerfunktion $\mathrm{succ} : \mathbb{N} \to \mathbb{N}$ dient
$G = (\{\$, A, \#, Z, \overline{\$}, \overline{A}, \overline{\#}, \overline{Z}\}, \mathrm{p})$ mit $\mathrm{p}(\$) = \#Z$, $\mathrm{p}(A) = Z$ und $\mathrm{p}(x) = x$ für alle weiteren $x \in \Sigma$.

Zur Berechnung der Projektion $\mathrm{proj}_n^i : \mathbb{N}^n \to \mathbb{N}$ dient
$G = (\{\$, \#, A_{[1]}, \ldots, A_{[n]}, Z, \overline{\$}, \overline{\#}, \overline{A_{[1]}}, \ldots, \overline{A_{[n]}}, \overline{Z}\}, \mathrm{p})$ mit $\mathrm{p}(\$) = \#$, $\mathrm{p}(A_{[i]}) = Z$, $\mathrm{p}(A_{[j]}) = \varepsilon \; \forall j \in \mathbb{N} . (1 \leq j \leq n) \wedge (j \neq i)$ und $\mathrm{p}(x) = x$ für alle weiteren $x \in \Sigma$.

Satz 6.36 *Komposition durch Watson-Crick D0L-Systeme*

Seien die Funktionen $\mathrm{h} : \mathbb{N}^m \to \mathbb{N}$ und $\mathrm{g}_1 : \mathbb{N}^n \to \mathbb{N}$ bis $\mathrm{g}_m : \mathbb{N}^n \to \mathbb{N}$ W_i-berechenbar, $i \geq 1$, dann ist die durch Komposition gewonnene Funktion $\mathrm{f} : \mathbb{N}^n \to \mathbb{N}$ mit $\mathrm{f}(x_1, \ldots, x_n) = \mathrm{h}(\mathrm{g}_1(x_1, \ldots, x_n), \ldots, \mathrm{g}_m(x_1, \ldots, x_n))$ W_{i-1}-berechenbar.

Beweis: Gemäß vorstehender Sätze ist f wie folgt konstruierbar:

- Sei $\mathrm{f}_1 : \mathbb{N}^n \to \mathbb{N}^{n+1}$ mit $\mathrm{f}_1(x_1, \ldots, x_n) = (x_1, \ldots, x_n, y_1)$ und $y_1 = \mathrm{g}_1(x_1, \ldots, x_n)$ entsprechend Satz 6.30.
- Werde $\mathrm{f}_2 : \mathbb{N}^n \to \mathbb{N}^{n+2}$ mit $\mathrm{f}_2(x_1, \ldots, x_n) = (x_1, \ldots, x_n, y_1, y_2)$ und $y_2 = \mathrm{g}_2(x_1, \ldots, x_n)$ konstruiert durch

  $\mathrm{g}_2'(x_1, \ldots, x_n, y_1) = \mathrm{g}_2(x_1, \ldots, x_n)$ entsprechend Satz 6.30,
  $\mathrm{g}_2''(x_1, \ldots, x_n, y_1) = (x_1, \ldots, x_n, y_1, \mathrm{g}_2'(x_1, \ldots, x_n, y_1))$ entsprechend Satz 6.33,
  $\mathrm{f}_2(x_1, \ldots, x_n) = \mathrm{g}_2''(\mathrm{f}(x_1, \ldots, x_n))$ entsprechend Satz 6.31.

- Werde $\mathrm{f}_3 : \mathbb{N}^n \to \mathbb{N}^{n+3}$ mit $\mathrm{f}_3(x_1, \ldots, x_n) = (x_1, \ldots, x_n, y_1, y_2, y_3)$ und $y_3 = \mathrm{g}_3(x_1, \ldots, x_n)$ analog zu f_2 gemäß der Sätze 6.30, 6.31, 6.33 konstruiert usw.
- Werde $\mathrm{f}_m : \mathbb{N}^n \to \mathbb{N}^{n+m}$ mit $\mathrm{f}_m(x_1, \ldots, x_n) = (x_1, \ldots, x_n, y_1, \ldots, y_m)$ und $y_m = \mathrm{g}_m(x_1, \ldots, x_n)$ analog zu f_2 entsprechend der Sätze 6.30, 6.31, 6.33 konstruiert.
- Werde $\mathrm{f}_{m+1} : \mathbb{N}^n \to \mathbb{N}^{n+m+1}$ mit $\mathrm{f}_{m+1}(x_1, \ldots, x_n, y_1, \ldots, y_m, \mathrm{h}(y_1, \ldots, y_m))$ analog zu f_2 entsprechend der Sätze 6.30, 6.31, 6.33 konstruiert.
- Werde abschließend $\mathrm{f} : \mathbb{N}^n \to \mathbb{N}$ durch $\mathrm{f}(x_1, \ldots, x_n) = \mathrm{proj}_{n+m+1}^{n+m+1}(\mathrm{f}_{m+1}(x_1, \ldots, x_n))$ entsprechend der Sätze 6.31 und 6.35 konstruiert.

Satz 6.37 *primitive Rekursion durch Watson-Crick D0L-Systeme*

Seien die Funktionen $\mathrm{h} : \mathbb{N}^n \to \mathbb{N}$ und $\mathrm{g} : \mathbb{N}^{n+2} \to \mathbb{N}$ W_i-berechenbar, $i \geq 1$, dann ist die daraus durch primitive Rekursion gewonnene Funktion $\mathrm{f} : \mathbb{N}^{n+1} \to \mathbb{N}$ W_{i-1}-berechenbar.

Beweis: Gemäß vorstehender Sätze ist f wie folgt konstruierbar:

- Sei $\mathrm{succ}' : \mathbb{N}^{n+3} \to \mathbb{N}$ mit $\mathrm{succ}'(y, z, w, x_1, \ldots, x_n) = \mathrm{succ}(y)$ entsprechend der Sätze 6.30 und 6.35.

- Werde $f_1 : \mathbb{N}^{n+3} \to \mathbb{N}^{n+4}$ mit $f_1(y, z, w, x_1, \ldots, x_n) = (y, z, w, x_1, \ldots, x_n, y_1)$ und $y_1 = \mathrm{succ}'(y, z, w, x_1, \ldots, x_n)$ analog zu f_2 im Beweis von Satz 6.36 konstruiert.
- Werde $f_2 : \mathbb{N}^{n+3} \to \mathbb{N}^{n+5}$ mit $f_2(y, z, w, x_1, \ldots, x_n) = (y, z, w, x_1, \ldots, x_n, y_1, y_2)$ und $y_2 = g(y, w, x_1, \ldots, x_n)$ analog zu f_2 im Beweis von Satz 6.36 konstruiert.
- Werde $f_3 : \mathbb{N}^{n+3} \to \mathbb{N}^{n+3}$ mit $f_3(y, z, w, x_1, \ldots, x_n) = (y_1, z, y_2, x_1, \ldots, x_n)$ entsprechend Satz 6.30 konstruiert.
- Werde $f_4 : \mathbb{N}^{n+3} \to \mathbb{N}^{n+3}$ mit

$$
f_4(y, z, w, x_1, \ldots, x_n) = \begin{cases} (y, z, w, x_1, \ldots, x_n) & \text{falls } k = 0 \\ \underbrace{f_3(f_3(\ldots f_3(}_{k-\text{mal}} y, z, w, x_1, \ldots, x_n)\ldots)) & \text{falls } k > 0 \end{cases}
$$

  entsprechend Satz 6.34 konstruiert, wobei $k \in \mathbb{N}$ minimal ist, so dass $y \geq z$.
- Werde $h_1 : \mathbb{N}^{n+1} \to \mathbb{N}$ definiert durch $h_1(z, x_1, \ldots, x_n) = h(x_1, \ldots, x_n)$ nach 6.30.
- Werde $h_2 : \mathbb{N}^{n+1} \to \mathbb{N}^{n+2}$ mit $h_2(z, x_1, \ldots, x_n) = (z, x_1, \ldots, x_n, h_1(z, x_1, \ldots, x_n))$ entsprechend Satz 6.33 konstruiert.
- Werde $h_3 : \mathbb{N}^{n+1} \to \mathbb{N}^{n+3}$ mit $h_3(z, x_1, \ldots, x_n) = (z, x_1, \ldots, x_n, h_1(z, x_1, \ldots, x_n), 0)$ analog zu f_2 im Beweis von Satz 6.36 konstruiert. Die Konstante 0 wird entsprechend Satz 6.35 behandelt.
- Werde $h_4 : \mathbb{N}^{n+1} \to \mathbb{N}^{n+3}$ mit $h_4(0, z, h(x_1, \ldots, x_n), x_1, \ldots, x_n)$ n. 6.30 konstruiert.
- Werde $f_5 : \mathbb{N}^{n+1} \to \mathbb{N}^{n+3}$ mit $f_5(z, x_1, \ldots, x_n) = f_4(h_4(z, x_1, \ldots, x_n))$ entsprechend Satz 6.31 konstruiert.
- Werde abschließend $f : \mathbb{N}^{n+1} \to \mathbb{N}$ durch $f(z, x_1, \ldots, x_n) = \mathrm{proj}_{n+3}^3(f_5(z, x_1, \ldots, x_n))$ entsprechend der Sätze 6.31 und 6.35 konstruiert.

Satz 6.38 *μ-Rekursion durch Watson-Crick D0L-Systeme*

Sei die Funktion $h : \mathbb{N}^{n+1} \to \mathbb{N}$ W_i-berechenbar, $i \geq 1$, dann ist die daraus durch μ-Rekursion gewonnene Funktion $f : \mathbb{N}^n \to \mathbb{N}$ mit $f(x_1, \ldots, x_n) = \min\{y \in \mathbb{N} \mid h(x_1, \ldots, x_n, y) = 0\}$ W_{i-1}-berechenbar.

Beweis: Gemäß vorstehender Sätze ist f wie folgt konstruierbar:

- Werde $f_1 : \mathbb{N}^{n+4} \to \mathbb{N}^{n+4}$ mit
  $f_1(v, w, x_1, \ldots, x_n, y, z) = (v, h(x_1, \ldots, x_n, y), x_1, \ldots, x_n, \mathrm{succ}(y), y)$ analog zu f_1 im Beweis von Satz 6.37 konstruiert.
- Werde $f_2 : \mathbb{N}^{n+4} \to \mathbb{N}^{n+4}$ mit

$$
f_2(v, w, x_1, \ldots, x_n, y, z) = \begin{cases} (v, w, x_1, \ldots, x_n, y, z) & \text{falls } k = 0 \\ \underbrace{f_1(f_1(\ldots f_1(}_{k-\text{mal}} v, w, x_1, \ldots, x_n, y, z)\ldots)) & \text{falls } k > 0 \end{cases}
$$

  entsprechend Satz 6.34 konstruiert, wobei $k \in \mathbb{N}$ minimal ist, so dass $v \geq w$.
- Werde $f_3 : \mathbb{N}^n \to \mathbb{N}^{n+4}$ mit $f_3(x_1, \ldots, x_n) = f_2(0, \mathrm{succ}(0), x_1, \ldots, x_n, 0, 0)$ analog zu h_1 bis h_4 und f_5 im Beweis von Satz 6.37 unter Nutzung der Sätze 6.30, 6.31 und 6.33 konstruiert.
- Werde abschließend $f : \mathbb{N}^n \to \mathbb{N}$ durch $f(x_1, \ldots, x_n) = \mathrm{proj}_{n+4}^{n+4}(f_3(x_1, \ldots, x_n))$ entsprechend der Sätze 6.31 und 6.35 konstruiert.

Mithin ist jede μ-rekursive Funktion durch ein Watson-Crick D0L-System berechenbar, und die Klasse der μ-rekursiven Funktionen ist in der Klasse der durch Watson-Crick D0L-Systeme berechenbaren Funktionen enthalten.

6.7.3   Beispielalgorithmus zur Lösung des Rucksackproblems

Gegeben seien n Gegenstände mit den Gewichten a_1 bis a_n sowie das Referenzgewicht b. Der Algorithmus wird notiert im Schema der Klasse der μ-rekursiven Funktionen und arbeitet nach dem Prinzip der vollständigen Enumeration. Alle Belegungsmöglichkeiten des Rucksacks werden nacheinander generiert, indem eine Zählschleifenfunktion (loop) 2^n-mal durch primitive Rekursion aufgerufen wird. Jeder Zählwert $j \in \{0, \ldots, 2^n - 1\}$ kodiert eine Rucksackbelegung, indem die Binärdarstellung $j_{(2)} = x_n x_{n-1} \ldots x_1$ einschließlich führender Nullen mit $x_i \in \{0,1\}$, $i = 1, \ldots, n$ wie folgt interpretiert wird: $x_i = 1$ bedeutet, dass der Gegenstand i im Rucksack enthalten ist; $x_i = 0$ bedeutet, dass der Gegenstand i nicht im Rucksack enthalten ist. Für die Berechnung der x_i aus j gilt: $x_i = (j \operatorname{div} (2^{i-1})) \bmod 2$. Das Gesamtgewicht $weight_j$ jeder Rucksackbelegung j ergibt sich durch $\sum_{i=1}^{n} (x_i \cdot a_i)$. Die Abweichung d_j von $weight_j$ bezüglich des Referenzgewichtes b wird bestimmt durch $d_j = (weight_j \div b) + (b \div weight_j)$. Entspricht ein Gesamtgewicht $weight_j$ dem Referenzgewicht b, so ist seine Abweichung $d_j = 0$, anderenfalls > 0. Der Algorithmus minimiert die Abweichungen d_j über alle j. Ist das Minimum 0, so lautet die Problemlösung „ja", anderenfalls „nein".

$\text{knapsack} : \mathbb{N}^{n+2} \to \mathbb{N}$ Es gilt: $\text{knapsack}(a_1, \ldots, a_n, b, n) = \begin{cases} 1 \text{ bei Lösung „ja"} \\ 0 \text{ bei Lösung „nein"} \end{cases}$

$\text{knapsack}(a_1, \ldots, a_n, b, n) = 1 \div \text{sg}(\text{loop}(a_1, \ldots, a_n, b, n, 2^n))$

$\text{loop} : \mathbb{N}^{n+3} \to \mathbb{N}$

$\text{loop}(a_1, \ldots, a_n, b, n, 0) = (\text{weight}(a_1, \ldots, a_n, n, 0) \div b) + (b \div \text{weight}(a_1, \ldots, a_n, n, 0))$

$\text{loop}(a_1, \ldots, a_n, b, n, j+1) = \min((\text{weight}(a_1, \ldots, a_n, n, j) \div b) +$
$\qquad\qquad (b \div \text{weight}(a_1, \ldots, a_n, n, j)), \text{loop}(a_1, \ldots, a_n, b, n, j))$

$\min : \mathbb{N}^2 \to \mathbb{N}$ Minimumbildung: $\min(x, y) = \begin{cases} x \text{ falls } x \leq y \\ y \text{ falls } x > y \end{cases}$

$\min(x, y) = y \cdot \text{sg}(x \div y) + x \cdot \text{sg}(y \div x) + x \cdot (1 \div (\text{sg}(y \div x) + \text{sg}(x \div y)))$

$\text{weight} : \mathbb{N}^{n+2} \to \mathbb{N}$

Gesamtgewicht der Belegung j: $\text{weight}(a_1, \ldots, a_n, n, j) = \sum_{k=1}^{n} \left(((j \operatorname{div} (2^{k-1})) \bmod 2) \cdot a_k \right)$

$\text{weight}(a_1, \ldots, a_n, n, j) = \text{sum}(((j \operatorname{div} (2^0)) \bmod 2) \cdot a_1, \ldots, ((j \operatorname{div} (2^{n-1})) \bmod 2) \cdot a_n, n)$

$\text{sum} : \mathbb{N}^{n+1} \to \mathbb{N}$ Summe aus n Summanden: $\text{sum}(y_1, \ldots, y_n, n) = \sum_{k=1}^{n} y_k$

$\text{sum}(y_1, \ldots, y_n, 0) = 0$
$\text{sum}(y_1, \ldots, y_n, k+1) = \text{sum}(y_1, \ldots, y_n, k) + y_{k+1}$

$\text{sg} : \mathbb{N} \to \mathbb{N}$ Signumfunktion: $\text{sg}(x) = \begin{cases} 0 \text{ falls } x = 0 \\ 1 \text{ falls } x > 0 \end{cases}$

$\text{sg}(0) = 0$

$\text{sg}(x + 1) = \text{proj}_2^2(\text{sg}(x), 1)$

$\text{div} : \mathbb{N}^2 \to \mathbb{N}$ ganzzahlige Division: $x \,\text{div}\, y = \lfloor \frac{x}{y} \rfloor$

$x \,\text{div}\, y = \min\{z \in \mathbb{N} \mid 1 \dot{-} \text{le}(x, y \cdot \text{succ}(z)) = 0\} = \mu z[1 \dot{-} \text{le}(x, y \cdot \text{succ}(z)) = 0]$

$\text{mod} : \mathbb{N}^2 \to \mathbb{N}$ Divisionsrest

$x \,\text{mod}\, y = x \dot{-} y \cdot (x \,\text{div}\, y)$

$\text{le} : \mathbb{N}^2 \to \mathbb{N}$ Vergleich auf „kleiner als": $\text{le}(x, y) = \begin{cases} 1 \text{ falls } x < y \\ 0 \text{ falls } x \geq y \end{cases}$

$\text{le}(x, y) = \text{sg}(y \dot{-} x)$

$\dot{-} : \mathbb{N}^2 \to \mathbb{N}$ nichtnegative Subtraktion: $x \dot{-} y = \begin{cases} x - y \text{ falls } x \geq y \\ 0 \qquad \text{ falls } x < y \end{cases}$

$x \dot{-} y = \text{f}_{\text{nsub}}(y, x)$ siehe Beispiel 3.86, Seite 44

$+ : \mathbb{N}^2 \to \mathbb{N}$ Addition

$x + y = \text{f}_+(x, y)$ siehe Beispiel 3.82, Seite 43

$\cdot : \mathbb{N}^2 \to \mathbb{N}$ Multiplikation

$x \cdot y = \text{f}_*(x, y)$ siehe Beispiel 3.83, Seite 44

$\text{f}_{\text{pot}} : \mathbb{N}^2 \to \mathbb{N}$ Potenz

$x^y = \text{f}_{\text{pot}}(y, x)$ siehe Beispiel 3.84, Seite 44

Die als Beispiel dienende Probleminstanz $a_1 = 3$, $a_2 = 1$, $a_3 = 2$, $b = 3$, $n = 3$ kann durch nachstehende Abfolge von Funktionsaufrufen gelöst werden:

knapsack(3, 1, 2, 3, 3)

$= 1 \dot{-} \text{sg}(\text{loop}(3, 1, 2, 3, 3, 8))$

$= 1 \dot{-} \text{sg}(\min((\text{weight}(3, 1, 2, 3, 7) \dot{-} 3) + (3 \dot{-} \text{weight}(3, 1, 2, 3, 7)), \text{loop}(3, 1, 2, 3, 3, 7)))$

$= 1 \dot{-} \text{sg}(\min((\text{sum}(3, 1, 2, 3) \dot{-} 3) + (3 \dot{-} \text{sum}(3, 1, 2, 3)), \text{loop}(3, 1, 2, 3, 3, 7)))$

$= 1 \dot{-} \text{sg}(\min((6 \dot{-} 3) + (3 \dot{-} 6), \text{loop}(3, 1, 2, 3, 3, 7)))$

$= 1 \dot{-} \text{sg}(\min(3, \text{loop}(3, 1, 2, 3, 3, 7)))$

$= 1 \dot{-} \text{sg}(\min(3, \min((3 \dot{-} 3) + (3 \dot{-} 3), \text{loop}(3, 1, 2, 3, 3, 6))))$

$= 1 \dot{-} \text{sg}(\min(3, \min(0, \text{loop}(3, 1, 2, 3, 3, 6))))$

$= 1 \dot{-} \text{sg}(\min(3, \min(0, \min((5 \dot{-} 3) + (3 \dot{-} 5), \text{loop}(3, 1, 2, 3, 3, 5)))))$

$= 1 \dot{-} \text{sg}(\min(3, \min(0, \min(2, \text{loop}(3, 1, 2, 3, 3, 5)))))$

$= 1 \dot{-} \text{sg}(\min(3, \min(0, \min(2, \min((2 \dot{-} 3) + (3 \dot{-} 2), \text{loop}(3, 1, 2, 3, 3, 4))))))$

$= 1 \dot{-} \text{sg}(\min(3, \min(0, \min(2, \min(1, \text{loop}(3, 1, 2, 3, 3, 5))))))$

$= 1 \dot{-} \text{sg}(\min(3, \min(0, \min(2, \min(1, \min((4 \dot{-} 3) + (3 \dot{-} 4), \text{loop}(3, 1, 2, 3, 3, 3)))))))$

$= 1 \dot{-} \text{sg}(\min(3, \min(0, \min(2, \min(1, \min(1, \text{loop}(3, 1, 2, 3, 3, 3)))))))$

$= 1 \dot{-} \text{sg}(\min(3, \min(0, \min(2, \min(1, \min(1, \min((1 \dot{-} 3) + (3 \dot{-} 1), \text{loop}(3, 1, 2, 3, 3, 2))))))))$

$= 1 \dot{-} \text{sg}(\min(3, \min(0, \min(2, \min(1, \min(1, \min(2, \text{loop}(3, 1, 2, 3, 3, 2))))))))$

$$= 1 \dot{-} \mathrm{sg}(\min(3, \min(0, \min(2, \min(1, \min(1, \min(2, \min((3 \dot{-} 3) + (3 \dot{-} 3), \mathrm{loop}(3, 1, 2, 3, 3, 1))))))))))$$

$$= 1 \dot{-} \mathrm{sg}(\min(3, \min(0, \min(2, \min(1, \min(1, \min(2, \min(0, \mathrm{loop}(3, 1, 2, 3, 3, 1)))))))))$$

$$= 1 \dot{-} \mathrm{sg}(\min(3, \min(0, \min(2, \min(1, \min(1, \min(2, \min(0, \min((0 \dot{-} 3) + (3 \dot{-} 0), \mathrm{loop}(3,1,2,3,3,0)))))))))))$$

$$= 1 \dot{-} \mathrm{sg}(\min(3, \min(0, \min(2, \min(1, \min(1, \min(2, \min(0, \min(3, (0 \dot{-} 3) + (3 \dot{-} 0))))))))))$$

$$= 1 \dot{-} \mathrm{sg}(\min(3, \min(0, \min(2, \min(1, \min(1, \min(2, \min(0, \min(3, 3)))))))))$$

$$= 1 \dot{-} \mathrm{sg}(\min(3, \min(0, \min(2, \min(1, \min(1, \min(2, \min(0, 3 \cdot \mathrm{sg}(3 \dot{-} 3) + 3 \cdot \mathrm{sg}(3 \dot{-} 3) + 3 \cdot (1 \dot{-} (\mathrm{sg}(3 \dot{-} 3) + \mathrm{sg}(3 \dot{-} 3)))))))))$$

$$= 1 \dot{-} \mathrm{sg}(\min(3, \min(0, \min(2, \min(1, \min(1, \min(2, \min(0, 3 \cdot 0 + 3 \cdot 0 + 3 \cdot 1))))))))$$

$$= 1 \dot{-} \mathrm{sg}(\min(3, \min(0, \min(2, \min(1, \min(1, \min(2, \min(0, 3)))))))$$

$$= 1 \dot{-} \mathrm{sg}(\min(3, \min(0, \min(2, \min(1, \min(1, \min(2, 0)))))))$$

$$= 1 \dot{-} \mathrm{sg}(\min(3, \min(0, \min(2, \min(1, \min(1, 0))))))$$

$$= 1 \dot{-} \mathrm{sg}(\min(3, \min(0, \min(2, \min(1, 0)))))$$

$$= 1 \dot{-} \mathrm{sg}(\min(3, \min(0, \min(2, 0))))$$

$$= 1 \dot{-} \mathrm{sg}(\min(3, \min(0, 0)))$$

$$= 1 \dot{-} \mathrm{sg}(\min(3, 0))$$

$$= 1 \dot{-} \mathrm{sg}(0 \cdot \mathrm{sg}(3 \dot{-} 0) + 3 \cdot \mathrm{sg}(0 \dot{-} 3) + 3 \cdot (1 \dot{-} (\mathrm{sg}(0 \dot{-} 3) + \mathrm{sg}(3 \dot{-} 0))))$$

$$= 1 \dot{-} \mathrm{sg}(0 \cdot 1 + 3 \cdot 0 + 3 \cdot 0)$$

$$= 1 \dot{-} \mathrm{sg}(0)$$

$$= 1$$

Der Algorithmus wird gemäß der im Universalitätsnachweis angegebenen Transformation funktionsweise in entsprechende Watson-Crick D0L-Systeme übertragen.

6.8 Splicing-Systeme (H-Systeme, EH-Systeme)

Das Funktionsprinzip von Splicing-Systemen beruht auf einer formal beschriebenen Abstraktion ausgewählter molekularbiologischer Rekombinationstechniken auf linearer DNA, die in einer definierten Abfolge zur Anwendung kommen und auf einen initialen DNA-Pool einwirken. Eine Berechnung in einem Splicing-System lässt sich auffassen als fortlaufende schrittweise Rekombination von DNA-Strängen eines DNA-Pools, wodurch dieser DNA-Pool gezielt modifiziert wird. Jede Rekombination beinhaltet eine Digestion unter Einsatz spezifischer Restriktionsenzyme und eine anschließende Ligation der Schnittfragmente, so dass neue Strangkombinationen entstehen können. Die *Splicing-Operation*, zentraler Bestandteil jedes Arbeitsschrittes eines Splicing-Systems, beschreibt formal den idealisierten, seiteneffektfreien Ablauf jeder Rekombination auf einem vordefinierten DNA-Pool mit einer ebenfalls vordefinierten Menge einsetzbarer Restriktionsenzyme.

DNA-Stränge werden in Splicing-Systemen durch Wörter formaler Sprachen – im Allgemeinen ohne Angabe einer konkreten Kodierung – abstrakt repräsentiert. Die Splicing-Operation ist durch gezielte Verkettungen von Präfixen mit Suffixen der beteiligten Wörter spezifiziert, wobei die Präfix- und Suffixbildung durch Wortaufspaltung an den Auftrittsstellen vordefinierter Teilwörter (Erkennungssequenzen) erfolgt. Die Menge aller Erkennungssequenzen mit den eingebetteten Schnittstellen der in einem Splicing-System definierten Splicing-Operationen stellt die Menge der Splicing-Regeln dieses Systems dar. Splicing-Systeme bilden einen Mechanismus zur Generierung formaler Sprachen, indem auf eine vorgegebene Menge von Wörtern (Axiomen) eine Abfolge von Splicing-Regeln angewandt wird, die zur Ableitung weiterer Wörter führt.

In [Head_87] wurde die Splicing-Operation einschließlich ihres Bezuges zur DNA-Rekombination erstveröffentlicht sowie darauf basierend der Begriff des Splicing-Systems eingeführt. Als einziges explizit ausgewiesenes Modell des DNA-Computing war es bereits mehrere Jahre vor der Publizierung des Adleman-Experimentes bekannt, welches das laborpraktische DNA-Computing begründet hat. H-Systeme verkörpern einen Typ von Splicing-Systemen. Die Frage nach der Berechnungsstärke von H-Systemen mit endlicher Menge von Splicing-Regeln, angewandt auf eine ebenfalls endliche Menge von Axiomen, wurde in [CuHa_91] beantwortet: Entsprechende H-Systeme generieren die Klasse der regulären Sprachen. Eine laborpraktische Implementierung eines speziellen H-Systems mit zwei Axiomen und einer Splicing-Regel liegt vor ([LaRe_99]), die Darstellung von Splicing-Regeln durch Wörter formaler Sprachen datiert aus dem Jahr 1996 ([Paun_96a]). Extendierte H-Systeme (EH-Systeme) wurden in [PaRS_96] eingeführt. H-Systeme wie auch EH-Systeme, deren Menge von Splicing-Regeln mindestens eine echt reguläre Sprache bildet, sind universell. Der entsprechende Beweis, konstruktiv geführt durch Transformation von Chomsky-Grammatiken des Typs 0, ist in [Paun_96b] angegeben. Da Sprachen aus $REG \setminus FIN$ jedoch unendlich viele Wörter enthalten und mithin unendlich viele Splicing-Regeln bedingen, konzentrieren sich weiterführende Forschungsarbeiten darauf, die Universalität von Splicing-Systemen ausschließlich mit endlichen Komponenten durch zusätzliche geeignete Systemerweiterungen zu erreichen, aus denen sich verschiedene Typen von Splicing-Systemen ergeben. Der Oberbegriff Splicing-System subsumiert diejenigen DNA-Computing-Modelle, bei denen Splicing-Operationen während der Abarbeitung von Modellalgorithmen zur Anwendung kommen.

Die in diesem Abschnitt wiedergegebene Modellbeschreibung von H- und EH-Systemen sowie der Universalitätsnachweis basieren auf [PaRS_98]. H-Systeme wie auch EH-Systeme stellen nichtrestriktive und nichtdeterministische Modelle des DNA-Computing dar, die ohne zusätzliche Erweiterungen nicht multimengenbasiert, aber Multiple-Data-fähig sind.

6.8.1   Modellbeschreibung

Definition 6.39   *H-System*

Ein H-System γ ist ein Tripel $\gamma = (V, L, R)$ mit folgender Bedeutung der Komponenten: V bezeichnet ein beliebiges Alphabet, $L \in V^*$ eine formale Sprache und $R \subseteq V^* \otimes \{\#\} \otimes V^* \otimes \{\$\} \otimes V^* \otimes \{\#\} \otimes V^*$ mit $\#, \$ \notin V$ die Menge der Splicing-Regeln. R ist eine formale Sprache über $V \cup \{\#, \$\}$.

Definition 6.40   *Ableitungsschritt eines H-Systems*

Seien $\gamma = (V, L, R)$ ein H-System, $r \in R$ mit $r = u_1 \# u_2 \$ u_3 \# u_4$ eine Splicing-Regel und $x, y, z, w \in V^*$ Wörter über V. Ein Ableitungsschritt (Regelanwendung, Produktion) von (x, y) nach (z, w) ist eine Relation $\vdash_\gamma \subseteq (V^* \times V^*) \times (V^* \times V^*)$, definiert durch:

$$(x, y) \vdash_\gamma (z, w) = \{((x,y),(z,w)) \quad | \quad \exists x_1, x_2, y_1, y_2 \in V^* \; \exists r = u_1 \# u_2 \$ u_3 \# u_4 \in R$$
$$\exists x = x_1 u_1 u_2 x_2 \in V^* \; \exists y = y_1 u_3 u_4 y_2 \in V^* \; .$$
$$((z = x_1 u_1 u_4 y_2) \wedge (w = y_1 u_3 u_2 x_2))\}$$

$(x, y) \vdash_\gamma (z, w)$ besagt, dass aus den beiden Wörtern x und y mittels entsprechender Rekombination die neuen Wörter z und w durch Anwendung einer Splicing-Regel aus R entstehen (2-Splicing). Die Relation $\vdash_\gamma$ ist im Allgemeinen keine Funktion, das heißt, zu einem (x, y) kann es mehrere (z, w) geben. Dies bedingt, dass H-Systeme im Allgemeinen nichtdeterministische Modelle des DNA-Computing sind. Die transitive Hülle von $\vdash_\gamma$ wird mit $\vdash_\gamma^+$, die reflexive transitive Hülle mit $\vdash_\gamma^*$ bezeichnet. Aus der Literatur ist auch eine Definitionsvariante von $\vdash_\gamma$ bekannt, wonach aus den Wörtern x und y ausschließlich das Wort z abgeleitet wird (1-Splicing). Weiterführenden Betrachtungen dieser Arbeit liegt die obig angegebene Definition 6.40 zugrunde. Die Abbildung 6.4 veranschaulicht den idealisiert betrachteten molekularbiologischen Ablauf des 2-Splicing, dessen Abstraktion zur Definition 6.40 führt.

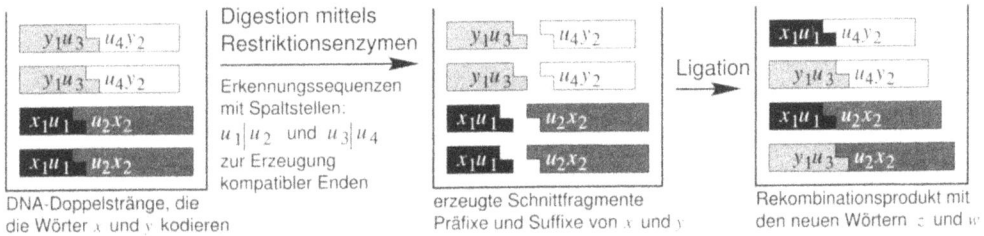

Abb. 6.4: *idealisierter molekularbiologischer Ablauf eines 2-Splicing-Schrittes*

Definition 6.41   *Splicing-Operation auf H-Systemen*

Seien $\gamma = (V, L, R)$ ein H-System und $L' \in V^*$ eine formale Sprache. Die Splicing-Operation σ ist definiert durch die Funktion $\sigma : V^* \to V^*$ mit:
$$\sigma(L') = \{z \in V^* \mid \exists x, y \in L'\ \exists r \in R \ . \ (((x, y) \vdash_\gamma (z, w)) \vee ((x, y) \vdash_\gamma (w, z)))\}$$

Die Ausführung einer Splicing-Operation entspricht der Anwendung genau einer Splicing-Regel auf jedes Paar von Wörtern aus L'. Das Ergebnis $\sigma(L') \in V^*$ der Operationsausführung beschreibt wiederum eine formale Sprache. Wird die Splicing-Operation wiederholt angewandt, so spricht man von iteriertem Splicing.

Definition 6.42   *iteriertes Splicing auf H-Systemen*

Seien $\gamma = (V, L, R)$ ein H-System und $\sigma : V^* \to V^*$ die Splicing-Operation. Das k-fach iterierte Splicing σ^k mit $k \in \mathbb{N}$ wird rekursiv definiert durch:
$$\sigma^0(L) = L$$
$$\sigma^{i+1}(L) = \sigma^i(L) \cup \sigma(\sigma^i(L)), \ i \in \mathbb{N}$$
Die reflexive transitive Hülle σ^* von σ ist definiert durch $\sigma^*(L) = \bigcup_{i \in \mathbb{N}} \sigma^i(L)$.

Definition 6.43   *durch ein H-System beschriebene Sprache*

Sei $\gamma = (V, L, R)$ ein H-System. Die durch γ beschriebene (generierte) Sprache $L(\gamma)$ ist definiert durch $L(\gamma) = \sigma^*(L)$.

Das iterierte Splicing beschreibt eine Hüllenbildung auf der Funktion (binären Relation) $\sigma \subset V^* \times V^*$. Die formale Sprache $\sigma^*(L)$ ist die kleinste Sprache, die L enthält und bezüglich σ abgeschlossen ist. Ein H-System $\gamma = (V, L, R)$ generiert aus der gegebenen formalen Sprache $L \in V^*$ durch iteriertes Splicing die formale Sprache $\sigma^*(L)$.

Definition 6.44 *Sprachklassen $H(FL_1, FL_2)$*

Sei $\gamma = (V, L, R)$ ein H-System. Für die Klassen FL_1 und FL_2 formaler Sprachen wird die Sprachklasse $H(FL_1, FL_2)$ definiert durch:
$$H(FL_1, FL_2) = \{\sigma^*(L) \mid (L \in FL_1) \wedge (R \in FL_2)\}$$

$H(FL_1, FL_2)$ gibt an, welche Klasse formaler Sprachen ein H-System $\gamma = (V, L, R)$ mit der Menge (Sprache) R von Splicing-Regeln aus FL_2 unter Benutzung der Sprache L aus FL_1 generieren kann. Von besonderem Interesse sind dabei die aus einer endlichen Sprache L mit einer endlichen Menge (Sprache) R von Splicing-Regeln erzeugbaren Sprachen, weil laborpraktische Implementierungen von Splicing-Systemen eine endliche Menge einzusetzender DNA-Stränge sowie eine ebenfalls endliche Menge von Restriktionsenzymen zur Umsetzung der Splicing-Regeln bedingen. Es gilt: $H(FIN, FIN) \subseteq REG$.

H-Systeme bilden Modelle des DNA-Computing. Extendierte (erweiterte) H-Systeme nehmen zusätzlich ein Alphabet von Terminalsymbolen in die Systembeschreibung auf.

Definition 6.45 *EH-System*

Ein EH-System γ ist ein Quadrupel $\gamma = (V, \Sigma, A, R)$ mit folgender Bedeutung der Komponenten: V bezeichnet das Alphabet von γ, $\Sigma \subseteq V$ das Alphabet der Terminalsymbole, die formale Sprache $A \subseteq V^*$ die Menge der Axiome und die formale Sprache $R \subseteq V^* \otimes \{\#\} \otimes V^* \otimes \{\$\} \otimes V^* \otimes \{\#\} \otimes V^*$ die Menge der Splicing-Regeln, wobei $\#, \$ \notin V$.

Ableitungsschritt, Splicing-Operation und iteriertes Splicing für EH-Systeme sind äquivalent zu den korrespondierenden Begriffen für H-Systeme definiert. H-Systeme repräsentieren spezielle EH-Systeme mit $\Sigma = V$.

Definition 6.46 *Ableitungsschritt eines EH-Systems*

Seien $\gamma = (V, \Sigma, A, R)$ ein EH-System, $r \in R$ mit $r = u_1 \# u_2 \$ u_3 \# u_4$ eine Splicing-Regel und $x, y, z, w \in V^*$ Wörter über V. Ein Ableitungsschritt (Regelanwendung, Produktion) von (x, y) nach (z, w) ist eine Relation $\vdash_\gamma \subseteq (V^* \times V^*) \times (V^* \times V^*)$, definiert durch:

$$(x,y) \vdash_\gamma (z,w) = \{((x,y),(z,w)) \mid \exists x_1, x_2, y_1, y_2 \in V^* \exists r = u_1 \# u_2 \$ u_3 \# u_4 \in R$$
$$\exists x = x_1 u_1 u_2 x_2 \in V^* \exists y = y_1 u_3 u_4 y_2 \in V^* .$$
$$((z = x_1 u_1 u_4 y_2) \wedge (w = y_1 u_3 u_2 x_2))\}$$

Definition 6.47 *Splicing-Operation auf EH-Systemen*

Seien $\gamma = (V, \Sigma, A, R)$ ein EH-System und $L' \in V^*$ eine formale Sprache. Die Splicing-Operation σ ist definiert durch die Funktion $\sigma : V^* \to V^*$ mit:

$$\sigma(L') = \{z \in V^* \mid \exists x, y \in L' \; \exists r \in R \; . \; (((x,y) \vdash_\gamma (z,w)) \vee ((x,y) \vdash_\gamma (w,z)))\}$$

Definition 6.48 *iteriertes Splicing auf EH-Systemen*

Seien $\gamma = (V, \Sigma, A, R)$ ein EH-System und $\sigma : V^* \to V^*$ die Splicing-Operation. Das k-fach iterierte Splicing σ^k mit $k \in \mathbb{N}$ wird rekursiv definiert durch:

$$\sigma^0(A) = A$$
$$\sigma^{i+1}(A) = \sigma^i(A) \cup \sigma(\sigma^i(A)), \; i \in \mathbb{N}$$

Die reflexive transitive Hülle σ^* von σ ist definiert durch $\sigma^*(A) = \bigcup_{i \in \mathbb{N}} \sigma^i(A)$.

Die durch ein EH-System beschriebene Sprache ist auf Wörter über dem Alphabet Σ beschränkt und unterscheidet sich diesbezüglich von Sprachen, die durch H-Systeme generiert werden.

Definition 6.49 *durch ein EH-System beschriebene Sprache*

Sei $\gamma = (V, \Sigma, A, R)$ ein EH-System. Die durch γ beschriebene (generierte) Sprache $L(\gamma)$ ist definiert durch $L(\gamma) = \sigma^*(A) \cap \Sigma^*$.

Ein EH-System $\gamma = (V, \Sigma, A, R)$ generiert aus der gegebenen formalen Sprache $A \in V^*$ durch iteriertes Splicing die formale Sprache $L(\gamma) = \sigma^*(A) \cap \Sigma^*$.

Definition 6.50 *Sprachklassen $EH(FL_1, FL_2)$*

Sei $\gamma = (V, \Sigma, A, R)$ ein EH-System. Für die Klassen FL_1 und FL_2 formaler Sprachen wird die Sprachklasse $EH(FL_1, FL_2)$ definiert durch:

$$EH(FL_1, FL_2) = \{L(\gamma) \mid (A \in FL_1) \wedge (R \in FL_2)\}$$

$EH(FL_1, FL_2)$ gibt an, welche Klasse formaler Sprachen ein EH-System $\gamma = (V, \Sigma, A, R)$ mit der Sprache A von Axiomen aus der Sprachklasse FL_1 und der Sprache R von Splicing-Regeln aus der Sprachklasse FL_2 generieren kann. Von besonderem Interesse sind analog zu H-Systemen die aus einer endlichen Sprache $A \in FIN$ mit einer endlichen Sprache $R \in FIN$ von Splicing-Regeln erzeugbaren Sprachen, weil laborpraktische Implementierungen von Splicing-Systemen eine endliche Menge einzusetzender DNA-Stränge sowie eine ebenfalls endliche Menge von Restriktionsenzymen zur Umsetzung der Splicing-Regeln bedingen. Es gilt: $EH(FIN, FIN) = REG$.

Als schwächste Voraussetzung für universelle EH-Systeme gilt: $EH(FIN, REG) = EH(CS, FIN) = RE$ ([PaRS_98]). Das heißt, die Vorgabe einer endlichen Menge von Axiomen bedingt, dass die Menge der Splicing-Regeln mindestens eine echt reguläre Sprache sein muss, und die Vorgabe einer endlichen Menge von Splicing-Regeln bedingt, dass die Menge der Axiome mindestens eine echt kontextsensitive Sprache sein muss, damit das resultierende EH-System universell ist.

6.8.2   Universalität

Sei $G = (V', \Sigma, P, S)$ eine Chomsky-Grammatik vom Typ 0. G wird überführt in ein EH-System γ mit $L(\gamma) \in EH(FIN, REG)$. Sei $U = V' \cup \Sigma \cup \{B\}$ mit $B \notin V' \cup \Sigma$. Das EH-System γ ist definiert durch:

$$\gamma = (V, \Sigma, A, R)$$
$$V = V' \cup \Sigma \cup \{X, X', B, Y, Z\} \cup \{Y_\alpha \mid \forall \alpha \in U\}$$
$$A = \{XBSY, ZY, XZ\} \cup \{ZvY \mid \forall (u, v) \in P\} \cup \{ZY_\alpha, X'\alpha Z \mid \forall \alpha \in U\}$$
$$R = \{Xw\#uY\$Z\#vY \mid \forall (u, v) \in P \ \forall w \in U^*\} \ \cup$$
$$\quad \{Xw\#\alpha Y\$Z\#Y_\alpha \mid \forall \alpha \in U \ \forall w \in U^*\} \ \cup$$
$$\quad \{X'\alpha\#Z\$X\#wY_\alpha \mid \forall \alpha \in U \ \forall w \in U^*\} \ \cup$$
$$\quad \{X'w\#Y_\alpha\$Z\#Y \mid \forall \alpha \in U \ \forall w \in U^*\} \ \cup$$
$$\quad \{X\#Z\$X'\#wY \mid \forall w \in U^*\} \ \cup$$
$$\quad \{\#ZY\$XB\#wY \mid \forall w \in \Sigma^*\} \ \cup$$
$$\quad \{\#Y\$XZ\#\}$$

Es gilt: $L(G) \subseteq L(\gamma)$ und mithin $RE \subseteq EH(FIN, REG)$.

Die Universalität von H-Systemen lässt sich auf gleiche Weise zeigen, indem aus der Chomsky-Grammatik G statt des EH-Systems $\gamma = (V, \Sigma, A, R)$ das H-System $\gamma = (V, A, R)$ mit identischer Spezifikation der Komponenten abgeleitet wird. Jede durch das entsprechende H-System erzeugte Sprache $L(\gamma)$ enthält neben $L(G)$ weitere Wörter, in denen Symbole aus $V^* \setminus \Sigma^*$ vorkommen.

6.8.3   Beispielalgorithmus zur Lösung des Rucksackproblems

Gegeben seien n Gegenstände mit den Gewichten a_1 bis a_n sowie das Referenzgewicht b, o.B.d.A. mit $b > 0$. Der Algorithmus, beschrieben durch ein EH-System γ, generiert eine endliche formale Sprache $L(\gamma)$, aus der sich die Problemlösung ergibt. Ausgehend vom Axiom $<A_n A_{n-1} \ldots A_2 A_1>$ wird die kombinatorische Vielfalt aller Packmöglichkeiten aufgebaut. In der Reihenfolge A_1 bis A_n wird jedes Symbol A_i entweder gelöscht (Gegenstand i nicht enthalten) oder durch das Teilwort 1^{a_i} ersetzt (Gegenstand i enthalten), wobei jeweils beide Ableitungen möglich sind. Hierzu wird in beiden Fällen das Wort $<A_n \ldots A_{i+1} A_i 1^k>$ mit $k \in \mathbb{N}, 0 \leq k \leq \sum_{j=1}^{n} a_j$ zwischen dem Symbol A_{i+1} und A_i gespaltet sowie das linke Teilwort im Falle des Löschens von A_i mit $1^k>$ rekombiniert und im Falle des Ersetzens mit $1^{k+a_i}>$. Die Symbole $<$ und $>$ fungieren als äußere Wortbegrenzer, um unerwünschte Ableitungsschritte auszuschließen. Die zur Rekombination benötigten Wörter $1^k>$ bzw. $1^{k+a_i}>$ werden durch entsprechende Axiome $Z1^k>$ und $Z1^{k+a_i}>$ bereitgestellt. Das Löschen und Ersetzen wird so lange vorgenommen, bis alle Symbole A_i eliminiert sind. Wörter der Form $<1^b>$ werden unter

Hinzunahme des Axioms $Z'Y>$ zu $<Y>$ abgeleitet. Das Wort $<Y>$ kodiert die Problemlösung „ja". Im Falle der Lösung „nein" kann dieses Wort nicht generiert werden. Der leere Rucksack, kodiert durch das Wort $<>$, entsteht in jedem Fall als Wort der Sprache $L(\gamma)$.

Aus Wörtern, die mit dem Symbol Z oder Z' beginnen und infolge der Anwendung von Splicing-Regeln als Nebenprodukte des 2-Splicing entstehen („garbage words"), können anschließend keine Wörter mehr gebildet werden, die nur noch Symbole aus Σ^* enthalten.

$$\gamma = (V, \Sigma, A, R)$$
$$V = \{Z, Z', 1\} \cup \{A_i \mid \forall i = 1, \ldots, n\} \cup \Sigma$$
$$\Sigma = \{<, Y, >\}$$
$$A = \{<A_n A_{n-1} \ldots A_2 A_1>\} \cup \{Z1^k> \mid \forall k = 0, \ldots, \sum_{j=1}^{n} a_j\} \cup \{Z'Y>\}$$

$$R = \{\#A_i 1^k > \$Z\#1^{k+a_i}> \mid \forall k = 0, \ldots, \sum_{j=1}^{n} a_j \; \forall i = 1, \ldots, n\} \; \cup$$

$$\{\#A_i 1^k > \$Z\#1^k> \mid \forall k = 0, \ldots, \sum_{j=1}^{n} a_j \; \forall i = 1, \ldots, n\} \; \cup$$

$$\{<\#1^b > \$Z'\#Y>\}$$

Es gilt: $L(\gamma) = \begin{cases} \{<Y>, <>\} & \text{bei Lösung „ja"} \\ \{<>\} & \text{bei Lösung „nein"} \end{cases}$

Die als Abarbeitungsbeispiel dienende Probleminstanz $a_1 = 3$, $a_2 = 1$, $a_3 = 2$, $b = 3$ impliziert das nachfolgend angegebene EH-System:

$\gamma = (V, \Sigma, A, R)$
$V = \{Z, Z', 1, A_1, A_2, A_3\} \cup \Sigma$
$\Sigma = \{<, Y, >\}$
$A = \{<A_3 A_2 A_1>, Z>, Z1>, Z11>, Z111>, Z1111>, Z11111>, Z111111>, Z'Y>\}$
$R = \{$

$\#A_1 > \$Z\#111>,$	$\#A_2 > \$Z\#1>,$	$\#A_3 > \$Z\#11>,$
$\#A_1 1 > \$Z\#1111>,$	$\#A_2 1 > \$Z\#11>,$	$\#A_3 1 > \$Z\#111>,$
$\#A_1 11 > \$Z\#11111>,$	$\#A_2 11 > \$Z\#111>,$	$\#A_3 11 > \$Z\#1111>,$
$\#A_1 111 > \$Z\#111111>,$	$\#A_2 111 > \$Z\#1111>,$	$\#A_3 111 > \$Z\#11111>,$
$\#A_1 1111 > \$Z\#1111111>,$	$\#A_2 1111 > \$Z\#11111>,$	$\#A_3 1111 > \$Z\#111111>,$
$\#A_1 11111 > \$Z\#11111111>,$	$\#A_2 11111 > \$Z\#111111>,$	$\#A_3 11111 > \$Z\#1111111>,$
$\#A_1 111111 > \$Z\#111111111>,$	$\#A_2 111111 > \$Z\#1111111>,$	$\#A_3 111111 > \$Z\#11111111>,$
$\#A_1 > \$Z\#>,$	$\#A_2 > \$Z\#>,$	$\#A_3 > \$Z\#>,$
$\#A_1 1 > \$Z\#1>,$	$\#A_2 1 > \$Z\#1>,$	$\#A_3 1 > \$Z\#1>,$
$\#A_1 11 > \$Z\#11>,$	$\#A_2 11 > \$Z\#11>,$	$\#A_3 11 > \$Z\#11>,$
$\#A_1 111 > \$Z\#111>,$	$\#A_2 111 > \$Z\#111>,$	$\#A_3 111 > \$Z\#111>,$
$\#A_1 1111 > \$Z\#1111>,$	$\#A_2 1111 > \$Z\#1111>,$	$\#A_3 1111 > \$Z\#1111>,$
$\#A_1 11111 > \$Z\#11111>,$	$\#A_2 11111 > \$Z\#11111>,$	$\#A_3 11111 > \$Z\#11111>,$
$\#A_1 111111 > \$Z\#111111>,$	$\#A_2 111111 > \$Z\#111111>,$	$\#A_3 111111 > \$Z\#111111>,$
$\#111 > \$Z'\#Y>\}$		

Abbildung 6.5 zeigt die zur Lösung der Probleminstanz führenden Ableitungsschritte von γ. Jeder Ableitungsschritt $\vdash_\gamma$ ist durch einen Pfeil dargestellt. Die sich aus der Anwendung von Splicing-Regeln ergebenden Spaltstellen sind jeweils durch einen vertikalen Strich (|) gekennzeichnet. Das Wort $<Y> \in L(\gamma)$ kann abgeleitet werden, so dass die Problemlösung „ja" lautet.

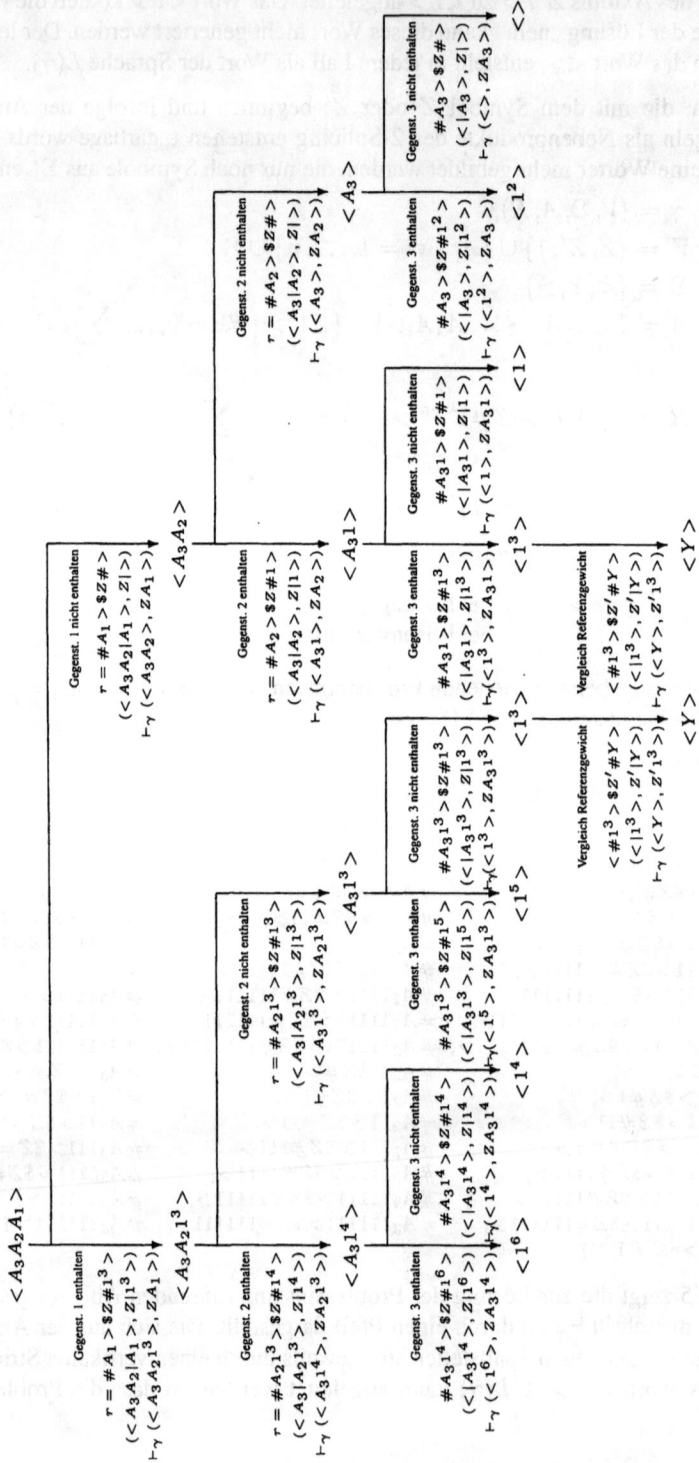

Abb. 6.5: Abarbeitungsbeispiel der Instanz $a_1 = 3$, $a_2 = 1$, $a_3 = 2$, $b = 3$ des Rucksackproblems für ein EH-System

6.9 Systematisierung von Modellen des DNA-Computing

Berechenbarkeits- und komplexitätstheoretische Arbeiten zum DNA-Computing mündeten in den zurückliegenden Jahren in einer Vielzahl abstrakter Modelle und formaler Sprachen, die das Wissensgebiet theoretisch fundieren und sein innewohnendes Potenzial erschließen. Die daraus resultierenden Berechnungsmodelle sowie die Schaffung darauf lauffähiger effizienter Algorithmen bildet einen wichtigen Forschungsschwerpunkt des DNA-Computing. In den vorstehenden Abschnitten wurden universelle und platzbeschränkt universelle Modelle des DNA-Computing, deren DNA-basierte Daten auf der Abbildung linearer DNA beruhen, betrachtet, klassifiziert und als Notationssysteme für Algorithmen angewendet. Hierzu zählen die Filtering-Modelle nach Adleman, Lipton und Amos, das Modell DNA-Pascal, das Modell Parallel Associative Memory, das Modell DNA Equality Checking, Watson-Crick D0L-Systeme, Insertion-Deletion-Systeme und Splicing-Systeme (H-Systeme wie auch EH-Systeme).

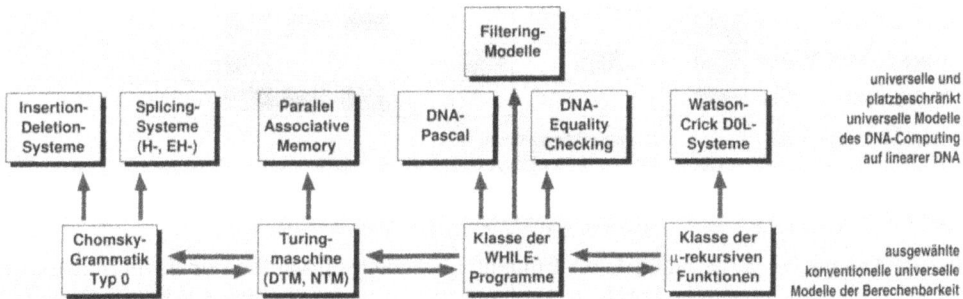

Abb. 6.6: Beschriebene Transformationen von Modellen der Berechenbarkeit

Es gelang sowohl die einheitlich formale Beschreibung dieser DNA-Computing-Modelle im Sinne von Modellen der Berechenbarkeit als auch die Konstruktion effizienter Modellalgorithmen zur Lösung des als NP-vollständig bekannten Rucksackproblems. Mit Ausnahme der Watson-Crick D0L-Systeme konnten durchgängig Algorithmen entwickelt werden, die sich durch eine bezüglich der Problemgröße lineare Zeitkomplexität auszeichnen. Die Algorithmen sind hierbei unter Verwendung der Beschreibungsmittel der jeweiligen Modelle notiert und ihre Abarbeitung beispielhaft anhand von Probleminstanzen untersetzt.

Die Universalität der betrachteten DNA-Computing-Modelle konnte in jedem Fall durch Angabe einer Transformation eines konventionellen universellen Modells der Berechenbarkeit in das jeweilige DNA-Computing-Modell konstruktiv gezeigt werden, siehe Abbildung 6.6. Als Ausgangspunkt für die Modelltransformationen dienten folgende konventionelle universelle Modelle der Berechenbarkeit: deterministische und nichtdeterministische Turingmaschine, die Klasse der WHILE-Programme, die Klasse der μ-rekursiven Funktionen sowie Chomsky-Grammatiken vom Typ 0 zur Erzeugung rekursiv aufzählbarer formaler Sprachen. Diese Modelle können sich gegenseitig simulieren, wie im Kapitel 3 über die mathematischen Grundlagen des DNA-Computing gezeigt wurde.

Die Klassifizierung von DNA-Computing-Modellen bezieht sich auf ihre Eigenschaften. Im Hinblick auf mögliche Implementierungen, Simulationen und Algorithmenkonstruktionen sind die Restriktivität, die Multimengenbasiertheit, ihr Determinismus, das innewohnende Paradigma (imperativ, funktional, logisch) und Fähigkeiten zur Parallelverarbeitung (Multiple-Instruction-Fähigkeit, Multiple-Data-Fähigkeit) von Interesse. Die Abbildung 6.7 fasst die Zuordnung dieser Eigenschaften auf die betrachteten Modelle des DNA-Computing zusammen.

ausgewählte Modelle des DNA-Computing	universell	platzbeschränkt universell	restriktiv	multimengenbasiert	deterministisch	imperativ	regelbasiert	Multiple-Instruction-fähig	Multiple-Data-fähig	direkte Algorithmentransformation von
Filtering-Modelle		■		■	■				■	WHILE
Parallel Associative Memory		■		■	■				■	TM
DNA-Pascal	■			■	■				■	WHILE
DNA Equality Checking	■			■	■				■	WHILE
Insertion-Deletion-Systeme	■						■	■	■	G
Watson-Crick D0L-Systeme	■		■		■				■	μ
Splicing-Systeme (H-, EH-)	■						■	■	■	G

WHILE: WHILE-Programm   G: Chomsky-Grammatik vom Typ 0
TM: Turingmaschine   μ: μ-rekursive Funktion, beschrieben im   μ-Rekursionsschema

Abb. 6.7: Beschriebene Transformationen von Modellen der Berechenbarkeit

Bei der Analyse der vorgestellten DNA-Computing-Modelle hinsichtlich einer laborpraktischen Implementierbarkeit mittels Abfolgen wohluntersuchter molekularbiologischer Prozesse fällt auf, dass die Modelle ein sehr hohes Abstraktionsniveau aufweisen und mithin stark idealisiert sind. Jedes dieser Modelle ist entweder nicht restriktiv, nicht multimengenbasiert, nicht endlichkomponentig oder enthält Modelloperationen, für die es derzeit keine geeignete praktische Implementierungsmöglichkeit gibt.

Das Spektrum bekannter Modelle des DNA-Computing ist damit nicht erschöpft. Aus Sicht der Theorie formaler Sprachen beispielsweise sind besonders das Sticker-Modell ([RWBC_99]) und mit diesem verwandte *Sticker-Systeme* ([KPRS_98], [VuHo_00]) interessant, die Wortkodierungen linearer DNA-Doppelstränge mit Einzelstrangüberhängen zulassen und auf einer abstrakten Abbildung der DNA-Operationen Annealing und Melting beruhen. Obwohl derzeit bekannte Sticker-Systeme keine universelle Berechnungsstärke erreichen, spannen sie eine große, feinabgestufte Palette von Sprachklassen auf und beschränken sich auf einen Operationssatz, dem keine enzymatischen Prozesse zugrunde liegen. Eine ähnliche Intention verfolgen auch Modelle der DNA-Selbstorganisation (*self-assembly*) ([WLWS_98], [Winf_98]), die eine Hybridisierung vieler langer DNA-Einzelstränge zu einem komplexen, räumlich gefalteten DNA-Molekül nachempfinden. In der Modellvorstellung kann ein solches DNA-Molekül – vergleichbar mit einem Puzzle – aus vorgefertigten Teilen zusammengesetzt, auseinandergenommen und gegebenenfalls neu arrangiert werden. Die Bereitstellung der benötigten spezifischen nichtlinearen DNA und die Analyse der informationstragenden Molekülfaltung begründen einen zukunftsorientierten Theorievorlauf des Modellentwurfs gegenüber praktischen Implementierungen. Untersuchungen zur Anordnung vorwiegend genomischer DNA-Fragmente in lebenden Zellen entwickeln sich zu einem eigenständigen Wissensgebiet [EHPP_04].

7 Ein Weg zum praktisch nutzbaren universellen DNA-Computer

Die Entwicklung praktisch einsetzbarer DNA-basierter Universalcomputer gehört zu den wichtigsten weitgesteckten Forschungsvorhaben im DNA-Computing. Die Motivation, dieses Ziel mittelfristig zu erreichen, beinhaltet zugleich die Herausforderung, alle drei Säulen des Wissensgebietes zusammenzuführen. DNA-basierte Universalcomputer sollen sowohl durch ein geeignetes Modell berechenbarkeitstheoretisch beschreibbar sein und sich leicht und effizient programmieren lassen als auch automatisiert in vitro genutzt und detailliert simuliert werden können. Den Ausgangspunkt dieses Entwicklungsweges bilden optimierte, an die Erfordernisse einer praktischen Implementierung angepasste DNA-Computing-Modelle, die schrittweise zu einer geeigneten *Biohardware* verfeinert werden.

Unter dem Begriff Biohardware wird eine Anordnung von Reagenzgläsern (Tubesystem) in Verbindung mit Prozessapparaturen einschließlich ihrer Befüllung mit DNA, weiterer Reagenzien, Katalysatoren und Hilfsstoffen verstanden, mit der alle im zugrunde liegenden DNA-Computing-Modell zulässigen Berechnungen ohne Verwendung zusätzlicher externer Hilfsmittel automatisiert in vitro ausgeführt werden können. DNA-Algorithmen bilden die Biosoftware und sind auf niedrigster Ebene durch die Summe aller auf die Biohardware abgestimmten Prozessparameter beschrieben. Die Weiterentwicklung von DNA-Computing-Modellen zu DNA-basierten Universalcomputern lässt sich mit dem historischen Analogon der technischen Entwicklung vom Modell der deterministischen Turingmaschine zu modernen elektronischen Rechnern vergleichen.

Es stellt sich die Frage, welches universelle DNA-Computing-Modell ausgehend vom derzeitigen Stand der Technik am besten für eine Weiterentwicklung zu einem DNA-basierten Universalcomputer geeignet ist. Das wichtigste Auswahlkriterium besteht darin, ob jeder Arbeitsschritt und mithin jede Berechnung mittels des verfügbaren Repertoires molekularbiologischer Operationen zuverlässig und wiederholbar nachgebildet werden kann. Um die praktische Ausführbarkeit beliebiger Modellalgorithmen sicherzustellen, bedarf es der Existenz einer einheitlichen Kodierung zwischen DNA-basierten Daten (Wörtern formaler Sprachen) im Modell und korrespondierenden DNA-Strängen. Darüber hinaus sollte ein universeller DNA-Computer auch das vorhandene Potenzial der massiven Datenparallelität umfassend umsetzen, so dass rechenintensive Algorithmen zeiteffizient abarbeitbar sind.

Unterzieht man die in Kapitel 6 betrachteten abstrakten Modelle des DNA-Computing einem Vergleich hinsichtlich dieser Auswahlkriterien, so ergibt sich ein differenziertes Bild. Die früh aufgestellten Filtering-Modelle sowie das Modell PAM erreichen aufgrund ihrer lediglich platzbeschränkten Universalität nicht die größtmögliche Berechnungsstärke. Die Sprache DNA-Pascal und das Modell DNA Equality Checking führen vergleichsweise viele abstrakte Modelloperationen ein, die kein wohluntersuchtes Äquivalent in molekularbiologischen Prozessabfolgen besitzen. Erschwerend kommt hinzu, dass keine einheitliche Kodierung der Bits (0 und 1) in korrespondierende DNA-Fragmente existiert. In Abhängigkeit vom ausgeführten Algorithmus müsste diese immer wieder neu festgelegt werden. Watson-Crick D0L-Systeme nutzen das Potenzial einer massiv-datenparallelen Verarbeitung nicht aus. Die Nachteile dieser DNA-Computing-Modelle hinsichtlich praktisch einsatzfähiger Universalcomputer resultieren auch daraus, dass versucht wurde, bekannte sequentielle und deterministische Funktionsprinzipien und Denkweisen unmittelbar auf das DNA-Computing zu adaptieren. Hierdurch wird einem DNA-Computer ein Funktionsrahmen aufgezwungen, der die Eigenheiten dieses Computingkonzepts nicht hinreichend zur Geltung bringt. Die Idee von Chomsky-Grammatiken, Berechnungen durch gezieltes fortlaufendes Ersetzen von Zeichenketten vorzunehmen, kommt der Verarbeitung von DNA-Strängen durch molekularbiologische Prozesse bereits sehr nahe. Es verwundert deshalb nicht, dass gerade den grammatikbasierten DNA-Computing-Modellen die besten Aussichten auf eine Weiterentwicklung zu universellen DNA-Computern eingeräumt werden [PaRS_98].

Während Insertion-Deletion-Systeme besonders hohe Ansprüche an eine seiteneffektarme Prozessausführung stellen und eine gesonderte Selektion jedes Arbeitsschrittergebnisses notwendig machen, erscheinen Splicing-Systeme und die ihnen zugrunde liegende Splicing-Operation als einzige Modelloperation weitgehend robust und in der Beschreibung von vornherein labornah ausgelegt. Die Splicing-Operation setzt direkt auf dem Vorbild der DNA-Rekombination auf und wird durch Erkennungssequenzen (Teilwörter $u_1 u_2$ und $u_3 u_4$) parametrisiert, die sich konkreten Restriktionsenzymen zuordnen lassen. Die Modellbeschreibung erfasst im Gegensatz zu anderen DNA-Computing-Modellen unmittelbar molekularbiologische Prozesse. Abstrahiert wird jedoch von einigen Seiteneffekten, mit denen diese Prozesse (Digestion und Ligation) behaftet sind wie beispielsweise unvollständige Reaktionen und Unspezifitäten. Einer unmittelbaren Verwendung von H-Systemen wie auch EH-Systemen aus Abschnitt 6.8 zur Konstruktion DNA-basierter Universalcomputer steht entgegen, dass sie eine universelle Berechnungsstärke nur unter Einbeziehung unendlich vieler Axiome (DNA-Stränge) oder Splicing-Regeln (Restriktionsenzyme) erreichen. Dieser Nachteil lässt sich durch Einführung zusätzlicher geeigneter Modellbestandteile beseitigen, die die gewünschten Wirkungen durch endliche Komponenten ausgleichen. Zudem sollte sichergestellt werden, dass die aus laborpraktischer Sicht wichtigen Modelleigenschaften der Restriktivität und Multimengenbasiertheit bei Bedarf leicht eingebracht werden können. Es wurden verschiedene Ansätze diskutiert, um durch geeignete Systemerweiterungen universelle Splicing-Systeme mit endlichen Komponenten zu erhalten (z.B. [CFKP_96], [CsKP_96], [DaMi_96], [FrKP_99], [FrMF_98], [MaPa_97], [MaRo_98], [PaRS_97], [PaRS_98], [Paun_96c], [Paun_97a], [Paun_97b], [SaFe_99], [YoKF_97]) und weiterführend hinsichtlich verschiedener Aspekte zu optimieren. Diese Ansätze ergeben eine Klassifizierung universeller Splicing-Systeme mit endlichen Komponenten:

- Modifikation der Splicing-Operation
- Einbeziehung gezielt erzeugter nichtlinearer DNA-Strukturen
- Verwendung von Multimengen
- Verteilte Splicing-Systeme (*Mehrtubesysteme*)

Nachfolgend werden Ziele der Modellentwicklung definiert, an denen sich die Konstruktion und Optimierung universeller Splicing-Systeme mit endlichen Komponenten orientiert. Bekannte Systeme werden gegenübergestellt. Mit dem speziellen Mehrtubesystem TT6 wird ein anwendungsorientiertes verteiltes Splicing-System eingeführt, welches alle gesetzten Ziele der Modellentwicklung erfüllt. Der Universalitätsnachweis erfolgt konstruktiv durch Angabe einer Transformation von Chomsky-Grammatiken des Typs 0, die in Kuroda-Normalform vorliegen, in das Mehrtubesystem TT6. Chomsky-Grammatiken bilden somit die für Algorithmen verwendeten Notationssysteme und dienen mithin als Programmiersprache des DNA-Computers. Mit Hilfe der im Kapitel 3 angegebenen Transformationen lassen sich Algorithmen anderer Berechnungsmodelle in Chomsky-Grammatiken transformieren. Am Beispiel des Rucksackproblems wird ein effizienter Algorithmus konstruiert und seine Abarbeitung gezeigt. Die Angabe einer labornahen Simulationsmöglichkeit des TT6 durch eine definierte Abfolge molekularbiologischer Operationen aus Kapitel 4 sowie eine Prinzipskizze für eine auf der Grundlage des TT6 arbeitende Biohardware beschließen das Kapitel.

7.1 Ziele der Modellentwicklung

Uneingeschränkte Universalität: Das Splicing-System soll in der Lage sein, jede formale Sprache aus RE zu generieren bzw. zu akzeptieren, konstruktiv nachgewiesen durch Transformation eines als universell bekannten Berechnungsmodells in das Splicing-System.

Endlichkeit aller Systemkomponenten: Alle im Splicing-System enthaltenen Komponenten (z.B. Axiome, Splicing-Regeln) sollen sich durch endliche Mengen beschreiben lassen.

Statischer Systemaufbau: Die Anzahl benötigter Reaktionsgefäße und Prozessapparaturen sowie ihre Vernetzung untereinander durch eine geeignete Pipelinestruktur sollen für alle ausführbaren Algorithmen konstant sein. Modellalgorithmen dürfen lediglich die Befüllung von Reaktionsgefäßen und Prozessapparaturen sowie die Summe aller Prozessparameter (z.B. Temperatur-Zeit-Verläufe, pH-Wert-Zeit-Verläufe, Zugaben von Reagenzien) auf der niedrigsten Beschreibungsebene enthalten, jedoch keine konstruktiven Änderungen des Systemaufbaus bedingen.

Kein systeminhärenter Nichtdeterminismus: Das Verhalten des Splicing-Systems soll durch eine feste Operationsfolge, die zur Ausführung jedes Ableitungsschrittes durchlaufen wird, beschreibbar sein. Ist das zugrunde liegende Modell der Berechenbarkeit deterministisch (z.B. deterministische Turingmaschine oder eine spezielle Chomsky-Grammatik vom Typ 0, die aus der Transformation einer deterministischen Turingmaschine gemäß der Regeln (3.1), (3.2) und (3.3) aus Abschnitt 3 entsteht), dann auch das daraus entsprechend dem konstruktiven Universalitätsnachweis resultierende Splicing-System.

Multiple-Data-Fähigkeit: Das Splicing-System soll eine möglichst hohe Datenparallelität zur Steigerung der Zeiteffizienz von Berechnungen nutzen.

Einheitliche Kodierfähigkeit DNA-basierter Daten des Modells in DNA: Gleiche DNA-basierte Daten (z.B. Alphabetsymbole) sollen im gleichen Modellalgorithmus auf gleiche Weise eindeutig in DNA abgebildet werden. Dies bedeutet, dass jede bei Ausführung eines Algorithmus einmal gewählte DNA-Kodierung bis zur Terminierung beibehalten wird.

Separation der Berechnungsergebnisse von Zwischenprodukten: Das Splicing-System soll derart definiert sein, dass alle Berechnungsergebnisse in einer oder mehreren separaten Systemkomponenten bereitgestellt werden und dass diese ausgewiesenen Systemkomponenten außer Berechnungsergebnissen keine Zwischenprodukte der Berechnung enthalten.

Auslesbarkeit jedes Berechnungsergebnisses: Jedes vom Splicing-System ermittelte Berechnungsergebnis soll in einer Form vorliegen, die eine analytische Auswertung zulässt sowie die Dekodierung des Berechnungsergebnisses in die durch die Berechnung erzielte Problemlösung ermöglicht.

Ressourcenminimierung: Das Splicing-System soll die Erzeugung und Verarbeitung von Zwischenprodukten minimieren, die nicht zum Berechnungsergebnis führen.

Möglichst niedriges Abstraktionsniveau der Modelloperationen: Jede Modelloperation, die als Bestandteil der Ausführung von Ableitungsschritten herangezogen wird, soll formal derart definiert sein, dass die zugrunde liegenden molekularbiologischen Prozesse, Methoden und Techniken nicht übermäßig stark idealisiert, generalisiert und abstrahiert werden.

Simulierbarkeit des Systems: Die Beschreibung des Gesamtsystems soll auf einer labornah simulierbaren Abfolge bekannter molekularbiologischer Prozesse, Methoden und Techniken basieren.

7.2 Bekannte universelle Splicing-Systeme mit endlichen Komponenten

In diesem Abschnitt werden bekannte universelle Splicing-Systeme vorgestellt und die ihrem Funktionsprinzip zugrunde liegenden Ideen skizziert. Die jeweiligen vollständigen Modellbeschreibungen einschließlich der Universalitätsnachweise sind in den genannten Referenzen enthalten. Jedes nachfolgend betrachtete Splicing-System wird bezüglich der Erfüllung der vorgenannten Entwicklungsziele untersucht.

7.2.1 Splicing-Systeme mit modifizierter Splicing-Operation

Splicing-Systeme mit *modifizierter Splicing-Operation* sind Eintubesysteme. Analog zu EH-Systemen erfolgt, ausgehend von den Axiomen, eine fortlaufende (iterierte) Anwendung von Splicing-Operationen. Die Definition der Splicing-Operation selbst ist gegenüber EH-Systemen auf verschiedene Weise erweitert. Eine Separation der Berechnungsergebnisse von Zwischenprodukten kann von Splicing-Systemen mit modifizierter Splicing-Operation nicht realisiert werden, wodurch auch die praktische Auslesbarkeit der Berechnungsergebnisse beeinträchtigt ist.

Splicing-Systeme mit Zielsprachen (target languages) werden nicht als endlichkomponentig aufgefasst, weil zur Erzielung einer universellen Berechnungsstärke als Bestandteile der Systembeschreibung dienende Zielsprachen durch echt reguläre und mithin unendliche Mengen beschrieben sind.

Splicing-Systeme mit erforderlichen Kontexten

Die Splicing-Operation wird um erforderliche Kontexte (*permitting contexts*) erweitert ([FrKP_99]). Sei $\gamma = (V, \Sigma, A, R)$ ein Splicing-System mit erforderlichen Kontexten, so ist R abweichend zu EH-Systemen definiert durch eine endliche Menge $R \subset (V^* \otimes \{\#\} \otimes V^* \otimes \{\$\} \otimes V^* \otimes \{\#\} \otimes V^*) \times V^* \times V^*$ von Tripeln $(r, C_1, C_2) \in R$, jeweils bestehend aus einer Splicing-Regel $r = u_1 \# u_2 \$ u_3 \# u_4$, einer endlichen Menge erforderlicher Kontexte $C_1 \subset V^*$ sowie einer zweiten endlichen Menge erforderlicher Kontexte $C_2 \subset V^*$. Die Menge A der Axiome von γ ist ebenfalls endlich. Zusätzliche Bedingung für die Ausführung jedes Ableitungsschrittes $(x, y) \vdash_\gamma (z, w)$ mittels $(r, C_1, C_2) \in R$ ist, dass jedes Element aus C_1 ein Teilwort von x sowie jedes Element aus C_2 ein Teilwort von y darstellt.

Splicing-Systeme mit verbotenen Kontexten

Die Splicing-Operation wird um verbotene Kontexte (*forbidding contexts*) erweitert ([FrKP_99]). Sei $\gamma = (V, \Sigma, A, R)$ ein Splicing-System mit verbotenen Kontexten, so ist R abweichend zu EH-Systemen definiert durch eine endliche Menge $R \subset (V^* \otimes \{\#\} \otimes V^* \otimes \{\$\} \otimes V^* \otimes \{\#\} \otimes V^*) \times V^* \times V^*$ von Tripeln $(r, D_1, D_2) \in R$, jeweils bestehend aus einer Splicing-Regel $r = u_1 \# u_2 \$ u_3 \# u_4$, einer endlichen Menge verbotener Kontexte $D_1 \subset V^*$ sowie einer zweiten endlichen Menge verbotener Kontexte $D_2 \subset V^*$. Die Menge A der Axiome von γ ist ebenfalls endlich. Zusätzliche Bedingung für die Ausführung jedes Ableitungsschrittes $(x, y) \vdash_\gamma (z, w)$ mittels $(r, D_1, D_2) \in R$ ist, dass kein Element aus D_1 ein Teilwort von x sowie kein Element aus D_2 ein Teilwort von y darstellt.

Splicing-Systeme mit Zweifachsplicing

Splicing-Systeme mit Zweifachsplicing (*double splicing*) führen in jedem Ableitungsschritt statt einer Splicing-Operation zwei Splicing-Operationen hintereinander unter Anwendung von zwei Splicing-Regeln aus ([Paun_98], [PaRS_98]). Sei $\gamma_2 = (V, \Sigma, A, R)$ ein Splicing-System mit Zweifachsplicing, bestehend aus endlichen Komponenten. Die Komponenten V, Σ, A und R sind identisch zu den korrespondierenden Komponenten von EH-Systemen. Abweichend zu EH-Systemen ist der Ableitungsschritt $\vdash_{\gamma_2}$ auf Basis von zwei aufeinander folgenden Ableitungsschritten $\vdash_\gamma$ eines gleichkomponentigen EH-Systems definiert: Seien $x, y, w, z \in V^*$ und $r_1, r_2 \in R$, so gilt: $(x, y) \vdash_{\gamma_2} (w, z)$ gdw. $\exists u, v \in V^* . (((x, y) \overset{r_1}{\vdash_\gamma} (u, v)) \wedge ((u, v) \overset{r_2}{\vdash_\gamma} (w, z)))$. Bei Splicing-Systemen mit Zweifachsplicing werden alle Zwischenprodukte u, v als nicht existent angesehen. Im Falle einer Systemsimulation durch Abfolgen molekularbiologischer Prozesse, Methoden und Techniken ist es jedoch erforderlich, diese Zwischenprodukte durch zusätzliche Arbeitsschritte aus dem DNA-Pool zu entfernen.

7.2.2 Splicing-Systeme mit dynamischen Splicing-Regeln

Splicing-Systeme mit dynamischen Splicing-Regeln (*programmed systems*) sind dadurch charakterisiert, dass die Menge anwendbarer Splicing-Regeln mit jedem ausgeführten Ableitungsschritt durch einen zusätzlichen Steuermechanismus („Programm") neu spezifiziert wird ([PaRS_97]). Die Menge der anwendbaren Splicing-Regeln ändert sich somit im Allgemeinen nach jedem ausgeführten Ableitungsschritt und ist deshalb dynamisch. Splicing-Systeme mit dynamischen Splicing-Regeln sind beschrieben durch ein Quintupel $\gamma = (V, \Sigma, A, R, \text{next})$ endlicher Komponenten. Die in Erweiterung zu EH-Systemen aufgenommene Funktion next :

$R \to \mathcal{P}(R)$ definiert wie folgt einen nichtdeterministischen Steuermechanismus: Sei $r \in R$ die im i-ten Ableitungsschritt ($i \in \mathbb{N}$) verwendete Splicing-Regel, so stehen im $(i+1)$-ten Ableitungsschritt ausschließlich die Splicing-Regeln next$(r) \subseteq R$ für die Anwendung zur Verfügung.

Eine Separation der Berechnungsergebnisse von Zwischenprodukten kann von Splicing-Systemen mit dynamischen Splicing-Regeln nicht realisiert werden, wodurch auch die praktische Auslesbarkeit der Berechnungsergebnisse beeinträchtigt ist. Der durch die Funktion next vorgegebene Steuermechanismus schlägt sich nicht in einer Abfolge molekularbiologischer Prozesse, Methoden und Techniken nieder, sondern bedingt eine externe Kontrolle darüber, welche Paare von Restriktionsenzymen zu welchen Zeitpunkten der Abarbeitung eingesetzt werden dürfen.

7.2.3 Splicing-Systeme auf Basis nichtlinearer DNA-Strukturen

Auf nichtlinearen DNA-Strukturen sind das Ring-Splicing (*circular splicing*) sowie das Baum-Splicing (*tree splicing*) und daraus resultierende Splicing-Systeme bekannt. Splicing-Systeme auf Basis des Baum-Splicing mit endlichen Komponenten können höchstens die Klasse der kontextfreien Sprachen generieren und sind mithin nicht universell ([SaFe_99]). Splicing-Systeme auf Basis des Ring-Splicing mit endlichen Komponenten erreichen eine universelle Berechnungsstärke ([YoKF_97], [PaRS_98]). Das Potenzial des Ring-Splicing liegt darin, dass sich zugrunde liegende *zirkuläre Wörter* (Ringwörter) an beliebiger Position aufschneiden lassen, wodurch jedes Ringwort zu einer Vielzahl linearer Wörter führen kann. Die Splicing-Operation ist auf Mengen aus Ringwörtern und linearen Wörtern definiert. Sie beschreibt formal die gezielte Erzeugung spezifischer, i.a. nichtlinearer DNA-basierter Daten.

Ringwörter bilden abstrakte Beschreibungen von Plasmiden, ringförmiger doppelsträngiger DNA natürlicher Herkunft. Splicing-Systeme auf Basis des Ring-Splicing werden nicht weiterführend betrachtet, da sie nicht ausschließlich auf linearen Wörtern definiert sind, keine Separation des Berechnungsergebnisses von Zwischenprodukten vornehmen und die praktische Auslesbarkeit des Berechnungsergebnisses beeinträchtigt ist.

7.2.4 Splicing-Systeme auf Basis von Multimengen

Entsprechende endlichkomponentige Splicing-Systeme (*mEH-Systeme*) $\gamma = (V, \Sigma, \langle A, f \rangle, R)$ beschreiben die Menge der Axiome durch eine Multimenge $\langle A, f \rangle$, indem jedem Axiom $a \in A$ eine spezifische Exemplaranzahl f(a) zugeordnet wird ([CFKP_96], [FrMF_98], [FrKP_99]). Auf zwei Wörtern $x, y \in V^*$ kann nur genau dann ein Ableitungsschritt $(x, y) \vdash_\gamma (w, z)$ des mEH-Systems ausgeführt werden, wenn sowohl vom Wort x als auch vom Wort y jeweils mindestens ein Exemplar vorliegt und eine entsprechende Splicing-Regel aus R anwendbar ist. Im Ergebnis des Ableitungsschrittes verringert sich die Anzahl x und y um je ein Exemplar, während jeweils ein Exemplar der Wörter w und z entsteht. In die generierte Sprache werden genau diejenigen Wörter über Σ aufgenommen, von denen mindestens ein Exemplar vorhanden ist. Die Einbeziehung von Multimengen in die Systembeschreibung korrespondiert mit einer Berücksichtigung der Verfügbarkeit rekombinierbarer DNA-Stränge. Universalitätsnachweise sind sowohl durch Transformation von Chomsky-Grammatiken des Typs 0 als auch von deterministischen Turingmaschinen in mEH-Systeme konstruktiv geführt worden. Beide Fälle setzen Axiomenmengen voraus, die Wörter in unendlicher Exemplaranzahl enthalten, wobei die Begriffsdefinitionen von Multimengen und Multimengenoperationen angepasst werden.

Derzeit ist kein molekularbiologisches Verfahren bekannt, mit dem die Exemplaranzahlen der in einem beliebigen DNA-Pool enthaltenen DNA-Stränge exakt und zuverlässig bestimmt werden können. Ein solches Verfahren ist Voraussetzung für eine laborpraktische Implementierung von mEH-Systemen. Darüber hinaus muss sichergestellt werden, dass zur Ausführung jedes Ableitungsschrittes genau zwei DNA-Stränge aus dem DNA-Pool ausgewählt werden und nicht alle DNA-Stränge, die die gemäß der Splicing-Regel geforderte Erkennungssequenz tragen. Eine Separation des Berechnungsergebnisses von Zwischenprodukten der Berechnung erfolgt bei mEH-Systemen nicht.

7.2.5 Verteilte Splicing-Systeme

Verteilte Splicing-Systeme sind im Allgemeinen Mehrtubesysteme. Sie bestehen aus einer definierten Anordnung einer endlichen Anzahl von Reagenzgläsern, die als Komponenten des Mehrtubesystems bezeichnet werden. Jedes Reagenzglas ist separat beschrieben durch ein wiederum mittels endlicher Komponenten spezifiziertes H-System, EH-System oder einen daran angelehnten generativen Mechanismus und realisiert eine gezielte Rekombination der dem Reagenzglas zugeführten Wörter. Die Funktionsprinzipien verteilter Splicing-Systeme unterscheiden sich vor allem darin, zu welchen Zeitpunkten, unter welchen Bedingungen und zwischen welchen Reagenzgläsern alle oder ausgewählte Zwischenprodukte verteilt werden, die anschließend innerhalb der Zielreagenzgläser in den Weiterverarbeitungsprozess einbezogen sind.

Splicing-Grammatik-Systeme

Ein Splicing-Grammatik-System (*splicing grammar system*) vom Grad n, $n \geq 1$ ist beschrieben durch ein Tupel $\Gamma = (V, \Sigma, (S_1, P_1), \ldots, (S_n, P_n), R)$, wobei V das Alphabet von Γ, $\Sigma \subseteq V$ das Alphabet der Terminalsymbole, die endliche Menge R die Menge der Splicing-Regeln und jedes Paar (S_i, P_i) mit $i = 1, \ldots, n$ ein Reagenzglas von Γ bezeichnet ([DaMi_96], [Paun_96c]). Jedes Paar (S_i, P_i) definiert gemeinsam mit den systemglobalen Alphabeten V und Σ eine Chomsky-Grammatik vom Typ 2, so dass S_i das jeweilige Startsymbol und P_i die jeweilige endliche Regelmenge repräsentieren. Alle Startsymbole S_i müssen in V enthalten sein. Jeder Ableitungsschritt des Gesamtsystems Γ zerfällt in zwei aufeinander folgende Stufen. In der ersten Stufe wird in jedem Reagenzglas i eine Grammatikregel aus P_i angewandt, sofern mindestens eine solche existiert. In der zweiten Stufe werden aus den zusammengeführten Wortformen aller Reagenzgläser zwei ausgewählt, mittels Anwendung einer Splicing-Regel aus R gespleißt und Kopien der auf diese Weise entstandenen beiden Wörter all jenen Reagenzgläsern hinzugefügt, die die zum Spleißen herangezogenen Wortformen nicht bereitgestellt haben. Ableitungsschritte werden in Γ fortlaufend ausgeführt, die erzeugte Sprache $L(\Gamma)$ ergibt sich formal aus der Schnittmenge der im Reagenzglas 1 enthaltenen Wortformen mit der Menge Σ^*. Die Universalität von Splicing-Grammatik-Systemen kann mit mindestens zwei Reagenzgläsern erreicht werden, nachweisbar durch Transformation von Chomsky-Grammatiken des Typs 0.

Das Berechnungsergebnis $L(\Gamma)$ wird vom System nicht von Zwischenprodukten separiert in einem gesonderten Reagenzglas bereitgestellt. Die Anwendungen von Grammatikregeln in den ersten Stufen jedes Ableitungsschrittes sowie die selektive Verteilung des Splicing-Ergebnisses am Ende der zweiten Stufen sind nicht durch molekularbiologische Prozesse, Methoden und Techniken unterlegt. Nichtdeterminismus tritt sowohl bei der Auswahl der Grammatikregeln als auch bei der Auswahl der Splicing-Regeln auf, wobei beide Formen systeminhärent sind.

Kooperierende verteilte Splicing-Systeme

Ein *kooperierendes* verteiltes Splicing-System (*cooperating distributed splicing system*, CDEH-System) vom Grad n, $n \geq 1$ ist beschrieben durch ein Tupel $\Gamma = (V, \Sigma, w, (A_1, R_1), \ldots, (A_n, R_n))$, wobei V das Alphabet von Γ, $\Sigma \subseteq V$ das Alphabet der Terminalsymbole, $w \in V^*$ das systemglobale Axiom und jedes Paar (A_i, R_i) mit $i = 1, \ldots, n$ ein Reagenzglas von Γ ist ([MaPa_97]). Jedes Paar (A_i, R_i) definiert gemeinsam mit dem Wort w und den systemglobalen Alphabeten V und Σ ein endlichkomponentiges EH-System $\gamma_i = (V, \Sigma, A_i \cup \{w\}, R_i)$. In jedem Ableitungsschritt des Gesamtsystems Γ arbeitet jedes enthaltene EH-System γ_i autonom durch fortlaufende Anwendung von Splicing-Regeln aus R_i. Ein Ableitungsschritt des Gesamtsystems Γ ist beendet, wenn in keinem der enthaltenen EH-Systeme γ_i noch Splicing-Regeln angewandt werden können, die zu neuen von γ_i generierten Wörtern führen. Anschließend werden Kopien aller von allen EH-Systemen γ_i erzeugten Wörtern an alle anderen EH-Systeme des Gesamtsystems verteilt, den jeweiligen Axiomenmengen hinzugefügt und der nachfolgende Ableitungsschritt des Gesamtsystems angestoßen. Die uneingeschränkte Verteilung der Wörter lässt sich als Kooperation zwischen den Reagenzgläsern auffassen. Die von Γ erzeugte Sprache $L(\Gamma)$ ergibt sich formal aus der Vereinigungsmenge der von allen enthaltenen EH-Systemen γ_i in allen hüllenbildenden Ableitungsschritten generierten Wörter, aus der die Schnittmenge mit Σ^* gebildet wird. Die Universalität von kooperierenden verteilten Splicing-Systemen kann mit mindestens drei Reagenzgläsern erreicht werden, nachweisbar durch Transformation von Chomsky-Grammatiken des Typs 0.

Die Simulation des Gesamtsystems bedingt eine Methode, mit der beliebige DNA-Pools, vorliegend als Reagenzglasinhalte, uneingeschränkt dupliziert werden können, ohne die Anfangs- und Endstücke der enthaltenen DNA-Stränge zu kennen. Eine solche Methode ist nach derzeitigem Stand der Technik nicht bekannt. Um die geforderte Verteilung der Wörter im Gesamtsystem zu erreichen und um zu gewährleisten, dass für nachfolgende Ableitungsschritte in den einzelnen EH-Systemen γ_i hinreichend viel splicebares Material vorhanden ist, müssen von jedem Wort im Vergleich zu anderen Splicing-Systemen sehr viele Kopien erzeugt werden, was einer Ressourcenminimierung widerspricht. Die Zeitpunkte, an denen Verteilungen vorgenommen werden müssen, sind ebenso wie die spezifischen Anzahlen in den einzelnen EH-Systemen jeweils hintereinander auszuführender Splicing-Operationen zu Beginn der Abarbeitung nicht bekannt. Es liegt systeminhärenter Nichtdeterminismus vor.

Zweistufig priorisierte verteilte Splicing-Systeme

Ein *zweistufig priorisiertes* verteiltes Splicing-System (*two level distributed splicing system*, LDH-System) vom Grad n, $n \geq 1$ ist beschrieben durch ein Tupel $\Gamma = (V, \Sigma, (w_1, A_1, I_1, E_1), \ldots, (w_n, A_n, I_n, E_n))$, wobei V das Alphabet von Γ, $\Sigma \subseteq V$ das Alphabet der Terminalsymbole und jedes Quadrupel (w_i, A_i, I_i, E_i) mit $i = 1, \ldots, n$ ein Reagenzglas von Γ bezeichnet ([Paun_97a]). Die Komponenten jedes Reagenzglases i sind wie folgt definiert: Das Wort $w_i \in V^*$ wird als aktives Axiom bezeichnet, die endliche Sprache $A_i \subset V^*$ als Axiomenmenge, die endliche Sprache I_i als Menge der internen Splicing-Regeln sowie die endliche Sprache E_i als Menge der externen Splicing-Regeln, wobei gilt: $I_i, E_i \subset V^* \otimes \{\#\} \otimes V^* \otimes \{\$\} \otimes V^* \otimes \{\#\} \otimes V^*$ und $\#, \$ \notin V$. LDH-Systeme gestatten die reagenzglasparallele Ausführung von Splicing-Operationen auf zwei Ebenen: entweder als externes Splicing unter Anwendung einer Splicing-Regel aus E_i oder als internes Splicing unter Anwendung einer Splicing-Regel aus I_i. Die Anwendung des externen Splicings hat Vorrang gegenüber dem internen Splicing. Ausgehend vom aktiven Axiom w_i und der Menge passiver

Axiome A_i führt jedes Reagenzglas ein aktives Wort x_i sowie eine Menge passiver Wörter M_i, notiert als Reagenzglasinhalt (x_i, M_i). Ein Ableitungsschritt des externen Splicings im Reagenzglas i verwendet das eigene aktive Wort x_i sowie ein passives Wort aus einem anderen Reagenzglas und formt beide Wörter entsprechend der genutzten Splicing-Regel aus E_i in das Wortpaar (u, v) um, wobei u zum neuen aktiven Wort des Reagenzglases i wird und v Eingang in die Menge M_i findet. Das externe Splicing bildet folglich eine reagenzglasübergreifende Operation, die eine Vervielfältigung ausgewählter Wörter und ihre Verteilung zwischen spezifischen Reagenzgläsern bedingt. Kann in einem Reagenzglas i kein externes Splicing ausgeführt werden, erfolgt reagenzglasintern ein internes Splicing unter Benutzung von Wörtern aus $\{x_i\} \cup M_i$ und einer Splicing-Regel aus I_i, sofern eine solche anwendbar ist. Ist auch kein internes Splicing möglich, ändert sich der Inhalt (x_i, M_i) des Reagenzglases i nicht. Das Gesamtverhalten eines LDH-Systems lässt sich beschreiben durch Abfolgen externen und internen Splicings in den einzelnen Reagenzgläsern. Die Universalität von LDH-Systemen kann mit mindestens drei Reagenzgläsern erreicht werden, nachweisbar durch Transformation von Chomsky-Grammatiken des Typs 0.

Die Simulierbarkeit des Gesamtsystems durch definierte Abfolgen derzeit bekannter molekularbiologischer Prozesse setzt voraus, dass Restriktionsenzyme innerhalb eines Reagenzglases nur gezielt auf ausgewählte DNA-Stränge lokal wirken, andere spezifische DNA-Stränge, die gleiche Erkennungssequenzen enthalten, jedoch nicht verändern. Eine jeder Digestion vorgeschaltete Methylierung erzielt nicht generell die geforderte Wirkung bezüglich des Systemverhaltens. Ferner wird zur Simulation des Systems eine Methode benötigt, mit der gezielt DNA-Stränge aus einem DNA-Pool dupliziert werden können, ohne die Sequenzen ihrer Anfangs- und Endstücke zu kennen. Das Berechnungsergebnis $L(\Gamma)$ wird vom System nicht von Zwischenprodukten separiert in einem gesonderten Reagenzglas bereitgestellt.

Zeitgesteuerte verteilte Splicing-Systeme mit dynamischen Splicing-Regeln

Ein *zeitgesteuertes* verteiltes Splicing-Systen mit dynamischen Splicing-Regeln (*time varying distributed splicing system*, VDH-System) vom Grad n, $n \geq 1$ ist beschrieben durch ein Tupel $\Gamma = (V, \Sigma, A, R_1, \ldots, R_n)$, wobei V das Alphabet von Γ, $\Sigma \subseteq V$ das Alphabet der Terminalsymbole, $A \subset V^*$ die endliche Menge der Axiome und jedes R_i mit $i = 1, \ldots, n$ eine endliche Menge von Splicing-Regeln bezeichnet ([Paun_97b], [MaRo_98]). Jedes Subsystem (V, Σ, A, R_i) lässt sich als in Γ enthaltenes EH-System auffassen. VDH-Systeme bilden eine Erweiterung von Splicing-Systemen mit dynamischen Splicing-Regeln. Im i-ten ausgehend von der Axiomenmenge ausgeführten Ableitungsschritt $(i \in \mathbb{N})$ des Systems Γ ist ausschließlich die Verwendung einer Splicing-Regel aus $R_{(i \bmod n)+1}$ zulässig. Die Mengen von Splicing-Regeln R_1 bis R_n werden somit in aufeinander folgenden Ableitungsschritten umlaufend periodisch genutzt. Die erzeugte Sprache $L(\Gamma)$ ergibt sich formal aus der Schnittmenge der von Γ in i Schritten $(i \in \mathbb{N})$ abgeleiteten Wörter mit der Menge Σ^*. Der Systemaufbau wird mittels n Reagenzgläsern veranschaulicht, wobei jedes Reagenzglas $i \in \{1, \ldots, n\}$ die zu R_i korrespondierenden Restriktionsenzyme und Hilfsstoffe enthält. Der DNA-Pool wird nach Ausführung jedes Ableitungsschrittes umschichtig vom Reagenzglas k zum Reagenzglas $k + 1$ verlagert (wenn $k < n$) bzw. von n nach 1 (wenn $k = n$). Die Universalität von VDH-Systemen kann mit mindestens zwei Reagenzgläsern erreicht werden, nachweisbar durch Transformation von Chomsky-Grammatiken des Typs 0. Eine Separation der Berechnungsergebnisse von Zwischenprodukten kann von VDH-Systemen nicht realisiert werden, wodurch auch die praktische Auslesbarkeit der Berechnungsergebnisse beeinträchtigt ist.

Kommunizierende verteilte Splicing-Systeme

Ein *kommunizierendes* verteiltes Splicing-System (*communicating distributed splicing system*, CDH-System) vom Grad n, $n \geq 1$ ist beschrieben durch ein Tupel $\Gamma = (V, \Sigma, (A_1, R_1, V_1), \ldots, (A_n, R_n, V_n))$, wobei V das Alphabet von Γ, $\Sigma \subseteq V$ das Alphabet der Terminalsymbole und jedes Tripel (A_i, R_i, V_i) mit $i = 1, \ldots, n$ ein Reagenzglas von Γ bezeichnet ([CsKP_96]). Die endlichen Mengen A_i und R_i jedes Tripels (A_i, R_i, V_i) definieren gemeinsam mit den systemglobalen Alphabeten V und Σ jeweils ein endlichkomponentiges EH-System mit der Axiomenmenge A_i und der Menge R_i von Splicing-Regeln. Jedes V_i repräsentiert eine dem Reagenzglas i vorgeschaltete endliche Menge von Filtermustern (Teilwörtern). Jeder Ableitungsschritt des Gesamtsystems Γ besteht aus drei aufeinander folgenden Stufen. In der ersten Stufe wird in jedem Reagenzglas i auf den dort jeweils vorliegenden Wörtern eine Splicing-Regel aus R_i angewandt, sofern mindestens eine solche existiert. In der zweiten Stufe verteilt jedes Reagenzglas i Kopien aller nunmehr enthaltenen Wörter an die vorgeschalteten Filter aller im Gesamtsystem befindlichen Reagenzgläser (einschließlich des eigenen vorgeschalteten Filters). Jeder Filter i sammelt die eintreffenden Wörter. Nach Abschluss der Verteilvorgänge wird jedes Reagenzglas geleert. Die dritte Stufe beschreibt den Filterprozess: Jeder Filter i kann genau von denjenigen Wörtern passiert werden, die mindestens ein Element aus V_i als Teilwort enthalten (Separation nach Subsequenz). Die den Filter i passierenden Wörter gelangen in das Reagenzglas i und stehen dort für den nachfolgenden Ableitungsschritt bereit. Die in den Filtern verbliebenen Wörter werden verworfen. Die Filterprozesse lassen sich als Kommunikation zwischen den Reagenzgläsern auffassen. Ableitungsschritte werden in Γ fortlaufend ausgeführt, die erzeugte Sprache $L(\Gamma)$ ergibt sich formal aus der Schnittmenge der im Reagenzglas 1 enthaltenen Wörter mit der Menge Σ^*. Die Universalität von kommunizierenden verteilten Splicing-Systemen kann mit mindestens drei Reagenzgläsern erreicht werden, nachweisbar durch Transformation von Chomsky-Grammatiken des Typs 0.

Die Simulation des Gesamtsystems bedingt eine Methode, mit der beliebige DNA-Pools, vorliegend als Reagenzglasinhalte, uneingeschränkt dupliziert werden können, ohne die Anfangs- und Endstücke der enthaltenen DNA-Stränge zu kennen. Eine solche Methode ist nach derzeitigem Stand der Technik nicht bekannt.

7.3　TT6 – ein anwendungsorientiertes universelles verteiltes Splicing-System

Das nachfolgend beschriebene Splicing-System TT6 wurde im Hinblick auf die Erfüllung aller vorgenannten Ziele der Modellentwicklung konstruiert [StHi_03]. Es adaptiert den Systemaufbau kommunizierender verteilter Splicing-Systeme und ergänzt ihn um ein separates Reagenzglas, das ausschließlich alle Berechnungsergebnisse aufnimmt sowie um ein modifiziertes Filterprinzip. Dieses Filterprinzip realisiert sowohl die gewünschte Strangselektion als auch die spezifische Erzeugung der zum Verteilen erforderlichen Wortkopien mittels molekularbiologischer Operationen. Das TT6 ist bezüglich einer praktischen Anwendung des Gesamtsystems zur Lösung algorithmischer Aufgabenstellungen ausgerichtet, die Spezifikation der Einzelkomponenten wurde entsprechend aufeinander abgestimmt. Die Universalität des TT6 wird mit 6 Reagenzgläsern und 6 Filtern erreicht.

7.3.1 Modellbeschreibung

Definition 7.1 *TT6-EH-System*

Ein TT6-EH-System (*test tube 6 extended Head system*) Γ ist ein 8-Tupel $\Gamma = (V, \Sigma, T_1, T_2, T_3, T_4, T_5, T_6)$ mit folgender Bedeutung der Komponenten: V bezeichnet das Alphabet des TT6-EH-Systems, $\Sigma \subseteq V$ das Alphabet der Terminalsymbole und jede Komponente T_i mit $i = 1, \ldots, 6$ ein Reagenzglas von Γ. Jedes Reagenzglas T_i ist definiert durch ein Tripel $T_i = (A_i, R_i, F_i)$, wobei $A_i \subset V^*$ die endliche Menge der Axiome, $R_i \subset V^* \otimes \{\#\} \otimes V^* \otimes \{\$\} \otimes V^* \otimes \{\#\} \otimes V^*$ mit $\#, \$ \notin V$ die endliche Menge der Splicing-Regeln und $F_i \subset V^* \times V^*$ die endliche Menge der Filtermuster (Wortpaare) für das Reagenzglas T_i bezeichnet.

Die endlichen Mengen A_i und R_i jedes Tripels (A_i, R_i, F_i) beschreiben gemeinsam mit den systemglobalen Alphabeten V und Σ jeweils ein endlichkomponentiges EH-System (V, Σ, A_i, R_i). Jede Menge F_i spezifiziert durch die enthaltenen Wortpaare einen Filter, der dem Reagenzglas T_i vorgeschaltet ist.

Definition 7.2 *Ableitungsschritt eines TT6-EH-Systems*

Sei $\Gamma = (V, \Sigma, T_1, T_2, T_3, T_4, T_5, T_6)$ ein TT6-EH-System, das sich aus den endlichkomponentigen EH-Systemen $\gamma_i = (V, \Sigma, A_i, R_i)$ sowie den zugeordneten Filtern, jeweils beschrieben durch eine endliche Menge $F_i \subset V^* \times V^*$, zusammensetzt ($i = 1, \ldots, 6$). Seien ferner σ_i^k mit $k \in \mathbb{N}$ das k-fach iterierte Splicing auf dem EH-System γ_i unter Anwendung der Splicing-Operation $\sigma : V^* \to V^*$ sowie $L_1, \ldots, L_6 \subseteq V^*$ formale Sprachen.

Ein Ableitungsschritt (Zyklus, Iteration, Arbeitsschritt) eines TT6-EH-Systems von $(L_1, L_2, L_3, L_4, L_5, L_6)$ nach $(L'_1, L'_2, L'_3, L'_4, L'_5, L'_6)$ ist eine Relation $\vdash_\Gamma \subseteq (V^* \times V^* \times V^* \times V^* \times V^* \times V^*) \times (V^* \times V^* \times V^* \times V^* \times V^* \times V^*)$, definiert durch:

$(L_1, L_2, L_3, L_4, L_5, L_6) \vdash_\Gamma (L'_1, L'_2, L'_3, L'_4, L'_5, L'_6)$ mit

$$L'_i = \left(\left(\bigcup_{\substack{j=1 \wedge \\ j \neq i}}^{6} \sigma_j^1(L_j) \right) \cap S_i \right) \cup \left(\sigma_i^1(L_i) \setminus \left(\bigcup_{\substack{j=1 \wedge \\ j \neq i}}^{6} S_j \right) \right) \quad \forall i \in \{1, \ldots, 6\}, \text{ wobei}$$

$$S_k = \{w \in V^* \mid \exists (p_a, p_e) \in F_k \,.\, ((p_a \text{ ist Präfix von } w) \wedge (p_e \text{ ist Suffix von } w))\}$$

Die Relation $\vdash_\Gamma^+$ bildet die transitive Hülle, die Relation $\vdash_\Gamma^*$ die reflexive transitive Hülle von $\vdash_\Gamma$.

Jeder Ableitungsschritt von Γ gliedert sich analog zu kommunizierenden verteilten Splicing-Systemen in drei Stufen (Spleißen, Filtern und Verteilen), wobei die Stufen Filtern und Verteilen beim TT6-EH-System in ihrer Reihenfolge vertauscht sowie abweichend spezifiziert sind.

In der ersten Stufe, dem Spleißen, wird in jedem Reagenzglas T_i zeitparallel auf den dort jeweils vorliegenden Wörtern (erfasst durch die Menge L_i) eine Splicing-Regel aus R_i angewandt, sofern mindestens eine solche existiert. Anderenfalls bleibt der Inhalt des Reagenzglases T_i während der ersten Stufe unverändert. Im Ergebnis der ersten Stufe liegt in jedem Reagenzglas T_i mit $i = 1, \ldots, 6$ die formale Sprache $\sigma_i^1(L_i)$ vor.

In der zweiten Stufe, dem Filtern, stellt jedes Reagenzglas T_j Kopien ausschließlich derjenigen Wörter bereit, die in *andere* Reagenzgläser, das heißt, in die T_i mit $j \neq i$, verteilt werden. Die Wörter, die von jedem Reagenzglas T_j in das Reagenzglas T_i übertragen werden, sind mittels der Wortpaare aus F_i beschrieben. Jedes dieser Wortpaare symbolisiert im molekularbiologischen Sinne ein PCR-Primerpaar, welches das Anfangs- und Endstück (Präfix und Suffix) jedes zum Zweck einer Übertragung nach T_i zu selektierenden und zu kopierenden Wortes aus den $\sigma^1(L_j)$ angibt. Das Filtern lässt sich mit Hilfe von Separationen nach Subsequenz und nachgeschalteten PCR simulieren. Jede Menge S_i enthält genau diejenigen Wörter, die mit einem Teilwort (Präfix) $p_{a,k}$ beginnen und mit einem Teilwort (Suffix) $p_{e,k}$ enden, wobei die $(p_{a,k}, p_{e,k})$ aus $F_i = \{(p_{a,1}, p_{e,1}), (p_{a,2}, p_{e,2}), \ldots, (p_{a,m_i}, p_{e,m_i})\}$ stammen. Die Gesamtheit aller von den Reagenzgläsern T_j, $j \neq i$ in das Reagenzglas T_i zu transferierenden Wortduplikate ist durch

die Menge $\left(\bigcup_{\substack{j=1 \wedge \\ j \neq i}}^{6} \sigma_j^1(L_j) \right) \cap S_i$ erfasst. Durch das beschriebene Filterprinzip wird sicherge-

stellt, dass nur diejenigen Wörter dupliziert werden, die vom Zielreagenzglas nicht verworfen werden und dort in die Weiterverarbeitung einbezogen sind. Auf diese Weise wird eine Ressourcenminimierung erreicht.

Die dritte Stufe verkörpert das eigentliche Verteilen: Alle zur Übertragung in das Reagenzglas T_i, $i = 1, \ldots, 6$ vorbereiteten Wortduplikate aus anderen Reagenzgläsern werden zusammengeführt und dem Reagenzglas T_i hinzugefügt. Der nach Ausführung aller drei Stufen im Reagenzglas T_i vorliegende Inhalt ist durch die formale Sprache L_i' beschrieben. Diese Sprache bildet zugleich die Wortmenge L_i für den nachfolgenden Ableitungsschritt von Γ.

Definition 7.3   *durch ein TT6-EH-System beschriebene Sprache*

Sei $\Gamma = (V, \Sigma, T_1, T_2, T_3, T_4, T_5, T_6)$ ein TT6-EH-System. Die durch Γ beschriebene (generierte) Sprache $L(\Gamma)$ ist definiert durch:

$$L(\Gamma) = \{w \in L_6 \cap \Sigma^* \mid (A_1, \ldots, A_6) \vdash_\Gamma^* (L_1, \ldots, L_6)\}$$

Die Reagenzgläser T_1 bis T_6 werden vor Beginn einer algorithmischen Abarbeitung mit den Axiomenmengen A_1 bis A_6 initialisiert, so dass gilt: $L_i = A_i$ für $i = 1, \ldots, 6$. Ableitungsschritte $\vdash_\Gamma$ werden in Γ fortlaufend ausgeführt, die erzeugte Sprache $L(\Gamma)$ ergibt sich aus den nach allen hüllenbildenden Ableitungsschritten im Reagenzglas T_6 enthaltenen Wörtern aus Σ^*. T_6 ist als gesondertes Finalreagenzglas (master tube) ausgewiesen, in das ausschließlich Berechnungsergebnisse eingebracht werden und in welchem keine Splicing-Operationen zur Ausführung kommen, siehe nachfolgenden konstruktiven Universalitätsnachweis.

7.3.2   Universalität

Der Universalitätsnachweis wird konstruktiv geführt durch Angabe einer Transformation von Chomsky-Grammatiken des Typs 0 in TT6-EH-Systeme.

Sei $G_{KNF} = (V_G, \Sigma, P_G, S_G)$ eine Chomsky-Grammatik vom Typ 0, o.B.d.A. in Kuroda-Normalform mit den Komponenten:

V_G: Alphabet der Nichtterminalsymbole mit $V_G = \{N_1, \ldots, N_m\}$

Σ: Alphabet der Terminalsymbole mit $\Sigma = \{s_1, \ldots, s_n\}$, $V_G \cap \Sigma = \emptyset$

P_G: endliche Menge der Regeln mit $P_G \subseteq (V_G \times (V_G \otimes V_G)) \cup$
$((V_G \otimes V_G) \times (V_G \otimes V_G)) \cup$
$(V_G \times \Sigma) \cup (V_G \times \{\varepsilon\})$

S_G: Startsymbol mit $S_G \in V_G$

Sei $\Gamma = (V, \Sigma, T_1, T_2, T_3, T_4, T_5, T_6)$ ein auf G_{KNF} basierendes endlichkomponentiges TT6-EH-System mit den wie folgt spezifizierten Komponenten:

$$V = V_G \cup \Sigma \cup \{\alpha, \beta, B, X, X', Y, Y', Y'_\alpha, Y'_\beta, Z, Z', Z''\} \text{ mit}$$
$$\alpha, \beta, B, X, X', Y, Y', Y'_\alpha, Y'_\beta, Z, Z', Z'' \notin V_G \cup \Sigma$$

$$T_1 = (A_1, R_1, F_1)$$
$$A_1 = \{XBS_GY\} \cup \{ZvY' \mid \exists u \in (V_G \cup \Sigma)^+ \,.\, (u,v) \in P_G\}$$
$$R_1 = \{\#uY\$Z\#vY' \mid \forall (u,v) \in P_G\}$$
$$F_1 = \{(X,Y)\}$$

$$T_2 = (A_2, R_2, F_2)$$
$$A_2 = \{ZY'_\alpha, ZY'_\beta, X'Z, ZY\} \cup \{Z\beta\alpha^i\beta Y' \mid i = 1, \ldots, n+m+1\} \cup$$
$$\{Xs_iZ \mid i = 1, \ldots, n\} \cup \{XN_iZ \mid i = 1, \ldots, m\} \cup \{XBZ\}$$
$$R_2 = \{\#s_iY'\$Z\#\beta\alpha^i\beta Y' \mid i = 1, \ldots, n\} \cup$$
$$\{\#N_iY'\$Z\#\beta\alpha^{n+i}\beta Y' \mid i = 1, \ldots, m\} \cup$$
$$\{\#BY'\$Z\#\beta\alpha^{n+m+1}\beta Y'\} \cup$$
$$\{\#\beta Y'\$Z\#Y'_\beta\} \cup$$
$$\{\#\alpha Y'\$Z\#Y'_\alpha\} \cup$$
$$\{X\#\$X'\#Z\} \cup$$
$$\{X\beta\alpha^i\beta\#\$Xs_i\#Z \mid i = 1, \ldots, n\} \cup$$
$$\{X\beta\alpha^{n+i}\beta\#\$XN_i\#Z \mid i = 1, \ldots, m\} \cup$$
$$\{X\beta\alpha^{n+m+1}\beta\#\$XB\#Z\} \cup$$
$$\{\#Y'\$Z\#Y\}$$
$$F_2 = \{(X, Y')\}$$

$$T_3 = (A_3, R_3, F_3)$$
$$A_3 = \{ZY', X\alpha Z\}$$
$$R_3 = \{\#Y'_\alpha\$Z\#Y'\} \cup$$
$$\{X'\#\$X\alpha\#Z\}$$
$$F_3 = \{(X', Y'_\alpha)\}$$

$$
\begin{aligned}
T_4 \ &= \ (A_4, R_4, F_4) \\
A_4 \ &= \ \{ZY', X\beta Z\} \\
R_4 \ &= \ \{\#Y'_\beta\$Z\#Y'\} \ \cup \\
&\quad\ \ \{X'\#\$X\beta\#Z\} \\
F_4 \ &= \ \{(X', Y'_\beta)\}
\end{aligned}
$$

$$
\begin{aligned}
T_5 \ &= \ (A_5, R_5, F_5) \\
A_5 \ &= \ \{Z'Z', Z''Z''\} \\
R_5 \ &= \ \{\#BY\$Z'Z'\#\} \ \cup \\
&\quad\ \ \{X\#\$\#Z''Z''\} \\
F_5 \ &= \ \{(\varepsilon, BY)\}
\end{aligned}
$$

$$
\begin{aligned}
T_6 \ &= \ (A_6, R_6, F_6) \\
A_6 \ &= \ \emptyset \\
R_6 \ &= \ \emptyset \\
F_6 \ &= \ \{(s_i, s_j) \mid i = 1, \dots, n; \ j = 1, \dots, n\}
\end{aligned}
$$

Es gilt: $L(G_{KNF}) \subseteq L(\Gamma)$

Das Arbeitsprinzip von Γ zur Simulation beliebiger Ableitungsschritte der Grammatik G_{KNF} realisiert drei Mechanismen, die in zugeordneten Reagenzgläsern ausgeführt werden:

- die rechtsassoziative Simulation von Grammatikregelanwendungen durch jeweils korrespondierende Splicing-Regeln (T_1)

- die zyklische Rotation der Symbole innerhalb jeder abgeleiteten Wortform zur Gewährleistung einer nachfolgenden rechtsassoziativen Grammatikregelanwendung (T_2, T_3, T_4)

- die Wortextraktion (T_5) und Separation ausgewählter Wortformen sowie der Wörter der durch G_{KNF} beschriebenen formalen Sprache $L(G_{KNF})$ in das Finalreagenzglas (T_6)

Jede durch G_{KNF} ableitbare Wortform $w \in (V_G \cup \Sigma)^*$ ist in Γ eingebettet in das korrespondierende Wort $XBwY$. Die äußeren Symbole X und Y qualifizieren die Zeichenkette als Wortform. Das innere Begrenzungssymbol B kennzeichnet die Position des ersten Zeichens aus w und sichert die Eineindeutigkeit der Darstellung von w bezüglich der sich aus fortgesetzten Symbolrotationen ergebenden Repräsentationen von w ($Bw_1w_2\dots w_k$, $w_kBw_1w_2\dots w_{k-1}$, $\dots$, $w_2\dots w_kBw_1$, $w_1w_2\dots w_kB$ mit $w_i \in V_G \cup \Sigma$). Die Symbolrotation, gesteuert durch eine Abfolge mehrerer Splicing-Regeln, hat die Aufgabe, die linke Seite der als Nächstes zur Anwendung kommenden Grammatikregel an die Suffixposition in w zu bringen, da sie nur dort durch die rechte Seite der entsprechenden Grammatikregel ersetzt werden kann. Bei jeder Symbolrotation wird das äußerst rechte Zeichen des betreffenden Wortes entfernt und an der äußerst linken Position wieder angefügt. In jede Symbolrotation sind drei Reagenzgläser einbezogen (T_1, T_2, T_3). Das zu rotierende Symbol aus V wird hierzu in ein spezifisches Binärwort über $\{\alpha, \beta\}$ kodiert und durch dieses substituiert. Die äußerst rechts befindlichen α und β werden anschließend schrittweise nacheinander an das äußerst linke Wortende gebracht, wobei im Reagenzglas T_3 jede α-Rotation und im Reagenzglas T_4 jede β-Rotation vorgenommen wird. Nach Abschluss aller zur Rotation des jeweiligen Symbols aus V notwendigen α- und β-Rotationen erfolgt am linken Wortende die Dekodierung mittels Ersetzung des Binärwortes über $\{\alpha, \beta\}$ durch das ursprüngliche Symbol aus V. Um einen gezielten Transfer der in den einzelnen Teilschritten jeder Symbolrotation weiterzuverarbeitenden Zeichenketten zu ermöglichen, werden Wortenden mit zusätzlichen, teilschrittspezifischen Markersymbolen (z.B. Y') versehen, anhand derer Filterprozesse und Verteilungen auf die beteiligten Reagenzgläser gesteuert werden. Binärwortkodierung, -dekodierung und Setzen der Markersymbole erfolgen im Reagenzglas T_2. Im Reagenzglas T_5 wird im Vorfeld der Separation von Wortformen aus $(V_G \cup \Sigma)^*$ (insbesondere von Wörtern aus $L(\Gamma)$) das in $XwBY$ eingebettete Wort w extrahiert.

Für die formale Beschreibung von TT6-EH-Systemen und ihrer Arbeitsweise ist die Kuroda-Normalform der verwendeten Chomsky-Grammatik $G = (V_G, \Sigma, P_G, S_G)$ nicht zwingend erforderlich. Sie erweist sich jedoch aus zwei Gründen als sinnvoll: Zum einen kann aufgrund der endlichen Anzahl verschiedener Regelstrukturen bei der Kuroda-Normalform die Korrektheit der Arbeitsweise des Systems induktiv nachgewiesen werden. Da jedes TT6-EH-System die Ableitung von Wortformen und Wörtern der formalen Sprache $L(G)$ simuliert, lässt sich für jede Stelle (jeden Knoten) des Grammatik-Ableitungsbaums eine korrespondierende Belegung der Reagenzgläser des TT6-EH-Systems angeben. Die Startsituation (Startsymbol S_G als Wurzelknoten des Ableitungsbaumes) entspricht somit der Initialbelegung der Reagenzgläser mit den Axiomenmengen. Davon ausgehend (Induktionsanfang) kann man über die einzelnen Grammatikregelstrukturen ($A \longrightarrow \varepsilon, A \longrightarrow a, A \longrightarrow BC, AB \longrightarrow CD$ mit $a \in \Sigma$ und $A, B, C, D \in V_G$) die Entsprechung jedes zulässigen Ableitungsschrittes der Grammatik mit einer endlichen Ableitungsschrittfolge des TT6-EH-Systems zeigen. Dieser Induktionsschritt setzt eine endliche (feste) Anzahl möglicher Grammatikregelstrukturen voraus, die ohne Verwendung der Kuroda-Normalform bei Betrachtung beliebig vieler Chomsky-Grammatiken auch beliebig groß werden kann. Zum anderen können durch konsequente Verwendung der Kuroda-Normalform keine beliebig langen linken und rechten Seiten von Grammatikregeln auftreten, die in der DNA-Kodierung zu beliebig langen und somit schwer handhabbaren DNA-Strängen für die Axiome und Filtermuster führen.

7.3.3 Beispielalgorithmus zur Lösung des Rucksackproblems

Gegeben seien n Gegenstände mit den Gewichten a_1 bis a_n sowie das Referenzgewicht b. Die nachstehend angegebene Chomsky-Grammatik G vom Typ 0 beschreibt einen Lösungsalgorithmus für beliebige Rucksackprobleme auf natürlichen Zahlen:

$$
\begin{aligned}
G &= (V_G, \Sigma, P_G, S_G) \\
V_G &= \{S_G, H, C, D\} \cup \{A_i \mid i = 1, \ldots, n\} \\
\Sigma &= \{yes\} \\
P_G &= \{(S_G \longrightarrow CA_1 \ldots A_n D)\} \cup \\
&\quad \{(A_i \longrightarrow H^{a_i}) \mid i = 1, \ldots, n\} \cup \{(A_i \longrightarrow \varepsilon) \mid i = 1, \ldots, n\} \cup \\
&\quad \{(CH^b D \longrightarrow yes)\}
\end{aligned}
$$

Es gilt: $L(G) = \begin{cases} \{yes\} & \text{bei Lösung „ja"} \\ \emptyset & \text{bei Lösung „nein"} \end{cases}$

Der Aufbau der einzelnen Packmöglichkeiten erfolgt ausgehend von der Wortform $CA_1 \ldots A_n D$. Jedes Symbol A_i repräsentiert den Gegenstand i. Um darzustellen, dass der Gegenstand i im Rucksack enthalten ist, wird das entsprechende Symbol A_i durch das Teilwort H^{a_i} ersetzt, anderenfalls durch ε. Mittels der Grammatikregel $CH^b D \longrightarrow yes$ wird geprüft, ob es eine Packmöglichkeit mit dem Gewicht b gibt. Existiert diese, so entsteht das Wort yes als einziges Wort der Sprache $L(G)$.

Zur weiterführenden Betrachtung wird die Probleminstanz $a_1 = 3$, $a_2 = 1$, $a_3 = 2$, $b = 3$ ausgewählt, für die sich nachstehende Chomsky-Grammatik G ergibt:

$$
\begin{aligned}
G &= (V_G, \Sigma, P_G, S_G) \\
V_G &= \{S_G, H, C, D, A_1, A_2, A_3\} \\
\Sigma &= \{yes\} \\
P_G &= \{(S_G \longrightarrow CA_1 A_2 A_3 D)\} \ \cup \\
&\quad \{(A_1 \longrightarrow HHH), (A_1 \longrightarrow \varepsilon)\} \ \cup \\
&\quad \{(A_2 \longrightarrow H), (A_2 \longrightarrow \varepsilon)\} \ \cup \\
&\quad \{(A_3 \longrightarrow HH), (A_3 \longrightarrow \varepsilon)\} \ \cup \\
&\quad \{(CHHHD \longrightarrow yes)\}
\end{aligned}
$$

Nach Überführung von G in Kuroda-Normalform entsteht:

$$
\begin{aligned}
G_{KNF} &= (V_G, \Sigma, P_G, S_G) \\
V_G &= \{S_G, H, C, D, A_1, A_2, A_3, E_1, E_2, E_3, F_1, G_1, G_2, G_3, G_4, G_5\} \\
\Sigma &= \{yes\} \\
P_G &= \{(S_G \longrightarrow CE_1), (E_1 \longrightarrow A_1 E_2), (E_2 \longrightarrow A_2 E_3), (E_3 \longrightarrow A_3 D)\} \ \cup \\
&\quad \{(A_1 \longrightarrow HF_1), (F_1 \longrightarrow HH), (A_1 \longrightarrow \varepsilon)\} \ \cup \\
&\quad \{(A_2 \longrightarrow H), (A_2 \longrightarrow \varepsilon)\} \ \cup \{(A_3 \longrightarrow HH), (A_3 \longrightarrow \varepsilon)\} \ \cup \\
&\quad \{(CH \longrightarrow G_1 G_5), (G_1 H \longrightarrow G_2 G_5)\} \ \cup \\
&\quad \{(G_2 H \longrightarrow G_3 G_5), (G_3 D \longrightarrow G_4 G_5)\} \ \cup \\
&\quad \{(G_5 \longrightarrow \varepsilon), (G_4 \longrightarrow yes)\}
\end{aligned}
$$

G_{KNF} impliziert das folgende TT6-EH-System Γ:

$$\Gamma = (V, \Sigma, T_1, T_2, T_3, T_4, T_5, T_6)$$

$$
\begin{aligned}
V = \ &\{S_G, H, C, D, A_1, A_2, A_3, E_1, E_2, E_3, F_1, G_1, G_2, G_3, G_4, G_5\} \cup \{yes\} \ \cup \\
&\{\alpha, \beta, B, X, X', Y, Y', Y'_\alpha, Y'_\beta, Z, Z', Z''\}
\end{aligned}
$$

$$\Sigma = \{yes\}$$

T_1 = (A_1, R_1, F_1)

A_1 = $\{XBS_GY, ZCE_1Y', ZA_1E_2Y', ZA_2E_3Y', ZA_3DY', ZHF_1Y', ZHHY', ZY',$
$ZHY', ZG_1Y', ZG_2Y', ZG_3Y', ZG_4Y', ZG_5Y', ZyesY'\}$

R_1 = $\{\#S_GY\$Z\#CE_1Y', \#E_1Y\$Z\#A_1E_2Y', \#E_2Y\$Z\#A_2E_3Y', \#E_3Y\$Z\#A_3DY',$
$\#A_1Y\$Z\#HF_1Y', \#F_1Y\$Z\#HHY', \#A_1Y\$Z\#Y', \#A_2Y\$Z\#HY',$
$\#A_2Y\$Z\#Y', \#A_3Y\$Z\#HHY', \#A_3Y\$Z\#Y', \#CHY\$Z\#G_1G_5Y',$
$\#G_1HY\$Z\#G_2G_5Y', \#G_2HY\$Z\#G_3G_5Y', \#G_3DY\$Z\#G_4G_5Y',$
$\#G_5Y\$Z\#Y', \#G_4Y\$Z\#yesY'\}$

F_1 = $\{(X, Y)\}$

T_2 = (A_2, R_2, F_2)

A_2 = $\{ZY'_\alpha, ZY'_\beta, X'Z, ZY, Z\beta\alpha\beta Y', Z\beta\alpha^2\beta Y', Z\beta\alpha^3\beta Y', Z\beta\alpha^4\beta Y', Z\beta\alpha^5\beta Y',$
$Z\beta\alpha^6\beta Y', Z\beta\alpha^7\beta Y', Z\beta\alpha^8\beta Y', Z\beta\alpha^9\beta Y', Z\beta\alpha^{10}\beta Y', Z\beta\alpha^{11}\beta Y', Z\beta\alpha^{12}\beta Y',$
$Z\beta\alpha^{13}\beta Y', Z\beta\alpha^{14}\beta Y', Z\beta\alpha^{15}\beta Y', Z\beta\alpha^{16}\beta Y', Z\beta\alpha^{17}\beta Y', Z\beta\alpha^{18}\beta Y', XyesZ,$
$XHZ, XCZ, XDZ, XA_1Z, XA_2Z, XA_3Z, XS_GZ, XE_1Z, XE_2Z, XE_3Z, XF_1Z,$
$XG_1Z, XG_2Z, XG_3Z, XG_4Z, XG_5Z, XBZ\}$

R_2 = $\{\#yesY'\$Z\#\beta\alpha\beta Y', \#HY'\$Z\#\beta\alpha^2\beta Y', \#CY'\$Z\#\beta\alpha^3\beta Y', \#DY'\$Z\#\beta\alpha^4\beta Y',$
$\#A_1Y'\$Z\#\beta\alpha^5\beta Y', \#A_2Y'\$Z\#\beta\alpha^6\beta Y', \#A_3Y'\$Z\#\beta\alpha^7\beta Y', X\#\$X'\#Z,$
$\#S_GY'\$Z\#\beta\alpha^8\beta Y', \#E_1Y'\$Z\#\beta\alpha^9\beta Y', \#E_2Y'\$Z\#\beta\alpha^{10}\beta Y',$
$\#E_3Y'\$Z\#\beta\alpha^{11}\beta Y', \#F_1Y'\$Z\#\beta\alpha^{12}\beta Y', \#G_1Y'\$Z\#\beta\alpha^{13}\beta Y',$
$\#G_2Y'\$Z\#\beta\alpha^{14}\beta Y', \#G_3Y'\$Z\#\beta\alpha^{15}\beta Y', \#G_4Y'\$Z\#\beta\alpha^{16}\beta Y',$
$\#G_5Y'\$Z\#\beta\alpha^{17}\beta Y', \#BY'\$Z\#\beta\alpha^{18}\beta Y', \#\beta Y'\$Z\#Y'_\beta, \#\alpha Y'\$Z\#Y'_\alpha,$
$X\beta\alpha\beta\#\$Xyes\#Z, X\beta\alpha^2\beta\#\$XH\#Z, X\beta\alpha^3\beta\#\$XC\#Z, X\beta\alpha^4\beta\#\$XD\#Z,$
$X\beta\alpha^5\beta\#\$XA_1\#Z, X\beta\alpha^6\beta\#\$XA_2\#Z, X\beta\alpha^7\beta\#\$XA_3\#Z, X\beta\alpha^8\beta\#\$XS_G\#Z,$
$X\beta\alpha^9\beta\#\$XE_1\#Z, X\beta\alpha^{10}\beta\#\$XE_2\#Z, X\beta\alpha^{11}\beta\#\$XE_3\#Z, X\beta\alpha^{12}\beta\#\$XF_1\#Z,$
$X\beta\alpha^{13}\beta\#\$XG_1\#Z, X\beta\alpha^{14}\beta\#\$XG_2\#Z, X\beta\alpha^{15}\beta\#\$XG_3\#Z,$
$X\beta\alpha^{16}\beta\#\$XG_4\#Z, X\beta\alpha^{17}\beta\#\$XG_5\#Z, X\beta\alpha^{18}\beta\#\$XB\#Z, \#Y'\$Z\#Y\}$

F_2 = $\{(X, Y')\}$

T_3 = (A_3, R_3, F_3)

A_3 = $\{ZY', X\alpha Z\}$

R_3 = $\{\#Y'_\alpha\$Z\#Y', X'\#\$X\alpha\#Z\}$

F_3 = $\{(X', Y'_\alpha)\}$

T_4 = (A_4, R_4, F_4)

A_4 = $\{ZY', X\beta Z\}$

R_4 = $\{\#Y'_\beta\$Z\#Y', X'\#\$X\beta\#Z\}$

F_4 = $\{(X', Y'_\beta)\}$

T_5 = (A_5, R_5, F_5)

A_5 = $\{Z'Z', Z''Z''\}$

R_5 = $\{\#BY\$Z'Z'\#, X\#\$\#Z''Z''\}$

F_5 = $\{(\varepsilon, BY)\}$

T_6 = (A_6, R_6, F_6)

A_6 = $\emptyset$

R_6 = $\emptyset$

F_6 = $\{(yes, yes)\}$

Die nachstehende Abbildung 7.1 zeigt, welche ergebnisrelevanten Wortformen $w \in V_G \cup \Sigma$ in aufeinander folgenden Ableitungsschritten generiert werden. Die jede Wortform w umgebenden Markersymbole X und Y sowie das innere Begrenzungssymbol B sind weggelassen, jedes dargestellte w ist in Γ kodiert durch Rotationsformen von $XBwY$. Es gilt: $L(\Gamma) = \{yes\}$.

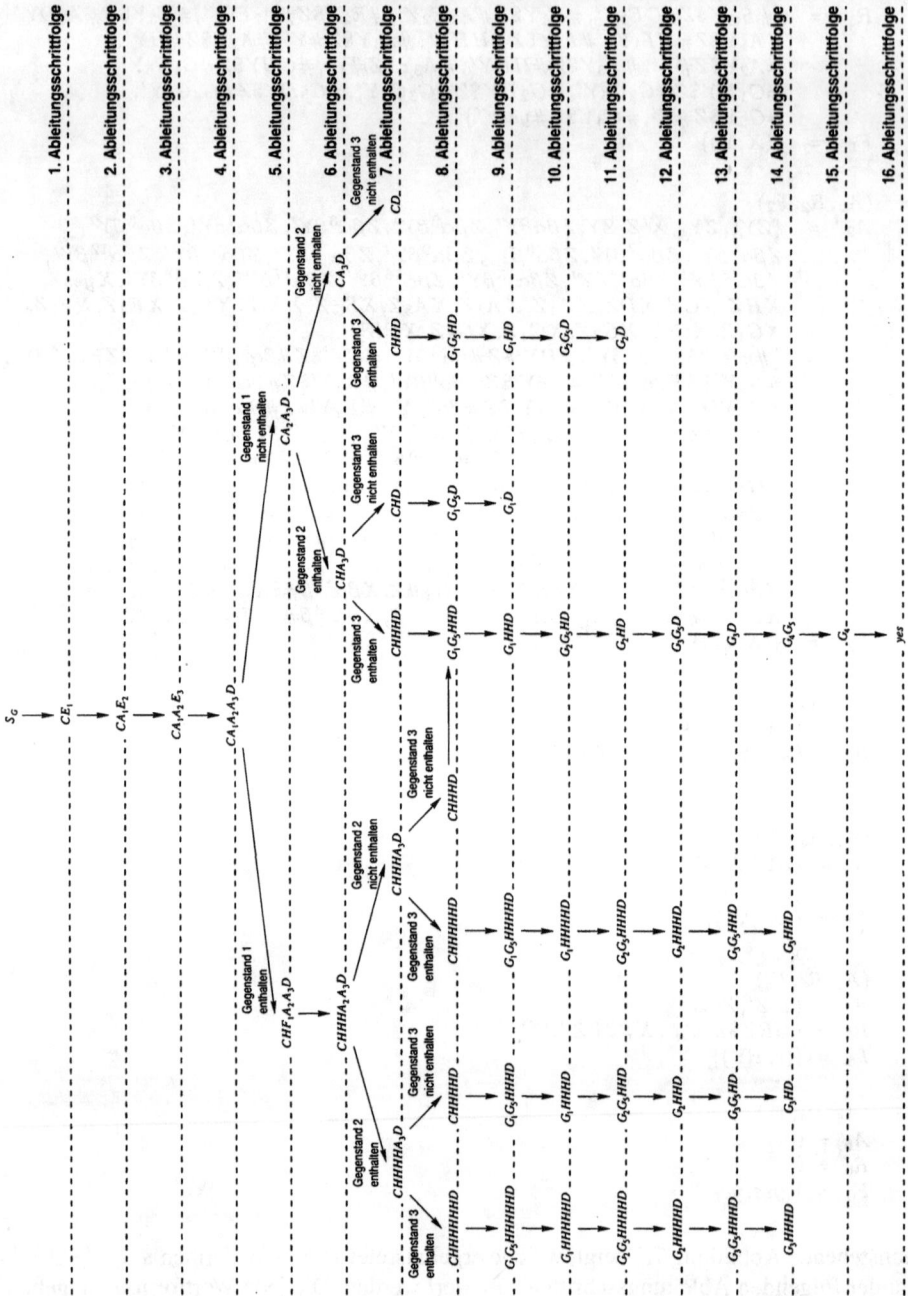

Abb. 7.1: *Ableitungsschrittfolgen des TT6-EH-Systems Γ zur Lösung der Beispielinstanz des Rucksackproblems*

7.3.4 Labornahe Simulation des TT6

Die labornahe Simulation von TT6-EH-Systemen vereint das in den Kapiteln 3, 4, 5 und 6 vermittelte Wissen. Ausgehend von der abstrakten Modellbeschreibung gemäß Definition 7.1 und der Arbeitsweise des Systems gemäß der Definitionen 7.2 und 7.3 erfolgt eine sukzessive Verfeinerung der Systembeschreibung auf der Ebene von Nucleotiden, Strangendenmarkierungen und darauf einwirkender molekularbiologischer Prozesse. Die nachfolgenden Ausführungen geben eine mögliche Idee wieder [StHi_01].

Sei $\Gamma = (V, \Sigma, T_1, T_2, T_3, T_4, T_5, T_6)$ mit $T_i = (A_i, R_i, F_i)$, $i = 1, \ldots, 6$ ein beliebiges TT6-EH-System. Jedes Symbol aus V wird kodiert durch einen spezifischen linearen DNA-Doppelstrang, beidseitig sticky endend mit 5'-Überhängen. Einer der beiden 5'-Überhänge eines symbolkodierenden DNA-Doppelstranges wird zur Unterscheidung nachfolgend als linksseitig bezeichnet, der andere als rechtsseitig. Für die linksseitigen 5'-Überhänge aller symbolkodierenden DNA-Doppelstränge werden gleiche Nucleotidsequenzen gewählt, ebenso für alle rechtsseitigen 5'-Überhänge. Die Nucleotidsequenz jedes linksseitigen 5'-Überhanges darf nicht zu sich selbst antiparallel komplementär sein. Die gleiche Bedingung gilt auch für jeden rechtsseitigen 5'-Überhang. Demgegenüber wird jedoch gefordert, dass jede Nucleotidsequenz jedes linksseitigen 5'-Überhanges antiparallel komplementär zur Nucleotidsequenz jedes rechtsseitigen 5'-Überhanges ist. Die symbolkodierenden DNA-Doppelstränge unterscheiden sich paarweise durch ihre Nucleotidpaarsequenzen zwischen ihren beidseitigen 5'-Überhängen. Die entsprechenden Nucleotidpaarsequenzen werden derart gewählt, dass sie sich jeweils eineindeutig dem kodierten Symbol aus V zuordnen lassen. Die einzige Einschränkung besteht darin, dass diejenige Nucleotidpaarsequenz nicht als Teilwort vorkommen darf, die sich aus der Zusammenlagerung eines linksseitigen mit einem rechtsseitigen 5'-Überhang ergibt. Ein Beispiel für einen symbolkodierenden DNA-Doppelstrang, der allen vorgenannten Bedingungen genügt, ist gegeben durch:

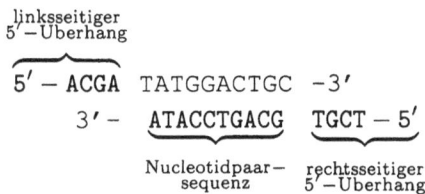

linksseitiger
5'−Überhang

5' − ACGA TATGGACTGC −3'
3' − ATACCTGACG TGCT − 5'

Nucleotidpaar− rechtsseitiger
sequenz 5'−Überhang

Jedes Axiom aus A_i, $i = 1, \ldots, 6$ wird durch einen spezifischen DNA-Doppelstrang kodiert, der durch Verketten derjenigen symbolkodierenden DNA-Doppelstränge entsteht, die zu den im Axiom enthaltenen Symbolen aus V korrespondieren. Jeder axiomkodierende DNA-Doppelstrang besitzt folglich ebenfalls einen linksseitigen und einen rechtsseitigen 5'-Überhang sowie eine spezifische Nucleotidpaarsequenz. Jeder axiomkodierende DNA-Doppelstrang zerfällt in genau zwei DNA-Einzelstränge, die über einen Teil ihrer Länge antiparallel komplementär zueinander sind.

Der erste Abschnitt der DNA-Operationsfolge aus Abbildung 7.2 (DNA-Kodierung der Axiome) zeigt, wie die axiomkodierenden DNA-Doppelstränge, separat für jede Systemkomponente T_i, generiert und zur jeweiligen Axiomenmenge A_i zusammengeführt werden. Im Ergebnis

DNA-Kodierung der Axiome

alle Elemente aus A_i, jeweils kodiert durch zueinander komplementäre DNA-Einzelstränge

Nucleotidsequenz Exemplaranzahl — Nucleotidsequenz Exemplaranzahl — Nucleotidsequenz Exemplaranzahl — Nucleotidsequenz Exemplaranzahl — ... — Nucleotidsequenz Exemplaranzahl — Nucleotidsequenz Exemplaranzahl

Synthesis — Synthesis — Synthesis — Synthesis — ... — Synthesis — Synthesis

Union — Union — Union

Endtemperatur, Kationenkonz. — Endtemperatur, Kationenkonz. — Endtemperatur, Kationenkonz.

Annealing — Annealing — Annealing

Union

Union

Union

Spleißen

Union

Element aus R_i

Splicing Operation

Filtern

F_i — $F_{(i \bmod 5)+1}$ — $F_{((i+1) \bmod 5)+1}$ — $F_{((i+2) \bmod 5)+1}$ — $F_{((i+3) \bmod 5)+1}$ nach T_6 falls $i = 5$

Filter i — Filter $(i \bmod 5)+1$ — Filter $((i+1) \bmod 5)+1$ — Filter $((i+2) \bmod 5)+1$ — Filter $((i+3) \bmod 5)+1$

nach $T_{(i \bmod 5)+1}$

nach $T_{((i+1) \bmod 5)+1}$

nach $T_{((i+2) \bmod 5)+1}$

nach $T_{((i+3) \bmod 5)+1}$

Verteilen

Union   von $T_{(i \bmod 5)+1}$

Union   von $T_{((i+1) \bmod 5)+1}$

Union   von $T_{((i+2) \bmod 5)+1}$

Union   von $T_{((i+3) \bmod 5)+1}$

Union

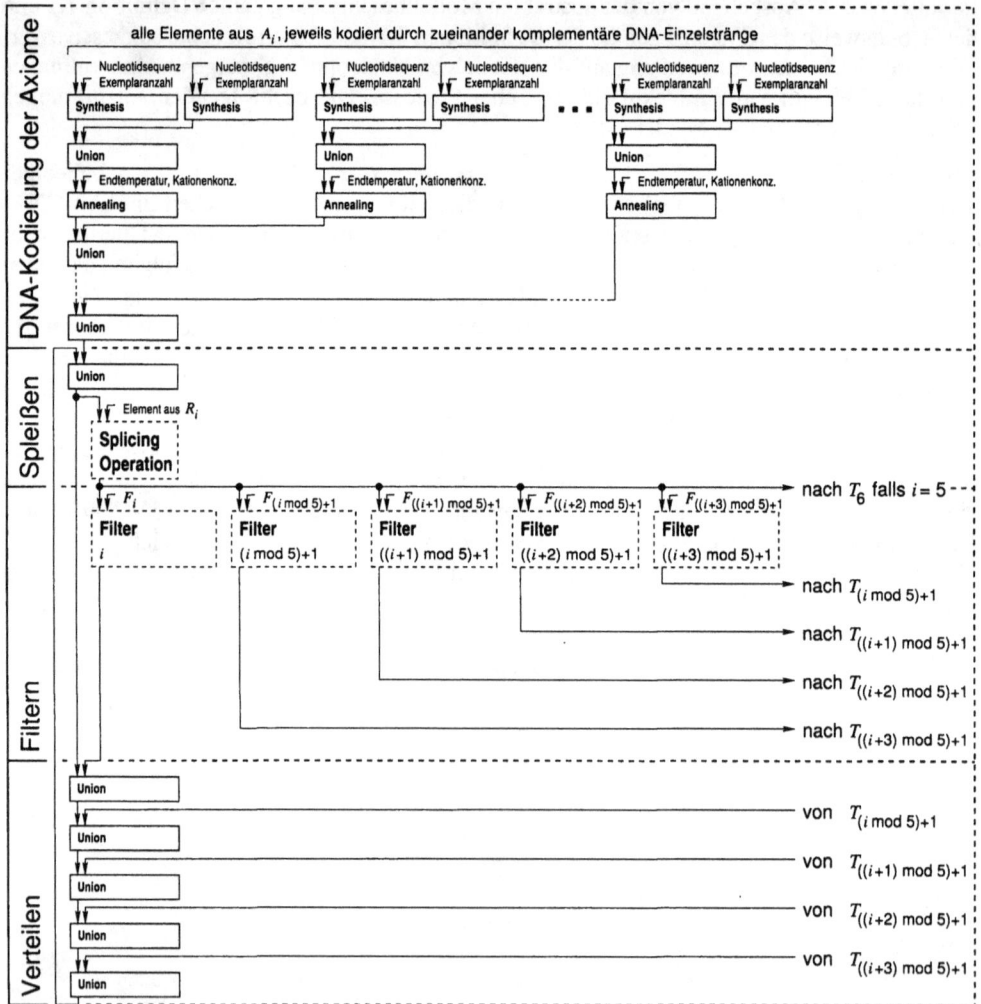

Abb. 7.2: *Simulation des TT6-EH-Systems durch DNA-Operationsfolgen, die in jeder der Systemkomponenten T_i mit $i = 1, \ldots, 5$ nebenläufig ausgeführt werden. Die hierbei auftretende Schleife aus den aufeinander folgenden Aktionen Spleißen, Filtern und Verteilen repräsentiert die einzelnen zu durchlaufenden Zyklen (Ableitungsschritte). Zu Beginn jedes Zyklus werden die die Axiomenmengen kodierenden DNA-Doppelstränge erneut jeder Systemkomponente hinzugefügt. Die Seiteneffektparameter jeder DNA-Operation sind nicht angegeben. Die in die Systemkomponente T_6 eingebrachten DNA-Stränge erfahren eine gesonderte Behandlung, die in einer separaten DNA-Operationsfolge beschrieben ist.*

liegt jede Axiomenmenge A_i in einem separaten DNA-Pool vor. Die Exemplaranzahlen der zu synthetisierenden Stränge müssen derart bemessen sein, dass genügend DNA-Stränge zur Rekombination beim Spleißen für einen Zyklusdurchlauf vorhanden sind. Eine Anzahl von 1000 Exemplaren für jede ausgeführte Synthesis-Operation kann als Richtwert gelten.

Jeder Ableitungsschritt des TT6-EH-Systems lässt sich mittels eines Zyklusdurchlaufs realisieren, der aus den Teilschritten Spleißen, Filtern und Verteilen besteht, die synchron in den Systemkomponenten T_1 bis T_5 ausgeführt werden. Die jeweiligen DNA-kodierten Axiomenmengen A_1 bis A_5 werden zu Beginn jedes Zyklusdurchlaufs erneut bereitgestellt und jedem zu spleißenden DNA-Pool hinzugegeben. Auf diese Weise kann erreicht werden, dass dem TT6-EH-System unabhängig von der Anzahl der Zyklusdurchläufe hinreichend DNA-Material zur Verfügung steht. In Konsequenz bedeutet dies, dass der Ressourcenbedarf an DNA-Strängen für den gesamten algorithmischen Abarbeitungsprozess auf TT6 im Vorfeld nicht bekannt sein muss und folglich keine Platzschranke im berechenbarkeitstheoretischen Sinne existiert.

Die Splicing-Operation wird durch die in Abbildung 7.3 dargestellte DNA-Operationsfolge simuliert. Zu Beginn erfolgt eine Aufteilung des eingehenden DNA-Pools in drei Teile. Während ein Teil unbearbeitet bleibt, wird in den beiden anderen Teilen jeweils die Operation Digestion mit den zur anzuwendenden Splicing-Regel korrespondierenden Erkennungssequenzen ausgeführt. Die als Operationsparameter erwarteten Erkennungssequenzen leiten sich unmittelbar aus der jeweiligen Splicing-Regel ab. Die durch die Operationsausführungen entstehenden Produkte werden zusammengeführt und anschließend ligiert, so dass sich eine Strangrekombination vollziehen kann. Um eventuell entstehende unerwünschte Ligationsprodukte auszusondern, erfolgen im Anschluss Separationen nach solchen Subsequenzen, die definierte Resultate der Splicing-Operation kennzeichnen. Die hierbei separierten DNA-Stränge werden abschließend mit dem unbearbeitet gebliebenen Teil des eingehenden DNA-Pools vereinigt. Der resultierende DNA-Pool verkörpert das Ergebnis der Splicing-Operation.

Die Filter 1, 3 und 4 sind durch Symbolpaare aus V beschrieben, so dass die DNA-Kodierung jedes dieser Symbole als Subsequenz für eine entsprechende Separation in jedem dieser Filter dient. Die Subsequenzen finden darüber hinaus auch als Primerpaare für eine jeweils anschließende PCR Verwendung, siehe Abbildung 7.3. Die PCR hat die Aufgabe, hinreichend viele Strangduplikate für den Verteilschritt vorzubereiten. Um im Ergebnis der PCR-Simulation eine Strangduplikatanzahl analog zum Richtwert bei der anfänglichen Erzeugung der Axiomenmengen zu erzielen (jeweils etwa 1000 Exemplare), sind in jedem Filter etwa 10 PCR-Zyklen erforderlich, und es werden etwa 1000 Exemplare jedes Primers benötigt.

Die Operationsfolge in den Filtern 2 und 5 beruht auf der gleichen Idee wie in den Filtern 1, 3 und 4: Der zu filternde DNA-Pool wird symbolpaarweise aufgeteilt und anschließend jeweils nach den zugeordneten Subsequenzen separiert und mittels PCR dupliziert. Da jedoch das leere Wort ε als Bestandteil von Symbolpaaren vorkommt, ist es notwendig, einen entsprechenden DNA-Doppelstrang (Terminator-Fragment) als temporären Platzhalter, der die Anlagerung eines einheitlichen PCR-Primers ermöglicht, bereitzustellen und an die Strangenden anzufügen. Dies wird mittels Ligation erreicht, gefolgt von der entsprechenden PCR. Nach Beendigung der PCR werden die Terminator-Fragmente durch Ausführung der Operation Digestion wieder von den Strangenden abgetrennt, wobei die Nucleotidpaarsequenz des Terminator-Fragmentes einen Teil der Erkennungssequenz bildet. Die Terminator-Fragmente werden anschließend unter Auswertung ihrer Strangendenmarkierungen als Separationskriterium aus dem DNA-Pool entfernt.

DNA-Pool (Template-DNA)   Seq. (Primer1) Exemplaranzahl   Seq. (Primer2) Exemplaranzahl

Synthesis   Synthesis

Union

Union

Temperatur, Kationenkonzentration

Melting

Endtemperatur, Kationenkonzentration

Annealing

Polymerisation

Temperatur, Kationenkonzentration

Melting

Endtemperatur, Kationenkonzentration

Annealing

Polymerisation

Temperatur, Kationenkonzentration

Melting

Endtemperatur, Kationenkonzentration

Annealing

Polymerisation

1. PCR-Zyklus / 2. PCR-Zyklus / n. PCR-Zyklus

PCR

Splicing-Operation

$u_1|u_2$ $u_3|u_4$
Digestion   Digestion
Union
Ligation
u_1u_4 u_3u_2
Extraction   Extraction
Union
Union

Filter 1

X — Extraction
Y — Extraction
X Y Zyklenanzahl — PCR

Terminator-Fragment, kodiert durch zueinander komplementäre DNA-Einzelstränge

Nucleotidsequenz Exemplaranzahl — Synthesis   Nucleotidsequenz Exemplaranzahl — Synthesis

Labeling (5'-Phosph.)   Labeling (5'-Biotin.)   Labeling (5'-Biotin.)

Union   Union

Endtemp., K — Annealing   Affinity Purification — 5'-biotinylierte Stränge behalten

Filter 5

BY — Extraction
Union
Ligation
BY Terminator Zyklenanzahl — PCR
I Terminator — Digestion
Melting
Union
Endtemp., K — Annealing
Affinity Purification — nicht 5'-biotinyl. Str. behalten

zu separier. DNA-Pool

T, K — Melting   Subsequenz 1 Exemplaranzahl — Synthesis   Subsequenz 1 Exemplaranzahl — Synthesis

Labeling (5'-Biotin.)   Labeling (5'-Biotin.)

Union

Affinity Purification — 5'-biotinyl. Stränge behalten

Union

Endtemperatur, Kationenkonzentration — Annealing

Affinity Purification — 5'-biotinylierte Stränge behalten

Temperatur, Kationenkonzentration — Melting

Affinity Purification — nicht 5'-biotinylierte Stränge behalten

Endtemperatur, Kationenkonzentration — Annealing

Extraction

Filter 2

X — Extraction
Y — Extraction
X Y Zyklenanzahl — PCR

Filter 3

X' — Extraction
Y'_α — Extraction
X' Y'_α Zyklenanzahl — PCR

Filter 4

X' — Extraction
Y'_β — Extraction
X' Y'_β Zyklenanzahl — PCR

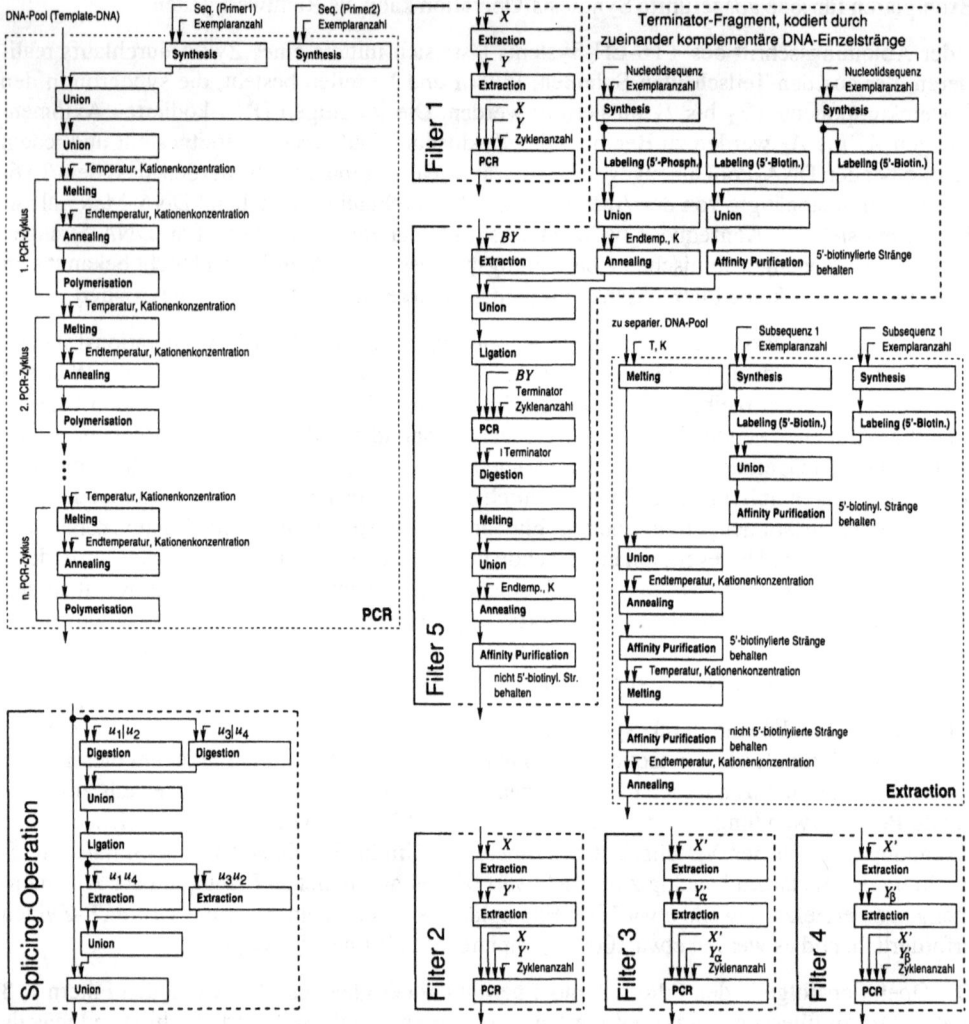

Abb. 7.3: *Simulation des TT6-EH-Systems durch DNA-Operationsfolgen, Simulation der Splicing-Operation (zugrunde liegende Splicing-Regel: $u_1 \# u_2 \$ u_3 \# u_4$) sowie der Filter 1 bis 5, jeweils dargestellt als Ablaufplan. Die PCR und die Separation nach Subsequenz (Extraction) setzen sich jeweils aus einer festen Abfolge von DNA-Operationen zusammen. Die Seiteneffektparameter jeder DNA-Operation sind nicht angegeben.*

von T_5

Filtern

| s_1 | s_2 | s_n |
| Extraction | Extraction | ··· Extraction |

Union

Union

Duplizieren

| $s_1 s_1$ Zykl. | $s_1 s_2$ Zykl. | $s_n s_n$ Zykl. |
| PCR | PCR | ··· PCR |

Union

Union

Selektieren der Elemente aus Σ^*

alle Elemente aus $V_G \cup \{B, \alpha, \beta, X, X', Y, Y', Y'_\alpha, Y'_\beta, Z, Z', Z''\}$,
jeweils kodiert durch zueinander komplementäre DNA-Einzelstränge

T, K

Melting

Nucleotidsequenz Exemplaranzahl	Nucleotidsequenz Exemplaranzahl	Nucleotidsequenz Exemplaranzahl	Nucleotidsequenz Exemplaranzahl	Nucleotidsequenz Exemplaranzahl	Nucleotidsequenz Exemplaranzahl
Synthesis	Synthesis	Synthesis	Synthesis	··· Synthesis	Synthesis
Labeling (5'-Biotin.)	Labeling (5'-Biotin.)	Labeling (5'-Biotin.)	Labeling (5'-Biotin.)	Labeling (5'-Biotin.)	Labeling (5'-Biotin.)

Union   Union   Union

Union

Union

Affinity Purification   5'-biotinylierte Stränge behalten

Union

Endtemperatur, Kationenkonzentration

Annealing

Affinity Purification   nicht 5'-biotinylierte Stränge behalten

$L(\Gamma)$

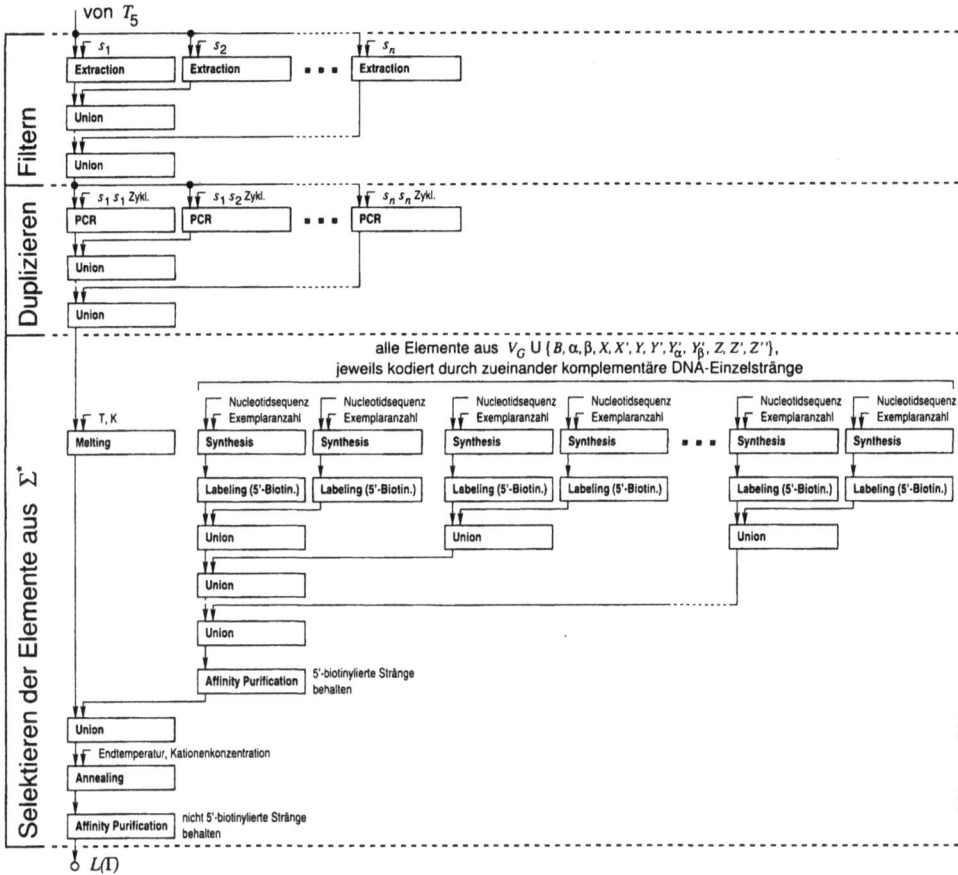

Abb. 7.4: *Simulation des TT6-EH-Systems durch DNA-Operationsfolgen; Systemkomponente T_6*

Die Systemkomponente T_6 besitzt die Aufgabe, aus den in T_5 gewonnenen DNA-Strängen diejenigen zu selektieren, die ein Wort aus $L(\Gamma)$ darstellen und mithin ausschließlich Wörter über dem Alphabet Σ sein können. Abbildung 7.4 zeigt eine mögliche DNA-Operationsfolge hierfür, die aus drei aufeinander folgenden Abschnitten (Filtern, Duplizieren, Selektieren) besteht. Das Filtern durch Separationen nach Subsequenz entsprechend der Symbolpaare aus F_6 sowie die anschließende PCR zur Strangduplikation werden analog zur Vorgehensweise in den Filtern 1, 3 und 4 ausgeführt. Im Ergebnis liegen DNA-Doppelstränge vor, die diejenigen Wörter kodieren, welche mit einem Symbol aus Σ sowohl beginnen als auch enden. Eine Selektion der Wörter aus Σ^* wird erreicht, indem all jene Wörter ausgesondert werden, die mindestens ein Teilwort aus $V \setminus \Sigma$ enthalten.

Zu diesem Zweck wird ein DNA-Pool generiert, der aus allen entsprechend symbolkodierenden DNA-Doppelsträngen, die zusätzlich 5'-biotinyliert sind, besteht. Dieser DNA-Pool lässt sich durch eine Matrix aus Strangmustern versinnbildlichen, im laborpraktischen Vorbild mit einem *DNA-Chip* vergleichbar. Der zu selektierende DNA-Pool wird denaturiert, mit der bereitgestellten Matrix zusammengeführt und anschließend der Operation Annealing unterzogen. DNA-Stränge, die ein Symbol aus $V \setminus \Sigma$ enthalten, können an die Matrix binden und werden auf diese Weise ausgesondert. Die verbleibenden DNA-Stränge kodieren Wörter aus $L(\Gamma)$. Dieser Ergebnis-DNA-Pool wird in zwei Teile aufgeteilt, wobei auf einem dieser Teile abschließend die Operation Electrophoresis zur Ausführung kommt. Das Operationsergebnis dieser in jedem TT6-Zyklus ausgeführten Electrophoresis dient als Abbruchkriterium für die Zyklusdurchläufe des TT6-EH-Systems. Die in jedem Zyklus durchlaufene Operationsfolge bildet den Körper einer WHILE-Programmschleife.

Jede Ableitungsschrittfolge eines TT6-EH-Systems vom Berechnungsbeginn bis zur Generierung eines beliebigen Wortes aus $L(\Gamma)$ kann entsprechend der Ablaufpläne aus den Abbildungen 7.2, 7.3 und 7.4 als DNA-Operationsfolge notiert und simuliert werden. Folglich ist der Satz der in Kapitel 4 vorgestellten DNA-Operationen mächtig genug, um die Klasse der durch TT6-EH-Systeme beschriebenen Funktionen zu berechnen.

7.3.5   Prinzipskizze einer möglichen praktischen Implementierung

Das als universelles Modell des DNA-Computing formal beschriebene TT6-EH-System ist im Hinblick auf eine weiterführende praktische Umsetzung in Form einer entsprechenden Biohardware abgestimmt. Nachfolgend wird ein Vorschlag unterbreitet, das Systemverhalten des TT6 durch determinierte Abfolgen molekularbiologischer Prozesse auf DNA nachzubilden. Mit Hilfe einer geeigneten Simulationssoftware gemäß Kapitel 5 sind in erster Näherung Aussagen darüber möglich, welche DNA-Stränge (Nucleotidsequenzen, Strangendenmarkierungen, Exemplaranzahlen) im Ergebnis molekularbiologischer Operationsfolgen aus anfänglichen DNA-Pools hervorgehen können.

Ein aus dem TT6-EH-System ableitbarer universeller DNA-Computer im Sinne einer Biohardware besteht aus einer Anordnung von 6 separaten Bioreaktoren, vorgeschalteten Prozessapparaturen der Filter sowie ihren Verbindungen untereinander mittels eines Pipelinesystems. Unter einem Bioreaktor wird in Erweiterung des Begriffes Reagenzglas eine Prozessapparatur verstanden, die über einen Inkubationsraum sowie einen Zulauf und einen Ablauf für dessen Befüllung und Entleerung verfügt. Es wird angenommen, dass in jedem Inkubationsraum frei wählbare Temperatur-Zeit-Verläufe unter Beachtung physikalisch-technischer Grenzen realisierbar sind. Die Bioreaktoren sowie die Prozessapparaturen der Filter werden gemäß des abzuarbeitenden Algorithmus mit spezifischen DNA-Strängen, Reagenzien und Hilfsstoffen befüllt.

Das Übersichtsschaubild 7.5 zeigt den prinzipiellen Aufbau eines auf dem TT6-EH-System basierenden DNA-Computers und skizziert seine Arbeitsweise. Die verarbeiteten DNA-Stränge lassen sich entsprechend des Enthaltenseins bestimmter DNA-Subsequenzen zu 6 spezifischen Gruppen zusammenfassen, die mit den Filtermustern F_1 bis F_6 korrespondieren. Jeder dieser Gruppen ist in Abbildung 7.5 ein entsprechendes Platzhaltersymbol zugeordnet. Die Gruppen von DNA-Strängen gehen separat in die Bioreaktoren T_1 bis T_6 ein und können dort jeweils gespleißt werden. Durch die in den Bioreaktoren T_1 bis T_5 parallel und synchron ablaufenden Splicing-Operationen werden die enthaltenen DNA-Stränge gezielt unter Zugabe der entsprechenden Enzyme und Puffersubstanzen rekombiniert. Dabei kann jeweils eine Vielzahl vorher nicht vorhandener DNA-Sequenzen in Form von DNA-Doppelsträngen entstehen, die sich jedoch immer eindeutig jeweils einer der 6 Gruppen zuordnen lassen.

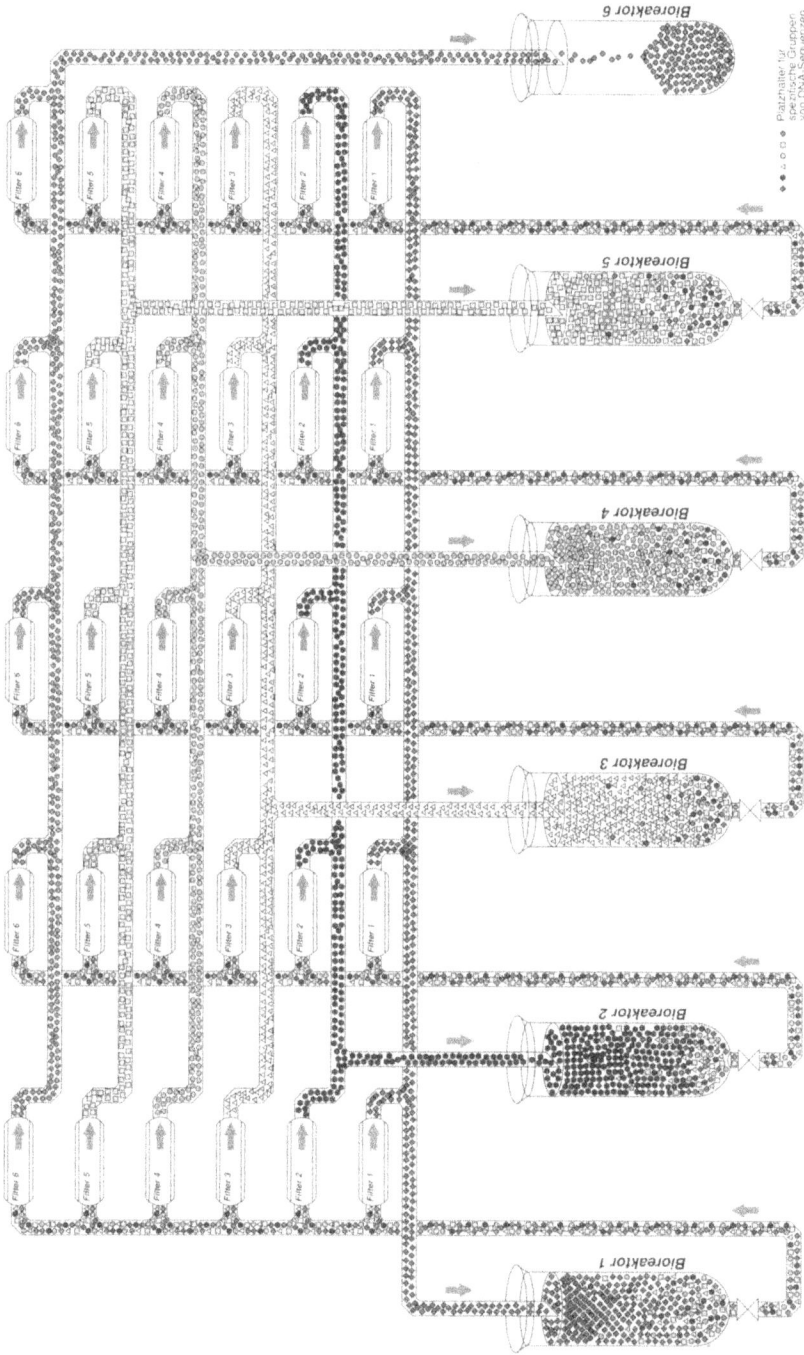

Abb. 7.5: Prinzipskizze des Aufbaus und der Arbeitsweise eines auf dem TT6-EH-System basierenden DNA-Computers

In Abbildung 7.5 ist das Spleißen vereinfacht durch die Entstehung einer Mischung aus allen Platzhaltersymbolen in den Bioreaktoren T_1 bis T_5 dargestellt. Der initial leere Bioreaktor T_6 dient zum Auffangen genau der Gruppe von DNA-Strängen, die das Berechnungsergebnis verkörpert. Dort werden keine Splicing-Operationen ausgeführt. Die nach dem Spleißen in den Bioreaktoren jeweils vorliegende Menge von DNA-Strängen gelangt über Pipelines zu einer Anordnung von den Bioreaktoren vorgeschalteten Filtern. Jeder Filter $i = 1, \ldots, 6$ extrahiert und dupliziert genau jene Gruppe von DNA-Strängen, die anschließend wieder in den zugeordneten Bioreaktor T_i eingeht. Das Filtern erfolgt ebenfalls parallel und synchron. Nach dem Filtern werden alle separierten und duplizierten DNA-Stränge aus jeweils gleichen Filtern vereinigt und dem korrespondierenden Bioreaktor zugeführt. Die durch die Splicing-Operation in einem bestimmten Bioreaktor entstandenen DNA-Stränge werden somit nachfolgend auf ausgewählte Bioreaktoren entsprechend der Gruppenzugehörigkeit verteilt. Die Prozessfolge aus Spleißen, Filtern und Verteilen wird fortlaufend iteriert so lange angewendet, bis im Bioreaktor T_6 hinreichend viele Ergebnis-DNA-Stränge mit auswertbaren gewünschten Eigenschaften (Stranglänge, Enthaltensein bestimmter Subsequenzen) vorliegen.

Mit dem TT6-EH-System liegt ein Konzept für einen DNA-basierten Universalcomputer vor, anhand dessen sich die Entwurfsstrategie und einzelne Entwicklungsschritte im Detail nachvollziehen lassen. Das Arbeitsprinzip des TT6 vereinigt viele Vorzüge des DNA-Computing. Durch den grammatikbasierten Ansatz wird die Idee der zeiteffizienten nichtdeterministischen Problemlösung bei Chomsky-Grammatiken mit der massiv datenparallelen Verarbeitung von DNA kombiniert. Die Benutzung von Chomsky-Grammatiken des Typs 0 als Programmiersprache gewährleistet die freie Programmierbarkeit des DNA-Computers und ermöglicht darüber hinaus eine uneingeschränkt exakte Lösung von NP-Problemen mit polynomiellem Zeitaufwand. Der Hauptressourcenbedarf wird jedoch von der Zeit auf den Speicherplatz und damit auf die Menge benötigter DNA verlagert. Die hierbei erreichbare Speicherkapazität und -dichte (siehe Kapitel 4) setzt eine natürliche Grenze für die praktische Anwendung. Das TT6 befindet sich im Stadium der erfolgreichen Simulation und steht vor einer Implementierung in vitro.

Praktisch nutzbare universelle DNA-Computer, die zur Bewältigung besonders rechen- und speicherintensiver Aufgabenstellungen der Informatik eingesetzt werden, gehören derzeit noch zu den Visionen und Zielen. Eine internationale Forschergemeinde arbeitet seit einigen Jahren intensiv daran und verfolgt mehrere erfolgversprechende Ansätze. Die größte Herausforderung stellen die unerwünschten Seiteneffekte dar, mit denen jeder molekularbiologische Prozess behaftet ist. Ihre Wirkungen so weit wie möglich einzudämmen oder zu kompensieren erfordert einen hohen Aufwand. Wichtige Teilerfolge sind bereits errungen [ChRe_04]. Sie münden in weiterentwickelte Labortechniken und profitieren vom wachsenden Detailwissen über molekularbiologische Prozesse, ihre Gesetzmäßigkeiten und Mechanismen, mit denen die Natur eine präzise Steuerung von Lebensvorgängen erzielt.

8 Ausgewählte DNA-Algorithmen in praxisrelevanter Anwendung

Obwohl das wissenschaftliche Arbeitsgebiet des DNA-Computing noch sehr jung ist und weitgehend in die Grundlagenforschung eingeordnet wird, haben sich bereits innovative praktische Anwendungen etablieren können. Nicht zuletzt zeugt die schnell wachsende Zahl von Patenten auf DNA-basierte Hard- und Software von der beginnenden Kommerzialisierung erzielter Forschungsergebnisse. Dieses Kapitel fasst herausragende aktuelle Erfolge in Auswertung der entsprechenden Originalveröffentlichungen zusammen und gibt einen Überblick über den gegenwärtigen Stand der Technik. Bereits in naher Zukunft wird mit signifikanten Erweiterungen des Anwendungsspektrums gerechnet, doch schon heute zeichnet sich ab, dass das DNA-Computing fachübergreifende Einsatzgebiete erschließt, die weit über das Lösen rechen- und speicherintensiver Aufgabenstellungen der Informatik hinausgehen. Von der Verknüpfung der Wissenschaften des Lebens mit der Wissenschaft der Informationsverarbeitung profitieren vor allem die Genetik, die medizinische Diagnostik, die Landwirtschaft, die Kriminologie und die Nanotechnologie mit ihren Ausprägungen in der Werkstoffentwicklung, dem Moleküldesign und der Konstruktion miniaturisierter molekularer Maschinen. Im Folgenden werden stellvertretend vier praktische Anwendungen des DNA-Computing herausgegriffen, die große Beachtung fanden:

DNA-Chips bieten die Möglichkeit, sehr umfangreiche Daten- und Wissensbasen auf kleinstem Raum mittels endenfixierter DNA-Stränge für eine Vielzahl von Anwendungen zu konfigurieren und in großen Stückzahlen bereitzustellen.

Mit dem bereits vermarkteten DNA-Computer der japanischen Firma *Olympus Optical Corporation* ist seit 2002 erstmals eine Biohardware verfügbar, die Spezialaufgaben der Genanalyse in etwa sechs Stunden löst. Konventionelle Technologie benötigt dafür drei Tage. Die mit dem DNA-Computer vorteilhaft realisierbaren Aufgaben betreffen in der Informatik den Bereich der Mustererkennung (pattern matching). Eng mit der Konstruktion solcher DNA-Computer einher geht die Entwicklung von Laborrobotern, die in vitro zahlreiche Arbeitsgänge automatisiert und mit hoher Präzision ausführen.

Am *Weizmann-Institut* gelang die Entwicklung eines miniaturisierten, autonom arbeitenden DNA-Computers, der durch fortlaufende gezielte Veränderung der in ihm enthaltenen DNA die Arbeitsweise beliebiger endlicher Automaten nachbilden kann und hierfür äußerst wenig Energie benötigt. Zielgerichtete Modifikationen von Molekülen können zu Wirkstoffen und Werkstoffen mit speziellen Nutzeigenschaften führen. Für diesen Zweig des Moleküldesigns prägt sich der Begriff des *Molecular Programming*.

Laborpraktische DNA-Algorithmen für die zeiteffiziente und zugleich uneingeschränkt exakte Lösung kombinatorischer Suchprobleme sind für Problemgrößen einsetzbar, die über ein reines Experimentierstadium weit hinausgehen. Die bisher rechenintensivste mittels DNA-

Computing gelöste Aufgabenstellung der Informatik ist der als NP-vollständig bekannte Erfüllbarkeitstest der Aussagenlogik (*SAT*) für 20 boolesche Variablen. Die in den USA angesiedelte Forschergruppe um den Begründer des experimentellen DNA-Computing, L.M. Adleman, verarbeitete eine entsprechende Probleminstanz und verfolgte dabei einen speziellen Brute-Force-Ansatz, um aus 2^{20} möglichen Belegungen der booleschen Variablen die erfüllende Belegung herauszufiltern. Im Vergleich dazu wird abschließend die an der Technischen Universität Dresden entwickelte Lösung des *Rucksackproblems* mittels DNA-Computing und die in-vitro-Implementierung einer Instanz der Größe 3 mit Gegenstandsgewichten zwischen 270 und 719 angegeben.

8.1   DNA-Chips

Eine effiziente Methode, das Vorkommen spezifischer Nucleotidsequenzen in einem DNA-Pool nachweisen zu können, liegt in der Verwendung von *DNA-Chips*, die auch als *Microarrays* bezeichnet werden. Durch Nucleotidsequenzen genomischer DNA sind die Informationen über den Aufbau und die Funktion von Organismen kodiert, so dass sich mannigfaltige Einsatzmöglichkeiten ergeben. Erbkrankheiten äußern sich oft in verfälschten (mutierten) Genabschnitten. Kennt man krankheitsverursachende Mutationen, so kann eine dem Patienten entnommene DNA-Probe darauf untersucht werden. Die mutationstragenden Genabschnitte und ihre Zuordnung zu Erbkrankheiten lässt sich hier als Daten- bzw. Wissensbasis auffassen, die nach ihrer einmaligen Erstellung unverändert bleibt und wiederholt mit Daten unterschiedlicher Patienten im Sinne von Anfragen ausgelesen wird. DNA-Chips können beliebige nucleotidsequenzspezifische Daten- und Wissensbasen anwendungsfertig bereitstellen und besitzen deshalb ein breites Einsatzspektrum. Neben der medizinischen Diagnostik eignen sie sich besonders für die Identifikation von Organismen und Spezies anhand genetischer Merkmale. Datenbasen aus Nucleotidsequenzen künstlichen Ursprungs erweisen sich für den Einsatz von DNA-Algorithmen zur Lösung von Aufgabenstellungen der Informatik als hilfreich. DNA-Chips sind heute vorwiegend als Einwegprodukte konzipiert, die in großen Stückzahlen hergestellt und nach jedem Auslesevorgang ausgetauscht werden.

Jeder DNA-Chip besteht aus einem festen Trägermaterial, auf das ein Raster (eine Matrix) von Punkten, so genannten *Spots* aufgebracht wurde. Jeder Spot enthält eine Vielzahl identischer DNA-Einzelstränge einer spezifischen Nucleotidsequenz, die mit einem Ende fest mit dem Trägermaterial des DNA-Chips verbunden sind und ähnlich wie Härchen der Kopfhaut aus dem Träger herausragen. Da diese DNA-Einzelstränge an einem Ende auf dem Träger fixiert sind, können sie sich in wässriger Lösung nicht frei bewegen. Man bezeichnet sie dehalb als *immobilisiert*. Auf Spots von DNA-Chips immobilisierte DNA-Einzelstränge variieren in ihrer Länge gewöhnlich zwischen 20 und 5000 Basen. Ein DNA-Chip kann bis zu etwa 25000 Spots aufnehmen, die in Spalten und Zeilen zu einem Rechteck angeordnet werden. Jeder einzelne dieser Spots steht für eine bestimmte Nucleotidsequenz der Daten- und Wissensbasis. Als Trägermaterial finden beschichtetes Glas, Silizium oder Nitrozellulose Verwendung.

Das Auslesen eines DNA-Chips geschieht durch Hybridisierung. Hierzu wird die zuvor präparierte DNA-Probe aus frei beweglichen DNA-Einzelsträngen unter kontrollierten Bedingungen in wässriger Lösung über den DNA-Chip geleitet. Dabei lagern sich die frei beweglichen DNA-Einzelstränge an die jeweiligen immobilisierten antiparallel-komplementären DNA-Einzelstränge der Spots an, siehe Abbildung 8.1. Der Ort (Spalte, Zeile) jedes Spots auf dem

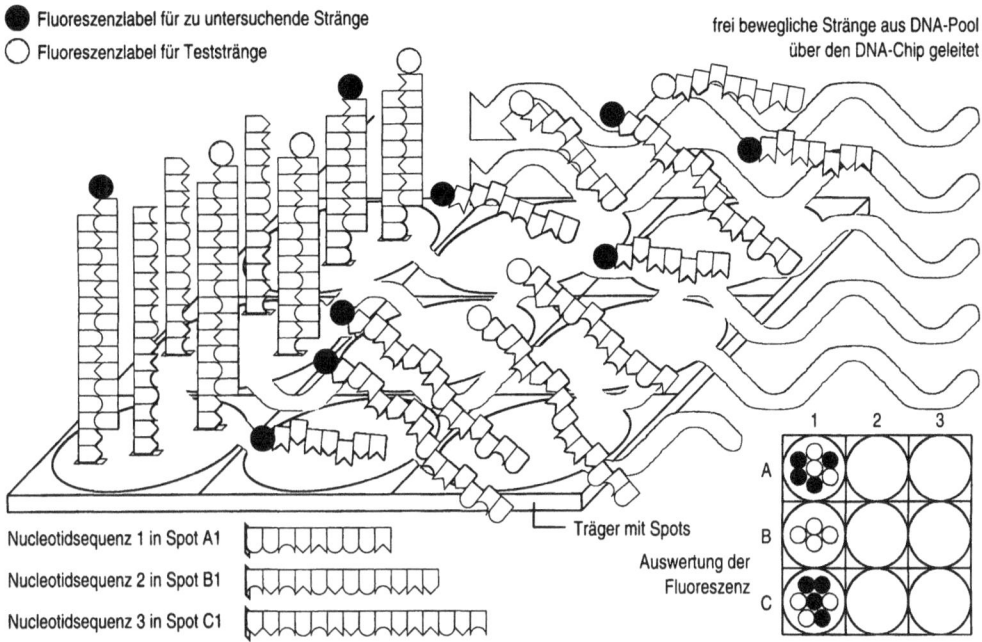

● Fluoreszenzlabel für zu untersuchende Stränge

○ Fluoreszenzlabel für Teststränge

frei bewegliche Stränge aus DNA-Pool über den DNA-Chip geleitet

Nucleotidsequenz 1 in Spot A1

Nucleotidsequenz 2 in Spot B1

Nucleotidsequenz 3 in Spot C1

Träger mit Spots

Auswertung der Fluoreszenz

Abb. 8.1: Beispiel für die Arbeitsweise eines aus 9 Spots bestehenden DNA-Chips

Chip gestattet den Rückschluss auf die Nucleotidsequenz. Um leicht auswerten zu können, innerhalb welcher Spots sich frei bewegliche DNA-Einzelstränge angelagert haben, wird die DNA-Probe vor der Hybridisierung präpariert, indem eines der Enden mit einer Fluoreszenzmarkierung versehen (gelabelt) wird. Die Fluoreszenzmarkierung besteht aus einem Stoff, der bei Bestrahlung mit Licht in einem bestimmten Wellenlängenbereich in einer charakteristischen Farbe leuchtet. Häufig verwendete Fluoreszenzmarkierungen bewirken rote und grüne Färbungen. Um den Erfolg der Hybridisierung kontrollieren und Seiteneffekteinflüsse ausschließen zu können, mischt man der zu untersuchenden DNA-Probe oft Teststränge bei, die in einer anderen Farbe fluoreszenzmarkiert sind als die Stränge der eigentlichen DNA-Probe. Die Nucleotidsequenzen der Teststränge sind antiparallel-komplementär auf die immobilisierten DNA-Einzelstränge des DNA-Chips abgestimmt. Überlagern sich beide fluoreszierenden Farben innerhalb eines Spots nach der Hybridisierung, so weist dies auf einen erfolgreich verlaufenen Auslesevorgang und auf das Enthaltensein der entsprechenden Nucleotidsequenz in der DNA-Probe hin.

Für die Herstellung von DNA-Chips haben sich im Wesentlichen das Verfahren der Firma Affymetrix ([HWMB_02]) und das an der Universität Stanford entwickelte Verfahren ([EiSC_01]) durchgesetzt. Das Aufbringen der DNA-Einzelstränge auf das Trägermaterial des DNA-Chips kann dadurch geschehen, dass sie unter Benutzung von Masken unmittelbar auf dem Chip nucleotidweise synthetisiert werden (on the spot synthesis) oder in Gänze durch chemische *Immobilisierung* auf den gewünschten Spot gelangen. Der labortechnische Einsatz von DNA-Chips lässt sich weitgehend automatisieren. Spotting-Roboter übernehmen das Auftragen präparierter DNA-Proben entweder piezoelektrisch oder unter Ausnutzung von Kapillarkräften.

8.2   DNA-Computer in der Genanalyse

Das menschliche Genom besteht aus etwa $3 \cdot 10^9$ Basenpaaren, dessen DNA-Doppelstränge auf 46 Chromosomen aufgeteilt sind. Jedes Chromosom enthält einen sehr langen, dicht in eine Form gepackten DNA-Doppelstrang. Die Nucleotidsequenz des menschlichen Genoms ist im Ergebnis langjähriger Arbeiten am Human-Genom-Projekt und der Forschergruppe um Craig Venter entschlüsselt worden [VAML_01]. Das Genom liefert den Bauplan aller vom Organismus hervorgebrachten Stoffe. Seine Kenntnis ist Voraussetzung, um die ablaufenden Lebensvorgänge biochemisch im Detail verstehen zu können. Nach heutigem Wissensstand kodiert nur ein Teil des Genoms – Genabschnitte, die als *Exons* bezeichnet werden – diejenigen Informationen, aus denen körpereigene Moleküle wie Proteine und Hormone produziert werden. Exons sind häufig zwischen *Introns* – nicht ausgelesenen Genabschnitten – eingebettet. Eine Abfolge von Exons und Introns, die in einem funktionellen Zusammenhang steht, bildet ein Gen. Nicht alle Gene des Genoms werden gleichzeitig für den Aufbau körpereigener Stoffe ausgelesen, sondern unterliegen einem komplizierten Geflecht zeitlicher, umwelt- und entwicklungsbedingter Einflüsse. Es ist deshalb von Interesse zu wissen, welche Gene zu welchen Zeitpunkten und unter welchen Bedingungen entsprechend aktiv sind. Dies kann durch die Erstellung so genannter *Genexpressionsprofile* experimentell herausgefunden werden. Die konventionelle Vorgehensweise hierzu erfordert eine Vielzahl manuell ausgeführter Laborarbeitsschritte, deren einzelne Analyseergebnisse nach Eingabe in einen elektronischen Rechner zur Auswertung gelangen und das gesuchte Genexpressionsprofil ergeben. Die gesamte Prozedur dauert etwa drei Tage. Nachteilig auf den Ablauf wirkt vor allem der Umstand, dass eine geeignete Schnittstelle zwischen den von Hand ausgeführten laborpraktischen Analyseschritten und der darauf aufsetzenden elektronischen Datenverarbeitung fehlte.

An dieser Stelle setzt der von der japanischen Firma Olympus Optical Corporation entwickelte erste kommerziell einsatzfähige DNA-Computer an [Miya_02]. Er automatisiert und parallelisiert erforderliche Laborarbeitsschritte und koppelt daran eine selbständige Datenübernahme und Auswertung auf elektronischem Weg. Dadurch ist der DNA-Computer in der Lage, Genexpressionsprofile bei hoher Geschwindigkeit vollautomatisiert und kostengünstig zu erstellen. Die gesamte Prozedur wird in etwa sechs Stunden abgeschlossen. Im Sinne der Informatik lässt sich der DNA-Computer als *Hybridrechner* auffassen, der eine elektronische Steuereinheit mit einer in-vitro-Datenverarbeitung vorteilhaft verknüpft. Das Gerät gilt als Prototyp für Spezialrechner zur Bearbeitung ähnlich aufwendiger Aufgaben.

8.3   Molecular Programming

Von zentraler Bedeutung im praktischen DNA-Computing ist die Aufgabe, für die algorithmisch zu verarbeitenden Daten eine geeignete DNA-Kodierung zu finden, so dass eine hinreichend große Robustheit gegenüber Seiteneffekteinflüssen der verwendeten DNA-Operationen erzielt wird. Beschränkte man anfängliche Untersuchungen auf die Primärstruktur linearer DNA, also ausschließlich auf die Basenabfolgen, so entwickelten sich Forschungsarbeiten zunehmend zur Einbeziehung von Sekundärstrukturen hin. Dies erlaubt es, Informationen nicht nur durch Nucleotidsequenzen, sondern zusätzlich auch durch die Plazierung und Anordnung der Wasserstoffbrücken zu kodieren. In Kombination mit molekularbiologischen Verfahren wie der Hybridisierung, der Denaturierung oder modifizierter Polymerase-Kettenreaktionen lassen sich systematisch speziell strukturierte nichtlineare DNA-Moleküle schaffen, wofür sich der Begriff *Molecular Design* herausbildet. Geht man noch einen Schritt weiter und betrachtet einen (kleinen) Pool speziell aufeinander abgestimmter DNA-Moleküle, die auf vorhersagbare Weise miteinander wechselwirken und sich dabei fortlaufend umformen können, spricht man von einem molekularen System (*molecular system*). Der Entwurf, die Analyse und der Einsatz molekularer Systeme zum Zweck der Informationsverarbeitung ist Gegenstand des molekularen Programmierens (*Molecular Programming*, [Hagi_98], [Hagi_99], [Hagi_00]). Besondere Bedeutung kommt hierbei einer labornahen Simulation molekularer Systeme zu, die einer Implementierung in vitro vorausgeht. Das Molecular Programming eröffnet die Möglichkeit der Entwicklung molekularer Maschinen, die im Rahmen nanotechnologischer Anwendungen eingesetzt werden können.

Ein entscheidender Schritt auf dem Weg zu molekularen Maschinen gelang der Forschergruppe um Ehud Shapiro am Weizmann-Institut. Sie stellte die Laborimplementierung eines autonom arbeitenden miniaturisierten DNA-Computers vor, der die Arbeitsweise deterministischer endlicher Automaten durch ein speziell konstruiertes molekulares System übernimmt [BPAK_01]. Neben seiner Fähigkeit zur selbständigen Ausführung der einzelnen Arbeitsschritte zeichnet es sich durch seinen sehr niedrigen Energieverbrauch aus.

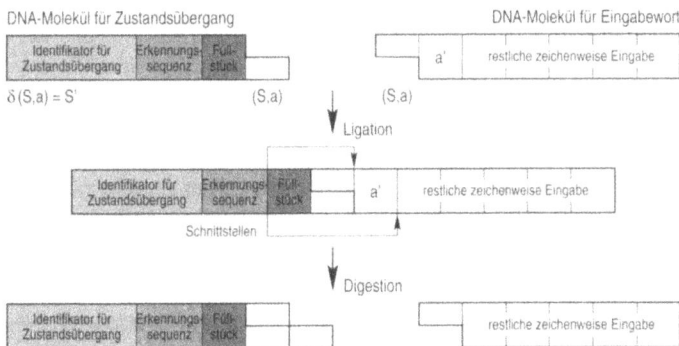

Abb. 8.2: Funktionsprinzip des autonom arbeitenden DNA-Computers zur Nachbildung endlicher Automaten (vereinfacht): Jeder Zustandsübergang $(S, a) \rightarrow S'$ mit $S, S' \in Z$ und $a, a' \in \Sigma$ ist durch ein spezifisches DNA-Molekül in einer minimalen Exemplaranzahl, die der Eingabewortlänge entspricht, kodiert. Zusätzlich existiert ein DNA-Molekül für das Eingabewort, das abschnittsweise die DNA-Kodierung der einzelnen Zeichen enthält. In jedem Arbeitsschritt wird das äußerst linke Zeichen des Eingabewortes abgebaut und der damit einhergehende Zustandsübergang vollzogen.

Grundlage des DNA-Computers ist ein Satz speziell entworfener DNA-Moleküle, der die abzuarbeitende Worteingabe für den endlichen Automaten sowie alle Einträge der Zustandsübergangsfunktion kodiert, siehe Abbildung 8.2. Jeder Arbeitsschritt des nachgebildeten endlichen Automaten entspricht dem gezielten Austausch von Molekülteilen, so dass das Eingabewort zeichenweise durchlaufen wird und der aktuelle Zustand durch die Beschaffenheit von Einzelstrangüberhängen auswertbar ist. Die in-vitro-Implementierung greift auf Restriktionsenzyme zurück, die außerhalb ihrer Erkennungssequenz schneiden. Andere praktische Arbeiten zum Molecular Programming setzen gezielt nichtlineare DNA-Strukturen ein, die beispielsweise einen adressierbaren molekularen Speicher zum Ziel haben [RDHS_02].

8.4   DNA-Computer in der Informatik

Lösung einer Instanz des 3SAT-Problems

Der Erfüllbarkeitstest der Aussagenlogik (SAT) ist das erste Problem, dessen NP-Vollständigkeit nachgewiesen werden konnte. Es nimmt deshalb eine Schlüsselstellung innerhalb der Klasse der NP-Probleme ein. Seine praktische Bedeutung liegt im Umgang und in der Optimierung boolescher Formeln, die bei der Entwicklung elektronischer Schaltungen unerlässlich sind. DNA-Algorithmen zur Lösung des SAT wurden bereits frühzeitig vorgeschlagen ([Lipt_95]) und in mehreren Etappen laborpraktisch für wachsende Problemgrößen implementiert.

Eine spezielle Form des SAT stellt das *3SAT-Problem* dar, bei dem die Struktur der booleschen Formel ohne Beschränkung der Allgemeingültigkeit fest vorgegeben ist. Diese wird als *konjunktive Normalform mit 3 Literalen pro Klausel*, kurz 3CNF bezeichnet. Eine 3CNF F mit n booleschen Variablen x_1 bis x_n lässt sich formal beschreiben durch:

$$
\begin{aligned}
F &= C_1 \wedge C_2 \wedge \ldots \wedge C_m \quad \text{mit} \\
C_i &= (L_{i,1} \vee L_{i,2} \vee L_{i,3}), \quad i = 1, \ldots, m \quad \text{wobei} \\
&\quad L_{i,j} \in \{x_k, \overline{x_k} \mid k \in \{1, \ldots, n\}\}, \ j \in \{1,2,3\}, \ i = 1, \ldots, m
\end{aligned}
$$

Jedes C_i repräsentiert eine Klausel und jedes $L_{i,j}$ ein Literal, das als Platzhalter für eine beliebige boolesche Variable oder ihre Negation steht. Jede boolesche Formel lässt sich effizient (mit polynomiellem Zeitaufwand) erfüllbarkeitserhaltend in eine 3CNF überführen, wozu jedoch in den meisten Fällen zusätzliche boolesche Variablen eingefügt werden, die eine Aufblähung der Problemgröße nach sich ziehen [Schö_97]. Aufgrund der fest vorgegebenen Struktur der booleschen Formel beim 3SAT ist die Aufgabenstellung aber einer massiv parallelen Verarbeitung, wie sie insbesondere beim DNA-Computing ausgenutzt wird, leichter zugänglich.

Der in Kalifornien ansässigen Forschergruppe um den Begründer des experimentellen DNA-Computing, Leonard M. Adleman, gelang mit der laborpraktischen Implementierung eines DNA-Algorithmus für eine Instanz des 3SAT-Problems mit 20 booleschen Variablen die Lösung des bisher rechenaufwendigsten Problems mittels DNA-Computing [BCJR_02]. Der Brute-Force-Ansatz erzeugt alle $2^{20} = 1\,048\,576$ möglichen Belegungen der booleschen Variablen mit den Werten 0 (false) und 1 (true) und filtert anschließend genau die erfüllenden Belegungen der gewählten 3CNF heraus. Die Bewältigung dieser Problemgröße gilt als Vorstufe einer *killer application*. Die gelöste Probleminstanz

$$
\begin{aligned}
F = \ &(\overline{x_3} \vee \overline{x_{16}} \vee x_{18}) \wedge (x_5 \vee x_{12} \vee \overline{x_9}) \wedge (\overline{x_{13}} \vee \overline{x_2} \vee x_{20}) \wedge (x_{12} \vee \overline{x_9} \vee \overline{x_5}) \wedge \\
&(x_{19} \vee \overline{x_4} \vee x_6) \wedge (x_9 \vee x_{12} \vee \overline{x_5}) \wedge (\overline{x_1} \vee x_4 \vee \overline{x_{11}}) \wedge (x_{13} \vee \overline{x_2} \vee \overline{x_{19}}) \wedge \\
&(x_5 \vee x_{17} \vee x_9) \wedge (x_{15} \vee x_9 \vee \overline{x_{17}}) \wedge (\overline{x_5} \vee \overline{x_9} \vee \overline{x_{12}}) \wedge (x_6 \vee x_{11} \vee x_4) \wedge \\
&(\overline{x_{15}} \vee \overline{x_{17}} \vee x_7) \wedge (\overline{x_6} \vee x_{19} \vee x_{13}) \wedge (\overline{x_{12}} \vee \overline{x_9} \vee x_5) \wedge (x_{12} \vee x_1 \vee x_{14}) \wedge \\
&(x_{20} \vee x_3 \vee x_2) \wedge (x_{10} \vee \overline{x_7} \vee \overline{x_8}) \wedge (\overline{x_5} \vee x_9 \vee \overline{x_{12}}) \wedge (x_{18} \vee \overline{x_{20}} \vee x_3) \wedge \\
&(\overline{x_{10}} \vee \overline{x_{18}} \vee \overline{x_{16}}) \wedge (x_1 \vee \overline{x_{11}} \vee \overline{x_{14}}) \wedge (x_8 \vee \overline{x_7} \vee \overline{x_{15}}) \wedge (\overline{x_8} \vee x_{16} \vee \overline{x_{10}})
\end{aligned}
$$

besitzt die einzige erfüllende Belegung $x_1 = 0$, $x_2 = 1$, $x_3 = 0$, $x_4 = 0$, $x_5 = 0$, $x_6 = 0$, $x_7 = 1$, $x_8 = 1$, $x_9 = 0$, $x_{10} = 1$, $x_{11} = 1$, $x_{12} = 1$, $x_{13} = 0$, $x_{14} = 0$, $x_{15} = 1$, $x_{16} = 1$, $x_{17} = 1$, $x_{18} = 0$, $x_{19} = 0$, $x_{20} = 0$.

Die Kodierung der Wertebelegungen jeder einzelnen booleschen Variable mit 0 und 1 in lineare DNA-Stränge folgt der Grundidee des Adleman-Experiments, die bereits von Lipton aufgegriffen wurde. Jeder Pfad des Graphen aus Abbildung 8.3 vom Knoten 0 zum Knoten 20 entspricht einer der 2^{20} möglichen Wertebelegungen aller booleschen Variablen. Die Knoten und Kanten des Graphen werden analog zum Adleman-Experiment in spezifische, halbseitig antiparallel-komplementäre DNA-Einzelstränge umgesetzt. Zum Zweck der Reduzierung von Seiteneffekteinflüssen wird jedoch abweichend vom Adleman-Experiment für jeden Knoten eine G-freie, 15 Basen umfassende Nucleotidsequenz gewählt, beispielsweise für den Knoten $(x_1 = 0)$ die Basenabfolge $5' - CTCCTACAATTCCTA - 3'$.

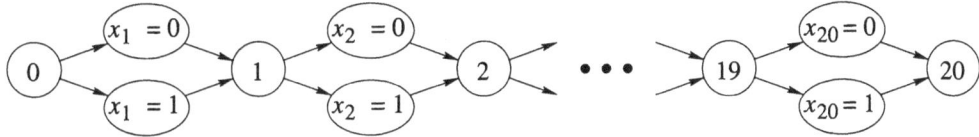

Abb. 8.3: *Kodierung der Variablenbelegungen für 3SAT durch Pfade innerhalb eines Graphen in Analogie zum Adleman-Experiment*

Durch wiederholt angewendete Oligonucleotidsynthese und kombinierte chemische Kopplung der knotenkodierenden Einzelstrangfragmente und ihrer Komplemente entsteht der DNA-Pool, der die 2^{20} möglichen Belegungen aller 20 booleschen Variablen durch jeweils 300 Basen lange lineare DNA-Stränge realisiert. Dieser DNA-Pool verkörpert den gesamten Suchraum des Brute-Force-Ansatzes und wird als *Library* bezeichnet.

Das Herausfiltern der erfüllenden Belegungen geschieht schrittweise für jede Klausel in einem Polyacrylamid-Gelbett, in welchem unterschiedliche Temperaturen erzeugt werden können. Beginnend mit der ersten Klausel werden zu den darin enthaltenen Literalen korrespondierende DNA-Einzelstrangfragmente an einer definierten Stelle im Gelbett fixiert, an der die Stränge der Library das Gel während ihres Laufs passieren. Eine kurzzeitige Temperaturerhöhung über die Schmelztemperatur unmittelbar nach Laden der Library-Stränge in das Gel und Starten der Elektrophorese bewirkt die Denaturierung der Library-Stränge. Vor Erreichen der Stelle im Gelbett, an der sich die fixierten Einzelstränge der ersten Klausel befinden, erfolgt eine Temperaturabsenkung, so dass genau diejenigen Stränge aus der Library an die fixierten Stränge hybridisieren können, die die erste Klausel erfüllen. Die G-freie Kodierung reduziert Basenfehlpaarungen und Library-Library-Interaktionen. Durch die Hybridisierung werden die klauselerfüllenden Stränge im Gel festgehalten und von den anderen räumlich separiert, die weiter durch das Gel laufen und nicht zur Problemlösung beitragen. Mittels Temperaturerhöhung löst man anschließend diejenigen Stränge der Library, die die erste Klausel erfüllen, wieder ab. Auf gleiche Weise wird nacheinander mit allen weiteren Klauseln verfahren, so dass im Ergebnis genau die Stränge der Library separiert werden, die alle Klauseln und damit die gesamte boolesche Formel erfüllen. Diese Stränge werden abschließend durch eine PCR amplifiziert und im Gel als Bande sichtbar gemacht. Aus der Existenz dieser Bande folgt die Problemlösung „ja".

Lösung einer Instanz des Rucksackproblems

Das Rucksackproblem auf natürlichen Zahlen gilt als kombinatorisches Suchproblem, das sich als Basis für effiziente Transformationen in andere NP-vollständige Probleme eignet, ohne dabei die Problemgröße übermäßig aufzublähen. Durch die Verarbeitung natürlicher Zahlen lässt sich eine universell einsetzbare, kompakte Datenstruktur nutzen.

Der DNA-Algorithmus aus Abschnitt 5.5 wurde an der Technischen Universität Dresden für die Problemgröße $n = 3$ mit $a_1 = 719$, $a_2 = 393$, $a_3 = 270$ und $b = 1112$ vereinfacht laborpraktisch implementiert [StSH_01]. Da diese Probleminstanz die Gleichung $\sum_{i=1}^{n} a_i x_i = b$ innerhalb des Lösungsraumes $x_i \in \{0, 1\}$ erfüllt und keine weiteren Lösungen $x_i \in \mathbb{N} \setminus \{0, 1\}$ existieren (d.h., das Rucksackgewicht b kann nicht erreicht werden, indem ein oder mehrere Gegenstände mehrfach im Rucksack enthalten sind), kann der gesonderte Starter entfallen. Das Ziel besteht darin, die prinzipielle laborpraktische Abarbeitbarkeit eines DNA-Algorithmus für ein NP-vollständiges Problem nachvollziehbar zu zeigen und auf Seiteneffekteinflüsse der DNA-Operationen hinzuweisen.

Die Hybridisierung längerer antiparallel komplementärer DNA-Einzelstränge zu DNA-Doppelsträngen kann gehäuft zur Ausbildung nichtlinearer DNA führen, die als unerwünschtes Seiteneffektprodukt die weitere Abarbeitung des Algorithmus beeinträchtigt. Um derartige Seiteneffekteinflüsse auszuschließen, erfolgte die DNA-Kodierung der a_i unter Verwendung von DNA natürlichen Ursprungs, die bereits doppelsträngig vorliegt und deren Nucleotidpaarsequenz durch den Trägerorganismus fest vorgegeben ist. Für das Experiment wurde das Plasmid pQE30 als Basismaterial ausgewählt. Plasmide sind doppelsträngige DNA-Ringe, die im Zellplasma von Mikroorganismen zusätzlich zum Erbmaterial vorkommen und sich mittels Labortechniken isolieren lassen. Bakterien können ein bis viele hundert in ihrer Nucleotidpaarsequenz unterschiedliche Plasmide enthalten. Das Plasmid pQE30 (Qiagen) besteht aus 3462 Nucleotidpaaren bekannter Sequenz, siehe Abbildung 8.5. Es wurde zu einer Working-Solution (Verdünnung in wässriger Lösung) mit $0,68 \frac{\mu g}{\mu l}$ DNA aufbereitet. Die Plasmidauswahl erfolgte mit dem Ziel, alle a_i-kodierenden DNA-Doppelstrangfragmente durch Restriktionsspaltung des Plasmids unter Einsatz möglichst weniger Restriktionsenzyme zu erhalten.

Das Plasmid pQE30 wurde mit Hilfe der Restriktionsenzyme HinP1I ($\begin{smallmatrix} 5'-\text{G}\downarrow\text{CGC}-3' \\ 3'-\text{CGC}\uparrow\text{G}-5' \end{smallmatrix}$) und PvuII ($\begin{smallmatrix} 5'-\text{CAG}\downarrow\text{CTG}-3' \\ 3'-\text{GTC}\uparrow\text{GAC}-5' \end{smallmatrix}$, beide New England BioLabs) nach Standardprotokollen geschnitten, so dass unter anderem Fragmente der Längen 719bp, 393bp und 270bp entstanden. Die Erkennungssequenz von PvuII kommt in pQE30 genau einmal vor und begrenzt eine Seite des 719bp-Fragments. Die aus dem Schnitt mit HinP1I resultierenden sticky-Enden sind zu sich selbst komplementär, was jedoch aufgrund der gewählten Probleminstanz nicht ergebnisbeeinträchtigend ist. Die aus der Restriktionsspaltung hervorgegangenen DNA-Fragmente wurden 5'-dephosphoryliert und zu diesem Zweck mit alkalischer Phosphatase CIP (Boehringer Mannheim) unter geeigneten Pufferbedingungen für 3h bei $+37°$C inkubiert sowie das Enzym anschließend thermisch deaktiviert. Die resultierende DNA wurde gemeinsam mit einem 50bp-Längenstandard (Boehringer-Mannheim) auf ein Agarosegel aufgetragen (3% Agarose in TAE mit Ethidiumbromid, Abbildung 8.4A), die Banden der a_i-kodierenden Stranglängen extrahiert sowie die enthaltene DNA unter Nutzung des GeneClean-Kits (Bio101) und des entsprechenden Protokolls, nach Stranglängen getrennt, in drei Reagenzgläser isoliert.

Ausgehend vom DNA-Pool der 719bp-Fragmente wurden zwei aufeinander folgende Zyklen gemäß Abbildung 5.16 auf Seite 207 ausgeführt. Die 5'-Phosphorylierung des Aliquots erfolgte jeweils unter Verwendung von T4-Polynucleotid-Kinase (New England BioLabs) und ATP unter entsprechenden Pufferbedingungen in einer Inkubationszeit von 2h bei $+37°$C und anschließender thermischer Enzymdeaktivierung bei $+65°$C für 20min. Beide Ligationen wurden mit T4-DNA-Ligase (New England BioLabs) unter Zugabe von PEG8000 (40%) in jeweils

10h Inkubation bei $+16°C$ unter entsprechenden Pufferbedingungen vollzogen, wobei nach der letzten Ligation keine thermische Enzymdeaktivierung vorgenommen wurde. Der DNA-Pool, der infolge der Abarbeitung beider Zyklen entstanden ist, wurde mittels Agarosegel-Elektrophorese ($1,5\%$ Agarose in TAE mit Ethidiumbromid) längensepariert, zusätzlich wurde ein 100bp-Längenstandard (New England BioLabs) aufgetragen. Abbildung 8.4B zeigt die Zuordnung der Packmöglichkeiten zu den korrespondierenden DNA-Banden. Die zusätzlich auf-getretenen Banden setzen sich derart zusammen, dass a_i-kodierende Fragmente gleicher Länge mehrfach im jeweiligen Gesamtstrang enthalten sind. Die Existenz einer Bande der zum Referenzgewicht b korrespondierenden Länge impliziert die Problemlösung „ja". Die Abarbeitung des gesamten DNA-Algorithmus im Labor beanspruchte etwa 40h (einschließlich Inkubations- und Pipettierzeiten). Mehrere Wiederholungen der laborpraktischen Algorithmusabarbeitung führten zum gleichen Ergebnis, so dass eine Reproduzierbarkeit des Verfahrens gegeben ist.

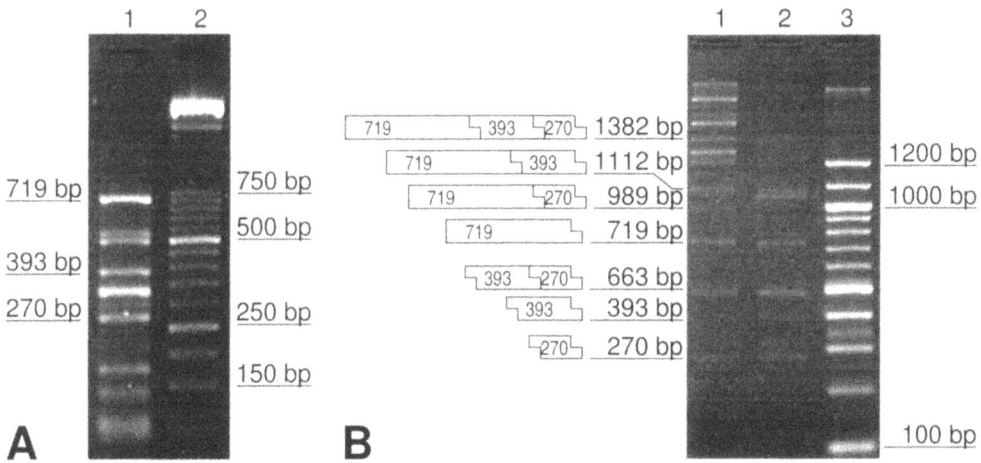

Abb. 8.4: *Agarosegelfotos aus [StSH_01].* **A:** *Lane1: aus der Restriktionsspaltung von pQE30 mit HinPII und PvuII hervorgegangene DNA-Fragmente. Eine Teilmenge dieser Fragmente kodiert die Gegenstands-gewichte* a_i. *Lane2: 50bp-Längenstandard.* **B:** *Lanes1, 2: finaler DNA-Pool, der die Packmöglichkeiten kodiert. Lane3: 100bp-Längenstandard.*

Die laborpraktische Implementierung des DNA-Algorithmus anhand des gewählten Beispiels hat die prinzipielle Realisierbarkeit des Verfahrens bei kleinen Problemgrößen nachgewie-sen. Insbesondere wird das hohe Strangkombinationspotenzial der Ligation ausgenutzt und gezeigt. Der beschriebene DNA-Algorithmus ist unter der Annahme einer seiteneffektfreien Ausführung aller DNA-Operationen skalierbar und mithin nicht von vornherein in der verar-beitbaren Problemgröße n beschränkt. Laborpraktische Implementierungen erfordern mit linear steigendem n jedoch exponentiell steigende Reaktionsvolumina, damit genügend nachweisba-res DNA-Material zur Verfügung steht. Als weitere Herausforderung erweist sich das begrenzte Auflösungsvermögen von Elektrophorese-Gelen, die die Einführung darauf abgestimmter Pro-portionalitätsfaktoren zwischen jedem Gegenstandsgewicht a_i und der Länge l_i des korrespon-dierenden DNA-Doppelstranges notwendig machen. Durch zusätzliche PCR, die jeder Ligation in den Zyklen nachgeschaltet sind, kann Ungleichgewichten zwischen den Strangexemplaran-zahlen, die jede Packmöglichkeit repräsentieren, entgegengewirkt werden.

```
CTC GAG AAA TCA TAA AAA ATT TAT TTG CTT TGT GAG CGG ATA ACA ATT ATA ATA GAT TCA    60
ATT GTG AGC GGA TAA CAA TTT CAC ACA GAA TTC ATT AAA GAG GAG AAA TTA ACT ATG AGA   120
GGA TCG CAT CAC CAT CAC CAT CAC GGA TCC GCA TGC GAG CTC GGT ACC CCG GGT CGA CCT   180
GCA GCC AAG CTT AAT TAG CTG AGC TTG GAC TCC TGT TGA TAG ATC CAG TAA TGA CCT CAG   240
AAC TCC ATC TGG ATT TGT TCA GAA CGC TCG GTT GCC GCC GGG CGT TTT TTA TTG GTG AGA   300
ATC CAA GCT AGC TTG GCG AGA TTT TCA GGA GCT AAG GAA GCT AAA ATG GAG AAA AAA ATC   360
ACT GGA TAT ACC ACC GTT GAT ATA TCC CAA TGG CGT CGT AAA GAA CAT TTT GAG GCA TTT   420
CAG TCA GTT GCT CAA TGT ACC TAT AAC CAG ACC GTT CAG                                    Fragmentlänge: 561 Basenpaare
```

```
                                    CTG GAT ATT ACG GCC TTT TTA   480
AAG ACC GTA AAG AAA AAT AAG CAC AAG TTT TAT CCG GCC TTT ATT CAC ATT CTT GCC CGC   540
CTG ATG AAT GCT CAT CCG GAA TTT CGT ATG GCA ATG AAA GAC GGT GAG CTG GTG ATA TGG   600
GAT AGT GTT CAC CCT TGT TAC ACC GTT TTC CAT GAG CAA ACT GAA ACG TTT TCA TCG CTC   660
TGG AGT GAA TAC CAC GAC GAT TTC CGG CAG TTT CTA CAC ATA TAT TCG CAA GAT GTG GCG   720
TGT TAC GGT GAA AAC CTG GCC TAT TTC CCT AAA GGG TTT ATT GAG AAT ATG TTT TTC GTC   780
TCA GCC AAT CCC TGG GTG AGT TTC ACC AGT TTT GAT TTA AAC GTG GCC AAT ATG GAC AAC   840
TTC TTC GCC CCC GTT TTC ACC ATG GGC AAA TAT TAT ACG CAA GGC GAC AAG GTG CTG ATG   900
CCG CTG GCG ATT CAG GTT CAT CAT GCC GTC TGT GAT GGC TTC CAT GTC GGC AGA ATG CTT   960
AAT GAA TTA CAA CAG TAC TGC GAT GAG TGG CAG GGC GGG GCG TAA TTT TTT TAA GGC AGT  1020
TAT TGG TGC CCT TAA ACG CCT GGG GTA ATG ACT CTC TAG CTT GAG GCA TCA AAT AAA ACG  1080
AAA GGC TCA GTC GAA AGA CTG GGC CTT TCG TTT TAT CTG TTG TTT GTC GGT GAA CGC TCT  1140
CCT GAG TAG GAC AAA TCC GCC GCT CTA GAG CTG CCT CG                                    Fragmentlänge: 719 Basenpaare
```

```
                                          C GCG TTT CGG TGA TGA CGG TGA  1200
AAA CCT CTG ACA CAT GCA GCT CCC GGA GAC GGT CAC AGC TTG TCT GTA AGC GGA TGC CGG  1260
GAG CAG ACA AGC CCG TCA GGG                                                            Fragmentlänge: 103 Basenpaare
```

```
                CGC GTC AGC GGG TGT TGG CGG GTG TCG GGG                               Fragmentlänge:  30 Basenpaare
```

```
                                                CGC AGC CAT  1320
GAC CCA GTC ACG TAG CGA TAG CGG AGT GTA TAC TGG CTT AAC TAT GCG GCA TCA GAG CAG  1380
ATT GTA CTG AGA GTG CAC CAT ATG CGG TGT GAA ATA CCG CAC AGA TGC GTA AGG AGA AAA  1440
TAC CGC ATC AGG                                                                        Fragmentlänge: 141 Basenpaare
```

```
        CGC TCT TCC GCT TCC TCG CTC ACT GAC TCG CTG                                    Fragmentlänge:  33 Basenpaare
```

```
                                        CGC TCG GTC TGT CGG  1500
CTG CGG CGA GCG GTA TCA GCT CAC TCA AAG GCG GTA ATA CGG TTA TCC ACA GAA TCA GGG  1560
GAT AAC GCA GGA AAG AAC ATG TGA GCA AAA GGC CAG CAA GGC AGG AAC CGT AAA AAG  1620
GCC GCG TTG CTG GCG TTT TTC CAT AGG CTC CGC CCC CCT GAC GAG CAT CAC AAA AAT CGA  1680
CGC TCA AGT CAG AGG TGG CGA AAC CCG ACA GGA CTA TAA AGA TAC CAG GCG TTT CCC CCT  1740
GGA AGC TCC CTC GTG                                                                    Fragmentlänge: 270 Basenpaare
```

```
                CGC TCT CCT GTT CCG ACC CTG CCG CTT ACC GGA TAC CTG TCC GCC  1800
TTT CTC CCT TCG GGA AGC GTG G                                                          Fragmentlänge:  67 Basenpaare
```

```
                        CG CTT TCT CAA TGC TCA CGC TGT AGG TAT CTC AGT TCG  1860
GTG TAG GTC GTT CGC TCC AAG CTG GGC TGT GTG CAC GAA CCC CCC GTT CAG CCC GAC CGC  1920
TG                                                                                     Fragmentlänge: 100 Basenpaare
```

```
  C GCC TTA TCC GGT AAC TAT CGT CTT GAG TCC AAC CCG GTA AGA CAC GAC TTA TCG CCA  1980
CTG GCA GCA GCC ACT GGT AAC AGG ATT AGC AGA GCG AGG TAT GTA GGC GGT GCT ACA GAG  2040
TTC TTG AAG TGG TGG CCT AAC TAC GGC TAC ACT AGA AGG ACA GTA TTT GGT ATC TG         Fragmentlänge: 174 Basenpaare
```

```
                                                      C GCT  2100
CTG CTG AAG CCA GTT ACC TTC GGA AAA AGA GTT GGT AGC TCT TGA TCC GGC AAA CAA ACC  2160
ACC GCT GGT AGC GGT GGT TTT TTT GTT TGC AAG CAG CAG ATT ACG                            Fragmentlänge: 109 Basenpaare
```

```
                                CGC AGA AAA AAA GGA  2220
TCT CAA GAA GAT CCT TTG ATC TTT TCT ACG GGG TCT GAC GCT CAG TGG AAC GAA AAC TCA  2280
CGT TAA GGG ATT TTG GTC ATG AGA TTA TCA AAA AGG ATC TTC ACC TAG ATC CTT TTA AAT  2340
TAA AAA TGA AGT TTT AAA TCA ATC TAA AGT ATA TAT GAG TAA ACT TGG TCT GAC AGT TAC  2400
CAA TGC TTA ATC AGT GAG GCA CCT ATC TCA GCG ATC TGT CTA TTT CGT TCA TCC ATA GCT  2460
GCC TGA CTC CCC GTC GTG TAG ATA ACT ACG ATA CGG GAG GGC TTA CCA TCT GGC CCC AGT  2520
GCT GCA ATG ATA CCG CGA GAC CCA CGC TCA CCG GCT CCA GAT TTA TCA GCA ATA AAC CAG  2580
CCA GCC GGA AGG GCC GAG                                                                Fragmentlänge: 393 Basenpaare
```

```
                        CGC AGA AGT GGT CCT GCA ACT TTA TCC GCC TCC ATC CAG TCT  2640
ATT AAT TGT TGC CGG GAA GCT AGA GTA AGT AGT TCG CCA GTT AAT AGT TTG CGC AAC GTT  2700
GTT GCC ATT GCT ACA GGC ATC GTG GTG TCA CGC TCG TCG TTT GGT ATG GCT TCA TTC AGC  2760
TCC GGT TCC CAA CGA TCA AGG CGA GTT ACA TGA TCC CCC ATG TTG TGC AAA AAA GCG GTT  2820
AGC TCC TTC GGT CCT CCG ATC GTT GTC AGA AGT AAG TTG GCC GCA GTG TTA TCA CTC ATG  2880
GTT ATG GCA GCA CTG CAT AAT TCT CTT ACT GTC ATG CCA TCC GTA AGA TGC TTT TCT GTG  2940
ACT GGT GAG TAC TCA ACC AAG TCA TTC TGA GAA TAG TGT ATG CGG CGA CCG AGT TGC TCT  3000
TGC CCG GCG TCA ATA CGG GAT AAT ACC G                                                  Fragmentlänge: 430 Basenpaare
```

```
                        CG CCA CAT AGC AGA ACT TTA AAA GTG CTC ATC  3060
ATT GGA AAA CGT TCT TCG GGG CGA AAA CTC TCA AGG ATC TTA CCG CTG TTG AGA TCC AGT  3120
TCG ATG TAA CCC ACT CGT GCA CCC AAC TGA TCT TCA GCA TCT TTT ACT TTC ACC AGC GTT  3180
TCT GGG TGA GCA AAA ACA GGA AGG CAA AAT GCC GCA AAA AAG GGA ATA AGG GCG ACA CGG  3240
AAA TGT TGA ATA CTC ATA CTC TTC CTT TTT CAA TAT TAT TGA AGC ATT TAT CAG GGT TAT  3300
TGT CTC ATG AGC GGA TAC ATA TTT GAA TGT ATT TAG AAA AAT AAA CAA ATA GGG GTT CCG  3360
                                                                                       Fragmentlänge: 332 Basenpaare
```

```
CGC ACA TTT CCC CGA AAA GTG CCA CCT GAC GTC TAA GAA ACC ATT ATT ATC ATG ACA TTA  3420
ACC TAT AAA AAT AGG CGT ATC ACG AGG CCC TTT CGT CTT CAC                               3462
```

Abb. 8.5: *5'-3'-Nucleotidsequenz des Plasmids pQE30, unterteilt in die Fragmente, die durch den Schnitt mit HinPlI und PvuII entstehen*

9   Zukunftspotenzial

In den letzten Jahren wurden vielversprechende Ideen zur Entwicklung unkonventioneller Rechenmodelle aufgegriffen und der wissenschaftlichen Öffentlichkeit vorgestellt. Informatiker verfolgen dabei das Ziel, eine neue Dimension in den Leistungsparametern von Rechnern wie Operationsgeschwindigkeit, Energieeffizienz und Speicherdichte erreichen zu können. Die Realisierung dieser Aufgabe erfordert eine fachübergreifende Herangehensweise. DNA-Computing ist ein solches interdisziplinäres Forschungsfeld, bei dem Komponenten der Informatik, der Molekularbiologie, der Biochemie und der Gentechnologie gebündelt werden und neue Erkenntnisse einzelner Disziplinen dem Fortschritt des gesamten Forschungsfeldes dienen. In seinem Anfangsstadium wurde DNA-Computing mit der Metapher des „Rechnens im Reagenzglas" gleichgesetzt. Die Bearbeitung unter theoretischen Aspekten führte zu einer Vielzahl universeller DNA-basierter Computing-Modelle. Obgleich die Ansätze teilweise unterschiedlich waren, forcierten sie die Nutzung des gleichen Materials – der DNA – sowie modernste Techniken und Methoden zu ihrer Bearbeitung. Mit den bereits durchgeführten Experimenten zum DNA-Computing, die die weitaus größere Herausforderung des Forschungsfeldes darstellen, versuchen Wissenschaftler, gedankliche Vorstellungen des Rechnens mit Molekülen der Realität näherzubringen. Ermutigt durch die bereits erzielten Erfolge, gilt das DNA-Computing als Ansatz, Computer der Zukunft zu gestalten, die sich nicht auf eine Silizium-Hardware stützen, sondern biochemisch mit einzelnen Molekülen arbeiten, einer Art Bioware. Die Wissenschaft ist gegenwärtig dabei, sich dazu immer weiter aus der Informationsverarbeitung der Natur anregen zu lassen und von ihr zu lernen. Es ist zu erwarten, dass bei diesem Prozess viele weitere neue Erkenntnisse, wie auch neue Strukturen und Formen, gewonnen werden können. Der wissenschaftliche Traum vom breit einsatzfähigen universellen DNA-Computer könnte morgen Wirklichkeit werden, wenn verschiedene Fachdisziplinen intensiv interdisziplinär zusammenarbeiten.

Die bereits diskutierten Einsatzgebiete des „Rechnens im Reagenzglas" sind bei weitem nicht erschöpft. Besonders rechen- und speicherintensive Anwendungen in der Informatik bilden in naher Zukunft die Domäne für Betrachtungen zum DNA-Computing. Massiv datenparallele Algorithmen und damit im Zusammenhang stehende Programmierkonzepte erschließen sich neue Anwendungsfelder und bereichern die Werkzeugpalette der Algorithmenkonstruktion. Universelle, frei programmierbare biologische Computer sollen darüber hinaus Aufgaben übernehmen, die heute noch realitätsfern sind, aber langfristig prinzipiell als realisierbar gelten. Aufgrund ihrer Biokompatibilität und starken Miniaturisierung erscheinen sie für Spezialaufgaben in lebenden Organismen gut geeignet. Mit ersten Ansätzen zum so genannten in-vivo-Computing wird derzeit ein weiteres Forschungsfeld eröffnet, dem bereits theoretische Untersuchungen vorausgegangen sind, die in spezielle Berechnungsmodelle (P-Systeme, Modelle zum Membrane-Computing) mündeten. Neben Informatik, Molekularbiologie, Medizin und Landwirtschaft profitieren vor allem die Nanotechnologie und die Werkstoffwissenschaften von den neuen Erkenntnissen zum DNA-basierten Computing. Durch das zunehmend bessere Verständnis molekularbiologischer Prozesse und ihrer Wechselwirkungen erscheinen Prozesssimulationen auf atomarer Ebene möglich, die wesentlich dazu beitragen können, den „Computer Mensch" eines Tages vollständig in allen Funktionen zu verstehen.

Neben den biologisch und medizinisch orientierten Anwendungsfeldern verleiht das DNA-Computing auch den Ingenieurwissenschaften neue Impulse. Zu möglichen Ansätzen zählen beispielsweise Nanomaschinen, die Motoren oder ähnliche bewegliche Elemente auf kleinstem Raum konzentrieren. Auf diese Weise erscheint die Steuerung von Spiegeln, die schwache Laserstrahlen gezielt in gewünschte Richtungen reflektieren, sehr effizient möglich. Einsatzgebiete hierfür liegen nicht nur in neuartigen Visualisierungsmitteln (z.B. für die Betrachtung von Holografien), sondern auch in Spezialwerkzeugen zur Werkstoffbearbeitung unter schwierigen Umgebungsbedingungen.

Die Wissenschaft geht davon aus, dass alles, was heute unter Umständen als realitätsfern gilt, bereits morgen als trivial bezeichnet werden könnte. Die Entwicklung der Rechentechnik liefert dafür unzählige Beispiele. Vor etwa fünfzig Jahren beschäftigte man sich mit der Prognose, zukünftig Rechner zu konstruieren, die nicht mehr als anderthalb Tonnen Gewicht besitzen. Die heutige Vision besteht in der Entwicklung von Nanorechnern, die sich in lebende Zellen einsetzen lassen, um dort Reparaturen vorzunehmen. Setzt die Wissenschaft auch dieses Vorhaben um, wäre damit ein enormer Fortschritt in unterschiedlichen Bereichen zum Wohle der Menschen möglich.

Literaturverzeichnis

[Adle_94] L.M. Adleman. *Molecular computation of solutions to combinatorial problems.* Science **266**:1021–1024, 1994

[Adle_96] L.M. Adleman. *On constructing a molecular computer.* In R.J. Lipton, E. Baum, editors, DNA Based Computers, American Mathematical Society, DIMACS Vol. 27, pp. 1–22, 1996

[AlBu_94] R.C. Allen, B. Budowle. *Gel electrophoresis of proteins and nucleic acids: selected techniques.* Verlag de Gruyter Berlin, 1994

[Alph_98] L. Alphey. *DNA-Sequenzierung.* Spektrum Akademischer Verlag Heidelberg, Berlin, 1998

[AmGH_99] M. Amos, A. Gibbons, D.A. Hodgson. *Error-resistant implementation of DNA computation.* In L. Landweber, E. Baum, editors, DNA Based Computers II, Proceedings Second Annual Meeting on DNA Based Computers, Princeton University, USA, American Mathematical Society, DIMACS Vol. 44, pp. 151–162, 1999

[Amos_97] M. Amos. *DNA Computation.* Thesis for the degree of Doctor of Philosophy, University of Warwick, 1997

[Andr_86] A.T. Andrews. *Electrophoresis. Theory, Technics, and Biochemical and Clinical Applications.* Clarendon Press New York, 1986

[AWHO_98] M. Amos, S. Wilson, D.A. Hodgson, G. Owenson, A. Gibbons. *Practical implementation of DNA computations.* In C.S. Calude, J. Casti, M. Dinnen, editors, Proceedings First International Conference on Unconventional Models of Computation, Auckland, New Zealand, Discrete Mathematics and Theoretical Computer Science Series, Springer Verlag Singapore, pp. 1–18, 1998

[AYTK_99] Y. Aoi, T. Yoshinobu, K. Tanizawa, K. Kinoshita, H. Iwasaki. *Ligation errors in DNA computing.* In L. Kari, H. Rubin, D.H. Wood, editors, Biosystems, Special Issue of the Fourth International Meeting on DNA Based Computers, University of Pennsylvania, Philadelphia, USA **52(1–3)**:181–187, 1999

[BaBo_99] E. Baum, D. Boneh. *Running dynamic programming algorithms on a DNA computer.* In L. Landweber, E. Baum, editors, DNA Based Computers II, Proceedings Second Annual Meeting on DNA Based Computers, Princeton University, USA, American Mathematical Society, DIMACS Vol. 44, pp. 77–86, 1999

[Bare_84] H.P. Barendregt. *The Lambda Calculus – Its Syntax and Semantics.* Studies in logics and the foundations of mathematics, Vol. 103. Elsevier Science Publishers B.V., 1984

[Bare_92] H.P. Barendregt. *Lambda Calculi with Types.* In S. Abramsky, D.M. Gabbay, T.S.E. Maibaum, Handbook of Logic in Computer Science; Vol. 1: Background – Mathematical Structures, 1992

[Baum_99] E. Baum. *DNA sequences useful for computation.* In L. Landweber, E. Baum, editors, DNA Based Computers II, Proceedings Second Annual Meeting on DNA Based Computers, Princeton University, USA, American Mathematical Society, DIMACS Vol. 44, pp. 235–242, 1999

[BCGT_96] E. Bach, A. Condon, E. Glaser, C. Tanguay. *DNA Models and Algorithms for NP-complete Problems.* Proceedings 11th Annual Conference on Computational Complexity, IEEE Computer Society Press, pp. 290–299, 1996

[BCJR_02] R.S. Braich, N. Chelyapov, C. Johnson, P.W.K. Rothemund, L.M. Adleman. *Solution to a 20-variable 3-SAT problem on a DNA computer.* Science **296(5567)**:499–502, 2002

[BDLS_99] D. Boneh, C. Dunworth, R.J. Lipton, J. Sgall. *Making DNA computers error resistant.* In L. Landweber, E. Baum, editors, DNA Based Computers II, Proceedings Second Annual Meeting on DNA Based Computers, Princeton University, USA, American Mathematical Society, DIMACS Vol. 44, pp. 163–170, 1999

[BeLa_85] C.H. Bennett, R. Landauer. *The fundamental physical limits of computation.* Scientific American **253(1)**:48–56, 1985

[BeSi_93] P. Berg, M. Singer. *Die Sprache der Gene. Grundlagen der Molekulargenetik.* Spektrum Akademischer Verlag Heidelberg, Berlin, Oxford, 1993

[BFBM_86] K.J. Breslauer, R. Frank, H. Blöcker, L.A. Marky. *Predicting DNA duplex stability from the base sequence.* Proc Natl Acad Sci USA **83**:3746–3750, 1986

[BJRH_00] R.S. Braich, C. Johnson, P.W.K. Rothemund, D. Hwang, N. Chelyapov, L.M. Adleman. *Solution of a Satisfiability Problem on a Gel-Based DNA Computer.* In A. Condon, G. Rozenberg, editors, DNA Computing, Proceedings Sixth International Meeting on DNA Based Computers, University of Leiden, The Netherlands, Series Lecture Notes in Computer Science, Vol. 2054, Springer Verlag, pp. 27–42, 2000

[BlBa_00] B. Bloom, C. Bancroft. *Liposome-mediated biomolecular computation.* In E. Winfree, D.K. Gifford, editors, DNA Based Computers V, Proceedings 5th DIMACS Workshop on DNA Based Computers, American Mathematical Society, DIMACS Vol. 54, pp. 39–48, 2000

[BlBS_86] L. Blum, M. Blum, M. Shub. *A Simple Unpredictable Pseudo-Random Number Generator.* SIAM Journal on Computing **15(2)**:364–383, 1986

[BoDL_96] D. Boneh, C. Dunworth, R.J. Lipton. *Breaking DES using a molecular computer.* In R.J. Lipton, E. Baum, editors, DNA Based Computers, Proceedings of a DIMACS Workshop, April 4, 1995, Princeton University, USA, American Mathematical Society, DIMACS Vol. 27, pp. 37–66, 1996

[BoDS_95] D. Boneh, C. Dunworth, J. Sgall. *On the computational power of DNA*. Technical Report TR-499-95, Princeton NJ: Princeton University, 1995

[Börg_92] E. Börger. *Berechenbarkeit, Komplexität, Logik*. Vieweg Verlag, Wiesbaden, 1992

[BPAK_01] Y. Benenson, T. Paz-Elizur, R. Adar, E. Keinan, Z. Livneh, E. Shapiro. *Programmable and autonomous computing machine made of biomolecules*. Nature **414**:430–434, 2001

[BrSM_00] I.N. Bronstein, K.A. Semendjajew, G. Musiol. *Taschenbuch der Mathematik*. Verlag Harri Deutsch, Frankfurt/Main, 2000

[Bugg_97] T. Bugg. *An introduction to enzyme and coenzyme chemistry*. Blackwell Science, Oxford, 1997

[CaCD_98] C. Calude, J. Casti, M.J. Dinnen. *Unconventional Models of Computation*. Springer Verlag, 1998

[CaPa_00] C. Calude, G. Păun. *Computing with Cells and Atoms*. Taylor and Francis, London, 2000

[CaSc_80] C.R. Cantor, P.R. Schimmel. *Biophysical Chemistry*. W.H. Freeman and Company, New York, 1980

[CFKP_96] E. Csuhaj-Varju, R. Freund, L. Kari, G. Păun. *DNA computing based on splicing: universality results*. In L. Hunter, T.E. Klein, editors, Proceedings First Annual Pacific Symposium on Biocomputing, Hawaii, World Scientific, pp. 179–190, 1996

[ChRe_04] J. Chen, J.H. Reif, editors. *DNA Computing. Proceedings 9th International Workshop on DNA Based Computers (DNA9), Madison, WI, USA, 2003*, Series Lecture Notes in Computer Science, Vol. 2943, Springer Verlag, 2004

[ChWi_00] K. Chen, E. Winfree. *Error correction in DNA computing: Misclassification and strand loss*. In E. Winfree, D.K. Gifford, editors, DNA Based Computers V, Proceedings 5th DIMACS Workshop on DNA Based Computers, American Mathematical Society, DIMACS Vol. 54, pp. 49–64, 2000

[ChWo_99] J. Chen, D.H. Wood. *A new DNA separation technique with low error rate*. In H. Rubin, D.H. Wood, editors, DNA Based Computers III, Proceedings 3rd DIMACS Workshop on DNA Based Computers, University of Pennsylvania, USA, American Mathematical Society, DIMACS Vol. 48, pp. 47–56, 1999

[CrKa_99] P. Crescenzi, V. Kann. *A compendium of NP optimization problems*. In G. Ausiello, P. Crescenzi, G. Gambosi, V. Kann, A. Marchetti-Spaccamela, M. Protasi. *Complexity and Approximation. Combinatorial optimization problems and their approximability properties*. Springer Verlag, 1999

[CsKP_96] E. Csuhaj-Varju, L. Kari, G. Păun. *Test tube distributed systems based on splicing*. Computers and AI **15(2–3)**:211–232, 1996

[CuHa_91] K. Culik II, T. Harju. *Splicing semigroups of dominoes and DNA*. Discrete Applied Mathematics **31**:261–277, 1991

[DaEr_98] M.J. Daley, M.G. Eramian. *Models of DNA Computation.* CS881b Term Report, University of Western Ontario, Canada, 1998

[DaKa_02] M.J. Daley, L. Kari. *Trends and Developments in DNA Computing.* Comments on Theoretical Biology **7(3)**:177–198, 2002

[DaMi_96] J. Dassow, V. Mitrana. *Splicing grammar systems.* Computers and AI **15(2–3)**:109–122, 1996

[DaPa_89] J. Dassow, G. Păun. *Regulated Rewriting in Formal Language Theory.* Springer Verlag Berlin, Heidelberg, 1989

[DCBR_03] R. Deaton, J. Chen, H. Bi, J.A. Rose. *A Software Tool for Generating Non-crosshybridizing Libraries of DNA Oligonucleotides.* In M. Hagiya, O. Ohuchi, editors, DNA Computing. Proceedings Eighth Meeting on DNA-Based Computers, Sapporo, Japan, Series Lecture Notes in Computer Science, Vol. 2568, Springer Verlag Berlin, Heidelberg, pp. 252–261, 2003

[DeGa_89] K.L. Denninghoff, R.W. Gatterdam. *On the undecidability of splicing systems.* International Journal of Computer Mathematics **27**:133–145, 1989

[DeRo_00] R. Deaton, J.A. Rose. *Simulations of statistical mechanical estimates of hybridization error.* In A. Condon, G. Rozenberg, editors, PreProceedings Sixth International Meeting on DNA Based Computers, University of Leiden, Leiden, The Netherlands, 2000

[DiZB_01] P. Dittrich, J. Ziegler, W. Banzhaf. *Artificial Chemistries – A Review.* Artificial Life **7(3)**:225–275, 2001

[DKSG_99] M. Daley, L. Kari, R. Siromoney, G. Gloor. *Circular contextual insertion/deletion with applications to biomolecular computation.* In Proceedings of the 6th International Symposium on String Processing and Information Retrieval, Cancun, Mexico, pp. 47–54, 1999

[DMGF_99] R. Deaton, R.C. Murphy, M. Garzon, D.R. Franceschetti, S.E. Stevens Jr. *Good encodings for DNA-based solutions to combinatorial problems.* In L. Landweber, E. Baum, editors, DNA Based Computers II, Proceedings Second Annual Meeting on DNA Based Computers, Princeton University, USA, American Mathematical Society, DIMACS Vol. 44, pp. 247–258, 1999

[DrPo_92] D. Dressler, H. Potter. *Katalysatoren des Lebens: Struktur und Wirkung von Enzymen.* Spektrum Akademischer Verlag Heidelberg, Berlin, New York, 1992

[EHPP_04] A. Ehrenfeucht, T. Harju, I. Petre, D.M. Prescott, G. Rozenberg. *Computation in Living Cells. Gene assembly in ciliates.* Springer Verlag, 2004

[EiSC_01] M. Eisen, G. Sherlock, M. Cherry. *The Stanford Microarray Database.* Nucleic Acid Research **29(1)**:152–155, 2001

[EMCG_98] H. Ehrig, B. Mahr, F. Cornelius, M. Große-Rhode, P. Zeitz. *Mathematisch-strukturelle Grundlagen der Informatik (Springer-Lehrbuch).* Springer Verlag, 1998

[EnRo_80] J. Engelfriet, G. Rozenberg. *Fixed Point Languages, Equality Languages, and Representation of Recursively Enumerable Languages*. Journal of the ACM **27(3)**:499–518, 1980

[ErPr_00] K. Erk, L. Priese. *Theoretische Informatik – Eine umfassende Einführung*. Springer-Verlag Berlin, Heidelberg, New York, 2000

[FiHa_88] A.J. Field, P.G. Harrison. *Functional Programming*. Addison-Wesley, 1988

[Flyn_72] M. Flynn. *Some Computer Organizations and Their Effectiveness*. IEEE Transactions on Computers **21(9)**:948–960, 1972

[FoBu_96] W. Fontana, L.W. Buss. *The Barrier of Objects: From Dynamical Systems to Bounded Organizations*. In J. Casti, A. Karlqvist, editors, Boundaries and Barriers, Addison-Wesley, pp. 56–116, 1996

[Font_92] W. Fontana. *Algorithmic Chemistry*. In C.G. Langton, C. Taylor, J.D. Farmer, S. Rasmussen, editors, Artificial Life II, Addison-Wesley, pp. 159–210, 1992

[FrKP_99] R. Freund, L. Kari, G. Păun. *DNA computing based on splicing: The existence of universal computers*. Theory of Computing Systems **32(1)**:69–112, 1999

[FrMF_98] P. Frisco, G. Mauri, C. Ferretti. *Simulating Turing machines through extended mH systems*. In G. Păun, editor, Computing with Bio-Molecules. Theory and Experiments, Springer Verlag Singapore, pp. 221–238, 1998

[FuBZ_99] B. Fu, R. Beigel, F.X. Zhou. *An $\tilde{O}(2^n)$ volume molecular algorithm for hamiltonian path*. In L. Kari, H. Rubin, D.H. Wood, editors, Biosystems, Special Issue of the Fourth International Meeting on DNA Based Computers, University of Pennsylvania, Philadelphia, USA **52(1–3)**:217–226, 1999

[Gali_81] B.S. Galiukschov. *Semicontextual grammars*. Mat. logica i mat. ling., Kalinin University, Russia, pp. 38–50, 1981

[Gatt_89] R.W. Gatterdam. *Splicing systems and regularity*. International Journal of Computer Mathematics **31**:63–67, 1989

[Gatt_94] R.W. Gatterdam. *DNA and twist free splicing systems*. In M. Ito, H. Jürgensen, editors, Words, Languages and Combinatorics II, pp. 170–178, World Scientific Publishers Singapore, 1994

[GDRF_00] M. Garzon, R.J. Deaton, J.A. Rose, D.R. Franceschetti. *Soft molecular computing*. In E. Winfree, D.K. Gifford, editors, DNA Based Computers V, Proceedings 5th DIMACS Workshop on DNA Based Computers, American Mathematical Society, DIMACS Vol. 54, pp. 91–100, 2000

[GGMR_99] Y. Gao, M. Garzon, R.C. Murphy, J.A. Rose, R. Deaton, D.R. Franceschetti, S.E. Stevens Jr. *DNA implementation of nondeterminism*. In H. Rubin, D.H. Wood, editors, DNA Based Computers III, Proceedings 3rd DIMACS Workshop on DNA Based Computers, University of Pennsylvania, USA, American Mathematical Society, DIMACS Vol. 48, pp. 47–56, 1999

[Goeh_86] W. Göhler. *Höhere Mathematik.* Deutscher Verlag für Grundstoffindustrie Leipzig, 1986

[HaBa_90] R. Hagemann, F. Baldauf. *Gentechnologische Arbeitsmethoden: ein Handbuch experimenteller Techniken und Verfahren.* Akademie-Verlag Berlin, 1990

[Hagi_98] M. Hagiya. *Towards Autonomous Molecular Computers.* In J.R. Koza et al., editors, Genetic Programming, Proceedings of the Third Annual Conference, Morgan Kaufmann, pp. 691–699, 1998

[Hagi_99] M. Hagiya. *Perspectives on Molecular Computing.* New Generation Computing **17(2)**:131–140, 1999

[HaGi_99] A.J. Hartemink, D.K. Gifford. *Thermodynamic Simulation of Deoxyoligonucleotide Hybridization for DNA Computation.* In H. Rubin, D.H. Wood, editors, DNA Based Computers III, Proceedings 3rd DIMACS Workshop on DNA Based Computers, University of Pennsylvania, USA, American Mathematical Society, DIMACS Vol. 48, pp. 25–38, 1999

[Hagi_00] M. Hagiya. *From molecular computing to molecular programming.* In A. Condon, G. Rozenberg, editors, DNA Computing, Proceedings Sixth International Meeting on DNA Based Computers, University of Leiden, The Netherlands, Series Lecture Notes in Computer Science, Vol. 2054, Springer Verlag, pp. 89–102, 2000

[HaHS_01] U. Hatnik, T. Hinze, M. Sturm. *A Probabilistic Approach to Description of Molecular Biological Processes on DNA and Their Object Oriented Simulation.* In V.V. Kluev, N.E. Mastorakis, editors, Proceedings WSES International Conference on Simulation 2001, Malta, WSES Press, 2001

[HaMG_00] A.J. Hartemink, T.S. Mikkelsen, D.K. Gifford. *Simulating biological reactions: A modular approach.* In E. Winfree, D.K. Gifford, editors, DNA Based Computers V, Proceedings 5th DIMACS Workshop on DNA Based Computers, American Mathematical Society, DIMACS Vol. 54, pp. 111–121, 2000

[Hart_95] J. Hartmanis. *On the weight of computations.* Bulletin of the European Association for Theoretical Computer Science **55**:136–138, 1995

[Head_87] T. Head. *Formal language theory and DNA: An analysis of the generative capacity of specific recombinant behaviors.* Bulletin of Mathematical Biology **49(6)**:737–759, 1987

[Head_92] T. Head. *Splicing schemes and DNA.* In Lindenmayer systems – Impacts on Theoretical Computer Science, Computer Graphics and Developmental Biology, pp. 371–383, Springer Verlag Berlin, 1992

[HiHS_02] T. Hinze, U. Hatnik, M. Sturm. *An Object Oriented Simulation of Real Occurring Molecular Biological Processes for DNA computing and Its Experimental Verification.* In N. Jonoska, N.C. Seeman, editors, DNA Computing. Proceedings Seventh International Workshop on DNA Based Computers, Tampa, FL, USA, 2001, Revised Papers. Series Lecture Notes in Computer Science, Vol. 2340, pp. 1–13, Springer Verlag, 2002

[Hinz_02] T. Hinze. *Universelle Modelle und ausgewählte Algorithmen des DNA-Computing.* Dissertation, Technische Universität Dresden, 2002

[HiSt_00b] T. Hinze, M. Sturm. *Towards an in-vitro Implementation of a Universal Distributed Splicing Model for DNA Computation.* In R. Freund, editor, Proceedings Theorietag 2000, Technische Universität Wien, Austria, pp. 185–189, 2000

[HoUl_00] J.E. Hopcroft, J.D. Ullman. *Einführung in die Automatentheorie, Formale Sprachen und Komplexitätstheorie.* Oldenbourg Verlag München, 2000

[HWMB_02] P.D. Honkanen, T.J. Woolaver, E.E. McKenzie, D.P. Bradbury. *High Throughput Microarray Spotting System and Method.* Weltpatent WO 02/089984 A1, IPC B01L 3/02, Affymetrix Inc., PCT, 2002

[JeWi_78] K. Jensen, N. Wirth. *Pascal User Manual and Report.* Springer Verlag Berlin, 1978

[JoDa_95] J. Jones, S.G. Davies. *Synthese von Aminosäuren und Peptiden.* VCH Weinheim, 1995

[KaCL_95] P.D. Kaplan, G. Cecchi, A. Libchaber. *Molecular computation: Adleman's experiment repeated.* Technical report No. 95–120, NEC Research Institute, 1995

[KaCL_99] P.D. Kaplan, G. Cecchi, A. Libchaber. *DNA based molecular computation: template-template interactions in PCR.* In L. Landweber, E. Baum, editors, DNA Based Computers II, Proceedings Second Annual Meeting on DNA Based Computers, Princeton University, USA, American Mathematical Society, DIMACS Vol. 44, pp. 97–104, 1999

[KaDK_94] P. Karlson, D. Doenecke, J. Koolman. *Kurzes Lehrbuch der Biochemie für Mediziner und Naturwissenschaftler.* Georg Thieme Verlag Stuttgart, New York, 1994

[Kari_91] L. Kari. *On Insertion and Deletion in Formal Languages.* Thesis for the degree of Doctor of Philosophy, University of Turku, 1991

[Kari_97] L. Kari. *From Micro-soft to Bio-soft: Computing with DNA.* In D. Lundh, B. Olsson, A. Narayanan, editors, Proceedings BioComputing and Emergent Computation (BCEC97), University of Skovde, Sweden, World Scientific, 1997

[Kari_97b] L. Kari. *DNA computing: arrival of biological mathematics.* The Mathematical Intelligencer **19(2)**:9–22, 1997

[KaTh_96] L. Kari, G. Thierrin. *Contextual insertion/deletion and computability.* Information and Computation **131(1)**:47–61, 1996

[Knip_97] R. Knippers. *Molekulare Genetik.* Georg Thieme Verlag Stuttgart, 1997

[KPRS_98] L. Kari, G. Păun, G. Rozenberg, A. Salomaa, S. Yu. *DNA computing, sticker systems, and universality.* Acta Informatica **35**:401–420, 1998

[Kroe_91] F. Kröger. *Einführung in die Informatik – Algorithmenentwicklung.* Springer Verlag Berlin, Heidelberg, New York, 1991

[LaRe_99] E. Laun, K.J. Reddy. *Wet Splicing Systems.* In H. Rubin, D.H. Wood, editors, DNA Based Computers III, Proceedings 3rd DIMACS Workshop on DNA Based Computers, University of Pennsylvania, USA, American Mathematical Society, DIMACS Vol. 48, pp. 73–85, 1999

[LeMa_65] R.L. Letsinger, V.J. Mahadevan. *Oligonucleotide synthesis on a polymer support.* Journal of the American Chemical Society **87**:3226–3227, 1965

[LFHL_75] R.L. Letsinger, J.L. Finnan, G.A. Heavner, W.B. Lunsford. *Phosphite coupling procedures for generating internucleotide links.* Journal of the American Chemical Society **97**:3278, 1975

[LFWC_00] Q. Liu, A.G. Frutos, L. Wang, A.E. Condon, R.M. Corn, L.M. Smith. *DNA Computing on Surfaces.* In E. Winfree, D.K. Gifford, editors, DNA Based Computers V, Proceedings 5th DIMACS Workshop on DNA Based Computers, American Mathematical Society, DIMACS Vol. 54, pp. 21–22, 2000

[Lipt_95] R.J. Lipton. *DNA solution of hard computational problems.* Science **268(5210)**:542–545, 1995

[Loec_76] J. Loeckx. *Algorithmentheorie.* Springer Verlag, 1976

[LoSc_87] P.C. Lockemann, J.W. Schmidt. *Datenbank-Handbuch.* Springer Verlag Berlin, Heidelberg, New York, 1987

[LoSS_95] A. Lönneborg, P. Sharma, P. Stougaard. *Construction of a subtractive cDNA library using magnetic beads and PCR.* In C.W. Dieffenbach, G.S. Dreksler, editors, PCR Primer. Planview, NY: Cold Spring Habor Laboratory Press, 1995

[LoZo_98] F. Lottspeich, H. Zorbas. *Bioanalytik.* Spektrum Akademischer Verlag Heidelberg, 1998

[LWFC_00] Q. Liu, L. Wang, A.G. Frutos, A.E. Condon, R.M. Corn, L.M. Smith. *DNA computing on surfaces.* Nature **403**:175–179, 2000

[MaPa_97] C. Martin-Vide, G. Păun. *Cooperating Distributed Splicing Systems.* CDMTCS Research Report No. 71, Centre for Discrete Mathematics and Theoretical Computer Science, University of Auckland, New Zealand, 1997

[MaRo_98] M. Margenstern, Y. Rogozhin. *Time-varying distributed H systems of degree 2 generate all RE languages.* In Preliminary Proceedings Workshop on Frontiers of Universality at 23rd International Symposium Mathematical Foundations of Computer Science (MFCS98), Brno, Czech Republic, 1998

[Mart_96] R. Martin. *Elektrophorese von Nucleinsäuren.* Spektrum Akademischer Verlag Heidelberg, 1996

[MiSa_97] V. Mihalache, A. Salomaa. *Lindenmayer and DNA: Watson-Crick D0L systems.* Bulletin of the European Association for Theoretical Computer Science **62**:160–175, 1997

[Miya_02] K. Miyake. *Olympus Unveils DNA Computer. Rather than relying on a microprocessor, computer runs on reactions between fragments of DNA.* PC World **02**, 2002

[MMPR_04] C. Martin-Vide, G. Mauri, G. Păun, A. Salomaa, editors. *Membrane Computing. Proceedings International Workshop WMC 2003, Tarragona, Spain, Revised Papers.* Series Lecture Notes in Computer Science, Vol. 2933, Springer Verlag, 2004

[MVPS_98] C. Martin-Vide, G. Păun, A. Salomaa. *Characterizations of recursively enumerable languages by means of insertion grammars*. Theoretical Computer Science **205**(1–2):195–205, 1998

[NeGr_97] C.R. Newton, A. Graham. *PCR*. Spektrum Akademischer Verlag Heidelberg, Berlin, 1997

[Ober_93] A. Oberschelp. *Rekursionstheorie*. Spektrum Akademischer Verlag Heidelberg, Berlin, 1993

[OVGP_97] R. Owczarzy, P.M. Vallone, F.J. Gallo, T.M. Paner, M.J. Lane, A.S. Benight. *Predicting Sequence-Dependent Melting Stability of Short Duplex DNA Oligomers*. Biopolymers **44**:217–239, 1997

[PaPa_96] K.M. Parkhurst, L.J. Parkhurst. *Detection of Point Mutations in DNA by Fluorescence Energy Transfer*. Journal of Biomedical Optics **1**(4):435–441, 1996

[PaRS_96] G. Păun, G. Rozenberg, A. Salomaa. *Computing by splicing*. Theoretical Computer Science **168**(2):321–336, 1996

[PaRS_97] G. Păun, G. Rozenberg, A. Salomaa. *Computing by splicing: Programmed and evolving systems*. Proceedings 1997 IEEE International Conference on Evolutionary Computation (ICEC97), Indianapolis, USA, IEEE Press, pp. 273–277, 1997

[PaRS_98] G. Păun, G. Rozenberg, A. Salomaa. *DNA Computing. New Computing Paradigms*. Springer Verlag Berlin, Heidelberg, New York, 1998

[Paun_96a] G. Păun. *On the splicing operation*. Discrete Applied Mathematics **70**(1):57–79, 1996

[Paun_96b] G. Păun. *Regular Extended H Systems are Computationally Universal*. Journal of Automata, Languages and Combinatorics **1**(1):27–36, 1996

[Paun_96c] G. Păun. *On the power of splicing grammar systems*. Annales of the University of Bucharest, Series Mathematics–Informatics **45**(1):93–106, 1996

[Paun_97a] G. Păun. *Two-level distributed H systems*. In S. Bozapalidis, editor, Proceedings Third Conference on Developments in Language Theory, Aristotle University of Thessaloniki, pp. 309–327, 1997

[Paun_97b] G. Păun. *DNA computing; Distributed splicing systems*. In J. Mycielski, G. Rozenberg, A. Salomaa, editors, Structures in Logic and Computer Science. A Selection of Essays in Honor of A. Ehrenfeucht, Series Lecture Notes in Computer Science, Vol. 1261, Springer Verlag, pp. 351–370, 1997

[Paun_98] G. Păun. *DNA computing based on splicing: universality results*. In M. Margenstern, editor, Proceedings Second International Colloquium Universal Machines of Computations (MCU98), Metz, France, Vol. 1, pp. 67–91, 1998

[Pisa_98] N. Pisanti. *DNA Computing: A Survey*. Bulletin of the European Association for Theoretical Computer Science **64**:171–187, 1998

[Pixt_95] D. Pixton. *Linear and circular splicing systems.* Proceedings Intelligence in Neural and Biological Systems, pp. 181–188, IEEE Press, 1995

[RDHS_02] J.A. Rose, R.J. Deaton, M. Hagiya, A. Suyama. *An Equilibrium Analysis of the Efficiency of an Autonomous Molecular Computer.* Physical Review E **65(2–1)**:1–13, 2002

[Reif_95] J.H. Reif. *Parallel molecular computation: Models and simulations.* In Proceedings Seventh Annual ACM Symposium on Parallel Algorithms and Architectures (SPAA95), Santa Barbara, USA, Association for Computing Machinery, pp. 213–223, 1995

[Reif_99] J.H. Reif. *Parallel Biomolecular Computation: Models and Simulations.* Algorithmica **25**:142–175, 1999

[Reif_02] J.H. Reif. *The Emerging Discipline of Biomolecular Computation in the US.* New Generation Computing **20(3)**:217–236, 2002

[RoDe_00] J.A. Rose, R.J. Deaton. *A bound on ligation error for the n-ary DNA mixture.* In A. Condon, G. Rozenberg, editors, PreProceedings Sixth International Meeting on DNA Based Computers, University of Leiden, Leiden, The Netherlands, 2000

[RoSa_80] G. Rozenberg, A. Salomaa. *The Mathematical Theory of L Systems.* Academic Press New York, 1980

[RoSa_97] G. Rozenberg, A. Salomaa. *Handbook of Formal Languages.* Volumes 1 – 3. Springer Verlag Berlin, Heidelberg, New York, 1997

[Roth_96] P.W.K. Rothemund. *A DNA and restriction enzyme implementation of Turing machines.* In R.J. Lipton, E. Baum, editors, DNA Based Computers, American Mathematical Society, DIMACS Vol. 27, pp. 75–120, 1996

[RoWa_95] D. Rooß, K.W. Wagner. *On the power of DNA-computers.* Technical Report, Universität Würzburg, 1995

[RoWa_96] D. Rooß, K.W. Wagner. *On the power of DNA computing.* Information and Computation **131(2)**:95–109, 1996

[RoWi_99] S. Roweis, E. Winfree. *On the reduction of errors in DNA computation.* Journal of Computational Biology **6(1)**:65–75, 1999

[RWBC_99] S. Roweis, E. Winfree, R. Burgoyne, N.V. Chelyapov, M.F. Goodman, P.W.K. Rothemund, L.M. Adleman. *A sticker based model for DNA computation.* Journal of Computational Biology **5(4)**:615–629, 1998 und in L. Landweber, E. Baum, editors, DNA Based Computers II, Proceedings Second Annual Meeting on DNA Based Computers, Princeton University, USA, American Mathematical Society, DIMACS Vol. 44, pp. 1–30, 1999

[SaAS_96] J. SantaLucia Jr., H.T. Allawi, P.A. Seneviratne. *Improved nearest-neighbor parameters for predicting DNA duplex stability.* Biochemistry **35(11)**:3555–3562, 1996

[SaFe_99] Y. Sakakibara, C. Ferretti. *Splicing on tree-like structures.* In H. Rubin, D.H. Wood, editors, DNA Based Computers III, Proceedings 3rd DIMACS Workshop on DNA Based Computers, University of Pennsylvania, USA, American Mathematical Society, DIMACS Vol. 48, pp. 348–358, 1999

[Sant_98] J. SantaLucia Jr. *A unified view of polymer, dumbbell, and oligonucleotide DNA nearest-neighbor thermodynamics*. Biochemistry **95**:1460–1465, 1998

[SBBD_00] A. Skusa, W. Banzhaf, J. Busch, P. Dittrich, J. Ziegler. *Künstliche Chemie*. Künstliche Intelligenz **1**:12–19, 2000

[Schö_97] U. Schöning. *Theoretische Informatik – kurzgefaßt*. Spektrum Akademischer Verlag Heidelberg, 1997

[Schr_97] P. Schroeder-Heister. *Lambda-Kalkül und Kombinatorische Logik*. Skriptum von Michael Arndt, Universität Tübingen, 1997

[SGKK_00] K. Sakamoto, H. Gouzu, K. Komiya, D. Kiga, S. Yokoyama, T. Yokomori, M. Hagiya. *Molecular Computation by DNA Hairpin Formation*. Science **288**:1223–1226, 2000

[Sind_94] R.R. Sinden. *DNA structure and function*. Academic Press San Diego, 1994

[Sosi_00] P. Sosik. *Universal Computation with Watson-Crick D0L Systems*. Technical Report No. 2000/1, Silesian University Opava, Czech Republic, 2000

[Sosi_01] P. Sosik. *D0L System + Watson-Crick Complementarity = Universal Computation*. In M. Margenstern, Y. Rogozhin, editors, Machines, Computations, and Universality, Proceedings Third International Conference MCU2001, Chisinau, Moldavia, Series Lecture Notes in Computer Science, Vol. 2055, Springer Verlag, pp. 308–319, 2001

[SSHK_03] E.P. Stoschek, M. Sturm, T. Hinze, O.N. Koufaki, M. Hauses, H.K. Schackert. *Molekularbiologisches Verfahren zur Lösung von NP-Problemen*. Deutsches Patent DE 198 53 726 C2, IPC C12N 15/10, Deutsches Patentamt München, erteilt 2003

[StHi_01] M. Sturm, T. Hinze. *Distributed Splicing of RE with 6 Test Tubes*. Romanian Journal of Information Science and Technology **4(1–2)**:211–234, 2001

[StHi_03] M. Sturm, T. Hinze. *Verfahren zur Ausführung von mathematischen Operationen mittels eines DNA-Computers und DNA-Computer hierzu*. Anmeldung als Deutsches Patent DE 101 59 886 A1, IPC G06N 3/00, Deutsches Patentamt München, offengelegt 2003

[StSH_01] E.P. Stoschek, M. Sturm, T. Hinze. *DNA-Computing – ein funktionales Modell im laborpraktischen Experiment*. Informatik Forschung und Entwicklung, Springer Verlag **16(1)**:35–52, 2001

[VAML_01] J.C. Venter, M.D. Adams, E.W. Myers, P.W. Li, et al. *Sequence of the Human Genome*. Science **291(5507)**:1304–1351, 2001

[Varg_98] R. Varghese. *Implementing models of DNA computing: Concerns from the 'laboratory*. University of Western Ontario, 1998

[VuHo_00] N. van Vugt, H.J. Hoogeboom. *Fair sticker languages*. Acta Informatica **37(3)**:213–225, 2000

[WaCr_53] J.D. Watson, F.H. Crick. *A Structure for Deoxyribose Nucleic Acid*. Nature **171**:737, 1953

[Wats_93] J.D. Watson. *Rekombinierte DNA*. Spektrum Akademischer Verlag Heidelberg, 1993

[West_97] R. Westermeier. *Electrophoresis in Practice. A Guide to Methods and Applications of DNA and Protein Separations*. Second Edition ed., VCH Weinheim, 1997

[Winf_96] E. Winfree. *Complexity of restricted and unrestricted models of molecular computation*. In R.J. Lipton, E. Baum, editors, DNA Based Computers, Proceedings of a DIMACS Workshop, April 4, 1995, Princeton University, USA, American Mathematical Society, DIMACS Vol. 27, pp. 187–198, 1996

[Winf_98] E. Winfree. *Algorithmic Self-Assembly of DNA*. PhD Thesis, California Institute of Technology, 1998

[Winf_99] E. Winfree. *Whiplash PCR for $O(1)$ Computing*. In L. Kari, H. Rubin, D.H. Wood, editors, Biosystems, Special Issue of the Fourth International Meeting on DNA Based Computers, University of Pennsylvania, Philadelphia, USA **52(1–3)**:175–180, 1999

[WJLF_68] B. Weiss, A. Jacquemin-Sablon, T. Live, G. Fareed, C. Richardson. *Enzymatic Breakage and Joining of Desoxyribonucleic Acid. Further Purification and Propertie of Polynucleotide Ligase from Eschericia coli Infected with Bacteriophage T4*. The Journal of Biological Chemistry **243**:4543, 1968

[WLWS_98] E. Winfree, F. Liu, L.A. Wenzler, N.C. Seeman. *Design and self-assembly of two-dimensional DNA crystals*. Nature **394(6693)**:539–544, 1998

[YoKF_97] T. Yokomori, S. Kobayashi, C. Ferretti. *On the Power of Circular Splicing Systems and DNA Computability*. Proceedings 1997 IEEE International Conference on Evolutionary Computation (ICEC97), Indianapolis, USA, IEEE Press, pp. 219–227, 1997

[YoKo_99] T. Yokomori, S. Kobayashi. *DNA-EC: A Model of DNA-Computing Based on Equality Checking*. In H. Rubin, D.H. Wood, editors, DNA Based Computers III, Proceedings 3rd DIMACS Workshop on DNA Based Computers, University of Pennsylvania, USA, American Mathematical Society, DIMACS Vol. 48, pp. 347–360, 1999

[YYSH_00] M. Yamamoto, J. Yamashita, T. Shiba, T. Hirayama, S. Takiya, K. Suzuki, M. Munekata, A. Ohuchi. *A study on the hybridization process in DNA computing*. In E. Winfree, D.K. Gifford, editors, DNA Based Computers V, Proceedings 5th DIMACS Workshop on DNA Based Computers, American Mathematical Society, DIMACS Vol. 54, pp. 101–110, 2000

[Zand_01] C. Zandron. *A Model for Molecular Computing: Membrane Systems*. PhD Thesis, University of Milano, 2001

[Ziel_78] R. Zielinski. *Erzeugung von Zufallszahlen*. Verlag Harri Deutsch Frankfurt/M., 1978

Index

www.ingramcontent.com/pod-product-compliance
Lightning Source LLC
Chambersburg PA
CBHW072010230326
41598CB00082B/7061